U0565292

光启新史学译丛

光 启
新史学
译 丛

THE OXFORD HANDBOOK OF WORLD HISTORY

JERRY H. BENTLEY

牛津世界历史研究指南

[美] 杰里 · H. 本特利 主编
陈 恒 李文硕 屈伯文 黎云意 等 译

上海三联书店

“光启新史学译丛”弁言

20世纪展开的宏伟历史画卷让史学发展深受其惠。在过去半个世纪里，历史研究领域延伸出许多令人瞩目的分支学科，诸如性别史、情感史、种族史、移民史、环境史、城市史、医疗社会史等，这些分支学科依然聚焦于人，但又深化了对人的理解。举凡人类活动的核心领域如经济关系、权力运作、宗教传播、思想嬗变、社会流动、人口迁徙、医疗进步等等都曾在史学的视野之内，而当代史家对这些领域的研究已大大突破了传统史学的范畴，并与普通人的日常生活息息相关。如今，一位普通读者也能够从自身生存状态出发，找到与历史作品的连接点，通过阅读历史，体悟人类过往智慧的种种精妙，进而在一定程度上主动去塑造自己的生活理念。通过阅读历史来定位我们的现在，通过历史研究为当下的种种决策提供依据，这已经是我们的现实中基于历史学的一种文化现象。不论是对物质生活或情感世界中细节的把握，还是期望对整个世界获得深邃的领会，当代历史学都提供了无尽的参照与启迪。这是一个史学的时代，也是一个人人都需要学习、参悟历史的时代。千百种貌似碎片化的历史专题研究、综合性的学术史研究、宏观化的全球史研究，都浸润着新时代的历史思维，为亿万读者提供了内涵丰富、层次多样、个性鲜明的历史读本。

微观史学或新文化史可视为一种新社会史学的重要方向，对此国内有不少译介，读者也较为熟悉。但新社会史学的研究远不止这两个方向，它在各方面的成就与进展，当然是我们这套译丛不会忽视的。除此之外，我们尤为关注代表着综合性史学思维的全球史，它是当代西方史学的重要分支，是新的世界史编纂方法和研究视角。

全球史的出现是一个非常重要的“历史性时刻”，它不仅是“从下往上看历史”新视角下所包括的普通民众，而且这标志着全球史已深入到前殖民，囊括第三世界的方方面面。为纠正传统西方中心论和以民族国家为叙事单位所带来的弊端，全球史自 20 世纪 60 年代诞生以来，越来越受到史学界的重视。全球史关注不同民族、地区、文化、国家之间的交往与互动，强调传播与接受，重视文化多元与平等，摈弃特定地区的历史经验，犹如斯塔夫里阿诺斯所说，要站在月球上观察地球，“因而与居住在伦敦或巴黎、北京和新德里的观察者的观点迥然不同。”

当代史学的创造力所在，可从全球史研究的丰富内涵中窥见一斑。全球史研究奠基在一种历史写作的全球语境之中，诉诸全球视野，构建起全球化叙事，突出历史上民族、国家、文化之间的交流、碰撞与互动。在当代史家笔下存在以下几种全球互动模式：一是阐述世界历史上存在的互动体系或网络，如伊曼纽尔·沃勒斯坦的《现代世界体系》（1974—1989 年）、德烈·冈德·弗兰克的《白银资本》（1998 年）、彭慕兰《大分流》（2000 年）；二是关注生态与环境、物种交流及其影响的，如艾尔弗雷德·罗斯比的《哥伦布大交换》（1972 年）、约翰·麦克尼尔《太阳底下的新鲜事：20 世纪人与环境的全球互动》（2001 年）；三是研究世界贸易、文化交流的，如卜正民的《维梅尔的帽子》（2008 年）、罗伯特·芬雷《青花瓷的故事：中国瓷的时代》（2010 年）、贝克特的《棉花帝国》（2014 年）；四是以全球眼光进行比较研究的，这包括劳工史、移民史等，如菲力普·方纳的《美国工人运动史》（1947—1994 年）、孔飞力的《他者中的华人：中国近现代移民史》（2009 年）；五是审视区域史、国别史之世界意义的，如迪佩什·查卡拉巴提的《地方化欧洲》（2000 年）、大卫·阿米蒂奇的《独立宣言：一种全球史》（2007

年)、妮娜·布雷的《海市蜃楼：拿破仑的科学家与埃及面纱的揭开》(2007年)等；以致出现了所谓的跨国史研究。"跨国史"(transnational history)这一术语自20世纪90年代以来一直和美国历史研究的那些著作相关联。这一新的研究方法关注的是跨越边疆的人群、观念、技术和机构的变动。它和"全球史"(global history)相关，但又并不是一回事。"跨文化史"(transcultural history)或"不同文化关系"(intercultural relation)是与"跨国史"相匹配的术语，但研究者认为在阐明那些跨国联系时，这两个术语过于模糊。"跨国"这个标签能够使学者认识到国家的重要性，同时又具体化其发展过程。该方法的倡导者通常把这一研究方法区别于比较史学(comparative history)。尽管如此，他们认为比较方法和跨国方法彼此是互为补充的。(A. Iriye and P. Saunier, ed., *The Palgrave Dictionary of Transnational History*, Macmillan, 2009, p. 943)

全球史研究不断尝试以全球交互视角来融合新社会史学的微小题材，总体看来，这些新趋势和新热点在一定程度上纠正了全球史对整体性和一致性的偏好，为在全球视野中理解地方性知识乃至个体性经验做出了示范，同时凸显了人类历史中无处不在、无时不在的多样性与差异性。

本译丛是以当代历史学的新发展为重点，同时兼及以历史学为基础的跨学科研究成果，着眼于最新的变化和前沿问题的探讨。编者既期望及时了解国外史学的最新发展，特别是理论与方法上的新尝试和新变化，又要选择那些在研究主题上有新思路、新突破的作品，因而名之为"新史学译丛"。

近现代史学自18世纪职业化以来发展到今天，已经走完了一轮循环。时至今日，史学研究不再仅限对某一具体学科领域作历史的探讨，而是涉及哲学、文学、艺术、科学、宗教、人类学等多个领域，需要各个领域的专家协手共进。在一定意义上，史学是对人类文化的综合研究。这是一种现实，但更是一种理想，因为这意味着当代新史学正在努力把传统史学很难达到的最高要求当作了入门的最低标准。

历史演进总是在波澜不惊的日常生活里缓慢地进行着，无数个微小的变化汇聚累积，悄悄地改变着人类社会生活的整体面貌，因此，历史发展的进程，以长时段的目光，从社会根基处考察，是连续累进的。知识的创造同样如此，正如我们今天的全球史观，也是得益于人类漫长智识创造留给我们的智慧。历史研究虽然履行智识传播的使命，未来会结出什么样的智慧之果，我们很难知晓，也不敢预言，但愿它是未来某棵参天大树曾经吸纳过的一滴水，曾经进入过那伟大的脉络。无论如何，我们确信的是，通过阅读历史，研究历史，人们体验到的不仅仅是分析的妙处与思维的拓展，而且是在潜移默化中悄悄促进包容性社会的发展。

"光启新史学译丛"编委会

2017 年 9 月 1 日于光启编译馆

目录

中译本序言：从国家交织中寻找“全球”——越界的全球史 .... 刘新成 i

致谢 i

撰稿人 i

英文版序言：世界历史的任务 .... 杰里·H. 本特利 001

第一部分 概念

第一章 启蒙时代以来的世界历史理论 .... 迈克尔·本特利 023

第二章 地理学 .... 马丁·W. 刘易斯 047

第三章 历史分期 .... 卢伊吉·卡亚尼 070

第四章 现代性 .... 马修·J. 劳佐 095

第五章 全球化 .... 于尔根·奥斯特哈默 116

第六章 认识论 .... 帕特里克·曼宁 137

第二部分 主题

第七章 全球环境史 .... 大卫·克里斯提安 161

第八章 农业 .... 约翰·A. 米尔斯 183

第九章　游牧畜牧业 ……………………………… 托马斯·J. 巴菲尔德　204
第十章　国家、国家转型和战争 ……………………………… 查尔斯·蒂利　224
第十一章　性别 ……………………………… 玛尼·休斯-沃林顿　249
第十二章　宗教与世界历史 ……………………… 兹维·本-多尔·贝尼特　269
第十三章　技术、工程与科学 ………………… 丹尼尔·R. 海德里克　294
第十四章　高级农业 ………………………………………… 彭慕兰　315

第三部分　进程

第十五章　人口迁移 ……………………………………… 狄克·霍德　345
第十六章　约1750年以前的欧亚大陆贸易 …… 詹姆斯·D. 特雷西　369
第十七章　工业化 ………………………… 帕特里克·卡尔·奥布莱恩　391
第十八章　世界历史上的物种交换 ……………………… J. R. 麦克尼尔　413
第十九章　世界历史上的文化交往 ………………… 杰里·H. 本特利　436
第二十章　前现代帝国 ……………………………… 托马斯·T. 阿尔森　454
第二十一章　现代帝国主义 …………………………………… 杜赞奇　475

第四部分　区域

第二十二章　东亚与欧亚大陆中部 ……………………………… 濮德培　497
第二十三章　南亚与东南亚 ……………………………… 安德鲁·温克　518
第二十四章　世界历史上的中东 ……………… 约翰·奥伯特·沃尔　540
第二十五章　世界历史上的非洲：长而又长的视野
……………………………………… 克里斯托弗·埃雷特　560
第二十六章　世界历史上的欧洲和俄罗斯帝国
…………………… 邦妮·G. 史密斯　唐纳德·R. 凯利　583
第二十七章　地中海历史 …………………………… 大卫·阿布拉菲亚　606
第二十八章　美洲，1450—2000年 …………… 爱德华·戴维斯二世　626

第二十九章　大西洋盆地 …………………………… 艾伦 · L. 卡拉斯　651
第三十章　大洋洲和澳大拉西亚 ……………………………… 保罗 · 达西　671
第三十一章　1850年前的太平洋盆地 ……………… 赖纳 · F. 布施曼　694

索引 ……………………………………………………………………… 715

译后记：世界历史著述翻译的当下意义 ………………………… 陈　恒　812

中译本序言：
从国家交织中寻找“全球”——越界的全球史

刘新成

本书所说的“世界历史”是我国史学界常说的“全球史”，而不是专业和学科意义上的世界历史，也不是通史编纂性质的“世界史”。

全球史是20世纪下半叶兴起于欧美，后传播于世界的一种提倡从全球整体出发审视人类历史活动的史学理论与实践。目前，在全球范围内，越来越多的高校和中学开设了全球史课程，许多大学还成立了全球史研究机构，欧、美、亚三大洲均建立了全球史洲级学会。20世纪90年代以来，五年一度的国际历史科学大会亦多次以全球史作为会议的专题或主题。

回顾史学史，书写域外已知世界的历史由来已久，但世界史从未进入史学主流，甚至不被视为“正宗”。而这一波全球史浪潮则不同，不仅半个多世纪以来经久不衰，而且史学“至尊”——民族国家史也受其影响，常“在全球视野下”修订改写。这一变化的原因是什么？我想主要有两点。

第一，当然与所谓“全球化”有关。“全球化”概念虽内涵仍有争议，但近几十年来在以通信与信息领域为代表的科技飞速发展的影响下，世界各地之间联系空前加强，彼此命运息息相关毕竟是事实。这样就有两大问题摆在人类面前：一个是在新形势下彼此如何相处；另一个是如何共同应对气候变化、跨国疾病传播、人口剧烈增长及核威胁等挑战。这些都是全新的问题，而人类面对新问题的第一反应常常是往回看，向历史求索智慧和经验。

第二，在这波全球史的发源地欧美世界，后现代主义思潮起了推波助澜的作用。后现代主义从批判西方现代社会的合理性出发，质疑启蒙主义的进步史观，进而否认知识的客观性、确定性和真理的普遍性，尽情拆解近代以来西方史学的基本命题、价值判断和定见成说，颠覆传统的宏大叙事框架，为创新世界史认知模式提供了理论和思想工具。欧美国家的全球史遂在这一氛围里成其气候。近代以来，西方学术伴随着殖民扩张在世界各地渗透，因此，欧美史学界的新动向在信息流动空前迅速的当下，得以引起非西方学者的关注，最终使全球史成为一种"全球现象"。

全球史的最大突破是从学理上颠覆了世界史学界根深蒂固的"西方中心论"。16 世纪前后，欧洲殖民者通过征服与扩张成为人类中最先认识和接触自然地理意义上的"世界"的人，因而"天然"拥有解读世界及其历史的"优先权"。为使其经济和领土扩张合法化，他们极力利用这种特权创制普世性话语，在此后的不同时代，或以上帝福音的传播者自居，或以文明的化身自命，或以现代化的标杆自诩。不管是使用什么名目，在这个话语体系中，欧洲/西方总是代表人类社会发展的方向，代表世界历史的创造者，而其他民族和群体只能扮演追随者的角色。更为可悲的是，西方长年的文化侵略还造成"记忆的殖民化"，许多非西方民族也自觉或不自觉地接受了欧洲/西方的这种世界历史观，以致欧洲/西方中心论在全球的世界历史学界长期弥漫，即或政治上受到批判，在学理上也不曾遭遇真正的挑战。但全球史彻底颠覆了这一理论的根基。全球史学者指出，必须把西方从其自视的世界历史认识主体的位置上拉下来，将其还原为认识对象，若以全球视野观照西方，它也只是普通一员。纵览全球史学家各色各样的新世界史叙事，他们对"欧洲/西方中心"的解构大致分为两部分。在古代中世纪部分，集中说明欧洲当时从属于"亚欧大陆西部世界"（West Eurasia），即由欧洲、中亚和北非共同组成的一个由众多内海与河流连接，并被共同的海洋、草原与沙漠边界所包围的自然区域，这一区域并未构成统一的文明，而地理意义上的欧洲更没有独立的历史，遑论古代欧洲文明。在近现代部分，全球史学者一方面通过大量史实说明，欧洲/西方在世界的经济主导地位并不是传说中的500年或更长的时间，而只是最近一个多世纪的短暂现象，因此远不足证欧洲/西方文明的优越性；另一方面揭穿“欧洲起飞”的神话，在论述“起飞”纯属“偶然”的同时，特别强调当时美洲、亚洲的经济社会演变对欧洲所产生的间接但不容忽视的影响，进而否定欧洲“基因”的决定性作用。他们甚至这样质问：既然中国与美洲都影响了“英国工业革命”的发生，那么凭什么还说这场革命应该姓“英”？全球史对欧洲/西方中心论的批判或许还有许多不足之处，但不可否认这一波批判是有力的、学理性的，不仅动摇了欧洲/西方中心论的根基，而且对建立世界历史学新的价值观具有积极的启发意义。

全球史的内容非常丰富，所涉猎的范围极为宽广。宏观如从宇宙大爆炸说起的“大历史”，微观细致到某种生活器皿的跨文化传播。本书罗列了当前全球史研究中在命题制定、概念理解及方法取向等方面存在的各种分歧，从中可以看出，现在远远未到对全球史进行系统总结的时候，但这似乎不妨碍我们对其已现端倪的方法论特征试做归纳。我以为，与传统世界史比较，全球史的叙事特点总体来说在于四个字，即“空间转向”，表现在以下三个方面。

第一，从纵向进步观向横向比较观转移。世界上生活着众多人类群体，对不同人类群体进行排列和比对是世界史的基本内容之一，但不同的世界史观会采取不同的比较方法。在欧洲/西方中心论的世界史体系中，比较是纵向的、“历时性”的，即根据以欧洲/西方经验为标准的历史进步观，把不同人类群体按其“发展程度”置放于世界史不同发展阶段的不同位置，据此区分引领者与追随者、挑战者与应战者、发展与停滞、先进与落后。而全球史学者的比较是横向的、共时性的，他们通常设定一个时间段，将不同人类群体在若干“可比项”——政治体制、经济模式、价值观念、科学技术、城市建设、社会阶级及文化教育等上的表现平行罗列，等值比较，既标识各自特点又列举相似之处，重在展示人类历史经验的共同性、多样性和丰富性，而不妄做价值评判，他们认为诸如西方封建主义比东方专制主义更有利于资本主义发生之类的“定论”纯属无稽之谈。

第二，聚焦点从民族国家向其他空间单位转移。现代史学产生的年代正是社会学学者以民族国家为界从事封闭研究，设置日本社会、法国社会、德国社会等命题的时代。受其影响，现代史学自诞生起，就以民族国家史为首要乃至唯一的关注点。世界史虽冠“世界”之名，但也以民族国家为叙事单位，所以被比喻为“国家史之和”。全球史家则认为，在人类历史长河中，民族国家存在的时间很短暂，人类社会在很长时间里并不是以国家为单位存在的，以国家为单位书写的世界并不是真实的世界史。他们主张世界史以“世界”为观照对象，书写全球整体的历史，而叙事单位应随不同时期构成“世界”的主要成分来转移。这些“成分”通常是指内部经济相对统一的空间，它可以是一个民族国家，但也可以是一个大河流域、一个帝国、一块洋区、东西半球乃至全球（比如全球化史），同时还可以是一个未必有地理区域标记的部族联合体或某种“体系”。此外，在“全球视野下”审视的国别史、环境史、移民史、贸易史、旅行史、习俗史及食品史等等，也都具有跨国性质。

第三，叙事从单向度向多向度转移。无论以什么为单位，过去都习惯于把它作为一个孤立的存在，相比之下，全球史更加注重不同单位间的互动关系。全球史学家认为，世界上任何一个人类群体都不是与世隔绝的，它必然与其他群体发生接触，在接触中或因主动学习对方长处，或因迫于对方压力，自身发展都会得到促进，该地区的政治、经济和文化格局也会发生改变。因此在全球史学家那里，互动成为叙事关键词，被视为促进各人类群体社会发展，并使世界从分散逐渐走向一体的推动力。在多向度研究过程中，全球史学者创造了许多新的世界史命题和概念。他们提出“存在互联关系的共同体”概念，研究体量和内部关联的密度，并把“密度”分为四个等级，即彼此“接触”（contact）、“互动”（interaction）、“往来”（circulation）和“整合”（integration）；同时提出不同共同体之间的连接机制在于四个矢量（vectors），即外传（diffusion）、推广（outreach）、扩散（dispersal）和扩张（expansion），而连接的结果则是在全球形成大大小小、变动不居的网络。全球史学家的座右铭之一是：“历史在（空间）移动之中（history is movement）。”

综上所述，全球史的出现对颠覆迄今仍在世界上拥有广泛影响的、渗透欧洲/西方中心论的世界历史编纂观发挥了巨大作用；它将富有新意的“空间思考”注入世界历史学，提出历史的空间“流动性”；其“互动”思想首次把人类社会群体的“集体学习”能力，即“外在记忆系统”纳入历史发展动力。凡此种种都将为深化世界历史研究产生非常积极的影响。

但如前所述，全球史是后现代思潮的产物，像其他后现代学术表现一样，其批判性大于建设性。它对西方的世界历史学传统进行尖锐的批评，但并没有建立一个新世界史阐释体系取而代之。正因为如此，全球史所追求的“叙事客观性”“文明平等性”就成为无所依托的空谈。以“比较法”为例，要想取得全球史学者鼓吹的那种理想效果事实上是十分困难的。比较项太宏观，难免大而无当；比较项过于微观，如某种饮食习惯的比较等，虽然具体，但有多大意义值得怀疑（当然，后现代是不讲“意义”的）。况且，目前进行全球史比较只能依靠二手资料，这些经过“加工”的材料含有多少制造者的主观成分，是否可靠，也是大可质疑的。既然如此，全球史“原汁原味”的比较如何实现呢？再有，历史学不可能脱离意识形态属性，全球史学者的立场必然限制其“客观性”。比如在帝国研究方面，有些西方学者把近代殖民主义者所建立的帝国也定义为“互动平台”，这就完全抹煞了帝国主义侵略史与殖民地半殖民地国家人民血泪史的区别，将宗主国的黑暗统治彻底“洗白”。至于有些国家的全球史学者（不限于西方），在“全球视野”的幌子下，怀着某种政治目的“重构”国别史或地区史，那就另当别论，更值得警惕。

大多数全球史学家都有比较强烈的现实关怀。面对20世纪后期全球化理论研究主要在经济学、社会学和政治学界蓬勃开展而历史学竟然缺位的局面，全球史学家痛感失责。他们指出，由任何一个学科单独构筑全球化理论都必然是片面的、短视的和误导的，因为它没有全局观和现场感，而这一重大缺陷只能由历史学来弥补。他们呼吁甚至以宣言的形式号召史学家行动起来，把握好史学发展的这一“天赐良机”，结合全球化现实开展全球史研究，从史学角度分析全球化的起源和机理，打开全球化理论研究的新局面，向世人充分展示史学的独特价值。20世纪80年代欧美新自由主义政策一度刺激文明史的复兴，以弗格森的《文明》和兰德斯的《国富国穷》为代表，一些西方史著重弹文明独立性与差异性的老调，以文明比较的形式绘制世界史，再次把西方推到“文明中心”的位置。一场“文明史与世界史”之争由此而发，至今仍在继续。在这场争论中，全球史学者进一步提出了自己应该担负的两个历史责任。

其中之一是针对当前经济全球化所面临的各种矛盾，提供历史的解决方案。他们说，今天在贸易和投资领域所出现的许多“新”现象，其实在1870至1914年间早已发生过，把当年的经济形势报告与今天的略加对照就会发现，两者如出一辙，只是当年的概念“世界经济”（*Weltwieeschaft*，德文，即*World Economy*）变成了今天的“国际经济”或“全球化”；关于信息技术革新改变了人们的生活和经济观念这一点，今天与1860—1902年电缆铺遍全球造成世界联通空前发展的时代亦有很大相似性；当前的所谓全球化是通过贸易网络、移民、远征、物种传播、宗教等普世意识流传，以及全球媒体互通等具体事物体现出来的，而这一切都曾在历史上反复出现，并已形成规律，只消加以总结，就可以为今天所用。

其二是传播“世界家园”思想。许多全球史学者宣称，全球化时代对知识的要求是提供一种全球性见识，借以取代个别国家和个别人自封的普世性话语，面对这一时代使命，世界历史学应以探讨世界的统一性为旨归，应成为人类认识自身，理解和把握世界的导航人。全球史叙事的目的是告知人类，他们同属一个物种，共处一个地球，共享一个经济体系，而所谓文明的冲突不过是一种人为的渲染；讲述全球史的“故事”，是为了让人类知道彼此如何容忍差异，地方如何融入全球，冲突怎样发生、如何避免。

应该说，全球史学者的这些美好愿望是可贵的，值得肯定的，尽管含有理想主义的色彩。

我国是在一个特定历史时期从外部引进世界历史学的，译介外国学术成果曾经是我国开展世界历史教育与研究的主要途径之一。在民国时代，译介作品全部来自西方。中华人民共和国建立后则以引进苏联的作品为主。苏联的世界历史学以马克思列宁主义为主导，引进中国后为我国世界历史学打下了牢固的历史唯物主义理论基础。但以多卷本《世界通史》为代表的苏联世界历史学也存在过分教条地理解马克思主义、以国家为主要叙事单位、过于偏重历史的纵向线性发展等局限。20 世纪 80 年代，吴于廑先生指出了这一局限，提出世界历史叙事应同时关注纵向（社会形态的发展）与横向（世界从分散走向整体）两条线索。吴先生同时提出，就我国世界历史学发展现状而言，“横向线索”的研究明显不足，弥补这一短板的任务尤其繁重。在这种情况下，打破民族国家界限，侧重互动网络建构的全球史书写无疑为我们提供了可借鉴的资源。但是全球史带给我们的启示意义和挑战性应该远远不止于此。无论从全球史国际发展的现状来说，还是就当代中国和平崛起，从世界边缘走向中心并须承担起大国责任而言，或从世界面临百年未有之大变局来看，当代的中国世界史学者都必须意识到并必须承担起祖国和时代赋予的光荣而艰巨的使命。对中国的世界历史学来说，这同样是一个“天赐良机”。

首先，全球史的创新有待中国学者实现。已有西方学者自承，全球史所追求的文化平等理想，如果仅靠他们自身，不管付出多少努力也无法实现，因为他们为其生活体验、教育经历和话语环境所限，写不出来完全非西方立场的东西，所以全球史本身渴望着“全球化”。迄今为止在西方较有创新性的全球史杰作往往出自印度史、中国史专家之手，这也从另一角度说明，全球史的发展多么需要非西方史学家的参与。遗憾的是，我国目前还少有全球史力作。这是与中国这一具有悠久史学传统的国度极不相称的，也是与当今中国处于世界舞台中央的大国地位极不相称的。中国的世界史学者应该对自己生于一个经历百年殖民屈辱的国家，因之最具备突破西方话语体系、重新书写世界史的资格与责任有充分的自觉。

其次，中国编纂世界通史的优势有待进一步发挥。其一，中国的全球史是马克思主义的全球史，而正是马克思创立了全球经济一体化系经济发展的自然过程的理论、强调了交往在其中所发挥的重要作用。早期具有全球史视野的大家如布罗代尔、沃勒斯坦、霍布斯鲍姆等人，或者是马克思主义者，或者熟稔马克思主义理论，其原因就在于此。当代中国世界史学者具有深厚的马克思主义理论基础，这是一个先天优势。其二，在中国史学中，通史编纂是一个重要的门类，在绵长的历史实践中，形成了“据实写史、通变古今”的传统，这与西方通史编纂长期未脱哲学范畴，抽象唯理、偏于说教、缺乏实感的倾向完全不同，适为补充与纠正。发挥以上两点优势，谨记恩格斯的教导：“我们的理论是发展着的理论，而不是必须背得烂熟并机械地加以重复的教条”（《马克思恩格斯文集》卷 10，562）；“即使只是在一个单独的历史事例上发展历史唯物主义的观点，也是一项要求多年冷静钻研的科学工作，……只说空话是无济于事的，只有靠大量的、批判地审查过的、充分地掌握了的历史资料，才能解决这样的任务”（《马克思恩格斯文集》卷 2，598），中国的世界历史学者完全可以大有作为。

再次，“文明史与全球史之争”有待中国学者介入。如何看待人类历史上多种文明的存在？“全球史观”刻意淡化文明的差异，“文明史观”肆意夸大文明的争端，两者都失之偏颇，原因在于双方迄今都是基于西方的认识和经验。鸟瞰东方历史，特别是中外文化交流史，文明互通共融的先例并不鲜见，细加考察，即可展现世界历史上文明交流包容互鉴的一面，这不仅裨益于世界历史学科，也有利于认知当代世界。

第四，“全球史发展规律”有待中国学者深入探寻。即以“互动—融合”一说为例。“互动”是全球史的核心理念之一，几乎所有全球史学者都高度认同：互动导致人类各群体间理解加深、相似性加强、融合的可能性加大。事实果真如此吗？对这个问题的回答，不仅关乎历史真相，而且影响对当前世界局势的认识与应对。无论从历史上看，还是着眼于当下现实，世界各地之间的联系和互动若以长时段来测量，确有逐步加强的趋势，但是并非每一次“加强”都带来理解与和谐。欧洲在哈布斯堡王朝瓦解之后，一些小型的、高度商业化和军事化的民族国家组成了一个体系，体系内部各个部分的确极具相似性。但当这个充满竞争性的体系四处寻找新的商业机会，在 18 世纪中叶至 19 世纪中叶“催生”一个新的、真正全球性的体系的时候，它给世界带来了剧烈震荡，新的体系内部存在远非昔日可比的更大的社会和区域差异。这说明地区间的密切交往并没有导致一个统一的世界；体系形成后产生的经济增长也没有带来一个更加平等的世界。那么，我们究竟应该否定“互动—融合”的总趋势，还是承认在这个总趋势下会出现暂时的“波动”和“逆转”？如果存在“波动”与“逆转”，其原因是什么？是否有周期？这些问题都需要深入探讨，基于中国的历史遭遇和现实需要，中国学者尤应重视这方面的研究。

最后，“全球性的全球史”有待中国学者构建。社会科学的特点之一，是因其概念、理论、话语不断循环往复于研究对象而会“自反性地”重构和改变研究对象，在今天这个交往日益紧密的“地球村”里，这一特点尤其鲜明。为了我们生活的世界更加和平和美好，人文社会科学研究者有必要加强塑造未来的意识。时值全球史勃兴于世界各地的今天，我们有理由组织全球史学家的跨国对话，研究在不同国情下，从不同学术角度，何以对全球史产生共同的兴趣，通过讨论，进一步厘清全球史研究的目的和责任，交换新时代对人类命运的思考，在不回避思想交锋的前提下，在为逐步接近一部全球的、兼容的、完整的全球史的共同努力中，加深彼此理解，为营造更加包容的世界氛围尽一分力量。这是中国史学家为打造和谐世界应尽的责任，也是一个旨在构建人类命运共同体的国家的学者应有的襟怀与气魄。

最后谈一谈本书主编本特利教授。杰里·H. 本特利（Jerry H. Bentley，1949—2012）生前系美国夏威夷大学历史系教授、《世界历史杂志》主编。本特利早年见长于欧洲文艺复兴与人文主义研究，后转向世界历史，是美国较早以世界历史为专业主攻方向的学者之一。1982 年世界历史学会成立，本特利是该会创始人之一，1990 年成为该会会刊《世界历史杂志》首任主编，以后一直任此职务，直到去世。90 年代中期，他连续发表《旧世界的相遇：近代以前的跨文化交流》《跨文化互动与世界历史分期》等力作，倡导以“跨文化互动”而非欧洲历史经验作为全球史叙事的主线，在学界产生重要影响。2000 年本特利与其同事齐格勒教授合作编写教材《传统与碰撞：一部全球史》，获得“最畅销的全球史”“美国千所学校百万学生首选教材”的美誉，连续再版。该书第三版中译本由北京大学出版社出版，书名为《新全球史：文明的传承与交流》。

本特利教授长期致力于世界历史学的国际交流，并曾多次来中国访学。首都师范大学全球史中心成立后，他长期担任该中心学术刊物《全球史评论》的顾问，并受聘为中心的讲座教授。从 2006 年至 2011 年，他每年两次来中心讲学，深受师生好评和爱戴。2011 年，世界历史学会授予本特利教授“世界历史先驱奖”。

本书中译本的出版是对本特利教授的最好纪念！

致谢

感谢牛津大学出版社工作人员为本书的出版提供了一如既往的支持，尤其是克里斯托弗·惠勒（Christopher Wheeler）、娜塔莎·奈特（Natasha Knight）、马修·科顿（Matthew Cotton）和克莱尔·汤普逊（Claire Thompson）所做的各种努力。无需赘言，这是全球历史学家通力合作的成果，他们自从 20 世纪 60 年代尤其是从 80 年代就开始重塑新的全球史。

撰稿人

- 大卫·阿布拉菲亚（David Abulafia），剑桥大学地中海史讲席教授。
- 托马斯·T. 阿尔森（Thomas T. Allsen），新泽西学院历史学名誉教授。
- 托马斯·J. 巴菲尔德（Thomas J. Barfield），波士顿大学人类学教授。
- 兹维·本-多尔·贝尼特（Zvi Ben-Dor Benite），纽约大学历史学教授。
- 杰里·H. 本特利（Jerry H. Bentley），夏威夷大学历史学教授，《世界历史杂志》（*Journal of World History*）主编。
- 迈克尔·本特利（Michael Bentley），圣安德鲁大学现代史教授。
- 赖纳·F. 布施曼（Rainer F. Buschmann），普渡大学历史学助理教授。
- 卢伊吉·卡亚尼（Luigi Cajani），"智德"罗马大学现代史教授。
- 大卫·克里斯提安（David Christian），麦考瑞大学历史学教授。
- 保罗·达西（Paul d'Arcy），澳大利亚国立大学文化、历史和语言学院研究员。
- 爱德华·戴维斯二世（Edward J. Davies, II），犹他大学历史学教授。
- 杜赞奇（Prasenjit Duara），新加坡国立大学莱佛士人文讲席教授，人文与社会科学研究部主任。
- 克里斯托弗·埃雷特（Christopher Ehret），加州大学洛杉矶分校历史学教授。

- 丹尼尔·R. 海德里克（Daniel R. Headrick），罗斯福大学历史学名誉教授。
- 狄克·霍德（Dirk Hoerder），亚利桑那州立大学历史学教授。
- 玛尼·休斯-沃林顿（Marnie Hughes-Warrington），莫纳什大学分管学术和教学常务副校长。
- 艾伦·L. 卡拉斯（Alan L. Karras），加州大学贝克莱分校国际和地区研究教学课程高级讲师。
- 唐纳德·R. 凯利（Donald R. Kelley），罗格斯大学詹姆斯·威斯特福尔·汤普逊（James Westfall Thompson）历史讲席教授。
- 马修·J. 劳佐（Matthew J. Lauzon），夏威夷大学历史学助理教授。
- 马丁·W. 刘易斯（Martin W. Lewis），斯坦福大学国际史高级讲师。
- 帕特里克·曼宁（Patrick Manning），匹兹堡大学安德鲁·W. 梅隆（Andrew W. Mellon）世界历史讲席教授。
- J. R. 麦克尼尔（J. R. McNeill），乔治敦大学大学讲席教授。
- 约翰·A. 米尔斯（John A. Mears），南卫理公会大学历史学助理教授。
- 帕特里克·卡尔·奥布莱恩（Patrick Karl O'Brien），伦敦经济学院经济史荣誉教授。
- 于尔根·奥斯特哈默（Jürgen Osterhammel），德国康斯坦茨大学近现代史教授。
- 濮德培（Peter C. Perdue），耶鲁大学历史学教授。
- 彭慕兰（Kenneth Pomeranz），加州大学欧文（尔湾）分校历史学校长教授，《全球史杂志》（*Journal of Global History*）主编。
- 邦妮·G. 史密斯（Bonnie G. Smith），罗格斯大学理事会讲席教授。
- 查尔斯·蒂利（Charles Tilly），哥伦比亚大学约瑟夫·L. 伯滕威泽（Joseph L. Buttenwieser）社会科学讲席教授。
- 詹姆斯·D. 特雷西（James D. Tracy），明尼苏达大学历史学名誉教授，《早期现代史杂志》（*Journal of Early Modern History*）主编。
- 约翰·奥伯特·沃尔（John Obert Voll），乔治敦大学历史学教授。
- 安德鲁·温克（André Wink），威斯康辛大学麦迪逊分校历史学教授。

英文版序言：世界历史的任务

杰里·H. 本特利

“世界历史”（world history）这个术语从来都不是一个有稳定 1
指示对象的示意词。它含有多种不同名称的语义和分析模式，其中一些以其悠久的学术传统为荣，另一些则仅在最近时期才得到明确的认同。这些名称包括“普遍史”（universal history）、“比较史”（comparative history）、“全球史”（global history）、“大历史”（big history）、“跨国史”（transnational history）、“联系史”（connected history）、“交织史”（entangled history）、“共享史”（shared history）以及其他一些名称。世界历史与所有这些名称不同程度地交叠在一起。

世界历史及其同伴有各不相同的模式，并且在不同时期对不同的民族有不同的含义。在古代，很多民族——印度人和希伯来人、美索不达米亚人和玛雅人、波斯人和波利尼西亚人（Polynesians）——都以本民族在世界历史大背景下的经验来构建自己的创世神话。中世纪欧洲的基督教学者根据《圣经》提供的线索来追溯从创世到其生活的时代的特定形式的世界历史。蒙古地区的历史学家以大陆性视角来观察历史的发展，并在其叙述中囊括了绝大部分欧亚大陆的历史。哲学家伊本·赫勒敦（Ibn Khaldun）构建了定居民族与游牧民族之间宏大的历史社会学关系。哥廷根的启蒙历史学家约翰·克里斯托弗·加特勒（Johann Christoph Gatterer）和奥古斯特·路德维希·冯·施勒策尔（August Ludwig von Schlözer）创建了一种新的、有专业基础的，并能阐明遥远事件之间隐秘关系的大历史（*Universalgeschichte*）。在20世纪，奥斯瓦尔德·施本格勒、阿诺德·汤因比、卡尔·雅斯贝尔斯以及其他历史学家将世界历史转变成一个哲学性的研究项目，以便通过从历史记录中提炼出精炼智慧的方式发现历史的普遍法则。然而，对于很多从20世纪进入21世纪的人来说，世界历史就意味着外国史——不同于本民族、自己的社会的其他民族和社会的历史。同时，在学校和大学里，世界历史通常被认为是一个在较高抽象层次对全世界民族和社会进行的纵观全局式的和比较性的纵览。

2 从20世纪开始，一种新的世界历史已经成为专业历史学中的独特研究方式。它直接描述了新世界历史的一般特征。随着这种方式在20世纪60年代特别是80年代的发展，新世界历史已经把注意力放在了各个社会之间的比较、联系、网络和系统上，而不是单一社团或互不相连的社会的历史。这一过程影响了个别社会的历史，但同时也促进了世界联结为一个整体。世界历史学家也把注意力转向了众多网络系统，它们超越了国家、政治、文化、语言、地理和其他方面的界限，而这些都是历史学家和其他学者传统上的观察对象。世界历史学家不否认地方、国家和地区性历史的重要性，但他们坚持要找到那些在宏大背景下的重要历史事件。①

这种新的世界历史出现于历史分析主题的范围明显扩大的时期。在一定程度上，它包括像社会史、女性史、性别分析、环境史和区域研究这样的项目，更不必提语言学和人类学上的转变了。这渐渐使历史学家的目光超越了政治、外交、军事和经济的范畴，这些范畴在19世纪到20世纪中叶很大程度地限制了历史学的发展。

---

① Jerry H. Bentley, ‘The New World History’, in Lloyd Kramer and Sarah Maza, eds., *A Companion to Western Historical Thought*(Oxford: Blackwell, 2002), 393 - 416.

然而，这种新的世界历史已经明显地涉及了两个在其他领域没有大规模出现的更深层次的问题。这些问题来自两个意想不到的意识形态特征，它们几乎是随着历史学在 19 世纪作为一个专业学科的诞生而出现的：遗留下来的欧洲中心论假设和一种将民族国家作为默认的甚至是自然的历史分析类别的定位。早期的专业历史学家反映了这些普遍流行于 19 世纪欧洲知识分子之间的价值的影响，这些影响甚至到了令人惊叹的地步，因为他们的后继者仍通过 19 世纪独特观点的过滤来审视过去。由于世界历史学家是通过定义大规模的跨地区、跨文化和全球性问题来进行研究的，所以他们经常性地要比其他领域的同事更直接地面对这两个专业的历史学问题。通过解决那些和民族国家一起出现的欧洲中心论的假设所提出的问题，世界历史学家创造了打开进入全球史并以 21 世纪而不是 19 世纪的视角来构建历史图景的新窗口的机会。

历史学专业是怎样获得其与生俱来的意识形态特征的？认真寻 3
找能够精确而清晰地重建过去的方法的严肃学者，又是怎样通过那些深刻地影响着专业历史学家对过去理解的强有力意识形态的过滤、他们的工作方法以及他们的研究成果来审视过去的？

对历史事件的严谨研究有很深的历史学根基。从古典古代（classical antiquity）到现代，众多拥有不同文化传统的历史学家勤奋地工作以便准确而忠实地记录历史的发展。在 17、18 世纪，一些地区的历史学家独立地发展出了一套以严谨批判和事实为基础的历史分析方案。①然而，我们今天所熟悉的专业历史学——主要集中于大学的、对过去事件的极其缜密的研究——仅在 19 世纪才获得对其身份的认同并实现了其组织形式。我们今天所熟悉的专业历史学源于利奥波德·冯·兰克及其学派的努力，他们建立了历史知识的可靠基础，并坚持认为历史学家应避免叙述精彩却虚构的故事，而应以

① Georg G. Iggers and Q. Edward Wang, *A Global History of Modern Historiography* (London: Pearson, 2008), 19-68.

仔细考证的文献资料作为其论述基础的方式，从而提高了历史学的可信度。

本文将讨论专业历史学从其诞生至今一直存在的几个严重问题。我应作出强调的是：这种讨论是对专业历史学的评论，而不是对它的拒绝或非难。这种评论也不意味着历史学家不可能负责任地处理历史事件，也不意味着历史学是一次徒劳的尝试。在缺乏任何能够实现绝对客观性或产生完美知识的替代方法的情况下，专业历史学——尽管它有自身的问题——在我眼中仍然是最可靠、最负责任和最有建设性的处理过去历史事件的方式。但这绝不意味着它是唯一的或最受全世界各民族欢迎的同过去联系的方式。全世界各民族通常更倾向于把神话、记忆、族谱、歌曲、舞蹈、电影、小说等作为与过去联系起来的首选方式。①即使这些获得并处理过去历史事件的替代方式有着巨大的文化力量，但它们也不能轻易地进行自我批判、修正或改进。因为它们是建立在不容置疑的权威、悠久的传统、情感力量和文学力量的基础上的。相比之下，专业历史学是通过系统研究、严格考证资料和极其缜密的推理来叙述历史的。尽管一些学者利用他们的技能引发或激发出一种绝对正确的情感，但专业历史学往往会对长期以来深信不疑的信念提出质疑，并在一些人们倾向于认为是简单的问题上强调其复杂性。更重要的是，专业历史学为了使自己能够识别出问题而进行自我审查和批评、纠正错误并产生改进了的知识。它享有普遍的知识可信度，同时也赢得了处理过去历史事件最可靠方式的名声。纵使利奥波德·冯·兰克及其合作者产生了一个遗留问题，但他们仍然给这个世界带来了一个以专业历史学形式出现的强大知识工具。

---

① 有关这些观点的论述，具体参见 Ashis Nandy, 'History's Forgoteen Doubles', in Philip Pomper, Richard H. Elphick, and Richard T.Vann, eds., *World History: Ideologies, Structures, and Identities*(Malden, Mass.: Blackwell, 1998), 159 – 178; 以及 Jerry H. Bentley, 'Myths, Wagers, and Some Moral Implications of World History,' *Journal of World History* 16(2005), 72 – 76 中的评论。

然而，专业历史学的特点之一就是批判的习惯，这需要历史学家们对专业历史学本身进行批判性的考察。这种批判性的考察可能会首先考虑专业历史学的出现条件。我们今日所熟悉的历史学出现于19世纪，这是十分重要的。早期的专业历史学家把对过去历史事件的研究转变成一个严谨且受人尊敬的学术项目，这和当时的两项重大发展是同时进行的。首先，在工业化和帝国主义的时代，欧洲在世界历史上获得了比以往更多的全球性力量和影响力。其次，在欧洲和北美，政治家们将摇摇欲坠的王国和封建制转变成强有力的民族国家。这两项发展都深刻地影响了历史学以及作为一个知识项目的历史学的概念。 4

专业历史学和欧洲问题

工业化和帝国主义的双重发展为当时的欧洲人把欧洲视为产生真正历史发展的地点创造了条件。迈克尔·阿达斯（Michael Adas）指出在16、17世纪，欧洲的旅行者发现中国、印度以及一些其他地方的社会、经济和文化传统有很多值得敬佩的地方。但在经历了启蒙运动、现代科学的发展以及由于开发新能源而引起的大规模技术改进后的18、19世纪，欧洲人日益把别的民族视为智力和道德上的次等民族，并草率地认为其社会是因停滞而沉沦的。[①]黑格尔以鲜明且不妥协的措辞表达了这些观点。他宣称："地中海盆地是世界历史的中心，没有地中海就没有世界历史。"相比之下，东亚是"与世界历史的普遍发展相隔离的，并从未参与其中"。撒哈拉以南的非洲是"一片仍被黑夜笼罩的、处于童年期的土地，它远离自觉历史的白昼"。因此，非洲"不是世界历史的一部分，它没有可供研究的事件或发展"。当他把注意力转向西半球

① Michael Adas, *Machines as the Measure of Men: Science, Technology, and Ideologies of Western Dominance*(Ithaca, N. Y.; Cornell University Press, 1989).

时，他宣称：“美洲总是在展示其在物质和心理上的软弱，直到现在仍是如此。”尽管欧洲人正试图介绍那里的历史，但黑格尔仍写道：“严格说来，非洲和美洲没有历史，”所以他预言道：“在我们面前的时代，这片土地将是未来的土地，世界历史的重担在那里会自动地呈现出来。”①

黑格尔是哲学家而不是历史学家，我深知他的历史概念要比他对欧洲以外的世界的无知猜测要深刻得多。在今天，黑格尔的说法很明显源于他对更广阔世界的忽略，但他的说法在 19 世纪的欧洲却是十分可信的。此外，他在那个时代作为将历史发展引入哲学讨论的重要哲学家，他也深刻地影响了历史观念以及对历史目的的准确理解，而这正是历史学作为能够产生准确且可靠知识的学科而获得认同的时期。

尽管早期的专业历史学家对黑格尔的理论性宣言十分不耐烦，但他们的日常工作却完美地回应了他的概念，即“历史”这个学术术语的正确含义仅与欧洲而不是更广阔的世界相关。当早期的专业历史学家将历史研究的地理范围完全限制在地中海盆地或仅在一定程度上涉及西半球的欧洲支脉上时，他们就忠实地反映了黑格尔的观点。这些是存在正式国家和文学传统的地区，并因表现出有意识、有目的的历史发展而显得十分独特。黑格尔和早期的专业历史学家都把这些地区视为世界历史的发源地，即历史学家应该关注的焦点。黑格尔和历史学家推测像中国、印度、波斯和埃及这样有正式国家和精致文化的复杂社会曾经拥有过历史；然而，由于这些社会陷入了停滞状态，它们就不值得引起那些职业责任是研究有意识、有目的的历史发展进程的历史学家的注意。

---

① Georg Wilhelm Friedrich Hegel, *The Philosophy of History*, trans. by J. Sibree(New York: Dover, 1956), quoting from 79－102.在更晚近的黑格尔如下著作的译本中，有关这些观点的表述略有不同，参见 *Lectures on the Philosophy of World History*, trans. by H. B. Nisbet(Cambridge: Cambridge University Press, 1975), 152－196。

因此，一个多世纪以来，历史学家在很大程度上将他们的注意力限定在古典地中海世界、欧洲和西半球的欧美土地上。研究世界上的其他地区则是不同学术领域的学者的任务。例如，在现代区域研究于二战后出现以前，东方学学者和传教士一直都是研究亚洲地区历史的主要学者。但他们在很大程度上是对亚洲文学经典进行理解而不是对其进行历史研究。①如果早期的历史学家将亚洲从他们的研究视野中排除的话，他们也就不会对撒哈拉以南的非洲、热带东南亚、美洲以及大洋洲感兴趣了。这些都是没有公认的正式国家和文学传统的地区，当然也就没有历史。因此，这些地区和生活于其上的人民，以及他们丰富多彩、充满异域风情但在历史上不重要的传统——现代的一位黑格尔学派的历史学家将其评论为“随着地球旋转的、风景如画的原始部落”，但同时也是“这个星球上一处无关紧要的角落”——也就只能获得人类学家的温柔对待了。②

当利奥波德·冯·兰克提倡一种包含所有事件和国家的普遍史时，他的确效仿了心胸宽广的启蒙学者的表达方式。他大胆地将这种普遍史视为是以更广泛的视角叙述的历史，而不仅仅是对民族历史的编纂，在这种视角下“事物的普遍联系”将是历史学家的主要兴趣。他宣称：“找出这种联系并追溯那些将所有民族联结在一起并决定它们命运的伟大事件是普遍史这个学科的职责所在。”兰克直率地承认“一些东方国家源于原始时代的制度一直被认为是所有文明的胚芽”。然而在相同情况下，他也认为在他的工作中没有这些“东 6
方国家”的一席之地：“那些以寄托在毫无希望的起点的永恒为特征的民族是不会理解普遍史的内部运动的。”所以，兰克的普遍史观点（1880—1888年间出版）并没有包括除地中海盆地和欧洲以外的地

① Robert A. McCaughey, *International Studies and Academic Enterprise: A Chapter in the Enclosure of American Learning*(New York: Columbia University Press, 1984).

② 此处引文出自 Hugh Trevor-Roper, *The Rise of Christian Europe*(London: Harcourt, Brace, and World, 1965), 9。

区的历史。①因此，普遍史就是欧洲史，而且也只有欧洲史才是值得关注的历史。

可以设想，随着时间的推移以及有关欧洲以外的世界其他地区的知识的增长，历史学家很有可能通过逐步扩大对欧洲以外社会的历史研究的地理范围和文化视野来纠正这种欧洲中心论的思考方式。但黑格尔和早期的专业历史学家正是在欧洲的评论家意识到机械化工业生产正在赋予欧洲人以应对更广阔世界的巨大力量的时刻显得十分活跃。这种孕育了轻蔑的东方学、科学种族主义（scientific racism）、社会达尔文主义和教化使命的学术环境使那种认为欧洲只是众多社会中的一个的相对观点没有立足之地。当时的经验似乎证明了欧洲的优越性，并表明那些较弱的社会将会从欧洲的教导中受益以便提高其发展水平。②因此，黑格尔和早期的专业历史学家通过欧洲是事实上的历史发展标准和文明本身的假设加强了他们的欧洲中心论观点。

在这种学术环境下，早期的专业历史学家将应用于欧洲的分析模式推而广之，从而确保或无意中确保了这样一个事实——当以欧洲的分析标准分析世界上其他地区的社会时，这些社会看上去都是有缺陷的。很多评论家指出像国家和民族、文化和文明、传统和现代、贸易、劳动、奴役、封建主义、资本主义以及

---

① Leopold von Ranke, 'Preface to Universal History(1880),' in Georg G. Iggers and Konrad von Moltke, eds., *Leopold von Ranke: The Theory and Practice of History*(Indianapolis, Ind.: Bobbs-Merrill, 1973), 160－164；也可参见 Michael Harbsmeier, 'World Histories before Domestication: The Writting of Universal Histories, Histories of Mankind and World Histories in Late Eighteenth Century Germany,' *Culture and History* 5(1989), 93－131；和 Martin W. Lewis and Karen E. Wigen, *The Myth of Continents: A Critique of Metageography*(Berkeley: University of California Press, 1997), 106－115。

② Adas, *Machines as the Measure of Men*, 133－270; Jurgen Osterhammel, '"Peoples without History" in British and German Historical Thought,' in Benedikt Stuchtey and Peter Wende, eds., *British and German Historiography, 1750—1950; Traditions, Preceptions, and Transfers*(Oxford, 2000), 265－287; Bruce Mazlish, *Civiilzation and Its Contents*(Stanford, Cal.: Stanford University Press, 2004).

其他这类明显来自欧洲的学术术语已经成为专业历史学关注的主要方面。①当专业历史学家从 19 世纪中期开始拓宽研究的地理范围时，他们仍继续使用这些旧观念并通过欧洲的分析视角来观察这些处于更广阔世界里的社会。这种做法的效果通过产生一种以欧洲标准来评估世界其他地区社会的历史知识体系而得到深化，并巩固了欧洲中心论的假设。

在 1992 年的一篇颇具影响力的文章中，迪佩什·查卡拉巴提（Dipesh Chakrabarty）提出了一个由此产生的，有关历史学及其负责任地处理欧洲之外世界历史的潜力，阴郁且悲观的看法。他认为欧洲已经成为专业历史学的参考点。他通过观察得出了这样一种结论："有一种特殊的方式，那就是所有的其他地区的历史都是可以称之为'欧洲历史'的主要叙述方式的变体。"进一步说，"只要有一个由 7
大学机构产生的历史叙述方式在运行的话，历史学就不可能简单地从'历史'和对公民权的现代论述、资产阶级共和国和个人以及民族团结的深刻纠葛中走出来"。因此，作为一个学术科目的历史学就不可避免地并完全地与现代欧洲的轨道相重叠。在 1992 年，查卡拉巴提认为历史学作为一种知识的价值是可疑的，并很可能是不存在的。②

我们没有必要全盘接受查卡拉巴提的可怕推测，也没有必要接受其他一些后殖民时期的评论家提出的理论。这些评论家认为将所有的分析类型普遍化是有问题的，这源于把单一社会的文化上的特

---

① 在许多可以引用的材料中，下文有尖锐的评论，参见 Steven Feierman, 'African Histories and the Dissolution of World History,' in Robert H. Bates, V. Y. Mudimbe, and Jean O'Barr, eds., *Africa and the Disciplines: The Contributions of Research in Africa to the Social Sciences and Humanities* (Chicago: University of Chicago Press, 1993), 167－212。

② Dipesh Chaktabarty, 'Postcoloniality and the Artifice of History: Who Speaks for "Indian" Pasts?,' *Representations* 37(1992), 1－26, quoting from 1, 19。查卡拉巴提后来对这些看法有所修正，并试图通过"将欧洲地方化"的项目挽救史学研究。参见 Dipesh Chakrabarty, *Provincializing Europe: Postcolonial Thought and Historical Difference*(Princeton, N.J.; Princeton University Press, 2000), quoting from 27, 41。

殊概念广泛应用在对世界其他地区的社会的研究中，并进一步承认资本主义、帝国主义和其他的欧洲现代性元素深刻地影响了专业历史学的概念和实践。①然而，与其将其摒弃并认为历史学是一场无用的追寻，倒不如去寻找一个更具建设性的方式，这种方式可能会使专业历史学家超越原来限制他们的学术准则。在考察这种可能性之前，我们应先关注专业历史学的第二个问题。

专业历史学与民族问题

伴随着一系列欧洲中心论的假设，专业历史学获得了它第二个与生俱来的意识形态上的特点——把民族问题作为默认的，甚至是自然的历史分析焦点的定位。这不是不可避免的，从古至今，很多历史学家都在寻找能够在更广阔的背景下理解本民族历史的方式。公元前 5 世纪的希罗多德和公元前 2 世纪的司马迁是如此，②13 世纪研究蒙古人的波斯历史学家志费尼（Javaini）和拉希德丁（Rashīd al-Dīn）也是如此。像伏尔泰、孟德斯鸠以及成功地编纂了 65 卷英文版《世界历史》（*Universal History*，1736—1765）的作者那样的业余历史学家也不例外，哥廷根大学的专业历史学家约翰·克里斯托弗·加特勒和奥古斯特·路德维希·冯·施勒策尔亦如是。甚至在 19 和 20 世纪，在高校指导下的专业历史学面前，世界历史的这种传统依然倔强地坚持着。一些像罗伯特·本杰明·里维斯（Robert Benjamin Lewis）和威廉·威尔斯·布朗（William Wells Brown）这样不引人注目的学者出版了一本以非洲视角编写的世界历史的书，而像 H. G. 威尔斯（H. G. Wells）和贾瓦

① 同查卡拉巴提相似的评论，也可参见如下对欧洲中心论历史学的评论：Samir Amin, *Eurocentrism*, trans. by R. Moore(New York: Monthly Review Press, 1989)；和 Arif Dirlik, ‘Is There History after Eurocentrism? Globalism, Postcolonialism, and the Disavowal of History,’ *Cultural Critique* 42(1992), 1 - 34。

② Sieo Stuurman, ‘Herodotus and Sima Qian: History and the Anthropological Turn in Ancient Greece and Han China,’ *Journal of World History* 19: 1(2008), 1 - 40.

哈拉尔·尼赫鲁这样的知名人士则试图对全球历史做一番全面调查。①

然而在19世纪，尽管专业历史学家缩小了研究的地理范围，但 8
他们还是选择了能够集中反映那些孕育出他们最近增强的学科政治环境的研究主题。欧洲的19世纪是一个充斥着激进民族主义和频繁国家建设的时期。历史学家及其同代人一起见证了民族国家动员人力资源的潜力和引领人类前进的能量。他们被作为政治组织形式的民族团体和民族国家深深地吸引了，甚至对其着了魔。尽管兰克史学要求历史学家应以仔细考证的文献资料为基础叙述历史，但这一时期的历史学家仍认为19世纪出现的民族团体有着能够回溯到古代的深远历史根源。所以他们把国家、民族团体及其政治经历，最后再加上民族国家，作为默认的和事实上唯一适当的专业历史学的关注焦点。

早期的专业历史学家仍像黑格尔那样将国家，特别是他们所处时代的民族国家作为历史的杰出代表。利奥波德·冯·兰克曾经把国家称为“神圣的物质……神的思想”。②（彼得·诺威克把兰克的研究方法贴切地形容为是一种“国家崇拜性质的泛神论”。）③兰克和他的专业同事将目光聚焦于民族团体和民族国家的历程，主要集中在它们的制度、宪法、政治经验、文化表达及其国家关系上。他们把民族视为历史学的默认研究对象，并认为历史仿佛就是一个主要或专门用来叙述民族团体和民族国家的历程的学科。他们

---

① Marine Hughes-Warrington, ‘Coloring University History: Robert Benjamin Lewis's *Light and Truth*(1843) and William Wells Brown's *The Black Man*(1863),’ *Journal of World History* 20: 1(2009), 99–130; David Kopf, ‘A look at Nehru's *World History* from the Dark Side of Modernity,’ *Journal World History* 2: 1(1991), 47–63; Paul Costello, *World Historians and Their Goals: Twentieth-Century Answers to Modernism*(DeKalb, Ill.: Northern Illinois University Press, 1993).

② Leopold von Ranke, ‘A Dialogue on Politics(1863),’ in Iggers and von Moltke, eds., *Leopold von Ranke: The Theory and Practice of history*, 119.

③ Peter Novick, *That Noble Dream: The ‘Objectivity Qyestion’ and the American Historical Profession*(Cambridge: Cambridge University Press, 1988), 27.

经常编纂出专门用来证明民族团体的谱系是合理的，并充满爱国主义精神的历史著作。这需要将民族叙事投入遥远的过去以便挪用一些早期事件和经历（当然不包括其他民族），并建立线性的叙事方式。①

对这些民族国家而言，在经历了19和20世纪后，它们热情地回应了历史学家的关注：它们以维护国家档案馆、建立出版历史文件的机构、资助大学、成立民族历史的专业协会以及把爱国主义和历史学系纳入学校课程中的方式支持甚至资助了历史学。如果没有自19世纪以来的历史学与民族国家之间的共生关系的话，我们今日所熟悉的历史学也就几乎不可能出现了。历史学在很大程度上是被称为“民族国家”的这个特定政治组织形式在意识形态上的仆人。专业历史学家在许多方面也确实是世界历史时期民族国家的知识产物。②

过去的一个世纪在理论和实践方面都给专业历史学带来了巨大的改变。现在的历史学家拓宽了历史分析主题的范围，并减少了他
9 们19世纪的前辈带来的对民族主义的过分关注。然而事实上，他们与民族团体和民族国家的联系一直保持到今天。但在论述那些与政治和外交的传统历史主题截然不同的主题时，比如社会历史学家和女权主义学者就会将他们大部分的研究目光投向民族团体的框架。设想在诸如英国工人阶级的形成、对印度的殖民征服或美国历史上的妇女这样的主题上进行研究是一件简单的事，但历史学家仍很少在比民族团体更广阔的环境下进行论述阶级和性别问题的基础研究，虽然元叙事方式明确地以将阶级和性别视为普遍意义上的、轻便类

---

① 参见 Prasenjit Duara, *Rescuing History from the Nation: Questioning Narratives of Modern China*(Chicago: University of Chicago Press, 1995)。

② 国家对历史学科出现的贡献的例子参见 G. P. Gooch, *History and Historians in the Nineteenth Century*(Boston: Beacon, 1959); Felix Gilbert, ‘European and American Historiography,’ in John Higham, Leonard Krieger, and Felix Gilbert, eds., *History*(Englewood Cliffs, N. J.: Prentice-Hall, 1965), 315 - 387; 以及 William R.Keylor, *Academy and Community: The Foundation of the French Historical Profession*(Cambridge, Mass.: Harvard University Press, 1975)。

别的方式支持了这些工作。那些批评爱国主义和超民族主义叙述方式的历史学家主要把他们的批判集中在特定的国家政策上，并因此通过他们所批判的民族国家的视角来审视历史。甚至当历史学家处理现代民族国家出现之前的时代的历史时，他们的分析也经常集中在像早期“中华帝国”或中世纪晚期的“德意志”这样的个别社会上，因此对过去的阐释只能通过被划分成民族团体的世界视角来进行了。对民族国家的定位直到今天仍给专业历史学留下了显著标记。

本文的重点不是攻击民族历史本身，当然也不是质疑民族团体或民族国家在历史上的重要性。当将表面一致却各不相同的民族社团组织成民族国家的过程成为一个显著的全球性历史过程时，民族团体或民族国家就已经在过去的两个世纪里深刻地影响了世界各民族的生活环境。此外，个别民族国家在世界历史上扮演了举足轻重的角色：由于民族国家已经证明了其在控制大众忠诚和调动人力资源上的能力，它们就理应得到历史学家的注意，在可预见的未来仍会是如此。

但我们不能确定历史学家是否应该允许以民族国家为基础的政治组织去模糊那些人类为表达与他人联系在一起的愿望而形成的可替代方式的意义和作用，这些替代方式是通过性、性别、民族、种族、语言、宗教、意识形态、阶级、职业、经济利益、社会地位、品位或其他许多可能的基础来形成社区的。人类群体是极其多样的，然而，对于群体与群体以及群体与在其自身之外的世界是如何建立起联系的，我们同样不确定历史学家是否应该睁一只眼闭一只眼。

世界历史的任务

专业历史学家应如何建设性地应对他们所继承的带有意识形态色彩的历史学呢？毫无疑问，我们不应忽略欧洲历史或革除民族史，

也不应期望历史学家会发现达到绝对客观境地的特殊方法。然而在
10 发现问题后，历史学家会朝着建设性史学的方向努力，即使不能完全清除但至少也会减轻欧洲中心论的意识形态和对民族国家的定位带来的问题。

在某种程度上，以知识形式出现的专业历史学可以视为欧洲现代性的一个不可或缺的元素——欧洲的现代性以民族国家、机械化工业、全球性帝国和独特的历史知识为特点。这是一个使历史学的方法和分析技术从流行于19世纪的意识形态的关联中解脱出来的精巧过程。这项任务包括摒弃一些对奠定历史学基础的世界的轻率观点。但我们没有理由怀疑历史学家能够在他们的学科中根除那些无益的假设：历史记录中充满了那些开始时沿着一条道路并在以后经历了方向上的彻底改变，之后的学者发现问题并找出解决问题的方法的文化项目。

新的世界历史已经成为一个在处理欧洲以及更广阔世界的历史上更有前途的研究方向，它排除了以欧洲为毋庸置疑的研究起点或历史分析的通用标准的方法。世界历史学家并没有采用单一的方式或方法作为解决欧洲中心论假设的普遍方式。相反，他们通过自我反思、自我修正和应用其他各种特别方式或方法，形成了一种意识形态成分更少但易理解的历史学。

我不会试图列一份详尽的清单，因为在众多方法中只有一小部分才值得特别提出来。王国斌提倡相互比较的方法，这种方法的优势是强调社会的独特特点和价值，同时又不会不公平地对待另一方。①杰克·古迪（Jack Goody）建议采用分析网络，这有利于在具体特性上进行跨文化的比较（比如一些人们认为是欧洲人特有的文化偏好和特点），从而创建一个能够在具体特征或组织形式上进行多个社会的相互比较的环境。②与明确地比较相比，桑贾伊·苏布拉马

---

① R. Bin Wong, *China Transformed: Historical Change and the Limits of European Experience*(Ithaca, N. Y.: Cornell University Press, 1998).

② Jack Goody, *The Theft of History*(New York: Cambridge University Press, 2006).

尼亚姆（Sanjay Subrahmanyam）更倾向于分析相互联结的历史，特别是那些贯穿整个现代早期世界并触及社会的文化影响。①同时，超越了自己在1992年的文章中表达的阴郁观点的查卡拉巴提最近试图通过“欧洲地方化”这个项目来拯救历史学——这一项目将欧洲的现代性视为一种在众多可供选择的现代性的集合中的地方性方式。②彭慕兰则奠定了从全球视角理解工业化的坚实基础，这是通过仔细、节制地比较现代早期的欧洲与中国的方式实现的。③而C. A. 贝里（C. A. Bayly）则发展出了一套复杂的分析方式，这种方式为地方性经验提供了广阔的空间以便探索现代全球化的早期阶段。④我们还可
以举出许多额外贡献的例子，但这六种方法将成为世界历史学家以 11
不同方式寻求代替欧洲中心论的理论方法的显著例证。

本文提到的这些方法不会用中国中心主义（Sinocentrism）、印度中心主义或其他意识形态上的偏好来代替欧洲中心论——也断然不会将欧洲完全剔除出去——而是远离所有的民族中心主义观念。这些方法也不是完全没有缺陷，但它们结合在一起就会澄清很多概念性的主题并打开一扇能够更具建设性地分析全球历史的大门。进一步改进分析方式的可能性无疑会激起自我反思的历史学家在处理全球历史方面寻找能够避免欧洲中心论和其他无益的意识形态的方法。

对以民族国家作为历史分析焦点的定位的补救要比对欧洲中心论假设的补救更简单。在处理这个问题上，出现了两种主要的可供选择的方式。其中一种方式采取了一些独特方法，是在比民族国家

① Sanjay Subrahmanyam, ‘Connected Histories: Notes toward a Reconfiguration of Early Modern Eurasia,’ in Victor Lieberman, ed., *Beyond Binary Histories: Re-Imagining Eurasia to c.1830*(Ann Arbor, Mich.: University of Michigan Press, 1999), 289－316; 和 *Explorations in Connected History*(New Delhi: Oxford University Press, 2004)。

② Chakrabarty, *Provincializing Europe*.

③ Kenneth Pomeranz, *The Great Divergence: China, Europe, and the Making of the Modern World Economy*(Princeton, N. J.: Princeton University Press, 2000).

④ C. A. Bayly, *The Brith of the Modern World, 1780—1914: Global Connections and Comparisons*(Oxford: Blackwell, 2004).

小得多的环境下将历史学的焦点转向小地区，以便发掘出它们的历史意义。在哲学领域，这种向小地区的转变在让-弗朗索瓦·利奥塔（Jean-François Lyotard）的著名宣言中找到了其表达方式，因为唯一有意义的叙事方式是极度地方的，所以他的宣言将后现代时期的特征定义为“对元叙事方式的质疑”。①在方法论领域，这种向小地区的转变促成了史蒂芬·费尔曼（Steven Feierman）对欧洲分析类别的著名激进批判的出现，费尔曼坚持认为历史学家在理解非洲的历史经验时必须采用非洲的分析类别。②在经验主义领域，这种转变形成了克利福德·格尔茨（Clifford Geertz）基于地方性知识和微观历史学的人类学，它发现了生活中、经验中以及一些个别的男女关系中蕴含的历史意义，而不是像过去那样在政治机构或更大的结构性元素中。③

这种转变在很多方面丰富了对历史的理解，同时也没有使民族国家成为历史分析的自然焦点，但它也会模糊那些决定地方主体自身的生活和经历的影响及联系。通过对生活和经历的边际、叛逆和特殊命题的关注，历史反映出这种转变已经提供了一个对政治和社会进行批判并在可用的历史中寻找相同政治主张的方便基础。然而，如果这种转变忽略了那些深刻地影响了当地经历的大框架（包括民族国家）和大规模进程的话，它就会付出很大代价。在某种程度上，它拒绝接触更大的世界以及那些将各个社会联结在一起的联系，同时它也有鼓励产生无关的微叙事方式和实际上由当地文化的决定论推动的历史愿景的潜力。正如费尔南多·柯罗尼尔（Fernando Coronil）指出的那样：

---

① Jean-François Lyotard, *The Postmodern Condition: A Report on Knowledge*, trans. by G. Bennington and B. Massumi (Minneapolis, Minn.: University of Minnesota Press, 1984), xxiv.

② Feierman, 'African Histories and the Dissolution of World History'.

③ Clifford Geertz, *The Interpertation of Cultures* (New York: Basic Books, 1977); and *Local Knowledge: Further Essays in Interpretive Anthropology* (New York: Basic Books, 1985); and Edward Muir and Guido Ruggiero, eds., *Microhistory and the Lost Peoples of Europe* (Baltimore, Md.: Johns Hopkins University Press, 1991).

> 当空间的全球化——以一体化和排他的过程为特点——让我们理解部分和整体是怎样联系在一起的，在思想上变得紧迫、在政治上变得不可或缺的时候，我们就会发现它正在使我们面临一个脱节的世界。①

第二种可选择的方式是放眼全球，这需要通过将地方的、民族 12
的和地区的历史放在更大的跨地区、跨文化和全球的背景下的方式来实现。这种转变不是一个毫无问题的解决方案。正相反，它充满了逻辑上的、认识论上的、道德上的以及其他类型的困难。世界历史的一些努力很容易变成之前讨论过的、大家耳熟能详的欧洲中心论。其他的努力则完全从社会学的理论中汲取灵感，特别是已成为欧洲现代性的标志性文化产品的马克思主义和韦伯主义。很多构想在重要的抽象概念方面都存在着社会和同质化人群间的令人泄气的差异。

尽管这种转变有潜在的问题和缺陷，但它对构建现实主义视角和对这个世界及其历史发展有意义的理解方式的目的来说却是一个必要的、不可或缺的方案。在不否认民族国家意义的前提下，世界历史学家通过关注对沟通和交流的网络的分析以及探索不同国家、社会和文化传统下的不同民族间的相互影响的过程而使其失去中心地位。他们用许多方式生动地描绘了这个混乱的世界并抵制了用单一的原则代替历史经验的多样性诱惑。他们试图承认声称世界是一个极富多样性的整体的宣言，也试图承认存在一个能将不同民族的命运联结在一起的跨地区系统的现实。在这样做的同时，他们也努力构建了能够描述众多层次上的——地方的、地区的、民族的、大陆的、半球的、海洋的和全球的——分裂和整合的历史视角。②

---

① Fernando Coronil, ‘Can Postcoloniality Be Decolonized? Imperial Banality and Postcolonial Power,’ *Public Culture* 5(1992), 89－108, quoting from 99－100.类似的评价，参见 Arif Dirlik, *The Postcolonial Aura*(Boulder, Colo.: Westview, 1997)。

② Bentley, ‘The New World History’.

无论对历史学还是对为了理解更广阔世界而做出的更全面的努力而言，这种在新的世界历史形式下发生的转变都不能包治百病。它不会停留在个别社团的经历上，除非这些社团参与了把它们自己同其他社团联系在一起的更大规模的历史进程。从长远角度看，即使它给一些大规模进程带来了更清晰的关注点，但它仍有模糊历史偶然性的风险。此外，它毫无疑问地反映了现代的文化视角似乎同那些位于高度现代性视野之外的评论家毫不相干。

但这种向历史的全球性的转变使历史学家能够叙述一些其他方式没有关注到的重要问题。它通过制造将世界上许多表面不同且互相分散的社会联结起来的大规模历史进程的日期表的方式，提供了一个允许历史学家超越那些专业历史学从 19 世纪就开始关注的首要问题——文化差别、专属身份、地方性知识以及个别社会的经验，事实上它们中的大多数解释了民族社团——的框架。这种全球性的转变有助于历史学家系统地处理一系列大规模进程，比如大规模迁徙、帝国扩张、跨文化贸易、环境变化、生物交流、技术转移以及包括思想传播、理念、意识形态、宗教信仰和文化传统在内的文化交流。这些进程并不涉及民族边界或地理、语言以及文化上的界
13 限。相反，它们的影响范围更加广阔。这些因素结合在一起深深地影响了个别社会的经历，也影响了作为一个整体的、更大的世界的发展。如果专业历史学的目标之一是理解这个世界及其长时间的发展的话，这些进程就会要求历史学家关注旁边的民族社团和民族国家的历史。

这种在新的世界历史形势下发生的转变已经成为当代人思考过去的必不可少的视角。虽然我们认识到地方社团和民族国家充当了所有民族历史经验的重要背景，但这个方案仍能将历史焦点聚焦于那些触动了许多民族并深刻地影响了个别社会的、大规模的、跨地区的全球化进程。毕竟，就像无数的地方性社团和民族国家被学者们默认为历史分析的类别那样，不同文化间的互动、沟通和交流的网络限定了人类经验的背景。新的世界历史学家面临的挑战是清理

出一条超越将欧洲的现代性作为评判世界上所有社会的适当标准的假设的道路，一条超越将世界视为自然地划分成众多民族区域的、地方的概念的道路，以及一条超越将地方团体的个别历史经验作为历史的、唯一可知主题的诱惑的道路。

在下面的章节中，世界历史学家们将通过四组涉及新世界历史的、突出主题的文章来迎接这一挑战。第一组文章处理了世界历史最基本的概念性问题——历史发展的理论、时间和空间的框架、现代性和全球性的构造以及新世界历史学家继承或设计的分析工具。第二组文章将注意力转移到最突出的主题上，即探索跨地区和全球性的基础——自然环境、定居农业、游牧业、国家及其形成、性别、宗教、技术和科学。第三组文章或多或少地聚焦于离散的过程，这一过程影响了一些大规模事物——前现代和现代时期的大规模移民、跨文化贸易、工业化、生物扩散、文化交流以及帝国扩张。本书的最后一组文章以全球性的历史视角探明了世界主要地区的历史——通过追溯特定地理和文化区域的独特发展线路，也注意那些将众多单一区域联结成一个更大的、世界的联系。最后，本书是对以新视角理解全球历史的贡献，同时也反映了新世界历史的创造力和活力。

参考书目

- Bayly, C. A. *The Birth of the Modern World, 1780—1914: Global Connections and Comparisons*. Oxford: Blackwell, 2004.
- Bentley, Jerry H. 'The New World History,' in Lloyd Kramer and Sarah Maza, eds., *A Companion to Western Historical Thought*. Oxford: Blackwell, 2002, 393 - 416.
- ——. 'World History and Grand Narrative,' in Benedikt Stuchtey and Eckhardt Fuchs, eds., *Writing World History, 1800—2000*. Oxford: Oxford University Press, 2003, 47 - 65.
- ——. 'Myths, Wagers, and Some Moral Implications of World History,' *Journal of World History* 16(2005), 51 - 82.
- Chakrabarty, Dipesh. *Provincializing Europe: Postcolonial Thought and Historical Difference*. Princeton, N.J.: Princeton University Press, 2000.

- Duara, Prasenjit. *Rescuing History from the Nation: Questioning Narratives of Modern China*. Chicago: University of Chicago Press, 1995.
- Iggers, Georg G., and Konrad von Moltke, eds., *Leopold von Ranke: The Theory and Practice of History*. Indianapolis, Ind.: Bobbs-Merrill, 1973.
- ——. and Q. Edward Wang. *A Global History of Modern Historiography*. London: Pearson, 2008.
- Pomeranz, Kenneth. *The Great Divergence: China, Europe, and the Making of the Modern World Economy*. Princeton, N. J.: Princeton University Press, 2000.
- Subrahmanyam, Sanjay. 'Connected Histories: Notes toward a Reconfiguration of Early Modern Eurasia,' in Victor Lieberman, ed., *Beyond Binary Histories: Re-Imagining Eurasia to c.1830*. Ann Arbor, Mich.: University of Michigan Press, 1999, 289-316.
- Wong, R. Bin. *China Transformed: Historical Change and the Limits of European Experience*. Ithaca, N.Y.: Cornell University Press, 1998.

白英健 译 陈 恒 校

第一部分

概　念

第一章　启蒙时代以来的世界历史理论

迈克尔·本特利

世界历史几乎就是对理论化的驳斥，就像它乐于对其重要的，甚至是超历史学上的意义进行反思那样。 19

——雷蒙德·格鲁（Raymond Grew）①

我们现在所面临的问题是：有关世界历史的理论往往仍处于一种貌似是经验性的叙事方式的掩盖下，而对它的考察则意味着要审视数以百计这样的叙事方式。由此可见，世界历史不能用一个以连续纪年为主题的简短方式来描述。为了至少能阐述世界历史上那些更重要的转折，最好的办法可能就是介绍一些旨在阐明在这个18世纪被创造出来而现今已不被承认的主题的变化上，起重要作用的是六种主要模式和“转变”的初步见解，而不是罗列出一个历史发展的概要，这可能需要作者通过特定的写作方法来更深入地探寻这些难以处理的内容。接下来是我自己提出的、有关世界历史的象征论，并可能与其他学者的象征论相抵触。我认为：它的各个阶段应被视为一种通过时间但又与时间相重叠的渐进阶段，而不是一个发展的连续阶段。我们后现代文化的所有碎片仍彼此共存着，就好像我们听从了欧内斯特·布洛赫（Ernst Bloch）对“同时间的不同时间性/

---

① Raymond Grew, ‘Expanding World of World History,’ *Journal of Mondern History* 78 (2006), 878—898 at 897.

同时发生事物的不同时性”的著名警告似的，主要的非同步性现象却出现了同步性。

普　遍　史

20 这可能是世界历史所添加的最早的框架了，与其说它是从作为一般概念的世界中得到其最初的形式，倒不如说它是从一个试图将所有已知文化置于基督教的普遍习俗下的普世性教会的思想中得到的。在这方面，没人比博叙埃（Jacques-Bénigne Bossuet）主教在其1681年出版的《普遍史》（*University History*）中表达得更清楚。的确，这对于理解在这种情况下出现的“普遍性”（universal）的对立面——并不存在于以空间形式出现的地方性上而是存在于包括时间、空间和主题在内的特定历史方法的对象中——这一事实是十分重要的。杜尔哥男爵（Baron Turgot）和伏尔泰都把博叙埃的观点评论为一个华丽但却误导他人的诡辩论（*ignoratio elenchi*）。杜尔哥这个更优秀的评论家宣称：“普遍史包含对人类一系列进步的思考和对引起这些进步的原因的仔细探究。”①这种关于全人类族群，而不仅限于欧洲天主教群体已经取得进步的思想，甚至还认为历史学有可能成为一种系统的探究方式。伏尔泰因博叙埃没有完成其根本未打算完成的事而责怪他。“这位伟大的作家”，伏尔泰以惯用的开篇方式写道，“仅仅只是稍微留意了创建了强大帝国和繁盛宗教的阿拉伯人；他只把他们看成是一群野蛮人。他详细记述了埃及人，但却忽视了印度人和中国人，这些至少和埃及人一样古老，一样值得关注的民族”，②但却不像欧洲人那样值得关注。的确，在他那包含世界历史

① ‘On Universal History,’ in Ronald Meek, ed., *Turgot on Progress, Sociology and Economocs*(Cambridge: Cambridge University Press, 1973), 63 - 118 at 64.

② *An Essay on Universal History: The Manners, and Spirit of Nations from the Rise of Charlemagne to the Age of Lewis XIV*, translated by Mr. Nugent(4 vols., 1759), vol. 1, 3.

的文章中，伏尔泰在前 60 页除去了中国、印度、波斯和伊斯兰文明的内容，而在之后论述印度的那 5 页中，他明显对这个生活在“放荡和柔弱”中的民族缺少同情。①无论怎样，这些评论都标志着对于普遍史应该包含哪些内容的观念的转变。埃里克·沃格林（Eric Voegelin）指出：“全面解释人类社会和人类历史”的观念在 1700 年以前并不存在，而对新世界的适应和进一步接触亚洲文化将成为创造这种观念的一部分。②这些都不是对教权主义和普世教会的思想控制的攻击。这些行动合在一起促成了一系列支配 18 世纪最后 30 年的史学思想的历史著作和亚理论性反思，这些历史著作包括从巴黎百科全书派的作品到爱德华·吉本那生动的尖酸评论，以及从威廉·罗伯逊（Willian Robertson）到大卫·休谟，从亚当·弗格森（Adam Ferguson）到亚当·斯密的苏格兰文人（*literati*）的极富思想性的宣言。这些作品往往没有叙述任何名副其实的“世界历史”（world history），但它们经常把所有历史事件变成一系列认为世界历史会由下一代人构建的含蓄建议。

这些作品又有什么样的影响呢？对我们而言重要的不是避免对夸张性叙述的缩减，而是思考它们的一些共同特点，虽然这不是最急迫的。也许这些作品有三个特征。开通的历史学家首先关注的是进步（*progress*）的观念并将历史视为——准确地说定义为——一个为这种转变提供证据的学科；其次，他们构建文化和文 21
明的顺序，并将其放入历史中；最后是对作为公民的读者的实用性责任。

在启蒙运动的构想里，进步这个观念是没有受限制的特征，但却有受限制的意义。启蒙学者致力于促进知识的不可阻挡的进步和

① *An Essay on Universal History: The Manners, and Spirit of Nations from the Rise of Charlemagne to the Age of Lewis XIV*, translated by Mr. Nugent (4 vols., 1759), vol. 1, 30－35.

② Eric Voegelin, *From Enlightenment to Revolution* (Durham, N.C.: Duke University Press, 1975), 5.

丰富作为一个无止境进程的人文精神（*l'esprit humain*）的内容，他们的进步观念显示出哪些民族和地区领先在前而哪些又落在后面。以巴黎为中心的欧洲处于世界的中心，因为它在通向文明的进程中似乎是领先的。虽然已知世界的其他地区处在次要地位，但它们也需要文明帮助其向前发展，普遍史通过下面这段话反映了这一过程：

> 随着时间的流逝，新的民族出现了。在各民族的不均衡的进步过程中，被野蛮人包围的文明的民族正在征服或已经征服了他们，并同他们混居在一起。无论后者是否受到了前者的艺术和法律的影响，也无论征服者是否使蛮力屈服于理性和文化的帝国，野蛮的范围都在逐步缩小。①
>
> ——杜尔哥

但理性的帝国不会在没有战争和流血事件的历史中出现：我们必须将注意力转移到更高形式的进步上，正如哥廷根历史学家奥古斯特·路德维希·冯·施勒策尔（August Ludwig von Schlözer）所言，以便“理解启蒙运动——更伟大的革命是由天才的宁静沉思和智慧的温婉美德引起的，而不是专制暴君的暴力”。②所以当亚历山大·弗雷泽·泰特勒（Alexander Fraser Tytler）于1780年在爱丁堡大学思考教授给他的学生什么样的知识时，他的思绪构建了一个以“用进步观点展示人类状态”的普遍史为内容的讲演过程，这种普遍史无疑会解释国家和帝国的起源，在此之后会“特别关注各个民族的习俗、法律、政府性质、知识增进以及艺术和科学的进步”。③如果非欧洲的民族十分努力的话，他们就能更好地向目标前进。

---

① Turgot, 'A Philosophical Review of the Successive Advances of the Human Mind', in Meek, *Turgot on Progress*, 41－61 at 47.

② Quoted in Peter H. Reill, *The German Enlightenment and the Rise of Historicism*(Berkeley: University of California Press, 1975), 45.

③ *Plan & Outlines of a Course of Lectures on University History etc.*(Edinburgh, 1782), 3－4.

这种不平衡的进程表明各个社会是分不同的阶段迈向现代性的，这些阶段可以通过研究各个社会的语言和文献来阐述。没人能像孔多塞侯爵那样绘制出一幅阶段性分明的普遍史图景，他将已知的过去分成三大段：一个交流的前文明阶段；以其他艺术形式的发展为代表的第二次进步，其高潮是字母的出现；最后是从古典希腊到现代法国的巨大历史进程。他随后又将这三个大部分细分出三个小部分，这使得他有机会回顾畜牧业、农业、亚历山大及其发现、科学、十字军、绘画以及抛弃约束人类思想的教会的过程。①极度自负的梅赫根（Chevalier de Méhégan）则认为完全没有必要在“中国、日本、鞑坦和印度的历史”上浪费时间，因为这些地区对他来说没有接触到欧洲的经验。②孔多塞将世界上的所有地区都囊括进他的框架里， 22
但却认为其各个部分的前进速度是不同的。孔多塞不像吉本那样一再向他的读者保证不会要求他们思考拜占庭的历史，除了影响欧洲的那部分外，其7—11世纪的“模糊的时间间隔”则完全可以忽略不计。③孔多塞完整地测量了他所设计的人类进步的阶段。当然，这也避免不了会产生对那些落后民族的傲慢蔑视，但普遍史却是名副其实的了，并且覆盖了比传统基督教历史更广阔的地理范围。

最后，实用性是在进步、启蒙运动和世俗化之后出现的。采用这一观点的历史学家们认为历史应该向人们传授有用的知识；并且由于人必须要被理解成是一种被时间和空间强化了的现象，历史也就应该教导人们怎样成为一个好人。博叙埃关于实用性的观点——由他的弟子梅赫根继承，他认为那些过去的事件能够帮助读者去信奉真正的宗教，并且帮他们避开虚假的教导④——屈从于激进的反

① A. N. de Condorect, *Sketch for a Historical Picture of the Human Mind*(1995 edn.).孔多塞认为“有一条将我们所处的时代与历史时间的开端联系起来的不间断的链条”(8)。

② M. le Chevalier de Mehegan, *Tableau de l'histoire modern depuis la chute de l'empire occident, jusqu'à la paix de Westphalie*, 3 vols.(Paris, 1766), xxii.

③ *Decline and Fall of the Roman Empire*(ed. Bury), Preface to later volumes, I, x－xi.

④ Mehegan, *Tableau de l'histoire modern*: 'J'appelle utile aux homes, tout evenements qui peut fair connoitre la veritable Religion & demasquer les fausses' (vii).

教权主义的潮流下并形成为一种非同寻常的实用性方式。来自爱丁堡的一种观点认为，“无论在私人美德上，还是在那些呈现出个人在社会上的有用性的天赋上，任何科学的价值都是根据其所能提供的进步倾向的多少来评估的……”。①作为具有社会功能的美德（而不是宗教），其实用性将有关世界历史的观点提升到了一个新高度：世界历史不只是大量学习世界各文明的历史，更是一个使学习者融入真正文明的过程。像这样构建世界历史的问题只有在作为社会形式的国家的力量成为现在和过去的统治性力量时才被提出来。在 19 世纪——国家、资本主义和帝国主义的时代——“普遍史”这个术语经历了一次转变，这种转变在 1780 年是不会发生的。名字被保留了下来，但它的内涵却永久地改变了。同时，它也能仔细思考代替它并与它紧张地共存的两种思维模式了。其中一种模式从唯心主义中汲取灵感；另一种把欧洲看作在世界上占统治地位的观点视为基础。这两种模式都有德国文化的源头。

世 界 历 史

一些评论家倾向于将之前提到的普遍史与以上这种思想倾向融合起来，但它更应该作为 19 世纪的气质而被单独提出来。借助于对赫尔德和黑格尔联系在一起的启蒙运动的假设的批判，世界历史（*Welrgeschichte*）的追求从既是事实又是抱负的大国的崛起中得到了加强，并且世界历史成为一个以显著的被种族和文化的陈规陋习——世界的其他地区并不适合西方的政治秩序——污染的欧洲中心论和帝国主义（*imperialism*）为特点的学科，同时也是一个为反对多样性和促进同质性的行为而进行合理化的自由主义理论（*liberal theory*）。凝聚在一起的省份、公国和土地分裂成了新的国家，这些新国家每一个都有表述其起源和命运的民族主义宣言，并创造了对

① Tytle, *Plan & Outlines*, 1.

能够使这种国家形成过程合法化的有用的历史的需求；继这种国家形成过程之后的是专业历史学在绝大多数西方国家的进步，所以历史叙述的中心就是关注作为一个单位的民族以及作为其更高表现形式的国家。德国最伟大的历史学家利奥波德·冯·兰克的那部代表 23
其最高水准但未完成的《普遍史》（*Universal History*）使其获得了学术上的盛名。其关于德国发展的第二个进程，理论世界历史的思想，并不始于领土和国际政治（*Weltpolitik*），而是始于一种认为过去是通向更美好现在的渐进过程的观念；不是通过巴黎形式的理性进步开始的，而是通过对理性的重新定义开始的，这种重新定义使历史成为其载体，使世界和国家成为其最高表达方式。在这里，世界历史的发展线路以一种强制性回顾的形式出现，这种形式可能成为黑格尔理论中的螺旋式上升过程，也可能成为奥斯瓦尔德·施本格勒理论中的一系列通过令人沮丧但却必然发生的文化的繁荣和衰落产生的循环，或者是由受施本格勒影响最深的英国评论家阿诺德·汤因比构建的有关日后景象的渐进轮廓。

这一思想的第一个阶段关注的是欧洲国家那迅速发展的力量，这对世界历史的理论来说有重要意义，而这种注重空间的理论却阻碍我们追溯世界历史理论的发展过程。第二个进程——对过去的理论性塑造——则立刻脱离了历史基础以便发表理论，它用这种方式表现了它与那些有历史基础的伙伴的不同。如果说黑格尔是这种世界历史的先驱的话，那么另一个方面的黑格尔也应该进入我们的视野——辩证法的创始人。在这种思想下出现的国家也可以在其他的思想下出现，但它不是作为一个政府或权力的集合出现的，用黑格尔的话说，而是作为“人类意愿和人类自由的外部表现形式下的精神思想”出现的。①这种深奥的形而上学式的理解表现了黑格尔学派一直坚持的学说的本质，即理性和世界一直都在进行一个相互转化

① Georg Wilhelm Friedrich Hegel, *The Philosophy of History*, trans. by J. Sibree (New York: Colonial Press, 1899), 47.

的过程，其最终结果是形成一个客观实在，成为合理且理性的客观实在的世界。这一过程的推动力量是精神（*Geist*），它把“世界历史作为它的活动场所、它占有的事物和使它具体化的方式”。①所以，黑格尔学派的世界历史从构成其基础的宏大视野中获得了其形式，它出色的新机械论解释了所有变革：命题引发了一个必要的对立面，之后两者结合在一起形成了一个更高层次的综合体，这个综合体会形成自己的命题，并再次开启对立的过程直到完成历史的计划。黑格尔相信这个过程已经在普鲁士完成了，历史会在 1831 年他去世前走向终点。一个哲学性的世界历史——就是他的课题——的存在仅仅是为了展示历史的终点是如何产生的。它起源于波斯（这个中国和印度的特点的综合体），经历了希腊世界（民主）和罗马（专制）的发展，二者合成了贵族制（aristocracy）。②在此之后的每一项发展都是为了带来一个日耳曼式的世界——而不是一个德意志式的世界，
24 它是文明的砖块，是“新世界的精神”。在那个世界中，重要的是指向现代性文化的辩证法的出现，从悬而未决的不适应性经由有限的适应性到无限的适应性③：一切都消失了。

当年轻的卡尔·马克思引人注目地指出黑格尔哲学的缺陷并用辩证唯物主义——这个存在较少形而上学成分的辩证唯心主义的伙伴，取代了辩证唯心主义时，他同样也表现出对涉及全球大部分历史的世界历史图景不太感兴趣。地区仍然被视为是类别，就像黑格尔那样，但对类别的划分的依据不再是进步精神的潜力，而变成了经济生产的模式。例如，一旦被定义为亚细亚生产模式，亚洲就成为一个解决问题的理想模型，即亚洲期待经济动力来驱动社会发展，

---

① Hegel *Philosophy of History*, 54.

② Hegel *Philosophy of History*, 174 – 175, 278 – 279.

③ 由有限变为无限的内省还未出现。这种对立双方互相转换，进而形成新的综合体的过程是黑格尔理论的核心。例如，Friedrich Brand, ‘Uber Hegels Anschauungen zur geographischen Grundlage der Gechichte in seiner Philosophie der Weltegeschichte,’ *Geschichte in Wissenschaft und Unterricht* 10(1965), 611 – 623 at 619。特别是布兰德于第 615 页根据黑格尔的理论所做的对世界地理的生动叙述。

在这种情况下，“即使最野蛮的野蛮人”也会朝着下一阶段的“文明”发展。①因此，对世界历史的兴趣就不可避免地集中在那些“下一阶段”上，在这些“下一阶段”里，资产阶级的生产方式会“以自己的形象创造世界”②并最终在摩擦和矛盾中产生共产主义设想的世界新秩序。正如我们将看到的，虽然这种世界历史观念并不为马克思主义者独有，但以其经济理论的子结构为基础的世界仍是一个永恒的主题。

这些类型——无论是黑格尔的还是马克思的——都会在下一个世纪继续存在，特别是黑格尔的观点，它在 1870 年后的两代人的时间里为世界历史理论提供了能量。尽管他们对历史进程的古怪理解仅仅是旧调重弹，但德国人弗里德里希·尼采（1844—1900）和奥斯瓦尔德·施本格勒的评论仍立刻引起了人们的关注。尼采既没有历史著作，也没有宣称自己是一位历史学家，但他在对人类经验进行哲学分析方面却带来了堪比黑格尔的影响。施本格勒则是一个对人类命运进行预言的疯狂教师。虽然如此，这两人却都创造了一个思考一切历史的形象，其中的一个反对历史学家对下个世纪的剧烈暴力做出反应。相比施本格勒，尼采是更重要的思想家，但他对世界历史的贡献仅仅是在他的作品《不合时宜的沉思》中对历史的使用和滥用。在该书中，他呼吁结束“世界进程”并认为人类需要一种基于生活的英雄史。③对肯定读过尼采的施本格勒来说，尼采的建议——历史应该留给那些能展望它的天才——无疑是正确的，同时他还写出了 20 世纪早期最具代表性的

---

① The *Communist Manifesto*, quoted in Marshall Sahlins, ‘Goodbye to *Tristes Tropes*,’ *Journal of Modern History* 65(1993), 1 - 25 at 2.

② Sahlins, ‘Goodbye to *Triste Tropes*,’ 2.

③ “要是我们没有听到过这种夸张的说法，那么代表着现今人类历史的‘世界’也就仅仅是动植物历史的延续了。事实上，即使在海洋的最深处，历史普遍主义者也能发现自己存在的痕迹。” ‘The Utility and Liability of History,’ in *Unfashionable Observations*(Stanford: Stanford University Press, 1995), 85 - 167 at 147。应指出的是，尼采所有的论调都只是在表述其自身的德国思想。

文化作品：两卷本的《西方的没落》。该书的绝大部分内容写于一战前，并于一战后出版。①书中所展现的西方最终会没落的观点与其说是结论，倒不如说是起点。施本格勒的任务是证明三个命题：第一，人类经验的各个部分都是相互联系的；第二，这种联系创建了一种一致的文化，其历史展示了不断重复的兴衰模式；第三，所有的文化都是不稳定的，并且会像“文明”退回到无政府状态那样，逐渐沦为退化的、柔弱的形式。世界历史成了一个总是转到相同的钉子上，又总是转向文明的弊病的车轮。②这些都不令人乐观，斯宾格勒也不是一个乐观的人。尽管他研究世界历史的方式有心里
25 失衡的迹象，但他对识别关系的需要的陈述——这些关系包括一种文化的建筑和其数学的关系，其宗教和服饰的关系，其家庭生活和艺术的关系，等等——已经成为下个世纪的文化史的一个重要方向。在后世的历史学家眼中，他的缺陷是强求一致，他为了制造适合他观点和气质的模式而生硬地拼凑出数量有限的有关过去文化的经验性证据。

1920 年，施本格勒的书被刘易斯·纳米尔（Lewis Namier）介绍给了他的朋友阿诺德·汤因比，书中的纯粹思想吸引了他。但施本格勒不是历史学出身，他仅学习过数学和自然科学。汤因比的设想是将历史思维和方法运用到斯宾格勒提出的部分观点中。其结果就是汤因比顶着所有对其作品的蔑视和嘲笑，在 1934—1961 年间陆续出版了那部被他称之为“荒谬的书”的 12 卷本《历史研究》。这部著作使汤因比成为英语史学界的著名人物。同施本格勒一样，汤因比也认为他看到了过去文化的周期性兴衰模式，并将整个世界历史的内容缩减到一个可控的范围内。他不认同施本格勒不把文明视为一种类别的观点，在汤因比看来，文明是人类成就的最高点。他认为有几种理论方式可以帮助我们预测文明

---

① Oswald Spengler, *Der Untergang des Abendlandes: Umrisse einer Morphologoie der Weltgeschichte*(2 vols., Munich, 1918—1922).

② Spengler, *Untergang*, vol.1, 20－24; 164－220.

将如何生存以及它们将如何蓬勃发展，比如“挑战和应战”“撤退和返回”，他还提出了文明衰落的一种常见模式，即“下层阶级”先是在对文明的控制上被排除出去，然后逐渐积蓄力量，最终征服了文明的精英阶层，摧毁了整个文明的结构。这一思想显然与两次世界大战之间的苏联经验有关。然而，与施本格勒不同的是：汤因比认为并不是所有事物都在世界末日期间被摧毁了。某种形式的有组织的宗教，一个一般性的“普世教会”存活下来并成为下一个文明的胚芽。所以，汤因比在书中的最后几卷里提供了一个对文明进步性的描述，他认为文明是一辆架在“单调地不停转动的轮子上”的车辆。①

是什么因素使施本格勒和汤因比在一群相似的学者中显得更加重要呢？施本格勒没有形成一个学派直接影响世界历史，而汤因比的学说则主导了一代人。施本格勒为了使他的叙述统一起来而创造了一些难以置信的类别，而汤因比则至少试图进行归纳性的思考。两位学者也有着不同的命运。施本格勒活到了纳粹统治德国的年代，并将纳粹视为是他所讨论过程的必然结果。相反，汤因比经历了现代主义历史学的时代并成为最早的受害者中的一员，他的学说仅在他去世后才在后现代主义的环境下重新得到重视。

现 代 主 义

当世界历史的两个方向——大国视野和对历史进程的理论模式的偏好——加强了对世界历史的需要时，19 世纪学术环境下的第三个元素却起着反作用。在其发生地德国，它以“历史相对论”
(*Historismus*) 为人所知，之后却令人困惑地被翻译成英语“历史 26

① Arnold Toynbee, *Civilization on Trial*(1948), 15. CF. David Bebbington, *Patterns in History*(1979), 39.

主义”（historcisim）。①这一思潮认为历史应该是精确的、详细的、具体的以及含蓄地说是受限制的，并且还反对“世界历史”的宏大视野。只要这些视野保留着找出普遍性本质的吸引力——这是兰克和他那一代人的愿望——那么“历史相对论”的破坏性就会被忽略。但随着人文科学的发展，一个对主题的更严肃的理解出现了：它挫伤了世界历史的抱负并把它重新描述成一个满是预言家和先知的学科。这种批评的情绪在英语学术界变得特别强大，此外，它还因英国以及美国的学术界在世纪之交获得的声望而拥有了特殊的影响力。②我们不知道该怎样形容这个围绕着“在这个自觉的现代时期怎样书写历史”的问题形成的理论和学说的集合。我在其他文章中把这种情况称为“现代主义”，在本文中我仍然使用这个词以表示现代史学史中的一个重要的理想类型。③现代主义史学赞同兰克史学的部分内容：对史料的批判和严谨的叙述方式，却不赞同兰克史学的普遍性。现代主义史学也部分地赞同第二和第三代英国辉格党学者（加德纳〔S. R. Gardiner〕和弗斯〔C. H. Firth〕）对托马斯·巴宾顿·麦考利（Thomas Babington Macaulay）和托马斯·卡莱尔（Thomas Carlyle）的浪漫主义的修正，这种浪漫主义是现代主义史学极其不赞同的。但它非常认同弗里德里克·威廉·梅特兰（Frederic William Maitland）以及受其影响的对法律史和制度史的讨论形式。这些情绪的一个结果影响了世界历史的状态。对历史学而言，更应该进行的是对单个国家以及其宪法、议会和治理状况（在一定时期

---

① 弗里德里希·迈涅克（Friedrich Meinecke）的经典论述有助于这一术语的翻译。随后对这个陷入了“历史主义”泥潭的用法的远离促生了迈涅克对它的解释，并伴随着克罗齐和波普对其概念清晰度的破坏。具体参见我为即将出版的《政治思想百科全书》（*Encyclopaedia of Political Thought*, ed. Gregory Claeys）撰写的“历史主义”条目。

② 对这段时间的看法参见 Michael Bentley, ‘The Age of Prothero: British Historiography in the Long *fin-de-siecle*, 1870—1920’, *Transactions of the Royal Historical Society*, forthcoming 6th series, 20(2010), 171－194。

③ 参见 Michael Bentley, *Modernizing England's Past: English Historiography in the Age of Modernism 1870—1970*(Canbridge: Cambridge University Press, 2005)。

内）的详细研究，而不是在各个国家之间胡乱地进行比较或是沉浸在西方历史模式的空洞理论中，更不是研究西方与世界其他地区的互动。当历史学学术界出现《英国历史评论》（1886）和《美国历史评论》（1895）时，全球化理论就出现了一个新对手。

在两次世界大战之间，现代主义以历史学事实和历史学方法的主宰者的形象出现并几乎统治了整个历史学术界，它最大的受害者是一位自认是其中一个范例的历史学家。几乎没有任何一位学者像阿诺德·汤因比那样在一个新的学术环境里受到如此多的批判。我们可以确定的是：在当时的环境下，人们有攻击他的很好的理由。这些理由包括他那些刻板的概念以及他在一些方面的失败，例如，他未能将对像"构成一个国家需要哪些因素？"这样的问题的更深刻的理解引入他的分析系统中，这样的批判来自西班牙著名哲学家何塞·奥尔特加-加塞特（José Ortega y Gasset）。①然而，现代主义的进攻没有使用特定的概念而是把所有概念全部派上了用场：历史学必须通过归纳总结来前进，并还要从源头去认识历史学的各种理论。汤因比的《历史研究》的有效监督使其进行了一种有缺陷的尝试——为了符合预先制定的模式而强迫经验性证据去验证它验证不了的理论。荷兰人彼得·戈耶尔（Pieter Geyl）的作品体现了历史学家与汤因比之间的爱恨交织的关系，他在《与历史学家的辩论》（*Debates with Historians*，1955）一书中与他的受害者进行了一次激烈的对话，并在其他地方也进行了类似的对话。②也许这些评论中最具危害性，同时也是最深思熟虑的部分出自一位18世纪*的著名历史学家理查德·帕雷斯（Richard Pares）

---

① 'una ides de nacion tan ridicula e inconsistente e impropria de un hombre de ciencia come la emitida por Toynbee.' 'Una Interpreracion de la Historia Universal,' in *Obras completes*, 12 vols. (Madrid, 1946—1983), vol. 9, 11 - 211 at 50.

② 在一些于美国所做的讲座中，戈耶尔将汤因比的研究方法斥责为"对科学方法的拙劣模仿"。'Toynbee Once More: Empiricist or Aprorism?,' in Pieter Geyl, *From Ranke to Toynbee: Five Lectures on Historians and Historiographical Problems*(Northampton, Mass., 1952), 67 - 78 at 77.

* 原著如此。——编者注

之手，其研究范围十分广泛并深知其中的困难。他写道：“读者必须自己决定这是迷信还是科学，我只能承认我坚信这种试图从仅仅 20 多个虚构的实体中建立规律或是统计学上的普遍原则的尝试是注定
27 要失败的。”①无论理查德·帕雷斯还宣称过什么，汤因比都失去了历史学家的头衔。他被反对他的暴力所伤害，这种暴力同时又使他很困惑。但值得注意的是，他用现代主义的术语表达了他的沮丧而不是抗拒它们。正如马克思不想被认为是“马克思主义者”一样，汤因比也感到了类似的抗拒心理。这一心理体现在当他走到人生的尾声时给赫伯特·巴特菲尔德（Herbert Butterfield）的一封重要的信中：

> 就我自己提出的那个“涉及甚广”的理论而言，我自己不是一个汤因比主义者。我的意思是，我不把我的理论当作教条，而是把它简单地当作一件思想工具——试图构建一个从整体上观察世界历史的结构。到那时，我想，我们将不得不成为一家人或清算我们自己。②
>
> ——汤因比

他把他的思想工具仅仅视为“一个临时的评论”，而不是一个严格的理论。后现代主义的世界会倾听他的话语，但汤因比却没能伴随着知道他会拥有听众的满足感而离开了人世。

然而，现代主义虽然否认汤因比理论的合理性，却与他的理论相当接近了。如果说一战有助于产生那些限制世界历史性质的作品的理论的话，那么二战就至少在两个方面放松了这种限制。它留下了一个马克思主义者可以从中找到体面归宿的世界。它还加强了年鉴学派的可信度——一个以《年鉴》杂志为中心的法国社会历史学

---

① Richard Pares in *English Historical Review* 71(1956), 256－272 at 272.

② Toynbee to Butterfield, 24 April 1969, Butterfield MSS 531/T114. Cambridge University Library.

的激进运动，并使费尔南德·布罗代尔（1902—1985）成为历史研究领域的世界性领导者。①我们将看到马克思主义将在稍后崛起的世界历史的后殖民主义理论方面发挥重要作用。布罗代尔扩展历史研究主题范围的动力（这种扩展既是地理上的也是学科上的）鼓励了一种真心把亚洲、非洲和拉丁美洲视为重要的历史文化的经验主义的世界历史。

1945 年后，现代主义运动出现了一些矛盾。这是由汤因比的学生、加拿大人威廉·H. 麦克尼尔（他与埃里克·霍布斯鲍姆同样于 1917 年出生）引发的，他想以战时的经验来推动世界历史向前发展，但其方法却与汤因比提倡的不同。麦克尼尔出版了一部表明可以用现代主义来叙述世界历史的世界历史著作，开启了一种不同的方式，而不是通过编写一部概念性的历史著作来面对现代主义的假设。其作品《西方的兴起》（1963）通过把西方视为世界发展动力的方式论述了其所处的时代，但它也发布了一个关于作为探索知识的自由形式的世界历史的抱负的重要宣言。②麦克尼尔的另一部作品《世界历史》很久之后才出版并论述了另外一些必要的方面。③《西方的兴起》因其表现出的欧洲中心论和令人极其不舒服的对西方霸权的假设吸引了一些学者进行历史学方面的研究。如果没有这部书的话，这些学者可能永远不会把世界历史视为一个学术科目。约翰·罗伯茨（John Roberts），这位牛津大学的历史学家，见证了这个标志性的转变。因其十分关注欧洲史的重要问题，所以他从 20 世纪 70 年代中期开始不断拓宽他的研究视野，以便得出与哈钦森（Hutchinson）和企鹅两家出版社类似的观点。但从读者的角度来讲，更重要的是在 1985 年播出的一个非常成功的系列电视节目《西方的胜利》

---

① Fernand Braudel, *La Mediterranee et le monde mediterranien a l'epoque de Philippe II*(Paris, 1949; 2nd edn., 2 vols., Pairs, 1966).

② William H. McNeill, *The Rise of the West: A History of the Human Community*(Chicago: University of Chicago Press, 1963).

③ William H. McNeill, *A World History*(Oxford: Oxford University Press, 1967).

28 (*The Ttiumph of the West*)。他为这档节目带来了传统的牛津式观点，同时又不涉及汤因比的理论。他和他要感谢的麦克尼尔一道改变了世界历史的现代主义评价，并使他们的研究在学术界看来不那么古怪。①

在回顾了这种趋势的力量后，我们就该用下一代的视角来审视它的理论局限了。首先，它仍忽视资料库的存在，并给文化条件以广阔的空间以便粉饰“常识性”的以及根深蒂固的认识论假设，就好像它们是叙述历史事件的必不可少的假设。毫无疑问，最具争议性的方面是这一理论认为世界历史的“问题”在于如何解释欧洲的主导地位和其出众技术的全球影响。②人们很少去质疑这种统治地位在多大程度上借鉴或部分依赖于其他文化的经验。非欧洲地区是必要但次等的元素，同时也是被西方生硬地拉进来的。其次，也是更深层次的要素，与汤因比的“结构”有关。这些将世界历史理论化的主动措施与人类学和社会学的发展并行不悖（还有一些采用了结构主义模式的马克思主义历史学），同时现代主义历史方法的正式培训也没有减少它对世界历史的影响。历史学家认为，其所指的领域过于广泛以至于不能避开那些包含了可控的历史事件的主要类别和类型；而且，如果“挑战和应战”以及“撤离和重返”在通过实证考察后被证明不再是可持续性的话，那么至少那些能与现代历史学的假设共存的组织模式是不可避免的。所以，当历史学从 20 世纪 70 年代中期转向一种想要移除一些对现代主义的限制的“后结构主义”的认识论，并将自己描述为一个研究过去文化的复杂论述的历史学时，世界历史就再次被认为是脆弱的和过时的。它的一些倾向保留了下来。《世界历史杂志》为 90 年代带来了表述文化渗透的方式，这种方式围绕着由埃里克·沃尔夫（Eric Wolf）和杰里·H. 本特利

---

① 提及这两位学者是为展示更普遍的趋势，这样做就不可避免地会忽略很多于 1980 年之后出现的重要学者。

② E. J. Jones, *The European Miracle: Enviroments, Economies and Geopolitics in the History of Europe and Asia*(Cambridge: Canbridge University Press, 1981).

提出的“遭遇”的观点。同时，他们也坚持一种现代主义的暗示，即书写什么样的世界历史。然而，在后现代主义和后殖民主义的攻击下，有些倾向没能保留下来。

后现代主义和后殖民主义

对现代主义的批判并不总是一致的，但公平地讲第一个是第二个的先决条件，它们都为世界历史的研究带来了一定影响。二战后
产生的反殖民主义运动自然也产生了其自身的现代主义历史学家， 29
其中一些学者十分著名。但令人尴尬的是，论述殖民统治的历史并不能满足后殖民主义的深层次需要。这个敏感问题的核心是一个复杂的概念，它不仅显示了殖民剥削或殖民扩张的实际方式，还更有效地展示了支撑起帝国主义文化霸权的认识论。正如现代主义所假设的那样，在后殖民主义获得它需要的认识论——能够超越作为实体的世界的表现方式——之前，它就重新定位了有助于理解殖民条件的持久性质的知识的特性。这不仅需要对殖民地及其重要中心进行描述，还需要对作为精神框架的殖民性（coloniality）进行描述和解释。①后现代主义并没有提供这些，但在1975年后，由人文学科中的后现代主义思想所带来的问题却动摇了现存的对历史学能带来什么的确定性，并暗示为了给世界的其他声音创造空间就需要对西方话语进行去中心化。正如美国理论学家布鲁斯·马兹利什（Bruce Mazlish）所观察到的，“伴随着对普遍性或‘整体化’的不信任以及对‘其他部分’的正当性和尊严的关心，我们已经走向了异质性、碎片化和不确定性的现代主义特权”。②这种向异性可能会要求对历

① 我从以下著作借用了这个术语，具体参见 Walter D. Mignolo, *Local Histories/Global Designs: Coloniality, Subaltern Knowledges, and Border Thinking*（Princeton: Princeton University Press, 2000）。

② Bruce Mazlish, ‘Global History in a Postmodernist Era,’ in Bruce Malish and Ralph Buultjens, eds., *Conceptualizing Global History*（Boulder, Colo.: Westview, 1993）, 113－127 at 116.

史研究的传统中心进行调查，以此来鼓励对少数群体或被忽略的群体进行描述。但它也可能需要一种拒绝欧洲中心论的历史学，它以世界历史不熟悉的方式重新定义了霸权并将注意力集中在那些之前没有被认真对待的地区。此外，在所谓的“文化转型”上，后现代主义的方式可以使卡尔·兰普雷西特（Karl Lamprecht）那失效的、高度现代化的方案复苏，并创造出超越国家和民族的全球文化史。①

不可避免的是，马克思主义的力量在加强后殖民主义的批判方面起了重要的作用，特别是其葛兰西式的对“霸权”的分析②——这是一种在新兴的资本主义中识别帝国主义的分析形式。布罗代尔的学生伊曼努尔·沃勒斯坦在他的《现代世界体系》中展现了对现代早期阶段历史的马克思主义式的理解力量，该书还体现了在贸易线路和经济上的遭遇，并认为被传统方式忽略的子系统之间存在着一定程度上的相互依存。③最近，珍妮特·阿布-卢霍德（Janet Abu-Lhugot）把相同的逻辑方法应用到中世纪历史上，以便在这些发展的更早阶段发现类似的系统。她认为在13世纪的欧洲、中东（包括北非）和亚洲（沿海地区的草原地区）存在着一系列令人印象深刻的相互联系的子系统。④在后现代主义时期，这种马克思主义观点影响了很多后殖民主义作品，但有一些有趣的改变。例如，安德鲁·萨托里（Andrew Sartori）对孟加拉文化的研究，他从一开始就给出了一

---

① 对兰普雷西特文化世界史观点的批判性评论参见 Manfred Kossok, ‘From Unviersal History to Global History,’ in Mazlish and Buultjens, eds., *Conceptualizing Global History*, 93－111 at 94－95; and Alfred Heuss's recommendations for a modern version in ‘Moglichkeiten einer Weltgeschichte heute,’ *Saeculum* 19(1969), 3－29。

② 其他来源参见 Antonio Gramsci, ‘State and Civil Society,’ in Quintin Hoare and Geoffert Nowell Smith, eds., *Selections from the Prison Notebooks of Antonio Gramsci* (1971), 210－275 esp. 245－246, 257－264, 369－370。

③ Immanuel Wallerstien, *The Modern World-System*, 3 vols.(New York: Academic Press, 1974—1989).

④ Janet Abu-Lughod, *Before European Hegemony: The World System, A. D. 1250—1350* (Oxford: Oxford University Press, 1989), 352.

个马克思主义式的理解，但讨论的却是在孟加拉发生的全球和地方的辩证关系，如果没有后现代主义的认识论的话，这是很难发生的。①

孟加拉的确将自己变成了后殖民主义历史思想的中心。四位学 30
术界的知名学者，K. N. 乔杜里（K. N. Chaudhuri），拉纳吉·古哈（Ranajit Guha），迪佩什·查卡拉巴提（Dipesh Chakrabarty）和贾亚特里·查克拉沃蒂·斯皮瓦克（Gayatri Chakravorty Spivak），从20世纪80年代开始就为后殖民主义思想留下了深刻的印记。乔杜里的《欧洲之前的亚洲》（*Asia before Europe*，1990）②利用预先准备好的理论来验证用来比较南亚历史的另一部分特征，以便构建一个没有西方观点的印度史框架。其他三位学者合作完成了继《年鉴》杂志后最成功的学术冒险。《底层研究》（*Subaltern Studies*）的第1卷《南亚历史与社会》（*Writings on South Asian History and Society*）于1982年在德里首次出版，之后又陆续出版了一系列作品，这些作品完成了对意大利共产主义英雄安东尼奥·葛兰西所标明的底层阶级（与上层阶级相对）的承诺——不仅在印度，更在世界范围内改变了对农民处境和农民起义的研究方式，同时也改变了记录土著文化记忆和口头传说的方法。正如《年鉴》杂志在法国促成了年鉴学派的崛起，《底层研究》也在印度催生出了底层学派（Subaltern School），它的成员对如何处理世界历史的问题有共同的看法，用爱德华·萨义德的话说就是使“霸权主义历史学陷入危机”。③葛兰西式的马克思主义使整个学术界弥漫着对批判和扩展的

① Andrew Sartori, *Bengal in Global Concept History: Culturalism in the Age of Capital*(Chicago: University of Chicago Press, 2008).萨托里认为，“资本主义现代性的普遍类别并没有占据那些从外部面对区域特殊性的全球领域，而是与这些地区特性形成了辩证的亲密关系”（231）。

② K. N. Chaudhuri, *Asia before Europe: Economy and Civilisation of Indian Ocean from the Rise of Islam to* 1750(Cambridge: Cambridge University Press, 1990) and the review by R. I. Moore, ‘World History: World-Economy or a Set of Sets?,’ *International Review of Asian Studies*(1993), 99 – 105.

③ Edward Said, ‘Foreword’ to Ranajit Guha and Gayatri Chakravorty Spivak, eds., *Selected Subaltern Studies*(Oxford: Oxford University Press, 1988), v – x at vi.

支持情绪，即“讨论马克思，但不反对他”。①但这也压缩了对后现代主义的理解，最值得注意的是斯皮瓦克。她的观点转向了可理解性的边缘，她认为要求“底层”拥有发言权是不合理的，因为这样做之后，底层就不是底层了，她还悲观地认为西方学术实践本身就是在产生底层性（subalternity）。②这些学者促进了超越“中心”（重要的地方）和“外围”的旧类型的世界历史的出现。他们坚持认为可接受的世界历史是在精神上去中心化的以及在领土上全球化的。然而，并不是所有的印度历史学家都对此感到乐观，维奈·拉尔（Vinay Lal）有着同样的焦虑：世界历史学家“仍把欧洲历史作为核心”，并“把抵制现代主义渗透的那些部分排除出去”。③

全球史：期望与批判

世界历史的各种理论不可避免地表现出产生这些理论的社会和文化规范之间的关系。普遍史的出现很大程度上归功于启蒙运动；世界历史为欧洲的霸权提供了合法性；底层学派反映了随后殖民主义而来的思想。1989 年后，处于苏联控制下的“东方集团”的崩溃以及更普遍的经济全球化为“世界历史应涉及哪些历史”的思考带来另一种“进步”。历史学的“进步”总是伴随着由辉格党式的假设带来的危险——过去总是寓于现在之中，就像一种不断向自由和文明前进的力量，同时，“全球史”的新力量经常用无疑会引发怀疑
31 论者的批评的方式反推出全球化的动力。这种思考模式始于何时？

---

① Dipesh Chakrabarty, ‘Conditions for Knowledge of Working-Class Conditions: Employers, Government and Jute Workers of Calcutta,’ in Guha and Spivak, eds., *Selected Subaltern Studies*, 179 – 230 at 179.

② 对其观点的看法参见 John Beverley, *Subalternity and Representation: Arguments in Cultural Theory*(Durham, N. C.: Duke University Press, 1999)。

③ Vinay Lal, ‘Provincialising the West: World History from the Perspective of Indian History,’ in Benedikt Stuchktey and Eckhardt Fuchs, eds., *Writing World History, 1800—2000*(Oxford: Oxford University Press, 2003), 271 – 289 at 288.

布鲁斯·马兹利什认为它始于20世纪70年代（这让人感到不舒服，它可能是之前出现过的现象），但他用颇具说服力的话语指出了这种分期方式的问题："问题的关键在于协同作用和同步性是否能够证明新时代已经开始了。"①新一代世界历史学家出现在20世纪90年代，那是一个四处都在鼓吹"全球史"的年代。现今世界成了由各种文化组成的"伟大共同体"的产物，由此产生的历史学要求对领土、种族和权力进行不带任何偏见的研究，这种研究使之前的尝试减色不少。②即便是威廉·H.麦克尼尔，这位固执的现代主义者，都倾向于依赖一种"核心区"（各种文化在其中相互交流，互相吸收）的具有决定性的表达方式。③对其他学者而言，这在研究主题和学术方法上都是普遍的。这种"普遍性的历史学"只有在"更具普遍性的学术氛围"中才能流行。④

这些观点并不能主导整个学术界，但却能确定对未来的期望。在当前的全球史背景下，我们必须要完成的是创造一种协同性研究方式，这种研究方式将消除西方历史学与世界其他地区的历史学之间的差异。例如，在历史学而不是实际历史的层面上，近期一些单卷本论述为中国和印度提供了与西方相等的空间；⑤或是发起一个大规模的协同研究。《牛津历史著作史》计划涵盖全球所有的地区和文化，以便根除世界历史中残余的欧洲中心主义。⑥与此同时，在较小

① Bruce Mazlish, 'Comparing Global History to World History,' *Journal of Interdisciplinary History* 28(1998), 385 - 395 at 391.

② 这个用语来自大卫·诺斯拉普。他认为这种必要性"来自对能够发现当今全球化起源的过去的回顾"。David Northrup, 'Globalization and the Great Convergence: Rethinking World History in the Long Term,' *Journal of World History* 16(2005), 249 - 267 at 252 - 253.

③ Willianm H. McNeill, 'The Changing Shape of World History,' *History and Theory* 34 (1995), 8 - 26.

④ Dominic Sachsenmaier, 'World History as Ecumenical History,' *Journal of World History* 18(20070, 465 - 489 at 489.

⑤ Georg G. Iggers and Q. Edward Wang, *A Global History of Modern Historiography* (London: Pearson, 2008).

⑥ Daniel Woolf, ed., *The Oxford History of Historical Writing*, 5 vols, (Oxford: Oxford University Press, 2010).

的范围内，“跨国史”催生出一种研究趋势，它以不愿将国家和民族当作分析的必要单位而著称，它还用与传统的“国际史”或“国际关系”迥然不同的比较历史学的方式使其研究范围跨越了国家边界。①

对这些发展的理论化——并没有特别细致地理论化，为不可知论留下了很大空间。分析的表达方式通过一种认为世界历史反映的是一体化而不是孤立的观点来强调像“接触”和“联系”这样的术语。马歇尔·萨林斯（Marshall Sahlins）用诙谐的方式引出了这样一个悖论。“讽刺的是，”他于1993年写道：“当这种‘新的世界秩序’在文化自治的旗帜下分裂成众多小规模的分裂主义运动时，西方的社会学家才阐述全球一体化的理论。”②还有一种对什么是一体化以及对“接触”的含义的更隐秘的方法论上的担忧。威廉·A. 格林明确地将其表达出来：

> 证明这些事项的担子落在了那些支持一体化的人身上。他
> 32 们必须证明，从一开始，世界各民族（至少是世界历史中的重
> 要民族）的命运就联系在一起了，必须表明那些影响全球的变
> 革的动力已经在各个彼此不同的和相距遥远的文化中决定性地
> 推动了变革的速率和方向。③
>
> ——格林

以上所说的是全球史和跨国史的一个方面，它经常以问题丛生的答

① 这样的例子包括 Thomas Bender, ed., *Rethinking American History in a Global Age* (Berkeley: University of California Press, 2002); Christopher Bayly, *The Birth of the Modern World, 1780—1914: Global Connections and Comparisons* (Oxford: Blackwell, 2004); Gunilla Budde, Sebastian Conrad, and Oliver Janz, eds., *Transnationale Geschichte. Themen, Tendenzen und Theorien* (Gottingen, 2006)。我十分感谢我的同事，圣安德鲁大学跨国史研究中心的伯恩哈德·斯特拉克（Bernhard Struck）博士对我的帮助。

② Sahlins, ‘Goodbye to Tristes Tropes,’ 4.

③ Green, ‘Periodiaing World History,’ *History and Theory* 34(1995), 99-111 at 101.

疑之旅的面目展现在人们面前。我们都认为这种研究对各个社会和文明之间的联系有兴趣，但全球视野的有力例证却依赖于对这些联系功能的可信展示。解释一个关系“系统”要比展示它容易，如果不用现今熟悉的贸易或经济渗透的表达方式的话，则会更有解释力量。另一方面，观点本身就保留了下来。鉴于它经常用令人厌烦的术语来表达其观点，它的出现有时会让人期望它再次消失。但只有对世界历史主题的重新理论化——正在进行并受人欢迎，才能从它那不切实际的狂热信徒和那些依然相信经验性“研究”会将他们带到理性之地的人中拯救它自己。

参考书目

- Berger, Stefan, and Chris Lorenz, eds. *The Contested Nation: Ethnicity, Class, Religion and Gender in National Histories*. Basingstoke: Palgrave, 2008.
- Chakrabarty, Dipesh. *Provincializing Europe: Postcolonial Thought and Historical Difference*. Princeton: Princeton University Press, 2000.
- Chaudhuri, K. N. *Asia before Europe: Economy and Civilisation of the Indian Ocean from the Rise of Islam to 1750*. Cambridge: Cambridge University Press, 1990.
- Grew, Raymond. 'Expanding Worlds of World History,' *Journal of Modern History* 78(2006), 878－898.
- Heuss, Alfred. 'Möglichkeiten einer Weltgeschichte heute,' *Saeculum* 19(1969), 3－29. *History and Theory*. Theme Issue 34(1995).
- Iggers, Georg G., and Q. Edward Wang. *A Global History of Modern Historiography*. London: Pearson, 2008.
- Mazlish, Bruce. 'Comparing Global History to World History,' *Journal of Interdisciplinary History* 28(1998), 385－395.
- Mazlish, Bruce, and R. Buultjens, eds. *Conceptualizing Global History*. Boulder, Colo.: Westview, 1993.
- Northrup, David. 'Globalization and the Great Convergence: Rethinking World History in the Long Term,' *Journal of World History* 16(2005), 249－267.
- Sahlins, Marshall. 'Goodbye to Tristes Tropes,' *Journal of Modern History* 65(1993). Stuchkey, Benedikt, and Eckhardt Fuchs, eds. *Writing World History, 1800—2000*. Oxford: Oxford University Press, 2003.

➢ Woolf, Daniel, ed. *The Oxford History of Historical Writing*. 5 vols. Oxford: Oxford University Press, 2010.

白英健 译 陈 恒 校

第二章　地理学

马丁·W. 刘易斯

> 缺少地理学的历史学就像一具死尸，既无生气又无行动……因此，历史学和地理学就像是被哲学家称之为卡斯托（Castor）和波鲁克斯（Pollux）的两个发光体或流星，二者合一就会给我们的阅读带来愉悦和收获；二者分开则会带来某种失败的风险。
>
> ——彼得·海林（Peter Heylyn）：《宇宙学》（*Cosmographie*），第 2 版，1657 年

历史学和地理学曾被普遍地视为兄弟学科，或是更大整体的两 36
个方面。在这种思维方式下，历史的进程只能被这样理解：它们实际发生在特定的地理环境中并受物理世界冷酷无情的现实的影响。相应地，地理视野的空间模式只能通过考察它们的历史发展来理解。时间和空间、年代学（chronology）和生物地理学（chorology）、时代和地区：历史学和地理学的二元性是交织在一起的。

尽管二者之间有着长期公认的密切关系，但历史学和地理学却在 19 世纪至 20 世纪初这段时间里因学术职业化和专业化的加强而逐渐分开，历史学家对将地理学家放在历史进程和自然环境间的生硬联系表示越来越多的怀疑。他们也越来越多地关注民族历史，这是一种几乎不需要地理学的、以民族国家的领土作为全部考察对象的历史。对地理学家而言，他们通过逐渐转向地理学的理论和方

法的方式从与历史学的关联中摆脱出来。当哈佛和其他主要大学在20世纪50和60年代将它们的地理系拆开时，一些顶尖的地理学家就开始试图重建他们的研究领域——一门与历史学无关的空间科学。①

在20世纪的最后几十年里，这两个学科开始显现出一些重新汇聚起来的迹象。大多数地理学家现在认识到对历史语境或历史解释的需要，就像许多历史学家重新认识到空间关系的重要性和地理方法的效用。与历史学的其他领域相比，基本的地理学认识的作用在
37 世界历史领域表现得更加显著。围绕着单一的城市、地区、国家、帝国甚至是文明进行叙述的历史学框架可以在缺少地理学的情况下继续运行，但它会将考察的地区描绘成一个异常的、无显著差别的地方。这样的做法是不适用于世界历史研究者的，他们需要考察广泛地区内的不同地方之间的关系，并研究跨地区或全球范围内的变化过程。在某种程度上，世界历史的研究范围涵盖了全球地理。事实上，最近一些对全球空间模式的更具创新性的概念性重建是由世界历史学家推动的。

学术地理学的发展

根据古希腊人的最初构想，地理学需要对整个世界的表面进行研究。②根据古典学术结构，对具有一定规模的次全球（sub-global）区域的描述被归为地方性地理学（chorography），对更细致的地方性区域的描述被归为地形学，而对包括地球和外层空间在内的广阔区域的描述则被归为宇宙学。由于这些定义随着时间不断变化，地理学的研究范围也就扩大了，取代了一些像“地方性地理学”那样的

① R. J. Johnson and J. D. Sidaway, *Geography and Gergraphers: Anglo-American Geography since 1945*, 6th edn. (London: Hodder Arnold, 2004).

② Claudius Ptolemy, *The Geography*, translated and edited by Edward Luther Stevenson (New York: Dover, 1991), 25.

废弃不用的研究领域。最终，地理学的描述对象涵盖了从作为整体的地球到任意规模的单个地区。

地理学既包括对纯粹的自然特征的研究，又包括对同人类紧密联系在一起的特征的研究，这一事实产生了定义上和制度上的难题。在一般的想象中，地理学通常与像河流、湖泊、山脉、平原等地形学上的特征联系在一起，因此忽略了人文方面的因素。另一方面，在学术界，地理学有时会遭受过于广阔的研究范围所带来的困扰。但同人类学一样，地理学是一个同时包括自然科学、社会科学和人文科学的学科。

由于地理学的分散性，地理学家们经常试图限定一个更紧密的学科核心。从19世纪后期到20世纪中期，一个常见的调整是把地理学的核心集中在人类社会和自然环境之间，以此将自然地理和人文地理联系起来。在20世纪上半叶，地理学的主要争论集中在地理或
环境决定论者与地理可能主义者之间，前者认为气候、地形或土壤 38
条件塑造了文化和社会组织，后者则认为尽管自然环境能产生一定的约束，但文化始终都是人类智慧的产物。在19世纪晚期至20世纪早期，地理决定论的主流思想无疑在全球范围内占据着优势地位，这种情况还促进了其自身的世界历史观点的产生。地理决定论的首要问题是解释为什么西欧和部分北美地区能享有政治和经济优势。尽管欧洲和北美的有利的地形因素，例如可通航的河流和漫长的海岸线等因素也被提起了，但流行的解释在本质上仍是气象学的，因为这一观点认为只有温带气候才能产生积极的思想和强壮的身体。这种气候决定论有着悠久的学术传统，它曾在古希腊①和古典伊斯兰世界的地理学家中广泛流传。在几乎所有情况下，学者们都会找出自己家乡的主要环境条件。

既然地理决定论者关注的是大自然的统治性力量，那么地理可

---

① 参见 Clarence J. Glacken, *Traces on the Rhodian Shore: Nature and Cluture in Western Thought from Ancient Times to the End of the Eighteenth Century*(Berkeley: University of California Press, 1976)。

能论者关注的就是由人类活动造成的自然环境的改变。由卡尔·O. 萨奥尔（Carl O. Sauer）领导的伯克利学派（the Berkely School）学者在研究像砍伐森林、草原和热带草原的扩展、梯田和动植物的驯化这样的进程时采用了较多的历史学方法。①他们的研究大多数是地方性或地区性的，但他们首要的研究对象是地球表面的整体性变化，正如1995年的那个题为“在改变地球面貌过程中的人类作用”（*Man's Role in Changing the Face of the Earth*）的开创性研讨会所表现的那样。②

20世纪中叶，曾经流行一时的环境决定论失去了在学术界的统治地位并基本上从地理学中消失。像大多数历史学家那样，地理学家在20世纪90年代后期吃惊地看到由大卫·S. 兰德斯（David S. Landes）领导的旧的地理决定论在全球范围内复兴。即便兰德斯小心翼翼地指出“把地理因素视为命运的看法是错误的”，但他仍然认为欧洲的特殊地理环境有助于其获得全球性的统治地位。③

兰德斯的成功使很多地理学家都想弄清楚在过去的半个多世纪里他们的努力究竟换来了什么。然而，地理学家可能由于过于彻底地拒绝任何形式的地理决定论而部分地削弱了自己的学术地位。贾雷德·戴蒙德（Jared Diamond）在其于1997年获得普利策奖的那部《枪炮、病菌与钢铁》④ 中也认为自然环境有助于世界上的某些特定区域获得全球性霸权。然而，戴蒙德的观点并不代表种族中心主义，同时也比兰德斯的观点复杂得多。例如，他认为作为整体的欧亚大陆具有地理上的优势，这是因为同南北走向的美洲和非洲相比，欧

---

① John Leighly, ed., *Land and Life: A Selection from the Writings of Carl Ortwin Sauer* (Berkeley: University of California Press, 1963).

② Willian L. Thomas, Jr., ed., *Man's Role in Changing the Face of the Earth*, 2 vols.(Chicago: University of Chicago Press, 1956).

③ David S. Landes, *The Wealth and Poverty of Nations: Why Some Are So Rich and Some So Poor*(New York: W. W. Norton, 1999), 15.

④ Jared Diamond, *Guns, Germs, and Steel: The Fates of Human Societies* (New York: W. W. Norton, 1997).

亚大陆东西走向的主轴线能够使对光线敏感的农作物更快地传播。

除了大陆轴线的走向，能够影响世界历史进程的基本自然环境差异是十分多样的，以至于无法在此一一列举出来。然而，我们可能已经注意到从疾病环境到土壤肥力的自然因素能够深刻地影响人口密度，而人口密度又进一步影响了从农业强化到城市化的一系列社会演进过程。与人口密集的社会相比，人口稀少的社会通常会享有更多的闲暇时间和更好的健康状况，但它们的经济和政治一体化程度也通常更低。①出现在人口密集地区的大规模政治组织也会面临着特定的挑战，部分原因是不满的民众经常会涌向那些未开发的地
区。撒哈拉以南非洲的很多以政治中心的变动、低水平的城市化和 39
快速的种族形成（ethnogenesis）为特点的历史性发展都可以部分地通过与环境联系在一起的人口缺乏来解释。②同样，在人口稀少的东南亚，国王发动战争通常是为了获取劳动力而非领土，因此，在很长一段时间内，这里的政治结构与那些人口更密集的地区相比，存在着明显的不同。

大多数当代地理学家对上文提及的那些大规模历史地理模式没有多大兴趣。到20世纪后期和21世纪初，环境研究已经衰落成地理学的一个分支。此外，这一领域的许多工作都是地方性的并只关心当代问题。③但当地理学家从环境地史学（environmental geohistory）中退出时，历史学家们挺身而出填补了空缺。环境史在20世纪90年代成为一个注入地理学内容的充满活力的研究领域。由于世界环境史将会在本书的余下部分介绍（见第七章），所以本章的余下内容将会集中在地理学与世界历史交叉部分的其他方面。

① Ester Boserup, *The Conditions of Agricultural Growth: The Economics of Agrarian Change under Population Pressure*(Chicago: Aldine, 1965).

② Igor Kopytoff, ed., *The African Frontier: The Reproduction of Traditional African Society* (Bloomington, Ind.: Indiana University Press, 1987).

③ 一个值得注意的例外，参见 Michael Williams, *Deforesting the Earth: From Prehistory to Global Crisis*(Chicago: University of Chicago Press, 2003)。

空间和时间的学科

在探索世界历史的地理方面之前，我们有必要更精确地定义现在所使用的“地理学”这个术语。当代地理学的焦点集中在研究各区域之间差异的区域分化和考察各区域之间联系的区域整合上，而不是集中在对地球表面环境的描述或对人与自然关系的评估上。各个不同区域可以通过任何现象互相分离或互相联系，这包括那些人类世界特有的现象（语言、宗教、经济、政治等）和那些严格意义上的自然现象（如气候、植被、生物物种组合等）。

被这样定义的地理学可以视为是历史学的内在对应。历史学家考察的是随时间的推移而产生的差异，地理学家关注的则是空间上的不同。但传统意义上的历史学并不能形成对地理学空间研究的确切的时间上的补充，因为历史学把自己局限在过去 5000 年的人类经验中。然而，当代的世界历史却忽略了更深层次的方法论和年代学上的限制，轻易地将自己的研究范围扩大到了史前时期。地理学实际对应的是由像大卫·克里斯提安（David Christian）和弗莱德·斯皮尔（Fred Spier）这样值得注意的历史学家所提倡的无所不包的“大历史”（big history）。①由于大历史将地球的诞生或宇宙大爆炸（big bang）作为其研究起点，那么它所从事的就必然是跨学科的研究了。

大历史的主要叙述线索是一个持续了几十亿年并日益复杂的历
40 史进程，这一进程的推动力最初是生物进化，随后是社会文化的进步。相应的地理叙述是由分化和整合交替进行的。随着生物的进化，世界各个地区最终拥有了迥然不同的动植物物种；进而随着大陆碰撞、火山桥的形成或海平面的上升，各个大陆彼此联系在一起并发生了大规模的物种交流。同样，人类在历史早期也以东非的人口成

① David Christain, *Maps of Time: An Introduction to Big History*(Berkeley: University of California Press, 2004); Fred Spier, *The Structure of Big History: From the Big Bang Until Today*(Amsterdam: Amsterdam University Press, 1996).

辐射状迁移到世界各地的形式经历了一次影响深远的人口分散过程，在这一过程中人类的语言和生活方式彻底改变了，但随后发生的一些历史性发展将会缩小许多这样的差距，甚至在一些相隔非常遥远的社会之间形成紧密的联系。

最近，这种世界范围内日益紧密的空间一体化现象得到了很多关注。这种由先进的交通和通信技术引发的“缩小的地球”和“时间和空间的收缩”成为众多学术和新闻讨论中的常见主题，并在全球化讨论中被不断重复。然而，世界历史使我们认识到这一过程有着比我们通常意识到的更深层次的根源。就像语言和遗传史所显示的那样，早期的人类社会在进入新地区之前可能就已经产生分化了；与此同时，与之相反的过程在历史记录出现之前也已经开始进行了；即随着人口的相互影响，各个社会互相交流了各自的文化习俗、语言因素和基因，有时甚至跨越了非常遥远的距离。例如，马达加斯加是智人（*Homo sapiens*）最晚移居的地区之一；语言和考古证据表明婆罗洲的海员大约在1500~2000年前达到马达加斯加，这发生在他们沿南亚和非洲的海岸线进行的贸易活动之后，最终的结果是产生了一个与东南亚和东非的文化和遗传背景大致相同的混合人种。

马达加斯加可能在文化融合的深度上是一个独特的例子，但无论怎样，人类文化和文明的发展本身就与农作物、病原体、技术和思想系统的远距离交流密切相关。在非洲和欧亚大陆，半球范围内的一体化在贸易线路能够穿越主要的海洋区域之前就已经完成了。①

在对全球化的标准叙述中，加速进行的一体化过程现在才将地球上的最后一块区域纳入全球系统中，正如伐木工人、矿工和牧场主逐渐渗透进如堡垒般的亚马孙盆地并破坏了盆地内的原始自然环境和部落社会，世界历史再一次为我们提供了一个微妙的故事。亚

① Jerry H. Bentley, ‘Hemispheric Integration, 500—1500 C.E.,’ *Journal of World History* 9, no.2(1998).

马孙盆地曾经是一个拥有一些复杂的半城市化社会的地区，这些社会的崩溃很大程度上应归咎于西方人在现代早期的全球一体化过程中带来的东半球特有的疾病。历史学家和人类学家的研究表明，许多区域中那些看似孤立的采集-狩猎民族实际上都是“非常专业的原始人”，他们十分善于从区域性和全球性的市场中获得野生产品，并用这些产品与定居民族交换食物和工业产品。①

地图学的必要性

41 如果说地理学研究的是空间关系的话，那么其标志性产物无疑就是以最精确的方式描述区域分化和整合模式的地图。学术性历史学与地图学之间的关系仍然是矛盾的。一方面，历史制图学是一个非常先进的项目，每年都会出版很多历史地图集，其中一些主要关注的是世界范围内的一些特定区域和时代。②许多地图集为地图学和历史研究作出了重要贡献。③但另一方面，用地图来叙述历史变迁的方法在大多数历史研究领域仍不发达。

尽管最近有一定进步，但历史地图学仍有一些常见的缺陷。最重要的是，之前的政治地图在处理历史上的政治组织时仍然把以明确边界为特点的全面主权概念应用在截然不同的领域上，就好像它们是20世纪欧洲的民族国家似的。④实际上，前现代国家通常都是一些由网状的、部分重叠的、缺乏明确空间形式的主权构成的聚集体；

---

① Thomas N. Headley and Robert C. Bailey, ‘Introduction: Have Hunter-Gatherers Ever Lived in Tropical Rian Forests Independently of Agriculture?’ *Human Ecology* 19, no.2 (1991), 115-122.

② Jeremy Black, *Maps and History: Constructing Images of the Past*(New Haven, Conn.: Yale University Press, 1997).

③ 参见 Jeremy Black, ed., *DK Atlas of World History*(London: Dorling Kindersley, 2000) 和 Robert H. Hewsen, *America: A Historical Atlas*(Chicago: University of Chicago Press, 2001)。

④ 一个值得注意的例外，参见 Joseph E. Schwartzberg, *A Historical Altas of South Asia* (Chicago: University of Chicago Press, 1978)。

此外，一些现代早期欧洲帝国的领土要求往往都没有实现。甚至像《DK 世界国家地图集》这样令人印象深刻的著作都在 1800 年将现今是美国中部和西南部的地区描述成西班牙帝国的一部分,①然而当时的西班牙在这些地区的统治仅限于几个前哨站。实际上，科曼奇帝国（the Comanche empire）在当时有效地控制着上述地区和现今是墨西哥北部的大部分地区。然而，正如佩卡·哈马莱宁（Pekka Hamalainen）表述的那样，科曼奇的统治区域在地图上也没有标示出来。②

有效的历史制图学的发展也受到了很多挑战。大多数地图描绘的是一个二维静态空间，提供的是对存在于单一时间点上的区域结构的简单印象。因此，历史地图制作者们一直都在试图使他们的作品能够描述变化。无论是个人、军队、整个社会，还是思想和工艺品的流动都可以用点和线来展示；阴影或颜色都可以用来描述国家或文化区域在一段时期内的扩张或收缩。像罗马和奥斯曼帝国这样的单个政治组合在特定历史时期内的持续扩大或缩小可以很容易地在地图上展现出来，但如果想通过变动的界线来显示多个波动状态的话，那就需要一组特定时间内的地图来表示了。③近年计算机绘图的发展达成了一些更有效的表现方式。利用地理信息系统（GIS）， 42
我们可以绘制出复杂的覆盖图,④ 我们还可以通过动画制图技术，将不断变化的映射特征呈现在人们眼前。

世界历史论文中的地理学部分

我们不能指望如此先进的历史地图学形式会以世界历史论文的

① Black, *DK Atlas of World History*, 86, 126 - 128.

② Pekka Hamalainen, *The Comanche Empire*(New Haven, Conn.: Yale University Press, 2008).

③ 这一艺术的被低估的大师是科林·麦克伊韦迪（Colin McEvedy）。可参见 *The New Penguin Atlas of Ancient History*(London: Penguin, 2002)。

④ 参见 Anne K. Knowles, *Past Time, Past Place: GIS for History*(Redlands, Cal.: ESRI press, 2002)。

标准模式出现。GIS和动画映射是十分专业化的，即便是传统的地图制作起来也是十分困难，并且将其出版也需要很大一笔费用。虽然绘制地图可能是描绘空间结构的最精确方法，但它也不是唯一的方法。论文中描述的地理模式是无所不包的，并产生了各种含蓄的映射。事实证明，世界历史学家解决了许多地理上的问题，并提供了一个更具活力的对全球空间模式的理解方式。

很明显，地理问题的范围和深度在历史学领域的重要期刊《世界历史杂志》里得到了广泛的探讨。例如，2008年3月的那期《世界历史杂志》，在该期第一篇文章中，希普·斯图尔曼（Siep Stuurman）比较了两位着迷于外国土地和人民的古代历史学家希罗多德和司马迁的工作。通过研究这两位学者的作品，斯图尔曼促进了作为开创性互动领域的、有关欧亚大陆内部边界的地理学主题的发展。①在第二篇文章中，斯坦利·伯斯坦探讨了希腊文化在古典和中世纪时期的努比亚的作用。伯尔斯坦主要关心的是空间，他的研究表明努比亚的辽阔土地并不像传统史学认为的那样是一个微不足道的埃及附属国，恰恰相反，它在世界历史中是一个与讲希腊语的地中海东部世界紧密相连的自治国家。②在下一篇文章中，柯尔斯滕·西弗（Kirsten Seaver）考察了格陵兰岛的挪威移民拥有的当地地理知识和由中世纪受过教育的欧洲人提出的全球地理模型。③在最后一篇文章中，詹姆斯·德·洛伦齐（James De Lorenzi）关注的是亚美尼亚人半球形的商业移民路线和一位19世纪的商人在基督教的埃塞俄比亚的经历，正如德·洛伦齐论述的那样，像进步、种族和全球地理这样改变了欧洲的观念也极大地影响了亚美尼亚寄居者对埃塞俄比亚文化的理解。④

① Siep Stuurman, 'Herodotus and Sima Qian: History and the Anthropological Turn in Ancient Greece and Han China', *Journal of World History* 19, no.1(2008), 1-40.

② Stanley M. Burstein, 'When Greek Was an African Language: The Role of Greek Culture in Anceint and Medieval Nubia', *Journal of World History* 19, no.1(2008), 41-61.

③ Kirsten A. Seaver, '"Pygmies" of the Far North', *Journal of World History* 19, no.1(2008), 63-88.

④ James De Lorenzi, 'Caught in the Strom of Progress: Timoteos Saprichian, Ethiopia, and the Modernity of Christianity', *Journal of World History* 19, no.1(2008), 89-114.

过去20年里发表在《世界历史杂志》中的更深入的分析文章显示出了对空间分布的持久关注。这些问题可以是像人类在地球表面的扩散这样的全球性问题，① 也可以是像印度部落民族向基督教转变这样的区域性和局部性问题。②在几乎所有情况下，我们关注的那些区域都可以嵌进明确的空间框架。世界历史里典型的地区性研究显示了研究者们是如何通过其与更广阔世界的联系来认识一个特定区域的，例如杨斌对云南细致的地理考察。③如果说20世纪地理学规范的空间模型在世界历史研究中很少用到的话，那么偶尔使用一下这些模型会有很好的效果，例如菲利普·柯廷（Philip Curtin）运用中心视角理论比较了19世纪的阿根廷和南非。④

元地理学

世界历史学家通过一系列考察地球表面广泛的空间关系的方式 43
对地理学的认识作出了贡献。然而，世界历史对地理的全部贡献与其说来自具体研究，倒不如说来自其对全球化理解的一般模式。世界历史学家以低调的方式促进了他们自己的元地理学项目，即一个解释世界是如何作为整体联系起来的新视角。为了在这种规模上操作成功，他们不得不抛弃全球组织的标准模式，而设计出新的、更加灵活的理解形式。

元地理学（metageography）的研究方式是将世界划分为许多不同的构成部分，这些构成部分充满了所谓的内在特征，并根据所声

---

① Patrick Manning, '*Homo sapiens* Populates the Earth: A Provisional Synthesis, Privileging Linguistic Evidence,' *Journal of World History* 17, no. 2(2006), 115 - 118.

② Richard M. Eaton, 'Comparative History as World History: Religious Conversion in Modern India', *Journal of World History* 8, no. 2(1997), 243 - 271.

③ Bin Yang, 'Horses, Silver, and Cowries: Yunnan in Global Perspective', *Journal of World History* 15, no. 3(2004), 281 - 322.

④ Philip D. Curtin, 'Location in History: Argentia and South Africa in the Nineteenth Century', *Journal of World History* 10, no. 1(1999), 41 - 92.

称的意义排列起来。①对元地理学进行分类是不可避免的，尽管这样做会提前泄露出全球调查的大多数内容，但经常被人们忽略的一点是：它的分析单位要么被认为是理所当然的，要么被视为是没有任何疑问的自然世界的前提。然而，仔细考察后会发现，像欧洲和亚洲那样看似基本的类别实际上并不是地球表面的自然特征，而是历史学用来提高某种特定观念或地缘政治的地位的、由人类想象出来的结构。

直到最近，大部分历史研究形式仍依赖于传统的元地理模式。大陆和文明被研究欧洲、非洲、伊斯兰文明等历史的学者们作为世界的基本分割标记。在更小的规模下，民族国家常常成为无所不包的研究单位，这不仅适用于政治史，也适用于对众多不同的社会、文化和经济问题的研究。因此，学者们将自己对应在各个社区中：法国历史学家主要与本国学者交流，其次是其他欧洲国家的学者；而日本学者则主要聚集在东亚研究领域内，其次是亚洲研究领域。

在学术界，这种空间类别的相对重要性被明确地排列起来，并通过教职岗位的数量清晰地反映出来。在典型的美国大学里，历史学家被半官方地分为三个大致相当的部分，分别研究美国、欧洲和世界其他地区的历史。在欧洲历史研究领域，对英国、法国和德国的历史研究通常占主导地位，远远胜过对像意大利、西班牙和波兰这样领土面积相似的国家的历史研究。对中国和日本的历史研究在亚洲历史研究领域也处于领先地位，而一些像东南亚这样广阔的想象中的大陆就显得不那么重要了。

从表面上看，这种研究全球史的方法没有令人感到不妥。无论是次大陆性的还是国家性的空间容器都是有用的且不可避免的。此外，很难说世界上的一些地区在全球历史进程中没有扮演比其他地

① 一般性的元地理学，参见 Martin W. Lewis and Karen E. Wigen, *The Myth of Continents: A Critique of Metageography*(Berkeley: University of California Press, 1997)。

区更重要的角色，或是其公民没有要求他们自己的国家得到特殊的 44
关注。因此，美国大学的历史系将注意力集中在美国、英国或其他欧洲国家的做法也就可以理解了。但这种传统的元地理学分类不能识别出所有全球历史的动力。此外，当我们为描述世界而建立的标准的空间框架被视为唯一的且绝对自然的时候，这个空间框架就会失去作用。

最近一些世界历史研究成果通过一些新颖的元地理学视角来研究世界历史，从而提供了一个纠正错误的方法。这一领域的显著开端源于其明确的全球性视野。世界历史承担了一个志在研究世界上所有有人居住地区的历史的任务。因此，某些已经被传统历史学援引的特定地区在世界历史文献集中占据着显著位置。中亚几乎不可能是欧美学界的研究焦点，但就像许多世界历史学家表述的那样，前现代世界历史的重要推动力之一就是中亚大草原上的游牧社会和欧亚大陆边缘的农耕文明之间的互补和矛盾。①同样，太平洋上的海洋性和岛屿性世界十分有助于世界历史学家了解世界的经济体系是如何运作的。丹尼斯·弗林（Dennis O. Flynn）和阿图罗·吉拉尔德兹（Arturo Giráldez）认为全球化始于致力于跨太平洋贸易的马尼拉城的建立(1571 年),②随着西班牙王室建立马尼拉，世界所有主要的陆地和海洋首次彼此联系了起来。

除了促进真正意义上的全球视野的发展，世界历史也通过关注那些跨越了国家、民族、文明和文化区域界限的研究进程的方式挑战并补充了传统的元地理学思想。这一领域内的许多研究的考察范围不仅跨越了多个国家，也跨越了一些遥远的地区，并揭示了那些遥远且看似孤立的社会之间的关系。因此，世界历史学家倾向于强

---

① Andre Gunder Frank, ‘The Centrality of Central Asia’, *Bulletin of Concerned Asian Scholars* 24, 50 – 74; David Christian, ‘Silk Roads or Steppe Roards? The Silk Roads in World History’, *Journal of World History* 2, no.1(2000), 1 – 26.

② Dennis O. Flynn and Arturo Giraldze, ‘Cycles of Silver: Global Economic Unity through the Mid-Eighteenth Century’, *Journal of World History* 13, no.2(2002), 291 – 322.

调全球性的地理联系而不是分离，换句话说，他们强调的是区域整合而不是区域差异。

新的宏观区域

尽管普遍强调联系，但世界历史学家仍必须描绘具体的空间单位。那些与邻近区域有着不同特征的独立区域是历史分析的一个重要内容。然而，世界历史学家往往也有不同的观点，即允许开创出能够揭示独特历史进程的、新颖的研究领域。一种方法是强调那些成熟的政治组织或文化区域之间的界线。正如阿诺德·汤因比几十年前意识到的那样，这种有空隙的区域可以产生出新的、
45 有时可以强大到重新制定世界秩序的普世性宗教；最近，由生态学转到世界历史学的彼得·图尔钦（Peter Turchin）发现旧帝国的边缘地区往往可以催生出新的帝国。①世界历史学家还强调海洋区域包含那些传统上认为是独立区域的沿海地区，因为这些地区显示了它们是如何将互相分隔的地区联系起来的。②这样的海洋区域有着从大西洋盆地到像黑海和西印度洋那样的区域性水路的极具多样性的空间规模。③

一些世界历史学家提出了范围更广的、新颖的全球性研究领域。例如，丹尼斯·弗林和阿图罗·吉拉尔德兹将1500年之前的世界分

① Arnold Toynbee, *A Study of History,* 12 vols. (Oxford: Oxford University Press, 1934—1961), vol. 8(1954), 90; Peter Turchin, *War and Peace and War: The Life Cycles of Imperial Nations*(New York: Pi Press, 2006).

② Jerry Bentley, Renate Bridenthal and Karen E. Wigen, eds., *Seascapes: Maritime Histories, Littoral Cultures, and Transoceanic Exchange*(Honolulu: University of Hawai Press, 2007); Michael N. Pearson, 'Littoral Society: The Concept and the Problem', *Journal of World History* 17, no.4(2006), 353-374.

③ Charles King, *Black Sea: A History*(Oxford: Oxford University Press, 2005); Patricia Risso, 'Cross-Cultural Perceptions on Piracy: Maritime Violence in the Western Indian Ocean and Persian Gulf Region during a Long Eithteenth Cnetury', *Journal of World History* 12, no. 2(2001), 293-320.

为了三个部分，旧世界（非洲、欧洲、亚洲和印度洋盆地）、新世界（美洲和大西洋盆地）和太平洋世界。①世界历史中更成熟的宏观区域（macro-regions）是由已故的研究伊斯兰教的学者马歇尔·霍奇森（Marshall Hodgson）提出的亚非欧居住区（Afro-Eurasian ecumene）。这一区域指的不是整个非洲和欧亚大陆，而是从北非和东非到欧亚大陆的温带和热带地区的、由相互联系的各个前现代社会所组成的区域。尽管几乎没有涉及其他地区的世界历史，但亚非欧居住区的概念——疾病、作物和思想可以在其中自由传播，仍然是世界历史不可缺少的一部分。在这个居住区中，世界历史学家为那些将通常被单独划分的地区联系起来的小区域划定了界限。例如，在地理学的大量论文中，大卫·克里斯提安把欧亚大陆内部地区作为世界历史的一个基本单位，从而将其与欧亚大陆外部地区区分开来。②其他新颖的世界历史区域包括土耳其-波斯区域和印度-波斯区域，后者证明了现代早期南亚研究的重要性。③

尽管有这些新理论，但世界历史仍没有采用全新的世界地图。然而，当世界历史学家采用传统的地理学研究时，他们会倾向于以熟悉的方式来构建它们，从而维持一个世界性视野。例如，他们认为西方不是一个有着特殊边界的独特文明，而是一个用来提高其政治和哲学地位的元地理学结构。因此，世界历史学家研究了那些关注西方特殊性的观点是怎样应对世界其他地区的学者寻求现代化替代路线的潮流的。另一个做法是发掘出西方文明的跨文明（transcivilizational）根源，从而削弱西方和非西方地区之间的差异。在一项有趣的研究中，琳达·谢弗（Lynda Shaffer）认为全球西方化是以南方

---

① Dennis O. Flynn and Arturo Giraldez, 'Born Again: Globalization's Sixteenth Century Origin(Asian/Global Versus European Dynamics)', *Pacific Economic Review* 13. no.3 (2008), 259－287.

② David Christian, 'Inner Eurasia as a Unit of World History', *Journal of World History* 5, no.2(Fall, 1994), 173－211.

③ Robert Canfield, ed., *Turko-Persia in Historical Perspective*(Cambridge: Cambridge University Press, 1991); Muzaffar Alam and Sanjay Subrahmanyam, *Indo-Persian Travels in the Age of Discoveries, 1400—1800*(Cambridge: Cambridge University Press, 2007).

化（Southernization）——指的是源于南亚的思想和实践向大部分亚非欧居住区广泛传播的过程——为先导的。①

全球分化的历史

46 到目前为止，世界历史似乎被看成是一个为新的地理学提供建议的新的研究领域。尽管世界历史作为一个系统的研究领域仅出现了几十年，但这种全球性的历史视角与历史研究本身一样古老。更广泛的世界历史涉及内容过于庞杂的元地理学的发展，这种元地理学现在正被世界历史学家拆开。从宽泛的地理学视角来研究整个世界是如何被组织起来的这个问题，必须同古往今来的历史叙述的脉络发展紧密结合。

希罗多德往往被认为是第一位系统的历史学家，但他同时也是一位早期地理学家。希罗多德试图尽可能详细地叙述更多的世界地区，以便研究自然环境在文化和政治进程中的作用，进而理解各个互不相同且相距遥远的政治组织之间的互动是如何催生出他那个时代主要的地缘政治事件的。在进行这样的研究时，他对将世界分为欧洲、亚洲（有时）和利比亚（日后变为非洲）的划分方法表示了相当大的怀疑，而这种划分方法在希腊文明出现之前就已经存在了。他认为这种原始的大陆性划分方法的基础不是任何确定的文化或政治特征，而是那些通过希腊贸易网络进行扩展的海上航线。

尽管希罗多德的理由有充足的保留意见，但这种将世界分为三个部分的大陆性划分体系仍运用于整个希腊-罗马古典时期，即使这些大陆本身很少被认为拥有很多的文化或政治意义。这种情况将会在古典时期后期和中世纪早期的基督教传播运动后逐渐改变。现在，这种特定的世界形状充满了神学意义，在那个时期世界的标准象征

---

① Lynda Shaffer, ‘Southernization’, *Journal of World History* 5, no.1(1994), 1－22.

性地图中，三大洲被描绘成一个以耶路撒冷为中心的十字架形状。在现代早期，大多数受过教育的欧洲人把将世界划分为欧洲、亚洲和非洲这三个基本区域的方法视为全球地理的基础。

欧洲人不是唯一一个发展传统的世界历史研究方法的民族，也不是唯一一个将地理有限论和民族中心主义运用到世界历史研究中的民族。中国学者强调中国的中心性，他们认为如果与中国相邻的王国和部落联盟信仰佛教的话，那么它们还会有些意义；但对中国学者来讲，那些更远的西部地区就几乎没有意义了。与欧洲人一样，穆斯林世界的世界历史学家也将他们的注意力限定在那些居住着穆斯林的地区，进而将世界划分为服从于真主的区域（*Dar al-Islam*）和可以不予理会的冲突区域（*Dar al-Harb*）。

欧洲的世界模型之所以能传播到世界其他地区主要归功于1700—1900 年之间欧洲武器和生产模式的巨大成功。但有关世界形 47
状的西方思想也由于不断的知识积累而在现代早期改变了。美洲的发现产生了伊维塔·泽鲁巴维尔（Eviatar Zerubavel）提出的“宇宙学的冲击”，这是因为新发现的土地不能简单地插进《圣经》的历史叙事中，同时它们的存在还破坏了欧洲、亚洲和非洲的地理三分法。①随着美洲加入大陆名单，三部分的世界也因此而变成了“四个部分”。由于学者们对存在着多少大陆存在分歧，这一做法也就没有解决问题。

然而，尽管大陆的数量没有确定，但基于欧洲、亚洲和非洲的划分方法仍在世界范围内取得了主导地位，尽管地理知识的不断更新已经削弱了整个系统的基础：在 16 世纪人们已经明显地认识到欧洲和亚洲不是被介入性的水道分隔开的特殊地理区域，而这正是大陆的标准状态的定义。但这种将欧洲与亚洲分隔开的方式不得不保留下来，因为它以欧洲人了解世界进而与其他民族相区

---

① Eviatar Zerubavel, *Terra Cognita: The Mental Discovery of America* (New Brunswick, N.J.: Rutgers University Press, 1992).

分的方式形成了地理学的核心模式。在相对不那么重要的乌拉尔山和乌拉尔河被选为标准的大陆分界线之前，这种方式仍需要大量的学术研究。

18 世纪后期，欧洲探险家和地理学家绘制出了除南极以外的全球地理的主要轮廓。同时，以普遍的怀疑性创造精神著称的法国启蒙运动产生出了对世界历史和世界地理的新态度。像伏尔泰和狄德罗这样的著名学者拒绝承认欧洲是世界上唯一一个具有历史意义的文明。通过批判他们自己社会的保守思想，这些启蒙学者将其他社会，特别是他们认为的被哲人统治的中国和睿智的印度,[1] 放在了与欧洲社会相同甚至是更高的位置上。

但 18 世纪的欧洲为勾勒一种普世性的世界历史所做的努力迅速让位给了 19 世纪更具破坏力的种族中心主义。欧洲的军事和技术优势同中国和其他亚洲国家的迅速衰落一道，使所有欧洲思想家在称颂欧洲的同时贬低世界上的所有其他地区。产生于那个时代的普遍史常常对像东亚或南亚这样的广阔区域的整个历史性发展漠不关心。欧洲被认为是进步文明的所在地，亚洲被认为是停滞文明的所在地，而非洲、太平洋和前哥伦布时期的美洲完全没有文明。

19 世纪的欧洲思想家也阐述了元地理学的研究方向，即称赞西方，贬低东方。这种观点不仅认为欧洲胜过亚洲，还认为西欧优于东欧。出于同样的原因，当时许多欧洲学者也认为西亚比东亚更先进一些。基于东西方统一性的全球元地理学对居住在欧亚大陆西部边缘地区的学者有特殊的吸引力，对北美的学者则更有吸引力。美
48 国人很早就承受着欧洲学者对其家乡的诋毁，但通过强调他们是西方文明的一员的方式，美国人将自己摆在了同他们的欧洲同胞平等的地位上。此外，美国人通过引用历史发展向西传播的古老比喻而

① Jyoti Mohan, '*La Civilization le Plus Antique:* Voltaire's Image of India', *Journal of World History* 16, no.2(2005), 173－185.

超越了欧洲人，这一过程戏剧性地将历史发展的核心从西欧转移到了美国。

在20世纪，西方和世界其他地区之间的元地理学差异获得了更高的学术地位，部分原因是它删去了欧洲历史中的一些令人反感的因素。因此，即便斯大林主义和纳粹主义可以在西方历史中找到原型，但二者却依附在本质上是专制主义的东方地区，并且西方地理学的特别不精确的分类还放大了这种效果。因此，德国在19世纪后期到20世纪早期这段时间里可以被排除在政治史之外，①但在涉及文化问题时又被包括进来。

欧洲和亚洲之间的这种双生性区别最终会遍及全球。在某种程度上，这是帝国主义列强迫使地理学适应它们的殖民主题，但许多非西方学者发现他们可以使用欧洲的元地理学来达到自己的目标。例如，亚洲各个民族可以在它们认为的亚洲共同性中找到一种反帝国主义的一致性；非西方的民众也发现他们在人口数量上远远超过欧洲居民。最终，许多非西方思想家通过转化学术的道德联系、诋毁西方和称赞非西方地区的方式加入了反对欧洲人和北美白人的行列中。

但由于认为西方与世界其他地区之间存在差异的观念深深根植于全球公众的思想中，世界历史学家以及相关学者也就相应地在相关领域内削减其地理和历史基础。阿诺德·汤因比不朽的著作《历史研究》代表了更具开创性的全球观念的重要发展。汤因比认为宏观的历史动力并没有使世界历史沿着单一路线发展，进步的火炬也没有长期保存在世界的一些特定地区里。相反，他认为大量相互联系却又相对独立的文明经常是以自己的方式诞生、发展和消亡的。对汤因比而言，若要理解人类历史就必须考察世界所有各不相同的文明。

然而汤因比的历史综合性仅赢得了短暂的声誉，到20世纪70

① Hans Kohn, *The Mind of Germany*(New York: Harper and Row, 1960), ix, 5, 10.

年代，其权威性就迅速衰落了，这在很大程度上归因于新一代世界历史学家的努力。威廉·H. 麦克尼尔等认为汤因比所划分的各个文明无论在地理还是文化上都不具有他所描述的不同特征。①新的视角强调的不是空间差异，而是相互联系、文化综合和互相兼容。从这以后，世界历史的重点就变成了研究人口、实践、产品、创新、驯化动植物和病原体是怎样进行远距离传播的，以及又是怎样在传播过程中创造出一部连贯的全球历史的。

汤因比的文明模式刺激了世界历史学的发展，但它却没有显著地促进地理学的发展。然而在其他学术领域，基于一份包含各个文
49 明的简短列表的元地理学仍保有它的吸引力。这种观点得到了塞缪尔·亨廷顿发表于 1993 年的论文《文明的冲突》的极大认同。②根据亨廷顿和其追随者的观点，世界已经被并且仍会被明确地分为一系列以文明为基础的不同区域，而这些区域也仍会保留其独有的思维习惯、社会结构和政治组织。

区域研究的地理学框架

新文明学派的这种观点不仅被世界历史学家排斥，也被世界的大多数其他学者排斥。然而，这个作为整体的学术团体仍要求一系列一致的全球划分方式，而这恰恰是为了进行有效的沟通和组织。由于范围过大以及与世界历史之外的学科的联系太小，所以像亚非欧居住区这样的世界历史的宏观区域已经不能满足要求了。结果，一个新的、有效的元地理学系统于 20 世纪中期出现了。特别在美国，为认识世界而进行的学术努力都集中在建立了像东亚、撒哈拉以南非洲、拉丁美洲等区域的区域研究上。③

① William H. McNeill, *The Rise of the West: A History of the Human Community*(Chicago: University of Chicago Press, 1963).

② Samuel Huntington, ‘The Clash of Civilizations?,’ *Foreign Affairs* 72(1993), 23 – 49.

③ 区域研究和世界区域性框架方面，参考 Lewis and Wigen, *Myth of Continents*。

世界区域体系源于美国政府在二战期间建立的民族地理学协会的努力。一些美国军事策划者发现现存的大陆体系有严重缺陷，并因此明确呼吁建立一种新的全球性地理学。该协会将亚洲分为东亚、南亚和东南亚，将亚洲西南部（即所谓的中东）并入非洲，并把北亚（即西伯利亚地区）和中亚的大部分地区并入以苏联为中心的区域。该协会也以类似的方式将撒哈拉以南的非洲和拉丁美洲划为单独的世界区域。在 1958 年，由美国国会批准的《国防教育法》（*the National Denfense Education Act*）授权成立以大学为基础的致力于研究上述宏观区域的区域研究中心。因此，学术界围绕着这个新的地理学框架，对全球研究进行了重新调整。

这种区域研究的元地理学基础明显根植于各个大陆和文明中。撒哈拉以南的非洲地区基本上是将北非排除后的剩余部分，而东亚则可以认为是“儒家文明”的区域。其中的主要区别是世界会比任何大陆或文明承担更少的意识形态负担。从一开始，他们就没有将 50
这些世界区域定义为根植于自然环境并充满自身特征的超历史区域，而是或多或少地基于含糊的历史和文化共性的实用性区域。因此，这种世界区域框架是相当灵活的，并在美国成功地应用在大多数全球性研究机构和领域中。

可以肯定的是，对历史事件的研究必定会周期性地对世界区域进行重新划分。苏联及其非正式“帝国”的垮台和欧盟的扩张都需要调整边界和变更名称。之前被称为“西欧”的地区向东扩展后，它就变成了“欧洲”，同时由于俄罗斯的欧洲部分没有被包括进去，“欧洲”也就重新变成了一个描述大陆而不是大陆边界的词汇。这次发生于 20 世纪晚期的意义非凡的地缘政治调整也允许中亚重新作为一个世界区域回到地图上。

世界历史和世界区域

中亚的重新出现很符合大多数世界历史学家的观点，他们一直以来强调草原和沙漠地区在亚非欧历史中的关键作用。然而更为普遍的是，世界历史仍与现在标准的全球区域研究保持着矛盾关系。正如本书所显示的那样，历史学家把各个世界区域的名称作为一种安排研究和引用特定世界区域的方便方式；此外，他们中的许多人都经过历史学训练并在学术界继续研究特定的世界区域。然而，世界历史学家时常发现他们自己被围绕着任何有界线的空间实体进行的刻板学术研究弄得非常沮丧，这是因为他们经常被涉及所有区域的问题所吸引。于是，他们发现更应该围绕着那些复杂的、不断变动的和经常互相重叠的区域之间的互动来构建世界。因此，世界历史学家不得不构建并时常重新构建他们那经常变化的地理学结构。在这个过程中，他们的成果极大地丰富了我们对世界的认识。

参考书目

- Bentley, Jerry H. ' Hemispheric Integration, 500—1500 C. E.,' *Journal of World History* 9, no. 2(1998), 237 - 254.
- ——, Bridenthal, Renate, and Wigen, Karen E., eds., *Seascapes: Maritime Histories, Littoral Cultures, and Transoceanic Exchanges*. Honolulu: University of Hawai'i Press, 2007.
- Black, Jeremy. *Maps and History: Constructing Images of the Past*. New Haven: Yale University Press, 1997.
- Black, Jeremy, ed., *DK Atlas of World History*. London: Dorling Kindersley, 2000.
- Christian, David. *Maps of Time: An Introduction to Big History*. Berkeley: University of California Press, 2004.
- Diamond, Jared. *Guns, Germs, Steel: The Fates of Human Societies*. New York: W. W. Norton, 1997.
- Glacken, Clarence J. *Traces on the Rhodian Shore: Nature and Culture in Western Thought from Ancient Times to the End of the Eighteenth Century*. Berkeley: University of California Press, 1976.
- Hodgson, Marshall G. S. *Rethinking World History: Essays on Europe, Islam, and World History*, ed. by Edmond Burke III. Cambridge: Cambridge University Press, 1993.
- Knowles, Anne K. *Past Time, Past Place: GIS for History*. Redlands, CA: ESRI Press, 2002.

- Leighly, John, ed. *Land and Life: A Selection from the Writings of Carl Ortwin Sauer. Berkeley: University of California* Press, 1963.
- Lewis, Martin W. and Wigen, Kären E. *The Myth of Continents: A Critique of Metageography*. Berkeley: University of California Press, 1997.
- Martin, Geoffrey J. *All Possible Worlds: A History of Geographical Ideas*, 4th edn. New York: Oxford University Press, 2005.
- Toynbee, Arnold. *A Study of History*, 12 vols. Oxford: Oxford University Press, 1934 - 1961.

白英健　译　陈　恒　校

第三章　历史分期

卢伊吉·卡亚尼

历史与神话

54 最初的世界历史源于将创世神话和人类历史联系起来的宗教观点的一部分，而这一观点又通过历史分期将过去、现在和未来以预言的形式联系起来。这些观点有时会表现出一些共同的特征，例如衰落和毁灭，或是解释年代顺序的命理学。在众多例子中，阿兹特克人的例子是最显著的，他们相信他们生活在第五个太阳纪元中，前四个纪元分别是土地、火、空气和水，每一个都被灾难毁灭了。在阿兹特克人的太阳纪元中，52 年为一个周期，在每个周期的尾声，他们都担心世界末日发生的可能性并用适当的魔法仪式来消除这种可能性。根据琐罗亚斯德教的圣典《阿维斯塔》（*Avesta*）的记载，阿胡拉·玛兹达（Ahura Mazda）的创世过程持续了 12000 年，分为四个长度相等的时期，最后两个包含了人类的历史，这个过程将会以善神的最后胜利告终。在印度教教义中，历史的结构构建在含有 12000 个神圣年的一大纪（*mahāyuga*）的基础上，而一大纪又分为四个逐渐衰退和短小的小纪（*yuga*，分别是 4800、3600、2400 年，最后一个是卡里纪[*kali yuga*]，1200 年）。每一个神圣年都持续 360 个人类年，所以一大纪的长度是 4320000 年。在每一个大纪结束后，都会开始一个新的大纪。这样循环 1000 次就构成了一劫（*kalpa*），而一劫的结束则意味着旧世界的毁灭和新世界的开始。

苏美尔人的《苏美尔王表》成为连接神话与历史的第一部编年体作品。其第一篇文章可追溯到公元前 2100 年。它是构建在独特的合法王权的思想基础上的，这种王权由众神建立并随时间从一个城市转移到另一个城市。王表是从“王权从天堂降到埃利都（Eridu）城”的那一刻开始的，随后是一系列统治时期极其漫长的神话中的国王，这些国王的统治时间最长可达 64880 年，最短也有 18600 年。在 241000 年后，大洪水席卷了整个地球，随后王权再度从天而降，这次降到了基什（Kis）城：在这一时期，国王们的统治时期大大缩 55
减了，最长的也就 1500 年，而最短的仅有几年。最终，王表中的记录由神话中的国王过渡到了历史中的国王。这种模式被接替苏美尔人统治美索不达米亚的民族所采用，并可在亚历山大大帝时期的巴比伦历史学家贝罗索斯（Berossos）的作品中找到，在他用希腊语写就的作品中，他提到在大洪水之前苏美尔有十位国王。与之相似的连接神与人的编年作品是埃及人曼涅托（Manetho）的《埃及史》（*Aigyptiaka*），曼涅托在书中记录了从神到各个历史王朝的历史。《圣经》也与美索不达米亚人的观点有相似之处，书中的《创世记》部分也记录了大洪水之前的十位先祖，在这些先祖中也有寿命极长的神奇人物，其中寿命最长的玛土撒拉（Methuselah）活了 969 岁。在这之后，《圣经》无间断地沿着时间线索继续叙述了犹太人的历史。

希腊和罗马的历史学

希腊的历史观点囊括了神话和历史。赫西俄德（前 8 世纪）代表了前者。在《工作与时日》中，赫西俄德通过由五个以金属为象征的时代组成的周期表达了衰落的思想，第一个时代是黄金时代，其后是白银时代和青铜时代，这些时代以日益沦丧的道德和逐渐增长的暴力为特征。衰落的趋势在唯一一个没有金属象征的英雄时代暂时停了下来：这些英雄是半神，他们在特洛伊和底比斯战斗，并最终被宙斯带到了极乐岛上。随后，衰落重新开始，直到现今的以痛苦、不公和繁重的工作为特点的铁器时代。这种观点同奥维德的观点一道极大地影响了希腊和罗马的文化。

公元前 6 世纪的希腊历史学家发展了希腊史学，而哈利卡纳苏斯的希罗多德（公元前 5 世纪）则使希腊史学达到了最高峰。希腊史学不同于美索不达米亚和埃及史学，它以广泛的民族利益和科学的分期方式为特点，它还把其时作为叙述的起点并通过可靠的参考资料来论述过去。希罗多德惊奇地发现埃及编年史的时间跨度要比希腊的时间记录长得多。随后，昔兰尼的埃拉托色尼（Eratosthense of Cyrene，公元前 276—前 194）在他的《年代记》（*Chronographiai*）中首次确定了特洛伊战争的可靠日期，即比第一次奥林匹克运动会（发生于公元前 776 年）早 407 年。希腊和罗马历史学家的任务之一就是将他们的编年史与美索不达米亚人、埃及人和犹太人的编年史进行同步，这方面的代表是罗得岛的卡斯托（Castor of Rhodes，活跃于公元前 1 世纪上半叶）和瓦罗（Marcus Terentius Varro，公元前 116 年—前 27）。希腊和罗马历史学家也发展出一种基于在当时被视为最高政治组织形式的帝国的更替的历史分期方式。第一位关注帝国历史的史学家是希罗多德，他记述了亚述
56 人、米底人和波斯人之间的更替（*Histories*, I, 95, 130）。记述帝国更替的历史的范例在公元前 4 世纪成为历史分期的标准，正如尼多斯的克特西亚斯（Ctesias of Cnidus，公元前 5—前 4 世纪）在其《波斯史》（*Persika*）中所证明的那样。亚历山大大帝去世后的马其顿帝国由于法勒鲁姆的德米特里乌斯（Demetrius of Phalerum），也加入这一类别中。正如维莱伊乌斯·帕特尔库鲁斯（Velleius Paterculus）在其《罗马史》中所引用的那样，罗马在日后将成为第五个帝国，同时也是最大的和延续时间最长的帝国。罗马历史学家埃米利乌斯·苏拉（Aemilius Sura）在罗马击败与其实力相当的迦太基帝国后也这样认为。希腊历史学家哈利卡纳苏的狄奥尼修斯（Dionysius of Halicarnassus，约公元前 60—公元 7）在其《罗马史》的序言里确认了

包含亚述帝国、米底帝国、波斯帝国、马其顿帝国和罗马帝国在内的名单，并强调罗马的优越性来自其统治范围、辉煌成就和延续时间。因此，罗马以历史进程的完成者的形象呈现在人们面前：麦加罗波利斯的波利比阿（Polybius of Megalopolis，约公元前 203—前 120）断言写一部世界历史的时机已然成熟，因为罗马人为几乎整个有人居住的世界带来了政治统一，这是一件前所未有的大事，而他们的统治也不会惧怕未来的任何竞争（*Histories*, I, 1—3）。这就是他的理由，因此他的世界历史叙事局限在当时的世界里，并以第二次布匿战争，即世界统一的开始，作为其叙述的开端。

基督教历史学的综合

早期的基督教历史学家将希腊-罗马的历史学同犹太人的历史传统融合在一起创造出了一个强大的综合体，即一种从绝对的起点到绝对的终点的、有关救赎的历史学。在基督教历史学家眼中，历史分期是一个十分重要的课题。在公元 1 世纪，它与末世论的观点有着特殊的关联。事实上，基督徒希望耶稣基督能很快复临，而对《圣经》更多章节的分析则能计算出耶稣复临的确切时间。根据《创世记》的描述——上帝在 6 天内创造了世界并于第七天休息，结合《诗篇》中的记载——神的一天是凡人的 1000 年（*Ps* 89〔90〕，4），《巴拿巴书》（the *Epistle of Barnabas*）的匿名作者证实了《新约》（2 *Pet*，3，8）中的一份声明，他认为世界会持续 6000 年，但他却没有计算出还剩多少年到世界末日。尤里乌斯·阿非利加努斯（Iulius Africanus）在他的《年代记》（*Chronographiai*，写于 220—221 年）中计算出了剩余的时间，他认为创世发生于公元前 5500 年，因此，耶稣的复临将会发生在他出生后的第 500 年。在他之后，昆图斯·朱利乌斯·希拉里阿努斯（Quintus Julius Hilarianus）在他写于 397 年的《从创世至今的编年史》（*Chronologia sive libellus de mundi duratione*）中介绍了为对应上帝 6 天创世而将历史分为六个时代的分期模式。他把六个时代确定如下：（1）从创世到大洪水；（2）从大洪水到希伯来人逃离埃及；（3）从希伯来人逃离埃及到扫罗称王；（4）从扫罗称王到巴比伦之囚；（5）从巴比伦之囚到耶稣受难；（6）从耶稣受难到世界末日。希拉利阿努斯计算出耶稣受难发生在
57 上帝创世的5530年后，因此他可以计算出到世界末日还剩多少年。这个简短未来的历史可以在《启示录》中找到（*Apoc*, 19—20）：在这剩下的时间里，耶稣的复临将会摧毁出现的敌基督者；随后撒旦将会在下一个1000年出现，同时第一批复活的圣徒也会出现；最后，在第七个千禧年结束时，撒旦将从他的牢笼中逃脱出来并唆使人们投入那场他将被彻底击败的终极之战中，在那之后上帝将会进行最终的审判。因此，犹太人和基督教会的历史就成了世界历史的蓝图。

希波的圣奥古斯丁（354—430）坚决反对这种观点，他认为只有上帝才知道耶稣复临的确切时间，但他接受了这种将历史划分为六个时代的分期方式，从而巩固了基督教历史学的两种主要分期方式中的一种。他的分期方式与希拉利阿努斯的略有不同：（1）从亚当被造到大洪水；（2）从大洪水到亚伯拉罕；（3）从亚伯拉罕到大卫；（4）从大卫到流亡巴比伦；（5）从流亡巴比伦到耶稣的诞生；（6）从耶稣的诞生到现在（*De Civitate Dei*, XXII, 30.5）。

对世界的时代划分模式吸引了许多早期基督教学者，并产生了很多替代方式。亚历山大里亚的奥利金（Origen of Alexandria，约185—254）根据葡萄园中的劳动者的寓言确定了教会历史的五个时期（*Mt*, 20, 1—16）：（1）从亚当到诺亚；（2）从诺亚到亚伯拉罕；（3）从亚伯拉罕到摩西；（4）从摩西到耶稣；（5）从耶稣到现在（*Commentarium in Evangelium Matthaei*，约32年）。恺撒里亚的优西比乌（Eusebius of Caesarea，263—339）在他的《编年史》（*Chronicon*）——通过圣杰罗姆（Saint Jerome）的翻译和续写后在中世纪欧洲十分受欢迎——中颇具个性地划分了七个时代：（1）从亚当到大洪水；（2）从大洪水到亚伯拉罕；（3）从亚伯拉罕到希伯来人逃离

埃及；（4）从希伯来人逃离埃及到所罗门圣殿的建立；（5）从所罗门圣殿的建立到大流士恢复圣殿；（6）从大流士恢复圣殿到耶稣于提比略（Tiberius）统治的第15年公开传教；（7）从耶稣公开传教到现在。

依据《圣经》而制定的编年史实际上是有问题的，因为存在着三个版本的《旧约》，分别是希伯来语的《圣经》、撒玛利亚语的《圣经》（仅限于《摩西五经》）和被称作《七十子旧约圣经》的希腊语译本，这些版本之间的差异都展现在年表上。恺撒里亚的优西比乌同步比较了三个版本，他根据希腊文译本计算出大洪水发生的时间是上帝创世后的2242年，希伯来文版本的是1656年，而撒玛利亚人的版本则是1307年（*Chronicon*, I, 16）。然而仍有两个主要问题没有解决。第一个问题是这三个版本的《圣经》哪一个是可信的，将《圣经》翻译成拉丁语的圣杰罗姆最初偏爱希腊文译本，但最终选择了希伯来文的版本，并被特伦托（Trent）会议宣布为唯一正式版本，虽然他的选择没有为历史学家所确定。事实上，在接下来的几个世纪里，一些历史学家选择了希伯来文的版本，另一些则选择了希腊文的版本，还有一些历史学家简单地通过平等对待这些版本的方式避开了选择。第二个问题是每一个版本都缺乏清晰的年代数据：就像圣杰罗姆所注意到的那样，在这些版本之间存在很多差异，尤其在犹大和以色列诸王的年表上（*Epistola LXXII ad Vitalem presbyterum*）。因此，优西比乌的估算并不是准确的，其结果成了一个困扰历史学家几个世纪的难题。这项长期研究的里程碑是 58
17世纪英国国教主教詹姆斯·厄谢尔（James Ussher）的著作《旧约编年史》（*Annales Veteris Testamenti*, 1650），随后是1654年出版的《新约编年史》（*Annalium pars posterior*），在书中他根据希伯来文的《圣经》将创世的日期定在耶稣诞生前的4004年：他的估算被引入詹姆士国王版的《圣经》中，并成为新教教徒和天主教徒的共识。

第二个主要的基督教史学分期模式是依据帝国的更替而进行的历史分期，早期的基督教神父不仅在希腊-罗马的历史学中，也在作为末世论隐喻的《但以理书》中发现了这种分期方式。在可能写于公元前250—前230年的第二章中，但以理解释了巴比伦王的梦境：一个由价值逐渐递减的金属铸成的雕像（头是黄金的，胸部和手部是白银的，腹部是黄铜的，腿是铁的，脚是由铁和黏土混合而成）最终被石头打碎了（*Dn* 2，31—45）。这一主题在第七章（大约写于公元前164年）再次出现了，同时出现的还有四头野兽。对雕像或野兽对应的是哪个帝国的问题历来有很多观点。无论怎样，希腊-罗马史学中的五个帝国都被缩减到了四个，以便适应但以理的寓言，而最后一个则一定是罗马，因为罗马帝国一直延续到石头（即耶稣的降临）将雕像打碎并揭开了耶稣在地上王国的统治的序幕。圣杰罗姆用巴比伦人取代了亚述人，并将米底人和波斯人合并在一起，从而设置了这样的顺序：巴比伦人、米底和波斯人、马其顿人、罗马人（*Commentariorum in Danielem prophetam liber unus*）。圣奥古斯丁的弟子保卢斯·奥罗修斯（Paulus Orosius，约375—约418）确定了一个不同的对应四个主要方位的顺序：东方是巴比伦帝国（包括亚述和波斯），北方是马其顿人，南方是迦太基，西方是罗马（*Historiarum adversum Paganos Libri VII*）。

四大帝国的模式进入希腊-罗马历史学家的普世性视野中。这个观点的基础是无限延续下去的罗马帝国。当罗马帝国接受了基督教后，这种罗马帝国永存的思想吸引了许多基督教学者，他们将罗马置于救赎历史的中心：恺撒里亚的优西比乌认为奥古斯都治下的和平为基督教的传播准备了条件和背景（*Historia ecclesiastica* I，2，23），而罗马也将在十字架的保护下永存（*Oratio de laudibus Constantini*，IX，8）。

中世纪欧洲的历史学

将历史划分为六个时代或四个帝国的历史分期方式占据了中世纪欧洲历史学的主流。圣奥古斯丁将历史分为六个时代的分期方式通过塞维利亚的伊西多尔（Isidore of Seville，560—636）那部颇具影响力的《编年史》（*Chronicon*）以及“尊者”比德（the Venerable Bede，672—735）的《论时间》（*De Temporibus liber*）和《论时间的计算法》（*De Temporum ratione*）而得到了广泛的传播。在年代问题 59
上，伊西多尔参照的是希腊文《圣经》。比德虽然承认希腊文和希伯来文的《圣经》，但他认为后者会更可信一些。他根据 6 世纪的狄奥尼修斯·伊希格斯（Dionysius Exiguus）的推算，将耶稣诞生后的剩余时间同从创世到耶稣诞生的时间等同起来。这个体系慢慢渗入欧洲的历史学中。例如，丹尼斯·佩图瓦（Denis Pétau）在他的《关于年代的理论》（*Opus de doctrina temporum*，1627）中，詹姆斯·厄谢尔在他的书中，以及博叙埃在他的《世界史教程》（*Discours sur l'histoire universelle a Monseigneur le Dauphin*，1681）中都采用了这个体系。当《圣经》的纪年方式被废除时，它就成为 BC（公元前）和 AD（公元后）这样的标准形式。在用英语书写的世界历史的背景下，这种方式最近经常被 BCE（公元前）和 CE（公元后）所取代，以避免与基督教文化的特殊关联，并使纪年方式在文化上独立化。

将历史分为六个时代的分期模式在中世纪极其流行，例如维埃纳的阿多（Ado of Vienne）和其他一些学者继续进行并不断更新伊西多尔和比德的研究。四大帝国（也被称为君主国）的模式在德国被广泛采用，因为这种模式支持了那种认为旧罗马帝国和新罗马帝国之间存在连续性的观点。这种分期模式可在纪念科隆大主教安诺二世（Anno II）的一首可能写于 1077—1081 年间的名为《安诺之歌》（*Annolied*）的诗中找到，也可以在《萨克森世界编年史》（*Sächsische Weltchronik*，写于 13 世纪上半叶）和德皇“红胡子”腓特烈的叔叔弗赖辛的奥托（Otto of Freising，约 1114—1158）的《双城史》（*Chronica sive Historia de duabus civitatibus*）中找到。这两种分期模式不一定是互相排斥的，即便历史学家通常只选择二者中的一个使用，也有一些学者将二者结合在一起，例如奥拉的埃克哈德（Ekkehard of Aura），或是把四个君主国混入到五个时代里，例如英国本笃会修士马修·帕里斯（Matthew Paris，约1200—1259）的《马奥拉编年史》（*Chronica maiora*）以及佛罗伦萨主教圣安东尼（Saint Antoninus，1389—1459）的《编年史》（*Chronicorum opus*）。

穆斯林的历史学

同欧洲同行相比，穆斯林历史学家有着迥然不同的视野，那是从马格里布（Maghreb）一直延伸到中国的广阔视野。由于那些在伊斯兰世界的基督教学者的努力，穆斯林历史学家不仅熟悉作为前伊斯兰时代历史基础的《圣经》，也熟悉基督教历史学。在历史分期问题上，穆斯林历史学家将历史分为两个时代，前徒志（*Hijra*）时代和后逃亡时代。这种方式与将历史划分为六个时代或四个帝国的分期方式没有任何联系。穆斯林历史学家把绝大部分注意力集中在将他们遇到的众多文化的纪年进行同步上，而对一些历史学家来说，这些问题也是末世论的一个方面，就像早期基督教历史学家所认为的那样。波斯学者阿布·贾法·穆罕默德·伊本·贾利尔·阿尔-塔巴里（Abu Ja'far Muhammad al-Tabari，838—923）接受了认为上帝创世的一天等于凡人的1000年的观点，同时他还总结了上帝创世的时间，即7000年，因此他认为亚当被创造出来后的世界将会持
60 续7000多年（*History of Prophets and Kings*，I，54—5）。相反，阿布·阿尔-哈桑·阿里·阿尔-马苏迪（Abū al-Hasan Ali al-Mas'ūdi，10世纪）明确拒绝任何对创世和世界持续时间的计算（*The Golden Meadows*，LXIX）。

欧洲人发现新历史

从15世纪末开始的欧洲人的海外旅行为欧洲带来了前所未有的知识，它们极大地影响了欧洲人自古典时代晚期就持有的世界观。一个世俗化和开拓历史视野的进程开启了，这一进程持续了3个世

纪，在此期间基督教历史学的分期方式慢慢被废弃了。但将历史划分为不同时代的方式依然存在，例如，优西比乌的划分方式仍可在17 世纪的丹尼斯·佩图瓦和詹姆斯·厄谢尔的作品中找到。但更受欢迎的却是四大帝国模式，这一模式在路德的思想中发挥了重要作用。这一模式构成了与路德派神学家菲利普·梅兰希顿（Philipp Melanchthon）交往甚密的约翰内斯·卡里昂（Johannes Carion）的《编年史》（*Chronicon*，1532）的基础，这本书日后又经过了梅兰希顿和他的女婿卡斯帕·佩伊策尔（Kaspar Peucer）的续写，并以《卡里昂的编年史》（*Chronicon Carionis*）之名在信奉路德教派的地区广泛传播。卡里昂的书也受到了他那个时代强烈的末世论情绪的影响。梅兰希顿实际上引导卡里昂用《巴比伦塔木德》（实际上是“以利亚胡〔Elijahu〕家族的教训”）中的一篇名为《以利亚预言录》（*Vaticinium Eliae*）的文章作为其书的开端，而这篇文章将历史划为三个相等的时代：混乱中的 2000 年、律法下的 2000 年和弥赛亚时代的 2000 年。因此，认为世界会持续 6000 年的观点再次出现了。在结尾处，卡里昂计算出 1532 年实际上是上帝创世后的 5476 年，他又补充道：由于当今时代极其严重的道德败坏，审判日可能会提前到来。马丁·路德也把《以利亚预言录》置于他的《世界年代计算术》（*Supputatio annorum mundi*，1541）的开端以估算时间，同时他也期望耶稣的复临能快些发生。他为他的希望找到了一些迹象，比如梅毒的广泛传播和一些天文现象。

对《圣经》纪年的挑战

对基督教纪年方式的严肃挑战来自从中国文化那里吸收的新知识。事实上，耶稣会传教士们发现中国的历史记录要比希伯来文的《圣经》古老得多。其中一位传教士，卫匡国（Martino Martini），在他那部首次在欧洲出版的、以中国史料为基础的中国史《中国历史前十书》（*Sinicae Historiae Decas prima*，1658）中认为，不能轻易地断定中国人的编年史是错误的，因为中国历史学家是十分可靠的。这本书成了基督教学者的讨论中心，而这一讨论则是由一位在 1655 年出版了《前亚当时代》（*Prae-adamitae*）的加尔文派学者佩雷雷
61 （Issac La Peyrere）引起的。他对《创世记》和圣保罗的《罗马书》的分析使他假定在亚当出现之前就存在人类了，这一假设符合埃及人、迦勒底人、中国人以及其他民族的编年史。这一讨论因其背后的神学意义而变得白热化并涉及了多位历史学家，例如，伊萨克·沃西乌斯（Isaak Vossius）在 1659 年出版了《论真实的世界年代，其中世界肇始之年比通行的纪年法早 1440 年》（*Dissertatio de vera aetate mundi, qua ostenditur natale mundi tempus annis 1440 vulgarum anticipare*），在书中他采用了希腊文《圣经》中的相对更长的纪年以便适应中国的纪年。同年，格奥尔格·霍恩（Georg Horn）在他的《论真实的世界年代，并驳斥关于世界肇始之年比通行的纪年法至少多 1440 年的观点》（*Dissertatio de vera aetate mundi, qua sententia illorum refellitur qui statuunt natale mundi tempus annis minimum 1440 vulgarum anticipare*）中驳斥了沃西乌斯，并同厄谢尔一起捍卫了希伯来文《圣经》的权威，而他解决非基督教年表问题的方式则是简单地将这些年表视为无稽之谈，并认为它们来自这些非基督教民族对其拥有的悠久历史的自负。沃西乌斯和霍恩之间的争论在很长一段时间里吸引了其他学者的关注。中国问题促进了历史怀疑主义的发展，这种怀疑主义动摇了传统历史观点的基础并打开了反思的大门。这一学术潮流最突出的代表中的一位即弗朗索瓦·德·拉·莫特·勒瓦耶尔（François de la Mothe le Vayer），他在 1668 年以一个非常生动的标题《论历史之不太可靠性》（*Du peu de certitude qu'il y a dans l'histoire*）发表了一篇论文。在论文中他指出：在古代和现代历史学家作品中的众多矛盾和偏见中，中国纪年的问题同埃及和新发现的印度纪年一道挑战了"我们相信的上帝创世的合理性"。

在 17 世纪下半叶，传统分期方式的危机的其他方面显现出来。德国历史学家克里斯托弗·凯勒（Christoph Keller，其拉丁语名字是

塞拉里乌斯〔Cellarius〕）阐释了将历史分为古代、中世纪和现代的分期方式，这一方式在添加了史前史和当代史后成为欧洲历史学的标准分期方式。但塞拉里乌斯的研究仍然是传统的，其范围仅限于美索不达米亚和地中海，世界其他地区的历史都被忽略了。与之不同的是格奥尔格·霍恩在他的《诺亚方舟或者诸帝国与王国史：自世界肇始至当下》（*Arca Noae sive historia imperiorum et regnorum a condito orbe ad nostra tempora*，1666）中提出的方法。在题词中，他解释了欧洲人建造了新的诺亚方舟的特殊标题，因为他认为欧洲人探险式的旅行将世界人民从大洪水后的孤立状态中解救了出来，并使他们再次联系在一起。霍恩创造了一个原创的历史分期模式：其第一阶段是从亚当到大洪水的前洪水时代；随后是很短的包括大洪水和诺亚建造方舟的大洪水时代；最后是长时间的后洪水时代，这个时代依次分为古代和近代，前者包括已经消逝的、于大洪水之后出现的各个民族和王国，后者则包括那些依然存在的民族和王国。因此，纪年顺序并不是严格的，例如中国，它的历史始于大洪水后的 300 年，但依然作为一个国家存在到现在，所以中国应被分在近代而不是古代。

法国主教博叙埃重申了基督教的历史观点，这位最杰出的神学
家和王太子的导师在 1681 年出版了他的《世界史教程》，他在书中 62
为上帝在历史中的作用做了辩护。这部书涵盖了从上帝创世到查理曼加冕的历史。其内容是传统的，是基于《圣经》和希腊-罗马史学的。博叙埃的历史分期模式是原创的，他将历史分为十二个时代，其中有七个时代是与像罗马的建立和查理曼加冕这样的世俗事件相结合的。这样做是为了同时表现基督教和世俗帝国。他还乘着这个机会废除了四大帝国的分期模式。他注意到了传统观点的错误，即亚述第一帝国并没有被米底人完全取代，而是产生了三个继承人：米底帝国、第二亚述帝国和巴比伦王国。博叙埃遵循了厄谢尔的纪年方式，但很少注意有关纪年方式的争论，因为他认为希伯来文的《圣经》和希腊文译本之间的差异并不影响对上帝计划的理解。

伏尔泰和启蒙运动

博叙埃已经表明他的第二部书将涵盖剩下的几个世纪的历史，他还计划叙述穆罕默德和阿拉伯人的历史，但他却从未动笔。在下个世纪中期，伏尔泰接过了这项任务，但他用的是完全不同的、甚至是相反的方式。在他的《风俗论》（1756，之后又有几次修订）的前言里，他直接攻击了博叙埃那完全忽视所有亚洲民族的狭隘的历史观。为了纠正博叙埃的缺点，伏尔泰在其作品的开端就综合介绍了查理曼之前的漫长的世界历史，其中有很大一部分涉及印度、中国、波斯、阿拉伯、美洲和埃及。随后，第一章首先叙述的是中国的历史，随后依次是印度、波斯和阿拉伯，在这之后才是占全书大部分篇幅的欧洲史；在剩下的章节中，还有一些较长的章节是叙述世界其他地区的历史的。伏尔泰《风俗论》的特点是对上帝情节和犹太人优越地位的拒绝，以及超越欧洲的视野和尚未构建完成的进步观点。他的作品是由对各个文明的比较组成的，而这种方法则是通过历史分期的缺失反映出来的。但他在叙述欧洲历史时，情况则恰恰相反，他认为从罗马帝国的终结到16世纪的中世纪是一个颓废的时代（参见他在达朗贝尔、狄德罗合编的《百科全书》中所写的有关“历史”的词条），所以他从历史中挑出了四个杰出的时代：从伯里克利到亚历山大大帝的古希腊时代；从恺撒到奥古斯都的古罗马时代；随后是美第奇家族统治佛罗伦萨的时代；最后是路易十四统治法国的时代。

伏尔泰的《风俗论》成了世俗世界历史建立过程中的里程碑，这一过程在启蒙运动期间基本完成了。在它之后，欧洲历史学界被
63 一项拥有前所未有规模的项目主导了：一部从远古到现在的《普遍史》（*An Universal History*），它于1736—1764年间在伦敦出版，包含23卷，近16000页。这个项目是由一群学者实现的，他们最初由一位叫“乔治·赛尔”（George Sale）的阿拉伯自由思想家领导。赛尔

将宇宙进化论（Cosmogony）作为第一卷的开端，在那里他表达了对基督教观点的怀疑，并将《圣经》中的描述与其他文化进行对比，甚至还讨论了存在疑问的人类同源论（monogenism）。他的合作者们并不赞同他的这些观点，在赛尔于1736年去世后，他们使这项工程朝着正统的方向发展并重写了一个新的版本来代替之前的宇宙进化论部分。但正统并不意味着回到基督教的历史分期模式。实际上，编辑们采用了霍恩的将历史分为古代和现代的广泛的历史分期模式，当然也包括消逝的和现存的帝国及民族。

德意志启蒙运动和世界历史

普遍史的影响是卓有成效的，尤其是在德意志，它使作为德意志启蒙运动中心之一的哥廷根的乔治·奥古斯都大学的历史学家进行了一种新的对世界历史的重要反思，同时这些历史学家还发展出了世界历史的新概念。奥古斯都·路德维希·冯·施勒策尔（August Ludwig von Schlözer）批评之前的世界历史缺乏统一性，并仅仅是数据的集合。他认为历史学家应该拥有一种系统的历史观，这种历史观是构建在作为整体的人类历史的共同特征上的，也是构建在宏大背景下的各个事件之间的因果关系和造成各民族之间的差异的根本变化上的。他在他的《普世史的构想》（*Vorstellung sener Universal-Historie*, volume 1, 1772）中的计划显示出很多有趣的新元素。他明确地抛弃了四大帝国的分期模式，因为这种模式把将近三十个重要国家排除在外。他的分期模式是普遍性的三分法，即将历史分为史前史、普遍史和近代史，并在这三个时期内进一步地细分。史前史时期是从上帝创世到罗马的建立，其间延续3200年。这一时期又根据大洪水而被细分为两个时间相同的时期，后者又被细分为三个时代：从诺亚到摩西（持续800年）；从摩西到特洛伊；从特洛伊到罗马（都持续了400年）。施勒策尔认为史前史时期的纪年无法与各民族的纪年同步，而只能是按年代排序，这是因为人们只掌握了这个时期的零散而模糊的信息，尤其是这一时期的前半部分。他还断言历史不是从上帝创世开始的，而是从文字记录的出现开始的。因此，施勒策尔否认《圣经》历史的可靠性并提倡用科学的方法处理史料。正如其名称所显示的那样，只有持续了大约 2300 年的第二个时期才是同步的和普遍的历史叙述的对象。

实际上在罗马建立后，从地中海到日本的所有民族的历史记录都在显著地增加。罗马是普遍史分期的重要元素：施勒策尔认为这
64 是罗马应有的荣誉，因为没有任何一个帝国在影响世界命运方面比罗马帝国拥有更巨大的影响力了，而这则是通过将尽可能多的民族联系在一起的方式完成的。因此，世界历史被划分为两个时期：以皇帝狄奥多西（Theodosius）为分界点的古代史和现代史。施勒策尔对此的解释是：古代史一般的结束日期是耶稣的诞生，这种分期方式有一定的合理性，因为这标志着罗马从民主开始走向独裁，同时也是一个可以与伊斯兰教相提并论的世界性宗教的开端；但他更倾向于将古代的结束日期向后推 400 年，因为在这之后，罗马在民族迁移的浪潮下开始失去它所征服的世界，而这则开启了新欧洲的诞生过程。第二个时期结束于 15 和 16 世纪罗马最终的毁灭，其标志性事件是 1453 年君士坦丁堡的沦陷和 1520 年“新教皇帝国”的终结。这个划时代的变化也伴随着其他事件的发生：发现美洲、新的亚洲政治地图的绘制以及欧洲新文化的发展。在近代史方面，施勒策尔坚持认为无法对这一时期的历史进行同步的和系统的分析，因为它还没有结束，并且历史学家也无法从中挑出有影响力的事件，只能单独叙述各个民族的历史。

施勒策尔所叙述的世界历史是构建在对那些影响世界进程或作为世界历史的重要组成部分的民族的选择上的，他将它们分为“主导”民族和“仅是重要的”民族。主导民族是那些通过使用权力——例如征服，或运用理性——例如立法的方式决定历史进程的民族。在古代史中，主导民族包括亚述人、波斯人、马其顿人和罗马人；在近代史中则包括法兰克人、维京人、阿拉伯人、蒙古人和

土耳其人；最后，在现代史中则是西班牙人、俄罗斯人、荷兰人、英国人和满族人。施勒策尔观点中的那些“仅是重要的”民族不是那些通过武力，而是通过智慧、发明、商业、宗教、信仰甚至是机遇来影响历史进程的民族：在古代史中是埃及人、腓尼基人、希伯来人和希腊人；在近代史中则是教皇国、拜占庭人和叙利亚人。除了以罗马为中心外，施勒策尔的世界历史在本质上还是带有对欧亚大陆的偏爱的，撒哈拉以南的非洲以及美洲的历史在其书中根本就没有出现。

世界历史分期的发展在很大程度上应归功于哥廷根历史学家的努力。在他的下一部作品《世界史：根据主要部分的片段及其联系的世界历史》（*Weltgeschichte nach ihren Haupt Theilen im Auszug und Zusammenhange*, 1785）中，施勒策尔提出了一个不同的分期方式，罗马在这种分期方式中失去了中心位置：前两个时期是原始世界，即从亚当到诺亚，并以摩西为终点的模糊的世界（这个时期中没有精确的时间跨度，并且只有寓言而不是文字记录）；随后是出现了历史学的前世界，即从摩西到居鲁士的世界；之后是古代世界，其结束标志不仅有欧洲的克洛维（Clovis），还有穆罕默德、里海王布兰（the Khazar king Bulan）和中国皇帝杨坚；随后是到巴托罗缪·迪亚士、克里斯托弗·哥伦布和马丁·路德的中世纪；最后是到现在为止的新世界。我们还能在他的作品中看出他与基督教传统之间的距
离。例如，施勒策尔怀疑希伯来各长老的极长的寿命，并假设这种 65
极长的寿命代表的不是一个人在世的时间而是血统延续的时间。关于地球的年龄问题，在早期的历史观念中，他接受了地球存在约6000年的说法，在《普世史的构想》中，他将大洪水作为分期的时间基准，但在《世界史：根据主要部分的片段及其联系的世界历史》中，他对地球是同宇宙的其他部分同时被创造，还是数百年后才产生的深感怀疑，同时也对地球是上帝的造物还是自然产物表达了深深的疑虑。但无论怎样，他认为地球最初形态的问题并不是历史学家应关注的问题。在这点上，施勒策尔援引了乔治-路易·勒克莱

尔·德布丰（Georges-Louis Leclerc de Buffon）的作品《自然的各个时代》（*Les epoques de la nature*, 1778）中的观点，即认为地球的产生源于一颗彗星在 75000 年前与太阳之间的相互作用。自然科学也开始挑战《圣经》中的纪年了。

施勒策尔的同事约翰·克里斯托弗·加特勒（Johann Christoph Gatterer）也将注意力放在了世界历史的分期上。在他的《根据整体范围而完成的普世史概要》（*Abriβ der Universalhistorie nach iherm gesamten Umfange*, 1773）第二版中，他阐述了他的分期方式，一个将历史分为四个时间跨度相同（都是 1800 年）的时期的不同寻常的分期方式：第一个时期从亚当到宁录；第二个时期止于亚历山大大帝；第三个时期止于发现美洲；而第四个时期则仍在进行中。同施勒策尔一样，加特勒的焦点也是那些被分为“主导的”和“开明的”的民族，后者类似于施勒策尔的“仅是重要的”民族。加特勒的这两种类型比施勒策尔的都要广泛，他在第三个时期的主导民族中加入了阿兹特克人（加特勒称之为“墨西哥人”）和印加人，所以他的历史视野就扩展到了美洲。最后一个时期同样是欧洲人取得全球霸权的时期；加特勒在这里还指出了那些通过外交相互联系的、独特的国家实体的概念，这一点是史无前例的。那时的非洲仍是一片颓废的大陆，没有任何主导民族或开明民族。

各民族之间的互相联系也是约翰·戈特弗里德·伊奇霍恩（Johann Gottfried Eichhorn）的历史观点的核心，他从 1788 年开始直到 1827 年去世都担任着哥廷根大学的教授。在他的《世界历史》（同《旧世界史》〔*Geschichte der alten Welt*〕一起于 1799 年首次出版）中，他将历史分为两个大时代，即古代和现代，每一个大时代都包括一个各民族相互孤立的时代和彼此联系的时代。在古代，相互孤立的时代一直持续到居鲁士将各个民族和国家联结起来。相互联系的时代持续到 486 年，即克洛维击败西罗马帝国的最后一支军队并建立法兰克王国之时。现代时期也是以一个持续到 1096 年第一次十字军东征的孤立时代开始的，随后就进入了相互联系的时代，这个时代一直延续到现在，并由 1492 年发现美洲而分为两个部分：前半部分是通过以教皇为中心的方式进行的欧洲的重生，后半部分是教皇权威的终结、国家体系的建立以及欧洲通过航海和贸易的方式将世界结为一体的事实。因此，欧洲成为伊奇霍恩历史叙述的重头戏，但世界其他地区也有出现。在叙述古代世界的第一卷中，伊奇霍恩的关注点除了传统的美索不达米亚和地中海外，还有埃塞俄比亚、中国、印度、阿拉伯和巴克特里亚，而在叙述现代世界的 4 卷中，有 2 卷涉及的是非欧洲地区的历史。

19 世纪的欧洲中心主义

欧洲中心主义在 19 世纪主导了欧洲的历史学：在启蒙运动中打 66
开的全球视野又缩回到了欧洲——一种对欧洲全球霸权的表达。黑格尔和他所著的《历史哲学》在其中扮演了重要的角色。黑格尔的《历史哲学》是在其去世后的 1837 年首次出版的，其内容是根据他于 1822—1831 年间在柏林大学的讲义构建的。黑格尔世界历史理论的基础是体现在国家中的、作为自由意识的精神的进步。他的历史叙述始于作为这种进步的起点的亚洲——它是由最古老的三个帝国即中国、印度和波斯（包括亚述、巴比伦、米底、叙利亚、犹太和埃及）构成的，在亚洲只有一个人是自由的，那就是专制君主；随后，这一精神开始从东向西传播，它首先到达希腊，随后是罗马，在这些地方只有部分人是自由的；最后传播到了日耳曼尼亚，在那里所有人都是自由的。这四个时期又被分为三个部分：民族迁移和基督教传播的时代；查理曼和封建制度建立后的中世纪；从宗教改革到黑格尔所处的时代。中世纪因其消极的内涵而没有被包括进精神进步的进程中。黑格尔观点的另一个重要方面是历史之外的民族的概念，即像非洲人和美洲人那样的没有体现精神自觉的民族。

欧洲中心主义还受到了利奥波德·冯·兰克的推崇，他在那部止于法国大革命的《历史上的各个时代》（*Uber die Epochen der neueren Geschichte*，写于 1854 年，但却在他去世后的 1888 年出版）中详细阐述了他对世界历史的观点。而他那部未完成的《普遍史》（*Weltgeschichte*，共 9 卷，写于 1881—1888 年）则是他的代表作。他明确地将世界其他地区从历史主流排除出去，并轻视中国和印度，因为他认为它们那古老的纪年是无稽之谈，更像本能而不是历史。因此，他的《普遍史》成为一部欧洲史：在开头介绍了古代近东、埃及和波斯的历史后，他的叙述就都集中在希腊、罗马、日耳曼民族以及欧洲的历史上了，这种情况一直延续到君士坦丁堡的沦陷，在此期间唯一的例外是穆罕默德和伊斯兰教，但也仅限于与欧洲有关的部分。

马克思主义的历史学

19 世纪也见证了马克思主义历史学的诞生，它以全球视野以及以经济-政治组织阶段为基础的新的历史分期范式为特点。马克思在他的《政治经济学批判》（1859；在 1845—1846 年间，与弗里德里希·恩格
67 斯合写）中阐述了这种包含四个阶段的结构。第一个阶段是以简单的劳动分工和家庭结构为特点的部落所有制；第二个阶段是以奴隶制为特征的古代公社和国家所有制；第三个阶段是以农村农奴制和城市行会制度为特点的封建性或地产所有制；最后一个阶段是以资本主义和无产者为特点的现代资本的生产模式。这一系列发展阶段只出现在欧洲，因为世界所有其他地区至少缺少一个阶段。因此，欧洲历史成为世界历史的蓝图，正如我们在由苏联科学院创立的综合性的马克思主义历史学中所看到的那样（《普遍史》〔*Vsemirnaja Istorija*〕，茹科夫〔E. M. Zukov〕主编，10 卷，1955—1965）。即便马克思主义历史学很好地涵盖了非欧洲地区的历史（但却没有叙述撒哈拉以南的非洲和前哥伦布时期的美洲的历史），但其历史分期方式基本上仍是欧洲的：原始社会在公元前 4—前 3 世纪结束于埃及和美索不达米亚，古代结束于 3—7 世纪，标志是奴隶制的危机和封建主义在欧

洲、亚洲和北非的确立，中世纪结束于17世纪中期，标志是英国革命，最后一个分界点是十月革命，它标志着历史的最后一个阶段的开启。

中华人民共和国最初采纳了这种苏联模式的历史分期方式，但在“文化大革命”后，这种分期就受到了挑战，特别是在吴于廑指出其中所包含的欧洲中心论后。他随后建立了一种不同的马克思主义的历史框架，这一框架不仅关注历史发展的各个阶段，还关注各个民族相互联结共同走向全球性社会的过程。1994年，吴于廑和齐世荣合著的《世界史》出版，这部《世界史》将历史分为三个阶段：从人类起源到1500年的古代史，其焦点是农业的发展和欧亚大陆内部的互动；从1500到1900年的现代史，叙述的是资本主义在世界范围内的发展；最后是以世界各个地区间的紧密联系为特点的当代史。

第二次世界大战后的历史分期：联合国教科文组织编写的世界历史

二战后，联合国教科文组织成为推动世界历史研究的力量，其宗旨是将世界历史作为和平教育的工具以便取代历史学中的民族主义观点。在这一背景下，历史学家发起了编写人类普遍史的项目，其中心不是单纯的政治变动，而是人类在科学和文化上的成就，并强调各民族和各文化团体之间的相互依存以及它们对共同的人类遗产和人类思想的贡献。

在1963—1969年间，一个由保罗·E. 德·贝雷多·卡内罗（Paulo E. de Berredo Carneiro）领导的委员会出版了一部名为《人类史：文化和科学发展》（*History of Mankind: Cultural and Scientific Development*）的6卷本著作。其历史分期是从分为两个部分的史前史时期开始的，前半部分是农业的开端，后半部分是文明、城市革命
和文字的出现；随后是公元前1200—前500年的古代时期，其结束 68

标志是西罗马帝国的崩溃；其后的两个时代分别是结束于1300年的以宗教为中心的各区域彼此孤立的时代，以及结束于1775年的日益世俗化的各区域相互联结的时代。于1775年左右发生的众多事件标志着一个划时代的变化的出现，它们是：美国的独立，东方问题的开始，《百科全书》的完成，亚当·斯密的《国富论》的出版，瓦特蒸汽机的发明以及现代科学在化学、医疗和天文学上的发展。最后一个分期标志是20世纪初发生的欧洲霸权的崩溃和工业化的胜利。

现今的趋势

世界历史研究在20世纪下半叶得到了空前的发展。这一时期出现了三种主要的历史分期模式。

第一种模式是由V. 戈登·柴尔德（V. Gordon Childe）提出的（参见其所著《人类创造了自身》〔*Man Makes Himself*〕，1936）。其基础是人类与自然之间的生产关系，同时还同新石器时代的新视角联系在一起。柴尔德关注的是作为食物生产方式的农业和畜牧业的引进，因为这标志着之前那种靠狩猎和采集来收获食物的方式的巨大改变。克劳德·列维-斯特劳斯（Claude Levi-Strauss）在他的《种族与历史》（*Race and History*，1952）中认为人类历史的两个主要革命是农业革命和工业革命，前者发生在爱琴海、埃及、近东、印度河流域、中国和美洲，其时间跨度大约是1000~2000年。农业革命是在世界的许多孤立地区同时发生的，因为它不取决于特定的种族或文化上的特殊优势，而是取决于超越人类意识的自然环境。之后发生的工业革命始于西欧，随后传播到美国、日本和俄国，最后遍及全球。卡洛·玛利亚·奇波拉（Carlo Maria Cipolla）在其《世界人口经济史》（*The Economic History of World Population*，1962）中完全接受了这种分期方式。勒芬·S. 斯塔夫里阿诺斯（Leften S. Stavrianos）在其《远古以来的生命线》（*Lifelines from Our Past*，1990）中关注的是社会结构的变化，并将其作为历史分期的基准。他将农业革命视为从血缘社会向部落社会的第一次大变革，随后是发生在资本主义社会的宏大背景下的工业革命，他又进一步将资本主义社会分为商业资本主义（1500—1770）、工业资本主义（1770—1940）和高科技资本主义（1940 年至今）。与之相似的观点出现在阿尔文·托夫勒（Alvin Toffler）的《第三次浪潮中》（1980）中，其作品关注的是农业和工业的革命（于 17 世纪后期开始），并添加了第四个阶段即后工业社会，它始于 20 世纪 50 年代后期，以数字和信息革命 69
以及像空间研究和全球化这样其他的技术和社会革命为特征。

第二种分期模式是通过宗教和文化划分的。卡尔·雅斯贝尔斯的《论历史的起源与目标》（1949）介绍了他的“轴心时代”观点。他认为在从公元前 800 年至前 200 年的历史时期里，欧亚大陆出现了新的人类思想基础，这些思想基础是由宗教领袖和哲学家单独提出的（在中国是孔子和老子，在印度是《奥义书》和佛陀，在以色列是从以利亚到第二以赛亚的众先知，在希腊是荷马、柏拉图、修昔底德和阿基米德），其影响一直持续到今天。

第三个分期模式的依据是各个文明或社会之间的关系。它是威廉·H. 麦克尼尔的重要著作《西方的兴起：人类共同体史》（1963）的基础。麦克尼尔在书中将世界历史分为三个时期：第一个时期是中东占主导地位的时期（截止到公元前 500 年），其后是欧亚大陆各文化的平衡期（公元前 500—公元 1500），最后是西方的霸权时期（从 1500 年至今）。很明显，这是一个以欧亚大陆为中心的结构，其基本原理是以贸易和军事扩张为手段的知识、习俗和技术的传播。第一个时期的终结标志是希腊文化的扩张以及中国和印度的扩展；第二个时期则结束于欧洲的海外探险。这一模式又进一步被杰里·H. 本特利依据各文化之间的不同程度的互动细分为六个时代：早期的复杂社会时代（公元前 3500—前 2000）；古代文明时代（公元前 2000—前 500）；古典文明时代（公元前 500—公元 500）；后古典时代（500—1000）；跨地区的游牧帝国时代（1000—1500）；最后是现代（1500 年至今）。第一个时代的互动仅限于马匹驯养和冶铜技术在欧亚大陆的传播。第二个时代最初传播的是极大地影响了战争的辐条战车，随后开始的是远距离贸易网络的建立和民族大迁移，例如班图族迁往撒哈拉以南的非洲。之后出现的古典文明，其在很多方面都与古代文明不同，例如大规模的政治控制，由新的基础设施构建的通讯网络的发展，以及以儒家思想、佛教、希腊哲学和基督教为代表的，对后世有着深远影响的众多文化和宗教的传统的发展。随后，汉帝国和罗马帝国的崩溃则标志着后古典时代的开始，它见证了新的地缘政治单位的出现，如阿拔斯帝国，以及以印度洋为中心的贸易的增长。第五个时代的特点是撼动了当时大多数现存帝国的中亚游牧民族的扩张，但这也创造出了蒙古帝国治下稳定的交流环境。最后是欧洲的扩张和现代时期的开始，这一时期没有被进一步细化，而是被视为一个整体，即全球化时代——这应归功于前所未有的积累速度和大量的交流。

这三种主要的分期模式也可以结合成一个更好的或更复杂的模
70 式，正如彼得·N. 斯特恩斯（Peter N. Stearns）所推荐的那般。马歇尔·霍奇森（Marshall Hodgson）提供了这样一个范例。他在《伊斯兰教的冒险》（*The Venture of Islam*, 1975—1977）中将世界历史分为农业时代（公元前 7000—公元 1800）和技术时代（1800 年至今），并将农业时代的最后一个部分分为前轴心时代（公元前 3000—前 800）、轴心时代（公元前 800—前 200）和后轴心时代（公元前 200—公元 1800）。

本文对目前世界历史的主要分期模式的概述将会以近期出现的精巧模式结束，这就是被称之为“大历史”（big history）的分期模式：它将人类历史置于宇宙史的框架内，因此它的开端是宇宙大爆炸，其后历经银河系的形成、太阳系的构建、地球的出现、地球的地质时期和人类的进化，最后截止到我们生活的时代。这一领域最具影响力的作品是弗莱德·斯皮尔（Fred Spier）的《大历史的结构：从大爆炸至今》（*The Structure of Big History: From the Big Bang until Today*, 1996）以及大卫·克里斯提安（David Christian）的《时间地图：大历史导论》（*Maps of Time: An Introduction to Big History*, 2004）。在《时间地图》中，人类历史被分为三个时期：涵盖旧石器时代的“多世界”时期（300 万年前到 10 万年前），包括全新世（Holocene）和农业时代的“少数世界”时期（10 万年前到 5 万年前），最后是“单一世界”时期（5 万年前至今）。值得强调的是克里斯提安使用的不同寻常的纪年体系——BP（即现在之前），它参考的是于 1950 年出现的，对考古研究和历史学有着重要影响的碳十四同位素测定法。这是自然科学及其技术影响历史学发展的明显例子。实际上，这种自然科学方法早在作为科幻小说家、未来学家和和平主义活动家的 H. G. 威尔斯（H. G. Wells）的那部出版于 1920 年的《历史大纲》（*The Outline of History*）中就有所体现了。即便威尔斯仅开启了对地球历史的研究，而没有深入下去，但二者的基本观点却是相同的，即认为自然历史和人类历史的结合将作为一种跨学科的研究方法推动世界历史学科向前发展。

参考书目

- Bentley, Jerry H. ‘Cross-Cultural Interaction and Periodization in World History,’ *American Historical Review* 101, 3(1996), 749 – 770.
- Breisach, Ernst. ‘World History Sacred and Profane: The Case of Medieval Christian and Islamic World Chronicles,’ *Historical Reflections/Réflexions historiques* 20, 3(1994), 337 – 356.
- Granada, Miguel A. ‘Cálculos cronológicos, novedades cosmológicas y expectativas escatológicas en la Europa del Siglo XVI,’ *Rinascimento*, n.s., 37(1997), 357 – 435.
- Klempt, Adalbert. *Die Säularisierung der üniversalhistorischen Auffassung. Zum Wandel des Geschichtsdenkens im 16. und 17. Jahrhundert*. Götingen: Musterschmidt, 1960.
- Manning, Patrick, ‘The Problem of Interactions in World History,’ *American Historical Review* 101, 3(1996), 771 – 782.
- Mazza, Mario. ‘Roma e i quattro imperi. Temi della propaganda nella cultura ellenisticoromana,’ in Mario Mazza, *Il vero e l’immaginato. Profezia, narrativa e storiografia nel mondo romano*. Rome: Jouvence, 1999, 1 – 42.

- Momigliano, Arnaldo. 'The Origins of Universal History,' in Arnaldo Momigliano, *On Pagans, Jews, and Christians*. Middletown, Conn.: Wesleyan University Press, 1987, 31－57.
- Ricuperati, Giuseppe. 'Universal History: storia di un progetto europeo. Impostori, storici ed editori nella Ancient Part,' *Studi settecenteschi* 2(1981), 7－90.
- Rosenthal, Franz. *A History of Muslim Historiography*. 2nd edn. Leiden: Brill, 1968.
- Rossi, Paolo. *The Dark Abyss of Time: The History of the Earth and the History of Nations from Hooke to Vico*. Chicago: University of Chicago Press, 1984.
- Schmidt, Roderich. 'Aetates mundi. Die Weltalter als Gliederungsprinzip der Geschichte,' *Zeitschrift für Kirchengeschichte* 67(1955—1956), 288－317.
- Stearns, Peter N. 'Periodization in World History Teaching: Identifying the Big Changes,' *The History Teacher* 20, 4(1987), 561－580.
- Van der Pot, Johan Hendrik Jacob. *Sinndeutung und Periodisierung der Geschichte: Eine systematische übersicht der Theorien und Auffassungen*. Leiden: Brill, 1999.
- Wacholder, Ben Zion. 'Biblical Chronology in the Hellenistic World Chronicles,' *Harvard Theological Review* 61, 3(1968), 451－481.
- Xu, Luo. 'Reconstructing World History in the People's Republic of China since the 1980s,' *Journal of World History* 18, 3(2007), 325－350.

白英健 译 屈伯文 校

第四章　现代性

马修·J. 劳佐

众所周知，现代（*modern*）和现代性（*modernity*）是两个含混不清又互有关联的词汇，关于它们的含义及其所涉及的年代一直争论不断。最通俗的说法无非是将它们等同于“新的”“现在的”或者理解为“最新的发明”。1950 年，克雷恩·布林顿（Crane Brinton）在他的欧洲思想史研究中指出：“‘现代’这一词语源于晚期拉丁语中的副词，表示‘刚才’，而英语中则是现在的意思，与‘古老’相对，这一解释可上溯至伊丽莎白时代。”①从某种意义上说，“现代”这个词标志着时域上的间断，它可以呈现为各种不同的日期，比如 1942 年、1648 年、1789 年、1914 年、1945 年、1989 年，甚至是 2001 年，它们代表一个新的历史时期的开始，诸如此类的日期还可以称作“我们的时代”或“现代世界”。历史学家们也频繁使用这类的语句，例如“现代欧洲”“现代世界”，而他们并没有明确地反思“现代”的含义。比如，一个令人惊讶的事实就是，很多历史书籍的标题中都出现了“现代世界”的字眼，但它们的编年起点却完全不同。R. R. 帕尔默（R. R. Palmer）的《世界现代史》（*History of the Modern World*）以中世纪为开端，而威廉·伍德拉夫（William Woodruff）的《现代世界简史》（*Concise History of the Modern World*）则始于 1500 72

① Crane Brinton, *Ideas and Men: The Story of Western Thought*, 2nd edn. (Englewood Cliffs, N.J.: Prentice-Hall, 1955), 256.

年，相比之下，C. A. 贝里（C. A. Bayly）新近出版的《现代世界的诞生》（*The Birth of the Modern World*）则将1780年作为起点。

欧洲思想文化史范畴的“现代性”

最近，一些评论家指出，时域性的“现代性”和实质性的“现代性”在概念上存在着明显的不同。①但是，这两种概念却也相互关联，这是由于它们都是对“现代世界”或“现代”的反思性实践，至少部分地暗含了现代的本质概念。换句话说，现代的本质概念已经从
73 那些旧有的欧洲时域上的非连续性思考习惯中脱胎出来，依据目的论的发展方向，走向了一个理想化的完全不同的未来。

“现代”表示的不仅仅是一个新的时代，更是一个特殊的新时代，它拥有截然不同的历史特征，可以上溯到19世纪。例如，雅各布·布克哈特的《意大利文艺复兴时期的文化》（1860）确立了现代化兴起于文艺复兴的传统，布克哈特认为，人文主义者既发展了一种新型的主观个人主义，又发展了客观现实主义，并使得理性在文化和政治领域产生了广泛的影响。②乔万尼·皮科·德拉·米兰多拉（Giovanni Pico della Mirandola）在他的《论人的尊严》（*Oration on the Dignity of Man*，1486）一书中指出，人类因其能力而区别于其他物种，如他所说，“将［他们自己］塑造成［他们］选择的任何形式”。③这样的陈述表明，一种新的自由意识开始崭露头角，即人

① 参见，例如，Bernard Yack, *The Fetishism of Modernities: Epochal Self-Consciousness in Contemporary Social and Political Thought*(Notre Dame: University of Notre Dame Press, 1997), 17－30, 和 Björn Wittrock, 'Modernity: One, None, or Many? European Origins and Modernity as a Global Condition,' *Daedalus* 129, 1(Winter, 2000), 31－60。

② 关于最近布克哈特对现代性影响的讨论，请参见 John R. Hinde, *Jacob Burckhardt and the Crisis of Modernity*(Kingston and Montreal: McGill-Queen's University Press, 2000)。

③ Giovanni Pico della Mirandola, *Oration on the Dignity of Man*, Richard Hooker Retrieved 8 January, 2010 from(http://www.wsu.edu/~wldciv/world_ civ_ reader/world_ civ_ reader_ 1/pico.html).

类开始按照自己的计划发展自己和创造世界。①人们常常将这一反思性的自决原则视为现代性的基本特征之一。

还有一种类似的观点，认为新教改革是现代化早期，它倡导个人意识自由，不受过去那些腐朽的传统意识影响。从 16 世纪到 18 世纪，在一段前所未有的社会和宗教动乱之后，这一主张被发扬光大。一些欧洲思想家认为，宗教信仰不是普遍的、自然的或理性的，只要不妨碍他人自我信仰的实践，就应视为与国家运作无关。这促使人们从对公民和公众领域的精神关怀退回到内心和私人领域。这一从宗教到精神的转移引出了现代化另一个被经常提及的特征：公共领域的世俗化。②欧洲的文艺复兴和宗教改革与预期一样都呈现了现代化的某些特征，二者都希望复兴遥远过去的某些方面，而不是创建一个崭新的未来。由于现代化意味着所谓的新时代将显著不同于任何过去的时代，实际上就是摆脱任何过去的时代，那么最好的理解方式就是将文艺复兴和宗教改革看作是现代化的重要部分。

到 17 世纪末，17 和 18 世纪的新思想文化是否可以与古代思想文化相提并论，还是已经超越古代思想文化，在围绕这个问题争论不休的背景下，"现代"这一词语被赋予了不同的意义。在争论中，现代人抵制他们的反对者所说的，即人类历史注定是永恒衰落的，抑或是循环往复地有限度进展并且伴随着有限度的衰落。现代人认

---

① 布克哈特认为，文艺复兴之下，"我们第一次发现了欧洲的现代政治精神，其最坏的也是经常显现的特征就是毫无节制的利己主义……但是……出现了一个新的历史事实，国家成为反思和计算的结果，国家成为艺术作品"。参见 Jakob Burckhardt, *The Civilization of the Renaissance in Italy*, trans. by Samuel George Chetwynd Middlemore(London: MacMillan, 1904), 4。

② 黑格尔认为，自宗教改革以来，"德国的思维方式变得日益内省，内心生活情感充沛，内心生活（内心世界）不断深化"。黑格尔断言，"这种独特的德国特征……限制了德国的现代化"。参见 Harold Mah, 'The French Revolution and the Problem of German Modernity: Hegel, Heine, and Marx,' *New German Critique* 50 (Spring/Summer, 1990), 8。然而，对黑格尔来说，这仅仅是对真正现代性的一种预期，因为德国人仍然需要在具体制度中外在地体现现代性的原则。

为，在他们不远的过去，那些已经进行的知识、文化和技术创新证明，人类历史拥有潜在的无限进步性和可改善性。

然而，现代不仅仅只意味着将现在等同于或优于过去，它还暗
74 含着摒弃那些过去以各种方式限制当下的思想。17 世纪，“新科学家们”最令人震惊且广为人知的成就就是向古代的那些解释自然界运作的传统而权威的说法发起挑战，尤其是伽利略和牛顿对于行星运动的阐释，他们帮助人们意识到从古人那里继承而来的传统说法是迷信、不合理且具有误导性的。为了给这场科学革命打下基础，英国政治家和思想家弗朗西斯·培根（1561—1626）在他 1620 年的《新工具》一书中指出“只在旧有知识之上添加和嫁接新的知识，就期望获得科学上的伟大成就，这是偷懒。我们必须从根基处重新开始”。①下一代中，勒内·笛卡儿（1596—1650）提出了类似的观点，当传统不符合科学理性设定的真理标准时，那么就应该用怀疑的目光审视甚至反驳它。笛卡尔还明确地驳斥道：“仅用范例和惯例说服我接受那些东西；在这个接受的过程中，我渐渐地从许多错误观点中解放出来，这些错误模糊了我们理解力的自然之光，使我们不够理性。”笛卡儿提出，“假装［正在假装］他的头脑中从没有什么东西能够比［他的］梦中的幻想更为真实”，相信他终于发现了一个坚实的基础，可以在这个基础上建立一个全新的、完全理性的知识体系。②他已经对自己进行了质疑，因此是一个有思想的个体，这一观点毋庸置疑。笛卡儿在此基础上构建并且提炼出了“新科学”，它客观地看待宇宙，将其作为一个依据不变的法则而运行的宏大机制。因此，通过这次科学革命，现代化理想在两方面有了重大的发展。首先，自然被比作一部机器，在具体的、有规律的、一致的法则之下运行；其次，这些自然规律可以被理性的人类个体所掌握、

---

① Francis Bacon, *The Works of Francis Bacon* (New York: Hurd and Houghton, 1877), vol.1, 74.

② René Descartes, *Discourse on Method and the Meditations*, translated by F. E. Sutcliffe (New York: Penguin 1968), 33－34 and 53.

阐释，并且被潜移默化和自觉地操纵。到了 17 世纪末，西欧人已经接受了一种完全现代的自我意识，并且接受了一种有关自然界的现代意识，认为自然界是一系列客观的、潜在可控的现象的总和。这种现代意识下的自我和自然隐含了一个由具有批判理性的个体组成的世界，这些个体摆脱了潜在的非理性传统的束缚，能够科学地理解并且娴熟地操控那些对客观自然世界运作进行管理的规则。

17 世纪的欧洲科学家在解释自然世界方面取得了巨大的成功，特别是在天文学领域，这激励了其他人将同样的原则应用于人类世界，开创了所谓的“人的科学”，旨在揭示和运用那些本应支配人类行为的法则。例如，托马斯·霍布斯（1588—1679）认为人类能够根据机械的、有规律的、可说明的规则来运作，他是最早提出这种看法的欧洲思想家之一。因此，现在的任务是发现人类行为的规律，以便人们可以制定政策，允许人类和社会去合理地实现他们的潜能。

当然，人文科学的这一现代观念，不仅对欧洲社会的历史呈现，而且也对那些非欧洲地区和整个人类世界影响深远。启蒙运 75
动认为所有人类都有一个共同的本性，这为历史学家提出了一个新的任务，即研究世界各地不同的人类社会，以此来揭开历史发展的层层面纱，从而揭示原始人类的“自然状态”。启蒙运动的历史学家认为，从人类发展的第一个原始或史前阶段开始，他们通常可以通过推测来追溯人类本性所具有的潜能是如何随着时间的推移而不断实现和完善的。对大部分启蒙运动的历史学家来说，随着时间的推移，这种渐进式的发展最终让人们认识到，新近的思想、实践和制度与以前的相比更优越、更合理。有鉴于此，18 世纪的历史学家假定所有人都有一个共同的本性，他们期盼的是，每一个社会都可以开发一系列相似的思想、实践、制度体系，并拥有足够的时间聚合为一个同质的形式。这一历史框架的实体就是亚当·斯密（1723—1790）在他的《法理学讲义》（*Lectures on Jurisprudence*, 1762）中阐明的著名的“四阶段论”。在这一理论中，人类社会全体最终会具现化为相同的社会形式，正如从原始的狩猎采集社会到现代商业社会一样。[①]对于斯密和其他启蒙运动中的哲学历史学家们来说，从原始社会到现代，或者从野蛮到文明的发展，正如他们所倾向的如下说法，“表明了人类思想”本身的“进步”。[②]

作为一个构思计划的现代性

就以上所述的概念而言，现代性不仅仅是历史断裂的最新形式，更是一系列进步发展过程中非常具体的阶段，它逃离了毫无反思的起点，走向自反意识，这一自反意识被科学地发现，即人们能够通过自觉运用自然规律和理性原则从根本上改变世界。[③]18 世纪后期，大量的欧洲思想家试图为这一历史发展模式提出解释，举例来说，安托万-尼古拉·德·孔多塞（1743—1794）提出了所谓的从“人类处于未开化民族状态”到“今人身处最开明的欧洲国家”的转变。[④]尽管孔多塞相信“人的完美性是真正的不确定性”，但他也认为，知识和文化的门槛已经被某些欧洲国家跨越，这些社会现在有望更快地进步，肯定会摆脱非理性的传统。他推断，人类社会的其他地区可以观望西欧社会并预见其未来：“从束缚中解脱，从帝国的宿命中释放，从敌人的进步中发掘自身的进步，沿着真理、美德和幸福之路，坚定且稳步地前进!”[⑤]尽管黑格尔和马克思有很大不同，但就像孔多塞一样，他们也相信自己已经发现了历史进程，证明了人类

① Adam Smith, *Lectures on Jurisprudence*(Indianapolis: Liberty Fund, 1982), 14.

② Hugh Blair, *Lectures on Rhetoric and Belles Lettres*(Dublin: Whitestone, 1783), vol. 3, 76.

③ 汉斯·布卢门伯格（Hans Blumenberg）明确提出了“现代性”这一概念，并将其作为一项欧洲计划，目的是有意地、理性地、彻底地改变一个陷入非理性传统泥潭的中世纪欧洲。参见他的 *The Legitimacy of the Modern Age*(Cambridge: MIT Press, 1985)。

④ Antoine-Nicolas de Condorcet, *Sketch for a Historical Picture of the Progress of the Human Mind*, trans. by June Barraclough(New York: Noonday Press, 1955), 12, 4, 171, 175 and 201.

⑤ Ibid., 171, 175 and 201.

理性和自由展开的必然性甚至是固有性。 76

自我意识的觉醒一扫非理性传统，由此非理性传统被全新的、理性的、普遍合法的原则所替代，引发了18世纪末期独特的政治革命。尽管相互竞争的利益关系影响着法国大革命，但现代性的概念仍然是其基本理念，这意味着，具有自决权的个人所要做的是将理性的设计施加于一个不完美的传统世界之上。人们通常认为法国大革命和美国独立战争开辟了一个时代，在这个时代里，对社会的理性重建是由一群在其他方面自主的、理性的、具有自我指导能力的个人共同协作完成的。与“恢复”“改革”和“复兴”的概念一样，“革命”的概念意味着回到更早的起点，但与其他概念不同的是，革命的概念具有明显的现代含义，即会产生一些全新的东西。1793年，法国革命者强行推行了一种合理化和世俗化的共和日历，这是一种自觉的做法，目的是促进小到法国民族大到全人类的全面复兴。革命者试图拆除任何他们所谓的“旧秩序”的象征，新日历的实施旨在证明能够自由、彻底、完全地摆脱过去，而过去是人们所继承的习俗和传统的集合；但革命者却与邪恶、非理性、叛国、奴役、狂热和迫害联系在了一起。①

在某种程度上，现代化可以算作是一个彻底改变和完善了世界的理想化的新起点，美国已经成为现代化所应带来的荣景的一个强大典范。1690年，当约翰·洛克（1632—1704）宣称“最初，整个世界就是美国”时，他的意思是说，所谓的新世界，正如它的存在，代表的是人类历史发展更早的，或许是最早的阶段。②当黑格尔认为美国是“未来之地，那里……显露了世界历史的重担”时，他也提

---

① 据林·亨特所说，“为了与民族的过去决裂，法国开展了有别于以往的革命运动”。参见 Lynn Hunt, *Politics, Culture, and Class in the French Revolution*(Berkeley: University of California Press, 1984), 27。一种思想认为法国大革命代表了现代性的一个特殊时刻，即一场彻底的断裂，它重新定位了历史意识，参见 Peter Fritzsche, ‘Specters of History: On Nostalgia, Exile, and Modernity,’ *American Historical Review* 106, 5 (Dec., 2001), 1587－1618, esp. 1595－1596。

② John Locke, *Political Writings of John Locke*, ed. David Wootton (London: Mentor, 1993), 285 and 316.

出在那里，人们可以剥离已养成的那些恶习，合理地重建世界。①因此，美国以它从未受到历史进程的玷染这一借口，宣称这种纯粹的完满代表了现代性的理想过去，同时，伴随潜力的充分实现，它也代表了理想的未来。事实上，原始主义者们沉迷于原始人所谓的未堕落的特征，正是人类可完善性所展现出的理想化现代性的讽刺含义之一。不必惊讶，后来，美国的革命者和他们的继承者们采用了彻底的现代信仰，他们重回起点，用纯粹的自然和理性原则重建公民社会。美国的政治家和历史学家大卫·拉姆齐（David Ramsay，1749—1815）在1778年7月4日做了一次演讲，演讲中指出，例如，美国人民“是世界上第一个有权力选择自己政府形式的民族。［其他国家的］宪法……或者是由某次事件促成的［或者］是反复无常
77 的”。“但是，我们很幸运，”他补充道：“历史发展的各个阶段都有范例为我们指明方向，并且，对于其他政府的繁荣和困苦的原因，我们之中的很多人都非常了解。”他继续说道：“难道我们不希望人的本性在这里迎接它最后的润色吗？不希望艺术和科学在这里被推广和完善？不希望宗教、知识和自由在这片大陆上得以传播？简而言之，难道我们不希望美国版的人类思想会比已出现的那些更完美？”②拉姆齐的讲话表明，美国革命者采用现代成文宪法，将他们自己从非理性的传统中解放出来，并且接受了一种新的理性的联盟形式，这能够让他们完善自己和世界。

实质性的现代性概念

从文艺复兴到革命时期，这些欧洲历史内部的知识、文化和政

---

① Georg Wilhelm Friedrich Hegel, *The Philosophy of History* (New York: Dover, 1956), 86.

② David Ramsay, *An Oration on the Advantages of American Independence, Spoken Before a Public Assembly of the Inhabitants of Charleston, in South Carolina, on July 4th, 1778*, in Hezekiah Niles, ed., *Principles and Acts of the Revolution in America*(New York: A. S. Barnes, 1876), 379 and 381.

治变革，让现代化叙事逐渐兴起，被视为基于自觉理性原则重塑世界的方案，这为理解欧洲和北美社会物质和社会条件的深刻变革提供了一个框架。虽然从原则上说现代化是一个总体性的方案，甚至在许多人看来，是通过暴力方式强加给全人类的，但从 18 世纪开始，现代化就依照民族国家的设想处于实践之中。正如杜赞奇（Prasenjit Duara）所说，“民族国家是一个机构，历史将实现现代化”。①为了变得“现代”，从 16 世纪到 19 世纪，社会依照国家政权的模式，伴随公民社会的体系，在西欧得以发展。

19—20 世纪的社会学家们除了民族国家，还注意到在现代社会产生和形成的过程中所出现的现代化的一些其他特征，比如工业化、城市化、商业化、现世化、官僚化、常规化、私人领域与公共领域的分割、资本主义、宪政民主、大众传媒、公共知识分子和专门的学术知识、监管和处罚的具体技巧的兴起。这些社会理论家，从马克思到韦伯，都倾向于认为现代化发展起源于资本主义基本的社会和经济制度及其实践。因此，从马克思到安东尼·吉登斯，这些社会学家们往往认为现代性独有的社会、文化、知识特征是复杂的经济观念、实践和制度结合体产生、衔接和扩展的最终结果，与资本主义有关，特别是与工业生产和市场经济有关。在西欧社会，这个时间点位于 17 和 18 世纪之间。②为了理解近代早期欧洲的现代化与资本主义之间的联系，伊曼纽尔·沃勒斯坦提出了世界体系理论， 78
这是理解二者之间的联系最有影响力的框架之一。沃勒斯坦的理论体系试图探讨西欧从封建主义到资本主义世界经济的过渡路径，他认为，在 1450—1650 年之间的某个时间，西欧社会通过殖民统治开

① Prasenjit Duara, *Rescuing History from the Nation: Questioning Narratives of Modern China*(Chicago: University of Chicago Press, 1995), 20.

② 参见 Anthony Giddens and Christopher Pierson, *Conversations with Anthony Giddens: Making Sense of Modernity*(Cambridge: Polity Press, 1998), esp. 94 - 117。

始整合全球的其他地区，完成了它的过渡。①

因此，正如他们的启蒙运动前辈一样，各种各样的理论家们往往把西欧和北美，至少从18世纪开始，当作他们理解现代性的起点和标准。早先，这些社会就像世界其他地区一样没有表现出这些现代性的特征，它们都被认为是“传统”社会，这意味着，它们一直处于某种永恒的停滞状态，等待着现代化的到来。它们的现代化要么是自发的，要么是受到已经完成现代化的欧洲或北美社会影响的结果。

除了为欧洲的沙文主义和帝国主义霸权提供理论依据之外，这些现代化的概念还为全球历史提供了一个通用框架，作为在现代化进程中一个特殊的时间节点，为世界历史上处在特定时刻的各个社会进行分类。实际上，社会的各个方面都可以作为一个指标表明它的发展阶段。在这一方面，欧洲古代、中世纪和现代社会的差别与世界各地的原始社会、过渡期和现代社会之间的差距相类似。随后人们注意到，“原始状态与现代野蛮部落在很大程度上存在一致性，刨除它们的差别和距离，它们都有共同的某些文明元素，这似乎充分地说明了人类的早期状态”。英国人类学家爱德华·B. 泰勒（Edward B. Tylor，1832—1917）写道：“从远古到现代文化的主要趋势是从野蛮走向文明。”②1930年，英国作家C. 德莱尔·伯恩斯（C. Delisle Burns）认为，社会有三个迥异的“心理年龄”，他写道：“原始社会，在非洲热带地区最为明显，中世纪，表现最清晰的是中国和欧洲，现代社会，基本上就是欧洲和北美洲。”“这最后一种文明，”他补充道：“起源于西方，但是它最突出的特点是建立在以往两个阶段的社会经验之上。”③正如迈克尔·阿达斯（Michael Adas）所展示的，在20世纪30年代早期，伯恩斯的书出版时：

> 美国的教育家、传教士和工程师……提倡中国、菲律宾和

---

① Immanuel Wallerstein, *The Modern World-System*(New York: Academic Press, 1974).

② Edward B. Tylor, *Primitive Culture*(New York: Holt, 1889), 21.

③ C. Delisle Burns, *Modern Civilization on Trial*(New York: Macmillan, 1931), 6.

> 拉丁美洲在政治、经济和文化上进行转型……在两次世界大战期间……工业化的、实行民主政治的美国成为那些不幸的社会应该效仿的理想模式。通过对资源的合理管理，科学技术大规模地应用于生产之中，在研究人类行为时尝试运用科学调查的原则，这些路径让美国走上了政治稳定和繁荣之路，越来越多的人认为这条美国路径应作为“不发达”和不稳定社会进入现代的必经之路。①

18 世纪，亚当·斯密和与他同时代的启蒙思想家都提倡相同的基本 79
假设，所有社会最终都可以自然而然地沿着与西方相同的合理路径发展下去，(这一假设) 往往也支撑了塔尔科特·帕森斯 (Talcott Parsons, 1902—1979)、沃尔特·罗斯托 (Walt Rostow, 1916—2003) 和 20 世纪下半叶其他的现代化理论。②

全球化的现代性

最近几年，学者们开始质疑这些关于现代性标志的以欧洲为中心的历史崛起的论述，他们认为世界其他地区，尤其是亚洲，也为现代性的某些关键特征的显现作出了重大贡献。在这群人当中居于首位的是彭慕兰、安德鲁·贡得·弗兰克 (Andre Gunder Frank) 以及马立博 (Robert B. Marks)。马立博曾简明扼要地指出：

> 虽然颇具影响力的欧洲人酝酿了现代世界，但他们并不是自己创造了这个世界，西方必定没有因其文化（或种族）的优

① Michael Adas, *Machines as the Measure of Men: Science, Technology, and Ideologies of Western Dominance*(Ithaca: Cornell University Press, 1989), 402 - 403.

② 在现代性理论中，这一假设被称为“趋同”。作为一部现代性运动的思想史，参见 Nils Gilman, *Mandarins of the Future: Modernization Theory in Cold War America* (Baltimore, Md.: Johns Hopkins University Press, 2003)。

> 越性而“凌驾”于世界的其他地区之上……这些以欧洲为中心的谬见对我们解释过去没有任何帮助，反而会使我们对现状的认识模糊不清……实际上，现代世界的形成，其中大部分的内容与世界各地之间的相互交流有关，它并不是任何一个独立部分的文化成就。事实上，只有将这些成就置于全球范围的语境之下，才合情理。①

这些历史学家与其说是在挑战现代性具有离散特征的观点，不如说是在挑战自满的以欧洲为中心的沙文主义思想，即只有欧洲人和北美人发现和创造了现代性的特征。事实上，如上所述，这是关于新世界的一个特别陈述，它引发了欧洲人通过彻底地改变世界，创造更加合理且通用的秩序，回到自然状态的幻想。现代化的产生也有类似的启示，比如欧洲其他社会的表现形式。正如芭芭拉·沃森·安达亚（Barbara Watson Andaya）最近在有关现代性和东南亚的讨论中所正确指出的，18 世纪欧洲人最喜爱的伎俩之一是“将贬低欧洲风俗的言论归咎于中国人、印度人或波斯的旅行者。就连‘启蒙运动’的领袖，伏尔泰，也声称中国是‘世界上管理最好且最聪明的国家’”。②虽然大多数西欧和北美人仍然相信他们拥有最合理最有组织的社会，因此也是最现代的社会，但这不能排除其他社会所拥有的某些观念、风俗习惯或制度，可以有效利用并融入他们的现代文化。尽管无数持有欧洲中心论的思想家们
80 只相信欧洲是最好的，但西方人对其他社会的细致研究揭穿了与现代化有关的观念、习惯和制度纯粹是西欧和（或）北美产物的谎言。西方现代化的崛起在某种程度上来说是物质、思想、习

---

① Robert B. Marks, *The Origins of the Modern World: Fate and Fortune in the Rise of the West*(Lanham, Md.: Rowman and Littlefield, 2002), 155.

② Barbara Watson Andaya, ‘Historicizing “Modernity” in Southeast Asia,’ in *Journal of the Economic and Social History of the Orient* 40, 4(1997), 394.

俗、制度的全球性互动、占有和（或）适应的结果。随后，这样一个特殊的结果被强加于世界各个地区和（或）被世界各个不同地区采纳，所以，把现代世界和现代化作为全球现象来谈论是有道理的。①

以现代性之名对现代性的批判

对于西欧社会已经日臻完善，成为我们今天所谓的“现代早期”的这一想法，最早进行驳斥的人是让-雅克·卢梭（1712—1778）。正如他被称为启蒙运动的思想家和评论家，他也被称为现代性的重要思想家和评论家。这个明显的矛盾彰显了蕴藏在实质性“现代性”和程序性“现代性”两种概念差异中的张力。尽管洛克、斯密和孔多塞都认为他们所生存的社会走向理性化仍需要一个渐进的过程，但他们依然坚信他们的社会已经比过去以及世界其他地区的社会更趋于完美。相比之下，卢梭坚决地否定了这一想法，并因此而声名狼藉。实际上，在 1750 年递交给第戎科学院（Académie de Dijon）的《论科学与技术》（*Discourse*）中，他就提出：人类思维已经有了明显的进步，但与“现代”科学和艺术的快速发展进程相伴随的却是幸福的缺失和道德的堕落。在他的第二篇论文《论人类不平等的起源和基础》（*Discourse*，1754）中，卢梭表示，这一堕落趋势已经导致了人类本性和人类理性彻底地腐败，在一个相对较早的人类社会从野蛮发展到文明的阶段，这种腐败本身可能就将错误的抽象概念引入语言和思维之中。然而，卢梭对他的历史调查抱有希望，他推测历史调查通过蕴藏其中的理性能够证

① 参见，例如，Jerry H. Bentley, ‘Early Modern Europe and the Early Modern World,’ in Charles H. Parker and Jerry H. Bentley, eds., *Between the Middle Ages and Modernity: Individual and Community in the Early Modern World*（Lanham, Md.: Rowman and Littlefield, 2007），22 and 25。

明语言和人类本性自身是可再生和完善的。①由于卢梭在历史、语言、
81 教育和政治理论方面的著作都是对当代西欧文化的控诉，因此都可以看作是对现代性的批判；同时，他认为现代化的基础，由于它们旨在促进理性本身彻底地重生，将最终促进宇宙和自然人类的能力实现全方面的发展。②

19—20世纪的欧洲从不缺少批评现代性的人，其中许多人指出，现代化并不全然是它所预示的绝对的好，甚至马克思、涂尔干和韦伯，在总体上“都相信现代带来积极影响的可能性远大于它带来消极影响的可能性”，却也注意到了现代化带来的不利后果，诸如社会反常、精神痛苦、错位、幻灭以及传统价值和创造性的丧失。③面对法国大革命和拿破仑战争，第二次世界大战和大屠杀以及无数欧洲帝国的暴力事件所带来的大规模暴力行为和破坏力，任何人都会对现代化带来的关于延伸和扩大和平、繁荣和自由的迹象存有深深的质疑。虽然现代化的批判者们认为传统无疑是优越的，并将自己拒绝现代的理由建立于这一假设之上，但大多数的批判者最终还是放弃了。

> 以现代性本身创造的价值名义谴责现代生活，希望——通常是抱着一线希望——明天和后天的现代化将会愈合今天的现代男女的创伤。所有19世纪伟大的现代主义者——他们的思想与马克思和克尔恺郭尔、惠特曼、易卜生、波德莱尔、麦尔维

---

① 卢梭在一篇长文中清楚地说明了这一点：“我们必须摧毁社会……然后回到森林里和熊一起生活？”他总结道，“至于像我这样的人，他们的激情永远地摧毁了他们最初的纯朴，他们再也不能以草和橡子为食，也不能在没有法律和首领的情况下过活……总而言之，那些相信神的声音能够引导整个人类走向启蒙，走向拥有天国智慧的幸福；所有后一种人都试图通过行使美德，迫使自己在学习了解美德的同时实践美德，以获得他们所期待的永恒回报。”参见 Rousseau, *Discourse on the Origin of Inequality*(Indianapolis: Hackett, 1992), 80 n. 9。

② 关于卢梭对现代性的现代批判，参见 Alain Touraine, *Critique of Modernity*, trans. by David Macey(Oxford: Blackwell, 1995), 19 - 24。

③ Anthony Giddens, ' The Nature of Modernity, ' in Philip Cassell, ed., *The Giddens Reader*(Stanford: Stanford University Press, 1993), 286.

> 尔（Herman Melville）、卡莱尔（Thomas Carlyle）、施蒂纳（Max Stirner）、兰波、斯特林堡（（August）Strindberg）、陀思妥耶夫斯基等许多其他人一样多样化——在这种节奏之下，在这一范围之内表达着。①

这种以另一种现代性的名义批评现代性的实质形式的倾向表明，西方的现代化从来就不是同质的现象，事实上，用复数来描述西方的现代化可能会更好。例如，彼得·J. 泰勒（Peter J. Taylor）认为，西方现代性本身已经历了两次重要的“现代化”，如他所说，英国的工业现代化取代了荷兰的商业现代化，而其本身又被美国的消费现代化取代。②以这种方式，可以想象现代化的课题是具有自反性的，在这个意义上，作为一组分立的但可累加的特征，它在不断地从根本上转变着现代性的概念。非欧洲人一直在不断批判现代性的传统概念和实例，以及它们所暗含的意思，即传统文化和价值观所带来的影响充其量是一个不成熟社会的、离奇的、非理性现象，而这个社会应该被彻底地改造。③

米歇尔·福柯对现代性的批判，虽然与这些人明显不同，但也分享了一些基本的东西。针对现代性这个课题，福柯在他的文章《什么是启蒙运动?》（1984）中做了如下解释：

> 在一定程度上，启蒙运动让我们了解到，我们必须努力推
> 进这样一种思考方式，将我们自己视为一种历史决定的存在进
> 行分析。这样的分析方式意味着历史调查必须尽可能的精确；
> 这些调查不用追溯到在启蒙运动中找到的，无论如何都必须保　82

---

① Marshall Berman, *All That is Solid Melts into Air: The Experience of Modernity* (New York: Simon and Schuster, 1982), 23。最近对现代化的一些批评也有同样的说法，例如环境运动的批评，参见 Peter J. Taylor, *Modernities: A Geohistorical Interpretation* (Minneapolis, Minn.: University of Minnesota Press, 1999), 85 – 87 and 90 – 94。

② Taylor, *Modernities*, 尤其是 20 – 38。

③ 特别参见 Duara, *Rescuing History from the Nation*, 205 – 227。

> 留的“理性的基本内核”；它们将是“必要的当代的限制”，也就是说，对于我们自己作为自治主体的构成而言，不是或不再是必不可少的东西。①

然而，与批评现代性的其他人不同，福柯明确地驳斥了这样一种假设，即对于现代性的批判应该仅仅通向一整套新的、更现代的、整体的观念、习惯和制度。福柯的现代性批判比其他批判更具有根本性，因此它也是一种对理性的总和的批判，而理性通常被认为是现代性合法性的基础。②

多元与可选择的现代性

现代性抛弃了本来具有的普遍性基本假设，而这种假设根植于一种共有的人性原则和总体的理性之中。尽管我们总是能够设想出现代性的各种形式，但它们最终都是相互关联的——相互包容，甚至相互敌视，因为每一种形式都声称具有普遍性，最近，一些学者已经开始使用“多元现代性”和“可选择的多种现代性”取

---

① Michel Foucault, ‘What is Enlightenment?,’ in Paul Rabinow, ed., *The Foucault Reader*(New York: Pantheon, 1984), 39 and 43.

② 因此，福柯设想将理性批判地应用于对过去的研究，这将克服或至少抵制现代化的总体趋势，同时至少有助于某些个人和群体的部分和暂时解放。他与吉尔·德勒兹（Gilles Deleuze, 1925—1995）一起，反对现代性的公共知识分子观念，因为公共知识分子是为弱势受害群体代言的。他没有提到现代公共知识分子，而是建议“所有那些因权力行使而利益受损的人……可以在他们自己的地盘上，在他们适当的活动（或被动）的基础上开始斗争。在进行一场关系到他们自己的利益、他们清楚地了解他们的目标和他们只能确定他们的方法的斗争时，他们进入了一个革命进程……从这个意义上说，这场斗争的总体情况肯定不是……以‘真理’为幌子的理论整体化”。参见 Donald F. Bouchard, ed., *Language, Counter-memory, Practice: Selected Essays and Interviews by Michel Foucault*(Ithaca: Cornell University Press, 1977), 216－217. Stephen Toulmin, *Cosmopolis: The Hidden Agenda of Modernity*(New York: Free Press, 1990）对现代性的这种总体化传统提出了类似的批判，他认为这种传统是以笛卡儿的理性为基础的。图尔敏将这种总体性传统与他所认为的更为多元的现代性概念进行了对比，后者最早由与笛卡儿同时代的蒙田（1533—1592）首次阐明。

代传统理念中具有普遍意义的现代性。①最近一期《代达罗斯》（*Daedalus*）杂志的开篇文章的主题即为“多元现代性”，S. N. 艾森施塔特（S. N. Eisenstadt）承认：

> “多元现代性”概念……与20世纪50年代盛行的现代化和工业社会融合的“古典”理论的观点相悖，事实上，它也违背了马克思、涂尔干和（在很大程度上）韦伯的古典社会学分析理论……［这些人］都认为，虽然他们只是隐晦地表示，在现代欧洲发展起来的现代性的文化纲领和基本制度体系最终会接管所有走向现代化以及已经现代化的社会。随着现代化的扩张，它们将在全世界取得胜利。②

与孕育现代性的悠长历史相比较，艾森施塔特的“多元现代性”观念“假定了一个理解当代世界最后的方法——实际上就是一种对当代历史的解释——即将其视为对多样性文化的持续不断的构建和重构的过程”。③他一针见血地指出，这种方法意味着，现代化和西化不再等同。“西方的现代化模式”，如他所说，“并不是唯一‘真实的’现代性”。④这一多元现代性概念，尽管在原则上驳斥了真实的现代性蕴含的普遍含义，却保留了其他一些关键的原则，比如反思能力（或曰批判的理性），以及人类自主性（或曰摆脱传统的束缚）。这为研究不同的社会群体为自身条件反射式地建构现代性的多 83
种方式提供了可能性。

20世纪中期出现了现代化理论，收敛原理开始遭到排斥，艾森施塔特也认为，他所说的某些社会的“文明的宗教核心”促进了现代性

---

① “可选择的多样现代性”一词主要出现在人类学中，而与之非常相似的“多元现代性”的使用者主要是那些受到艾森施塔特社会学著作启发的人。

② S. N. Eisenstadt, ‘Multiple Modernities,’ *Daedalus* 129, 1(Winter, 2000), 1.

③ Ibid., 2.

④ Ibid., 3.

的多元化，并继续对各有差异却真正带有现代色彩的那些社会的社会、政治、技术特征产生影响。实际上，这一有关真正现代性的多元化概念，已接近人类学领域“可选择的多种现代性”的标签。迪利普·帕拉梅什沃·冈卡（Dilip Parameshwar Gaonkar）在《公共文化》的开篇文章中以“可选择的多种现代性”为主题，“今天的现代性是全球化和多元化的，伴随它的将不再是具有主导性的中心和强权叙事……［我们］必须继续思考现代性的困境……从一个跨越国家和文化的角度”，尽管事实上“现代性不仅从文化形态、社会实践和制度安排上，并且也作为一种对现今进行提问的话语形式，从西方世界跨越到世界的其他地区”。冈卡还向学者们发出呼吁，希望他们认识到，尽管传统观念中倾向将现代性当作一个抽象的概念，但现代性必须始终被历史地嵌入到每一个文化遗存之中，它的元素应按照各地区的环境以其独特的方式结合在一起。冈卡指出，“不同的出发点，即使在相似的变化之下也会产生新的差异……总之，现代性不是单一的，而是多元的”。他补充道：“每个地方的人们（不仅是精英们），处在每个国家或者文化之中，都会往上迎向［现代性］，与其交涉，以他们自己的方式占用它。”①学者们，主要是人类学和社会学领域的学者们，由此阐明了真正的多元现代化的由来和意义。一些专业的历史学家也开始探索现代性的多元形式。除了在《代达罗斯》特刊和《公共文化》中发表的那些文章，我们还可以看到一些引人注目的例子，它们尝试从独特的各种历史视角出发，理解“可选择的多元现代性”。李欧梵对20世纪30—40年代期间中国新型城市文化的起源做了研究，此外还有迪佩什·查卡拉巴提（Dipesh Chakrabarty）对南亚地区现代性各方面的“挪用”（appropriations）、翻译问题做了研究。②

---

① Dilip Parameshwar Gaonkar, ‘On Alternative Modernities,’ *Public Culture* 11, 1(1999), 13, 15 - 16 and 17.

② Leo Ou-fan Lee, *Shanghai Modern: The Flowering of a New Urban Culture in China, 1930—1945*(Cambridge, Mass.: Harvard University Press, 1999); Dipesh Chakrabarty, *Provincializing Europe: Postcolonial Thought and Historical Difference*(Princeton: Princeton University Press, 2000)。

全球现代性的多元化

现代性的思想是多元的，它带来了反思全球现代性的可能性：不仅是作为一种进程被欧洲和美国凭借自身或者通过与非欧洲社会之间的互动发现和发明，而后这一现代性被强加给或传播到世界的其余部分，而且由于多元现代性彼此的相互影响，每种现代性都有其独特而真实的特点和自身的发展方式。最近，贝里的《现代世界 84
的诞生》（2004）正是一次雄心勃勃的尝试，旨在从多中心现代化角度书写现代世界的成长史。在结论中，贝里提到全球多中心的现代性，并指出“世界历史的变化之源仍是多中心的，与其重新定位世界历史，不如我们对其去中心化”。①虽然一些评论公正地指出，贝里作品中的具体分界日期，1780 和 1914 年，似乎优待了 19 世纪欧洲的帝国霸权，破坏了贝里的多元中心“现代”世界的解释，但它在多种明显真实的非传统的现代化的出现和互动中，提供了一种潜在的理想解释，更加有效地促进了世界历史的概念化。②

结　　语

范彼德（Peter van der Veer）认为：“现代性的历史，或许在根本上也是编写现代历史的历史。”③世界历史领域，比如人类学，是一个反思的过程，有助于现代性的表达，甚至曾试图代表现代性。

---

① C. A. Bayly, *The Birth of the Modern World, 1780—1914: Global Connections and Comparisons*(Oxford: Blackwell, 2004), 470.

② Jan Nederveen Pieterse's review essay, 'The Long Nineteenth Century Is Too Short,' *Victorian Studies* 48, 1(2005), 113－123.

③ “如果一个人想要解决‘现代性’的问题，”他补充道：“我认为，对于历史宗谱和历史写作的专业化，形成一种反思性的理论是非常必要的。”参见 Peter van der Veer, 'The Global History of “Modernity,”' *Journal of the Economic and Social History of the Orient* 41, 3(1998), 290。

由于这一原因，历史学家需要反思现代性的意义。围绕现代、现代性和现代性（复数）所产生的大部分困惑、不解和分歧，很大程度上是因为对术语不加限制，以及它的不同用途，引起了现代性概念的不一致。对于一些人来说，现代性只不过是一个时间概念；对另一些人来说，它是众多略有不同的实质性概念当中的一个；还有一些人认为，现代性基本上是一个独特的进程。直到最近，无论是对比于“古代”“中世纪”“传统”还是“原始”这些术语，这些形式之下的现代性主要发挥了二元思维术语的作用。在多元性和全球性方面对现代性进行的思考，挣脱了还原性抽象概念的束缚。要获得成功，我们不仅需要从全球范围思考，还要从明显具体化、复杂化的全球视野出发，挑战关于现代性和历史进程的旧有观念，促进多元化和可选择的多种现代性的产生。从表面上看，这个想法似乎耗尽了现代性的规范内容及其全部伪装，以至于学者们尝试将现代性视为一系列的历史现象，他们将不同社会、不同地区以及不同时间中的现代性以自己的方式概念化，实现或是企图实现它。然而，自启蒙运动以来，历史编写破坏了各种制度和习惯，并使它们合法化，其中有些制度、习惯就与现代性有关。因此，一种负责任且具有反思性的历史编纂，应该主动思考现代性（单数）和现代性（复数）在塑造知识结构和国家权力中所起到的作用。

参考书目

- Adas, Michael. *Machines as the Measure of Men: Science, Technology, and Ideologies of Western Dominance*. Ithaca: Cornell University Press, 1989.
- Bayly, C. A. *The Birth of the Modern World, 1780—1914: Global Connections and Comparisons*. Oxford: Blackwell, 2004.
- Berman, Marshall. *All that is Solid Melts into Air: The Experience of Modernity*. New York: Simon and Schuster, 1982.
- Blumenberg, Hans. *The Legitimacy of the Modern Age*. Cambridge: MIT Press, 1985.
- Duara, Prasenjit. *Rescuing History from the Nation: Questioning Narratives of Modern China*. Chicago: University of Chicago Press, 1995.

- Eisenstadt, S. N. 'Multiple Modernities,' *Daedalus* 129, 1(Winter, 2000), 1-29.
- Gaonkar, Dilip Parameshwar, ed. *Alternative Modernities*. Durham: Duke University Press, 2001.
- Giddens, Anthony and Christopher Pierson. *Conversations with Anthony Giddens: Making Sense of Modernity*. Cambridge: Polity Press, 1998.
- Lee, Leo Ou-fan. *Shanghai Modern: The Flowering of a New Urban Culture in China, 1930—1945*. Cambridge, Mass.: Harvard University Press, 1999.
- Marks, Robert B. *The Origins of the Modern World: Fate and Fortune in the Rise of the West*. Lanham, Md.: Rowman and Littlefield, 2002.
- Taylor, Peter J. *Modernities: A Geohistorical Interpretation*. Minneapolis, Minn.: University of Minnesota Press, 1999.
- Van der Veer, Peter. 'The Global History of "Modernity,"' *Journal of the Economic and Social History of the Orient* 41, 3(1998), 285-294.
- Wallerstein, Immanuel. 'The West, Capitalism and the Modern World-System.' In *China and Historical Capitalism*, edited by Timothy Brook and Gregory Blue, 10-56. Cambridge: Cambridge University Press, 1999.
- ——. *The Modern World-System*. New York: Academic Press, 1974.
- Wittrock, Björn. 'Modernity: One, None, or Many? European Origins and Modernity as a Global Condition,' *Daedalus* 129, 1(Winter, 2000), 31-60.
- Yack, Bernard. *The Fetishism of Modernities: Epochal Self-Consciousness in Contemporary Social and political Thought*. Notre Dame: University of Notre Dame Press, 1997.

李　娜　译　屈伯文　校

第五章　全球化

于尔根·奥斯特哈默

89　在将近20世纪末时，世界历史学得以复兴，这与社会科学中的一个新的重要概念“全球化”的出现有着密不可分的关系。这是历史学家和社会学家在相同的时代经历中做出的相同回应——知识分子和世界各地的人们都有这样的想法，即地球上的社会生活联通水平已经上升到了一个新的高度。20世纪90年代，相比25年前，整个世界似乎成为了一个“更小”的地方。然而，各个学术领域在这一观点上分歧极大。早期，社会学、政治学和经济学方面的理论家们都蔑视从历史角度看待问题的方式。新的观念似乎抓住了当代社会的特征，有助于明确今天现代性的真正本质。对于历史学家来说，展望一种新的概念上的伙伴关系并没有那么不情愿。早期的世界历史和社会学会议是在“世界体系理论”的主导之下进行的。由于这一理论有大量的形式主义和很强的假设依据，一些历史学家甚至成为这一理论的拥护者。相比之下，“全球化”这一用语，提出的具体要求更少，为个性化和创新留下了更多的空间，似乎避免了围绕世界体系理论产生的教条主义陷阱。对历史学家来说，“全球化”似乎是天赐之物。它为主流社会科学开辟了一条新的途径，并为这一领域提供了一些新鲜术语，使其脱离了长期以来只能过度简化的描述情况，甚至孵化出了一个特殊的世界历史的最新变体——“全球历史”。但是，这样的叙述听起来好得让人难以置信。事实上，历史学家很快就认识到了要抑制自己的热忱。与其说他们有幸拥有了一套即时可用的分析工具，不如说他们必须学会在全球化理论这片变幻莫测的水域里航行。他们也开始明白，全球史不仅仅是一个推断过去的全球化方法，它还拥有自己的知识基础。

适用于历史学的社会科学概念

“全球化”这个术语在20世纪60年代被首次提出，在20世纪 90
70和80年代慢慢流行起来。当今世界会谈到“全球化”这个词语，但并不隐含长期叙事的意思。它的支持者既没有提出一个社会进化理论，也没有阐释最后几个世纪中世界历史的意义——正如伊曼纽尔·沃勒斯坦试图用世界体系理论所做的事。20世纪90年代早期爆发的学术争论，主要的争论焦点在于如何定义“全球化”，以及如何对在最近让国家经济和社会快速一体化的全球范围内的社会变革进行概括性的描述。一开始就存在批评的基调，然而在另一些观点中，大批著名作者面对新的“全球化时代”的到来充满信心。①

在第二个阶段，几年之后，最初的直觉判断投入到实证检验之中。这种转向数据资料的做法，总是让人看到在早期发展阶段开创的新局面。如果当代全球化被视为全球范围内的社会背景，那么只能说它是新颖和独特的，因为在20世纪70年代以前它就已存在，而在通常意义上，这十年极其重要。全球化会被视为一系列变革过程的结果，这可以追溯到1945年，追溯到世纪之交，甚至更远。随着出版物数量的激增，辩论的区域已经超出了北大西洋社会科学的地域限制，地域范围的多元化在某种程度上让人们根本无法辨认出简

① 关于全球化概念的合理划分，请参见 William I. Robinson, ‘Theories of Globalization’, in George Ritzer, ed., *The Blackwell Companion to Globalization*(Malden, Mass.: Blackwell, 2007), 125 - 143; 关于公共事业的概念和围绕它形成的政治冲突，请参见 Nayan Chanda, *Bound Together: How Traders, Preachers, Adventurers, and Warriors Shaped Globalization*(New Haven, Conn.: Yale University Press, 2007), 245 - 269。

单有序的模式。按照大卫·赫德（David Held）和安东尼·麦克格鲁（Anthony McGrew）的观点，还可以说，21世纪初的特征在于思考全球化的“第三次浪潮”。①相比于之前自由流动和转化带来的精神上的愉悦，这次浪潮下的文学作品更为强调机构、社会结构和本地化传统的弹性。随后，第四次浪潮接受了建构主义的关注点，聚焦于交流、世界观，以及全球化的规范基础。在这一浪潮下，它从作为一次社会进程的全球化转向为作为一种精神状态的全球性。甚至，在2008年9月全球金融危机爆发之前，新的辩论就已经此起彼伏，不仅涉及“真正的”全球化的政治后果，还涉及这个术语作为理论工具的可行性。②这次危机证实了那些批评家的怀疑，他们认为“全球化”仍然不够成熟，不足以推翻作为社会科学核心且受到公认的主流“现代性”概念。

面对各种各样令人眼花缭乱的理论建议和快速变化的学术潮流，历史学家徒劳地寻找一种可靠的综合方法来指导他或她自己的努力。③“全球化”也许是我们这个时代的流行语，但“这个词的
91 意思还不清楚，甚至连大概的意思都不清楚”。④另一位权威学者，萨尔瓦托·巴邦尼斯（Salvatore Babones）写了一本参考书目用以发挥指导作用，形成了同样清醒的认识：“全球化是因人而异的，对许多人来说意味着许多不同的事情，在如此多的含义之下，找出另一

① David Held and Anthony McGrew, *Globalization Theory: Approaches and Controversies* (Cambridge: Polity Press, 2007), 6.

② David Held and Antony McGrew, *Globalization/Anti-Globalization: Beyond the Great Divide*(2nd edn., Cambridge: Polity Press, 2007).

③ 一些好的入门书籍：Robert J. Holton, *Making Globalization*(Basingstoke: Palgrave Macmillan, 2005); Frank J. Lechner, *Globalization: The Making of World Society*(Malden, Mass.: Wiley-Blackwell, 2009); Jan Aart Scholte, *Globalization: A Critical Introduction*(Basingstoke: Palgrave Macmillan, 2000); David Held *et al.*, *Global Transformations: Politics, Economics and Culture*(Cambridge: Polity Press, 1999)。早期的辩论被完整地记录在 Roland Robertson and Kathleen E. White, eds., *Globalization*: *Critical Concepts in Sociology*, 6 vols. (London: Routledge, 2003)。

④ Michael Lang, ‘Globalization and Its History’, *Journal of Modern History* 78(2006), 899－931, at 899.

个术语对其进行定义是没有必要的。”他认为，各种各样的全球化指标没有任何一个“能够在理论上优于其他的指标”。①历史学家们完全回避这一术语将是不明智的。与此同时，他们也不应该想当然，而应该保持谨慎，不要在正在进行的和没有定论的辩论中非常自信和天真地使用这一术语。②

可以提出一些一般性看法。首先，世界一直在“共同成长”，这张“人类网络”也在继续延伸。尽管有些不足为奇且微不足道，但这确实是显而易见的事实。③当它最初被提出时，这种洞察力使那些打算隐蔽和分离“文明”的人以及那些无视旧有启蒙思想中基本的人类团结思想的人大吃一惊。越过世界人口日益增长使人类联系前所未有地加强这一老生常谈的话题之后，最关键的问题是：必须满足哪些经验标准才能将日益增长的连通性过程称为“全球化”？如果这个概念应用于跨越“大”空间之下的各种跨界互动，任何具有分析价值的概念都会失去特异性。

其次，历史学家们对各方所持的进化论都十分看重，他们对宏大的演化过程一直持有十分谨慎的态度。但他们很少如此对待人类问题。在历史真相的各个维度中，全球化的呈现各异，这对他们来说是直观且明显的。迁移，市场关系的拓展，远程作战，动植物的扩散及其对人类生活造成的影响，宗教和其他世界观的传播，全球媒体的发展——以上这些及许多类似的进程在时间和空间上遵循着它们各自独特的逻辑。如此来说，“全球化”是不可辨别的，只有将其作为一种具体的变化过程的时候，它才可以得到辨别。它需要“某些”全球化的促进因素。当个别的进程在具体的时间和空间背景

---

① Salvatore Babones, ‘Studying Globalization: Methodological Issues’, in Ritzer, ed., *Blackwell Companion to Globalization*, 144 - 161, at 144.

② “全球化”一词最早的支持者之一强烈警告人们不要不加批判地滥用“全球化”一词，参见 Roland Robertson and Habib Haque Khondker, ‘Discourses of Globalization: Preliminary Considerations’, *International Sociology* 13(1998), 25 - 40。

③ 权威论述参见 J. R. McNeill and William H. McNeill, *The Human Web: A Bird's-Eye View of World History*(New York: Norton, 2003)。

下展开时，通常，它就能够对自我进行研究。然而，为了能够理解得更加全面，人们应该将其放置在全球背景之下去研究。它们的关系，例如疆域的迁移和扩张，似乎在很大程度上离不开，或者至少离不开一个深入探究的主题。全球化的一般理论趋于简化，通常会赋予一个领域凌驾于其他领域之上的特权，最常见的就是经济领域。这使得它们对于历史学家来说毫无用处，他们是简单的单因（mono-causal）分析方法的公开反对者。正如雷蒙德·格鲁（Raymond Grew）所警告的："全球化本身并不是一个理论。"①应该将其视为一个认识论框架，这个框架捆绑着特定的变化模式，并将关注点导向具有最大可能性的空间背景之下。一个全球化的视角或者一个一般性的反对全球化的理论，其本身的解释力度是非常弱小的，它会模糊因果双方的界限，使人们很难去反驳。然而，这样的视角却有助于重述历史问题，并且有助于建构更为适当的解释策略。之后，这些策略将吸收范围更有限且更为精准的理论。

92 第三，在社会科学领域出现的大量有关全球化的文献，为历史学家提供了丰富的词汇。他们学会了使用新的"网络"语言，"流""潮流""流动性""侨民""混杂性"，以及各种"跨国"现象。②在地理和文化研究中出现的"空间转向"提高了他们对领土、风景、距离、边界和位置的敏感度。③然而历史学家并不总是沿袭理论家的方式。仅举一个例子，时下很少有比"网络"一词更受全球历史学家喜爱的了。然而，在社会网络理论中，并不是所有一眼看上去像是常规互动模式的东西都算作技术意义上的"网络"。这些模式有的

---

① Raymond Grew, 'Finding Frontiers in Historical Research on Globalization', in Ino Rossi, ed., *Frontiers of Globalization Research: Theoretical and Methodological Approaches* (New York: Springer, 2008), 271 - 286, at 276.

② 基本介绍参见 Robert J. Holton, *Making Globalization*(New York: Palgrave Macmillan, 2005), 55 - 80。

③ 关于空间转向对全球化研究的影响，参见 Warwick E. Murray, *Geographies of Globalization*(London: Routledge, 2006)。杰出的综述参见 Harm J. de Blij, *The Power of Place: Geography, Destiny, and Globalization's Rough Landscape*(Oxford: Oxford University Press, 2009)。

也许太松散或太薄弱，以至于无法成为一个适当的网络；其他的则由于其复杂性而不能被简化为节点之间信息和资源的流动——这一网络的基本特征。①

第四，研究全球化的作家们似乎形成了一种默契，在他们看来，这一进程应该被视为自我反思。针对全球化的辩论也成为全球化自身的一部分。这甚至会引起所谓的排除规则：因果关系完全隐匿了对当代活动者的理解，不应该归入“全球化”的范畴。因此，地球上微生物的转移具有“客观的”全球性，直到19世纪霍乱四起之前它一直不为人所知，也因此全球化的真正特质一直缺席。即使是那些没有充分准备的人也可能支持这一观点：精确的全球化概念，与现实世界中的迁移、贸易或者战争紧密相联，所以它要与日益觉醒的全球意识齐头并进。②世界观以及扩张与交流像一枚硬币的两面。因此，经济学家、政治学家和国际关系学家所研究的全球化与社会学家、人类学家和文化研究者所研究的全球化之间严重分离，这是非常不幸的，所有这些应在全球史中得到解决。

第五，对全球与地方之间联系的调查一直是最富有成效的调查方向之一。③历史学家们对特定的环境熟练地进行仔细审查，他们发现了这一极富吸引力的观点。他们倾向于自上而下的工作，然而社会理论家们却常常被告知不可忽视典型的案例。“全球在地化”（Glocalism），正如一些人偏向于将其作为某种拟态理论（pseudo-theoretical），在历史学家中找到了大批成功的追随者。卜正民的《维米尔的帽子》（*Vermeer's Hat*, 2008）仅仅是大师级的演绎之一——在卜正民的例子中，画家维米尔住在代尔夫特小镇，这里与中国和亚洲

① Karin Knorr Cetina, ‘Microglobalization’, in Rossi, ed., *Frontiers of Globalization Research*, 65－92, at 68.

② Roland Robertson and Kathleen E. White, ‘What Is Globalization?’, in Ritzer, ed., *Blackwell Companion to Globalization*, 54－66, at 56.

③ 对于“全球”一词的理解稍有不同，它也可以被概念化地当作是“世界”的意思，参见 A. G. Hopkins, ‘Introduction: Interactions between the Universal and the Local’, in A. G. Hopkins, ed., *Global History: Interactions between the Universal and the Local*(Basingstoke: Palgrave Macmillan, 2006), 1－38, esp. 7－9。

的其他地区相连通——地方与全球巧妙地交织在一起。①然而，是否应该将“全球”预设为一个独立的层面，这个问题还有待讨论。有这样一种观点认为，全球预先存在，并且被地方活动家“据为己有”。另一种不同的构想认为，“地方”与“全球”都应作为特定活动日常实践中的产品，在“内部”与“外部”之间得到永久性的界定和再界定。②那么，“全球”如何渗透进地区世界之中？人们生活
93 的基本世界不再具有地方属性是在什么时候，其原因是什么？在什么背景下，人类群体或宏观集体产生并拥有超国家或全球性的身份？③类似的这些问题使“全球在地化”的抽象概念赢得了历史学家的认同。

第六，全球化的模式基本都会在冲突和暴力中展开。历史学家们对任何理论都存有相当程度的质疑，对于全球化的和平转变也是如此。扩张是全球化概念中固有的理念。全球化的一个极端涉及征服、服从以及对现有社会和政治形式的破坏，它的另一个极端与和平有关，是诸如语言、宗教、法律等文化元素的渐进传播。任何形式的扩张都将触及特殊群体的利益，打破平衡，产生新的不对等权力，使谈判成为必需。它还会导致局势的紧张和不稳定。④

第七，社会科学理论并不总是能够对全球化和现代化做出清晰界定。那么，这两个进程是相同的吗？全球化是现代化的一个特例还是子范畴？它在特定的时期内，是对现代化特征的一次定义吗？在这个意义上，举例来说，当代现代性可以说成是典型的全球性吗？

---

① Timothy Brook, *Vermeer's Hat: The Seventeenth Century and the Dawn of the Global World* (New York: Bloomsbury Press, 2008).

② Jonathan Friedman, ‘Global Systems, Globalization, and Anthropological Theory’, in Rossi, ed., *Frontiers of Globalization Research*, 109－132, at 118－119.

③ 参见 James N. Rosenau, *Distant Proximities: Dynamics beyond Globalization* (Princeton: Princeton University Press, 2003), 80－81。

④ 从这本优秀的教材中可以看出对这种不平衡的敏锐度，参见 Boike Rehbein and Hermann Schwengel, *Theorien der Globalisierung* (Konstanz: UVK Verlag, 2008)。

它超越了与欧洲或西方模式紧密相连的现代性和现代化了吗?“全球化”比“现代化”更注重非线性发展模式的社会变革吗?它为理解外缘的空间间隙发展,以及“阈限”和文化失调提供了更好的途径吗?历史学家不需要在理论层面解决这些问题。但是,他们也不应该对理论家们抱有太大的期望。

全球化和全球史

许多关于全球化的作品都会进行某种历史叙事,有时你会在最简短和最笼统的概述中发现这样的叙述。这些叙事基本上有两种不同的版本①:按照“弱”假设,全球化延长了早期的长期发展阶段,并通过各种各样的“路径依赖”与其产生相互关联。根据这一观点,处于广阔空间中的人们相互之间的关联性加强,这主要是由于技术创新的推动,以及与之相伴的社会子领域的密度增大。世界在各个层次上逐渐变得更加复杂。这丰富了许多人的经验并拓宽了他们的个人视野,地方性的决策和事件所产生的影响能跨越不断增长的距离被感知到。在“强”假设中,世界被当作一个单一的系统,这种说法起源于 20 世纪的最后几十年。当时,这场根本性的变革超越了任何已知的变革。它创造了一个全新的时空框架。面对前所未有的新奇事物,“历史主义”思维模式这种不证自明的方法在历史学家和其他人文学科的学者们面前表现得毫无用处。

这一强假设将历史学的研究归于一种对逝去历史的古物赏玩癖 94
好。那么,是否弱假设与全球史更加相配?更笼统地说,全球化的历史和全球历史有什么区别?

全球史是从一个独特的视角观察过去。它并不一定对长期的发

① Jörg Dürrschmidt and Graham Taylor, *Globalization, Modernity and Social Change: Hotspots of Transition*(Basingstoke: Palgrave Macmillan, 2007), 4 - 5.

展过程进行调查。相反，一种特别成功的全球史编纂方式是，在一个特定时间上进行横向剖析，而对宏观过程不感兴趣。①它强调在世界各个地区社会之间的同步性，而没有对背景中相互之间的影响力和共同的因果要素提出任何主张。很少有文学作品能够在克服以欧洲为中心的惯常看法上取得如此成效。

全球史与全球化的历史的第二个区别与方法论有关。全球化思想随着联通性的超界式发展分解了已建立的那些分析角度。流动和互动性的习语让人们的注意力远离了本地社区或者民族国家这些已固定的分支。在网络世界里，节点之间的联系比节点本身更加有趣。这削减了比较历史社会学大师的方法和某些世界历史编纂形式的价值。在更小的程度上，全球史致力于互动之下的核心思想。因此，它保留了比较法，将它们从“施本格勒”具体而清晰的“文明”概念中分离出来，改善它们，在比较和关系分析的组合中赋予它们新的用途。②

全球史与全球化的历史的第三个区别源于对差异的处理方式。即使从全球化的视角考虑冲突和矛盾问题，在根本层面上，它也坚持（现代）历史中的同质化趋势。趋同和共享经验的增长被视为世界发展的总体趋势，尽管作为正常事件中的偏差，分歧、分裂在一定程度上促进了多种文化的多元化。全球史则不会有这样的假设。就如它的特征，最重要的讨论集中在“大分化”的问题上——世界各地贫富之间的“全球裂口”，尤其是欧洲和亚洲之间的裂口，其起源并不久远。关于这一话题，很少有讨论者认为贫富之间的巨大分化是全球化的原因。全球史的经典问题是关于它的讨论几乎没有任何理论和全球化的历史可供参考。③

---

① 一个广为人知的例子是 John E. Wills, Jr., *1688: A Global History*(New York: Norton, 2001) 。

② 这是 C. A. Bayly, *The Birth of the Modern World, 1780—1914*(Oxford: Blackwell, 2004) 的一个优点。

③ 对于更广泛背景下的辩论，参见 Peer Vries, ‘Global Economic History: A Survey’, in *Österreichische Zeitschrift für Geschichtswissenschaften* 20(200), 133－169。

当我们看到与全球化概念紧密联系的具体主张时，另一个区别就昭然若揭了。仅举一个例子，那些回避民族国家即将消亡的问题的人们，也许会同意以下观点，即全球化侵蚀了国家权力并引起了政治上的“非疆域化”。①如果全球化理论的目的是对现在进行实质性的评判，那它就不能回避这样的命题。然而，全球史并不需要这样的假设，对于具体情况所做的具体阐释，它更为“中立”和开放。

总之，相较于“全球化的历史”，“全球史”是一个更为普遍和 95
包容的概念。并非所有的全球史都是全球化的历史，然而，全球化的历史必然成为全球历史。如果以高度技术性的习惯处理问题，比如说，对市场整合进行定量研究，就会忽略全球史的吸引力，最终这种研究会变得一文不值并走向衰退。②

扩张和收缩的循环现象

复数形态的“全球化”意味着双重多元化：将一个总体的主进程分解为几个不同领域和类型的全球化，人类历史上超越地区范围的扩张频频发生。迁移、市场体系和帝国的创造，或者宗教居住区和其他具有普遍性的模式是否应该列入“全球化”标题之下，一直是一个争论未决的问题。特别是那些以前倾向于将“世界体系”应用于古代美索不达米亚、埃及和印度体系之中的学者，他们也认为全球化蕴涵扩张的含义。③当然，并不是每个人都会像痴迷于文学作

---

① Roger King and Gavin Kendall, *The State, Democracy and Globalization*(Basingstoke: Palgrave Macmillan, 2004).

② 全球史与全球化的关系同样参见 Sebastian Conrad and Andreas Eckert, ‘Globalgeschichte, Globalisierung, multiple Modernen: Zur Geschichts-schreibung der modernen Welt’, in Sebastian Conrad, Andreas Eckert, and Ulrike Freitag, eds., *Globalgeschichte. Theorien, Ansätze, Themen*(Frankfurt am Main: Campus, 2007), 7－49, esp. 19－22。

③ Andre Gunder Frank and Barry K. Gills, eds., *The World System: Five Hundred Years or Five Thousand?*(London: Routledge, 1993)；亦可参见下书中的论争：Barry K. Gills and William R. Thompson, eds., *Globalization and Global History*(London: Routledge, 2006)。

品一样痴迷于起源问题。承认早期文明的复杂性是一回事，把这一复杂性放置在连接几千年截然不同的社会的时间统一体之中完全是另一回事。全球化实际上始于何时的问题，也许会造成思想活力的耗散，并且带有一种幼稚的品位，也就是纠缠那些角度而非实质内容的问题。正如喜欢从全局着眼的巴里·K. 吉尔斯（Barry K. Gills）和威廉·R. 汤普森（William R. Thompson）简明扼要表明的："全球化的视角放弃了全球历史。"①此外，将早期的人类群落聚居的案例贴上"全球化"的标签，并没有帮助我们解释任何事情。只有从一个普遍意义上——永恒的角度——将世界历史看作一个宏观的社会整合的持续过程才算合理。经过仔细观察，大规模的复杂结构会以更加具体和无序的方式呈现。

全球史的问题、概念和方法轻而易举地就可应用于历史的各个时期。然而，在大西洋两岸的大陆进行定期沟通之前，提出"全球化"毫无意义。这种物流上（组织上）的全球性并非一朝一夕之事，而 16 世纪无疑是一个关键时期。也有人认为，有足够的理由相信全球贸易先决条件的创建应精确到 1571 年，在这一年，马尼拉成为西班牙的贸易中转站。直到那时，"世界市场"的形成在事实上成为可能，②尽管花掉了 3 个世纪的时间，跨大西洋贸易和跨太平洋贸易才首次连接在了一起，演进为一个统一的系统。

16 世纪之前，各种扩张和收缩充斥着世界历史。扩张的动力源
96 于征服、贸易以及宗教传播的复杂机制。其结果就是帝国、贸易网络和个别宗教主导的大规模空间的形成。当代观察者运用兴起、繁荣、衰落这一循环模式来形容这些结构的命运。所有这些结构都经

① Barry K. Gills and William R. Thompson, 'Globalization, Global Histories, and Historical Globalities', in Gills and Thompson, eds., *Globalization and Global History*, 1 - 17, at 2.

② Dennis O. Flynn and Arturo Giráldez, 'Globalization Began in 1571', in Gills and Thompson, eds., *Globalization and Global History*, 232 - 247, at 232 - 235; Dennis O. Flynn and Arturo Giráldez, 'Born Again: Globalization's Sixteenth-Century Origins (Asian/Global versus European Dynamics)', *Pacific Economic Review* 13 (2008), 359 - 387.

历了永恒的蜕变，其内外部界限时刻变化着。它们中的一些已经存在了几个世纪，另一些则仅仅过了几十年就消失了。一些为混乱制造了空间，另一些虽呈现出分裂的格局，但较为稳定甚至很稳定。在 20 世纪，社会学家和少数历史学家对军事和商业霸权上的周期性产生了兴趣。然而，他们未能建立兴衰过程的普遍模式。历史学者使用复杂的方法分析前现代时期的宏观结构，并且对比较分析的热情越来越高，但支配着这一融合和分裂进程的法律却并没有被发觉。人们已确定了几个时期，在这几个时期中，宗教或商业的革新、帝国的建立或者国家形成在世界各个不同区域内同时发生。这些趋势并不会轻易地叠加为长期的路径，一直不断加强地球各地之间的联系。不同背景下所发生的事情太复杂，不能笼统地归入到“全球化”的议题之下。

对于那些坚持使用该术语的人，A. G. 霍普金斯（A. G. Hopkins）和贝里（C. A. Bayly）所说的“陈旧的”全球化可能为其提供了一个解决方案。在术语上的这一点补充已经能够适用于对跨越巨大空间的政治、经济和文化的前现代整合模式进行分析。16 世纪之前，世界上正在发生的无数扩张和收缩的进程并没有形成任何一种清晰的模式。从建立最早的跨越所有海洋的定期贸易开始，掌握全球化的要素变得更加容易了。霍普金斯和贝里谨慎地将 1600—1800 年间的 2 个世纪定义为“早期全球化”时期。在他们看来，这段时期内，奴隶贸易规模的扩大促进了新的商业网络的兴起，欧洲特许公司的活动，印度洋及其邻近海域内密集的阿拉伯和中国商业，还包括欧洲各国势力在欧洲、亚洲和非洲部分地区的重新分配。①

在通常被称为“现代早期”的整段时期内，相比之前数量更多的参与者出现了，这些人在一个扩展的地域范围内运作：商人、

---

① A. G. Hopkins, ‘Introduction: Globalization—An Agenda for Historians’, in A. G. Hopkins, ed., *Globalization in World History*(London: Pimlico, 2002), 1 - 10, at 5. See also C. A. Bayly, ‘“Archaic” and “Modern” Globalization in the Eurasian and African Arena, c. 1750—1850’, in Hopkins, ed., *Globalization in World History*, 47 - 73.

军人、殖民管理者、探险家、传教士和朝圣者。商业资本主义兴起（在布罗代尔式的感觉中），随着海运贸易管理的改善，以及日益全球化的帝国愿景，世界联系不断加强，大西洋成为最重要的区域。对于现代早期的前全球化时期，我们不能理所当然地认为它是一个对过去的根本性突破，而不是一个缓和的扩张与收缩的持续趋势。帝国的周期性轨迹与我们所习见的模式有相似之处。如莫卧儿帝国和葡萄牙帝国这样结构不同的帝国，其兴衰的时间跨度非常有限，大约 2 个世纪。关于全球化的现代早期模式的特性，我们面临着两个问题，它们仍然处于激烈的争论当中。

97 首先是关于数量和比例的问题。什么时候数量超越了意义的极限？什么时候一次循环变成了一个系统？什么时候各自分离的经济提升了贸易和劳动分工的水平，使得这些经济可以获得充足理由被叫作“经过整合的（经济）”？这些已经展开的争论依然有待商榷。彼得·埃默（Pieter Emmer）总结出了更详细的论据，他指出，“16 世纪左右，欧洲的船运总吨位仅相当于今天两个超级油轮的货运吨位，而大约 19 世纪的时候，我们需要五个这样的油轮，其可用吨位才能达到这一程度”。①直到 18 世纪，世界贸易的额度和数量才增加，在奢侈品和大宗商品贸易中取得进展。②

其次要考虑的问题与世界文化融合以及随之而来的普遍性有关。什么是真正的“全球”意识？组织社会上相关的“全球化学者”知识群体需要多少人？现代早期，欧洲人开始跨文化收集世俗知识，并启动了前所未有的项目。在更早的时期里，我们已看到过宗教和法律、语言和手迹的转移；自 16 世纪初开始，欧洲的行动在其延伸范围和全面性方面都是独一无二的。欧洲的旅行者和传教士——尤

① Pieter C. Emmer, ‘The Myth of Early Globalization: The Atlantic Economy, 1500—1800’, *Nuevo Mundo Mundos Nuevos: Coloquios* 2008, 〈http://nuevomundo.revues.org/index42173.html〉.

② Ronald Findlay and Kevin H. O'Rourke, *Power and Plenty: Trade, War, and the World Economy in the Second Millennium*(Princeton, N.J.: Princeton University Press, 2007), 383-385.

其是耶稣会士——对语言、信仰、风俗、政治制度以及自然界的相关信息进行收集，他们到访了世界各地所有能够访问的地区，积累了大量的文物和手稿，形成了一笔巨大的财富。他们测量了地球表面并绘制了地图。欧洲现代早期的思想中充斥着其他文明的气息。新的话语兴起，随后结晶为新的学术领域：民族志、比较语言学、考古学和各个“东方研究”的分支学科。①但是这一切的总和就是全球化吗？欧洲文化实际上输出了多少？或者更精确地说，有多少欧洲文化被非欧洲地区和它的海外殖民地吸收？考虑到大量的人口加入宏大的传教事业之中，耶稣会士争取基督教信徒的行为甚至显得令人扫兴。少数的欧洲知识分子获得了非基督教文明的第一手经验。莱布尼茨从没有去过中国，孟德斯鸠从未到访过波斯，狄德罗也从未行至南太平洋。绝大多数欧洲人对其他大陆（如果有的话）只有模糊和极其刻板的印象。任何文化几乎都不会积极探索自己的对立面。至18世纪，像中国、日本和奥斯曼帝国这样拥有良好的教育且力量强大的国家对“西方”仍然毫无所知，就如同300或600年前一样。虽然现代早期的文化接触频繁，但他们并不认为应为这一新特征配上一个名字，即使是“早期”全球化这样一个名字。

现代的全球化

为了尝试对一系列的进程进行时间划分，我们逐渐放弃了为“全球化”提出一个包罗万象的解决方案的想法。正如雷蒙德·格鲁 98
所说，“每一个时间段都有一个特定的对全球化本质的解释”。②各种类型的全球化不可能按照结论去同步发展，这一洞察让我们得出这样的结论：假定一个整齐划分的“时段”是不可能的。大多数的历

① 参见 Geoffrey C. Gunn, *First Globalization: The Eurasian Exchange, 1500—1800*(Lanham, Md.: Rowman & Littlefield, 2003)一书的概述。

② Grew, ‘Finding Frontiers in Historical Research on Globalization’, in Rossi, ed., *Frontiers of Globalization Research*, 277.

史学家和拥有历史思维的社会学家都更喜欢关于几次“浪潮”的这一想法——全球一体化愈演愈烈，在几个短周期中间隔着一段整体活力减弱的时期。然而，人们对这些浪潮的数量及其在长期年表中的位置并没有达成共识。一些学者认为，全球化周期波动就像尼古拉·康德拉季耶夫（Nicolai Kondratiev）和约瑟夫·A. 熊彼特的传统经济增长的“长波”理论。最近有一条隐喻式的理解“浪潮”概念的途径，但它没有使用结构标准，而是将它们视为一组具有代表性的经验，可以与相距遥远的地区分享。①这一方法或许很有说服力，但在一定程度上，其极具诱惑力的结果给人留下了印象深刻的模棱两可的印象，即它并不适合成为一个社会科学概念。

早在19世纪的时候，有些东西就已发生变化，也许大约在19世纪20或30年代就开始了，然而是什么呢？经济史学家们能够利用比遥远的过去更好的统计论据，挑选出三个发展阶段。第一，长途贸易的规模和额度达到了前所未有的高度。航运改善，铁路时代的开启为扩张提供了物流保障，在欧洲对澳大利亚和新西兰的殖民、西非和南非的新港口飞速地不断发展之后，整个世界没有一个地方不受影响。当然，这是一个非常简易的经验性观察。第二，劳动力市场和商品市场，以及——很久以后——与资本的一体化发展之间的联系。反过来，衡量“一体化”的尺度是长期融合中远距离市场的价格。②然而，世界各地的价格水平根本没有融合，并且价格关系的简易量化评价体系构成了“趋同性”这一丰富的概念。正如斯蒂夫·道瑞克（Steve Dowrick）和J. 布拉德福德·德龙（J. Bradford Delong）所理解的那样，趋同性意味着“欧洲西北部以外的国家机

---

① Lechner, *Globalization: The Making of World Society*(Malden, Mass.: Wiley-Blackwell, 2009), 15 - 32.

② Ronald Findlay and Kevin H. O'Rourke, ' Commodity Market Integration, 1500—2000' , in Michael D. Bordo, Alan M. Taylor, and Jeffrey G. Williamson, eds., *Globalization in Historical Perspective*(Chicago: University of Chicago Press, 2003), 11 - 64, at 14; Jeffrey G. Williamson, *Globalization and the Poor Periphery before 1950*(Cambridge, Mass.: MIT Press, 2006), 25 - 36（主要与商品市场有关）。

构、技术、现有生产力水平将与欧洲西北部以及其他工业核心地区的现有水平相互同化”。①到20世纪，只有西欧、美国、加拿大、三个拉丁美洲国家、澳大利亚、新西兰、日本，某种程度上还包括南非，属于这一“趋同性俱乐部”。②19世纪最后的25年中，全球资本主义的发展非常明显，世界上成千上万人的生活发生了改变——也留下更多的人泰然自若地以他们习惯的方式生活。③印度和中国内陆省份中的无数农民自给自足，从来没有买过外国消费品，对外面的世界知之甚少。

全球化的形成过程与经济全球化不同，它的时间甚至更加难以确定，在漫长的19世纪之后，一直到1914年，甚至到1945年。第一次世界大战之前全球治理几乎无迹可寻。它是政治学家衡量全球化的主要标准。欧洲的“大国协调”在1854—1857年的克里米亚战争后一片混乱，即使最早的国际组织的出现也不能掩盖这一事实， 99
即各国没有达成约束民族国家军事主权的基准共识。

在亚洲和非洲的殖民地或“半殖民地”国家中，其居民大部分在政治上是沉默的。虽然国际联盟经常被认为是失败的，但它并非完全没有作用，然而在维持世界和平这方面它确实没有起到有效的作用。两次世界大战期间，破裂的世界经济被割裂为自给自足的集团（尽管人们仍在讨论经济上的去全球化实际上有多么戏剧性）；同样，来自德国、日本、意大利的极端民族主义也向和平的世界秩序发起了挑战。

19世纪30年代和1945年之间的文化全球化是一个非常宏大的主题，很难用简单的几句话对其进行总结。在19世纪的第三个25年中，欧洲文明的世界影响力达到顶峰，之后，在帝国主义成熟时期

---

① Steve Dowrick and J. Bradford DeLong, ‘Globalization and Convergence’, in Bordo *et al.*, eds., *Globalization in Historical Perspective*, 191 – 226, at 195.

② Dowrick and DeLong, ‘Globalization and Convergence’, in Bordo *et al.*, eds., *Globalization in Historical Perspective*, 198 – 199.

③ Jeffry A. Frieden, *Global Capitalism: Its Fall and Rise in the Twentieth Century*(New York: Norton, 2006), chapters 1 – 5.

失去了它的威望，在第一次世界大战期间更是如此。然而，殖民主义也留下了具有长远意义的遗产，尤其是它的教育和后殖民主义的双语精英。欧洲人和北美人对世界其他地区仍然非常好奇，但他们的观念中拥有结构性的傲慢态度，这在现在被称为“东方主义”。普遍主义者会编排出一种无所不包的世界文学标准，19 世纪 20 年代德意志诗人和博学家约翰·沃尔夫冈·冯·歌德便对此大加倡扬，但并未在德意志和其他地区点燃人们的热情。“文化”必然成为国家自省的一个程序。1945 年以前与最近几十年的关键的差别就在于，那段时间没有真正面向大众的全球媒体。事实上，像路透社这样位于世界主要城市的新闻机构，以及像伦敦《泰晤士报》这样几乎无处不在的拥有强大阅读量的日报，在今天电子媒体的影响下，其重要性也在下降。

“现代的全球化”足以囊括一个时代发生的事情，这些事情通常包括工业化、帝国、民族国家，1914 年之前的经济快速增长期为 1950 年之后的全球经济一体化浪潮奠定了基础。与此同时，全球化的各种类型是否真的构成了 19 世纪之后大约一个半世纪的特征还有待探讨。20 世纪中叶之前的现代性可能并不是典型的“全球化”。

当代的全球化

伴随着“当代”，或者对某些人来说，“后殖民主义”或“后冷战”的全球化，我们进入了社会科学领域。整个 20 年里，全球化一直是它主要关注的主题。而历史学家只能散播一些琐碎的认识：我们今天正在经历的全球化，其某些领域的新颖程度是革命性的。这些领域如此新鲜，如此令人振奋，以至于历史学家们应该尽可能多
100 地关注新近出现的全球资本主义起源，正如他们对历史初期全球化最初萌芽的争论一样。另一方面，当代全球化的某些特征并不像历史上那些天真的观点看起来那样奇异。

过去二三十年中发生的变化，并不都应归因于全球化。如此一来，全球化在多大程度上促成了苏联及其“卫星”国的瓦解还是一个开放性问题。国际经济的发展趋势，“不受约束”的媒体，以及西方资本主义国家也许不是仅有的，甚至也不是最重要的造成欧洲共产主义组织消失的原因。核冷战的军事逻辑，一些东欧国家的民权运动，苏联特有的民族问题，戈尔巴乔夫前后几任领导人掌权时期出现的严重失误，这些只是众多与全球化无关的因素之中的寥寥几个，当我们要对世界政治两极化的结束进行解释时，这些因素也要加以考虑。①全球化的影响在另外一些领域中体现得更为明显②：首先是计算机、卫星电话和互联网的创新，这些创新迅速进入个体家庭用户中；第二，在历史上第一次，“发达国家”里的中等和低等收入人群能够负担得起廉价的长途运输，由此，以燃料为基础的大规模运输进一步发展；第三，及时建立并运营起统一的全球资本主义市场；第四，不同国家、地区的消费偏好和消费模式出现了融合的现象，然而对于世界各国普遍“麦当劳化”的说法应持保留态度；第五，知识作为生产要素和资源的重要性大大增强，它为那些视自己为“知识社会”的社会带来了竞争优势；第六，一系列基本的国际公认准则的巩固，使侵犯人权的行为和各种具体的暴力和歧视形式失去合法性。

历史学家们倾向于看到这些新颖事物的前身和延续性。他们并未宣称：在最近的10年之交前后，有任何处在发展过程中的、太阳底下的新鲜事物存在，相比之下，他们往往要抑制各种放纵不羁的兴奋情绪。1870—1914年之间，贸易与投资已经出现了大规模的全球化，这一时期相当多的经济分析读起来像是对全球化的实时评论，

---

① 有关真正全球性地对待冷战最后阶段的办法，请参见 Odd Arne Westad, *The Global Cold War: Third World Interventions and the Making of Our Times*(Cambridge: Cambridge University Press, 2005)。

② 任何一个观察者都会起草他或她自己的全球化改革的列表，例如，与这本著作做比较，即 John Urry, *Global Complexity*(Cambridge: Polity Press, 2003), 50 seq。

读者曾一度用“全球化”替换旧有的世界经济——在这类文献的书写上德国人处于最前沿——或者“国际经济”。①在信息技术领域，互联网的发明和引入看起来像1860—1902年间广泛的有线电视网络安装现象的重演。②这两种技术承载的能力、经济背景，附加到它们之上的政治控制程度，给用户的习惯和文化前景带来的影响都是不同的。但在19世纪80年代和20世纪90年代，人们普遍认为这项新技术标志着时间和空间的“革命性”压缩。当实时通信已成为理所当然的事情的时候，一个时代中独特新颖的部分经常是生活快速变
101 化。然而，在早前的世代，至少在欧洲，人们也曾有过相同的经历。自1780年起，这些也是革命时代，即铁路的繁荣建设时期以及1890—1914年之间的“世纪末”的共同特征。③所有这些到目前为止，很难找到所谓生活节奏加速的硬资料；在令人振奋的年代，模糊的感觉就是所有事情都通常发现了来源。一种不同的连续性被发现，即明显的破裂和进展被证明是表面化的。因此，全球化的理论家认为，当代全球化成功地创造了自己制度的基础，塑造了强大的跨国网络，有效地进行了全球治理。然而，始于2008年9月的金融危机暴露了全球商业脆弱的制度基础，重新引入了民族国家和国家政府的概念作为保证跨国资本主义的生存不可缺少的角色，而这些概念早就已经被许多理论家宣布过时甚至是废弃掉了。历史混淆了当代社会和政治思想这一影响较大的学派。

---

① 一个优质范例，参见德国经济学家和社会学家的经典文章：Moritz Julius Bonn, ‘Das Wesen der Weltwirtschaft’, in *Archiv für Sozialwissenschaft und Sozialpolitik* 35 (1912), 797－814。

② 参见 Dwayne R. Winseck and Robert M. Pike, *Communication and Empire: Media, Markets, and Globalization, 1860—1930*(Durham, N.C.: Duke University Press, 2007)。

③ 参见 Peter Fritzsche, *Stranded in the Present: Modern Time and the Melancholy of History* (Cambridge, Mass.: Harvard University Press, 2004)。这本书以德国历史学家科泽勒克（Reinhart Koselleck）开创性的工作为基础。另参见 Stephen Kern, *The Culture of Time and Space, 1880—1918*(Cambridge, Mass.: Harvard University Press, 1983), 109－130; Bayly, *Birth of the Modern World*, 451－487。对于大卫·克里斯提安来说，20世纪的特征就是加速发展，参见他的 *Maps of Time: An Introduction to Big History*(Berkeley, Cal.: University of California Press, 2004), 440－463。

“全球化”概念广泛普及，大批作品着墨于此，但并不能证明社会科学家会成功地构建全球化理论，达到理论形成中的最高标准。尽管有像伊曼纽尔·沃勒斯坦、阿尔君·阿帕杜莱（Arjun Appadurai）、曼纽尔·卡斯特尔（Manuel Castells）、萨斯基亚·萨森（Saskia Sassen）这些重要的思想家的作品，但全面且以经验为主的全球化理论仍然已不见踪影了。如何能够识别和衡量全球化，这样的理论对历史学家来说是必不可少的。它将老生常谈的概念升华为一种分析工具。照目前的情况来看，这一理论的支持者们并不认同他们基于无限的可用数据对当今世界进行的解释。那么全球社会是越来越平等还是越来越不平等？世界文化是同质的，抑或是文化差异越来越大？关于这些看似简单的实证问题，人们仍缺乏共识。这并不能激发人们满怀信心将“全球化”概念应用于“过去”，牢不可破的事实可遇不可求。世界历史学家和全球史学家们肯定可以观察全球化理论进一步的发展情况。然而鉴于他们自己拥有更多的斑驳难辨的关注，他们并不依赖于它。

参考书目

- Bayly, C. A. *The Birth of the Modern World, 1780—1914*. Oxford: Blackwell, 2004.
- Bordo, Michael D., Alan M. Taylor, and Jeffrey G. Williamson, eds. *Globalization in Historical Perspective*. Chicago: University of Chicago Press, 2003.
- Frieden, Jeffry A. *Global Capitalism: Its Fall and Rise in the Twentieth Century*. New York: Norton, 2006.
- Gills, Barry K., and William R. Thompson, eds. *Globalization and Global History*. London: Routledge, 2006.
- Gunn, Geoffrey C. *First Globalization: The Eurasian Exchange, 1500—1800*. Lanham., Md.: Rowman & Littlefield, 2003.
- Holton, Robert J. *Making Globalization*. Basingstoke: Palgrave Macmillan, 2005.
- Hopkins, A. G., ed. *Globalization in World History*. London: Pimlico, 2002.
- Lechner, Frank J. *Globalization: The Making of World Society*. Malden, Mass.: Wiley-Blackwell, 2009.
- Osterhammel, Jürgen, and Niels P. Petersson. *Globalization: A Short History*.

Princeton, N.J.: Princeton University Press, 2005.

- Ritzer, George, ed. *The Blackwell Companion to Globalization*, Malden, Mass.: Blackwell, 2007.
- Robertson, Roland, and Kathleen E. White, eds. *Globalization: Critical Concepts in Sociology*. 6 vols., London: Routledge, 2003.
- Vanhoute, Eric. *Wereldgeschiedenis: Een inleiding*, Gent: Academia Press, 2008.

李 娜 译 屈伯文 校

第六章　认识论

帕特里克·曼宁

世界历史的“认识论”是什么？我们认识世界及其历史的方法 105
是什么？我们观察和感知世界的范畴是什么？我们认为世界的哪一方面是必不可少的且不变的？我们认为将在哪一个领域发生变革？可知世界的极限是什么？

本章对世界历史研究中最常见的思维方式提出问题并进行了反思。这一章中讨论我们用来理解世界及其过去的那些常见的和富有争议的方式。虽然认识论也有自身的发展历史，但我们不想在这儿尝试回顾它。这是对当下世界历史认识论的讨论，对全球认识论的发展只作简短的说明，无论它们是新的或旧的辩论，它都与当前的问题和讨论有关。也就是说，“我们”在这里代表了当代世界历史的作家和读者。

面对不断超负荷的信息，我们如何提升自己对世界的认识？虽然这个问题在之前也出现过，但现在也仍然存在：在所有的可用信息中，我们如何选择恰当的信息形成我们对世界的认识？

实际上，世界是什么？它的同义词和反义词是什么？英语中，名词形式下的世界（world）、地球（globe）和行星（planet）是相对应的同义词。在形容词形式下，“全球的”（global）一词比“世界的”（worldly）或“行星的”（planetary）的应用更为广泛。但是“整个世界”（the world）也可能意味着整个宇宙。并且，当“世界”（world）被形容词修饰时，可以有许多含义：“孩子的世界”“伊斯兰世界”。同样形容词“全球的”(global)可以指任何规模的总和。结果,“世界”和“全球”——和其他语言中的许多同类词一样——都有多个含义且相互重叠,在特定的语境中,使用这些词语时需要进行详细的说明。我们可尝试进行这样的定义:“世界”代表了外层边界,或者我们所居住并寻求解释的宇宙的所有部分。即使
106 是这样相对明确的定义,也要允许其内部的变化和分类。由此,甄选一个定义的过程逐渐演变为本体论的生成过程,后者代表一组类别,我们试图通过这些类别对世界的各个方面进行分类、描述和最终解释。分门别类的癖好是人类与生俱来的特质。

“历史”是过去的真实事件和过程,如果这一最常见的定义不是最可靠的话,那么“历史”究竟是什么?所谓的“历史记录”不过是由那些现有的关于过去事件的证据组成的。随着时间的推移,更多的证据随之出现,新发现和新方法让我们能够获取更多的关于过去的信息。但是由于信息的丢失和遗忘,历史记载也会不断地减少。最终以及最常见的做法是,将“历史”作为对过去的呈现——换句话说,就是当前的和过去的那些历史著作,以及其他的一些历史呈现。

概　念　化

我们所知的世界是复杂且多维的。对世界的探知和历史分析呈现出六个维度。这些维度和针对它进行的阐释分别是:主题、空间、时间、规模、哲学分析、解释验证。①前四个维度是指世界现实本身,后两个主要关系到人类对世界的阐释——但是,从某种程度来说,六个维度在整体上都是世界的某个方面和人类所理解的世界的某个方面。此外,我们所认为的促使世界变革的动力和力量也是世界自

---

① 这六个维度清楚地表述在 Patrick Manning, ‘Concepts and Institutions for World History: The Next Ten Years’, in *World History: Global and Local Interactions*, ed. Patrick Manning(Princeton: Markus Wiener, 2005), 236 - 242。

身的一部分。这些让世界变革的动力——或者让其保持原态的力量存在于它现有的状态中——其中隐含着物质、生物形态、思想相互之间产生的作用。

关于世界的主题是无限的，任何给定的主题，不论如何定义，都能被无限地细化。关于这一论题和主题的类别和子类别比时间和空间更为多样化。因此，为这些论题构建本体论是一项艰巨的任务，例如，不仅论题的类别很难描述，为这些论题排列类别和子类别也是一项非常复杂的任务，且经常受到主观臆断的影响。论题之间的分类标准也大有不同，这使得构建历史专题性的且全面的本体论十分困难。①例如，纺织品与种族认同的论题肯定会被归入两个天差地别的种类。由于对于主题的归类和分析缺乏一个一般性的规则，主题的异质性对世界史研究来说是一个特别的挑战，因为很明显，由于不可能有对主题进行分类和分析的一般规则，所以不存在总结历史各个方面以获得总体结果的确定程序。但这并不意味着世界历史不能存在，相反，它需要对这些主题进行分析的分析者提出必要的限制，这样才能在有限的范畴内诠释世界历史。

人类精确地知晓世界的大小和形状已经有大约 500 年的时间了 107
(尽管在过去的 1500 年中，先锋学者们已怀疑地球的形状是球形的)。地表空间是有限的，我们可以直接感受到它的极限。然而，地球表面却可以被无限地细分。尽管地图上的空间经常被表现为二维状态，甚至在表现点与点之间的距离时呈现为单一维度，但空间仍

---

① 本体论的一般范畴包括具体的类型、分类学和类型学。分类学是一种本体论，在本体论中，假定元素通过进化而与地质和生物分类单元相关。类型学在不假设进化联系的情况下，根据相似性将证据分门别类。一门成功的类型学的创建，通过识别被分类的实例之间的相似性和差异性，可以传授大量的知识。但是，关于证据的类型学和相应的分类本身并不能确定证据之间的关系，也不能确定被分类的实例之间的关系。分类下的一些证据可以确定为变量或因素。其中一个因素是类型学范畴，如“种族认同”，它被认为具有一个持续的类别，但在质量和数量上都可能有所不同。变量是一个类型学类别，如“面包价格”，它被假定具有确定和一致的质量，但数量可能会有所不同。因此，变量是在定量分析中进行定义和使用的，而因子是在定性分析中使用的，也可能是定量分析。

然是三维的。除了被看作简单的、相连的土地单位之外，感知空间的方式还有很多，如群岛或者多个层次的其他空间。历史研究主要集中在特定的、有限的空间内。此外，空间之间的比较、链接和相互作用是历史研究标准的空间分析内容。

由于地球绕太阳公转一周的时间为一年，我们以年划分时间，这种划分往往非常精密并已经被广泛接受；与此相同，以天为单位，也成为所有人类历史一个非常可靠的时间长度。一年内四季的划分则更为随意。时间是一维且单向的，它只向前推进。如同空间一样，时间可以被无限划分。并且，正如空间可以不同于相邻的地域一样，时间不仅可以作为连续的进程，还可以作为个别时期，以及这样的时期所组成的“群岛”，还有往复不已的循环。事件（是瞬间的）与过程（随着时间的推移而展开）的界限是灵活多变的，它与过去的事实一样存在于分析者的头脑中。当与空间相触碰的时候，时间会拥有更复杂的维度：某个时刻只会在某个地方发生的事件，过段时间会发生在另一个地方；同样，人们不禁会问这个事件是否只会出现在某个地区，还是会在世界各地出现。

在评估世界历史的问题时，每个维度我们要深入到什么程度？规模理念的引入解决了这一问题。规模不仅是维度也是衡量维度的尺度，当把它与主题、空间和时间放在一起考虑时，规模作为一个维度有了自己的用处。规模可以同时作为量与质的量度。对于世界的各个维度，规模解决了关于维度的阈值问题，这一问题正在被思考，是总体中的一部分。它应对着世界范围内的变化，让我们能够讨论小世界、平行世界以及那些在各种历史主角视野中的世界。

对世界的认识由证据组成，当然同样也包含对这些证据的理解和体会。这些基本的范畴既不分立，也不简单；相反它们是复杂的、重叠的，并且持续地互动着。例如，本部分的论述就必须考虑到正式的、学术性的历史知识，又要考虑非正式的、通俗的历史知识，同样也要考虑到各种社会利益团体所拥有的历史知识、所理解的历史用途。

证据源自关于世界的信息，源自在前一部分对于所说的主题、空间、时间、等级和动态等方面所做的描述。对“证据”进行分类源自对世界信息的直接观察。伴随不同程度的确定性，它们扩展为各种间接获取的信息。在一个已知的时间、地点创建的证据——例如，书面文件或者物质文化的工艺品或者建筑物——在为其时间和 108
地点提供证明上发挥了重要的作用。这些证明随着时间传递下去，或者作为口头风俗传送，或者作为文本不断被复制，在被修改后转变成神话。但是，正如一些证据在转变过程中逐渐失去了价值，在另一种情况下，通过组织和转换记录内容，证据的准确度和价值可以增加。因此，历史学家可以将以下事物结合起来：搜索到的本地记录，被插入的对已丢失数据的评估，以理论为基础的模拟（这种模拟可以产生与历史上的地区、国家的人口、出生率和死亡率有关的证据）。

一代又一代的历史学家们将他们的证据称为“主要”和“次要”的证据：主要证据指的是原始的，基本上是目击者提供的证据，而次要证据则是通过中间权威机构促成的。然而，这种简单的划分，不适宜地反映出世界历史的大部分证据是次要的、含蓄的以及劣质的。世界历史不需要对证据进行两级划分，相反，它需要一个更复杂的数据描述系统，这个系统能够指示出数据最原始的来源，以及各种形式的选择和转换，经历这些之后的数据准备好应用于全球分析之中。例如，要转录一个古代演说家的演讲，就必须翻译成活灵活现的语言让今天的观众能够理解。今天我们为古代纪念碑拍的照片提供了一个随着时间转变的新视角。国家和大陆的人口和财产统计并不是原始的记录，它们是通过汇集转录内容和间接记录而形成的。总之，证据形成了一个复杂的范畴。

什么是理解力？它是观察者或分析师对证据的收集和处理。对证据的理解和感知能力依赖人所在的位置（时间和空间）以及他的视角。观察者的位置让其几乎不可避免地存在偏见。由于对于观察者来说，一个全方位的审视世界的视角是不存在的，所以在理解知识时能无限扩展自己的观点显得尤为重要。时间和地点是观察者进行观察的基本角度。另外还应该考虑到：地区和全球视野之间的差异，上层精英和下层民众历史观之间的差异，历史进程中参与者和观察者的差异，同时期的人的看法和过去的观点之间的差异。

我们感知证据的视角或观点最初以“自我”和“其他”为基础：“自我”可以缩小至个人也可以扩展为社区；余下的“其他”是依次出现的相互疏远的次群体。在学术术语中，视角这个词特别用于专业性的学科中（自然科学和社会科学，人文与艺术）。每个学科都会倾向于关注特定的变量和特定的变化动态。各种学科的经验和互动不断发展，他们的视角的新特征和新的共同点也随之出现。①因此，学科迁移的历史和跨学科研究已经逐渐趋同，而生态研究和卫生健康研究的差别则越来越大。哲学通过对人类本性的各种假设
109 渲染和塑造了我们的视角，例如善与恶，自由意志与命运，这一视角又随着简单的因果关系或者复杂的交互作用而改变。②

经过人类思维进一步的处理，理解力能够产生历史意义上的解释和分析。证据和逻辑结构的结合揭示了历史的变化，我们将在之后的内容中详细探讨这些形式的知识。建模是解释尤其是分析的内在组成部分：它是系统化的，通常也是明确的、逻辑化的历史动态。同时，历史阐释和分析的缔造者有选择性地将历史呈现给观众。也就是说，大部分学习世界历史的人的身份不是历史的分析者，而是其他人所描绘的历史的“读者”。世界历史的表述将在本章最后一节讨论。

理解世界可以说要比世界本身更为复杂。尽管人类所感知的世界提供的证据是有限的，通过感知和收集证据得出的只是所有事实

---

① 威廉·H. 麦克尼尔认为历史性的科学——尤其是地质学、天文学和生物学——在20世纪的哲学和方法论上在稳步地向历史学靠拢。McNeill, ‘Passing Strange: The Convergence of Evolutionary Science with Scientific History’, *History and Theory* 40, 1 (2001), 1-15。

② “透视”一词通常泛指位置和镜头。Patrick Manning, *Navigating World History: Historians Create a Global Past*(New York: Palgrave Macmillan, 2003); Manning, ‘Concepts and Institutions’。

的一小部分，但是地域、视角和哲学通过人们对世界的理解，提升了世界本身的复杂性。历史，是人类理解和分析过去的再现，注定充满争议，也注定被人类不断解读。

总结这一部分，有助于比较全球历史认识论与国家和地方史认识论。实际上，世界历史的认识论并不比地方或国家水平的历史研究更为复杂。区别在于，探索世界历史是一种全新的经验，人们有必要且有兴趣对其研究边界和认知途径提出一个正式且明确的定义。对于区域和民族历史，人们往往局限于给出时间、地点，甚至是研究主题和规模，以便减少未知因素：在每个国家为让其拥有一席之地而在更大范围的国家社区中所要争取的东西中，本地社区身份无疑是理所当然的；全球性的人类身份和家庭生活的全球模式尚未轻易得到历史学家的认可。然而，除了这个例外，世界历史的认识论从本质上与任何其他层次的研究并未存在不同。

解释与分析

历史分析结合了几个层次的思考和研究：提出有关过去的问题，创设问题情境促进问题解决，解决问题，对解决方案进行验证或者进行解释。学术史研究有赖于形式化分析，它基于对相关证据理性和系统的理解。然而，这种形式化分析也可以视为是更大范畴内的理解历史的一个子集，它对那些印象派的和非形式的佐证（而不是形式和逻辑结构的佐证）做出回应。实际上，许多学术流派和流行 110
的历史流派都拥有从逻辑系统到印象派等各种各样的派系。本节主要讨论学术分析；但是，大部分的差异也适用于印象主义对过去的阐释。

历史学家们继承着不同范围的哲学传统，且不同的哲学背景带来提出问题和给出答案的不同方式。我们在此处所描述的哲学原理的差异有助于表明：在被提出来展开分析的重要问题上，不同的分析优先项是怎样出现的；它们展示出历史学家是如何依靠这些相似的数据却得出了不同的甚至是互相冲突的结论的。19 世纪的哲学观是世界历史分析的核心，最值得注意的是黑格尔唯心主义和卡尔·马克思的唯物主义。实证主义是 19 世纪的另一个伟大思潮，它由孔德进行阐释，实证主义致力于将一些宏大的问题细化为小问题进行研究，又在小问题中寻求确定性关系。在近代，结构主义和后现代主义发展起来，它们抛弃了实证主义将问题细化为独立子问题的观点，转而强调一个问题中各方面的交互作用。哲学研究者进一步对革新、意识，以及关于真理的客观和主观观点等问题给予实际性的和互动性的关注，这使世界历史学家可以通过阅读哲学文献在进行历史解释时加以甄选。①

世界历史的分析方式与实证主义思潮的紧张关系一直持续着并有扩张的趋势。尽管在哲学上出现了很多的转变和思潮，但实证主义一直是最有影响力的哲学分析方式。因此，它的术语和类别划分对其他任何分析方法都产生了很大的影响。实证主义允许大规模现象，但是它致力于打碎它们，将其分解为小问题，每次只分析少数的变量，留下其他变量作为参数，并且为了这些分析，认定这些参数不会发生变化。实证主义主张简化的因果关系思维，它揭露了大系统走向均衡发展下所蕴含的变量。世界历史学家日益摒弃线性的单一因果律，转而主张分析多重历史因素作用下的反馈和互动机制。然而，自然科学和社会科学的大部分知识仍然是建立在实证主义原则的基础上的，所以不断发展着解读历史的系统方法的世界历史学家们，我们可以认为他们是在以折中的态度对实证主义方法与其他方法进行平衡。

这一对哲学差异的探讨虽并不详尽，但已足够说明本节所想要分析的范畴。尽管它们可以作为世界历史分析的核心内容，但由于不同的传播方式，它将会产生不同的，甚至是相互矛盾的结果。

---

① John E. Wills, Jr., ‘Putnam, Dennett, and Others; Philosophical Resources for the World Historian’, *Journal of World History* 20, 4(2009), 491 – 522.

这项工作最难的部分在于为历史研究建立一个框架。在这个问题中，总体任务可以分解为：一是为这项研究建立一个外部框架或者设置一个边界条件；二是基于这项研究建立一个内部框架或者说系统和子系统；三是学科框架（体系），它是这项研究的工具。

架构外部边界最基本的步骤是确立研究主题。然后，通过时间和空间的限制进行分析，完成架构。实际上，历史学家首先分析 111
的是时间和空间，随后是主题。也就是说，那些将自己视为古代中国、中世纪欧洲或现代欧洲的历史学家的学者可能会发现这些所谓的领域界限在研究丝绸纺织品或专制制度时并不适合。对于构建历史分析所需要的全部选择和方向，历史学家有必要去阐明所研究材料的类型，并注意分析的单位和尺度。历史学研究局部地区的、当代的，甚至是地理性的问题，并且其研究范围正在不断拓展。“历史”概念的成功推广使其不再研究祖先转而关注政治和战争，现在，这一思想拥有了时间维度，可以适用于人类活动和自然进程的任何阶段。继承了社会、政治、经济、文化范畴之后，思想文化史现在又将环境史作为补充。事实上，历史分析的话题范围远远超出了这些范畴。更新信息库，创建大规模的数据库能够形成更广泛的知识本体，有助于组织历史研究的主题，这也许会将它们彼此置入系统关系之中。

在定义空间和时间的界限时，20 世纪的史学家将国家置于近几个世纪的首要位置，以其作为分析的场所和对象。21 世纪早期的学术界确定了更为全面的分析单位。这个更广泛的单位（确定为空间、时间、主题、规模）包括个人、家庭、国家、社会、文化、文明、种族、宗教、社区、大陆、海洋盆地、半球以及整个世界。最近在“跨国”历史方面的扩展研究说明，即使是历史学家，其主要关注点也在国家层面上。历史分析的单位不能模式化地视为国家，而应该打破界限，在超国家级和次国家级的层面上进行分析。这种对分析单位多样化地归类带来的问题是，虽然作者是从人类活动的范围出发的，但这一分析的焦点则会让读者困惑。因此，“世界历史”的工作可能只主要对行星层面上的问题进行阐释，或者在解释全球整体、种族和民族群体的相互影响方面才有特权。无论是作者还是读者都要清楚地认识到分析工作中的主要单位或范围。

历史研究的内部分析框架和外部界限同样重要。在全球史的研究中，系统化的分析框架极为有用。系统即历史实体或者分析结构，它的整体由各个元素和子系统组成。子系统通常具有独特的作用，它能够使整个系统相互联系。解释世界历史的优势在很大程度上来源于系统框架，尤其是后者主张在不同的层面进行分析。①但是，系统分析的特定方法会根据分析师自身的哲学观而发生变化。一些历史学者一直批评世界历史的系统分析方法，他们认为这种方法赋予了总体化的历史观点以特权，只考虑全球层面的相互作用，例如，
112 世界体系分析是对世界历史的一种系统化分析方法，但世界上还有很多其他的分析方法。

学术框架提供了一套工具和一种学术亚文化，在这种文化中会设置问题以供研究，然后调查。学术生活的主要组织是在学术部门内研究的学科。各学科得以组织起来，其目的是对不同类型的现象展开研究，它们使用特定的理论和方法，开发文献资源用以发表他们的研究成果。世界历史，其最明显的特征是属于历史学科，但其范围也是跨学科的。

历史学科长期被划在人文学科的范围内。因此，历史既强调呈现的方法也强调分析的深度。历史研究平等对待艺术研究中的各方，比如艺术史和音乐史，在面对宗教、法律和教育时，情况也一样，伴随 18 尤其是 19 世纪社会科学的形成——经济学、政治学、人类学、社会历史学而产生，并与社会科学的关系日益密切。社会科学从一开始就强调理论方法；人文和艺术领域在 20 世纪后期开始拓展自己的理论。历史学科虽与社会科学的发展存在深远联系，但也与

① 我对埃里克·范豪特（Eric Vanhaute）怀有感激之情，因为他阐明了系统对于世界历史分析的重要性。

人文科学、艺术和各专业领域建立了新的联系。此外，历史分析方法开始扩展到自然科学和医学领域。这是对在地质学、生物学和医学等领域史学研究的大幅扩展所做的回应。世界历史学家稳步推进到其他学科中，并且在其推进的过程中，自省出扩充各领域理论知识的需要。那么，对于世界历史来说，如果仅作为历史学科的一个新兴分支学科，这样的位置多少有些不妥当。与此同时，学术研究中的一对竞争方——区域研究和全球研究——在发展的过程中，为世界历史分析提供了新的助力并提出了新的问题。

由于世界历史分析方法的发展，区域研究已非常重要。历史学、人类学、政治学、社会学、文化研究的结合，尤其是过去 2 个世纪里西欧和北美以外地区发展经验的积累，已经成为世界历史研究中跨学科分析的主要资源。在一些平行学科中，20 世纪 50 年代出现了美国研究，作为专门研究美国的多学科框架。而在英国，文化研究作为一个跨学科框架出现，用以分析文化和社会。

作为理解世界的一个学科框架，“全球研究”这个说法也可以替代“世界历史”。世界历史对时间进程中的变化给予系统性的关注，不过在完成时间架构的分析时，其对数据范围和分析框架的利用是取折中态度的。全球研究则对单学科、跨学科的分析给予系统性的关注，不过此种分析的应用会随时间的变化而有所折中。实际上，“全球研究”对某些学科的重视程度远超其他学科，它尤其重视国际关系、经济和环境问题。此外，全球研究通常将时间 113
定格在最近的过去以及不久的将来。然而，考虑到世界历史和全球研究领域带来的可能性，在未来几年，人们可以做出更有条理的尝试，开发出一个更系统化、更具历史性的多学科分析框架，其分析对象主要是人类社会和人类社会与自然世界的互动关系。当然，认为学者们能够一次性分析解决所有问题的想法只是空想。但另一方面，对各种可能性的考虑也许会促进新学科和新分析领域的发展，它会比现今的研究探索到更大范围的数据和经验领域。由于历史学家视角的相对宽度，他们应该在全球研究的重构过程中发挥领头作用。

总结世界历史研究的框架，它会重新回归到相关的规模问题中来。“规模”一词是指局部范围的广度、地理范围的宽度以及时间尺度的范围。世界历史最基本的方法是给予空间维度以特权，只有大范围的地理空间才可以被视为世界历史或全球史研究。随着世界历史研究方法的不断扩展，这些研究也可以涉及很长一段时间，即使这些研究仅限于一个小区域，也可以算作为世界或全球历史研究作出了贡献。此外，鉴于历史研究中各种不同主题之间的交互作用，所以，即使是一个涉及小范围的短时期问题的研究，也可以用各种不同的主题维度进行分析。虽然很多人都不愿意为这样的研究加上“世界历史”的头衔，但这些研究仍可被划入全球史范畴。虽然我们人这一物种，即智人的经历，可以追溯到约 20 万年前，而我们所属的人类种群的历史可以追溯到大约 400 万年前，但是大多数历史研究都局限于过去的 200 年间。“历史”这一词只限于诉说过去（而不是过去的真实事件），很长时间以来它一直局限于书面记录中的时间和地点，在过去的 4000 或 5000 年中一直如此。“史前史”这个词所适用的研究对象是 5000 年前发生的事件；它也适用于相对较近但是在其他领域是所谓“史前时代”的研究，所以，对于大多数的环太平洋地区，“史前史”涵盖的时间范围从 200 年前到 500 年以前。但历史领域的原始资料不断扩充，囊括了除书面记录外的各种证据。因此，像“史前史”这样的说法无疑失去了其关联性，应该将这种说法也换成“历史”。

以上是对世界历史研究框架的回顾。现在让我们转向这个范畴内的世界历史分析法。

分析工作将探索历史证据和针对动态变化进行解释的任务相结合。证据的探寻需要找到证据并进行排序。如前面的小节所说，有多种类型和不同层次的证据，包括直接证据和主要证据、间接证据及通过计算和评估所得出的证据。“数据”这个词用来指称正在经受
114 分析的证据。所谓的数据涵盖了之前的解释和分析，这就意味着这

些分析最初就已被当作是循环的。有人认为，历史变迁和延续性的动态存在于现实世界之中。要阐释历史变迁就要创建这些动态的模式和理论，所有这些都要基于对世界和人类社会中静态和动态的本质的信仰，并以传统和创新并进的方式传递。因此，人们开发了诸如“静态”“动态”“互动性”和“平衡”之类的术语，并应用于不同的时间、空间和主题之中。将探索证据和解读历史动态相结合，其结果会产生一系列或大或小的、具体的、分析严谨的，或者与历史相关的，或者包含以上所有特征的历史解读。解释的方向可以由一个论文观点或者一个解释性的结论来说明：这些观点要贯穿历史作品始终。观点的呈现方式有时是有待验证的假设，有时是详尽的分析结果，有时又被称为“理论”。它们可以专注于辨析一个历史动态，或者历史发展轨迹，或者是一个问题起源之后的结果。

所谓的分析方法是指用系统且符合逻辑的方法研究动态变化并予以解释。然而，存在多种逻辑思维方式。分析者可以选择归纳或演绎方法。他们可以优先选择定量或者定性的证据。在对变化进行解释时，他们可以强调变化之下的因果机制或者进行反馈和修改。分析者可以将主要注意力集中于一组数据中最具有支配性影响力和占主导地位的那些关系，或者他们可以专注于识别最紧密且最广泛的联系。这些不同的解释过去的方法一般都与研究者的哲学方法有关。

世界历史尤其重视历史解释和历史分析的模式。历史学家在理解过去的过程中，解读或解释变化即人类生活的动态进程。不可避免地，他们会选择简化了的动态变化模式。分析者把精力集中于定性、描述性方法，运用归纳逻辑，倾向于谨慎的术语“模式”，但我们仍然可以找到他们处理数据时所遵循的系统化逻辑。事实的阐述不能完全依赖他们，还要有著作者的选择性呈现，这必然是对现实的简化。因此有必要强调历史隐喻是模式化的。也就是说，“国家之舟”的隐喻为组织和政府的动态特征提供了间接却清晰的表述。

那些重视基于演绎推理的形式分析的历史学家，往往运用理论模式。在一些研究领域中，特定的理论得到发展，用以进行形式化分析。“理论”一词与所有重要的词汇一样具有多重含义。在自然科学和社会科学中，“理论”一词一直存在；艺术和人文学科最近也一直在挖掘理论的内涵。对于社会科学中最成熟的理论——经济学、社会学和政治科学中的量化工作——理论研究专注于分析具体的变量，以及这些变量的数据和基于这些变量之间的相互关系
115 所得出的假设；无论这些变量出现在哪里，它都给出了变量之间稳定的关系。相互竞争的社会科学理论通过修改变量、假设和假说来寻求与可用数据更好地相互关联。但在艺术和人文学科中，这些变量和关系愈加复杂且相互关联，有时候关键性变量的确定正是该理论的主要观点。①

对关系的探讨——人类经验链接每一个领域——是最有效和可行性最高的提升世界历史认知的办法。此种对于关系的探讨即寻求发生在过去的相似事件、过程、视角和其他方面的联系并进行相互匹配。关系学的系统研究在很多领域都处于先驱地位。它强调人类事件的交互关系和动态，从而促成了此项工作的模式化和理论化。它帮助整合历史，让历史学家构造出一个大规模历史的总体性描述。它证明了人类社会和自然世界的存在，揭示了它们的功能。虽然世界历史的大部分方法论特性与各种学科和其他学术领域所持有的非常相似，但这些方法论的应用方式必须符合世界历史分析的本质。简单来说，世界历史的研究方法总是寻求一些额外的链接，包含对不同地方、不同时间以及相关话题的分析。

① 历史学家既是理论的创造者，也是理论的使用者。因为历史学家经常处理各种不同的现象，会遇到许多其他的理论领域。解决这一复杂问题的方法是，历史学家只需要接受和适当地利用不同学科的成果，并将其纳入历史研究，而不需要对分析进行详细的审查。另一种方法是让历史学家了解应用于他们所研究材料的各种理论的细节，并不断深入分析。此外，在某些情况下，历史学家建构的理论是相互关联的。也就是说，虽然各学科的专家最适合在自己的学科范围内进行理论研究，但历史学家却是将各个学科相互联系起来的专家，他们不仅可以将不同类型的证据联系起来，而且还将相关理论联系起来。

这是我对在早期研究中提出的世界历史方法一系列完整步骤的阐述。①该过程始于研究者对主题的选择，而主题的选择几乎必然需要一个框架用以对其进行探讨。下一步可以称为“探索性比较”，这一步的工作需要尽可能地从多角度审视主题，并对与其相似的主题尽量进行全面的比较——以此来确保没有疏漏问题的重要方面。第三步，一旦对于这一主题了如指掌，就要列出具体的研究规划，包括围绕这一主题的动态历史分析模型，记录这些动态的方法，以及对于这项分析工作所呈现的预期结果的假设。这一模式的定义包括对主题、地理和时间范围的设置。下一步是收集和补充数据并将其添加到这一模式中：在这一阶段，要特别注意确定证据之间的联系，以及历史子系统之间的关联性。规范的历史动态分析模式必然会简化过去，但对各种关系的察觉可以鉴别其并发问题，这在进一步的研究中尤为重要。

一旦完成定义和世界历史分析的过程，研究者一定希望能够对其观点进行确认和验证。我们如何了解世界？读者如何评估分析者的历史叙事或阐释的有效性？“验证”这一概念是从局部性的和实验性研究中演化而来的。然而它同样可以应用于针对宇宙的宇宙学研究之中。有没有一种方法可以验证关于地球和人类历史的解释性陈述？不幸的是，并没有可靠的可以独立证明世界历史观点的过程。

证实我们所进行的历史解读是否正确的方法差异很大。在此端， 116
可能某人开展的工作除了进行简单的历史解读，重申声明之外没有给出任何确定的观点。而在彼端却有人通过文献中一些实例的描述形成了更有力的研究方法，尽管这种方法可能没有审视其观点中的漏洞。而以上两种方法全都基于对历史的合理性解释。

然而，世界历史文学的发展需要分析者们不仅声明其观点的合

---

① Manning, *Navigating World History: Historians Create a Global Past*(New York: Palgrave Macmillan, 2003).

理性，还需要他们做更多的事情。现在已有的两个程序，一是通过假设测试（因果分析）而进行解释测试，它需要对数据和假说进行系统化处理；另一个更加非正式的确认过程是反馈测试（用于反馈分析）。这些程序有助于形成认证逻辑，但是世界历史分析通常太过复杂，并不适用于这些技术化的特定标准。

验证世界历史最实用的方法也许是为历史的发展进程提供多重叙事和多重解释，在这种方法之下才会生成最令人满意的发问。也就是说，目前确定一个历史观点的最好办法是，研究者们针对某一问题形成多种解释，并且为了对其深入研究倡导不断的辩论。对于既定的世界历史问题的多重分析让我们看到了找到真正矛盾所在的希望。

上述步骤构成了世界历史研究工作的一个单次循环。但世界历史研究方法的一个基本要素却是问题的重构，以及第二个循环，即从不同角度开展研究。也就是说，研究者应该转变角度，运用稍微不同的设想重复分析，看看不同视角之下的分析所形成的解释是否一样。

历史叙事

世界历史研究中历史叙事工作拥有最多的受众群，它包括对世界历史的写作和阅读。最初，世界历史的写作和阅读仅在国家范围内和特定的语言限度内进行。然而最终世界历史发生在更广泛的维度里，它可以囊括多个地区和文化背景的读者，并在全球层面寻求分析和解释。从根本上说，编纂者们正在为跨国的读者写作，他们不断丰富和援引修辞方法，以此召唤全球历史，描摹全球动态。

不同于历史分析方法，历史叙事的各种方法在完成历史工作的过程中同样处于核心地位。历史著作通常表现为文本，作者可以在描述、解释、叙述和分析等方式中进行选择。宽泛来讲，历史叙事
117 的创建者可以在文本、图像、视频和多媒体集合等媒体中进行选择。

最近几年，世界历史的叙事方式在教科书中得以体现。在这些媒介中，如何论证解释的合理性是创作者要解决的问题。在一般规则之下，对创作者来说，最好的方式是打破藩篱，不再重演对解释进行探索的各个实际阶段。一旦结论成为已知，就可以通过更为优雅、更具启发性的、可理解的方式进行解读。

世界历史的多种解释和叙事方法源于各种历史学科和历史学派对历史问题的大规模研究。这些一系列的方法之一，即迭戈·欧斯坦（Diego Olstein）所进行的描述，他将当前的全球史学的方法和分析范式分类为世界历史、世界体系、文明史、比较历史、历史社会学和区域研究。他对实证法和分析法相交叉的部分进行了区分：研究对象分别是几个封闭性的单位和整个世界；时间运用上存在历时性和共时性；因果关系上拥有内因和外源等差异。他认为，将这些方法综合在一起可以囊括所有大型和宏观的历史问题阐述方法。①总之，在宏观历史和世界历史层面所做的各种尝试可以推动认识的深度和广度。

作者之间的争论对人们更广泛地了解一个问题至关重要。对世界历史来说，其他领域存在着少数研究者和大量需要研究的课题，从而使单个学者成为一个研究领域的专家。后果就是，不会有人去挑战这种分析框架和结论。相反，世界历史研究拥有大量的学者和多种方法，他们在释义世界历史的各种主题时是有优势的。

要想进行全球范围的历史解释，就必须以可理解的术语与读者进行沟通。到目前为止，某些惯例已经主导了世界历史文献，包括大陆（空间上）、世纪（时间上）和社会（社会复杂性）。这些惯例历经了有益的批判，但仍然没有系统化的评估，这些关于历史的术语对于评估全球模式有极大的价值。

要想与读者沟通，最基本的是要发展全球化叙事，拥有能够吸

---

① Diego Olstein, ‘Monographic and Macro Histories: Confronting Paradigms,’ in Patrick Manning, ed., *Global Practice in World History: Advances Worldwide*(Princeton: Markus Wiener, 2006), 23 - 38.

引生活在各种社会情境下的读者的术语和风格。其叙事必须同时传达社会制度运转正常和运转失常两个方面，必须为了读者，使历史进程无论从个人还是全球的各个层面都可视化。另外，世界历史的作者们还需要找出方法用以传达他们的分析模式和理论要素。读者则需要一些辅助来评估世界历史的有效性。

直至今日，世界历史读者的数量才逐渐庞大起来。由于国别史一直是历史著作的主流，读者们将阅读国别史的习惯和经验用到他们对世界历史著作的阅读中。这会引起对世界历史文本的困惑或彻
118 底的误解，如将世界历史随意地当作各个国家历史的汇总。另外，一般的读者会认为历史著作主要是传记、军事史和家族、社区历史。我们再一次声明，这些领域中形成的良好阅读习惯不一定有利于世界历史的阅读。

读者们最常见到的是以叙述形式呈现的世界历史。随着世界历史读者数量的增加，在评估相关著作时人们更倾向于将其与现有的国别史作比较。通过不断批判国别史的经典，世界历史得以发展；这种审查方式将导致对那些援引各国及其独特经历的修辞手法的点评讨论。因此，通过一个国家的大都会的经历来审视一个国家的历史，此种做法并不罕见。通过一些调整，大都会也可以作为世界的表征。同样，这种竞争性的叙述可能在全球地位上使帝国与国家、宗教形成鲜明对比。课堂经验证明，一般历史读者，包括世界历史的读者，为了阐明自己对历史的解读都会去阅读多种理论。

20 世纪初，大多数世界历史读者都是在读的本科和中学学生。尽管这些学生被不同的作者和出版商采访调查，但作为读者，这些学生并没有作出积极的回应。虽然这不是对读者接受世界历史程度的全面分析，但可以用来评估读者对世界历史著作的接受程度，包括理解、消耗、欣赏和挪用等问题。①

---

① 关于文学接受理论的奠基性著作，请参见 Hans Robert Jauss, *Toward an Aesthetic of Reception*, trans. Timothy Bahti(Minneapolis: University of Minnesota Press, 1982) 。

结　语

为了让世界历史的具体细节拥有更广阔的背景，这次对世界历史认识论的回顾涉猎了很多问题。相比之下，这一从完整的讨论中形成的部分结论在历史研究的认识论中具有独特的意义。

首先，世界历史的概念特别强调世界的多重维度，这样既可以
表明这是一个范围广大的领域，又可以为研究者理出清晰路径，让
他们选择切实可行的主题进行研究。主题、空间、时间，以及在这
些维度上的经验和分析在不同层次上定义了这个世界的范围。在我
们所理解的世界中，这个范围与多个维度相互联系。第二个关键概
念强调的是多个视角，它既包括过去的人们拥有的各种观点，也包
括今天调查者和读者在理解历史过程中所持有的多重视角。第三，
系统化的概念在定义世界时体现出了自身的价值。虽然还有很多工 119
作有待完成，但历史学者们可以充分利用系统概念，另外系统思维
有助于识别关联、层级，以及子系统之间的相互影响，为全球史的
分析工作作出重要贡献。

在分析世界历史时，人们很容易将研究历史问题的框架和在这一框架内进行适当分析这两种复杂的工作区分开来。该框架依次还包括三个不同的侧面：具有边界的外部框架，一个以识别历史系统和子系统为中心的内部框架，以及一个提供研究工具的学科框架。

在世界历史的方法论中，关注与过去的联系仍然是其唯一的最重要的工具。打破固有的习惯，着眼于事件及情境本身，学会在审视每一座“山丘”时都能够用平行交错的目光，这才是世界历史研究的第一大步，这一方法的实践能够引导研究者们去解决其余的几个重要问题。对联系的重视有助于记录过去社会系统及其子系统。跨学科分析现已成为世界历史研究的核心内容，并且在这方面的研究很有可能愈发重要。在许多学科的学术分析工作中，我们发现，关于时间维度的新知识正在快速发展。这些认知正不断渗透到历史

领域，历史学家们拥有了一个特殊的契机来整合归纳这些信息。在世界历史分析的各种实例中，研究者应该对正在研究的历史进程进行建模。该模型不需要详细说明，但一定要有意识地进行甄选，适用于历史数据，能够根据经验不断更新，有助于向读者清楚地表述。更广泛地说，获取历史知识的一般原则以及研究史学问题的特定需求处在不断的重估之中，包括研究方法的这些持续性讨论让史学家也从中收获颇丰。

为了向普罗大众呈现世界历史的过去，编纂者需要构建出能够有效体现全球化变化模式的特定形式和惯例。尽管有极其复杂的建模过程、学科划分、研究方法、历史证明、叙事话语，但我们仍需要寻求一个同时在几个层面进行编撰的方法。其受众群体从课堂学生到普罗大众再到学术专家无所不包，最终这些历史阐释必须考虑到语言、民族、传统文化的巨大差异。对于全球受众中的这些群体，世界历史的阐释应该是信息丰富且充满娱乐性的，它能够引起广泛的讨论和争辩，并为这些群体提供评估其有效性和相关性的方法。

最后，学者们必须承认并且接受世界历史认识论的递归维度。实证主义思维——分离问题和独立分析的情景——作为研究世界历史的一种策略是有用的，但却不能体现该领域的全部特征。因此，历史分析从不在事件发生时就开始。也就是说，历史分析者一直只参与先前的历史讨论。阅读历史文献之后，他或她已经熟悉各种方法，可以进行诠释，并被诱使使用文学作品中普遍存在的哲学观点——或者作为读者与之对抗且延展出另一种观点。(对过去的）解
120 读将成为解释未来的证据。同样，证据与理解能力相互干扰；每个人的解释和建模都涉及选择和抽象化；理论支配着证据的本体性，但是本体论限制和塑造理论；早期事件影响了后期事件并加以限定，但后期的事件也会对先前事件的证据进行粉饰和解释。世界历史面临的挑战就是在证据和诠释、现实和解释、分析和表征的层层迷雾之下追溯有序或无序的时间模式。

参考书目

- Christian, David. *Maps of Time: An Introduction to Big History*. Berkeley: University of California Press, 2003.
- Crossley, Pamela Kyle. *What Is Global History?* Cambridge: Polity, 2008.
- Hughes-Warrington, Marnie, ed. *Palgrave Advances in World Histories*. New York: Palgrave Macmillan, 2005.
- Manning, Patrick. *Navigating World History: Historians Create a Global Post.* New York: Palgrave Macmillan, 2003.
- ——. 'Concepts and Institutions for World History: The Next Ten Years,' in *World History: Global and Local Interactions*, ed. Patrick Manning(Princeton: Markus Wiener, 2005), 229-258.
- ——. 'Interactions and Connections: Locating and Managing Historical Complexity,' *The History Teacher* 39, 2(2006), 1-21.
- Mazlish, Bruce. *The New Global History*. London: Routledge, 2006.
- McNeill, William H. 'Passing Strange: The Convergence of Evolutionary Science with Scientific History,' *History and Theory* 40, 1(2001), 1-15.
- Olstein, Diego. 'Monographic and Macro Histories: Confronting Paradigms,' in *Global Practice in World History: Advances Worldwide*, ed. Patrick Manning (Princeton: Markus Wiener, 2008), 23-37.
- Spier, Fred. *Big History and the Future of Humanity*. Hoboken, NJ: Wiley-Blackwell, 2010.
- Wills, John E., Jr. 'Putnam, Dennett, and Others; Philosophical Resources for the World Historian,' *Journal of World History* 20, 4(2009), 491-522.

李 娜 译 屈伯文 校

第二部分

主　题

第七章　全球环境史[①]

大卫·克里斯提安

我们怎么才能经营好人类和生物圈之间不可预测且快速发展的 125
关系？这一问题是21世纪初众多伟大的研究议题之一，其研究广度决定了解决问题之人应该具备的视野宽度。要追溯人类环境所产生的影响已成为环境史研究的一项重要任务，仅仅局限于地区和国家层面已不再足够。相反，（我们）有必要去探索如何将贯穿在这个复杂故事中的每一条线索编织起来，形成一张更大的挂毯，遍及人类历史，覆盖整个世界。最雄心勃勃的是，世界环境史新兴领域已经开始致力于了解人类与生物圈之间复杂且不稳定的错综复杂的关系。只要它能够实现这样一种认识，就能够解释是什么让我们人类这一物种与其他所有生物如此不同，以及，是什么原因使得人类历史作为一个学术学科如此独特。因为，正如我在本章中所论述的，从某种意义上说，当前环境问题的根源存在于我们（人类）这一物种的本质以及我们的历史之中。

什么是世界环境史?

世界环境史的两个中心议题是：（1）千变万化的生物圈是如何影响人类历史的？（2）人类活动又是如何影响生物圈的？存在于两

---

① 感谢杰里·H. 本特利和约翰·R. 麦克尼尔对本章初稿的评论。

种类型的变化之间不稳定的且瞬息万变的抗衡关系使这一问题极具时代紧迫性。与其他形式的环境史一样，世界环境史既在科学学科中占有一席之地，又在人文学科中占有一席之地。它独特的学科交叉性以及其带来的审视过去的宽广视角促成了一种研究人类历史本
126 质的三角剖析方法，让我们通过科学和人文科学的互补视角来了解我们人类这一奇怪物种的历史。

历 史 背 景

“那棵树和我一样，这片土地让你成长起来。”①这句话出自澳大利亚卡卡杜（Gagudju）家族的一位长老——比尔·内德耶（Bill Neidjie）之口。这句话捕捉到了现代科学的一个基本共识：在人类及其周围的环境之间一直循环往复地在进行能量和资源交换。人类社会从不会完全丧失这种人与自然之间的互惠感。在所有的人类文化中，大自然的伟大力量一直是神话传说和文学作品中的主角，或者是雷电之神或女神，或者是诸神的武器，或者是年鉴如《罗斯原初编年史》（*Primary Chronicle of Rus'*）中逐年列出的重要角色，或被用作文学手法，如乔治·艾略特的《佛洛斯河磨坊》（*Mill on the Floss*）中被大洪水淹死的玛姬·杜黎弗（Maggie Tulliver）和她的哥哥。为了理解人类命运与自然世界命运是如何交织在一起的问题，我们可以回溯一下克拉伦斯·格莱肯（Clarence Glacken）的生态史经典著作《罗德河岸的痕迹》②。拉玛昌德拉·古哈（Ramachandra Guha）写道：“古典文学对自然景观一直维持着热忱的关注。在描写鸟、动物、河流和农场的美丽时，罗马

① 引自 J. Donald Hughes, *An Environmental History of the World: Humankind's Changing Role in the Community of Life*(London: Routledge, 2001), 21。

② Clarence Glacken, *Traces on the Rhodian Shore: Nature and Culture in Western Thought from Ancient Times to the End of the Eighteenth Century*(Berkeley: University of California Press, 1967).

诗人维吉尔（公元前70—前1）和梵语剧作家迦梨陀娑（375—415）都有资格成为‘自然爱好者’。”①19世纪，浪漫主义运动再次确认了一种古老的直觉，即人类和自然界是一个有机整体，彼此之间不能进行孤立的解读。

然而，在某种程度上，我们的祖先确实已将自己和自然环境区隔起来了。唐纳德·休斯（Donald Hughes）将这一现象归因于第一批城市的出现，这在很大程度上是第一个人造环境。他认为，在《吉尔伽美什史诗》中，著名的乌鲁克（Uruk）城墙象征着“新的世界观，它带来了‘大分离’（Great Divorce），一种文化和自然开始分离的观念”。②伊懋可（Mark Elvin）认为这种与日俱增的分离感正代表着人类活动使他们自己与自然环境日渐疏离：

> 城市的形成使得人口中占据主导地位进行决策的那部分人分离出来，今天（他们）越来越多地生活在建筑环境之下，其余部分则仍处于自然环境之中……环境在时间和地点上对于决策产生的影响越来越弱。这种决策距离涵盖了空间维度（从决策地到影响地）、时间维度（从现代到后代）和社会等级（从决策者到下层阶级）。决策距离的拉大逐渐降低了统治者及其谋士在决策时对环境因素的敏感度。至今仍是如此。③

从19世纪后期开始，这种分离感生成为一种学术上的分流。由于历史学 127
家都被召集去研究人文科学，而自然环境系的学者则都深入到自然科学领域。回顾历史，当代学科划分的碎片化状态虽然是在更加科学严谨的标准之下形成的，但也可能像纳斯雷丁·霍贾（Nasreddin Hodja）④决定

① Ramachandra Guha, *Environmentalism: A Global History*(New York: Longman, 2000), 3.

② Hughes, *Environmental History*, 34.

③ Mark Elvin, *The Retreat of the Elephants: An Environmental History of China* (New Haven, Conn.: Yale University Press, 2006), 94.

④ 中亚地区民间传说人物，在我国新疆地区也称阿凡提。——编者注

用路灯的光去寻找丢失的钥匙一样荒谬。正是由于历史学家们离现代学术研究的“路灯”太远了，使得他们往往忽略了人类与生物圈之间的联系。

当然，在实践中，历史学家不可能完全忽视人与自然环境之间的亲密关系。在美洲、大洋洲和南非的“新欧洲”等新殖民国家，很难忽视人类定居和耕作对殖民者所谓的原始荒地（错误地认为）的影响。①这种关注，加上浪漫主义对自然世界与日俱增的敏感，促成了环境主义的早期形式。古哈区分了19世纪环保主义的几个流派。华兹华斯、梭罗和甘地都代表了一种远离现代世界的“回归大地”的环保主义。像乔治·帕金斯·马什（George Perkins Marsh）这类的“科学保守主义”作家希望控制泛滥的工业主义。最后还出现了一种“荒野”环保主义，致力于保护那些还未被人类影响的地区。②在主流历史学者眼中，环境视角从未完全消失。年鉴学派极力主张地理因素影响历史进程。在自然科学领域中，俄罗斯学者弗拉基米尔·沃尔纳德斯基（Vladimir Vernadsky）提出的“生物圈”概念清楚地说明，生物圈本身有自己的历史，在这部历史中，我们（人类）是其中的众多参与者之一，而新的生态学学科则梳理出了将人类与自然环境联系到一起的复杂的能量和资源流动。③

20世纪60年代兴起的环境运动使人类历史研究与自然环境研究之间的鸿沟开始缩小。在英语世界里，一些孤立的经典作品预示了这一变化，比如W. L. 托马斯编辑的论文集《地球面貌变化过程中

① 关于这一论题上的开创性作品参见 Richard H. Grove, *Green Imperialism: Colonial Expansion, Tropical Island Edens and the Origins of Environmentalism: 1600—1869* (Cambridge: Cambridge University Press, 1995)。

② Guha, *Environmentalism*, 6.

③ 参见 Vladimir I. Vernadsky, *The Biosphere*, trans. David B. Langmuir(New York: Copernicus, 1998)；有关生物圈概念的简要概述，以及关于生物圈的现代以及更具历史色彩的描述，请参见 Vaclav Smil, *The Earth's Biosphere: Evolution, Dynamics, and Change*(Cambridge, Mass.: MIT. Press, 2002)。James Lovelock, *Gaia: A New Look at Life on Earth*(Oxford: Oxford University Press, 1979, 1987)将生物圈描述为一个单一的、相互联系的实体（洛夫洛克承认，当他写这本书的时候，他没有意识到他的想法已经有人想到了）。参见 Vernadsky, *The Biosphere*, 32。

人类的作用》（在马什研究的基础上做了推进）或者蕾切尔·卡森（Rachel Carson）的《寂静的春天》。①1976 年，现代世界历史学科的先驱之一威廉·H. 麦克尼尔完成了一部有关人类与微生物世界关系的极具影响力的世界历史巨著《瘟疫与人》。②

在美国，1977 年美国环境史协会（American Society for Environmental History）成立标志着环境史作为一个研究领域正式得到认可。很快，环境史研究扩展为一项全球性的事业，在欧洲、非洲、亚洲（特别是印度）、大洋洲和拉丁美洲都拥有活跃的学术团体。③但是，大多数环境史学家仍继续将目光聚焦于地区或地方问题。与性别史一样，环境史研究也保留了一些旧俗，即就特定的时代、地区或主题进行历史研究，以此在史学界争取一席之地。然而，直到 21 世纪初期，环境史的地位仍然是模糊的。2002 年，在大卫·康纳汀 128
（David Cannadine）编辑的《今日，何谓历史?》一书中，仅有一处提到了环境史。这一处是世界历史学家费利佩·费尔南德斯-阿梅斯托（Felipe Fernández-Armesto）的一篇论文。④

也许正是由于提出的问题太棘手，导致世界环境史研究日益边

---

① W. L. Thomas, ed., *Man's Role in Changing the Face of the Earth*(Chicago: University of Chicago Press, 1956)；对马什的工作做了进一步更新的是 B. L. Turner *et al.*, eds., *The Earth as Transformed by Human Action: Global and Regional Changes over the Past 300 Years*(Cambridge: Cambridge University Press, 1990)；Rachel Carson, *Silent Spring* (Boston: Houghton Mifflin, 1962)。

② William H. McNeill, *Plagues and Peoples*(New York: Doubleday, 1976).

③ Shepard Krech III, J. R. McNeill, and Carolyn Merchant, in the 'Introduction' to the *Encyclopedia of World Environmental History*, 3 vols. (New York: Routledge, 2004), i. x.

④ David Cannadine, ed., *What is History Now?*(Basingstoke: Palgrave Macmillan, 2002), 153.在最近对英语国家历史研究的三项重要调查中，没有提及“环境历史”或“环境”。Peter Novick, *That Noble Dream: The 'Objectivity Question' and the American Historical Profession*(Cambridge: Cambridge University Press, 1988)；Michael Bentley, ed., *Companion to Historiography*(London: Routledge, 1997)；及其姐妹著作 *Modern Historiography: An Introduction*(London: Routledge, 2000)；Joyce Appleby, Lynn Hunt, and Margaret Jacob, *Telling the Truth about History*(New York: Norton, 1994)。

缘化。约翰·R. 麦克尼尔写道："20 世纪 90 年代，地理学家书写了第一批相关著作，其中一本还是一位外交部离职的公务员所写的。"①虽然有很多优秀的研究对世界环境史产生了一定影响，但明确致力于这一专题的著作却很少。②然而，鉴于全球环境问题越来越重要，世界历史研究迅速扩展，尤其是在美国，我们有足够的理由对该领域未来的研究状况保持乐观态度。的确，人类和自然环境之间存在纷繁复杂的关系，由于这种关系的重要性在世界历史研究的大范围内表现得极为明显，世界历史和世界环境史已成为天生的盟友。正如费利佩·费尔南德斯-阿梅斯托所说："我们被卷入了我们所属的生态系统之中，一无所有……在人类历史中，完全没有可参考的自然界的其他部分。这也就是为什么历史生态学，或者说环境史应该在课程中所占比重越来越大的原因。"③

三 幕 剧

全球环境史的中心议题，是不断变化的人类与自然环境的关系，以及不同人类群体之间的关系。从小范围去看，我们只能管中窥豹。不同的问题和不同的地区需要不同的时期划分，有时甚至是相互矛

① John R. McNeill, 'Bridges: World Environmental History: The First 100,000 Years,' *Historically Speaking* 8:6(July/August 2007), 6-8（引自第 6 页）。离职的公务员是克莱夫·庞廷（Clive Ponting），他的 *A Green History of the World: The Environment and the Collapse of Great Civilizations*(London: Penguin, 1991; 2nd edn., 2007)是世界环境史上最早也是最雄心勃勃的现代文本之一。有关该领域的最新讨论，请参见'What is Global Environmental History?'。关于这场讨论参见 Gabriella Corona in *Global Environment: A Journal of History and Natural and Social Sciences* 2(2008), 229-249。

② 这一类型的其他例子还包括 Hughes, *Environmental History* 和 I. G. Simmons, *Global Environmental History*(Chicago: University of Chicago Press, 2008), 以及 Shepard Krech III, J. R. McNeill, and Carolyn Merchant, eds., *Encyclopedia of World Environmental History*, 3 vols. (New York: Routledge, 2004)。

③ Felipe Fernández-Armesto, 'Epilogue: What is History Now?,' in David Cannadine, ed., *What is History Now?*(Basingstoke: Palgrave Macmillan, 2002), 153.

盾的分期。例如，在过去的1000年中，澳大利亚的环境史分期和中国存在天壤之别，而美洲的环境史则更是另外一回事了。进一步说，从小范围或者中等范围去看，（历史）趋势本身往往会发生逆转。甚至纵观上下几千年，人们所熟悉的文明兴衰故事仍然占据着主导地位。然而，在整个人类历史上，全球环境史显然可以划分为三个大时代，每一个时代都以越来越强大的方式从生物圈获取能源和资源。

第一个时代，也就是“旧石器时代”，从我们人类出现到大约10000年前，出现了农业文明的第一个标志。这个时代的生活方式多种多样，所有的生活方式都可以被描述为狩猎、采集或“觅食”。第二个时代，或者说“农业时代”，人类和环境的关系日益受到所谓“农业”的强大生态技术的支配。“农业”使人类能够凭借环境操控能源和资源的流动，由此我们人类就可以更多地利用这些能源和资源。农业群体日渐增强的生态力量解释了为什么从长远来看，农业群体在人口和地理上不断扩张，这通常是以牺牲生产力较低的社会为代价的。这种差异如此关键，以至于约翰·R. 麦克尼 129
尔认为：“这种缓慢的边疆进程（农业边界的扩张）是从农业出现到现今世界这段时间全球环境史的主要议题。”①全球环境史的第三个伟大时代始于上个千年最后三分之一的阶段。人类对生物圈的控制力大幅提高。

首先，全球交流网络系统出现，使得生态调控的规模达到全球范围，接着，伴随而来的是对埋藏在地下的矿物燃料这一巨大能源的开发利用技术的发展。我们可以模糊地把这个时代称为“现代”。在这段短暂的时间内，人类对生物圈的控制力迅速提升，以至于保罗·克鲁岑（Paul Crutzen）提出，我们认识到了一个新地质时代，即“人类世”（Anthropocene）大约从公元前1800年开始。人类世是

---

① McNeill, ‘Bridges,’ 7.

人类历史上首个单一生物主宰生物圈的时代。①

旧石器时代

我们与自然界的独特关系可以上溯到我们的物种起源时期。与几十年以前相比，我们对人类进化的了解更多了，现在普遍的共识是我们的物种智人在非洲进化，然后在过去的6万年中不断向外迁徙。②然而，关于我们人类这一物种（以及作为我们标志的生态创造力）首次出现是在何时的问题，仍然存在争议。理查德·克莱因（Richard Klein）认为，当我们看到大约5万年前的“旧石器时代晚期革命”中那些突飞猛进的新技术时，我们意识到人类开始变得像现代人了，并且表现得也像现代人。关于那一时期的证据成倍增加，特别是在欧洲的遗址，新的、更加精致的石器表明形式新颖的艺术和仪式活动，以及人类迁徙到新的迄今也难以接近的环境之中，比如澳大利亚和冰河时代的西伯利亚。克莱因写道：

> 考古学把现代人类的扩张与他们高度进化的发明工具、社会形态和思想的能力联系了起来，这种能力简而言之就是他们完全现代的文化能力。我们认为这种能力源于一次基因突变，大约5万年前它促进了那些在非洲的人类拥有了完全现代的大脑。

他补充道，这一事件被认为是文化的开端并且应该被视为：

---

① Paul Crutzen, ‘The Geology of Mankind,’ *Nature* 415(3 January 2002), 23。最近，一群杰出的地质学家建议正式采纳这一观点：Jan Zalasiewicz *et al.*, ‘Are We Now Living in the Anthropocene?,’ *Geological Society of America* 18: 2(February 2009), 4－8。关于人类纪元的概念有一个很好的概述，参见 Will Steffen, Paul J. Crutzen, and John R. McNeill, ‘The Anthropocene: Are Humans Now Overwhelming the Great Forces of Nature?,’ *Ambio* 36: 8(December 2007), 614－621。

② Richard Klein with Blake Edgar, *The Dawn of Human Culture* (New York: Wiley, 2002), 7.

> 考古学家能探测到的最重要的史前事件。在此之前，人体解剖学和行为学变革发展极其缓慢，两者差不多是齐头并进的。在此之后，人体形态保持了极大的稳定，而行为上的变化则急速加剧。在不到 4 万年的时间里，人类经历了空前密集的文化“革命”，从一种相对罕见的大型哺乳动物跃升为一种更多类似于地质力量的东西。①

另外一些学者则认为，旧石器时代晚期的变化仅仅说明了新人类迁 130
往的地区恰好是考古学家以独特的方式彻底研究调查过的地区。莎莉·麦克布里亚蒂（Sally McBrearty）和艾莉森·布鲁克斯（Alison Brooks）认为，仔细审查那些稀少的关于旧石器时代中期的非洲学术研究就能证明，早在 10 万年前，甚至可能早在 20 万年前，我们就有了非凡的生态创造力。②非洲的那些超越行为极限的相关证据，包括赭石和埃塞俄比亚头骨上的切分标记的发现，可以追溯到大约 15 万年前。这两件事都可以表明，非洲人具有更强的象征性思维和语言能力。③在这些争议得到解决之前，我们只能说，作为一个物种，我们的“云霄飞车”之旅始于 5 万到 20 万年前非洲的某个地方。

旧石器时代，我们祖先所使用的技术通常被描述为“觅食”或者“狩猎和采集”。“就像所有其他生物一样，我们的祖先从他们所处的环境中收集他们所需要的食物和资源，并在有限的改造后利用这些资源，比如削磨石头来制作石器。”人类和其他物种觅食方法的主要区别在于，人类使用的是存储在生态及社会知识百科全书中不断丰富的大量技术，这些技术都是每个群落煞费苦心汇集起来的。

---

① Klein, *Dawn of Human Culture*, 8.

② Sally McBrearty and Alison Brooks, ‘The Revolution That Wasn’t: A New Interpretation of the Origin of Modern Human Behavior,’ *Journal of Human Evolution* 39(2000), 453－563;关于这场争论的结论，参见 Paul Pettit, ‘The Rise of Modern Humans,’ in Chris Scarre, ed., *The Human Past: World Prehistory and the Development of Human Societies* (London: Thames & Hudson, 2005), chapter 4。

③ Pettit, ‘The Rise of Modern Humans,’ 141－142.

这种在群落内部和群落之间缓慢且经常逆转的知识积累，解释了为什么即使在旧石器时代，人类的适应能力发生了重大变化，以及为什么人类开始对生物圈产生了巨大影响。

迁移到新的环境是祖先所积累的生态适应能力最明显的证据，因为每次迁徙都需要新的智力、饮食和技术适应。（人类的迁徙）大多发生在冰河时代，大约从6万年前起，冰河时代的气候成为主导，这一情况基本贯穿了过去100万年90%的时间。在北半球，地球四分之一的陆地面积都是冰盖，太多的水被锁住，以至于全球海平面远远低于今天的水平。事实上，我们对旧石器时代的认识可能被这样一个事实所扭曲：我们的大多数祖先可能已经占领现今位于水下的沿海地区。

到了1万年前，随着最后一个冰河时代的结束，我们的祖先已经在南极洲以外的所有大陆定居。现在，这些迁徙的时间顺序已经相当清晰。10万年前，一部分人类生活在亚洲西南部，但这次从非洲而来的迁移活动只是暂时的。遗传学证据表明，大约7万年前，人类的数量仅为几千人，濒临灭绝。之后，非洲大陆的人口开始反弹，我们发现了非洲大陆内外有关新移民的证据。至于人类（如直立人）以及其他哺乳动物（从狮子到类人猿）早期都曾多次向欧洲大陆南部进行迁徙，但几乎没有任何证据表明它们具有适应能力。更有趣的是，所谓的“旧石器时代晚期革命”期间出现了艺术活动和新技术形式。但是，在那些早期人类从未定居地区的迁移活动提
131 供的证据，有力地证明了我们祖先的生态技能日益增强。那些在大约5万年前定居澳大利亚的人，必须拥有先进的航海技术，面对新风景、气候、植物、动物和疾病还要有非凡的适应能力。在这之前从没有其他哺乳动物经历过同种跨越。同样重要的是，现代人类在大约4万年前开始进入处于冰河期的欧亚大陆北部。为了适应冰河时期乌克兰和俄罗斯冰川边缘草原地带的生活环境，他们需要灵活使用火种，运用足够好的裁剪技能制作合身的衣服用以保暖，以及有组织地捕猎和利用像猛犸这样的大型哺乳动物。如梅日里奇

(Mezhirich) 这样的遗址，使用猛犸骨骼搭建房屋，也许还覆盖上兽皮，生动形象地展示出这些迁徙所需的技术创新。同样令人叹为观止的是，大约在15000年前，有可能是来自东西伯利亚的人口，迅速占据了美洲新奇而多样的环境，这些人要么从海上进入，要么从白令大陆桥进入，在冰河时代最冷的时期，这座大陆桥外露出来。

大多数情况下，这些迁徙并没有使社会更加复杂。生态和技术革新使现代人类的活动范围变大，也可能增加了人类的数量。但是他们并没有使人均控制的能源增多，也没有产生密集的人口中心，这些人口中心能够容许或需要社会更加复杂化。旧石器时代我们祖先的技术创造力主要表现在对环境的广泛开发之中，这种开发并非密集式的，从而也造成了技术停滞的误导印象。

事实上，每一次新的迁徙都向我们证明了我们物种的可持续创新能力，其结果是，对生物圈资源的集体控制日益增强。旧石器时代的人类影响了某些地区动物和植物的生存状况，这是生态力量不断增强的有力证据。在最后一个冰河时代末期，许多大型动物物种（巨型动物群）就已经消失了。在美洲，已灭绝的物种包括猛犸象、马、几种骆驼科动物、巨型树懒和犰狳；在西伯利亚，则包括猛犸象、长毛犀牛和巨型麋鹿；在澳大利亚，灭绝的物种包括巨型袋鼠、袋熊（包括双门齿兽，一种河马大小的生物）和许多其他物种。据估计，在澳大利亚和美洲，所有体重超过44公斤的哺乳动物，70%~80%可能已经灭绝。这其中，人类在这些物种消失的过程中所扮演的角色备受争议。保罗·S. 马丁（Paul S. Martin）强烈认为，新进入的人类过度的狩猎占据了美洲大部分的历史进程，蒂姆·弗兰纳里（Tim Flannery）也针对澳大利亚提出了类似的观点。①尤其令人吃惊的是，在现代人类首次进入这些地区之后，似乎灭绝很快就

① Paul S. Martin, 'Prehistoric Overkill: The Global Model,' in P. S. Martin and R. G. Klein, eds., *Quaternary Extinctions: A Prehistoric Revolution*(Tucson: University of Arizona Press, 1984), 354-403, and Flannery, *The Future Eaters: An Ecological History of the Australasian Lands and Peoples*(New York: Braziller, 1995).

发生了。不幸的是，关于这些物种的年代测定还不够精确，导致这一论点不能够被证明。人类猎杀这些动物的直接证据也很稀少。这也就是为什么一些学者认为气候因素，甚至新的疾病，在解释这些巨型动物灭绝的过程中，与人类的捕食同样重要。蒂姆·弗兰纳里也证明了澳大利亚考古学家所讲的“火耕”在澳大利亚和其他地区的重要性：定期在土地上放火，以控制火势，刺激新生长，并吸引
132 可能被猎杀的食草物种。①至少在澳大利亚，用火耕作可能影响了整个大陆的景观和植物的生命，尤其是桉树等喜火的植物。

有明确的证据表明，在旧石器时代，智人已经明显拥有了精湛的生态技能。我们的祖先在开始进行耕作之前就已经改变了生物圈。毫无疑问，与今天不同，这些趋势对于正在经历这一过程的人来说是看不见的。旧石器时代的环境史只能从一个相当明显的史学距离去看才能看得清楚。

农业时代

农业时代大约从 11000 年前第一个农业社群出现一直延续到近 500 年前现代社会的开始。农业使用的多种技术加强了人类社会对生物圈中能源和资源流通的控制。正如“扩张”代表了旧石器时代的发展一样，集约化表现了农耕时代的发展。运用强大的农业新技术，农业社区转移生物圈的能源和资源的效率越来越高，规模也越来越大。从长远来看，增强能源和资源的流动将增加人均掌控的生物圈的能源和资源，加速人口增长，增加社会复杂性，加剧人类对环境的影响。

虽然这一章探讨了人类对生物圈的影响，但农业的出现与全球气候的深刻变化相伴而生，并且密切相关，所以本节必须首先提醒人们生物圈对人类历史也是有影响的。大约 16000 年前，随着地球

---

① 关于澳大利亚，参见 Flannery, *The Future Eaters*。关于北美，参见 *The Eternal Frontier: An Ecological History of North America and its Peoples*(New York: Atlantic Monthly Press, 2001) 。

轨道的规律性变化，其轨道发生倾斜，地球表面接收到的太阳辐射增加，产生了更多的热量，水分更多地蒸发而降雨量随之变多。世界大部分地区的气候开始变得更加温暖和湿润。曾经占地球面积25%的北方大冰川逐渐消退，至今已经只占地球面积的10%。它们释放出的水使中纬度地区的海平面上升了大约100米，西伯利亚和阿拉斯加、澳大利亚的塔斯马尼亚和巴布亚新几内亚、英国和欧洲之间的大陆桥被淹没，印度尼西亚变成了群岛（然而，在北纬地区，脱离了冰川时代的土地上升速度比海平面还要快）。适宜生长在寒冷气候中的物种大军，如冷杉，向北迁徙到苔原曾经生长的地方，相继而生的是高级的落叶树，如橡树和山毛榉。气候变暖但并不稳定，曾出现了短暂的回归冰河时代的情况，其中最重要的时期被称为“新仙女木”时期，大约从12800年前持续到11600年前。到了8000年前，地球平均气温达到峰值。然后，照20世纪初期米卢廷·米兰科维奇（Milutin Milankovitch）首次提出的有关地球轨道倾斜变化的理论，当时人们可以开始预测全球气温趋势正在缓慢且不规则的下降过程中。

凭借尚不为人所知的机制，全球气候变化改变了人类及其周围 133
动植物的行为方式，农业随即出现。更温暖、更湿润的气候造就出部分生态环境丰富的地区，这促成了亚洲西南部等地区的定居形态。在这里，出现了定居或“富裕”的觅食者的村庄，并最终成为第一个幸存下来的有组织农业的证据。在富裕的觅食者群体中，定居可能带动了人口增长，而人口增长最终将引发对曾经一度被视作资源丰富的环境进行更加深入的开发。这是通往农业的一条可能途径。还有人认为，后冰河时代气候的异常稳定使农业发展成为可能，而冰河时代气候的不稳定性阻碍了农业的发展。①

---

① 有关人口压力产生的作用，参见 Mark Cohen, *The Food Crisis in Prehistory*(New Haven: Yale University Press, 1977)；有关提高气候稳定性可能产生的作用，参见 P. J. Richerson, R. Boyd, and R. I. Bettinger, ‘Was Agriculture Impossible during the Pleistocene but Mandatory during the Holocene? A Climate Change Hypothesis,’ *American Antiquity* 66(2001), 387－411。最好的常规介绍是 Peter Bellwood, *First Farmers: The Origins of Agricultural Societies*(Oxford: Blackwell, 2005)。

无论我们如何解释，农业在世界上大约七个不同地区相对突然地出现，大大增加了我们祖先所能支配的生态资源。①与觅食者不同，农学家们系统且精确地处理他们周围的植物、动物和景观，以便提高那些他们认为最有用的物种的产量。他们移除不需要的或有害（杂草和害虫）的植物或动物，培育那些他们认为有用的物种，保护和浇灌植物的土壤，为驯化的动物提供庇护并喂养它们。随着时间的推移，这种亲密的共生关系改变了家养物种的基因构成。有时人类也会出现轻微的基因变化。例如，在牧民群体中，越来越多的人拥有了消化牛奶的能力。但在很大程度上，人类与基因发生变化的家养动物共同进化，在这个过程中文化也发生了变化。随着系统地操控自然景观和生物的能力不断提升，火耕成为一种适度的预期，但在农业时代，人类开始从更大的规模和影响上利用他们所处的环境。他们开始驯化整个生物圈；他们也驯化了自己，创造了全新的人类社区。伴随农业技术的许多细微改进，农业向新地域的扩展，人口得以增加，并首次创造了更大、更密集的定居社区。在这些社区中出现了复杂的劳动分工和新的复杂的社会形式。

强大的反馈周期放大了农业的影响。粮食生产带动了人口的增长，人口增长又鼓励了农业，致使其从中心地带不断扩张，这反过来又带来了人口增长和进一步的农业扩张。这一时期的人口数量显然是估测的，普遍采用的是马西莫·利维-巴茨（Massimo Livi-Bacci）的估算方法，它表明世界人口从大约 1 万年前的 600 万人增长到约 5000 年前的 5000 万人，以及约 1000 年前的 2. 5 亿人。②人口的增加和以新的专业化形式为特征的城镇的最终出现促进了知识的交流，从而加速了创新和发展的进程。这些新的反馈周期解释了在农业出现的地方历史发展进程明显加速的原因。

---

① 七个存在可能性的农业中心地区是西南亚、东亚、新几内亚、撒哈拉以南非洲、中美洲、安第斯地区和北美东部地区。

② Massimo Livi-Bacci, *A Concise History of World Population* (Oxford: Blackwell, 1992), 31.

人类与环境的关系彻底改变。撇开火耕不提，城镇和城市成为 134
第一个由人类主导的环境，这里的景观、河流、植物、动物甚至空气质量都极大地被人类活动所左右。在城市里集中交换着商品、思想、污染物（包括人类和动物的废弃物）以及疾病载体。实际上，前现代的城市生活极其不健康，以至于在农业时代里，这一时期的人口增长被抑制住了。在城市之外，人类的影响力不够集中，但在区域范围内仍然很重要。灌溉的出现意味着人们开始重新为河流和小溪进行设计和定向。这种实践一旦过度，可能会造成整个地区的盐碱化。这似乎正是公元前 3 世纪末美索不达米亚南部人口数量急剧下降的原因。在这里，越来越多的耐盐大麦替代小麦正是盐碱化的有力证据。同样，森林砍伐也改变了大片地区的景观、植物群和动物，而且范围越来越大。

威廉·鲁迪曼（William Ruddiman）写道："如果你能看一部延时拍摄的电影，这部电影展示了自农业出现以来地球表面的变化。"

> 在过去的几千年里，你会看到一个微妙但十分重要的变化蔓延在欧亚大陆南部。在中国、印度、南欧和非洲最北部，你会看到深绿色慢慢变成浅绿色或棕绿色。在这些地区，人们开始建造第一批村庄、城镇和城市，大片深绿色的森林被慢慢砍伐，用于农业、烹饪和取暖，留下了牧场和农田里淡绿色的色调。①

中美洲和安第斯山脉的部分地区，亚马孙盆地和北美的部分地区，以及太平洋的许多岛屿都将经历同样的变化。

在这个时代里，人类对环境的影响可能比我们普遍认为的更为

---

① William F. Ruddiman, *Plows, Plagues, and Petroleum: How Humans Took Control of Climate*(Princeton: Princeton University Press, 2005), 4; 关于森林砍伐，参见 Sing C. Chew, *World Ecological Degradation: Accumulation, Urbanization, and Deforestation: 3000 B.C.—A.D. 2000*(New York: Rowman and Littlefield, 2001)。

深远。威廉·鲁迪曼认为，正是在这个时代，人类首次改变了全球气候。①大约从8000年前开始，大气中二氧化碳的含量不断上升，而按照间冰期的模式，这一时期本应该是二氧化碳含量下降的时段。大气中甲烷的含量通常受到太阳辐射的影响，按照预测应该会在某个阶段持续下降，但却在约5000年前开始不断上升。鲁迪曼认为，第一个反常现象是森林砍伐的后果，森林遭受砍伐，所吸收的二氧化碳减少，大气中的二氧化碳含量随即增加，并且燃烧森林也（在较小的程度上）将二氧化碳排入了大气之中。甲烷含量的上升可能与东亚和东南亚水稻种植的普及有关，还有一小部分原因可能是草原地区畜牧业的传播、家养动物数量的增加造成的。如果正确的话，这些论点便非常重要，因为如果没有这些变化，全球平均温度可能会稳步下降，在过去2000年内冰河时代
135 会卷土重来。更具有试探性的是，鲁迪曼认为，一些严重的传染病，比如在6世纪摧毁了地中海地区人口的流行病，以及在16世纪使密集定居在美洲地区的大量人口丧生的流行病，由于农场被废弃，森林重新覆盖了之前被开垦过的土地，这些传染病可能导致大气中可检测到的二氧化碳的含量下降。②如果这些假设得到支持，那就意味着在过去8000年的大部分时间里，人类对环境的影响是全球性的。鉴于气候变暖对农业发展的重要性，这些假设对世界环境史研究具有重大意义。

现　代

在过去的500年间，前两个时代呈现的趋势大幅加剧。在农业时代的大约1万年中，人类的数量从5000万增加到5亿多。而在过去的500年里，人口总数剧增，已经超过了60亿。在这种同样并不

① Ruddiman, *Plows, Plagues, and Petroleum*, chapters 8 and 9.

② Ibid., chapters 12 to 14.

在意的态度之下，我们的家养动物——牛、羊、猫和狗——与我们一起繁衍生息。人类更加紧密地聚焦在一起。在农业时代，大多数人生活在农村里；而在21世纪，大约一半的人口居住在大城市或城镇的人造环境中，其中40多个城市所拥有的人口超过了500万。由于肆意使用化石燃料，人类的能源消耗量愈发增加。J. G. 西蒙斯（J. G. Simmons）估计，在旧石器时代末期，平均每人每天摄入的热量约为5000卡路里；农耕时代结束时，这个数字已经上升到每天26000卡路里；今天，它已经增加到每天23万卡路里。①将这些对能源消耗和人口增长的估算综合起来，可以看出人类消耗的能源总量自旧石器时代末期以来增加了5万倍，近几个世纪增加了200多倍。难怪一些学者估计，人类可能控制、消耗或破坏了陆地植物和其他进行光合作用生物体所形成的固定碳总量的25%～40%。②约翰·R. 麦克尼尔估计，从19世纪90年代到20世纪90年代，人类的数量翻了两番，全球经济产量增长了14倍，人类使用的能源增加了16倍，工业总产量增加了40倍，而二氧化碳排放量增加了17倍，用水量增加了9倍。③

人类对资源的控制力急剧增长的原因有很多。一是全球化，即人、庄稼、疾病和动物在世界各地的流动——阿尔弗雷德·克罗斯比（Alfred Crosby）称之为“生态帝国主义”。这些生态迁徙可能会引发巨大的灾难：据统计，16世纪欧亚大陆的疾病突如其来，美洲人缺乏相关的免疫力，致使美洲的人口减少了近95%。约翰·F. 理查兹（John F. Richards）曾郑重地描述过这种情形。然而，新的驯养方式可以提高农业生产力，尤其是当政府热衷于提高人口数量和

---

① J. G. Simmons, *Changing the Face of the Earth: Culture, Environment, History*, 2nd edn. (Oxford, Blackwell, 1996), 27.

② Vaclav Smil, *The Earth's Biosphere: Evolution, Dynamics, and Change* (Cambridge, Mass.: MIT. Press, 2002), 240。严格地说，正在测量的是全球陆地初级净生产力，即陆地上光合生物吸收的碳量减去它们通过呼吸返回大气的量，ibid., 182。

③ John R. McNeill, *Something New Under the Sun: An Environmental History of the Twentieth-Century World* (New York: Norton, 2000), 360.

136 收入用以支持那些到目前为止人口稀少的地区的居民定居点。①从蒸汽机开始，机器开始使用化石燃料，生产率由此提高了好几个数量级；但它们只是近几个世纪技术创造力的一部分。对全球的史学家来说，阐释技术革新的爆炸式增长的原因仍是一项长期的基本任务。但造成这一现象的部分答案肯定是铁路和互联网的出现使得通信和运输系统得到了改善，加速了世界各地以及人与人之间的思想交流。另一方面则是由于市场力量日益重要，它鼓励并奖励不同类型的生产力创新行为，比如像专利这类法律架构，以及类似铁路这样的廉价运输方式。

从生物圈出发，现代代表着单一物种对资源的巨大的掌控力。其他物种则不出所料地遭受了损失。尽管家养物种蓬勃繁衍着，但其他物种却承受了压力，其灭绝的速度只有过去 6 亿年间的五次大灭绝事件才能与之相提并论。人类也同样承受着压力。虽然生活富裕的人口比以往任何时候都多，但生活在极端贫困中的人口总数也是如此。消费量的增加给渔业和蓄水层的资源，甚至是不可再生的化石燃料带来了威胁。短短几个世纪，人类燃烧了历经几亿年积累形成的化石燃料，将大量的碳排放到大气之中。二氧化碳含量从 19 世纪的百万分之二百八十上升到 21 世纪的百万分之三百五十。如果说在农业时代，森林砍伐和水稻种植可能减缓了冰川时代的回归，那么化石燃料革命似乎正在彻底扭转这种趋势。

人类与生物圈的关系发生了如此根本的变化，以至于人们在 20 世纪初进步的乐观信念已逐渐被对生态灾难的恐惧所取代。以此种方式，全球环境史自然会引导人们对不久的将来以及当今世界社会所面临的生态挑战进行讨论。②

---

① John F. Richards, *The Unending Frontier: An Environmental History of the Early Modern World*(Berkeley: University of California Press, 2003).

② 关于全球环境问题和可能的解决方案的最佳讨论之一，参见 Lester R. Brown, *Eco-Economy: Building an Economy for the Earth*(New York: Norton, 2001) 以及该书后来的版本。

全球史与全球史的中心地位

前几节所讲只有在比全球史的规模更大的情况下才具有充分的意义。因为在地球上存在生命的近40亿年里，我们所知道的其他物种，其生态力量和影响以如此惊人的速度，在如此短暂的时间内（古生物学上）得到了增长。的确，在某种意义上，我们的物种差异性（以及人类历史作为一门学术学科的独特性）是由我们与自然环 137
境之间奇怪且不稳定的关系所界定的。

与其他生物一样，人类为了生存和繁殖，要从环境中获取能量和资源。之所以能做到这一点，是因为他们已经“适应”了环境。事实上，一般来说，我们可以通过物种从特定生态“位”获取生存所需能量和资源的独特方式来定义它们。“智人的独特之处在于，在我们作为一个物种相对较短的生存期（最多20万年）内，我们用来开发环境的方法不断扩展，而且还在加速扩展。”

我们的生态技能带来了前所未有的惊人的结果。瓦茨拉夫·斯米尔（Vaclav Smil）写道：“人类社会的扩张和复杂化造成了环境的巨大变化，这些变化在过去的5000年中，特别是在过去的100年中，比地球历史上任何其他由生物所引发的过程都更快地改变了地球。”①认识到这一现象的显著性是很重要的。其他有机体已经改变了生物圈，正如蓝藻开始向早期地球的大气中注入氧气时所做的那样。②但它们在数千种不同物种的团队中完成了它们的转变，并花了数百万年或数十亿年的时间完成了这一转变。人类已经引起了更为剧烈的变化，仅仅作为一个单一的物种，仅仅在数万年的时间里，他们就这样做到了。约翰·R. 麦克尼尔生动地阐述了这一点：“在地球历史的大部分时间里，微

---

① Smil, *The Earth's Biosphere*, 231.

② McNeill, *Something New Under the Sun*, 265.

生物在塑造大气中扮演着主导角色。”在21世纪，人类盲目地扮演了这一角色。①毫不夸张地说，我们这个物种比地球上曾经存在过的任何物种都更善于适应新的生存方式。另一方面，也许由于我们太善于适应，我们的活动现在可能不仅威胁我们自己物种的未来，而且威胁整个生物圈的健康。也许，我们是高度适应性的。

我们的超适应性是世界历史进程中大多数重大变化的根源。它解释了为什么随着时间的推移，人类已经迁移到新的环境——从温带稀树草原到北极苔原，它还解释了为什么人类数量缓慢增长，人类社会变得更大，必要之时，内部分化更大。简而言之，我们的生态技能解释了，为什么人类社会与黑猩猩和海豚不同，留下了根本性变革的大量证据。它解释了为什么只有我们有“历史”。

如何解释我们卓越的生态创造力？部分原因是我们人类无意中发现了适应生物圈的全新方式。在动物世界中，主要的适应变化是由许多基因变化引起的。相反，人类即使没有经历重大的基因变化，也能戏剧性地适应环境，而且从古生物学家的角度来看，人类适应环境的时间非常短暂。使这种快速适应成为可能的机制是文化的变化，这种变化是由潜在的瞬时的思想交流而不是由新基因在许多代人之间缓慢的交换和传播驱动的。②当然，智力是部分原因，但许多
138 物种适应能力也很强。长期的历史变化，如我们只在我们自己的物种中看到的那样，需要的不仅仅是智能个体行为的改变，它要求相同物种的其他成员接受这种变化，以便能够一代一代地积累。人类语言的独特之处在于，它允许以如此大的容量和如此精确地共享所学习到的信息，以至于知识可以在整个社区的记忆库中积累起来。因此，个人可以访问储存在他们的社区记忆中的庞大而复杂的维基

① McNeill, *Something New Under the Sun*, 51；在这一论点之下的一个重要限定条件，请参见本章后面所列威廉·鲁迪曼著作中讨论的内容。

② 在其他地方，我把这种独特的人类适应方式称为“集体学习”。参见 David Christian, *Maps of Time: An Introduction to Big History*（Berkeley: University of California Press, 2004），尤其是第六、七两章。

知识百科，而且随着这些百科全书中信息的积累，整个社区的生态（以及社会和文化）行为可能会发生变化。正如 A. J. 麦克迈克尔（A. J. McMichael）所说："每个物种都是大自然的实验。只有一个这样的实验，智人，进化出了一种方式，使其生物适应能力被累积的文化适应能力所补充。"①

正是这种在人类文化中新的、具有生态意义的信息缓慢而加速的积累（通常是颠倒的，但从来没有被完全阻断），解释了人类文化的惊人多样性，人类历史的长期方向性，以及人类历史上的所有重大变化。正如科林·伦弗鲁（Colin Renfrew）所说："在物种形成阶段之后，人类进化的特征发生了显著变化。毫无疑问，遗传意义上的达尔文进化仍在继续，并奠定了今天在不同种族间观察到的表面差异的基础……但两组间新出现的行为差异并非基因上的威慑。他们是有学问的，而这依赖于文化的传播。"②

参考书目

2007 年，约翰·麦克尼尔感叹道："研究世界环境史竟无从着力。"（'Bridges,' 6）以下所列的简明书单主要关注的是概论性问题。

- Burke, Edmund, and Kenneth Pomeranz, eds. *The Environment and World History*. Berkeley: University of California Press, 2009.
- Crosby, Alfred. *Ecological Imperialism: The Biological Expansion of Europe, 900—1900*. Cambridge: Cambridge University Press, 2004.
- Diamond, Jared. *Guns, Germs, and Steel: The Fates of Human Societies*. New York: Norton, 1997.
- Fernández-Armesto, Felipe. *Civilizations: Culture, Ambition, and the Transformation of Nature*. New York: Simon & Schuster, 2001.
- Glacken, Clarence. *Traces on the Rhodian Shore: Nature and Culture in Western Thought from Ancient Times to the End of the Eighteenth Century*. Berkeley: University of California Press, 1967.
- Goudie, Andrew, and Heather Viles. *The Earth Transformed: An Introduction to

① A. J. McMichael, *Planetary Overload: Environmental Change and the Health of the Human Species*(Cambridge: Cambridge University Press, 1993), 33.

② Colin Renfrew, *Prehistory: Making of the Human Mind*(London: Weidenfeld & Nicolson, 2007), 97.

Human Impacts on the Environment. Oxford: Blackwell, 1997.

➢ Grove, Richard H. *Green Imperialism: Colonial Expansion, Tropical Island Edens and the Origins of Environmentalism: 1600—1869*. Cambridge: Cambridge University Press, 1995.

➢ Hughes, J. Donald. *An Environmental History of the World: Humankind's Changing Role in the Community of Life*. London: Routledge, 2001.

➢ ——. 'The Greening of World History,' in Marnie Hughes-Warrington, ed., *World Histories*. Basingstoke: Palgrave/Macmillan, 2005, 238 - 255.

➢ Krech, Shepard, J. R. McNeill, and Carolyn Merchant, eds. *Encyclopedia of World Environmental History*, 3 vols. New York: Routledge, 2003.

➢ McNeill, John R. *Something New Under the Sun: An Environmental History of the Twentieth-Century World*. New York: Norton, 2000.

➢ ——. 'Bridges: World Environmental History: The First 100, 000 Years,' *Historically Speaking*, 8: 6(July/August 2007) , 6 - 8.

➢ Ponting, Clive. *A Green History of the World: The Environment and the Collapse of Great Civilizations*. London: Penguin, 1991; 2nd edn., 2007.

➢ Radkau, J. *Nature and Power: A Global History of the Environment*. Trans. by Thomas Dunlap. Washington, D.C.: German Historical Institute, 2008.

➢ Richards, John F. *The Unending Frontier: An Environmental History of the Early Modern World*. Berkeley: University of California Press, 2003.

➢ Ruddiman, William. *Plows, Plagues, and Petroleum: How Humans Took Control of Climate*. Princeton: Princeton University Press, 2005.

➢ Simmons, I. G. *Global Environmental History*. Chicago: University of Chicago Press, 2008.

➢ Turner, B. L., et al., eds. *The Earth as Transformed by Human Action: Global and Regional Changes in the Biosphere over the Past 300 Years*. New York: Cambridge University Press, 1990.

李　娜　译　屈伯文　校

第八章　农业

约翰·A. 米尔斯

若想完整地描述出人类发展历程的概况，世界历史学家势必会 143
强调我们作为物种存在的几个主要转折点。自10万年前人类出现以来，在人类文明进步的几个重要分水岭中，最重要的就是从打猎和采集转向农业的时期。农业是一种生存形式，通常被定义为系统性作物种植和牲畜饲养的不同组合。然而，农业的出现不仅仅是为了饲养动植物而生产食物、纤维和其他有用资源，它同时也成为伊斯兰文化研究者马歇尔·霍奇森（Marshall Hodgson）所称的“嬗变”核心。也就是说，社会结构和行为模式发生了相对迅速、极为激进的变化，这一系列相互关联的变化将人类存在的每一个方面都囊入了其中。对于霍奇森来说，这个“根本性”变化，大大增强了“社会力量”，将重新定位历史事件的起源，并为随后的所有成果奠定基础。由此，人类潜能得到了更大的发挥。①

起源和早期发展

对于无数代人来说，几乎所有人类都曾是猎人和采集者，他们

---

① Marshall G. S. Hodgson, *Rethinking World History: Essays on Europe, Islam, and World History*, ed. by Edmund Burke III (Cambridge and New York: Cambridge University Press, 1993), 44－49。霍奇森讨论了现代的“嬗变”，它开始于西方的工业革命，这种变革类似于划分农业时代与畜牧业时代，它是一个重要的分水岭。

以规模小而稳定的游牧团体的形式聚居在一起，并与自然和谐相处。之后，在大约 12000 年前，有一小部分人开始超越他们从原始祖先那里继承的生活方式，并创造出了将他们与其他动物区别开来的独特的人类生存模式。虽然主要依靠捕鱼的分散式社会要早于各种单纯依靠农业的社会，但最终都被半游牧民族所替代。他们从事各种
144 简单的园艺，也就是我们所谓的“火耕”“刀耕火种”或“轮作农业”，包括使用锄头或挖掘木棍来种植小的作物。最早的园艺社会可能出现在公元前 7000 年底格里斯河源附近，地中海东部沿岸地区水草丰沛、树木繁茂的草原上，以及安纳托利亚西部地区。在 1000 年内，谷物种植已经传播到了非常广的地区，包括北部的巴尔干半岛和安纳托利亚高原，南部的尼罗河下游山谷以及东部的扎格罗斯山脉山麓。到了公元前 6500 年，沿着新月沃地山脉的人类开始驯化动物，这使得一小群采集狩猎的人变成了牧民，他们不断地来回驱赶着绵羊和山羊畜群。几个世纪之后，广泛分布在意大利南部、多瑙河流域、尼罗河流域以及巴基斯坦高地的村民开始从事畜牧业。①

公元前 5 千纪末，园艺师已迁入底格里斯河和幼发拉底河流域，他们开始在波斯湾前部炎热干旱的洪泛区定居。他们构建了灌溉用的运河和沟渠网络，以此来增加收成。此外，他们通过“二次产品革命”进一步加强了农业系统，并开发了一些动物产品，例如牛奶和羊毛，他们利用马和牛拉犁、施肥并将田地分块，还采取定期休耕的田地管理方式。②公元前 4 千纪早期，安纳托利亚工匠掌握了冶炼青铜的艺术。几个世纪以后，整个西南亚地区人民都懂得了使用结实耐用的金属工具，从而增加农业产量。到了公元前 3500 年，苏

---

① 关于人类社会不同类型的简明介绍，可参见 Gerhard Lenski and Jean Lenski, *Human Societies: An Introduction to Macrosciology*, 5th edn.(New York: McGraw-Hill, 1987), chapter 4。

② Andrew Sherratt, ‘The Secondary Exploitation of Animals in the Old World,’ in *Economy and Society in Prehistoric Europe: Changing Perspectives*(Princeton: Princeton University Press, 1997), 199 - 228.

美尔人带领人类进入农业时代，当时技术最先进的社会所依赖的经济基础是由密集型农业系统实现的。

人类从打猎觅食转向生产粮食，使自然环境发生了前所未有的变化。农民和牧民抛弃了原始人类祖先延续了数百万年的生活方式，作为地球生态系统的组成部分，极大地操纵了周围环境，有目的地改变了田地和牧场的景观，这频繁地破坏着微妙的自然平衡，因为他们希望进一步地提升对其新的生存方式的掌控力。他们干预了植物和动物的生命周期，培养理想的生理和行为特征。从此之后，他们开启了定向进化的过程。人类最终需要依赖其驯化物生存，就像那些被驯化的植物和动物也必须依赖人类行为去延续生命。农业和畜牧业很有可能加强了身体特征和心理习惯，这些都决定性地使这些人类不同于那些延续旧的生活方式的人类。

在作物栽培和动物繁殖所带来的各种后果中，最直接、影响最大的就是人类具备了制造剩余食品的能力。通过提高地球的承载能力，农业导致人口数量快速增长，而人口不断增长的人类也能采取定居的生存方式。公元前7000年左右，全球人口总数大约为600万， 145
到公元前1000年，人口数量至少提升了5000万。①此外，可靠的剩余食品将社会文化的复杂性提升到了前所未有的程度。在西南亚，苏美尔人在底格里斯河和幼发拉底河的冲积平原上组建了第一个以农业为基础、以城市为中心、以国家为组织形式的文明。他们的社会结构也出现了等级制度、专业化和不平等等现象，这些都是前所未有的。②

在西南亚，农业的起源以及它所带来的直接影响要早于世界上其他地区，但这是一个世界性的现象，除澳大利亚之外，生活在有

① 关于人口增长问题的资料，可参见 Massimo Livi-Bacci, *A Concise History of World Population*, 3rd edn. (Oxford and Malden, Mass.: Blackwell, 2001), 29－36。

② Charles Keith Maisels, *The Emergence of Civilization: From Hunting and Gathering to Agriculture, Cities and the State in the Near East*(London and New York: Routledge, 1990)提供了延伸性的分析，这些分析都与古老苏美尔地区的复杂社会历史息息相关。

人居住的大陆上的所有民族都出现了农业。差不多在同一时间，互不相连的整个地球中纬度地区都出现了这种独立的生活方式。初期，一些农民和牧民会在不同地方自主地去驯化一系列如今为人所熟悉的动植物，通过分享人类对相近生物环境的一系列反应，他们运用各种各样的技术以及生活实践增加了可用的食物供应范围。他们很少主动地打破熟悉的日常生活习惯，通常只是利用长久以来对于采集狩猎者来说比较熟悉的复杂工具和丰富的动植物繁殖知识而已，几乎没人意识到自己的这种行为所产生的长远影响。对于最早的农民和牧民来说，旧石器时代晚期的丰收加工技术、燃烧方法、储存程序和私人占有的习俗依然拥有着不可或缺的预适应功能。

最初，在亚洲西南部及其周围共出现了五个相互区别的早期农业中心。自 1960 年以来，在中国北部的中心地区——黄河冲积平原和东南亚的中心地带，农业学家发现了令人信服的有关自创的驯化培植技术的证据。在西半球，研究者在中美洲以及穿过安第斯山脉高原中心进入亚马孙流域的南美地区同样发现了存在驯化现象的重要区域。此外，至少还存在五个更原始的重要的农业发展中心：北美东部森林的广大河谷地区，热带西非的尼日尔河湾，日本本州岛中部的低地，新几内亚中部高地的库克盆地（Kuk Basin），以及亚马孙河和奥里诺科（Orinoco）河的森林地区。非洲的苏丹也存在独立的农业起源遗址。①

虽然在西南欧、埃塞俄比亚、非洲热带草原东端的高地即萨赫勒（Sahel）并未出现早期的驯化现象——这一现象主要发生在这些地区之外，但是，这些相连地区存在的农业实践活动似乎刺激了农业方式的变化。受到其他成功地区影响，更远一些的地区同样出现了相互隔绝的重要驯化实例，值得一提的是大约 6000 年前，在乌克兰南部对马的驯化和稍晚时候在西伯利亚对鹿的驯化。

---

① 以全球视角讨论农业发源地的信息，参见 T. Douglas Price and Anne Birgitte Gebauer, eds., *Last Hunters—First Farmers: New Perspectives on the Prehistoric Transition to Agriculture*(Santa Fe: School of American Research Press, 1995)。

一开始，生态因素使得核心区域内的农民和牧民可以很好地适应生活，并确保最初的核心区域保持相对较少的数量。但是，地球上的大部分地区都不利于种植业和畜牧业，粮食生产也几乎不可能
出现在沙漠、热带雨林以及两极地区。因此，人数相对稀少的猎人、 146
捕鱼者和觅食者继续广泛生活于澳大利亚、阿拉斯加州、南美的南部地区、加拿大大部分地区、美国西部、欧洲北部、西伯利亚以及撒哈拉以南的非洲。

但是，农业的扩散超出了大多数人类原始的核心生活区域，这使得农业成为大多数人类最初生存的基础，这一切是通过农牧民入侵相邻区域的运动或者向邻近觅食者传播先进思想、生产工具以及生产方式达成的。7000 年前，移民就已经将农业系统从底格里斯河和幼发拉底河河谷引入土耳其、希腊和南巴尔干半岛，而此时尼罗河谷的土著民族以及后来在中亚的中东农业实践活动则基本保持不变。早在 2000 年前，印度河谷西部的高地出现了小型农业村落，这些村落大概是由来自美索不达米亚的移民建造的。大约公元前 4000 年，一些农牧民到达印度河冲积平原，他们增加小麦、大麦、大枣的种植，集中牧养山羊、绵羊以及培育的棉花和有肉峰的瘤牛（humped zebu）。与此同时，在南亚和东亚，对培育过的水稻的种植已经广泛存在于恒河平原，并且，在 1000 年后，水稻种植已扩散到今天上海附近的沿海地区以及东南亚的大岛屿。

农业的扩散及当地的农业创新使得独特的农业社区开始进入欧洲中心地带。人口压力推动移民进入河谷地区以及中欧平原，在那里，他们开始与当地土著争夺土地。公元前 3000 年，入侵者到达欧洲大陆落叶森林地带的北部边缘。在这个不适宜农作物生长的环境中，当地狩猎者开始仿效新来者的耕作方式。同时，另一股移民将他们培植的葡萄以及橄榄和无花果树传播至整个地中海盆地。

在独立的美洲世界，土著族群培植了 100 多种植物，大约 9000

年前开始培植瓢葫芦。但是除了中安第斯山的美洲驼和羊驼，直到500年前欧洲人到来之前，驯化动物从未在西半球产生重大影响，这主要是因为大量哺乳动物在晚更新世遭到灭绝。因此，农畜牧业未能越出秘鲁高原草木缺乏的高寒、干旱草原地带，从而成为美洲农业社会可行的替代物。然而，一如东半球，尽管气候、地理和环境阻碍了西半球两大洲南北方向的跨文化交流，但农作物依旧在西半球实现了扩散。中美洲玉米向南、棉花向北的传播表明西半球的这两个主要的核心农业区域有时也会间接地联系在一起。

在美洲共形成了四个不同的农业中心。①早在公元前5500年，中美洲全职种植玉米、黄豆和南瓜的农民人数就在不断增加。他们种植的农作物在公元前3200年出现在巴拿马，500年后出现在阿根廷
147 和智利，不久后出现在厄瓜多尔沿海。从那时起，在美国的西南部，人们就开始通过种植玉米、黄豆和南瓜来填补他们狩猎和采集的不足。公元前1000年，这种复杂的农作物向北传至科罗拉多。在接下来的2000年中，整个东部林地都开始实行这种农作方式，在这些地区，越来越多定居在大河下游或海岸线附近的人们开始人工培植各种各样的种子植物，特别是向日葵、菊科灌木和藜属植物，通过培植这些植物，他们创造了本地第二个复杂的农业系统。公元前1500年左右，亚马孙河与奥里诺科河流域出现了第三个复杂的农业系统，主要依赖木薯根和红薯，这种农业方式最终在中美洲和加勒比地区占据了优势。从长远来说，建立在多种多样的马铃薯品种以及移植的玉米基础上的第四个复杂系统更为重要，这种玉米的培植主要存在于中安第斯山的高原盆地，时间不晚于公元前1000年。

从公历纪年开始，大约有200种植物和50种动物以及可以满足

---

① Stuart J. Fiedel, *Prehistory of the Americas*, 2nd edn. (Cambridge: Cambridge University Press, 1992)提供了一个系统性的观点：生活在西半球的古印第安人通过有效利用食物生产最终得以进入复杂的社会。另一份便捷的参考书目是C. Wesley Cowan和Patty Jo Watson, *The Origins of Agriculture: An International Perspective*(Washington and London: Smithsonian Institution Press, 1992), chapters 6-9。

人类生活所需的所有物种都已经被驯化。经历一个复杂且未能完全完成的过程后，可能多达90%的地球人成了安于土地的务农者。早期农业文明的生存主要依赖于培植六种富含高热量的植物：小麦、大麦、水稻、粟、玉米和马铃薯。借助这些农作物，这种集约型农业系统可以维持集中生活在某一区域的大量人口的生存，这一特征几乎被所有复杂社会所共有。

这些重要的谷物的传播虽然超出了各文明的中心，但未能超出世界的温带范围。小麦以及位于第二位的大麦和小米的种植流行于东半球的欧洲、北非穿过中东至印度西北部、中亚和中国北部的广大地区。水稻种植兴盛于恒河流域、泰国北部和越南、中国沿海地区、黄河流域、朝鲜半岛和日本。玉米的种植主要在美洲，范围从秘鲁至美国东南部。块根作物起源于美国南部、非洲、东南亚的热带地区。

美国中南部的热带雨林、西非、印度的中部和东部、东南亚的大陆和一些大的岛屿以及中国南部则继续实行刀耕火种的耕作方式，除了被驯化的动植物以外，至少还有一些人们依赖于分类不明的物种生存。从中东开始，游牧民族的畜牧业已经向西蔓延至大草原和非洲的撒哈拉沙漠、非洲撒哈拉以南的热带稀树草原，向南延伸至阿拉伯半岛，向东穿过中亚至满洲地区。觅食者快速消失了，他们消失的地方的条件适合农业的扩展，因而这些地方经历了最初阶段5000年的倒退，现在觅食者的规模逐渐缩小，仅留在非洲南部的沙漠、澳大利亚东部、东南亚的热带雨林、亚马孙河和刚果以及北极边远地区这样与外界隔绝的地区。在这些地方，人们的继续生存不再依靠农牧民那种积极干预自然环境的生存方式，而是与他们所需要的环境和谐地相处。

探究农业的起源

世界历史学家们，在广泛吸收当前史前考古学家学术成就的基 148

础上，为人类为什么放弃狩猎和采集作为他们生存的主要方式提供了更加全面的解释。①两个最重要的疑问为他们的努力提供了指导：为什么，以及什么时候狩猎和采集的组合已经无比成功地成为人们长期以来的生存方式，后更新世群体是否从根本上改变了他们熟悉的生活方式？另一个问题是：鉴于这一变革的重要性以及伴随其发展而衍生出的严重的并发症，如何从世界历史的视角加深我们对这一演变的理解？

虽然集约化农业的产出潜能满足了人类日益增长的人口的生存需求，从狩猎和采集过渡到农耕和放牧改变了人类再生产的习惯，但它掀起了已波动几个世纪的人口膨胀潮，直到今天仍只有偶尔的中断，人口数量因而达到前几百年难以企及的增长率。如果人口数量不间断且不均衡的上涨反复地超过了可用的食物供应，对此，我们并不能一味地生产足够的粮食来满足人类的需求，这样的人口模式只会使农业社会陷入马尔萨斯困境，直到 19 世纪，人类都未能摆脱这种危机。以现代化的标准，食品生产其实一直保持着低效状态，直至工业化开始才得以改变。尽管偶尔的设备技术改善和技术创新能使农民和牧民的生存缓慢地向前发展，但不可能减少他们对人类和动物体力的依赖。集约化农业有时通过破坏当地生态系统造成农业产量受限的难题。在长期森林采伐或者过度放牧之后，灌溉所引发的田地和景观盐碱化腐蚀只会使长期付出的努力以产量的反复锐减作为回报。驯养的植物和动物在人工精简的环境中被抚养，使其特别容易受到恶劣天气、疾病、寄生虫和气候变化的影响。

即使生活在黄金时代，农业也很少能养活村民，但农民的境遇确实要比狩猎采集者好得多。事实证明，田地的维护、保养十分费力且受到各种条件的限制，尽管动物的集中畜养似乎少些阻碍，但

---

① 考古学家史蒂文·米森（Steven Mithen）提供给世界历史学家一个视角：上述问题是如何发生的？可参见 *After the Ice: A Global Human History 20, 000—5000 BC* (Cambridge, Mass.: Harvard University Press, 2003)。他清晰地阐明了狩猎者和采集者作为一个小群体进入到复杂社会后的发展情况。

其实也很让人忧心。事实上，人类的健康和营养状况频繁恶化。尤其对农民来说，毫无变化的、不均衡的膳食极可能削弱其身体状况，婴儿死亡率上升，寿命缩短，并把诸如蛀牙、贫血、佝偻病等变成人类普遍忧心的疾病。伴随着农作物歉收所产生的、根深蒂固的社会经济和两性不平等，普遍奴役制度和其他形式的强迫劳动，国家组织间的战争，武装袭击者发动的破坏性攻击所产生的致命饥荒等，又使社会转变成一个以农业为根基的实体。农民的村庄出现了觅食群体不曾预料到的清洁和卫生难题，并催生了新型的细菌和病毒性感染，如天花、流感、黑死病、黄热病、霍乱。到了公元 149
前 4 千纪末期，拥挤城市的出现使整个苏美尔地区超过 50 万的人口（数量庞大的人口生活在有限的区域）都长期处于流行病的生存困扰中。①

为了反映从采集和狩猎到农耕和放牧的过渡过程中所伴随的物质困难和心理压力，世界历史学家强调人类在社会结构、行为方式上花费几百年（有时甚至是几千年）的时间来架构的价值体系所发生的变化。尽管群体领导者的决定在特定时刻可能具有决定性的作用，但普通个体经过长时间的历练所作出的常规选择也同样重要。这些选择强调了他们在人类经验中所扮演的出乎意料的角色——对于正在过渡到农业实体的参与者来说，他们肯定还没有意识到自己正卷入一场更大的过渡风波。最初，他们只是认为自己是在夯实生存的基础而已。他们的动机一定也很强，主要包括有意义的需求，而不是一个不同未来的梦想，但是向食物生产转变很少成为公开的意图。

那么，为什么粮食产量会固定下来?②当然，现代人类的结构和

① William H. McNeill, *Plagues and Peoples*(Garden City, New York: Doubleday, 1977), 36 - 56.

② 关于这个问题有不同的理解，可参见 David Christian, *Maps of Time: An Introduction to Big History*(Berkeley and Los Angeles: University of California Press, 2005), 207 - 243。

行为上的完全成熟是基本前提，因为它留给我们旧石器时代先民处理他们所面临难题的心理能力，从而制定可行的解决方案，并开始对机遇给予合作式的反应。全球流散的移民通过人口分散的方式治理越来越多样化的环境，这是另一个前提条件。无论在什么地方定居下来，以人口更密集的状态过上定居生活都是人类所奔向的一个目标，这使得他们更容易积累文化资源以实现他们的大多数潜能。当晚更新世哺乳动物的灭绝威胁到王牌猎人的主要食物来源的时候，他们已经逐渐改进了他们那本已显得精致的工具包。这样，受影响的群体就开始加强野生植物的收集（尽管这些群体面临着严峻的生存危机），以改变他们获得食物的途径。但相反，成功主导着他们传统生活模式的群体仍有自己的生活方式。一旦他们依靠只有通过农作物栽培和动物驯养得以实现的食物储备，他们就不得不承认他们回归到旧的生存方式的可能性已经完全不存在了。

剧烈的气候变化已经为农业的来临预先设置了舞台。目前间冰期的最早表征出现在约 18000 年前，结束于公元前 6000—前 2500 年之间一个广泛的气候适宜期。在这个时期，许多地方盛行着异常温暖和潮湿的天气。较为适宜的气候有利于动物的驯化过程，这往往通过促进当地生态系统的多样化得以实现。例如，在雨水灌溉的西南亚地区，原始农民高度追捧的植物驯化范围不断扩大，直到公元前 5000 年。在这个时候，杂交小麦和其他新植物品种开始出现在毗
150 邻扎格罗斯山脉的高地。此后不久，随着降雨的减少，气温上升和树木覆盖减少，一些在黎凡特的农业耕种群体因为长期的放牧和耕种破坏了环境，因此不得不放弃他们的村庄。①

由于当前的间冰期开始固定下来，有所提升的人口增长率开始冲击晚更新世的觅食团体。全球范围内的人口数量正在不断逼近历史悠久的传统惯例可以承受的最大值。然而，这些数字仍继续上升，

① 关于气候变化及其带来的影响，相关的延伸性阅读可参见 William James Burroughs, *Climate Change in Prehistory: The End of the Reign of Chaos*(Cambridge and New York: Cambridge University Press, 2005)，chapter 5。

大大提升了区域人口密度。与此同时，冰川的迅速融化使宽阔的沿海地区、曾经开阔的热带稀树草原区开始被淹没在海底，这些都威胁着人类的长期生存。其结果就是：一些觅食团体开始将自己局限于较小的家园土地上。其他人则搬进边缘地带，或者不那么引人注目的栖息地。在许多地方，人类群体不断延伸他们的生活根基，或以一些更专业的方法得到他们的食物。他们开始较少依赖肉，更多地依赖植物。在适宜的条件下，他们中的一些人开始尝试驯养动物和栽培农作物。

那么，什么是适宜的条件呢？从农业比较和全球视野来看，世界历史学家已经确定若干共同特征，从生态多样性开始。如果对比相对小面积范围内的气候和地形，这样做可减少风险。因为小面积使得生物多样性不可能总提供丰富的自然资源，但的确能找出可靠的资源地。在一些恶劣条件下，如安第斯高地、玛雅低地和古苏美尔地区，征粮队伍也能找到水资源和肥沃的土壤，以及一些诱人的植物和易于驯养的动物。一个复杂、拼凑起来的区域环境培育了文化差异，但也刺激了不同群体之间的相互交流，以满足日益迫切的需求。在中国北方，地域梯度似乎不太明显。然而，在公元前 3000 年，一个北上旅客可能注意到覆盖黄河流域的集约农业系统逐渐被稳定的牲畜驯养和精耕细作的农业所替代，而后，在干旱的蒙古大草原则被游牧所取代。

在旧石器时代前期，人类运用大量的生存策略来适应中心地带（hearth lands）的生态，其中以集中觅食者为典型。在毫无察觉陷入一种新的生存模式的时候，前人预先做的适应工作让他们受益匪浅。形式日益复杂的社会组织促进粮食生产的出现，主要通过实施决定、执行仪式、重新分配资源、解决分歧，并保护弱势群体的利益等以加速权力结构的形成。向农业的转变加剧了社会经济不平等和身份的等级化。反过来，持续不断的粮食盈余的实现为社会生活的结构化创造了新的可能。因此，农业耕作和农业蓄养，在某种程度上被看作上一个冰河时期结束时日益增强的文化多样性发展的产物。①

后古典世界的循环农业模式

151 公元前7000年后，整体人口的增长成为改变人类生存条件、支撑人类从简单的园艺社会向新开垦地进军、不断向前发展的一股主要力量。最值得注意的是，水稻种植早在公元前1500年就出现在恒河流域，玉米在奥里诺科的产量不断攀升。例如，在东南亚地区，犁耕和双季稻种植的采用保证了在季节性洪涝地对长茎的、快速成熟的密集性水稻的栽培。农作物产量的攀升引发了人口增长，到公元前700年左右，从前人口基数小的、孤立的定居点都变成了市镇和城市。铁可以制造犁头和长柄镰刀等知识的迅速普及提高了最古老的农业区的农业产量，另外，在公元前1千纪期间，金属轴的使用使农民在茂密的森林覆盖地区开发出潜在的肥沃土地，进而开发了整个恒河流域。在公历纪年初，世界人口可能已经达到了2亿。此后，增长缓慢，在几个世纪后人口数量可能下降了，直到10世纪之前都不再增长。然而，在那个时候，全部人口中近90%的人的生存都直接依赖于粮食生产。

在13世纪，宋朝（960—1279）统治下的中国农业生产力达到无与伦比的高度，只有印度的水平比较接近中国农业所取得的成就。印度次大陆上农业产量的激增可以解释为：农业耕作扩展至整个恒河平原，加上公元初期德干高原的南部开始引入灌溉技术。笈多王朝（约320—535）建立后，在印度北部实现了一定程度的政治与和平，农业产量在肥沃的沿海平原得到持续增长，小麦和蔗糖成为西部次大陆海岸的主要作物，大米主要是在其东部地区盛行。中国的优势地位的成型开始于东周（前771—前256），在那个时候工匠们

① 关于这个问题的多重探讨，可参见 T. Douglas Price and James A. Brown, eds., *Prehistoric Hunter-Gatherers: The Emergence of Cultural Complexity* (Orlando: Academic Press, 1985)。

已经掌握了冶铁技术。铁犁、镰刀、刀具和新发明的独轮车都大大提升了农业产量。同样，大型堤坝和水渠系统的建设改善了控制洪涝的能力，以及农田灌溉和大宗商品的运输能力。与水稻农业在长江流域耕种相伴，其他发明包括颈圈、人体排泄物和动物粪便作为天然肥料、日常轮作制和休耕地等。此外，在汉朝土崩瓦解后（3世纪），中国农民向长江流域的南移运动加速了。

中国南方的长期移民和部分越南人所引发的农业产量激增，新
作物在更大区域的种植，梯田和山坡地区的灌溉，持续的技术创新， 152
大规模交通网络的良好规划等都保持其优势直至明朝（1368—1644年）。它的主要特点在于：独立的、拥有土地的农民，农作物的区域专业化——从靛青、甘蔗、棉花和早熟、耐旱的占城稻到输往异域的大宗商品，如茶叶和丝绸。中国经济的商品化发展到较高的水平，以至于大量的农民主要靠卖他们的产品获得收入，却发现自己被名义上的自由市场和长途贸易的需求所主导。然而，这一转变所表露出来的原则主导了西南亚地区的经济长达几个世纪，它所产生的影响远远超出了中华帝国的疆域，远至遥远的地中海盆地。①

在西半球，最早的成就发生在中美洲，在那里玉米棒的长度增加了1倍，其玉米的产量在公元前4世纪期间有了大幅度的增长。随后，运河渠灌技术的采用进一步增加了作物产量，使玛雅低地的国家组织发展所需要的人口生存基点，到公元前3世纪至公元9世纪达到顶峰。从西北部迁入低地森林的玛雅农民，不得不与厚重的树木植被、暴雨和贫瘠的土壤作斗争。他们没有金属、驮兽和轮式马车，就只好从远方进口一些不可或缺的资源，如盐和石头。尽管如此，他们学会了运用沉积物提高沼泽地的高度，在精心开发的山坡梯田里培育木薯、山药和地里的玉米。他们利用错综复杂的运河

① 威廉·H. 麦克尼尔是第一位用世界历史的视角来考察农业发展的学者。可参见 *The Pursuit of Power: Technology, Armed Force, and Society since A.D. 1000*(Chicago: University of Chicago Press, 1982)，chapter 2。

系统，逆向利用大雨，以作灌溉之用。每年收获两至三熟，玛雅人口数量在低地保持了密集的增长，到公元前 300 年，其人口数量达到了 500 万。①其他人类群体的普遍分散已经推动了农业追求的不断扩散，直到玛雅文化开始衰落的时候。公元前 4000 年，以农耕渔猎为生、来自东南亚的南太平洋移民潮，早期出现于新几内亚的北海岸远航队伍中。他们随身携带着粮食作物，如山药、芋头、面包果、香蕉、甘蔗以及家养的狗、猪和鸡。大约在公元前 1500 年左右，他们到达瓦努阿图（Vanuatu），通过不断扩展他们之间的亲属关系和商业联系，来保持其与东南亚的长期联系。早在公元前 1000 年之前，他们就已经在汤加和萨摩亚（Samoa）定居下来，在长达 500 年的时间里他们的发展范围始终没有超过美拉尼西亚（Melanesia）和密克罗尼西亚（Micronesia）。当他们恢复了殖民统治，到 1300 年，这些大胆的水手几乎占据了所有波利尼西亚群岛，并且显然从与南美洲海岸的接触中获得了红薯。尽管存在越来越多的多样化发展趋势，他们仍共用一套以捕鱼业和园艺业为主要经济根基的共同文化体系。②

与此同时，在撒哈拉以南的非洲地区，班图语系部落也在追赶着马来-波利尼西亚航海家们的壮举，在公元前 1 千纪之前，热带气候下，寄生虫和疾病严重阻碍了农耕和畜牧业在萨赫勒南部地区的
153 扩展。考古学家们发现了成熟的作物种植的证据，它在 1 万年前就已出现于赤道非洲西部，500 年后又出现在埃塞俄比亚高原。到公元前 1500 年，从一直由早已开始农耕的初期诺克文化（Nok culture）所维持的农业系统，发展至尼日利亚北部的热带森林过渡带。当地人口栽培山药和大米之类的植物，驯服珍珠鸡，驯养牲畜，并在必

---

① 就有世界性影响力的历史学家而言，关于玛雅文明成就的精彩概述，可参见 Stuart J. Fiedel, *Prehistory of the Americas*, 2nd edn. (Cambridge and New York: Cambridge University Press, 1992), 286 - 302。

② 最新研究动态的汇编可参见 Patrick V. Kirch, *On the Road of the Winds: An Archaeological History of the Pacific Islands before European Contact*(Berkeley: University of California Press, 2000)。

要时以狩猎和捕鱼来继续补充营养。

到公元前500年，整个萨赫勒地区的人已经掌握了冶炼和锻造铁的技术，这就使其农业的传播范围越过了西非。班图语系的部落在东进至萨赫勒南部边缘时就已经开始渗透到扎伊尔流域的赤道森林地区。在捕获牛羊的同时，他们一到东非大裂谷的西部，就掌握了炼铁的技术，并在公元1000年时向次大陆的大多数地区传播了他们对炼铁、耕种和驯养的理解。他们扩张的后期包括文化的传播和群体的移民。无论事情是怎样发生的，班图人可以利用他们的铁制武器征服土著猎人。铁轴和砍刀让清理森林地作为自家庭院的任务变得轻松。利用铁锄，他们可以种高粱、小米、油棕，以及各种豌豆和豆子，他们还种植了椰子、山药、芭蕉、亚洲蕉、芋头和甘蔗，这些要不在刚果赞比西河网土生土长，要不已经传播到非洲东海岸的南太平洋船员手中。到1000年时，他们还用南太平洋居民所传入次大陆的鸡和猪来补充他们的羊群和牛群。①

随后的两个世界历史现象——伊斯兰教在公元7—8世纪的突然崛起和欧洲于15—18世纪的扩张——以史无前例的规模重新分配了植物、动物和耕种技术。②有创建伊斯兰哈里发国家之功的阿拉伯征服创造了条件，令行路的商人、游客和政府官员可以携带珍贵的种子、牲畜和与农业有关的观念，将其传播到很远的地方，西至西班牙，东至印度尼西亚。一旦阿拉伯人到达印度河流域，印度次大陆便充当了农作物——往往起源于东南亚，有时结束在地中海盆地西端——传播的主要中心。从长远来看，这些移植作物最为显著者当属甘蔗，它于公元1世纪传至中国南部，并向西传至印度，后来到伊朗与美索不达米亚，然后到黎凡特和塞浦路斯，到10世纪

① 另一份由世界历史学家所著的便捷参考材料，参见 Christopher Ehret, *The Civilizations of Africa: A History to 1800*(Charlottesville: University Press of Virginia, 2002), 44-48, 59-64, 75-90, 111-43, 189-200。

② 想了解这些发展的前因后果，可参见 Clive Ponting, *World History: A New Perspective* (London: Chatto & Windus, 2000), 351-355, 494-497。

时到达东非海岸。其他广泛传播的植物包括棉花、水稻、柑橘树、香蕉、菠菜、靛蓝，来自埃塞俄比亚的硬质小麦和来自非洲的高粱。

这个扩散过程未能以任何激进的形式改变农业。然而，通过扩大区域系统，确实能扩大种植面积，改善作物轮作，并能达到每年两至三熟。食品产量开始增加，饮食变得更加多样化，农作物歉收的严重威胁不断削弱，现场维护等新方法的运用发生得更加
154 频繁。①蔗糖生产成为种植园发展一个不可或缺的部分。约 1550 年后，劳动力的迫切需求激起了大西洋奴隶贸易的快速增长，并导致欧洲人对其进行大规模经济作物生产的奴隶制产生严重的依赖。②

现在所谓的“哥伦布大交换”开始于 1492 年，它掀起的整个人类历史上植物和动物最大规模的扩散，影响直至今天。当年它很快影响了世界各地的大量社会群体，其造成的后果比第一次主要扩散潮要大得多。在 100 年间，每一种对欧洲农业产生过至关重要影响的动植物——小麦、牛、羊、马、猪、鸡——被传至美洲和欧洲人大规模定居的其他地方；许多新世界的作物，如番茄、可可、烟草都丰富了人们的日常饮食和娱乐，而土豆、豆类、木薯，尤其是玉米甚至变成了世界范围的农业主食。到 18 世纪，它们推动了现代人口规模的起飞。迅速将玉米引入并让其发挥作用的中国，站在了全球人口激增潮的最前沿。③

---

① 涉及这个主题的标准可参考 Andrew M. Watson, *Agricultural Innovation in the Early Islamic World: The Diffusion of Crops and Farming Techniques, 700—1100*(Cambridge and New York: Cambridge University Press, 1983)。

② Philip D. Curtin, *The Rise and Fall of the Plantation Complex: Essays in Atlantic History* (Cambridge: Cambridge University Press, 1990), chapters 1 - 3。关于种植园体系更全面的观点，可参见 D. B. Grigg, *The Agricultural Systems of the World: An Evolutionary Approach*(Cambridge: Cambridge University Press, 1974), chapter 11。

③ 关于这个问题较为开创性的观点收录在 Alfred W. Crosby, Jr., *The Columbian Exchange: Biological and Cultural Consequences of 1492* (Westport: Greenwood Press, 1972)。

现代农业的工业化

直到18世纪中叶，超过90%的世界人口都把劳动用在土地上，也就是我们所说的“农民”。由于人口和粮食供应从来没有保持过平衡，农民生存长期性的艰辛问题仍未得到解决，即使中国在宋朝时期几乎取得了决定性的突破也未能解决问题。直到另一个伟大嬗变刺激了社会的工业化，粮食生产的技术才得到真正的革新。工业化的来源是全球范围的，就像农业起源于1万年前一样，尽管第二次嬗变最早是和农业耕种紧密相关的，它出现于1200—1800年间的西北欧。①

效率和产量的改进是伴随着重型铧式犁、土地三圃制系统、马项圈和马蹄的采用而产生的。农民不断扩大种植的总面积，并设法用更好的播种技术来提高每亩的单产量。16世纪，荷兰通过圈地运动，对广泛的农作物进行系统性轮作，牛粪的广泛运用，在荒地上种植苜蓿作为冬季饲料，种萝卜作氮气置换地，通过排干沼泽地扩大耕地，尝试畜牧业，开发杂交种子，发明条播机类的设备等途径确立了领先地位。18世纪，英国利用温和的欧洲气候优势增加了对马铃薯和玉米的种植，并集中养羊以满足对羊毛的旺盛需求。借鉴
荷兰已经取得的成就，英国发明了各种各样的机器，以提高生产效 155
率，并对他们最新掌握的科学方法展开大量的论文著述。他们加入荷兰人的队伍中，开始走向一种现代的混合农业。大地主专注于拓展经济作物和待售牲畜的城市市场。相对于传统惯例，他们更愿意遵循理性和资本主义原则，并试图使其作物产量达到600年前的2倍，而在当时，这一方面的提高只有中国农民做到了。

直到1850年，欧洲和欧洲人大规模定居的其他地方开始超越人

---

① 想要简单了解霍奇森两次“嬗变”之间不同的概念，可参见 Carlo M. Cipolla, *The Economic History of World Population*, 7th edn. (New York: Penguin, 1978), chapter 1。

类在农业社会所具备的典型潜能的限制。其时，现代产业才为组织社会结构和提高经济效率开辟了新的可能性。随着人口数量的飙升，广阔的居住领域，尤其在北美和澳大利亚，开始第一次农业种植。工业化的欧洲受益于农业进口的突飞猛涨，使其可以掌控不成比例的世界资源，并促进轮船和铁路的迅速发展。在地广人稀的美国，科技先导型发明生产出了第一台集刈割、收割和收获三种功能于一身的机器。1892 年，汽油驱动的拖拉机问世。截至 19 世纪末，可靠的制罐和制冷技术充分保证了水果和蔬菜的长距离运输，食品加工促进了大规模的零售业的发展。

无论哪里开始了农业商业化，那里自给自足的农耕经济便开始下滑，越来越大比例的人口开始迁往城市，与农村生活失去了联系。在亚洲、非洲和拉丁美洲那些很少受全球资本主义浪潮影响的地区，大部分人口都保留着农民的生活方式，并对世界市场的饥荒或突发事件毫无招架之力。现代形式的乳品业开始出现在北美、欧洲、澳大利亚和新西兰。养牛业在美洲，养羊业在南非、澳大利亚和新西兰发展起来。大规模的粮食生产主导着北美地区、阿根廷和俄罗斯的草原地区。到第一次世界大战时，遍及整个热带和亚热带地区的种植园都在生产大宗商品出口到工业国家：东南亚的橡胶、茶叶、大米，孟加拉的靛蓝和黄麻，埃及的棉花，巴西的咖啡，哥伦比亚的烟草以及许多其他商品，从糖和香蕉到可可和棕榈油。①

在农业生产效率上一个更令人印象深刻的飞跃发生在 20 世纪。二战后的几十年内全球农业产量增至 3 倍，大大地超过了人口的增长。人口被养活的比例远远高于 1900 年。作物种植总面积达到地球表面土地总面积的 11%，另有 25% 的土地专用于畜牧业。1930 年后，科学驱动的农业科技取得了比以前所有世纪的总和还要更大的成就。在北美、澳大利亚和欧洲，拖拉机替代了马匹。卡车和谷

---

① 关于 12—13 世纪农业主要发展态势的大量文章，可参见 Grigg, *Agricultural Systems*, chapters 9 - 13。

物收割机被广泛使用。工业国家的农民把用电当成理所当然。基因
研究的发现指导着比较珍贵的动植物的繁殖。天然磷酸盐和人工化 156
肥取代了粪肥和堆肥的使用。除草剂和杀虫剂被添加到了农民的机
械库里。

二战后，农业的工业化吸引了很多有管理才能和投资理财技能的个体进入被称为农业综合企业的社会网络中。尤其在美国，农民为在受控环境里进行大规模肉、禽、奶、蛋、水果和蔬菜的生产，设立了工厂生产制。他们往往和供应商、加工商、经销商进行谈判。到 1980 年，家禽饲养已经成为现代农业中工业化程度最高的部门。

不仅在工业社会中，经济发达国家和欠发达国家之间的合作在 20 世纪五六十年代还造成了“绿色革命”。它使主要谷物——小麦，玉米和大米——的产量通过使用基因工程杂交种子、化肥、农药和灌溉用水而激增。绿色革命的胜利——总是得到地方行动的支持，首先出现在墨西哥，其次是印度、中国和其他东亚国家，这些国家已不再是粮食进口国。印度在连续几年的丰收年后还成功实现了小麦出口。相反，撒哈拉以南非洲地区则很少从这些举措中获益，因为科学家还没有培育出对当地的农民至关重要的新品种山药、高粱和木薯。非洲大部分地区不仅继续依靠粮食进口，甚至在 20 世纪 70 年代，绿色革命失去发展势头之前，可怕的饥荒还一直肆虐埃塞俄比亚和萨赫勒地区以及孟加拉国。

绿色革命实际上是一种不均衡的进步。恶劣的气候、地形、疫病对动物和人类所造成的威胁，以及贫瘠的土壤，都能解释热带非洲绿色革命的失败。然而，绿色革命即使在它看似成功的情况下，也有其有害的后果。因为农民很难去筹集投资所需的资本，优势地位自然就会不成比例地转向富有地主，甚至许多农民会失去原本就很少的土地。绿色革命的混合结果使 20 世纪人类面临的挑战变得戏剧化。植物的遗传工程在未来几十年里，似乎增加了不断膨胀的人口能被最低程度地养活的可能性。1950—1980 年间已经生产出充足

的食物来实现这个目标。但农产品依然分布不均，而且富国和穷国之间的差距不断扩大。在工业社会中的大多数人，大约占世界总人口的四分之一，有足够的食物，消耗大约食品供应的一半，同时遍布南亚、非洲和南美洲的至少20亿人口却在慢性营养不良中苦苦挣扎，而且仅通过当地力量很难改变现状。要在人口和食物储备之间保持一种持久的全球性平衡仍然是难以实现的。

从长远来看，农业生产能满足人类的需求吗？比较20世纪发展的成绩和代价，其发展似乎没有可持续性，进一步增加产量并不会那么轻易地实现。全球人口的增长，尽管显现出放缓的迹象，却把农民和牧民推到了不适合进行农业密集生产的地区，也加速了世界
157 各地的生态破坏。可耕地和淡水资源减少的速度令人担忧。化学物的流失加重了环境污染问题。对自然栖息地的入侵加速了物种灭绝。在过去的100年中，荒漠化已经很严重，尤其是在萨赫勒地区、非洲、澳大利亚、墨西哥北部地区，以及美国西南部。自第二次世界大战以来，热带雨林已缩水了一半，其中四分之三的损失是由农业压力引起的。政府干预也产生了与其相关的灾难，苏联的大灌溉计划实际上摧毁了咸海。如果把一切都考虑进去，我们可能还会对人类的农业前景抱有希望，但在21世纪，我们却无法乐观地去期待它的到来。①

参考书目

- Adas, Michael, ed. *Agricultural and Pastoral Societies in Ancient and Classical History*. Philadelphia: Temple University Press, 2001.
- Barker, Graeme. *The Agricultural Revolution in Prehistory: Why did Foragers be-*

① 想了解正面积极的角度，可参见 B. F. Stanton, ' Agriculture: Crops, Livestock, and Farmers,' in Richard W. Bulliet, ed., *The Columbia History of the 20th Century*(New York: Columbia University Press, 1998), chapter 15。Paul Roberts, *The End of Food* (Boston: Houghton Mifflin, 2008) 一书是消极观点的集合。Clive Ponting, *A Green History of the World: The Environment and the Collapse of Great Civilizations*(New York: St. Martin's, 1991), chapters 12 – 16。这几章是从生态学的角度来解析近年来的发展。

come Farmers? Oxford and New York: Oxford University Press, 2006.

- Boserup, Ester. *The Conditions of Agricultural Growth: The Economics and Agrarian Change under Population Pressure*. London: G. Allen & Unwin, 1965.
- Cochrane, Willard W. *The Development of American Agriculture: A Historical Analysis*. 2nd edn. Minneapolis and London: University of Minnesota Press, 1993.
- Crosby, Alfred W. *Ecological Imperialism: The Biological Expansion of Europe 900—1900*. Cambridge: Cambridge University Press, 1986.
- Grigg, David. *The Dynamics of Agricultural Change: The Historical Experience*. New York: St. Martin's, 1982.
- McClelland, Peter D. *Sowing Modernity: America's First Agricultural Revolution*. Ithaca and London: Cornell University Press, 1997.
- Richards, Paul. *Indigenous Agricultural Revolution: Ecology and Food Production in West Africa*. London: Hutchinson, 1985.
- Rotberg, Robert I. and Rabb, Theodore K., eds. *Hunger and History: The Impact of Changing Food Production and Consumptions Patterns on Society*. Cambridge and New York: Cambridge University Press, 1985.
- Smil, Vaclav. *Feeding the World: A Challenge for the Twenty-First Century*. Cambridge, Mass. and London: MIT Press, 2000.
- Schusky, Ernest L. *Culture and Agriculture: An Ecological Introduction to Traditional and Modern Farming Systems*. New York: Bergen & Garvey, 1989.
- Turner II, B. L. and Brush, Stephen B., eds. *Comparative Farming Systems*. New York and London: Guilford, 1987.

胡 婷 译 屈伯文 校

第九章　游牧畜牧业

托马斯·J. 巴菲尔德

定　　义

160 游牧民族生活在这样的社会中：畜养食草动物的畜牧业被视为最佳谋生方式，并且他们全部或部分规律性的交往迁移被视为日常和自然生活的一部分。尽管“游牧民”（nomad）和“牧民”（pastoralist）这两种说法通常交替使用，但它们有着显而易见的区分：前者强调迁移，后者指某种生活方式。它是一种专业化的经济生产形式，而这种形式与其他谋生手段一样都是生活方式的一种。

游牧民族饲养的动物种类出奇得少：六种广泛分布的品种（绵羊、山羊、水牛、马、毛驴和骆驼）和三种分布地区较少的品种（在亚洲高海拔地区的牦牛，靠近北极的高纬度地区的驯鹿和经常用作防卫的家犬）。发现于南美洲高地上的美洲驼和其他骆驼品种被从事高山农业的农民而不是游牧者饲养。游牧民族从不饲养猪，它们虽不能发挥积极作用，但其存在对仅有动物遗迹可供分析的考古学家而言却是非常有用的。

游牧现象普遍发现于这样的地方：在一定的气候条件下，季节性的牧草地生长出来，但这样的牧草地不能为持续性的农耕提供支持。游牧在组织上是以居无定所的家庭而非个人为中心的，通过生产的方方面面，它牵涉到每个人——男人、女人以及小孩。这种游牧者和欧洲的牧羊人不一样，和美国从大型定栖社会招募而来、要求他们定期返回的牛仔也不一样。因为人们不能食草，基于此，有效地利用食草动物实则是为人们提供了一个能量来源，而后者在其他方面是无法使用的。他们在广阔但非常有季节性的草原上使用帐篷和小屋来迁徙、放牧。迁移周期的时间和长度取决于当地的条件：能迁徙到有可靠草原、水源地的情况是极少的，很多的情况是迁徙到不具备这些条件的地方。虽然外行人经常会认为游牧民族只是从一个地方游牧到另一个地方，但实际上他们游牧的路线在一个灵活的范围内是可预见的。

在非洲和欧亚大陆的游牧民社会大致可分为六个区域，每一个 161
区域都有其独特的文化特征和历史。

其一，靠近北极、高纬度地区的驯鹿牧民，如斯堪的纳维亚半岛的拉普人（Lapps）是位处最北部的游牧民。他们居住在兽皮帐篷里。人们对驯鹿有一系列的利用，从密集型的供奶、畜力利用，到单纯的蓄养从而提供肉食或从事简单狩猎，不一而足。拉普人所代表的是其中一端。

其二，欧亚草原游牧民族如斯基泰人（Scythians）、土耳其人、蒙古人、哈萨克人、吉尔吉斯人，居住在草原即欧亚大陆南部的森林地带。虽然他们也饲养绵羊、山羊、牛、双峰骆驼，但饲养马一直是一个引人注目的文化现象。他们使用手推车和骆驼进行运输，草原牧民生活在独特的圆顶蒙古包里，能够应对欧亚大陆冬季低于冰点的气温。历史上草原游牧民族以骑术、射箭和普遍的军事才能闻名，在领导人如匈人之王阿提拉的领导下，他们曾通过暴力袭击恐吓其邻居。而在中国长城边疆，匈奴和突厥人建立了长久的帝国。成吉思汗和蒙古人征战并建成了世界上最大的帝国。

其三，放牧绵羊和山羊在亚洲西南的山地和高原是很流行的，当地人也饲养马、骆驼和驴用作交通工具。伊朗巴赫蒂亚里人（Bakhtiari）、卡什加人（Qashqa'i）、巴瑟利人（Basseri）、卢尔人（Lurs）、土库曼人、普什图人（Pashtuns）的牧民和邻近村镇、村庄的牧民是共生关系，他们作为畜牧专家，和邻近村庄的村民交易动物肉类、毛织品、奶类制品，储藏粮食和生产产品。北部地区的游牧民保留了欧亚地带的蒙古包作为住宅，而在温暖地带，黑色的羊毛帐篷是更为典型的。许多定居地区被起源于游牧民的王朝所统治。

其四，撒哈拉和阿拉伯大沙漠中饲养骆驼的贝都因人可谓鹤立鸡群，因为他们专门饲养的动物只有一种，即单峰骆驼，其目的是提供食物和运输。历史上，他们还通过向绿洲牧民收取保护费，为骆驼商队提供骆驼，通过军事支持接收补贴来补充收入。在定居区域，人们发现了一种更具限定性的游牧方式，绵羊、山羊被添加到混杂的畜群中。但是因为这些动物无法在沙漠深处生存，所以牧民的移动范围就更受限制。以上两类牧民都使用褐色的山羊毛织帐篷，这种帐篷是沙漠深处的贝都因人通过商贸获得的。

其五，牧民如在撒哈拉以南非洲草原上的努尔人（Nuer）、丁卡人（Dinka）、图尔卡纳人（Turkana）、马赛人（Masai）和祖鲁人，非常推崇牛，人类学家为这种牛贴上“混合牛”的标签。在人们中间，牛的交换在社会关系方面发挥了非常重要的作用。其他经济来源，包括养殖绵羊、山羊或交由妇女从事的其他方面的季节性农业，在文化发展中的地位逐渐被削弱，虽然它们在经济来源上仍然很重
162 要。与其他游牧区域形成鲜明对比的是，这里没有使用帐篷、驱使大型负重动物用于运输的传统。相反，人们在每个营地建造小屋，并且仅使用驴作为交通工具。在晚上用栅栏围住动物，以免遭受捕猎者的攻击。

其六，在高海拔的青藏高原上的游牧依靠一种独特的放牧形式，几乎不需要迁移。驯化的牦牛只能在高海拔地区繁殖，基于此，游牧民族也培育牦牛（或普通牛）的混种、高海拔地区多个品种的羊、绒山羊和一些马。因为高原地区无法耕种，这里的牧民唯有以丰裕的草原和充足的水资源为生。藏族牧民向以麦子为主食的村民贩卖羊毛、皮、盐和奶制品。他们使用牦牛毛制成的帐篷，常常以石墙将其包围以防御大风。

牧民与定居世界

民族志的研究在很大程度上打破了“纯游牧”的概念，即完全依靠游牧产品来维持生活，和定居世界毫无瓜葛。游牧民一直都和定居邻居有着经济和政治上的联系，要是没了这种联系，他们可能不会这么容易生存或繁荣起来。从历史的角度来看，就是这种和定居邻居之间的联系对他们的政治组织产生了极大的影响。一般而言，一个游牧社会的规模和复杂性是与相关联定居社会的集权程度匹配的。

这些互动并不总是令人感到愉快。定居社会中的观察者谴责游牧民族如匈奴人、蒙古人和贝都因人，将他们视为破坏力量和文明本身的威胁者。14 世纪阿拉伯社会的历史学家伊本·赫勒敦（Ibn Khaldun）的观点最为典型，他认为游牧民族是天然的掠夺者，因为

> 掠夺别人所拥有的东西对他们来说是自然的。他们维持生计是依赖他们所到之处长矛落下的地方。他们意识到获取别人的财产是没有限制的。凡是他们目光所及的地产、家具或是器具，他们都会拿走。①

事实上，这种游牧民族残暴的观点长时间地为一种更和平的关系——其特征是游牧民族促进长途贸易、向定居邻居提供畜产品——蒙上了阴影。但或许也不足为奇，征服者及其王朝的故事一直都占据着历史的舞台，其代价是人们对一些不那么令人激动的历史事件反倒忽视了。更为重要的问题是：人口密度低，劳动力缺乏，只有简单物质文化的游牧民族是如何造成这样的威胁的？这个问题

① Ibn Khaldun, *The Muqaddimah*, trans. F. Rosenthal (Princeton: Princeton University Press, 1967), 118.

的答案与源自游牧社会内部的推动力关系不大，而与其对外关系相关。

游牧民族社会、政治复杂性的不同层次

163 虽然畜牧业的技术和实施这项技术的工艺在不同游牧地带之间并不是完全不同，但不同游牧地带的社会和政治组织程度却千差万别。横跨非洲、欧亚大陆，从东非的养牛者到蒙古的骑马牧民，政治单元的规模及其集权的程度沿着一条东北方向的路线变得更加复杂。原因似乎不是他们在内部组织畜牧生产的需求，而是他们对定居世界的适应。正如阿纳托利·M. 哈扎诺夫（Anatoly M. Khazanov）所记载的，游牧民族的牧民并非生活在真空中，而是一直和非游牧的邻居有着稳定的联系。①

这种相互交流产生了四种独特的社会和政治组织，分别对应于以下地区的游牧民：（1）撒哈拉以南非洲；（2）近东和北非的沙漠；（3）安纳托利亚、伊朗和中亚的高原地区；（4）欧亚大陆草原地带。这些都与游牧民在其与定居邻居交流时所处的社会复杂性层次相吻合。

（1）撒哈拉以南的非洲，无论是不同的世系，还是不同年龄的人群，都看不到领头人，它们之间是分散的关系。那里的牧民在殖民时代之前没有国家-社会。

（2）北非和阿拉伯地区，不同的世系有稳定的领头人，却没有超部落组织。在这些地区统一起来的部落群，其人口很少超过1万人。它们所面对的是与其有共生关系的区域国家。

（3）超部落联盟拥有十几万甚至更多人口，并由拥有强大势力的首领统治，首领属于伊朗或安纳托利亚大帝国内区域政治网络的

① Anatoly M. Khazanov, *Nomads and the Outside World*(Cambridge: Cambridge University Press, 1994).

一部分，他们或作为征服者，或作为臣服者，将部落与邦国连接起来，将部落与作为征服者或顺从者的国家联系起来。

（4）统治着广袤领土、集权的游牧国家，它们位于中国北部的大草原上，人口最多时接近 100 万人。对周边定居文明资源的汲取为这种国家提供了支持。

进一步的研究表明：每一个大组织都是由小要素组成的。血缘组织是最常见的类型，但是在较大的组织中，它们不是自主的。同样地，统治着广阔领土的游牧国家被细分成更小的部落。

研究游牧社会的大多数学者将对外关系而非本土化发展视为这些差异的根源。①他们指出，游牧民族高度分散，人口密度低，没有显著的分工，难以有效地征税。从一个地区到另一个地区多种牲畜组合或放牧的模式实质上均不需要更高层次的组织。相反地，游牧体系的军事和政治复杂性是对邻近非游牧社会带来的威胁和机会的
一种适应形式。然而，也有人声称其内部力量可以解释这些差异， 164
如果我们认为作为精英的游牧民族统治了农业人口或者游牧社会的阶级分化已经出现的话。②

理解游牧民族的社会和政治组织

部落因其内涵，而在人类学和历史学上一直是一个古老的术语。但是，如果在技术层面上去描述通过血缘、血统建筑起来的社会，

---

① William G. Irons, 'Political Stratification among Pastoral Nomads,' in L'Équipe Écologie, ed., *Pastoral Production and Society*(Cambridge: Cambridge University Press, 1979); Thomas J. Barfield, 'The Hsiung-nu Imperial Confederacy and Foreign Policy,' *Journal of Asian Studies* 41(1981), 45 - 61.

② Nicola di Cosmo, *Ancient China and Its Enemies: The Rise of Nomadic Power in East Asian History*(Cambridge: Cambridge University Press, 2002); David Sneath, *The Headless State: Aristocratic Orders, Kinship Society, and the Misrepresentation of Nomadic Inner Asia*(New York: Columbia University Press, 2007); Boris I. Vladimirtsov, *Le régime social des Mongols: Le féodalisme nomade*(Paris: Adrien Maisonneuve, 1948).

那么，世界上大部分的游牧者事实上都是一个部落。他们的基本政治结构（至少在理论上）是应用血缘关系模式建立共同群体，这类群体一致地组织经济生产，保持内部政治秩序，并保护群体免受外来影响。这个系统中个人和群体之间的关系是通过社会空间而不是地理区域来确定的。因此，人们认为自己是一个具有特定含义的社会群体中的一员，而不是一个特定地方的居民。这对经常在物理空间中移动的人确定社交空间是一个特别有用的方法。

尽管部落经常基于谱系的原则定义自己，但是以经验而论“真正”的亲属关系（基于血缘和从属关系的婚育或是收养）仅在较小的单位内才是明显的：核心家庭、延伸的家庭和地方世系。就更高级别的群体部族和部落而言，它们常发现在其内部建立以政治为基础的关系是很有必要的，因为亲属关系作为庞大群体的组织模式，在其基于血缘的幌子不能维系下去之时问题重重。为此，重要的是要用分析的方法辨别这个部落是一个基于谱系模式的最大群居单位，还是一个将一些不相关的部落联合起来共同创造一个超部落政治实体的开放的部落联盟。

例如，在伊朗和蒙古，基于血统的部落比部落联盟的意义要小很多。这样的联盟吞并整个部落并且使地方领导者服从于中央可汗的统治，它们是通过政治秩序的强加而产生出来的。这种政治秩序是通过从上而下实施重组（而不是从下而上的联盟）的产物。尽管随着时间的推移，那些进行联盟的特定部落和氏族可能会发生改变，但联盟往往能跨越几个世纪。在伊朗高原和蒙古地区诞生、由具有至高权力的可汗统领的强大且长久存在的部落联邦，与政治体系支离破碎的贝都因部落形成鲜明对比，在阿拉伯和北非地区，超部落联盟形式非常罕见或极不稳定。在早期伊斯兰的征服之后，起源于阿拉伯的贝都因人部落在中东和伊朗扮演着日渐衰落的角色。在这一时期，来自中亚的土耳其部落开始在部落间主
165 导政治格局，并且成为稳定政府的统治者。这些差异源于文化和政治的不同。

有两种不同的部落传统文化和政治风格的类型。①第一种是和阿拉伯的贝都因人、北非或者是东非努尔人密切相关的世系类型，其特点是平等、分散。第二种是突厥-蒙古人所特有的等级部落模式，他们从欧亚中央大陆进入伊朗和安纳托利亚高原。前者只有暂时的领导者或是弱小的酋长（族长，阿拉伯酋长），这种酋长的权威仅限于自身所属的世系、氏族或部落。因此，其政治单元的最大规模很少能超过1万人，并且部族（落）越大，其政治单元可维系的时间越短。相比之下，突厥-蒙古的领导者（可汗）有能力命令其随众并且在伊朗形成联盟，一般能统治超过10万或更多的人。沿着中国、蒙古的边境，游牧民族定期地形成能够管理数百万人的帝国。

两种类型的组织形式显示出非常不同的政治形态。由平等的世系组成的部落，其统领通过协商或调解的方法管理部落。他们通过使用分裂反对派的方法来团结对手部落，其中合作或敌意是由当前问题涉及的范围决定的。通常而言，在面对共同的外来威胁时，那些分裂这种平等世系的许多小争端将被暂且放到一边。但是这些团体的血缘天性也会使它们拒绝接受来自竞争血亲团体的最高领导者的永久权威。出于这个原因，正如伊本·赫勒敦所首次指出的，只有一个站在部落系统外部、通常会假借宗教先知之名的领导，才有望获得争吵不断的部落的合作，以此去建立一个超部落组织：

> 贝都因人能够通过宗教色彩来获得皇室权威，如先知或是圣徒，或者一些伟大的宗教活动。原因是他们的野性，在所有国家中，贝都因人是最不愿意服从他人的，因为他们是粗鲁的、骄傲的、雄心勃勃的，并且渴望成为领导者。他们个人的雄心是很少一致的。但是当有宗教信仰通过先知或圣徒（在他们中

① Charles Lindholm, 'Kinship Structure and Political Authority: The Middle East and Central Asia,' *Comparative Studies in Society and History* 28(1981), 334 – 355; Thomas J. Barfield, *The Perilous Frontier: Nomadic Empires and China*(Oxford: Blackwell, 1991).

> 间）传播时，他们就会在自己身上施加一些影响、约束。他们不再具有傲慢和嫉妒的品性。然后团结是很容易的（成为一个社会组织）……这是崇奉伊斯兰教的阿拉伯王朝所指示的。宗教用宗教法律和法令巩固了他们的领导，这些法律、法令或显或隐，关心的都是有利于文明教化的问题。①

最典型的例子是阿拉伯贝都因人在伊斯兰教早期的动员，当时宗教使他们联合成为一种单一的力量。不过，总体而言，主张平等的部落认为庞大的部落组织是没有什么必要的，因为他们通常面对的仅是小型的地域邦国而不是中央集权帝国，他们与周边的城市是共生关系，并且与当地的农业、城市人口拥有共同的文化。

166 相比之下，在公元1000年之后，进入伊朗、安纳托利亚高原的游牧民族有着非常不同的政治组织概念。如果我们对亚洲西南部过往千年的历史做一粗略审视，便可显见一个几乎没有中断的大帝国、大王朝的序列，它们是由游牧部落（大多数是突厥游牧部落）创立的，包括：塞尔柱突厥人、伽色尼人（Ghaznavids）、花剌子模人、蒙古伊儿汗国、帖木儿汗国、奥斯曼帝国、白羊王朝（Aqquyunlu）、乌兹别克和基齐勒巴什（Qizilbash），它们只是一些比较突出的角色。这些帝国、王朝或军队大部分起源于欧亚核心地带，它们汲取了来自蒙古草原骑马民族的文化传统。这些突厥-蒙古部落体系接受亲属组织等级差异的合法性，这样就给老辈和少辈，高贵家族和普通家族，以及统治者和被统治者之间的身份作了社会等级划分。接受等级制度作为部落生活的正常形态，使其统领更容易通过各种方式将个人、地方世系、部族联系起来，创建超部族联盟，且将整个部落作为一个政治（或军事）组织的组成部分，对外建成一条统一战线。

这些部落联盟将来自不同部落的数十万人团结在一起，它们唯

---

① Ibn Khaldun, *The Muqaddimah*, trans. F. Rosenthal (Princeton: Princeton University Press, 1967), 121.

一共有的恐怕就是政治统一了。宗教领袖如果是重要的，也只是在游牧民族在政治上统一时才具有这种地位。一个统治王朝的权威一旦被确立，就会成为一种严格的世袭制，并且很少有来自下层的挑战。他们的可汗有命令服从（在必要时通过使用武力）、征税、掌管司法和处理所有外部政治关系的权力。这样的王朝通常能够持续几个世纪，但是需要稳定的税收来维系。

游牧帝国和中原王朝

最庞大、最复杂的游牧民族政治组织出现在中国北部长城的前沿地带，在很大程度上，其目的是为了应对由中国统一而产生的帝国政府。在蒙古，单一的游牧部落无法有效地去对抗一个统一的中原王朝，以此来获得贸易和援助，也不能阻止来自中原王朝的侵略。然而，在广阔大草原的领导阶层的统率下，他们能够组织起有效的防御，对抗中原人，更重要的是，也能够创造一个“影子帝国”，以与中国并立的地位处理战事或进行外交协商。这样的草原帝国并不是专制主义、中央集权性质的，我们毋宁说它是以帝国形式出现的联盟，其所采用的原则如下：部落的组织形式，各土著部落领导者在地方层面施行统治，与此同时，帝国的架构保留下来，对外交、军事事务享有排他性的垄断控制权。①

这些政治组织的稳定性取决于从中原王朝榨取的大量财富（其手段有：劫掠、贡物、边境贸易和国际性的奢侈品转口贸易），而不是通过向自给自足的草原游牧民征税。当中原强有力的中央集权王朝出现时（这类本土的中国王朝有汉〔前 202—公元 220〕、唐〔618—907〕、明〔1368—1644〕等），同样有一些游牧帝国出现。当 167
中国陷入政治混战和经济萧条时，统一起来的草原政治组织便乘机

① Barfield, 'The Hsiung-nu Imperial Confederacy and Foreign Policy,' *Journal of Asian Studies*(1981) 41:45-61.

通过敲诈勒索获得繁荣。

游牧民族有一个更为艰难的巩固时期，那时中国的北部处于外来王朝的统治下，如鲜卑族拓跋部统治下的北魏（440—557）、女真族统治的金（1115—1234），又或是满族统治下的清（1644—1911）①，这些王朝选择吸引而不是排斥其游牧邻居。他们综合运用各种政策，或与游牧民族进行政治联盟，或采取惩罚性的军事行动，或开放边境贸易，意图阻碍蒙古游牧民族的统一，从而实行间接统治。成吉思汗治下蒙古族的成功，其标志在于游牧民族驱逐了外来民族王朝的侵略，以此，他们创造了一个在欧亚占主导地位的超级大国。

蒙古游牧民族的实力在于将中原王朝视为一个与其在政治和军事上平等的国家，这是非常不可思议的。在面对中原王朝时，游牧民族的人口数量通常是很小的，也许总体上大约有 100 万人，他们试图去劫掠当时统治着超过 5000 万人的汉朝和 1 亿人左右的唐朝。然而，借助源源不断的马匹供应，作为机动骑兵战争的大师，草原游牧民族能够让战场上的少数军队发挥最大作用。他们能够集中所有的力量来对抗单一的点，使用一种马上射箭的作战方式（在远距离攻击或撤退时都是有效的），并且相比他们的定居邻居而言，能够调动更多的人口参与战争。然而，除了成吉思汗的统治及其下一任继任者，其他的游牧民族在攻击中原王朝时不能很好地打破用于防卫的城墙，或是施行长期围困。

蒙古游牧民族必定会对中国政府最高层次的决策产生影响，因为对外政策是在朝廷制定的，无论守边大员还是边境官员都没有决定权。为此，游牧民族第一次实施了带有侵略性的恐怖策略，以此来扩大他们的权力。他们充分发挥实力上的优势进行突袭，以此深入中原，然后在中原王朝有时间反攻之前撤退，所以他们能够随时威胁边境。由此引起的暴力和破坏，刺激中原王朝达成有利于游牧民族的谈判协议。反抗游牧民族的军事行动通常被证明是无效的，

---

① 原著如此。清朝统治的是统一的中国。——编者注

因为他们总是可以撤退，并且他们的土地不可能永久地为中原王朝所占领，因为那里不适合农耕。

游牧民族的策略中较为引人注目的元素是有意拒绝占领中国的领土，那样他们就要守卫它了。他们知道，如果守住一个定点，他们不可能有希望去击败中原庞大的军队。他们还缺乏有效的管理技能来高效管理所征服的陆地。游牧民族的策略之一是敲诈勒索，让中国长官去征税和守卫自己的领土，领土因游牧民族的攻击而被置于危险之境。作为不侵扰中国的回报，游牧民族希望获得丰厚的报酬。报复游牧民族的选项几乎是没有的。攻击游牧民族的军事行动可能获得暂时的效果，但是通常要比和平条约耗费更多，并且破坏了中国的经济。事实上，中国本土王朝对游牧民族坚持征伐政策的， 168
仅限于某几位皇帝在位期间。但是，忽略游牧民族也不是办法，因为这会引起对边境的袭击，游牧民族直接夺取战利品并且给边境地区带来极大的破坏。

游牧民族和中国本土王朝之间的关系模式遵循一个常规的套路。起初，新的游牧帝国会以暴力袭击去恐吓中国朝廷。然后他们会寻求确保边境一带和平的条约，以此为代价，获得直接补助和贸易特权。战争威胁或战争本身会成为定期使用的手段，用来增加补助的规模、完善边境贸易的条目。尽管条约创造了长期的和平，但暴力威胁始终潜伏在表面和平之下。中行说是公元前 1 世纪时为匈奴服务的中国叛逃者，曾经简单明了地警告过一些汉朝使者，他们正面临着危险：

> 只要确保你们给匈奴带来的丝绸、粮食分量足够、质量上等就行了。还需要谈什么呢？如果你们提供的货物分量足够、质量上等，但是你们所进贡的东西有任何瑕疵和质量问题，当秋收来临的时候，我们会带着马来践踏你们的庄稼！①

① Burton Watson, trans., *Records of the Grand Historian of China* (New York: Columbia University Press, 1993), 2: 144 - 145.

中国最初用一个设计精巧的“朝贡体系”来伪装绥靖政策的本质，这种大量支付财物给游牧民族的朝贡体系被表述为赐给忠诚下属的礼物，这些所谓忠诚的下属在理论上要向皇帝朝拜。这种体系的花费是极高的。例如，在公元 50—100 年间，这种体系在东汉时期首次被正规化，记录显示，估计每年直接补助给中国边境百姓的花费就达到汉朝政府支出的三分之一或帝国所有收入的 7%，物品的价值在现代约值 5 亿美元。①唐朝在 9 世纪中期也有类似的给草原游牧民族的巨额支付，那时回鹘人收到中国一年 50 万匹的丝绸补贴，伪装成是对进贡战马的报酬。②16 世纪，明朝对蒙古族也有类似的安排，包括一个涵盖范围极广的支付体系，以及牵涉到马匹、茶叶且利润丰厚的贸易协议。③

随着联系变得更加频繁和有利可图，游牧民族发现他们不再需要去威胁中国，赤裸裸敲诈的政治已经发展成为一种共生关系。随着时间推移，他们看到：对其自身而言，保护为其提供大量支付的王朝符合其最大利益。所以游牧帝国开始在中原王朝衰落时，为疲弱的中原王朝提供关键的军事援助。这种援助包括以援军的形式去守卫边境，使其免受来自草原、不属于中国的敌人或军队的攻击；这些援军还帮助镇压中国境内发生的叛乱。在东汉（25—220）时，游牧民族的军队对维护边境安全而言具有至关重要的作用；回鹘人在 8 世纪中期参与扑灭了安禄山的叛乱，而使唐王朝免于覆亡。

169 游牧草原帝国对中原王朝产生了深远影响，因为它催化了远距离的对外贸易。由中国输血、以奢侈品资助游牧民族的政策吸引了来自西方的国际商人，这些人往往利用游牧民族的政治影响力

---

① Ying-shih Yü, *Trade and Expansion in Han China: A Study in the Structure of Sino-Barbarian Economic Relations*(Berkeley: University of California Press, 1967), 61 - 64.

② Colin T. Mackerras, *The Uighur Empire(744—840) According to the T'ang Dynasty Histories*(Columbia, S.C.: University of South Carolina Press, 1972).

③ Morris Rossabi, ‘The Tea and Horse Trade with Inner Asia during the Ming,’ *Journal of Asian History* 4: 2(1970), 136 - 168.

去建立自己与中国的盈利关系。如果断绝草原游牧势力染指东突厥斯坦绿洲资源的通道，它们的力量就会遭到削弱。这样的愿景将中国的力量吸引到所谓的“西域”，这个地区充当了欧亚大陆中部主要的东西陆路交通站。事实上可以说，在没有游牧民族压力的前提下，鉴于传统儒家对外贸的消极态度，是不可能有“丝绸之路”的。

中国边疆的政治局势对欧亚大陆也有着广泛影响。在蒙古团结起来的这段时间内，弱小部落经常利用向西流动，逃避被统治的命运。在这个过程中，他们经常取定居的游牧民族而代之，而后者又将挡在其面前的其他人赶走。长久以来，蒙古草原的这种政治动荡和他们更深入西方的结果之间的关系吸引着欧亚大陆历史学家的关注，但是其他地区也有着类似模式，如19世纪南非祖鲁人的崛起。①为了应对欧洲扩张，先前在畜牛民之间呈现出去中心化特征的同龄组体系，促进了祖鲁人的快速转换，使他们进入集权国家的状态，其手段与2000年前我们在中蒙边境所见到的有惊人的相似之处。祖鲁向周边扩张的结果具有同样的破坏性。②

长途贸易

游牧民族掠夺和征服的历史吸引了大部分的关注，相对来说，促进陆路贸易的欧亚游牧民族获得的关注却少得多。没有他们的配合，连接中国、西方的著名丝绸之路就不会存在。他们既保护了线路，也使用其军事力量打开了中国市场。事实上，虽然通常认为中

---

① Frederick J. Teggart, *Rome and China: A Study of Correlations in Historical Events* (Berkeley: University of California Press, 1939); Andre Gunder Frank, 'The Centrality of Central Asia,' *Studies in History* n.s. 8: 1(1992), 101 - 106.

② Leonard Thompson, 'Conflict and Cooperation: The Zulu Kingdom and Natal,' in Monica Wilson and Leonard Thompson, eds., *The Oxford History of South Africa*(Oxford: Oxford University Press, 1969); Monica Wilson, 'The Nguni People,' in Monica Wilson and Leonard Thompson, eds., *The Oxford History of South Africa*(Oxford: Oxford University Press, 1969).

国青睐这样的贸易，但实际上儒家官员却尽力地限制中国出口，因为他们相信这样会削弱国家和破坏经济。这种态度与蒙古游牧民族的精英形成了鲜明对比。他们积极倡导贸易并且试图吸引商人到其领地，因为游牧经济除了羊、马以外，其他无法自给自足。

虽然动物畜牧业生产了活的动物、皮毛、奶制品、羊毛和多余的毛发，但只有通过与定居区域进行交换，才能使游牧民族获得其自身无法生产的大宗商品。由于大多数草原部落专事同一类型的动
170 物生产，因此经常需要长途运输。他们所寻求的最重要的产品是谷物、金属（铁、铜、青铜原料或成品）、麻或棉。定居区域是游牧民族梦寐以求的奢侈品如丝绸、绸缎、酒、贵金属、青铜镜甚至是乐器的来源地。与将出口贸易看作国家财富流失截然不同的是，游牧民族认为这是繁荣、稳定之源，因为它使得经济多样化，并且为草原自身所不能提供的生活必需品和奢侈品提供了渠道。

对贸易的需求、对奢侈品的榨取随着草原统一而呈指数级地增加。游牧帝国的领导者，例如匈奴单于或突厥可汗，对领导权进行大规模的再分配，其权力的安全性大部分取决于从中国获取收入、确保贸易特权的能力。但游牧民族对奢侈品的需求越来越大，尤其是丝绸，虽然并不仅是为了自用。一旦他们获取了这些大宗物品的剩余价值，蒙古游牧民族就成为国际转口贸易的中心，这个中心会吸引许多商人，尤其是来自中亚绿洲的商人，成为连接中国和西方经济的富有中间商。

更引人注目的是，在唐代，蒙古出现了贸易城市，如回鹘人的首都窝鲁朵八里（Karabalghasun），建于唐帝国建立之初（8 世纪）。尽管作为游牧民族的统治者，回鹘人的精英也充当从中国引入利润丰厚的丝绸转口贸易的中间人。为了处理大量货物，他们需要在大草原上找到一个城市中心，作为储存丝绸和接纳涌入蒙古购买丝绸的商人的地方。9 世纪 30 年代阿拉伯旅行家塔米姆·伊本·巴赫尔（Tamim ibn Bahr）到访窝鲁朵八里，将其描述为一座大城，有 12 座铁门封闭城堡，人们实行精耕细作。该城人口众多并且充斥着市场

和各种交易。

因此，尽管蒙古从来不是一个生产中心，但作为游牧帝国的中心，就像贸易的抽水机，抽取中国的剩余商品，并重新投向国际市场。虽然经常有学者指出草原的政治统一通过保卫和平通道促进了长途陆路贸易，但有一个观点同样可能是正确的：游牧民族自身（不是中国）是沿丝绸之路进行贸易的发起者。如果我们撇开游牧民族本身转售的货物，而将卷入官方朝贡之旅或在游牧国家保护下展开旅行（目的是参与边境贸易）的外商数量考虑在内，这个观点的正确性尤其显现出来了。属于后一种情况的外商可能更重要，因为在强大游牧帝国的外交保护下，富裕的外国商人不太容易受到中国官员的剥削。

这种情况的最好例子可以追溯到唐朝，即来自西突厥斯坦的粟特商人与突厥人、回鹘人之间的关系。汉末以来，粟特人已闻名中国。但在6世纪初期，他们是与直至840年统治蒙古的一系列突厥帝国结盟的。在朝贡之旅期间，贸易享有外交保护，在此前提下，令中国人恼火的是游牧民族经常放任粟特人出入。他们在其拥有治外
法权的中国都城也受到了保护，并且在中国成为最活跃的外国放贷 171
者。粟特人的成功在某种程度上归结于他们与突厥人、回鹘人之间的密切联系，唐王朝的官员是害怕冒犯他们的。

而陆上丝绸之路和与之相关的奢侈品贸易在强有力的蒙古草原部落崛起之前就发展得很好，显而易见的是中央集权对其扩张起到了刺激作用。游牧民族自身不是伟大的长途贸易商，但是他们充当了中亚地区的庇护人。在汉代至唐代游牧民族政治势力发挥作用的时期，丝绸之路发挥了最重要的作用。也许更重要的是，从中国朝贡获得的大量精致丝绸带来的不仅是财富，它还创造了一种用丝绸匹数计量的国际货币，毫无疑问，丝绸在任何地方都是有价值的。这就意味着它能够用来购买游牧民族想要买的所有东西，并且吸引商人将进口物品卖到蒙古和中亚。这些物品的价值和利润是巨大的，不仅是因为在西方丝绸的价值等同于黄金，而且也因为对游牧民族

而言，这基本上是一种免费物品。他们无需担心丝绸生产本身、染色或编织的成本。他们唯一的成本是运输和存储。

这个网络的运作在蒙古帝国时是显而易见的，那时中国和草原都在创始于1234年的游牧民族王朝的统治之下。①与试图去限制、控制对外贸易的中国本土王朝不同，蒙古族实际上创建了与获得政府融资的国际商人合作的类似政府的贸易公司（斡脱〔ortaq〕）。最初，他们有进入蒙古驿站系统的特权，并且被视为无需承担大多数国家义务的特权阶层。在蒙哥大汗统治期间，虽然斡脱失去了许多特权，但国际贸易仍是整个王朝的优先事项，包括纸币这样的创新。他们还高度重视保护陆上丝绸之路的安全。但是直接控制中原王朝的草原游牧民族是很少见的，他们对游牧民族的贸易也是不感兴趣的。尽管中国产品的流动将重要性赋予丝绸之路，但使得这些产品快速流动的是游牧民族，而中原王朝如果有选择权，其自身是不会允许这种情况出现的。如果你愿意，游牧民族可被看作欧亚国际陆路贸易的始祖，他们为整个贸易线路沿线民族提供的东西是后者无法拒绝的。

游 牧 王 朝

矛盾的是，当游牧民族以统治精英之身放弃游牧从而过上定居生活时，他们对定居世界的人们产生了最大的历史影响。事实上，
172 人们所认为的对定居社会产生的“游牧影响”，其大多数的历史内涵是：某些游牧民族精英的价值观、品位和政治组织样式被强加到了定居人口头上，而后渗透到更大范围的社会中。

这在北非、近东和中亚表现得尤其明显，这些地区一系列的重

---

① Thomas T. Allsen, *Mongol Imperialism: The Policies of the Grand Qan Mögke in China, Russia, and the Islamic Lands, 1251—1259*(Berkeley: University of California Press, 1987) and *Culture and Conquest in Mongol Eurasia*(Cambridge: Cambridge University Press, 2001).

要王朝呈现给我们的是变身为帝国征服者的游牧部落的清单。中世纪的阿拉伯史家伊本·赫勒敦曾经提出一个取代北非伊斯兰教王朝的通用模式，在定居王朝中，弱小的王朝会被沙漠的游牧民族取代，他们拥有优越的军事能力和“团队精神”，他认为这个过程每隔三四代人就会发生。而这一过程很规则地出现在欧亚大陆，古代、中世纪统治伊朗高原和伊斯兰教时期统治安纳托利亚的大多数王朝都起源于游牧民族。同样，中国的王朝史也有许多外族统治时期，他们起源于草原上的游牧民族。特别是东汉灭亡之后不久的3—6世纪，唐朝覆亡之后的10—11世纪，最为著名的是蒙古征服之后在成吉思汗后裔统治下的时期（13—14世纪）。

相比之下，一直停留在游牧阶段的游牧民族产生的影响要小得多。与那些城市化的农业社会相比，他们的人口规模也小得多，而且作为游牧民族，他们一直在迁移且分散得很广泛。游牧民族的经济往往是千篇一律的，依赖与城市区域的经济联系，后者提供金属、织物、食品，同时也是销售牲畜的市场。即使他们大肆吹嘘可以摆脱“定居区域”，并且获得政治独立，游牧民族如贝都因人却很容易受到剥削，因为他们依赖定居区域获得如工具、武器之类的必需品。

以上情况甚至适用于定居区域起源于游牧民族的王朝统治之时。虽然人们可能会认为游牧民族将在更多的情况下受益，是他们的人民掌握了权力，但事实并非如此。征服王朝总是试图利用他们新近获得的权力，通过拒绝分享收入或政治权力来粉碎更具游牧性质的远亲的自治权。

历史上游牧民族的衰落

在“火药革命”发生以后，马上射箭的军事优势（它给予游牧民族长达2000多年的政治优势）减弱了，游牧民族在历史上的重要性有了显著下降。到18世纪中期，随着中华帝国的扩张，俄国摧毁了亚洲游牧民族的最后独立。游牧民族经历了从享有平等政治地位到沦为殖民地臣属的转变。在非洲，到 19 世纪末，欧洲殖民扩张消除了游牧民族对邻人的政治控制。随着机动车和飞机的出现，阿拉
173 伯、北非的游牧民族在 20 世纪初失去了他们的自主权。单纯的逃逸，消失在无人尾随进入的大漠中再也不能令他们摆脱受人摆布的命运。

尽管衰落了，但游牧民族的遗产保持着一种不可动摇的历史想象力。中国以长城作为这个国家的伟大象征，虽然它消耗了巨额经费，但其缘由在于中国人是如此惧怕他们北部的游牧民族；温文尔雅的开罗和大马士革城市居民也无法摆脱西方使用骆驼作为整个中东的卡通标志；依靠长矛、傲慢的马赛勇士仍然是一个受欢迎的肯尼亚旅游海报图标；在通俗小说中，成吉思汗的骑兵仍然频繁地蹂躏着欧亚大陆。但是或许游牧民族最为持久的遗产从未得到过足够的评论：在古代世界大部分地区的人们所穿的飘逸长袍、宽袍和礼服，终被裁剪过的衣服所取代，而后者更适合骑在牲畜上的人。

参考书目

- Allsen, Thomas T. *Mongol Imperialism: The Policies of the Grand Qan Möngke in China, Russia, and the Islamic Lands, 1251—1259*. Berkeley: University of California Press, 1987.
- ——. *Culture and Conquest in Mongol Eurasia*. Cambridge: Cambridge University Press, 2001.
- Barfield, Thomas J. 'The Hsiung-nu Imperial Confederacy: Organization and Foreign Policy,' *Journal of Asian Studies* 41(1981), 45 - 61.
- ——. *The Perilous Frontier: Nomadic Empires and China*. Oxford: Blackwell, 1989.
- ——. 'Tribe and State Relations: The Inner Asian Perspective,' in Philip Khoury and Joseph Kostiner, eds. *Tribes and State Formation in the Middle East*. Berkeley: University of California Press, 1991, 153 - 185.
- ——. *The Nomadic Alternative*. Englewood Cliffs, N.J.: Prentice-Hall, 1993.
- Di Cosmo, Nicola. *Ancient China and its Enemies: The Rise of Nomadic Power in East Asian History*. Cambridge: Cambridge University Press, 2002.
- Frank, Andre Gunder. 'The Centrality of Central Asia,' *Studies in History* n.s.

8: 1(1992), 101 – 106.

- Khaldun, Ibn. *The Muqaddimah*, trans. Frans Rosenthal. Princeton: Princeton University Press, 1967.
- Khazanov, Anatoly M. *Nomads and the Outside World*. Cambridge: Cambridge University Press, 1994.
- Lindholm, Charles. 'Kinship Structure and Political Authority: The Middle East and Central Asia,' *Comparative Studies in Society and History* 28 (1986), 334 – 355.
- Mackerras, Colin. *The Uighur Empire (744—840) According to the T'ang Dynastic Histories*. Columbia, S.C.: University of South Carolina Press, 1972.
- Rossabi, Morris. 'The Tea and Horse Trade with Inner Asia during the Ming,' *Journal of Asian History* 4: 2(1970), 136 – 168.
- Sneath, David. *The Headless State: Aristocratic Orders, Kinship Society, and the Misrepresentation of Nomadic Inner Asia*. New York: Columbia University Press, 2007.
- Teggart, Frederick J. *Rome and China: A Study of Correlations in Historical Events*. Berkeley: University of California Press, 1939.
- Thompson, Leonard. 'Conflict and Cooperation: The Zulu Kingdom and Natal,' in Monica Wilson and Leonard Thompson, eds. *The Oxford History of South Africa*. Oxford: Oxford University Press, 1969.
- Vladimirtsov, Boris I. *Le régime social des Mongols: Le féodalisme nomade*. Paris: Adrien Maisonneuve, 1948.
- Wilson, Monica. 'The Nguni People,' in Monica Wilson and Leonard Thompson, eds. *The Oxford History of South Africa*. Oxford: Oxford University Press, 1969.
- Yü, Ying-shih. *Trade and Expansion in Han China: A Study in the Structure of Sino-Barbarian Economic Relations*. Berkeley: University of California Press, 1967.

胡　婷　译　屈伯文　校

第十章　国家、国家转型和战争

查尔斯·蒂利

176　3000年前，中东地区的国王们不会虚情假意地表现自己的谦逊。他们宣称自己受到了众神的庇佑，甚至宣称自己就是神。他们会因自己在残暴地对待敌人时所表现出来的力量而狂喜，他们有文士为其撰写吹嘘自己功绩的文章，并将这些文章刻写在黏土板、石柱或宏伟的纪念碑上。有关公元前1114—前1076年在位的亚述国王提格拉特·帕拉萨一世（Tiglath-Pileser I）的历史记载中就有类似的声明：

> 提格拉特·帕拉萨一世是强大的国王，无敌的宇宙之王，四方之王，统治者之王，万主之主，牧者，万王之王，虔敬的纯洁祭祀，依沙玛什（Shamash）之命被授予绝对的王权和控制民众的绝对权力；也是恩利尔（Enlil）的仆人，坚定的牧者，在众多统治者中他的名字被点出；他是尊贵的大祭司，亚述（Assur）①使他的武器锋利并任命他为永恒的四方之王，其领土远达上海和下海；他的辉煌照耀了四季，醒目的火焰如暴雨般笼罩着敌人的土地，恩利尔使他成为无敌手并击败了亚述的敌人。②

---

① “亚述”既是神名，也是帝国、城市之名。——译注

② Marc Van de Mieroop, *Cuneiform Texts and the Writing of History*(London: Routledge, 1999), 49.

提格拉特·帕拉萨一世宣称他受到了恩利尔神的庇佑，并在其指导下征服了大片土地。他以首都亚述城为中心缔造了一个大帝国。该帝国东抵扎格罗斯山脉，西达地中海，北抵凡湖，南达巴比伦。他从远至地中海、北非、波斯、印度洋和中亚的庞大贸易网络中获得收入。

提格拉特·帕拉萨一世缔造了一种国家类型，即将多个各不相同的纳贡单位整合在单一统治者及其官员之下的复杂帝国。本章将把中东地区的各个帝国置于一个囊括了整个世界并从公元前 3000 年
国家的首次出现至今的更广阔的国家范畴中来讨论，这使国家的历 177
史与战争的演变紧密联系起来。我们将发现战争深刻地影响了国家的组织形式并决定着它的生死存亡。同时，我们也将看到各个时期和地区的国家的主要特征反过来也塑造了当时的战争模式。

当提格拉特·帕拉萨创建他的帝国时，国家这种形式在中东地区已经相当成熟并互相征战了 2000 年了。国家是包括以下四种独特元素的权力组织：（1）重要的集中性强制手段，如军队；（2）至少部分地独立于血缘和宗教关系；（3）特定的管辖区域；（4）在这个区域，国家比其他组织拥有更高的行动优先权。国家的出现不早于公元前 4000 年，尽管这四种元素已经以互相孤立的方式单独出现了，但在公元前 4000 年前没人将它们整合在一起。在下一个千年里，国家成为欧亚大陆的永久性因素。

为了简化这一系列复杂联系，本章将就简明的国家模式作为视角，即国家包括一位统治者（即便这位统治者是一个立法机关或一大群贵族），一个统治机构（即便这个统治机构由很多部分构成或存在相互冲突的部分），一群被统治者（即便这些被统治者分布在各个地区并有着不同的利益和派别），以及各种各样的外部活动，从贸易、外交、大规模移民到战争，不一而足。此种简化方式可以使我们更容易地在众多国家中确定其共同的属性和系统性变化，包括它们对战争的参与。

如果我们所说的战争是指特定人群间的武装冲突的话，那么战

争显然比国家出现得早。①然而，国家的出现却显著地扩大了战争的规模。人类学家罗伯特·卡内罗（Robert Carneiro）认为这种关键性转变发生在石器时代晚期，他对此评论道：

> 直到石器时代晚期，战胜敌人的影响基本上局限于将敌人赶走。因此，这一类型的战争是为村庄的分离和独立服务的。随着农业的到来，人口数量的增长导致了可耕地的紧缺。随之而来的是一些新奇且抽象的事物。战争开始使胜利者合并那些被击败的村庄，并使之臣服，而不是赶走他们。随着村庄的扩大，政治组织也在规模和结构上有所增长。由众多村庄构成的单位——也就是酋长领地——首次出现在人类历史中。②

“农业的到来”意味着人类的生活方式向一种以驯化动植物为生的成熟且稳固的方式的转变。考古记录表明这种转变大约于公元前 8500 年首次出现在亚洲西南部，随后相继于公元前 7000 年出现在墨西哥，于公元前 6500 年出现在中国南部，于公元前 6000 年出现在印度河谷地（极有可能是从亚洲南部传入的）和新几内亚（极有可能是独立起源），最后于公元前 6000 年后出现在埃及和西欧（传入的）。③农业村庄组成了更大且更具差异性的政治单位。根据卡内罗
178 的观点，这一聚合过程进展极快，成熟的国家形态很快就出现了。从农业和贸易的角度来讲，是战争塑造了国家。这一过程首先出现在中东地区，紧接着就出现在欧亚大陆和地中海地区。

城市出现的时期和地区与国家大致相同。同国家一样，城市只

① H. Keeley, *War before Civilization. The Myth of the Peaceful Savage*(New York: Oxford University Press, 1996).

② Robert L. Carneiro, ‘War and Peace: Alternating Realities in Human History’ in S. P. Reyna and R. E. Downs, eds., *Studying War: Anthropological Perspectives*(Langhorne, Penn.: Gordon and Breach, 1994), 14.

③ Jared Diamond, *Guns, Germs, and Steel: The Fates of Human Societies*(New York: Norton, 1998), 100. Bruce D. Smith, *The Emergence of Agriculture*(New York: Scientific American Library, 1995), 13.

有在可以供养大量非农业人口的高效农业的支持下才可能出现。此外，城市还因大量的人口、分工和专业性活动以及作为远距离贸易和政治协作的中心而严格地区别于农业定居点。城市和国家一直处于矛盾状态中：城市中的商人和知识分子需要国家为其提供保护，但同时又抵制统治者强加在他们身上的剥削和控制。而统治者则从其自身的利益出发，经常试图压制城市居民的独立性，但又受惠于城市集中的资源，以及紧致的城市所带来的安全性（相对于分散的乡村）。

因此，国家与其领土内的城市的关系各有不同。城邦国家是一种极致形式，在这种形式下，城市中的少数寡头控制着国家。另一种极致形式是由游牧民族建立的帝国，这种形式的国家通常建有行政中心，但却经常通过夺取、劫掠和剥削其领土外的城市来供养自身。在埃及和中亚这样的地区，我们还不清楚早期国家是否可以在缺少大量城市的环境下蓬勃发展起来，而且到目前为止旨在确定这些国家的集中定居地遗址的考古活动也没有任何确定的结果。但无论怎样，我们都可以确定城市和国家是一同成长起来的。

随着定居农业的发展，城市很快就大量出现在中东地区，同时也在埃及、地中海地区、印度河谷地和中国大量涌现。所有发展出大规模种植业和养殖业的地区几乎都在几千年后出现了国家。农业（而不是畜牧、打猎和采集）通过产出大量剩余产品，鼓励贸易以及使人口定居在固定的社区中的方式促进了国家的形成。这三种方式都使统治者可以更容易地、更稳定地控制大量人口。这三种方式共同催生出了全职的专业人员：商人、祭司、官员、士兵和农民。①

但供养国家终究要消耗大量资源。即便一个弹丸小国也需要一位统治者、一支武装部队和各种代理人来保证其在规定领土内的优先权。大多数统治者还将资源分配给那些不是国家官员的人，他们会将国家的影响力扩展到自己的权力范围内。所有这些活动

① Diamond, 88 - 90.

都需要足以供养大量非农业人口的剩余产品。供养国家的典型资源包括劳动力、食物、牲畜、稀有物品、信息和金钱。纵观历史，统治者获取大量基本资源的方式包括对外掠夺，通过国有工厂生产，以物易物，出售其他产品，或剥削本国民众。提格拉特·帕拉萨一世以及后继的中东君主主要依靠掠夺和剥削的方式。

179 对外掠夺资源的做法（即大规模的抢劫和海盗活动）有时只适用于那些有着高机动性并全副武装的掠夺性国家。然而，这种方式有着极大的不稳定性，除非将其转变为定期缴纳贡赋的方式。通过国有工厂生产的方式有时会为统治者提供大量物资，这些统治者往往都是大地主，但这种方式通常对国家活动有着严格的限制并依赖于上下级之间的良好合作。以物易物或出售其他产品的方式，例如用矿物交换武装人员和其他用以供养国家的必需品，只建立在其他国家存在对该商品的需求和本国对该商品的垄断的基础上。只要有一个条件没满足，就会使采用这种方式的国家陷入物资短缺的困境中。如果替代能源的供应日渐丰富，那么能源资源的价格就会大幅下降，并有可能导致国家垄断的崩溃，如此一来，靠能源输出而繁荣起来的国家，如当今的阿尔及利亚、俄罗斯、缅甸和委内瑞拉，将很难维持其统治模式。长期来看，最后一种方式，即以税收、征兵、劳役以及其他类似方法向本国居民征收资源是供养国家的最可行方式。

纵观历史，对可以供养国家的资源的争夺和贸易是各种国家形式形成的主要原因，这些国家形式从专制帝国到宪政民主，不一而足。我们接下来要讨论国家的形成。几年前，在我分析与国家相关的各种进程的研究中，我犯了一个比较严重的概念性错误：我将“国家形成”这一术语引入了有关欧洲国家的学术讨论中。①我想以

---

① Charles Tilly, ed., *The Formation of National States in Western Europe*(Princeton, N. J.: Princeton University Press, 1975).

此取代另外两个学者经常用来形容强大的独立国家出现的术语——国家建设和政治发展。我不认为非西方国家可以或应该效仿强大的西方国家的发展方式。我误以为“形成”这一术语即避免了“建设”的工程含义，也避开了“发展”所带来的类似于经济增长的暗示。我认为“国家形成”这一概念有助于我们在进行历史分析时避开意向性和目的论。

可惜的是，“国家形成”这一术语虽然被迅速采用了，但却受到了目的论的曲解，这种观点认为国家形成的过程就像橡子长成橡树的过程那样固定。分析者常常用“国家形成”这个术语来确定一个标准的进程，即弱小的、处于从属状态的国家（也包括前殖民地国家）成长为一个以西方资本主义国家为模板的强大且独立的国家的过程。①学者们开始思索，为什么当地国家没有以正确的“形式”成长，并将其与欧洲模式互相比较。②为了避免这种目的论的影响，本章将“国家转型”作为讨论的主题，我认为“转型”是一系列产生出各种国家类型并无限期持续下去的进程。“转型”这个术语可能会有助于去掉那些认为这种进程会向预定方向发展的假设。对国家转型的研究集中在统治者之间的斗争和交易，以及统治的手段和条件上。这些斗争会变得愈发激烈，从而为战争作了准备。

本章的余下部分将会分为四个主题，分别是：对国家如何维持
自身生存的分析，详细考察战争在国家转型中的作用，几种主要国
家类型的比较，以及对世界现代史中的国家和战争的反思。在本章 180
的结尾处，国家和战争之间相互依存的历史关系将会变得清晰起来，
而现今的国家是否会打破这一相互依存的关系则是我们这个时代最
紧迫的政治问题之一。

---

① Charles Tilly, ‘Why and How History Matters,’ in Robert E. Goodin and Charles Tilly, eds., *The Oxford Handbook of Contextual Political Analysis* (Oxford: Oxford University Press, 2006).

② Miguel Centeno, *Blood and Debt: War and the Nation-State in Latin America* (University Park, Penn.: Penn State University Press, 2002).

强制机制、资本机制和义务机制

在过去，有两种因素会引发战争：或是由于军事建设（通常情况下）比其他活动需要更多的资源，或是由于在资源需求量增加之前，战争就已经一触即发。这就要求统治者加大获取资源的力度。那统治者们又是如何在其统治区域内获得必要的资源的呢？他们主要以三种相互依存的方式获取资源并维持其统治，这三种方式分别是：强制机制、资本机制和义务机制。①强制机制包括所有能够对人口、财产或维持社会角色的社会关系造成损失或损害（通常情况下）的协调一致的行动方式。武装、军队、监狱、有害信息和强制性的日常活动是其特有方式。提格拉特·帕拉萨一世吹嘘自己实行强制机制的权力。执行强制机制的机构有助于确定政权的性质。所有强制性程度较低的政权都是脆弱不堪的，而那些以高强度并更集中地执行强制机制的政权则十分强大。

资本机制指的是某些特定的资源，即可以通过生产增加其使用价值的可流通商品，以及对这类资源的强制性占有。国有资源包括人力资本、畜力、食品、工业原料、生物能源以及购买上述资源的方式。这一机制要求将大量物质资本（往往是通过强制性措施从统治者直接控制的自然资源中获取的）在一定程度上交换其他资源并满足被统治者的直接需求。提格拉特·帕拉萨一世在自述中将资本机制一笔带过，但若缺少了贡赋和税收，他的政权连一年的时间都支撑不到。

义务机制指的是促进各社会阶层（个人、团体、组织和阶级）互相关心的各种关系。例如，共享的语言将各社会阶层紧密地联系在一起，而不需要任何强制机制或资本机制。同强制机制和资本机制的结构一样，实行义务机制的地方组织的形式也是多种多样的。

---

① Charles Tilly, *Trust and Rule*(Cambridge: Cambridge University Press, 2005).

义务机制可以通过共同的宗教或种族、贸易联系、共同工作带来的团结感、共同的体验以及更多其他方式来实现。提格拉特·帕拉萨一世声称他有大神恩利尔的庇佑，进而以恩利尔之名进行统治。在某种程度上，此种义务机制使统治者和被统治者联系在一起，部分地代替了强制机制和资本机制的作用。此外，一旦统治者通过强制机制和资本机制攫取了权力，他们通常会通过建立义务机制来促进发展并巩固其统治。例如，他们会提高本族语言的地位，给予自己家族和亲信家族以特权，偏爱特定的宗教习俗，并谱写本民族的起源神话。

国运长久的国家会面临两项挑战：生产和再生产。不善于犒赏 181
随从、管理军队以及为臣民提供最低程度的保护的统治者都将大权旁落。然而，为了保证权力，统治者就必须一刻不停地获取新资源来重组由强制机制、资本机制和义务机制构成的联合体。自然灾害、军事征服以及人民反抗都会威胁国家权力的生成和再生成。即便是伟大的拿破仑也在军事失败后丢掉了统治权。

在强制机制、资本机制和义务机制中，不同的国家会侧重不同的方面。一个类似蒙古那样具有高机动性的掠夺国家主要依靠的是强制机制。而诸如文艺复兴时期的意大利城邦国家那样的以资本为中心的国家则代表了另一种极致形式，在这种形式中，即便存在世袭君主，商人们仍握有极大的权力。以义务机制为核心的神权国家，例如当今的伊朗，虽然依靠强制机制和资本机制以维持自身的统治，但同其他国家相比，它给予了神职人员和文化阶层以更大的权力。

在对这三种机制的依赖程度上，那些留有持续记录的最古老国家有着各不相同的侧重点。提格拉特·帕拉萨一世治下的亚述表明早期中东国家是通过军事征服进行扩张的，但其国王通常也是高级祭司，有的甚至自称为神。在埃及，一个有着强有力的强制力的统一国家于公元前3000年控制了尼罗河三角洲及其南边1000公里的土地。其庞大的宗教——王朝性纪念碑，例如狮身人面像和金字塔，是其统治者与众神的密切联系的有力证明。实际上，古王国时期（前 2686—前 2125）的巴勒莫石碑描述了荷鲁斯神向美尼斯授予埃及王位的情景，这位美尼斯国王大概在公元前 3100—前 3000 年的某个时刻统一了上下埃及，他是第一位完成统一大业的国王。虽然埃及的贸易范围至少达到了巴勒斯坦，但相较于强制机制和义务机制，资本机制在埃及似乎只处于次要地位。

但这不代表其他地区也是如此。在南亚的印度河谷地（一个富裕的文明大概于公元前 2500—前 1900 年在此地繁荣发展，并与中东地区保持着广泛的联系），考古资料显示此地存在大规模贸易，但没有巨大的宗教建筑和大规模军队。印度河谷地似乎养育出了一个资本密集型国家。而在中国，文献资料和考古材料仍有分歧，文献表明从公元前 2200 年开始中国就存在着王朝帝国，而物质遗存则表明互相敌对的城邦国家在公元前 1600 年左右才兴盛起来。但无论怎样，强制机制和资本机制在早期的中国贯穿始终，而祖先崇拜这样的义务机制似乎在国家控制方面没有像中东或埃及那样表现得特别明显。然而，我们马上就会发现秦汉时期（分别存在于公元前 221—前 206 年和公元前 202—公元 220 年，中间有中断）出现的统一国家一经建立就构建了一个以皇帝和天命为中心的精巧的义务机制。

在美洲，定居农业在公元前 2000—前 1500 年之后才有所发展，这比中东地区晚了将近 5000 年。但之后不久，诸如奥尔梅（Olmee）和查文（Chavin）这样的复杂文化就分别在加勒比海沿岸和安第斯
182 山脉发展起来了。在公元前 600 年，中美洲、安第斯山脉和太平洋地区的城邦国家开始互相贸易和对抗，并创造了宗教象征和纪念碑。这表明这些国家在三种方式间取得了相对的平衡。像玛雅（大概存在于公元前 600—公元 900 年，其尤卡坦半岛上的分支一直延续着，直到 16 世纪西班牙人将其征服）这样的帝国很快就出现了。

非洲的气候和植被分布状态阻碍了可以供应更多人口的密集农

业的发展和扩散，从而不利于城市和国家的发展。①因此，除了埃及和其不时占据的努比亚殖民地以外，公认的非洲本土国家的出现时间要晚于欧亚大陆和美洲大陆。由埃塞俄比亚出发，经努比亚，最后到达埃及尼罗河三角洲的贸易线路（也包括一些平行线路）将这些地区紧密地联系在一起，使这些地区荣辱与共。能够证实埃及和努比亚国家出现的最早的可靠证据大约出现在公元前3000年左右。公元前800年左右，达蒙特王国（D’mt kingdom）在埃塞俄比亚形成了。从那时起，国家就在从尼罗河三角洲到非洲之角的广阔地区持续存在了。

然而在非洲的其他地区，公认的国家在1000多年后才出现。例如，西非的加纳王国在公元700年左右将一些从事食盐和黄金贸易的城镇联合成了一个国家，并在公元1076年伊斯兰势力入侵前一直保持着独立。在南非，马蓬古布韦（Mapungubwe，现博茨瓦纳附近）古国存在于公元900—1000年间，其商人与非洲印度洋沿岸的各城邦国家有着频繁的贸易往来。中东、埃及、印度河谷 183
地、中国、美洲和非洲的早期国家在规模和组织程度上差异极大，直到现在仍是如此。为了追溯国家自首次形成以来几千年的发展历程，我们应该依大小和组织结构进行一次粗略的分类。图10.1为我们提供了一种分类方式。它的四角分别代表了四种极致形式：小规模的区域性城邦国家，这种国家通常只有一位统治者，但却依血缘、地区或贸易而划分成各个部分；统一的小型王国，其统治者有着严格的限定（通常是一位公爵或宗教首领，而不是国王），其权限覆盖整个王国；帝国，其统治者同样有着严格的限定，但其领土广阔并分成很多与中央保持不同关系的部分；以及非常少见的大一统国家，它有统一的统治者并在其广阔的领土上贯彻统一的统治体系。

---

① Christopher Ehret, *The Civilizations of Africa. A History to 1800*(Charlottesville, Va.: University of Virginia Press, 2002), chapter 4.

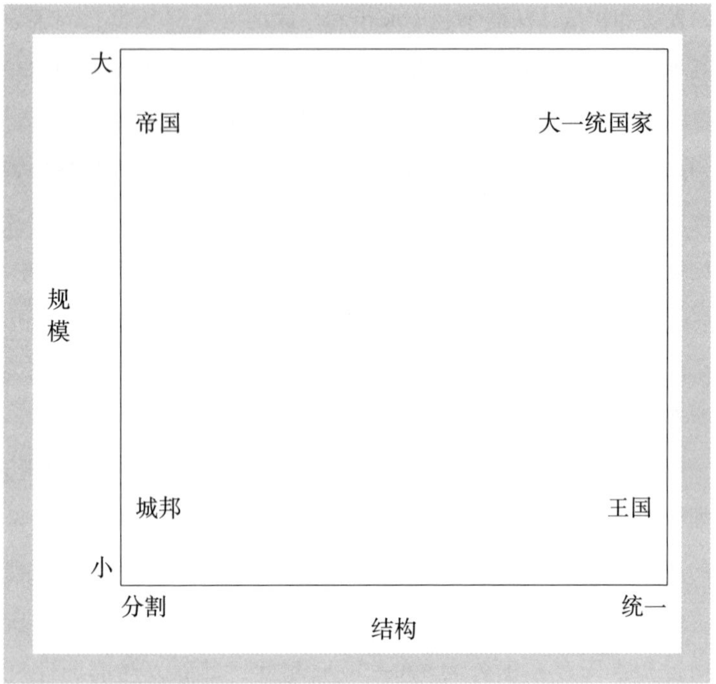

图 10. 1 世界历史上的主要国家类型

当然，历史上的所有国家都在这四种极致形式间徘徊。但这幅图表仍明确了两件事：第一，各个国家采取的形式不尽相同；第二，一般来说，国家会权衡规模，和将国家划分成各个部分的关系。虽然有大一统国家这种特殊例子，但国家通常会通过增添各不相同的单元的方式进行扩张，并且很少能使这些具有差异性的单元臣服于统一的统治体系。实际上，大多数大型国家都通过间接统治的方式进行管理，这意味着诸如军阀、宗族首领和地主这样的强大中间人将代表中央治理国家的各个地区，并因此享有极大的自主性。直接统治和集中管理仅仅在几百年前才扩散到世界上的大部分地区。主要的特例是大一统的中国，中国的中央权力在很大程度上于过去的2000年里对其庞大的人口（约占世界人口的六分之一）实行了直接统治和统一的集中管理。

战争和国家转型

即便在中国，战争也在塑造其主要的国家形式上扮演了重要的角色。战争是由两个或两个以上的相互制止或相互毁灭的武装力量构成的持续性活动。自国家出现以来，战争就在两种持续性形式间不断变换，一种是国际战争（两个或两个以上的国家相互对抗），另一种是内战（两个或两个以上的武装力量在一个国家的领土内相互对抗，通常会有至少一支武装力量宣称具有控制国家的权力）。战争对国家的影响从完全的破坏到加强中央权力不一而足。总体上讲，内战爆发于较弱的国家，并会进一步削弱这个国家。①但美国的内战却是个特例：由于进行了战争动员并强迫战败的南部邦联承认其权力，获胜的北方建立了一个拥有空前力量的国家。②

而拉丁美洲却是另一番景象：19 世纪频繁的内战和边境冲突催 184
生出一批极易走向军事独裁的脆弱国家。③欧洲在罗马帝国崩溃后分裂成一批区域性的主权国家，并爆发了长时间的掠夺和纷争，在这一情况下国际战争最终加强了胜利者的中央权力。④因此，战争对国家的影响大致是这样的：对胜利者而言，战争削弱了敌国并加强了本国统治者对国家军队的控制，进而增加了国家的中央权力；但对战败者而言，战争增强了国内反对势力的力量或削弱了统治者对国家军队的控制，进而削弱了国家的中央权力。

---

① Stathis Kalyvas, ' Civil Wars, ' in Carles Boix and Susan C. Stokes, eds., *The Oxford Handbook of Comparative Politics*(Oxford: Oxford University Press, 2007).

② Richard Bensel, Yankee Leviathan: *The Origins of Central State Authority in America, 1859—1877*(Cambridge: Cambridge University Press, 1990).

③ Centeno, *Blood and Debt*.

④ Victoria Tin-Bor Hui, *War and State Formation in Ancient China and Early Modern Europe*(Cambridge: Cambridge University Press, 2005). Hendrik Spruyt, ' War, Trade, and State Formation' in Carles Boix and Susan C. Stokes, eds., *The Oxford Handbook of Comparative Politics*(Oxford: Oxford University Press, 2007).

从事战争分析的学者在技术决定论和对国家文化的强调间犹豫不决。①例如，中国虽然发明了火药，但这并没有在短时间内对亚洲的战争方式产生多少影响，但当火药于14世纪30年代传入欧洲后就立即使炮兵成为欧洲战场的核心兵种，并使此后的战争更具毁灭性。从第一次世界大战开始，空中侦察和空中轰炸也大大提高了地面战场的杀伤力。这些例子强调了新技术的重要性。

但有效使用这些武器的能力显然有赖于管理良好的社会组织和践行政治意愿的意图。当然，二战期间原子弹的发明打破了同盟国和轴心国之间的技术平衡。但这有赖于英、美两国军事机构的密切合作。美国总统杜鲁门做出了在1945年8月向广岛和长崎投掷原子弹的决定，这一决定的确加速了日本的投降，但在此期间苏联对满洲地区的入侵也起到了同样的效果。战争技术的简单进步并不能取代军用发明、战略和社会组织的相互作用。

但有一种战争技术仍然对国家有着深刻影响，这种技术就是后勤。除了士兵自备装备和给养的形式外，每个进行战争的国家都在为其军事组织提供日常补给上投入了大量的物资和组织活动。亚历山大大帝治下的军队在其在位期间（前336—前323）几乎都在对外征战。在高峰期，他的军队每天要消耗大约225000公斤的粮食和720000公升的淡水。②有辅助军团和役畜为其将士们提供食物、水和其他生活用品。

罗兹·墨菲（Rhoads Murphey）对1500—1700年间的奥斯曼军队进行了详细研究后总结道：

> 对军队在战斗中的表现而言，没有比为士兵和他们的坐骑

---

① Leonard M. Dudley, *The Word and the Sword. How Techniques of Information and Violence Have Shaped the World*(Oxford: Blackwell, 1991). John Lynn, *Battle. A History of Combat and Culture*(Boulder, Colo.: Westview, 2003).

② Giorgio Chittolini, ed., *Two Thousand Years of Warfare*(Danbury, Conn. Grolier Educational Corporation, 1994), 137.

> 提供充足的补给更重要的事了。奥斯曼人设计了详尽（并慷慨）的措施以保证粮食的储备，这表明他们已经认识到后勤在近代战争中比战术更具决定性。任何经中央机构计划并分配的系统供给的中断都会立即影响并限制军队在战场上的行动范围和执
> 行力。对奥斯曼帝国的军事计划的成功而言，官僚体系十分重 185
> 要，因为它介入了后勤事务，甚至在野战部队预先提出后勤需要前就介入了。①

奥斯曼帝国的战争机器被认为是当时世界上最强大的。在每一场战争中，其后勤能力都为部队的行动带来了很多限制，但它也通过减少可用资源的方式重塑了国家。②

我们说战争塑造了国家，这是因为战争同时影响了国家的四个限定因素，即强制措施、统治结构、管辖范围和超越其他组织的优先权。例如，一场失败的战争通常会削弱国家的武装力量、击碎统治结构、缩小管辖范围并在剩下的区域里动摇其超越其他组织的优先权，这包括竞争对手对国家权力提出要求。在极端情况下，战败的国家会被直接吞并。相反，军事胜利通常会扩大武装力量、增强其统治结构、扩大版图并在境内巩固其优先权。国家的盛衰也有其他原因，例如经济波动、大规模移民和致命疾病的传播等。但在国家出现以来5000多年的历史中，战争的胜负在最大程度上决定了国家的命运。

自公元前4000年开始的战争史就与国家的历史紧密地贴合在一起。马丁·凡·克勒韦尔德（Martin van Creveld）那部有着技术论色彩的战争史也将国家的发展分成了各个不同时期，分别是工具时代（前2000—公元1500）、机器时代（1500—1830）、系统时代（1830—

① Rhoads Murphey, *Ottoman Warfare, 1500—1700*(New Brunswick, N.J.: Rutgers University Press, 1999), 93.

② John Lynn, ed., *Feeding Mars: Logistics in Western Warfare from the Middle Ages to the Present*(Boulder, Colo.: Westview, 1993).

1945）和自动化时代（1945 年至今）。①在凡·克勒韦尔德眼中，使用工具作战的军队在几千年里依靠的是相对简单的手持武器和弹射武器，例如长矛、剑、棍棒、弓箭、石头以及其他工具。对此种类型的军队而言，国家的组织性任务就是将这些武装完备的男子汉送入战场，让他们与敌人交战，并维持供给以使他们摧毁或驱散敌人。机器时代使国家的战争行动复杂化了，因为武器的驱动力转变成了无生命的能量，例如大炮，战争也从个人的英勇表现转变成训练有素的集体性专业技巧的施展。

在凡·克勒韦尔德的系统时代，远距离沟通和大规模协作使陆军和海军的效率有赖于指挥和控制；系统时代比机器时代更依赖大量的民用供给设备。军事力量和民用设备最终都由平民领袖负责。除了向民众炫耀力量以外（这样做的国王仍旧身着军队制服出席仪式），武士国王最终开始消失了。最后，自动化时代将科学、信息处理和民用技术以前所未有的程度融入战争中。在系统和自动化时代，庞大的资本主义国家在国际战争中逐渐占据主导地位，这是因为：首先，社会主义国家暂时性地给了资本主义国家使用资本的军事理由；其次，1940 年后，种族屠杀和内战开始取代国际战争成为大屠杀的主要形式。②

国运长久的中国

186 为了阐明几种主要的国家转型方式间的差异并理解其与战争的关系，我们将以中国和威尼斯为例，做一组有趣的比较。很明显，这两个案例是不平等的。正如我们所见到的，中国地区于 3000 年前开始出现国家，并自此占据主导地位。而威尼斯国家在 1000 年前还

① Martin van Creveld, *Technology and War: From 2000 B.C. to the Present*(New York: Free Press, 1989).

② Charles Tilly, *Regimes and Repertoires*(Chicago: University of Chicago Press, 2006), chapter 6.

几乎不存在，并在 19 世纪并入意大利后消失。然而通过适当的研究，这组比较还是具有启发性的。

从长远来看，中国经历了图 10. 1 中所有的极致形式。这片地区的主要演变轨迹历经了 3000 年，从相互交战的城邦国家到更具实力但相互交战的王国，再到庞大的帝国，最后成为世界上持续时间最长的大一统国家。近代以来，一个多世纪的西方殖民活动造就了像香港和澳门这样的殖民地，这些殖民地很像那些以商人为主的城邦国家，它们具有广泛的贸易联系、内部派系和完整的中央区域。

表 10. 1　公元前 770—公元 2007 年，中国的分裂与统一①

分裂	统一
公元前 770—前 453：春秋时期	
公元前 453—前 221：战国时期	
	公元前 221—前 206：秦朝
	公元前 206—公元 220：汉朝
220—280：三国	
265—420：晋朝	
386—589：南北朝	
	589—618：隋朝
	618—907：唐朝
907—979：五代十国	
960—1297：宋朝	
	1271—1368：元朝
	1368—1644：明朝
	1644—1911：清朝
	1912—1949：中华民国
	1949 年至今：中华人民共和国

表 10. 1 描绘了自公元前 770 年以来分裂和统一相互交叉的中国政治史。很明显，在有文献记录的 2000 多年的政治史中，广阔的中国分裂为多个势力。然而，许田波中肯地指出秦朝于公元前 221 年 187
首次统一中国使中国的发展轨迹不同于处于分裂状态的欧洲。②她认为关键转型前的中国政治的中心是各个相互敌对的国家（最初的城

① Source: adapted from Hui, *War and State Formation*, 257 - 258.

② Hui, *War and State Formation*.

邦国家）间的战争，随后才是更大规模的统一过程。这些相互敌对的国家保持着相对的平衡，它们会团结起来一起反对扩张过度的国家。但在历时200多年的战国时期，曾经弱小的秦国打破了平衡，它巧妙地利用合纵连横的策略击败了由其他国家组成的敌对联盟，进而逐个击破，一一征服。在征服过程中，秦国建立了两个用以运输粮食的巨大的灌溉系统，并利用占领的几处铁器生产中心供给军队。①

在许田波的论述中，秦国的统一在中国建立起中央集权的组织结构，而这种结构在秦国国内已经发展了100多年了：

> 秦国在商鞅的治理下完成了向普遍兵役制和直接统治转变的最后一步，因此在公元前4世纪中叶又发生了另一个“标志性事件”。在商鞅建立起普遍兵役制的同时，他还完善了分级管理、精耕农业、户籍制、集体责任制、度量标准化、人口分级和严格的奖惩制度等多种相应制度。②

当秦国完成了统一大业后，它就将中央集权制扩展到了整个中国。即便在之后的分裂时期，割据政权的统治者仍然延续了这种自上而下的统治体系。

王国斌深刻地比较了中国和欧洲的发展轨迹，他对中国的特殊性提出了四点补充：

（1）几个世纪之间，中国创建了一套在国家危难时期可以使大部分人口获益的机制（例如国家粮仓会备有应对饥荒的储备粮，以及为士绅官员和盟邦提供一流的教育）。

（2）即便是蒙古人和满族人这样的外族在征服过后都倾向于保留或加强中国的行政体系，而不是用自己的政府形式取而代之。

（3）来自北方草原的游牧民族的军事威胁以及国内少数民族的

---

① Caroline Blunden and Mark Elvin, *Cultural Atlas of China*(New York: Facts on File, 1984).

② Hui, *War and State Formation*, 180.

叛乱使中国皇帝即便在相对和平的时期也充分意识到保持大量武装力量的必要性。①

（4）当外部的军事威胁变得愈发强大时，中国的统治者经常用贡品和外交手段收买潜在的敌人，而不是直接诉诸战争。②

的确，托马斯·巴菲尔德（Thomas Barfield）就认为与草原游牧民族的交易（向他们支付巨款）表面上削弱了中国的优势。③但中国的这些经验使其成为世界上最大的大一统国家。战争和战争威胁则以多种方式塑造了中国长久且神奇的发展轨迹。

威尼斯的贸易与战争

威尼斯国家的出现时间要比中国晚1000年，并从未达到中国那 188
样的高度。但几个世纪之间，威尼斯都在其统治范围内享有主导地位。与中国相反，它的发展轨迹向我们展示了资本的力量是如何推动国家发展的。此外，在过去的几个世纪里，威尼斯也凸显了亚洲与欧洲在繁荣方面的相互依赖。

威尼斯因其作为亚洲同欧洲其他地区的交流中心而强大、繁荣。伦巴第人于568年入侵意大利使大批难民逃亡威尼斯诸岛。当伦巴第人和法兰克人相继占领相邻的内陆地区时，威尼斯诸岛一直为拜占庭帝国所有。因此，威尼斯就成为拜占庭贸易体系中向北方运输货物的中转站。随后，威尼斯从拜占庭帝国中独立出来。它将亚洲货物、食盐、鱼、奴隶和木材运往欧洲各地，在亚得里亚海的周边

① See also Pamela Kyle Crossley, *The Manchus*(Oxford: Blackwell, 1997); David Morgan, *The Mongols*(Oxford: Blackwell, 1986).

② R. Bin Wong, *China Transformed. Historical Change and the Limits of European Experience*(Ithaca, N.Y. Cornell University Press, 1997).

③ Thomas J. Barfield, *The Perilous Frontier. Nomadic Empires and China, 221 BC to AD 1757*(Oxford: Blackwell, 1989). Barfield, ' The Devil's Horsemen: Steppe Nomadic Warfare in Historical Perspective,' in S. P. Reyna and R. E. Downs, eds., *Studying War.: Anthropological Perspectives*(Langhorne, Penn.: Gordon and Breach, 1994).

地区建立殖民地，并管理着大部分拜占庭的长途商务。威尼斯从混合了贸易、海盗和征服的活动中受益，并参与了针对近东穆斯林的十字军东征。

在向外扩张的早期，威尼斯的公民操纵着它豪华的桨帆战舰，这些公民享受着海上贸易的利润，同时也承担着风险。分布广泛的供应站为这些战舰提供淡水、食物、日用品和货物。总督（或公爵，这是个曾经为拜占庭人服务的官职）领导着一个寡头政府，一个由特权阶层组成的委员会代表着这个寡头政府，而这个委员会则是一个由具有一定影响力的居民构成的集会。他们领导着一个为其商业利益服务的掠夺性的贸易国家，它在征服活动、为十字军和穆斯林提供服务以及在东地中海周边扩大贸易之间寻找着平衡。在 1203 和 1204 年，威尼斯为了收回十字军所欠的债务而引导他们劫掠了君士坦丁堡，从拜占庭帝国的危机中渔利，并将圣马可（San Marco）的青铜马作为战利品运回威尼斯。

威尼斯与另一个从事海上贸易的伟大城邦热那亚有着激烈的竞争。这两个庞大的城市在整个地中海地区展开竞争，尤其在地中海东端。热那亚于 13 世纪控制了黑海的贸易，这使威尼斯无法任意进入中亚和东亚地区。热那亚在特拉布宗（Trebizond）的影响力使其在与蒙古进而与中国的贸易上享有特权。威尼斯于 13 世纪 90 年代同东地中海的新兴势力马穆鲁克签订了条约，此后威尼斯和热那亚为海上航路的控制权而展开争夺，最终热那亚于 1299 年击败了威尼斯。但在 1380 年，威尼斯的桨帆战舰击溃了热那亚的舰队，取得了决定性的胜利，报了 1299 年的一箭之仇。威尼斯从此获得了东地中海的霸权。

此后，威尼斯一直维持着一个由主要岛屿和港口构成的帝国（例如塞浦路斯岛和克里特岛），直到 15—16 世纪奥斯曼帝国的扩张使其失去了爱琴海。奥斯曼帝国于 1453 年攻陷君士坦丁堡，这开启
189 了威尼斯的衰落过程。奥斯曼帝国的军队于 1470 年击败威尼斯的水手，拔掉了威尼斯在爱琴海的主要基地。于 1499—1503 年进行的另

一场威尼斯-土耳其战争使一批位于地中海沿岸、希腊和阿尔巴尼亚的城市脱离了威尼斯的统治。奥斯曼帝国的扩张使威尼斯从东西交流的交通枢纽变成了意大利和欧洲的地区势力。

随着财富的增长，威尼斯更广泛地参与到了欧洲大陆的政治斗争中，它将公民自愿入伍服务的制度转变为征募威尼斯的工人入伍，并强迫囚犯和战俘服劳役。在亚得里亚海和地中海问题上，其政策基本保持不变，即尽量远离战争，但当无可避免时，即使用一切可用的手段打赢战争。

1000—1500 年间，威尼斯是靠着与亚洲的商业联系兴旺发达起来的。即便在今天，威尼斯仍洋溢着往日的东方气息。例如富丽堂皇的圣马可教堂，其马赛克镶嵌画绘有很多埃及景色，巨大的圆顶设计也取材自穆斯林世界。但在 1600 年，奥斯曼帝国的战争机器使这一切都成为过去。那段历史充满了战争和国家转型。

通过详细比较中国与威尼斯，我们可以得出两个重要结论。首先，这表明无论是在有着广阔空间的中国和还是空间相对狭小的威尼斯，对外关系（包括战争关系）对国家政策和形式都产生了深远影响。其次，以强制机制、资本机制和义务机制三者间互补的重要性来看，中国被描绘成一个以强制机制为核心的国家，威尼斯被描绘成一个以资本机制为核心的国家；秦统一中国后首次实施的中央集权机制的确成为中国政体的永久标志，而贸易也的确成为威尼斯近千年的生命线。然而，每个政权都创造了一个由强制机制、资本机制和义务机制构成的独特复合体，以此确保被统治者能够接受统治者的要求。现今中国的社会主义执政者当然明白单有强制机制是远远不够的。①

① Thomas P. Bernstein and Xiaobo Lü, *Taxation without Representation in Contemporary Rural China*(Cambridge: Cambridge University Press, 2002). Kevin J. O'Brien and Lianjiang Li, *Rightful Resistance in Rural China*(Cambridge: Cambridge University Press, 2006).

资本主义鼎盛时期的国家与战争

95%的国家史发生在1750年以前。但从1750年至今，在不到300年的时间里，战争和国家却发生了翻天覆地的变化。在从1750到1950年的两个世纪里，中国和欧洲的关系被打破了。理论上，这意味着在中国的经济超过或等于欧洲经济总和的几个世纪后，欧洲在经济方面有了极大的进展并遥遥领先于中国。几个世纪以来，中国一直都是世界上最强大的国家，但随后欧洲国家就开始在世界上的大部分地区占据主导地位。而在1750—1950年这一时期，亚洲和
190 欧洲的关系在具体事务上也被打破了，几个世纪以来财富从欧洲流向亚洲，而现在欧洲开始从中国和亚洲的其他地区攫取财富，与此同时，欧洲国家也开始向中国的内陆地区挺进。这不仅仅是欧洲领先于其他地区那么简单。①中欧关系出现了巨大逆转。东亚地区暂时失去了作为世界动力中心的地位。

造成这种情况的部分原因是各欧洲国家之间的关系以及它们同世界其他地区国家的关系发生了改变。这一变化有其历史背景。当威尼斯的目光于1500年转向欧洲时，一个独特的、联系紧密的欧洲国家体系正在形成。②虽然战争、商业竞争和宗教信仰往往使欧洲国家彼此敌对，但这些国家却共同塑造了这个体系，并通过不断变换同盟的方式在整个大陆上建立起了深远的联系。包括葡萄牙、西班牙、荷兰、英国以及法国在内的欧洲国家纷纷建立了富有竞争力的海外帝国；此外，欧洲的国家体系还使之成为国际事务的中心。

在卡莱维·霍斯蒂（Kalevi J. Holsti）编纂的从1648—1989年的177场世界主要战争目录中，只有44场战争与欧洲大国无关，在这

---

① Kenneth Pomeranz, *The Great Divergence: Europe, China, and the Making of the Modern World Economy*(Princeton, N.J.: Princeton University Press, 2000).

② Charles Tilly, *Coercion, Capital, and European States, AD 990—1992*(Oxford: Blackwell, 1992, rev. edn.), chapter 6.

44 场战争中也只有 5 场发生在 1918 年以前。①丹尼尔・盖勒（Daniel Geller）和大卫・辛格（David Singer）同样发现在 1816—1976 年间欧洲国家参与战争的次数更多，特别是 1945 年之前。②我们当然可以质疑霍斯蒂、盖勒、辛格以及从他们的资料来源中透出的欧洲中心论。但在资本主义鼎盛时期发生的战争中，欧洲国家的参战次数的确高过其他国家。只有在其晚期，美国才正式成为军事强国并作为主要参战国卷入到国际战争中。

但讽刺的是，西方军事力量的绝对增长反而建立起了平民化政府。造成这种现象的最显著原因是西方军事力量对高税收的依赖，这就增加了那些评估并征收税款的文职官员以及授予这些官员征税权的平民立法机构（往往具有贵族性质）的权力。国家需要文职官员动员生产并为大规模扩充的军事力量提供后勤保障。而军队也越来越依赖文职官员为其提供给养。因此，统治者变成了文职官员，而军队则向他们负责。

然而我们却看到了历史上很少发生的一幕，即在 1500—1900 年的资本主义时代，不断增强的强制机制和资本机制互相支持、互相加强。③国家以三种截然不同的强制机制保护资本，分别为：使用武力占领殖民地并打开当地市场；抵御外来势力和敌对国家的入侵；调节国内的资本、劳动力和原材料供应的关系。国家还将强制机制引入为本国民众提供公共产品的生产中去。统治者通过税收和征兵的方式获取资源，同时也获得了民众的信息，以此来应对饥荒或自
然灾害，为退伍军人提供福利甚至听取民众对行政管理的意见。统 191
治者通过建设道路、运河、学校、邮政服务以及电报线等基础设施

① Kalevi J. Holsti, *Peace and War: Armed Conflicts and International Order, 1648—1989* (Cambridge: Cambridge University Press, 1991).

② Daniel S. Geller and J. David Singer, *Nations at War: A Scientific Study of International Conflict*(Cambridge: Cambridge University Press, 1998).

③ S. P. Reyna, 'The Force of Two Logics: Predatory and Capital Accumulation in the Making of the Great Leviathan, 1415—1763' in S. P. Reyna and R. E. Downs, eds., *Deadly Developments: Capitalism, States and War*(Amsterdam: Gordon and Breach, 1999).

来提高强制机制和资本机制的运作效率。无论民众愿意与否，基础设施的改善都使民众能够更方便地进行沟通和组织，进而提出自己的需求。

自 18 世纪以来，西方国家开始建设能够在困难时期维持家庭生活的福利制度。彼得·林德特（Peter Lindert）记录了这项改变并描述了其深远的影响。在考察了多个国家后，林德特阐述了经济扩张是如何有规律地影响社会支出的再分配体系之形成的，特别是在普通工人获得政治权利后。对此他评论道：

> 自 18 世纪以来，以税收为基础的社会支出的增加已经成为政府发展的核心。在过去的两个世纪里，是社会支出而不是国防、公共交通或国有企业导致了作为 GDP 一部分的政府税收和支出的增长。①

但雇佣劳工首先在欧洲而后在全世界成为经济中心。如此一来，再分配性质的社会支出就发生了快速增长。大多数增长是最近发生的，社会支出并不能维持懒惰的穷人的生活，不仅如此，它还会怂恿他们不去工作。尽管同保守评论家的观点相反，但林德特仍然向那种认为福利制度破坏了人们的主动性的观点提出了挑战。

林德特认为社会支出稳定了劳动力并提高了生产效率。正因为如此，对经济整体而言，即便是非常高的支出水平也不会花费多少成本。但资本家和公共部门并没有任其发展。林德特还认为政府政策与大众政治组织有着密切联系。在 18 世纪 30 年代至 1834 年间，英国是在贫民救济方面花费最多的欧洲国家，这是因为英国的大地主们希望保留他们的工业劳动力。但 1832 年的议会改革增加了工业资本家的政治权力，随后福利开支就被大幅度削减了。②

---

① Peter H. Lindert, *Growing Public: Social Spending and Economic Growth Since the Eighteenth Century*(Cambridge: Cambridge University Press, 2004), I, 20.

② Lindert, I, 67 - 86.

尽管如此，经历了快速工业化和城市化的英国在 19 世纪晚期重新提高了社会支出水平，并在 20 世纪成为拥有世界上最先进的再分配体系的国家。在这方面，另一个例子是拥有巨大影响力的罗马天主教会，但它对公共项目的反对使其放慢了可扩大规模的脚步，这种情况直到二战后才有所改善。它开始支持社会支出，因为这使基督教民主主义成为一项有效的政治策略。①

我们应当注意到：在战争或战争准备为世界各地的国家提供重要的理论基础和行动依据的几千年后，为民事活动提供物资和管理逐渐重要起来。战争失去了必然性。当战争爆发时，它仍能控制并转变国家权力。但自 20 世纪晚期以来，国际战争发生的频率开始下 192
降。②在 1945 年之后的一段时间里，内战代替了国际战争而成为杀戮的主战场，但 20 世纪 90 年代以后，内战发生的频率也下降了。③我们面临的是新的国际环境，在这个环境中，国家仍然依靠强制机制、资本机制和义务机制来完成各项协同任务，但与战争的关系却不再那么紧密了。

参考书目

➢ Barfield, Thomas J. *The Perilous Frontier: Nomadic Empires and China, 221 BC to AD 1757*. Oxford: Blackwell, 1989.

➢ Chittolini, Giorgio, ed. *Two Thousand Years of Warfare*. Danbury, Conn.: Grolier, 1994.

➢ Dudley, Leonard M. *The Word and the Sword: How Techniques of Information and Violence Have Shaped the World*. Oxford: Blackwell, 1991.

➢ Gat, Azar. *War in Human Civilization*. Oxford: Oxford University Press, 2006.

➢ Geller, Daniel S. and J. David Singer. *Nations at War: A Scientific Study of International Conflict*. Cambridge: Cambridge University Press, 1998.

➢ Holsti, Kalevi J. *Peace and War: Armed Conflicts and International Order, 1648—1989*. Cambridge: Cambridge University Press, 1991.

➢ Lindert, Peter H. *Growing Public*: *Social Spending and Economic Growth since*

---

① Lindert, I, 216 - 217.

② John Mueller, *The Remnants of War*(Ithaca, N.Y.: Cornell University Press, 2004).

③ Tilly, *Regimes and Repertoires*, chapter 6.

the Eighteenth Century. Cambridge: Cambridge University Press, 2004.

➢ Lynn, John. *Battle: A History of Combat and Culture*. Boulder, Colo.: Westview, 2003.

➢ Tilly, Charles, ed. *The Formation of National States in Western Europe*. Princeton, N.J.: Princeton University Press, 1975.

➢ ——*Coercion, Capital, and European States, AD 990—1992*, rev. edn. Oxford: Blackwell, 1992.

➢ ——*Regimes and Repertoires*. Chicago: University of Chicago Press, 2006.

➢ van Creveld, Martin. *Technology and War from 2000 B.C. to the Present*. New York: Free Press, 1989.

➢ Wong, R. Bin. *China Transformed: Historical Change and the Limits of European Experience*. Ithaca, N.Y.: Cornell University Press, 1997.

白英健 译 陈 恒 校

第十一章　性别

玛尼·休斯-沃林顿

在世界历史研究中，性别是一个经常被忽视的主题。对此，人 195
们会以一个旨在讨论性别（gender，琼·瓦拉赫·斯科特〔Joan Wallach Scott〕将这一术语定义为两性的社会性组织）的庞大且不断成长的学术群体为例来反驳上述结论，这一学术群体讨论性别是如何与从社区建设到经济活动，从知识传播到表现形式的全部人类活动联系在一起的。但诸如梅里·威斯纳-汉克斯（Merry Wiesner-Hanks）、朱迪斯·津泽（Judith Zinsser）、玛格丽特·斯特罗贝尔（Margaret〔Peg〕Strobel）、艾达·布洛姆（Ida Blom）和彼得·斯特恩斯（Peter N. Stearns）这样的学者却认为在世界历史的研究中性别并不是一个常见的部分；世界历史学家们并没有在性别研究上下多少工夫。但那些将男性和女性、男性和男性以及女性和女性结合在一起并使他们融入社会、政治、经济和文化活动中的联系是人类经验最基本的部分，以至于无法被掩盖、被忽略或仅存在于历史学家的象牙塔里。

尽管如此，性别仍然在世界历史研究中被忽略，以至于人们认为最好由（或只由）专业历史学家研究性别问题，而这些专业历史学家最好是一些具有女权主义倾向的女性学者。在某种程度上，这一看法源于世界历史学家只讨论自己的研究主题的做法，这就导致一些学者声称性别研究仅在20世纪60年代的第二次女权潮后才出现。毫无疑问，自20世纪60年代以来，涉及世界历史中的性别问题的书籍（从介绍性的教科书到专业性著作）的数量有了极大增加，并且世界各地的两性经验也得到了讨论。但这种现象仅仅反映了世界历史研究中的一个特定的历史时期，并很快就结束了。本章所探索的世界历史中的性别，并不是简单地概述学者们对性别是如何在从最早的人类社区到现今的两性活动中发挥作用的这一问题的理解，也并不具体论述世界历史中的两性关系，因为这需要很大的篇幅，本章是探索古往今来的世界历史学家们是如何展现他们对性别问题的兴趣的。它与世界历史中的两性关系一样都是一个具有巨大潜力的研究方向，但为了充分认识到这种潜力，我们需要扩大“世界历史”这一概念的范围，将传记、历
196 史小说、家谱、游记以及民俗纳入进来，并同时关注男性和女性的作品。此外，我们还须重新审视那些有价值但却有局限的观点。当我们如此做时，我们会发现历史学家对性别问题的关注已超过50年，同时还对来自不同社会阶层的男女学者抱有同样的兴趣，并以必要的方式将二者结合在一起以勾勒出实际的和理想中的世界秩序。①

例如，在第一位世界历史学家希罗多德（约前430—前424）的《历史》中就不乏涉及两性关系的论述。根据理解的角度不同，希罗多德或是不受体裁限制和道德秩序约束描绘了女性的原貌，或是将

① Ross E. Dunn, ‘Gender in World History,’ in Ross E. Dunn, ed., *The New World History: A Teacher's Companion*(Boston: Bedford St. Martin's, 2000), 441－442; Judith Zinsser, ‘And Now for Something Completely Different: Gendering the World History Survey,’ *Perspectives* 34(May/June 1996), 11; Jerry H. Bentley, *Shapes of World History in Twentieth Century Scholarship*(Washington, D.C.: American Historical Association, 1996), 25; Patrick Manning, *Navigating World History: Historians Create a Global Past* (New York: Palgrave Macmillan, 2003), 209; Philip Pomper, R. H. Elphick, and Richard T. Vann, eds., *World History: Ideologies, Structures, and Identities*(Oxford: Blackwell, 1998); Benedikt Stuchtey and Eckhardt Fuchs, eds., *Writing World History, 1800—2000*(Oxford: Oxford University Press, 2003); and Merry Wiesner-Hanks, ‘World History and the History of Women, Gender, and Sexuality,’ *Journal of World History* 18, no.1(March 2007), 53－67.

女性描绘为“他者”，并经常以野蛮人的形象出现。①在他的《历史》中，女性的作用并不固定，也不单一，但否认希罗多德的《历史》不存在描述男性和女性的不同写作类型也是不妥的。更重要的是，在书中男性并没有始终占据着主导地位，女性也并不经常违背道德习俗。男性和女性既可以作为城邦的健康标志和社会秩序的代言人，也可以以野蛮人的形象出现并作为专横的道德秩序违背者。②

然而很少有历史学家像希罗多德那样坚持灵活地使用象征手法，他们将他对历史的理解看成是理解世界的基础和行为指导。此外，男性和女性的关系还被用来作为历史写作的方式以表明世界秩序的存在（但更多的是对世界秩序的威胁），这种现象出现得很早并一直持续着。大多数单个女性和男性的最古老的历史记录都属于纪传体史书。这种类型的史书大多有一批围绕着一个特定主题的文章。例如，这种古老的主题就包括引起战争、破坏家庭或与其他家族联姻的女祭司、皇（王）后、普通妇女和妓女，正如存在着善良的和邪恶的男人那样。③古代纪传体史书的特点还有其具体内容的随机性（即不按时间或字母顺序排序），这些史书还用男性亲属来确定女性的身份并根据女性的外貌和性冲动来评价她们。其中一些的叙述范围远远超过了其作者所处的时间和空间，并被公认为具有普遍性的史学价值，因为这些史书的作者显然将历史事件合在一起叙述，以此揭示普遍的道德真理。④

---

① See for example C. Dewald, ‘Women and Culture in Herodotus’ *Histories*’, in H. Foley, ed., *Reflections on Women in Antiquity*(New York: Gordon and Breach Science, 1981); and S. Flory, *The Archaic Smile of Herodotus*(Detroit, Mich.: Wayne State University Press, 1987).

② V. Gray, ‘Herodotus and the Rhetoric of Otherness,’ *American Journal of Philology* 116, no.2(1995), 185-212.

③ See for example John the Lydian’s report of Suetonius’ *On Famous Courtesans: John the Lydian, On the Magistracies of the Roman Constitution*, trans. T. F. Carney(Sydney: Wentworth Press, 1965), 107.

④ R. Mortley, *The Idea of Universal History from Hellenistic Philosophy to Early Christian Historiography*(Lewiston, N.Y.: Edwin Mellen, 1996), 197.

在这些跨越了很长的历史时间的古代纪传体史书中，我们可以看到一种对男性和女性以及他们之间的关系的具有持续性的观点，从同情到刻薄地厌恶。类似于前者的有价值的例子是无名作者撰写的《女性在战争中的聪明和勇敢》（*Tractatus de mulieribus claris in bello*，约公元前 200 年），这部史书歌颂了希腊和蛮族的诸位王后的功绩，并且没有评论她们的外貌和性别。①这部史书表达出来的对女性的同情不禁使人怀疑其作者可能是女性。同情女性的最重
197 要的史书无疑是普鲁塔克的《女性之美》（*Mulierum Virtutes*，约 75 年）。普鲁塔克在书中驳斥了修昔底德有关最好的女性的观点（即修昔底德认为最好的女性是那些“既不为人称赞，也不为人批评的女性”），并与罗马人纪念死者的习俗相一致。②在该书的 27 个章节中，他提出男性和女性都可以具有美德和恶习，而纯洁、忠贞以及缺乏进取心则为后者所特有。这种纪传体史书的另一个写作传统是同情成分更少的讽刺手法，这种类型的史书警告人们要小心那些性行为不得体的、懒惰的以及不服管教的女性。在阿莫果斯的赛蒙尼德斯（Semonides of Amorgos）的《女人》（*Females of the Species*，约公元前 650 年）中，他将邪恶的（也有可能是所有的）女性归入到动物类别，像尤维纳利斯（Juvenal）这样的学者则将懒惰、道德腐化或性堕落的女性与罗马的衰落联系在一起。③这种将女性行为与家庭和社会秩序联系在一起的做法成为古代史学的一个重要特征。这使我们倾向于认为古希腊和古罗马文明本质上是厌恶女性的，但维登（G. Vidén）却认为他们对女性的厌恶更像是对传统

① D. Gera, *Warrior Women: The Anonymous Tractatus de Mulieribus*（Leiden: Brill, 1997）.

② Plutarch, *Mulierum Virtutes*, in *Moralia*（London: Heinemann, 1927—1976）, vol.3, 242e—f. See Thucydides, *History of the Peloponnesian War* 2.45.2.

③ Semonides of Amorgos, *Females of the Species: Semonides on Women*, ed. and trans. By H. Lloyd-Jones and M. Quinton（Park Ridge, N.J.: Noyes Press, 1975）; and Juvenal, 'Satire Six,' *Juvenal and Perseus*, ed. G. G. Ramsay（Cambridge, Mass.: Harvard University Press, 1956）, 82 - 135.

价值的崩溃的恐惧。①对尤维纳利斯以及诸如塞内卡和塔西佗这样的学者而言，每个人的社会角色是根据其性别和德行确定的。如果女性和男性背离了他们的角色，那么国家以及这个世界也就腐化、堕落了。②

人们害怕男性和女性的行为会对世界秩序造成社会性的和思想上的影响，这种恐惧也催生出了诸如圣杰罗姆（Saint Jerome）的《反约文尼安》（*Adversus Jovinianum*，约392年）和瓦尔特·迈普（Walter Map）的《瓦莱丽对鲁菲努斯娶妻的劝诫》（*Valerie's Dissuasion to Rufinus against Taking a Wife*，约1181—1182）这样的宗教性的中世纪作品。在这些作品中，历史事件被用作支持某种观点，即认为贞洁是衡量一个女性的唯一标准以及女性是男性“堕落”的原因的观点。此种观点以及《新约》禁止女性接受教育的观点使女性难以通过文化手段（比如著书立说）来确定自己的社会地位。然而在某些作品中，例如宾根的希尔德加德（Hildegarde of Bingen）的《神之功业书》（*Liber divinorum operum*，1163—1173）以及霍恩贝格的赫拉德（Herrad of Hohenbourg）的《人间乐园》（*Hortus deliciarum*，约1176—1191），女性就通过写作将自己定义为观察者和读者的仆人。③

中世纪最著名的性别史也许就是薄伽丘的《著名的女性》（*De*

---

① G. Vidén, *Women in Roman Literature: Attitudes of Authors under the Early Empire* (Gothenberg: Acta Universitatis Gothoburgensis, 1993), 178 - 179. See also C. Edwards, *The Politics of Immorality in Ancient Rome* (Cambridge: Cambridge University Press, 1993).

② Juvenal, *Juvenal and Persius*, trans. G. G. Ramsay (London: W. Heinemann, 1961), esp. 6th satire; Seneca, *Dialogues* (Paris: Société d'Edition ' Les Belles Lettres, ' 1927); and Tacitus, *Tacitus: Annals, Agricola, Germania, Diologus, Histories, Annals*, trans. C. H. Moore, J. Jackson, H. Hutton, R. M. Ogilvie, E. H. Warmington, W. Peterson, and M. Winterbottom (London: Heinemann, 1967—1970), esp. *Annals*.

③ Hildegarde of Bingen, *Hildegarde of Bingen's Book of Dvine Works with Letters and Songs*, ed. M. Fox (Sante Fe, N.M.: Bear, 1987); and Herrad of Hohenbourg, *Hortus deliciarum*, eds. R. Green, M. Evans, C. Bischoff, and M. Curschmann (London: Warburg Institute, 1979), 4.

mulieribus claris, 1361—1375）。解读薄伽丘对其笔下的女性的态度并不是件易事。乍看之下，他对女性的评价并不好：他认为女性在思想和身体上都从属于男性。她们容易变得懒惰、善变、狡猾、贪婪、淫荡、多疑、胆小、吝啬、固执、骄傲或自负。①当人们热情地赞扬她们时，她们就会认为自己有了“像男人一样行事”的依据，或认为因为某种错误自己生错了性别。②因此，像乔丹（C. Jordan）这样的评论家就认为这部作品对女性的评价十分模糊：当薄伽丘声称自己将会以与男性相同的道德标准来评价女性时，他反而通过强调即便是贤惠的女性也经常遭遇不幸这一事实弱化了他的目的。作者似
198 乎认为“纯粹的、无性别的美德的概念会腐蚀社会秩序”。③在薄伽丘的自白中，布朗（V. Brown）发现薄伽丘对女性的能力以及成就的赞美有时远远超过了他的素材所表现出来的程度。④

无论薄伽丘的意图是什么，他的作品都为之后更具真实性的世界历史著作奠定了基础，其中就包括 15 世纪的克里斯汀·德·皮桑（Christine de Pizan）的《命运无常》（*Mutacion*）、《妇女之城》（*Livre de la cité des dames*）以及《女性的三个美德》（*Livre des trios vertus*）。德·皮桑在她的作品中用虚构的寓言故事进入由男性主导的世界历史领域，她通过《财富》（*Le Livre de la mutacion de fortune*）这部作品使自己的形象转变为男性，并将自己描述成事件的参与者和向世人传播信息的使者。

在《妇女之城》以及随后的《女性的三个美德》中，皮桑的重点是世界历史的撰写形式——在当时这意味着作者要在众多事件中

① Boccaccio, *Famous Women*, trans. V. Brown (Cambridge, Mass.: Harvard University Press, 2001), 1.6, 2.4, 3.2, 15.6, 23.8, 69.6, 74.4, 76.6, 86.3, 95.2, 96.4, 97.10, 103.8 and 105.32.

② Ibid., 57.21. See also 2.13, 62.4, 66.2, 69.3, 76.4 and 86.4.

③ C. Jordan, 'Boccaccio's In-Famous Women: Gender and Civic Virtue in the *De mulieribus claris*,' in C. Levin and J. Watson, eds., *Ambiguous Realities: Women in the Middle Ages and Renaissance* (Detroit, Mich.: Wayne State University Press, 1987), 26.

④ V. Brown, 'Introduction,' in Boccaccio, *Famous Women*, p.xix. See also 6.4, 27.1, 43.2, 97.4, and 106.2.

辨别出上帝的意图——并注重以女性的视角来叙述男性和女性的命运。《妇女之城》修改了由男性（例如圣奥古斯丁和薄伽丘）撰写的早期世界历史和纪传体史书的概念以及结构。例如，《妇女之城》的书名就使人们想起奥古斯丁的《上帝之城》，而且这两部书的内容都集中在那些“可与上帝共享统治权的人”的事迹上。同奥古斯丁的《上帝之城》一样，德·皮桑的《妇女之城》也是根据某种特定的道德顺序来构建叙述内容的，这种道德顺序认为圣洁女性的道德层级要高于好妻子或女战士。但德·皮桑与奥古斯丁仍有不同之处，她强调女性与男性在精神和思想上具有一样的特性，并且女性也有能力从事社会事务并与男性一同工作。

在书中，德·皮桑对自身的定位也值得我们关注。尽管书中的叙述框架是虚幻的，但她仍然将自己置于历史中，并向她的读者表明她们可以像她一样效仿那些圣洁的女性。正如布朗-格兰特（R. Brown-Grant）所言，德·皮桑的读者可以选择效仿她，并将自己写进那座象征性的“城”中。①在她的指引下，我们发现随着时间的推移，男性和女性走上了两条不同的道路。例如，当讨论男性在文明史中的作用时，德·皮桑注重的是当代事件并同意中世纪晚期有关社会衰落和堕落的观点。然而在讨论女性的贡献时，她注重的是历史性事件并叙述这些事件是如何发展的。德·皮桑将字母、武器和农业的发明以及城市和教育的发展都归功于女性，并认为如果女性能够得到教育和尊重的话，她们可以为世界带来美好的事物。正如薄伽丘所言，女性的美德并不是“男性的品质”，而存在于家庭、婚姻和社会中。女性在未来也可以通过与男性一起工作的方式为社会作出有价值的贡献。另一方面，男性也被描绘成越来越想诋毁女性的形象，并与堕落的教会和国家机构联系在一起。因此，尽管德·皮桑相信普遍的人类理性和美德，但她在叙述中仍然以不同的时间

---

① R. Brown-Grant, *Christine de Pizan and the Moral Defence of Women: Reading Beyond Gender*(Cambridge: Cambridge University Press, 1999), 154.

尺度和情节结构将两性区别开来。

后世的学者很少接受德·皮桑这种将纪传体例融进世界历史叙述的写作方式，但她明显为文艺复兴时期以及世界历史写作的改革
199 时期的某些关键性发展作了铺垫。时事话题仍然重要，特别是政治和宗教话题。二者都出现在了16—17世纪一系列讨论女性问题的作品中，这些作品奠定了世界历史的发展方向。一般而言，讨论女性问题的作者大多以理论性、哲学性和法律性的观点为特征，但很多作品也采用了纪传体的体裁。例如约瑟夫·斯威特纳姆（Joseph Swetnam）的《对淫荡、懒惰和固执女性的责难》（*The Arraignment of Lewd, Idle and Froward Women*, 1615），同时也有一批学者为女性辩护，例如莫德塔拉·丰特（Moderata Fonte）的《女性的价值》（*Dei metriti delle donne*, 1600）、埃斯泰·索维尔纳姆（Ester Sowernam，很可能是个笔名）和乔安娜·夏普（Joane Sharp）合著的《以斯帖让哈曼被吊死》（*Ester Hath Hang'd Haman*, 1617）、蕾切尔·赛普特（Rachel Speght）《死亡的回忆》（*Mortalites Memorandum*, 1621）、玛丽·费奇（Mary Fage）的《名人之治》（*Fames Roule*, 1637）以及巴苏阿·梅金（Bathsua Makin）的《论古代淑女的教育》（*Essay on the Ancient Education of Gentlewomen*, 1673），这些作者最感兴趣的问题不是女性与男性在道德、社会和智力方面的互补性，而是女性是否应该服从男性，是否有能力成为公民并拥有政治权力。L. 伍德布里奇（L. Woodbridge）、F. 蒂格（F. Teague）和R. 德·哈斯（R. de Haas）认为赞成与反对的比例为4∶1，而且这一比例在19世纪随着女性人数的增长而进一步被拉大。他们认为女性在保卫自己的权利方面显得有些过于自信了，同时广大女性与女性作家的联系也增强了性别角色的分歧。①

到了17世纪，历史学远离了神学的影响，并朝科学和哲学的方向

① L. Woodbridge, *Women and the English Renaisssance: Literature and the Nature of Womankind, 1540—1620*(Urbana, Ill.: University of Illinois Press, 1984), 44; F. Teague and R. de Haas, ' Defences of Women,' *A Companion to Early Modern Women's Writing*, ed. A. Pacheco(Oxford: Blackwell, 2002), 248 - 263.

发展。然而历史学家仍旧以普遍史的方式寻找塑造个人和社会的基本原则。此外，他们还时常力图确认西欧在智力、道德、审美、技术和社会方面的领先地位，并认为西欧在这些方面正趋于完美。在“文明”史中，种族和性别经常被忽略，因此产生了以西方（男性）崛起为中心的现代叙事手法，这种情况直到20世纪才有所改观。生存方式被用作佐证，而这也是通过特定的表现手法展现出来的。①一些历史著作，其中包括约翰·米勒（John Millar）的《对社会各阶级差异的观察》（1771）、威廉·罗素（William Russell）的《论女性的特征、举止和天赋》（1773）、凯姆斯勋爵（Lord Kames）的《男性史概述》（1778）、约翰·亚当斯（John Adams）的《女性：对世界女性在历史、天赋、性格、成就、受雇、习俗以及重要性等方面的概述》（1790）、孔多塞侯爵的《人类精神进步史表纲要》（1793）以及威廉·亚历山大（William Alexander）的《历史上的女性，从古典早期到现代》（1796），对女性的解放投入了极大的关注。他们认为“在任意一个有女性存在的国家，等级和身份都以最精确的手段为我们标出公民社会所达到的规模”。②除了像克里斯托弗·迈纳斯（Christoph Meiners）的《女性的历史》（*Geschichte des weiblichen Geschlechts*，1788—1800）③和塞缪尔·古德里奇（Samuel Goodrich）的《著名女性的生平》（*Lives of Celebrated*

---

① Mark Salber Phillips, *Society and Sentiment: Genres of Historical Writing in Britain, 1740—1820*(Princeton, N.J.; Princeton University Press, 2000), chapters 6 and 7.

② John Millar, *Origin of the Distinction of Ranks*, ed. J. V. Price (Bristol: Thoemmes, 1990); W. Russell, *Essay on the Character, Manners, and Genius of Women in Different Ages. Enlarged from the French of M. Thomas, by Mr. Russell*, 2 vols. (Edinburgh, 1773); H. H. Kames, *Sketches of the History of Man*, 4 vols. (Hildesheim: Olms, 1968); J. Adams, *Women. Sketches of the History, Genius, Disposition, Accomplishments, Employments, Customs and Importance of the Fair Sex, in All Parts of the World*(London: 1790); M. de Condorçet, *Sketch for a Historical Picture of the Progress of the Human Mind*(New York, N.Y.: Greenwood, 1979); W. Alexander, *The History of Women, from the Earliest Antiquity, to the Present Time, Giving Some Account of Almost Everything Every Interesting Particular Concerning that Sex Among All Nations*(Bath: Thoemmes, 1779 [1994]), vol. 1, 151.

③ M. Harbsmeier, 'World Histories Before Domestication: The Writing of Universal Histories, Histories of Mankind and World Histories in Late Eighteenth Century Germany', *Culture and History*(Copenhagen: Akademisk forlag, 1989), 93-131.

Women，1844 年）这样的作品外，“文明”见证了西方女性在家庭生活中从“奴隶”和“性玩物”向“朋友和伴侣”的转变。①除此以外，女性仍然是男性的附属品。

200 涉及性别的历史著述在 19 世纪大量增加。这段时期大约出版了 300 部相关书籍。米瑞安·伯斯坦（Miriam Burstein）指出这些书籍至少有一半是男性撰写的，同时读者、评论家以及出版商对道德教化类作品的需求压制了写作方法的创新，并使学者们撰写说教性作品和“千篇一律的、互相抄袭的百科全书式作品”。②正如《伟人的母亲》（*The Mothers of Great Men*，1859 年）的作者萨拉·斯特里克利·爱丽丝（Sarah Strickley Ellis）所言，读者的道德需求表明历史规律从属于道德秩序。例如，道德秩序的重要性意味着玛丽·考登·克拉克（Mary Cowden Clarke）口中的那些“世界著名女性”作为典范并不具有独特性，或者说像贞洁、谦逊和坚定这样的“女性特有的特征并不具有独特性”。③

纪传体例的道德评价功能进一步巩固了历史学作与纪传体的长期联系。人们认为女性的生活特别具有启发性，正如萨拉·约瑟法·海尔（Sarah Josepha Hale）在其《女性的记录；或从创世到 1500 年的女性史》（*Woman's Record*; *or*, *Sketches of All Distinguished Women*, *from* “*The Beginning*” *until A. D. 1850*，1853 年）中所言：“女性是上帝指定的道德化身。”她还认为大部分人类之所以能够达到“千年和平”，主要是因为女性是以上升的趋势最后一个被创造出来的。玛丽·海（Mary Hay）的《女性传记，或各个时代和国家的知名女性的回忆录》（*Female Biography*, *or Memoirs of Illustrious and Celebrated Women*, *of all Ages and Countries*，1803 年）、露西·艾金（Lucy

---

① John Millar, as quoted in P. Bowles, ‘John Millar, the Four Stages Theory, and Women's Position in Society,’ *History of Political Economy* 16, no.4(1989), 619－638.

② Miriam Burstein, ‘“From Good Looks to Good Thoughts”: Popular Women's History and the Invention of Modernity, c. 1830—c. 1870,’ *Modern Philology* 97(1999), 46－75.

③ M. C. Clarke, *World-Noted Women; or, Types of Womanly Attributes of All Lands and Ages*(New York: D. Appleton and Company, 1858), 3.

Aikin）颇具诗意的《书信中的女性，诗歌中展现的各个时代和民族的女性的特点和情况》（*Epistles on Women*，*Exemplifying their Character and Condition in Various Ages and Nations with Miscellaneous Poems*，1810年）以及克拉拉·巴尔弗（Clara Balfour）的《值得效仿的女性》（*Women Worth Emulating*，1877年），只是众多采用纪传体形式的19世纪女性史的一部分。

这一时期值得注意的例外是莉迪亚·玛利亚·蔡尔德（Lydia Maria Child）的《不同时期和民族的女性史》（1835年），这部书按空间来安排材料，反映出了当时的观念，但在材料上有所疏漏，这部书在涉及欧洲历史的同时也提及非欧洲地区的环境和习俗。与同时代的学者们不同，蔡尔德坚决拒绝从她所收集的众多材料中得出明显的哲学性或普世性的解释。萨拉·约瑟法·海尔注意到了这一点并在其书评中评论道："我非常期待她的作品能出现更多的展现历史哲学的解释……她为数不多的综合性评论都极具意义。我们认为她在这部书中转录的东西太多而自己的观点太少。"①蔡尔德在1845年为其作品撰写了前言，在前言中她承认她不想让她的作品读起来像哲学性的或普世性的文章：

> 本书的目标并不是要讨论女性权利，或对两性关系是什么或应该是什么进行哲学性的探讨。如果书中出现了任何与这些有关的理论的话，那么它们也仅仅是用来阐述历史事实的工具。我只是想以通俗易懂的语言尽力撰写一部准确叙述女性状况的历史书。②

---

① S. J. Hale, 'The History of the Condition of Women, in Various Ages and Nations. By Mrs. D. L. Child,' *American Ladies' Magazine* 8(1835), 588; as quoted in C. L. Karcher, *The First Woman in the Republic: A Cultural Biography of Lydia Maria Child*(Durham, N.C.: Duke University Press, 1994), 224.

② L. M. Child, *History of the Condition of Women in Various Ages and Naions*(Boston, Mass.: John Allen, 1845), vol. 1, Preface.

201 蔡尔德的其他作品关注的是女性的解放，而这着实影响了她这部《女性史》的选材和叙述方式。然而就主题而论，这部《女性史》缺少足够的篇幅将所有的叙述线索聚拢在一起。总体而言，蔡尔德这部《女性史》所传达的信息就是单一的记叙文体，并不足以颂扬或责难女性。

讽刺的是，从事世界历史研究的女性学者一方面认为女性更适于家庭生活，另一方面却力主女性应该通过成为公众人物来扩大她们的影响。此外，正如霍布斯所言，女性世界历史学家具有双面性，一方面她们提供了一些旨在指导女孩和成年女性的行为规范的阅读材料，另一方面她们也有助于解放女性并提高她们的教育水平。①许多 19 世纪的女性世界历史学家都向外传播女权思想，她们向人们表明在人性方面，女性和男性是一样的，而且女性可以与男性在现实生活中互补，并提高他们的能力，使他们远离邪恶。此外，她们或多或少地存在某种政治倾向，从巴尔弗对限制女性着装的破坏性影响的评论，到克拉克对男性不假思索便将女性歪曲为充满邪恶的形象的观察，再到海尔精心挑选能够证明女性可以实现社会转型的例子。

在史学史方面，19 世纪的世界历史著作很少为人所提及，但对女性所作贡献的忽略仍十分明显。正如一些评论家所指出的那样，人们很可能将女性从学术讨论和学术权利，甚至是图书馆中清除出去了：很少有女性能够从事越来越被重视的档案研究。②值得注意的是，那些用于补充或反对她们结论的纪传体、民族志以及记叙性的写作方法意味着她们的作品很容易与那些具有性别特征的“游记”和“传记”融为一体，并因此与日渐专业的“历史学”渐行渐远。③“女性价值”虽遭到有意的污蔑，但它还是稍显业余并在今天仍处于

---

① C. Hobbs, ed., *Nineteenth-Century Women Learn to Write* (Charlottesville, Va.: University Press of Virginia, 1995), 10.

② C. L. Karcher, *The First Woman in the Republic: A Cultural Biography of Lydia Maria Child*(Durham: Duke University Press, 1998).

③ Bonnie Smith, *The Gender of History*, 37 – 69; see also M. Spongberg, *Women Writing History Since the Renaissance*, introduction.

世界历史写作的边缘，其作品几乎都是面向 8~12 岁小女孩的。

同时历史学的职业化也结束了历史写作的通用方法的主导地位，20 世纪“世界历史”作品种类繁多，极其丰富。20 世纪早期，以阿诺德·汤因比为代表的一批历史学家试图为西方文明的健康成长找出某种模式。在他于 20 世纪 60 年代出版的《历史研究》（该书几乎没有提及女性）中，他回答了“哪个历史时期最适合女性生活”这个问题。他的结论（即“当男人从女人手中夺走锄头并将其变成犁时，女人的苦日子就来了”）是对那个一直存在的争论，即性别不平等是否出现在世界历史上的某个特殊时期的早期贡献。①汤因比将
农业的出现视为世界历史的重要转折点，他的这个观点与恩格斯 202
（《家庭、私有制和国家的起源》，1884 年）、马里亚·金布塔斯（Marija Gimbutas）（《女神文明》，1991 年）、玛格丽特·艾伦贝格（Margaret Ehrenberg）（《史前女性》，1989 年）、罗莎琳德·迈尔斯（Rosalind Miles）（《世界妇女史》，1989 年）和保罗·V. 亚当斯（Paul V. Adams）等人（《体验世界历史》，2000 年）的观点相似。②这一观点也经常与格尔达·勒纳（Gerda Lerner）（《父系社会的产生》，1936 年）和贾雷德·戴蒙德（Jared Diamond）（《第三种黑猩猩的兴衰》，1991 年）的观点相比较，这两人认为两性的不平等在人类历史的早期就出现了，甚至贯穿整个人类史。③诸如萨拉·休斯

① A. J. Toynbee, ‘A Woman’s Life in Other Ages,’ eds. P. J. Corfield and P. Ferrari, *Historical Research* 74(183) (2001), 1-16.

② Friedrich Engels, *The Origin of the Family, Private Property and the State*(New York: Pathfinder, [1844] 1972); M. Gimbutas, *The Civilization of the Goddess*(San Francisco: Harper, 1991); M. Ehrenberg, *Women in Prehistory*(Norman, Okla.: Oklahoma University Press, 1989); and Paul V. Adams, E. D. Langer, L. Hwa, Peter N. Stearns, and Merry Wiesner-Hanks, *Experiencing World History* (New York: New York University Press, 2000).

③ Gerda Lerner, *The Creation of Patriarchy*(Oxford: Oxford University Press, 1986); R. Miles, *The Women's History of the World*(New York: Crown, 1989, reissued as *Who Cooked the Last Supper* in 2001), 64-66; and L. Shlain, *The Alphabet versus the Goddess: The Conflict Between Word and Image*(New York: Viking Penguin, 1999).

（Sarah Hughes）和布雷迪·休斯（Brady Hughes）这样的学者则认为各古代文明的女性状况是不同的，应该逐个考察。①凯文·莱利认为我们应将更多的注意力集中在对两性不平等的起源的讨论上。②尽管有着诸多不同的观点，但仍出现了像玛丽·利特·比尔德（Mary Ritter Beard）这样的学者，她们将世界历史研究的重点从“从属”的角度移开，并将其转移到关注“女性对历史的贡献上来”。③尽管她付出了很多努力，但在今天，世界历史中的性别研究所关注的仍然是两性不平等在农业时代的起源问题。

另一个与之相关的学术领域是考察世界历史上工业化的影响。在20世纪中期，现代的分析方式在世界历史的研究和写作上占据着主导地位。现代主义关注的是西方世界的发展路径，这可以用来研究并促进发展中国家的发展。诸如埃斯特·博塞卢普（Esther Boserup）（《女性在经济发展中的角色》〔*Women's Role in Economic Development*〕，1970年）这样的学者认为发展和女性的自主是相辅相成的。一部分新马克思主义理论家并不认同这一观点，他们注意到了现代主义的不足之处，即它无法解释拉丁美洲的发展与当地女性的边缘化以及她们所受的剥削的关系，他们提出了另一种世界体系（world〔-〕systems）和依附理论。④由于现代主义理论家更喜欢研究特定文明的内部特征，因此支持世界体系和依赖理论的学者就强调研究各个社会的经济网络和政治关系的必要性，同时还强调考察在作用、功能和权力关系（这些因素使国家处于发达或依赖状态）下的更具体的不平等状态。⑤一些学者，如E. 巴伦（E. Baron）和乔

---

① Sarah S. Hughes and Brady Hughes, *Women in Ancient Civilizations*(Washington, D.C.: American Historical Association, 1998).

② Kevin Reilly, 'Women and World History,' *World History Bulletin* 4, no.3(1987), 1-6.

③ M. R. Beard, *Woman as Force in History: A Study in Traditions and Realities*(New York: Persea Books, 1946), vi.

④ 此处使用用括号括起来的连字符表明在世界体系是一个还是多个的问题上，人们展开了持续性的争论。

⑤ E. Baron, 'Romancing the Field: The Marriage of Feminism and Historical Sociology,' *Social Politics* 5(1998), 17-37.

亚·米斯拉（Joya Misra），已经注意到了以世界体系为基础的性别史研究的可能性，但这种新研究还没有成果。①此类研究的缺乏可能是由于女权主义和马克思主义的分裂。

另一个原因是人们越来越倾向于将此类研究置于“后殖民主义研究”的醒目标题下。世界体系和依赖理论在有些方面是相同的，但并不与出现于20世纪下半叶的后殖民主义完全相同。首先引起世界历史学家注意的是爱德华·萨义德的《东方主义》（1978年），后殖民主义学者使用文化分析的方式加强了对殖民主义的政治和经济批判。例如，乔安娜·德·格鲁特（Joanna De Groot）表明象征和语言是构建“他者”的关键因素。②相反，后殖民主义学者还继续强调殖民机构的作用，例如伊芙琳·布鲁克斯·希金博特姆（Evelyn Brooks Higginbottom）就认为非洲那种以母亲为中心
的家庭结构在新世界的奴隶社会中重新焕发了活力。③后殖民主义 203
学者还被一种截然不同的目标所吸引，即密切关注女性和殖民者的经历，并找出种族、阶级、民族、宗教、性别、认知、社会、政治和经济等级，以及两性关系的特殊性。一些学者成功达成了某种平衡，例如迈克尔·阿达斯（Michael Adas）对性别塑造西方殖民运动或在非洲的扩张的方式的研究，K. N. 乔杜里（K. N. Chaudhuri）和玛格丽特·斯特罗贝尔对欧洲的女性活动对殖民地

① J. Misra, ‘Gender and the World-System: Engaging the Feminist Literature,’ in Thomas D. Hall, ed., *A World Systems Reader: New Perspectives on Gender, Urbanism, Cultures, Indigenous Peoples and Ecology*(New York: Rowman and Littlefield, 2000), 105－129.

② J. De Groot, ‘“Sex” and “Race”: The Construction of Language and Image in the Nineteenth Century,’ in *Sexuality and Subordination: Interdisciplinary Studies of Gender in the Nineteenth Century*(London: Routledge, 1989), 89－128; and ‘Conceptions and Misconceptions: The Historical and Cultural Context of Discussion on Women and Development,’ in H. Ashfar, ed., *Women, Development and Survival in the Third World* (London: Longman, 1991), 107－135.

③ E. B. Higginbottom, ‘Beyond the Sound of Silence: Afro-American Women in History,’ *Gender and History* 1, no.1(1989), 50－67.

社会的两性关系的不同影响的研究，以及路易斯·蒂利发现工业化并未使所有女性都边缘化。①同样地，谢丽尔·约翰逊-奥迪姆(Cheryl Johnson-Odim) 和玛格丽特·斯特罗贝尔也强调了殖民主义影响的复杂性，

> 正如任何重大的社会动荡都会给现有权威带来挑战一样，殖民主义既为女性创造了机遇，也给她们带来了压迫。然而在深思熟虑之后，绝大多数女性都选择为她们的社会独立性而奋斗。②

然而，正如朱迪斯·塔克（Judith Tucker）所指出的那样，普遍性与特殊性的竞争使人们失去了以一种方式和才能撰写他人经历的信心，这一结果使世界历史写作变得困难，甚至不道德。③

后殖民主义学者主张向研究各部分间的关系和特殊性转变，20世纪下半叶的“新”世界历史学家即是如此。相比之前的世界历史，除了社会性的宏观历史、新全球史和新类型的普世性“大历史”外，新世界历史在规模上更小，在方法上更多地采用跨文化和比较的研

① Michael Adas, 'Bringing Ideas and Agency Back In: Representation and the Comparative Approach to World History,' in Philip Pomper, R. H. Elphick, and Richard T. Vann, eds., *World History: Ideologies, Structures, and Identities*(Oxford: Blackwell, 1998), 100-101; Nupur Chaudhuri and Margaret Strobel, eds., *Western Women and Imperialism: Complicity and Resistance*(Bloomington, Ind.: Indiana University Press, 1992); and Louise A. Tilly, 'Industrialization and Gender Inequality,' in Michael Adas, ed., *Islamic and European Expansion: The Forging of a Global Order*(Philadelphia: Temple University Press, 1993), 243-310. See also Margaret Strobel, *Gender, Sex, and Empire*(Washington, D.C.: American Historical Association, 1993).

② C. Johnson-Odim and Margaret Strobel, eds., *Restoring Women to History: Women in the History of Africa, Asia, Latin America, and the Middle East*(Bloomington, Ind.: University of Indiana Press, 2nd edn. 1999), xli-xlii.

③ J. Tucker, 'Gender and Islamic History,' in Michael Adas, ed., *Islamic and European Expansion: The Forging of a Global Order*(Philadelphia: Temple University Press, 1993), 37-74. See also Roxann Prazniak, 'Is World History Possible?,' in Arif Dirlik, V. Bahl, and Peter Gran, eds., *History after the Three Worlds: Post-Eurocentric Historiography*(Lanham, Md.: Rowman and Littlefield 2000).

究方法。这种转变也涉及了女性研究，例如最近由邦妮·安德森（Bonnie Anderson）、朱迪斯·津泽、邦妮·史密斯（Bonnie Smith）和宝琳·潘黛儿出版的一些女性史著作都将其内容限定在欧洲或西方。①此外，萨拉·休斯和布雷迪·休斯出版的《世界历史中的女性》（1995）、美国历史协会出版的“全球视野下的女性史和性别史系列”以及由露丝·洛奇·皮尔森（Ruth Roach Pierson）、K. N. 乔杜里和贝丝·麦考利（Beth McAuley）联合出版的《国家、帝国和 204
殖民地》都采用了以专业性和小规模分析的方式为特点的宏大视角。②后殖民主义和世界体系研究都可归功于这种转变，二者也都关注世界历史的教学实践、后现代主义和性别史研究的崛起。③

随着琼·斯科特的《性别与历史政治》（1988 年）广受欢迎，性别史历史学家开始试图摆脱女性史学的那种“加入女性并搅拌一下”的研究方法，并关注不同性别类型之间的关系。他们的关注焦点是性别（像种族、宗教和阶级那样）是如何塑造并维持权利关系的。这种研究方向对世界历史研究和写作有着巨大的潜在影响，尽管现在很少有学者认识到这一点。例如，米歇尔·福柯注意到了古往今来的“性”形态的转变，阿希斯·南迪（Ashis Nandy）和刘易斯·沃尔格夫特（Lewis Wurgaft）阐明了性别的二元定义在破坏性冲突中的作用，朱迪斯·津泽研究了性别和技术的关系，艾达·布洛

---

① Judith P. Zinsser and Bonnie S. Anderson, *Women in Early Modern and Modern Europe*, rev. edn, 2 vols. (Oxford: Oxford University Press, 2000); Bonnie G. Smith, *Changing Lives: Women in European History Since 1700*(Toronto: D. C. Heath, 1989); and P. S. Pantel, ed., *A History of Women in the West*, 5 vols. (Cambridge, Mass.: Harvard University Press, 1992).

② Sarah S. Hughes and Brady Hughes, eds., *Women in World History*, 2 vols. (Armonk, N. Y.: M. E. Sharpe, 1995); and B. A. Engel, *Women in Imperial, Soviet, and Post-Soviet Russia*(1999); *East Asia(China, Japan, Korea)*(1999); *Medieval Women in Modern Perspective*(2000); and *United States After 1865*(2000), all published by the American Historical Association; and Ruth Roach Pierson, Nupur Chaudhuri, and B. McAuley, eds., *Nation, Empire, Colony: Historicizing Gender and Race* (Bloomington, Ind.: Indiana University Press, 1998).

③ Merry Wiesner-Hanks, ‘World History and Women's History.’

姆和萨拉·休斯认为世界是由某种“性别秩序”或“性别体系”构建的（这意味着世界历史写作也是如此）。①布洛姆通过分析不同的性别体系是如何塑造人们对民族国家的理解来阐明这一点，萨拉·休斯在不同社会形式的基础上定义了两性关系。休斯认为性别被带到了世界历史教学的最前沿，而玛丽莲·莫里斯（Marilyn Morris）对世界历史教科书的调查则进一步表明现在的教科书在无意间歧视了同性恋，并将此与东方混为一谈。②

性别将在大多程度上重塑我们对世界历史的理解？对这个问题而言，答案并不是以性别作为主题的编年史，而是用性别安排依循年代顺序的历史著作。很好地体现这一思想的作品是梅里·威斯纳-汉克斯的《历史上的性别》（*Gender in History*，2001），该书打乱了从农业革命到工业化再到后工业化的各种事件与社会进步之间的传统联系。它鼓励人们将大多数编年史看作一种组织性工作，这是为了强调某些成就和某些人，并使其他人的行为也为世人所见。《性别和历史》（*Gender and History*）也表明在世界历史研究中，对性别的思考是富有成效的。正如露丝·洛奇·皮尔森所言，性别不是一组固定的两极关系，历史和现实都表明它是一张由男性、女性、女同性恋、男同性恋以及变性者组成的复杂

---

① Michel Foucault, *The History of Sexuality*, 3 vols., trans. R. Hurley (Harmondsworth: Penguin, 1976—1984); Ashis Nandy, ‘History's Forgotten Doubles,’ and Lewis D. Wurgaft, ‘Identity in World History: A Postmodern Perspective,’ both in Philip Pomper, R. H. Elphick, and Richard T. Vann, eds., *World History*, 159 - 196; Judith Zinsser, ‘Technology and History: The Women's Perspective: A Case Study in Gendered Definitions,’ *World History Bulletin* 12 (1996), 2, 6 - 9; Ida Blom, ‘World History as Gender History: The Case of the Nation-State,’ in Stein Tnnesson, J. Koponen, Niels Steensgard and Thommy Svensson, eds., *Between National Histories and Global History* (Helsinki: Finnish Historical Society, 1997), 71 - 91; and Sarah S. Hughes, ‘Gender at the Base of World History,’ *The History Teacher* 27 (1994), 417 - 423; all reproduced in Ross E. Dunn, ed., *The New World History: A Teacher's Companion* (Boston, Mass.: Bedford St. Martin's, 2000), 446 - 476.

② M. Morris, ‘Sexing the Survey: The Issue of Sexuality in World History Since 1500,’ *World History Bulletin* 14 (1998), 11 - 20. See also Peter N. Stearns, ‘Social History and World History: Prospects for Collaboration,’ *Journal of World History* 18, no.1 (2007), 45.

关系网。①

黛博拉·史密斯·约翰斯顿（Deborah Smith Johnston）提出过这样一个问题，即当我们把性别从人口、职业、政治和文化中提炼出来时，这是否意味着性别是一种研究方法而不是世界历史的研究主题呢?②对此，我们或许应该换一种问法，即性别与这些主题的持久性联系是否意味着性别不应该被分离出来，而应当作为世界历史研究和教学中的一个整体呢？世界历史中的性别史写作并无不足之处，尽管在《世界历史杂志》和《全球史杂志》上此类文章的数量并不多。其所欠缺的是对性别在何种程度上塑造了世界历史的研究、写作和教学的广泛认识，特别是那些文献中没有提到的女性。是时候将那些世界历史写作中的性别因素加入到世界历史的性别研究中去了。

参考书目

- Bentley, Jerry H. *Shapes of World History in Twentieth-Century Scholarship.* Washington, D.C.: American Historical Association, 1996.
- Dunn, Ross E. ' Gender in World History,' in Ross E. Dunn, ed., *The New World History: A Teacher's Companion.* Boston: Bedford St. Martin's, 2000, 441 – 442.
- Hobbs, C., ed. *Nineteenth-Century Women Learn to Write.* Charlottesville, Va.: University Press of Virginia, 1995.
- Hughes-Warrington, Marnie. ' World History,' in M. Spongberg, B.Caine, and A. Curthoys, *Companion to Women's Historical Writing.* Basingstoke: Palgrave Macmillan, 2005, 611 – 617.
- Manning, Patrick. *Navigating World History: Historians Create a Global Past.* New York: Palgrave Macmillan, 2003.
- Pomper, Philip, R. H. Elphick, and Richard T. Vann, eds. *World History: Ideologies, Structures, and Identities.* Oxford: Blackwell, 1998.
- Smith, Bonnie. *The Gender of History: Men, Women, and Historical Practice.*

① Ruth Roach Pierson, ' Introduction,' in Ruth Roach Pierson, Nupur Chaudhuri, and B. McAuley, eds., *Nation, Empire, Colony*, 2.

② Deborah Smith Johnston, Review of *Experiencing World History*, *Journal of World History* 14, no.1(2003), 89.

Cambridge, Mass.: Harvard University Press, 1998.

➢ Spongberg, M. *Writing Women's History since the Renaissance.* London: Palgrave Macmillan, 2002.

➢ Stuchtey, Benedikt, and Eckhardt Fuchs, eds. *Writing World History, 1800—2000.* Oxford: Oxford University Press, 2003.

➢ Teague, F., and R. de Haas. 'Defences of Women,' in *A Companion to Early Modern Women's Writing* (ed. A. Pacheco). Oxford: Blackwell, 2002, 248 - 263.

➢ Wiesner-Hanks, Merry, *Gender and History.* Oxford: Blackwell, 2001.

➢ ——. 'World History and the History of Women, Gender, and Sexuality,' *Journal of World History* 18, no.1(2007), 53 - 67.

➢ Woodbridge, L. *Women and the English Renaisssance: Literature and the Nature of Womankind, 1540—1620.* Urbana, Ill.: University of Illinois Press, 1984.

➢ Zinsser, Judith. 'And Now for Something Completely Different: Gendering the World History Survey', *Perspectives* 34(May/June 1996), 11.

➢ ——. 'Gender', in *Palgrave Advances in World Histories*(ed. Marnie Hughes-Warrington). Basingstoke: Palgrave Macmillan, 2005, 189 - 204.

白英健 译 陈 恒 校

第十二章　宗教与世界历史

兹维·本-多尔·贝尼特

当塞缪尔·珀切斯（Samuel Purchas，约1575—1626）开始着手撰写那本有关世界历史和地理的皇皇巨著——《珀切斯朝圣记，或各时代的世界与宗教的关系》（1613年）时，①他将该书看作是自己的一次“朝圣”之旅。珀切斯最初通向世界历史的方法仅仅是“观察”世界上所有的宗教。当然，这一方法涉及的内容逐渐增多，但“朝圣”的观点依然很显著。作为最系统地研究世界历史的早期现代作家，珀切斯似乎认为世界历史与宗教是分不开的。首先，世界历史——不管是全球史还是人类史，本质上都是宗教史；第二，珀切斯将世界历史的写作差不多看成一种宗教行为，即一种“朝圣”形式。珀切斯的用词——观察，暗示着现代宗教讨论的残酷事实：在过去的几个世纪里，世界上各种宗教的定义是根据被西方持续观察而形成的，这一过程的开端仅比珀切斯时代早了几十年。另外，我们还应该记住，一般来说，信仰基督教的早期现代欧洲，宗教被作为人类的典型标志。例如，美洲那些被称为“野蛮人”的原住民，欧洲人最初否认他们是“完整的人”，原因之一即是美洲人看上去缺少“宗教”。然而事实上，欧洲人在遇到这些新族群时，提出的问题之一——他们的宗教是什么——本身就是基于信仰和仪式而发问的 210

---

① Samuel Purchas, *Purchas his Pilgrimage: Or, Relations of the World and the Religions Observed in all Ages*(London, 1613).

(对后者的兴趣至今在西方人类学方面留有持久的印迹)。

将宗教分门别类，再通过宗教身份辨识人群是一个古老的传统。通过这种分类，宗教文本和宗教机构通常就能辨识出“他者”，“世俗”机构的做法也同样如此。古希腊的历史学家希罗多德在其历史叙事中对人们的宗教仪式做过详细论述。事实上，宗教在很大程度上定义了群体的独特性。在古代，地区与宗教信仰之间存在着强大的联系。《圣经》告诉世人，亚述人在征服以色列后放逐了当地人，但亚述人难以维持社会稳定，因为新来者不“拜”当地的神（耶和
211 华〔YHWH〕）。亚述人只好将一名已被放逐他地的以色列人祭司带回，让他负责传授如何在当地实践他们的新宗教。①波斯帝国通过推崇不同族群的信仰自由来管理辽阔而互异的疆域——这一方式也暗示了根据宗教区分人群的观点。众所周知，波斯人的成就之一便是公元前6世纪晚期，下令在耶路撒冷恢复犹太人的圣殿。罗马人使用一套复杂的方式给帝国中各类宗教“排序”，早期基督徒之所以遭受迫害，便是因为他们的信仰被罗马人质疑为“新兴的”且陌生的宗教。②《塔木德经》中一篇名为 *Avodah Zarah*（即希伯来语的“偶像崇拜”）的训言，首次详细记录了古代晚期各族群及其宗教的仪式和节日。总而言之，区分不同族群的宗教和仪式是识别他们的最重要的方式之一。就这一点而言，由于世界历史也是人类的历史，其中最重要的且可以作为不变因素的即是宗教。

宗教通常被认为是一种普遍存在的人类经验，然而宗教的普世性定义实际上并不存在。在某些文化中，宗教是一种系统化的信念、思想或哲学，而有些将宗教看作一系列仪式，还有一些综合了这些元素。一位宗教研究评论家的观点是正确的，他认为“不会有普遍性的宗教定义，不仅因为宗教的构成要素和关系具有历史特殊性，

---

① Zvi Ben-Dor Benite, *The Ten Lost Tribes: A World History* (Oxford: Oxford University Press, 2009), 31－56.

② J. B. Rives, *Religion in the Roman Empire* (Malden, Mass.: Blackwell, 2007).

也因为定义本身即是观察和研究宗教过程的历史性产物”。①宗教探究的主题和框架都是一系列特定历史环境下的创造物。我们反复提醒人们注意，真正的“宗教”概念源于18世纪的启蒙运动。第一个宗教概念是基督教，圣奥古斯丁可能是最先定义它的人。如果界定“宗教”概念是可能的（虽然我认为不可能），那么它也许只适用于基督教，而“世界宗教”也伴随这一术语而生。这就意味着在不同环境中我们称之为“宗教”的任何存在都不是，且不能算是严格意义上的宗教。对“什么是宗教”的诡辩和讨论无穷无尽，事实上在过去的几个世纪中，这个问题已成为宗教研究史的一部分。②

谈论伊斯兰教（或任何其他“信仰”）或“宗教人士”（那些通过某些方式与信仰建立联系的人）的轻易性与定义这些术语的困难性之间显现出鲜明的对比。③关于准确定义每种宗教的争论非常持久，同样涉及内外部各类观察者。例如，对什么是印度教或谁是“真正的”穆斯林的争论是宗教研究传统中不可分割的一部分。在定义宗教本身的过程中，任何宗教还必须定义它不是什么。最后，在大多数情况下，宗教通常不称自己为“宗教”了。例如，人们会发现“犹太人”一词一般是指“犹太教”——这个词汇更频繁地出现在宗教讨论中而不是宗教文本中（特别是前现代时期）。对其他宗教 212
也可以进行类似叙述。区分和汇集各类宗教的教义典籍、信仰、仪式并将它们归类，或给它们贴上后缀“主义”（ism），往往是局外人所为——大多数情况下是某个现代学者。因此，更有效地讨论方式是将各种人类组织、实践和观念在历史中扮演的角色与宗教联系起来，而不是单独讨论宗教本身。

---

① Talal Asad, *Genealogies of Religion: Discipline and Reasons of Power in Christianity and Islam*(Baltimore, Md.: Johns Hopkins University Press, 1993), 29.

② Jonathan Z. Smith, *Map Is Not Territory: Studies in the History of Religions* (Leiden: Brill, 1978); *Relating Religion: Essays in the Study of Religion*(Chicago: University of Chicago Press, 2004).

③ John C. Super and Briane K. Turley, *Religion in World History: The Persistence of Imperial Communion*(New York: Routledge, 2006), 1-16.

经验丰富的世界历史学家学会谨慎地对待一般化。但是，至少我们可以在许多情况下谈论与各地宗教相关的“普遍性模式”。①这种视角对世界历史学家很重要，不是因为他们撰写“整个世界”的历史（他们并不写）就应该关注“普遍现象”，而是因为根据定义，世界历史学家的首要兴趣应该是界定各种交叉关系。在世界历史方面，宗教是作为证明各个文明、帝国、部落和其他群体间军事、商业、文化、政治及其他互动关系的最重要现象之一。

话虽如此，但要对世界上的每一种宗教都进行叙述或“观察”，那是不可能的。为此，人们就想要获得一部百科全书，比如像珀切斯写的那本，或是早在1704年就出现的《宗教大词典》，恰好由丹尼尔·笛福出版，他本人非常谨慎地注意到宗教有其历史：“世界上没有哪种宗教（据我所知）……不经历被修改、被界定、被划分派别和异端的过程。”②宗教除了有其历史，它也是促成世界历史形成的重要方式，在历史“发生了什么”以及历史被构思和被书写的形式方面，宗教都起着重要作用。此外，宗教对“世界”和“世俗时间”具有决定性和永恒的影响——这两者是书写世界历史中任何连续体采用的最基本的构成要素——被人理解和构想。这就是为什么这一章要论述宗教与世界历史的原因。没有宗教概念就无从谈及世界历史。显而易见，宗教能左右世界历史写作。同样，如果在庞大的世界历史研究中不涉及宗教，那么整个研究就是不完整的。

在过去的几千年里，学者多半是将全世界的人群加以区分，然后确定他们属于哪个特定的宗教。宗教在定义其他世界历史意义上的实体方面发挥了关键作用：文明，乃至国家，大部分是基于宗教构建的。可见，宗教无数次重塑世界历史。当前欧洲的地理划分很大程度上要归功于发生于早期现代的宗教改革运动。但如果在这个

---

① Wendy Doniger, '*Foreword' in Mircea Eliade, Shamanism*(Princeton: Princeton University Press, 1972), xii.

② Tomoko Masuzawa, *The Invention of World Religions, or, How European Universalism Was Preserved in the Language of Pluralism*(Chicago: University of Chicago Press, 2005), 52.

问题上，有人想要遵照教皇本笃十六世（Benedict XVI）的意愿，那么欧洲在基督教史上的身份和地位就会差很多。当代非洲政治和文化地理学在很大程度上也取决于其宗教的历史，①埃塞俄比亚产生了历史上第一个基督教政体；伊斯兰教化的北非，撒哈拉沙漠以南的非洲人则大部分改宗伊斯兰教和基督教（在今天可以看到许多非洲激烈内战留下的遗产）。亚洲的情况很大程度上要归之于 7 世纪伊斯 213
兰教的征服和扩张，其中，土耳其之于欧洲和欧盟的复杂地位是一个持续不变的提醒。同样，佛教的扩张促成了东亚和东南亚等地区的形成。中南半岛（Indo-China Peninsula）一词不仅因为它毗邻印度和中国两国，而且也是当时的殖民者法国对半岛上佛教历史的“观察”结果。印度教在界定印度和印度次大陆方面发挥着关键作用，事实上在西方人眼中，宗教及其密切关联的“灵性”常常被用来说明印度。

宗教不仅划定真正的疆域范围，而且还生成语言历史和地理分布。通过一些重要的宗教活动，语言得以发展和演变。现存的大多数文献是由古代文字写就的宗教文本。在人类历史上，直到现在，担任神职人员的大部分人都是受过教育的人，因此读写能力与宗教教育密切相关。许多古代文献之所以留存下来，是因为它们被认为是“神圣”的。例如，几乎所有古印度文献的内容都有关宗教，目前可知的中国最早的文字是用来占卜的，而梵文在如今也主要用于宗教环境。古以色列王国的编年史无疑是书面形式的，但没有被保留下来，而我们现在之所以知道它的存在则要归功于耶路撒冷神庙里的抄写员，他们抄写的这些文献组成了用于宗教目的的《圣经》叙事。很久以后，在罗马帝国衰落后，拉丁语被赋予了新生机，成为罗马天主教主要的宗教用语，目前，它也几乎只用于宗教环境中。

---

① 例如 Adrian Hastings, *The Church in Africa, 1450—1950*(Oxford: Oxford University Press, 1994); Nehemia Levtzion and Randall Lee Pouwels, *The History of Islam in Africa* (Athens, Oh.: Ohio University Press, 2000); Elizabeth Allo Isichei, *The Religious Traditions of Africa: A History*(Westport, Conn.: Praeger, 2004)。

希伯来语主要出现在前现代世界的宗教文本中。在《古兰经》之前，阿拉伯语不用于书写，它之所以在阿拉伯世界广为流传，只因为它是伊斯兰教的神圣语言。虽然伊斯兰文化曾抵制阿拉伯语作为他们的语言，比如波斯人或土耳其人，但目前他们仍采用阿拉伯语版本的《古兰经》。按照传统的说法，将书写引入俄罗斯的是一位希腊修道士，他还引入了基督教。通常情况下，某种特定语言的首个印刷品是由传教士翻译的《圣经》。可见，在宗教与语言之间存在着千丝万缕的有关世界历史的联系。

政治、文明、文化间彼此接触与对抗的最持久性结果也反映在宗教方面。在漫长的交流过程中，古埃及与美索不达米亚之间的战争和贸易产生出《圣经》中的一神论——这也许是世界历史上最强大的宗教思想。《圣经》明确指出，以亚伯拉罕形象为代表的第一批一神论者是游走于美索不达米亚和埃及之间的游牧民族。这些伟大的古代文明已不复存在了，但今天却有超过一半的人类以各种方式称自己为“亚伯拉罕的孩子”。这种现象是经由《圣经》式一神教与希腊文化、波斯和中亚文化及其宗教、前基督教时期的欧洲宗教以及前伊斯兰的阿拉伯宗教间的大量接触而形成的。同样，佛教历经漫长的变化，才从使用梵文的印度宗教变成东亚的宗教，很大程度上要归功于印度和中国之间悠久的贸易和交流线路，尤其是居住在那一带的藏民。这不是偶然现象，中国最重要的一本史诗性旅行小说《西游记》，讲述的就是中国僧人去西方将佛教传回国内的经
214 历。①“中国与佛教同化”，一位学者曾认为这一过程产生了大量的新变化，并最终产生了一种全新的宗教。例如，由道教和佛教互相融合而产生了著名的禅宗，以及作为一种特别的日本宗教形式日莲宗就是典型的例子。②之后，在对最初被征服的亚洲、印度洋和非洲等地的传播过程中，伊斯兰教在彼此交流、移民和贸易中发挥着决

① Wu Chengen, *Journey to the West*(Beijing, 2007).

② Matthew Kapstein, *The Tibetan Assimilation of Buddhism: Conversion, Contestation, and Memory*(Oxford: Oxford University Press, 2000).

定性作用。在伊斯兰教中，苏非主义和苏非文化很大程度得益于西方伊斯兰教和东印度传统习俗间的邂逅。锡克教则是早期现代印度国内伊斯兰教和印度教之间碰撞之后的产物。很久以后，在加勒比海流域和南美洲（不幸）相遇的西非人、欧洲人和美洲原住民则产生了大量新的宗教，比如伏都教（Voodoo）以及被称为非裔巴西人的宗教。在北美，基督教和非洲奴隶文化也形成了一系列新的黑人教派和宗教体系。致力于“恢复”非洲的宗教记忆催生了20世纪特殊的非裔美国人伊斯兰教，或者黑希伯来人组织。此外，欧洲人和美洲原住民之间的接触是摩门教崛起的关键，如今，“恢复”美洲原住民宗教在美国白人中广泛流行。

可以肯定地说，只要人类继续互相联系，新宗教就会不断形成，而旧宗教也会继续发生转变。

宗教的普遍性

认为我们所说的宗教文化和社会现象总是存在于世界的每一个角落可能是错误的。然而，宗教又似乎是一个普遍现象。更准确地说，自早期西方现代开始讨论宗教以来，人们就倾向于认为它是普遍性的，“全世界”这个术语以及笛福的观点就是一个佐证。当代宗教研究更加精细和谨慎地运用西方的分门别类法处理全球性的人类现象，不过，还是有个别学者赞同普遍性概念。①卡尔·雅斯贝尔斯创造的术语“轴心时代”用于描述公元前900—前200年世界各地的人群在思想方面进行包罗万象式发展的时代。很大程度上，这种观念的特点在于认为宗教可能与塑造当今世界有关。②

---

① 例如，参见 Mircea Eliade, particularly his Cosmos and History: *The Myth of the Eternal Return*(New York: Harper, 1959); *Patterns in Comparative Religion*(New York: Harper, 1958); and *A History of Religious Ideas*(Chicago: University of Chicago Press, 1978)。

② Karl Jaspers, *The Origin and Goal of History*(New Haven, Conn.: Yale University Press, 1953); *The Great Transformation: The Beginning of Our Religious Traditions*(New York: Knopf, 2006).

现在的宗教思考经常运用类似珀切斯那样的原始方法考察宗教与世界历史的关系。近期，由一位著名学者编撰的《剑桥插图宗教史》，开门见山地认为：“没有哪个已知的社会中，宗教不起推波助澜的作用，而且宗教还作为控制和创造的一部分。或许这一直很符合早期社会的情况。”①近期另外一部由一个大团队撰写的世界宗教
215 百科全书，以相反的顺序推论出相同的观点。他们把作为复数词的“世界宗教”统称为含有普遍性意义的词语：“宗教一直是人类历史上使人振奋且统一的力量之一。”②有趣的是，对比那些最早出版的有关宗教的百科全书中的表述，例如其中一本出版于 1817 年，著名的《各类宗教及教派大辞典：从古至今的犹太人、不信神者、伊斯兰教徒和基督教徒》，从书名中我们可以获悉 19 世纪西方的观点，他们认为世界只有四个信仰：基督教、伊斯兰教、犹太教和“不信神者”（在今天可能被称为“异教”〔paganism〕）。200 年后的今天，人们发明了从 A 到 Z 开头的一连串代表“某主义”的词汇。在世界各地，不仅每天都有新的宗教诞生，而且对某种宗教的仪式、观念和信仰的鉴别和分类方法也在不断增加。随着时间的推移，宗教本身的分类变得越来越灵活。在 19 世纪早期被称为“不信神者”的信仰，如今也受到尊重，被单独分类为“本土宗教”等。当然，过程不是一帆风顺的。例如，学者们不断辩论着儒家思想到底是一种文本性的古典传统，还是一种宗教或是一种信仰体系，有关这一争论的历史可以追溯到 16 世纪，那些作为西方观察者的耶稣会士首次与中国儒家官员进行了颇具宗教性的会晤。

但是，不管宗教的精确定义是什么，显而易见的是，宗教覆盖了全球人类的居住地。仅凭这一点，就能说宗教对世界历史的研究

① John Bowker, *The Cambridge Illustrated History of Religions*(Cambridge: Cambridge University Press, 2002), 10; *The Oxford Dictionary of World Religions*(Oxford: Oxford University Press, 1997); *God: A Brief History*(London: DK, 2002).

② Wendy Doniger, ed., *Britannica Encyclopedia of World Religions*(Chicago: University of Chicago Press, 2006), viii.

和写作至关重要。

宗教与世界历史的可能性：时间、空间与人

作为最伟大的早期世界历史著作之一，拉希德丁（Rashīd al-Dīn，1247—1318）撰写《史集》之时，一开始的起点很“小”。这位博学的犹太人改宗伊斯兰教时，刚开始着手撰写蒙古统治王朝的历史，但最终他尽力写出了自亚当以来的世界历史，①值得注意的是，他将人类之父作为历史写作的起始点。创造人类的某个单亲，或所谓第一个人类，通常是众宗教中的一种基本观念，并非是一神教独有的。如澳大利亚神话中的第一对夫妻乌鲁噶（Wurugag）和瓦拉姆鲁古迪（Waramurungundi）；中国传统中诞生于“蛋形”的宇宙初级阶段，即一片混沌之中的盘古，而女神女娲则通过混合盘古的汗水和泥土创造出了人类；印度教典籍《摩诃婆罗多》中记述的摩奴，他的后代创造了全人类；而日本的神道教则认为神武天皇是太阳女神天照大神的直系后裔。这些最初的人类作为许多人类历史的起点，被创造以来距今已有几千年，即便在历史的某一阶段中他们已失效或被替代，但他们仍然发出回响。

由此可见，宗教影响着世界历史写作的三个关键：宗教开启了 216
世界历史，构建出全球（或宇宙）的时间观，绘制出或重新绘制出了全球版图。这三项发生多次，当然多于人类的记录数量，包括了许多从未在第一时间记录，以及即便记录了却被摧毁和遗忘的内容。世界历史的可能性密切关系到与宗教相关的一系列观念，其中最著名的是我们所说的宇宙学以及解释世界起源和历史时间的故事。最早出现和最有效的时间概念就部分属于宗教思想。不论是犹太教、基督教、伊斯兰教传统中呈线性的时间观，还是亚洲、

① Rashid al-Din Tabib, *The Illustrations to the World History of Rashīd al-Dīn*. (Edinburgh: Edinburgh University Press, 1976).

非洲和美洲原住民传统中的循环时间观，宗教时间观对历史，包括世界历史的构建、概念化和写作都具有永恒的影响。众所周知，甚至如今“世俗”对世界历史的理解也还归功于他们的宗教观念体系。例如，著名的“历史终结”概念实际上是一个世俗化的宗教观念——“末日”。①

更重要的是，特别是那些以创造世界为中心的宇宙学，定义了作为世界历史发生的非常基本的空间范围。其范围包括卡罗·金兹伯格（Carlo Ginzburg）笔下，16世纪著名的磨坊主麦诺齐奥（Menocchio）从一块大奶酪延伸出的宇宙难题，以及布鲁斯·马兹利什（Bruce Mazlish）的“太空船式地球”。②在过去的几千年里，大多数的宗教对世界历史具有重要影响，并依赖宇宙学来阐述世界和时间。

如今，我们创造出大量被称为宗教或用来神圣地识别世界起源和开始时间（或结束时间）的文本和观念。在很多方面，对世界和时间的“大概念”容易趋向于神圣性，即使这些想法源于世俗。这些观念创造和定义了构成世界的空间和时间概念，并常常掌控它们以及人类生活的意义和目的。事实上，这些观念本身就是世界历史的一种形式。

当然，最普遍的例子是《圣经》式的宇宙观，尤其是其第一章《创世记》。创世是一种典型的多种合成的观念，并非只存在于犹太教、基督教、伊斯兰教或其他一神教中，它来源于各种古老的资源，其中一些还是未可知的。《创世记》以各种形式为人们提供了一种无

---

① Jonathan Kirsch, *A History of the End of the World*(San Francisco: Harper San Francisco, 2006).

② Carlo Ginzburg, *The Cheese and the Worms: The Cosmos of a Sixteenth-Century Miller* (Baltimore: Johns Hopkins University Press, 1980). Bruce Mazlish, 'Introduction', in Bruce Mazlish and Ralph Buultjens, eds., *Conceptualizing Global History* (Boulder, Colo.: Westview, 1993); and Bruce Mazlish, *The Idea of Humanity in a Global Era*(New York: Palgrave Macmillan, 2008), 20.

所不包的世界历史叙事。它认为世界历史相当于“大历史”，换言之
就是书写宏大时段的历史，运用尽可能广泛的方法处理什么构成了
历史事件这一问题。大历史将自然和环境坚定地带入世界历史的怀
抱。《创世记》解释了宇宙的形成，确定了一个时间起点，告诉人们
太阳系是如何被创造出来的。它还告诉人们地球是如何出现水、土
地、植物、动物，最后诞生了人类。作者认为人类文明开始于人类
偷吃智慧之树的果实，后被驱逐出天堂，并学会制作工具而受劳作
之苦——这也是农业革命和城市化的起源。我们通过《创世记》中
该隐和亚伯的故事了解到这些人类历史上的瞬间。我们也了解了语 217
言的起源，以及为什么会有不同的语言（如通天塔的故事）。最后，
我们知道了世界各国的起源以及人类的迁徙。

此类叙事与当代大历史的紧密联系是显而易见的。查阅最近有关世界历史研究的主题，比如贾雷德·戴蒙德（Jared Diamond）有关人类文明的著作，至少涵盖了过去20000年的历史。①现代、科学和世俗的书籍当然完全不同于《创世记》里的故事，但是它们犹如与古代叙事的一场对话，关注的是那些重大主题：人类历史的开端、文明的诞生、农业和各类革命。大卫·克里斯提安(David Christian)，这位致力于大历史研究的世界历史学家，在他的书中欣然承认包括《创世记》在内的创世神话与他研究领域之间的联系：

创世神话提供了一个普遍坐标，通过这个坐标，人们可以

① 关于世界史研究的规模，参见 Patrick Manning, *Navigating World History: Historians Create a Global Past*(New York: Palgrave Macmillan, 2003), 265 –273. Jared Diamond, *Collapse: How Societies Choose to Fail or Succeed*(New York: Viking, 2005); *Guns, Germs, and Steel: The Fates of Human Societies*(London: Cape, 1997). Richard Manning, *Against the Grain: How Agriculture Has Hijacked Civilization*(New York: North Poing, 2004); David Christian, *Maps of Time: An Introduction to Big History*(Berkeley: University of California Press, 2004); Fred Spier, *The Structure of Big History from the Big Bang Until Today*(Amsterdam: Amsterdam University Press, 1996); Cynthia Brown, *Big History: From the Big Bang to the Present*(New York: New Press, 2007)。

> 在一个更大的框架内想象自己的存在，并且扮演自己的角色……就像《创世记》的故事被整合在犹太教-基督教-伊斯兰教内一样……《时间地图》(*Maps of Time*) 力图成为一部关于起源问题的前后连贯、明白易懂的著述，一篇现代的创世神话。①

换句话说，尽管全球历史被认为是现代的、科学的和世俗的，但它的灵感却来自古代叙事，比如《创世记》之类，至少是以这些叙事的理想去阐述世界中的“大事件”。

《创世记》强调地球上人类文明发展过程中关键时刻与劳作的关系。所有当代的世界历史学家们都认为劳作的起源，即人们开始使用工具和火是人类历史上至关重要的时刻。事实上，历史与史前史的真正区别，可能正是需要定位这些关键时刻。②有趣的是，人类观察到的各种威胁我们星球的环境灾难，是《创世记》中表达对立和猜疑的古老隐喻，有助于人类文明与大历史研究产生共鸣。在《创世记》中，知识与劳作是在罪恶和惩罚的背景下产生的，第一个农民该隐在上帝拒绝了他的农作物献祭后谋杀了自己的弟弟，该隐在施行谋杀和被惩罚后，建立起第一座城市。

《道德经》是道教奠基性的典籍，极端地宣扬回避宇宙之道的干扰，而与自然为伍，书中认为有智慧的统治者应该保持无知无欲的状态：“使夫知不敢弗为而已，则无不治。”③赫西俄德已经在公元前8世纪的时候，指出人类的劳作使众神不满，普罗米修斯被宙斯惩罚是因为他盗火给人类。

---

① Christian, *Maps of Time*, 2.

② 史前史，是宗教和世界历史研究的关键术语，它本身是一种新近发明。参见 Alice B. Kehoe, ‘The Invention of Prehistory’, *Current Anthropology*, 32: 4(1991), 467－476; Peter Rowley-Conwy, ‘The Concept of Prehistory and the Invention of the Terms “Prehistoric” and “Prehistorian”: The Scandinavian Origin, 1833—1850’, *European Journal of Archaeology*, 9: 1(2006), 103－130; Donald Kelley, ‘The Rise of Prehistory’, *Journal of World History*, 14: 1(March 2003), 17－36。

③ *Dao De Jing*, trans. By James Legge, 3.3.

普罗米修斯不是唯一一个从神那里偷取火照亮人类历史的神。在很多非洲人、波利尼西亚人和美洲原住民的宗教宝库中也保存着类似的神话。①以这种方式质疑文明对曾经纯净的原始世界的影响，可见对世界的宗教性思考通常贯穿于同时代的世界历史之中。总之， 218
在很多方面，古老的神圣故事即是世界历史故事。

然而，神圣的文本和观念与同时代的世界历史之间的交叉点并不总是显而易见的。虽然关于宇宙观的思考没有主宰世界，却与如今的世界历史议题紧密相连。许多美洲原住民的“诞生神话”中认为人类是从“地底世界”来到地表的。②这种宇宙观暗示了人类为何没有在 10000—35000 年前通过白令海峡到达美洲。祖尼人（Zuni）的创世神话公开挑战了人类是通过迁徙来到美洲的观点，这种有趣的冲突曾出现在《纽约时报》的头版：“即使考古研究没有发现地底埋葬的人类，但‘印第安人’仍认为考古发掘的诸多证据都在表明移民是亵渎神明的。”③同样地，神创论者，即智慧设计论的倡导者与进化论支持者之间也存在着争论，这些大历史叙事理应在学校被教授。

重点并不是要在矛盾观点中作出裁决，而是要表明宗教叙事和世界历史是相互交织的，就像其他历史编纂学，本质上是世俗性的。讽刺的是，几个世纪以来，西方关于美洲原住民起源的争论是基于宗教（《圣经》式）为主导的思考。根据神圣文本而形成的主要欧洲神学问题意识非但不能“解释”人类彼此相遇的原因，而且还催生了一系列新的宗教观，甚至诞生了一种新宗

① 参见 Hartley Burr Alexander, *The Mythology of All Races 10. North American*(Boston: Marshall Jones, 1916), 310; W. D. Westervelt, *Legends of Maui—a Demigod of Polynesia and of His Mother Hina*(Honolulu: Hawaiian Gazette, 1910), 56 - 77; Katherine Judson, *Myths and Legends of the Pacific Northwest*(Gardners Books, 2007), 44 - 46。

② Dawn E. Bastian and Judy K. Mitchell, *Handbook of Native American Mythology*(New York: Oxford University Press, 2004).

③ George Johnson, ‘Indian Tribes’ Creationists Thwart Archeologists’, *New York Times*, 22 October 1996(section A, 1).

教——摩门主义。①作为全世界发展最快的宗教之一，摩门主义的神学体系源于最典型的世界历史议题之一：人类是怎么出现在美洲的？摩门主义运用了宗教方法库中最有效的一项——启示。现代科学和历史针对美洲人的聚居问题提供了一种系统的解决办法，而摩门主义则用来自天国的经文做着同样的事情。

宗教与历史事件的解释

启示，是对世俗现象背后隐藏原因的超自然揭示，通常引出世界历史语境中的政治意义。统治者一直特别热衷于使用启示来建立自己的合法性——比如乔治·布什简洁地宣传“上帝站在我们这一边”。中国早期王朝商朝（前17—前11世纪），统治者们的权力基础在一定程度上根据与上帝或“至上神”的神秘联系。商朝的后继王朝周朝（前11世纪—前3世纪）则引入了“天”的概念，出现了特指皇帝的“天子”一词，这个称号后来一直被统治者持有，直到
219 1911年清朝覆灭。同样，中国的天命观是为了证明或否定某个统治者或整个王朝的合法性。某个人获取权力就是被神圣认可的表现。当天不赞同某个统治者的行为时，它就会显出迹象：社会动荡，洪水和地震等自然现象都被解释为上天赞成或反对皇帝执政情况的预兆。

在西方，古代西亚的亚述统治者们坚称帝王（前10—前7世纪）是受神力赋权、成长和指引的。许多亚述统治者持有头衔——“万王之王”，这也是重要的《圣经》神学称号。当伟大的波斯统治者居鲁士大帝（约前600—前529）征服了大部分西亚和近东的土地时，他宣称万神之王马尔都克（Marduk）已经公开宣布他将在“横扫所

① 例如，参见 Colin Kidd, *The Forging of Races: Race and Scripture in the Protestant Atlantic World, 1600—2000*(Cambridge: Cambridge University Press, 2006); Richard L. Bushman, *Mormonism: A Very Short Introduction*(New York: Oxford University Press, 2008); and also Ben-Dor Benite, *The Ten Lost Tribes*, 184 - 187。

有国家”后成为“统治世界”的正直君主，而在《圣经》的《以斯拉记》中，是耶和华而不是马尔都克让居鲁士统治了世界。古代近东集中性的帝国行为帮助巴勒斯坦南部的小国家朱迪亚（Judea）的统治者们相信自己是弥赛亚。至今世界上还有许多大卫王的后嗣等待着返回他们的首都耶路撒冷之日的来临。弥赛亚式的观念已经成为一种准则，这种准则渴望看见席卷世界的重要改革。后来的统治者们——从亚历山大大帝到奥古斯都等人，都被神圣化地描绘成神的使者，他们的政治生涯不仅被宗教时间观建构和解释，他们本身也成为新宗教发展的关键点。君士坦丁大帝（约 280—337）在罗马帝国的权势可能是世界历史能提供的最佳案例之一。基督教直到那时还是一种受迫害和质疑的地中海宗教，却是帮助君士坦丁大帝获得军事成功并受益的幕后原因。类似的还有佛教，其制度化和扩张极大地受惠于印度君主阿育王（?—前 232），他在创建庞大帝国之后笃信了佛教。

在 7 世纪和 8 世纪伊斯兰帝国统治之际，宗教和世界帝国之间的关系再次发生转变。早期伊斯兰教在战场上的成功被视为向世界传播伊斯兰教式教条和正义的神性征兆（虽然未必是伊斯兰教本身）。

世界各国的领袖或野心家，他们的事业都被赋予了宗教意义，一直延续到 20 世纪的独裁者，甚至进入某些 21 世纪的民主政体。①

强调宗教对那些具有世界历史意义的事件的解释有着共享或“共生”的性质，是很重要的。对一个事件，不同宗教融合出一个意味深长的含义，即使他们对于该事件的明确解释各不相同。居鲁士大帝的宣言就是一个例子。蒙古人声称天神让他们统治世界，这种

---

① 例如，参见 Randall Herbert Balmer, *God in the White House: A History: How Faith Shaped the Presidency from John F. Kennedy to George W. Bush*(New York: HarperOne, 2008); and Paul Kengor, *God and George W. Bush: A Spiritual Life*(New York: Harper Perennial, 2004)。

观点被处于从属地位的道士、穆斯林阿訇、基督徒商人，甚至犹太教拉比接受和强化，这些人纷纷断言蒙古人在13世纪的成功是因为
220 接受了他们的神圣文本的缘故，这些文本都预测出世界的征服者，如成吉思汗的降临，而实际上，在同一时间蒙古人却认为他们的成功恰恰印证了自己独有的宗教政治观。依据这些旁观者的世界观，大汗要么被视为积极的弥赛亚形象，要么被看作用来惩罚有罪者的"神杖"。

重大世界历史事件往往被理解为具有深远宗教意义的启示时刻，根据不同群体的多种叙述视角，历史事件的书写和解释总是发生于我们称之为宗教的框架内。这种情况还出现在世俗（以及完全不敬神）的实体之中，如纳粹德国。在"千年帝国"概念背后的宗教野心相对来说是众所周知的。历史学家索尔·弗里德兰德（Saul Friedlander）近期提出"救赎的反犹主义"理论，他论述了纳粹德国宣扬的反犹主义中特定部分的表征。根据他的观点，纳粹的反犹主义就其本身而言是一种宗教信仰，它强化了救赎德国人（和全人类）则必须消灭犹太人的观念。①当然，"大屠杀"一词本义为"在祭坛上完全烧好的祭品"，这一含义激发了世界多方面重要的神学转换。

其他世界历史意义的事件也是如此。如今，历史学家承认哥伦布认为自己发现美洲具有重要的宗教意义，航海成为现代性开始的标志，在一定程度上是出于宗教动机。发现美洲本身被哥伦布时代（以及后世的）许多人看作宗教事件，尤其是那些欧洲的犹太人和基督徒。

然而，不仅只有欧洲人将白人到达美洲看成宗教事件。引人注目的是，在某些情况下，在海滨观察白人外表的美洲原住民，也根据自己的宗教信仰认为白人是神性的或超自然的征兆，例如，埃尔

---

① Saul Friedlander, *Nazi Germany and the Jews, Vol.I: The Years of Persecution, 1933—1939*(New York: Harper Perennial, 1997), 3 - 112, particularly 86 - 87.

南·科尔特斯（Hernán Cortés）抵达墨西哥被认为是羽蛇神的回归。詹姆斯·库克船长（1728—1779）是早期登陆夏威夷群岛的人，受到夏威夷人的优待，但他临回国时却被无故杀害，其中的秘密在20世纪90年代引起学者们的激烈争论。一种解释认为，这位英国探险家之所以被杀死是出于宗教原因，与他被夏威夷人认为是神明拉农（Lono）有关。根据人类学家马歇尔·萨林斯（Marshall Sahlins）的观点，这一神明身份是致命的，因为它使库克进入夏威夷人的仪式周期：库克离开岛后，他当时不应该返回，但他却返回了——作为拉农，他的生命应该是根据仪式进行的。另外一种解释由人类学家加纳纳什·奥贝耶塞克勒（Gananath Obeyesekere）提出，他认为库克确实成为了一个神：但是他遵照的是西方神话的思维模式，而不是夏威夷人的模式。①读者可以自行选择支持这场激烈辩论的任何一方，历史学家和人类学家之间的分歧至今已超过10年。但无论站在哪一边，当我们想了解航海时代中最生动的一段历史，就会发现宗教看上去是非常重要的。

直到今天，宗教仍旧是解释历史事件的一项重要又强大的工具。221
1976年毛泽东去世后，许多中国人曾把这件事与仅发生在几个月前的大地震联系起来，认为这是某种“天命”的暗示。

当然，历史的宗教解释并不脱离历史本身。在许多方面，历史的宗教解释也创造历史和构建历史。如今，当我们谈论所谓“圣战”时，不难理解，我们自己的生活史是如何在我们未知的情况下塑造宗教，又被宗教塑造的。

宗教与全球知识

在神秘的“天”被周朝创造出来的几千年后，它成为天主教教

① 参见 Victor Li, ‘Marshall Sahlins and the Apotheosis of Culture’, *CR: The New Centennial Review* 1: 3(2001), 201－287。

派中最重要的争论焦点之一。使东亚人和东南亚人在近代改变信仰而与欧洲人建立联系的最“神性声音”是什么？中国将这场著名的辩论称为“中国礼仪之争”。这场争论的要点是耶稣会士策略性地声称中国礼仪与基督教教义并不冲突，因为中国不实行偶像崇拜，该论点认为中国只是遵循“自然”或为民的传统，因此即使改信基督教也可以被允许继续实行他们的习俗。这些耶稣会士认为中国的“天”和“上帝”能适用于基督教中的神，因为两者是哲学概念（因此耶稣会士坚持认为孔子是“哲学家”）。反驳的观点主要出自多明我会，该会会士认为中国的礼仪本质上是宗教性的，“天”和“上帝”本身即是神明，中国人若要改信基督教就应该抛弃全部的传统习俗与信仰。定位的差异性不仅源于耶稣会与多明我会两者间不同的基督教神学方法观，而且也源于中国人自己的经验。耶稣会士主要吸引的是“重智”的儒家精英们，而多明我会（和方济各会）接触的大部分是信仰佛教、道教或许多中国本土宗教的平民。这恰好涉及“汉学”研究的领域，“汉学”作为西方关于中国的知识分支，诞生于这场礼仪争辩之下——并且产生出数千页的文献。虽然最后两边都没有赢得这场辩论，“使中国皈依基督教”的宏伟计划失败了。[1]然而，中国礼仪之争却具有深厚的世界历史意义，尤其是在推动世界知识的积累方面。

在中国礼仪之争之时，传教士进行着一项重要的全球性尝试，从南美到日本，使那些重新“被发现”的人群皈依天主教。这一努力与葡萄牙和西班牙帝国地位的世界性意义密切相关。伴随传教士
222 的努力成果而来的是诸如法兰西帝国和大英帝国的崛起，美国的兴起也被作为传教士全球扩张的成果。不论这些（通常是不幸的）努力成功与否，它们产生了大量的世界及全人类的知识。实际上，欧洲人在美洲、中国、印度、日本和非洲部分地区获得的所有有关文

① 近期的一项研究，参见 Matthew Liam Brockey, *Journey to the East: The Jesuit Mission to China, 1579—1724*(Cambridge, Mass.: Harvard University Press, 2007)。

明和自然的学术文献都出自传教士之手。[①]例如，由耶稣会士何塞·德·阿科斯塔（José de Acosta，1539—1600）撰写的著名的《西印度自然与精神史》和由方济各会修道士贝尔纳迪诺·德·萨哈冈（Bernardino de Sahagun，1499—1590）撰写的《新西班牙通史》。[②]卓越的探险家、人种志学家和中非地图制作者大卫·利文斯通（1813—1873）也是一位传教士。[③]在19世纪，英国和美国的传教士奠定了西方汉学研究的第二层次，产生了不可估量的中国和日本研究的学术体系。由苏格兰传教士詹姆斯·理雅各（James Legge，1815—1897）翻译的中国经典至今仍被使用。许多我们今天称之为“区域研究”的基础性学术领域，都是由传教士和旅行家们奠基的。正如杰里·本特利论证的那样，“区域研究”背景下的知识生产与全球历史紧密相连，它本身是全球化历史中的重要篇章。[④]

宗教相遇与全球知识间的关系无疑在西方传统中最占优势。然而，在欧洲霸权之前，伊斯兰学术也显示出宗教动机和全球知识间存在着紧密联系。在基督教传教士的知识之中，伊斯兰关于世界的认知在帝国背景之下产生。与之后在中国的早期天主教类似，穆斯林领袖们在他们的征服过程中，需要对所遭遇的宗教进行分类，以确定对这些宗教的政策和态度。他们需要知道谁是“不信神者”，然后使之皈依伊斯兰教，还要辨认出谁是“圣书的子民”，这些人拥有来自上帝的知识，因此没有被强制改变信仰。最初只有犹太人和基

---

① David F. Lindenfeld, ‘Indigenous Encounters with Christian Missionaries in China and West Africa, 1800—1920: A Comparative Study’, *Journal of World History* 16: 3(2005), 327－369.

② 关于萨哈冈，参见 Miguel León Portilla, *Bernardino de Sahagun, First Anthropologist* (Norman: University of Oklahoma Press, 2002)；关于阿科斯塔，参见 Claudio M. Burgaleta, *José De Acosta, S.J., 1540—1600: His Life and Thought*(Chicago, Ill.: Jesuit Way, 1999)。

③ 参见 Andrew Ross, *David Livingstone: Mission and Empire*(London: Hambledon and London, 2002)。

④ Jerry H. Bentley, ‘Globalizing History and Historicizing Globalization’, *Globalizations* 1: 1(2004), 69－81.

督徒被这样区分，但后来一些伊斯兰学者认为琐罗亚斯德教的信徒们也应被如此对待。此外，最后一位最伟大的先知穆罕默德还创建了一种研究过去先知与他们所处社会的领域。伊斯兰世界与外部世界的明显区别促使穆斯林研究自己与他者的历史，由此产生了一个有关世界及全人类的庞大知识体系，比如后来拉希德丁写的那些世界历史书卷。实际上，第一位企图评估世界文明的是一位穆斯林学者兼法学家伊本·赫勒敦（Ibn Khaldun，1332—1406）。他在撰写的世界历史著作《历史绪论》的前言中表明，历史的“目标是很显著的”：

> 历史使我们知晓过往国家的状况，这些都体现在他们的民族特性之中。历史还使我们知晓各位先知的生平事迹，各个王朝和统治政策的情况。任何人都向往能从效仿宗教和世俗事物的历史先例中获得助益。①

223 换言之，世界历史是宗教研究者手中一项重要的工具。世界历史和地理研究背后更重要的宗教动机是伊斯兰教的义务麦加朝圣和祷告（必须面向麦加）。在阿拉伯半岛之外建立的一个巨大帝国产生了“麦加在哪里”的关键之问，而且它还成为研究世界地理的动力。在这一方面，地理（和历史，因为这两个术语实际上是同义）是伊斯兰教知识研究的传统，是渊博学者的宗教课程中的一部分。比如波斯的博学之士比鲁尼（al-Biruni，973—1048）或巴格达的马苏第（al-Masūdi，896—956），后者被称为“穆斯林中的希罗多德”。②《罗杰之书》被称为早期世界中最先进的地图或许也不足为奇，因为它是由博识的穆斯林伊德列西（al-Idrisi）在 1154 年绘

---

① Ibn Khaldun, trans. Franz Rosenthal, *The Muqaddimah: An Introduction to History*(Princeton: Princeton University Press, 1958), 11。关于伊斯兰教的普救论和全球知识的研究，可参见 Amira Bennison, ‘Muslim Universalism and Western Globalization’, in A. G. Hopkins, ed., *Globalization in World History*(New York: Norton, 2002), 73－98。

② George Saliba, *Islamic Science and the Making of the European Renaissance*(Cambridge, Mass.: Harvard University Press, 2007).

制的。

关于宗教和全球知识之间相互作用的最后一个例子是著名的伊斯兰教格言“求知”，由谚语形式（可能并不正确）最好地呈现了先知穆罕默德的训诫：“求知，哪怕远至中国。”很显然，在很早的时候穆斯林就产生旅行是为了寻求知识的观念，而且将之看作一种宗教义务。①阿拉伯语的旅行文学，游记（*rihla*）即是一种重要的体裁，在整个穆斯林世界拥有广泛的读者。最近甚至有人认为伊斯兰教文学对基督教中世纪游记的写作也具有一定影响。②游记题材的一个重要例子是西班牙穆斯林伊本·朱拜尔（Ibn Jubayr，1145—1217）的著作，他不仅参加了麦加朝圣，而且还记叙了在十字军东征之下的巴格达和巴勒斯坦的情况。③另一本著名的游记由伊本·拔图塔（Ibn Batuta，1304—1377）撰写，拔图塔是来自北非丹吉尔（Tangiers）的法学家，他从非洲最西面旅行至亚洲最东端。④缺少了这些，世界历史的进程就是不完整的。

作为结论：朝圣

1968 年，圣母玛利亚之像出现在开罗一座教堂的顶端，新奇的景象吸引了这座城市和世界其他地区许多人的关注。当时的影像在很长一段时间中被再现出来（至今仍然可以在 Youtube 上见到）。⑤当时出现这一景象被推测为与埃及在 1967 年的战争中失败有关。之

① Richard Netton, *Seek Knowledge: Thought and Travel in the House of Islam*(Richmond: RoutlegeCurzon, 1996).

② Ana Pinto, *Mandeville's Travels: A Rihla in Disguise*(Madrid, 2005).

③ Ian Richard Netton, ed., *The Travels of Ibn Jubayr: Islamic and Middle Eastern Geographers and Travellers: Critical Concepts in Islamic Thought*(Vol. 2. London: Routledge, 2008).

④ Ross Dunn, *The Adventures of Ibn Battuta, A Muslim Traveler of the Fourteenth Century* (Berkeley: University of California Press, 1986).

⑤ 关于那次瞩目，Youtube 上有三百种不同的剪辑版本，例如〈http://www.youtube.com/watch?v=dVXEh4Jzs2s〉和 http://www.youtube.com/watch?v=S_X8l9OcEDI&NR=1。

后，当伟大的埃及领导人——一位穆斯林——纳赛尔在 1970 年去世时，人们说圣母玛利亚一直暗示着他即将到来的死亡。这是有关宗教如何塑造个人对历史的理解的另外一例。然而，更富有意义的是人们对地点的看法发生了改变。简言之，开罗变得神圣了。就此而言，它加入了世界上可以瞻仰圣母玛利亚的无数地点之列。这些地点点缀在地球之上，吸引着来自世界各地的游客。

米尔恰·伊利亚德（Mircea Eliade）写道："对于宗教徒而言，空间并不是均质的，宗教徒能够体验到空间的中断，并且能够走进这种中断之中。空间的某些部分与其他部分彼此间有着内在品质上的不同。"①扎图（al-Zaytoon）的圣母玛利亚即标志着这种中断，它体现了一个似乎被忽略的事实：埃及被穆斯林统治已长达 1300 年之
224 久。地球绝不是宗教性的均质空间。早在人类开始用各种各样的政治边界来干扰宗教之前，它就已被点缀在无数充满意义的地点上——从最小的非洲村庄神龛到可能最大的佛教雕像，从最小的地方性圣墓到最大的金字塔。

这些地点对世界历史至关重要。首先，它们"控制"甚至引发了全世界信徒和当代游客的活动，而且已经发生了几千年。②全世界不仅遍布着重要的宗教场所，而且还遍布着通往宗教之路。信徒们追寻的神圣之旅不管是区域性的还是全球性的，他们都根据讨论中圣地的重要性进行朝圣，并进行全球传播。随着移民的加剧和多样化，世界上的神圣之旅只会变得更广泛。

此外，这些地点成为通往宗教之路经历了漫长的历史。圣地的历史以及通往它们的神圣路线是一种世界历史。有人会认为世界历史自始至终只关注其中一点。然而，当很久以前麦加的天房克尔白

---

① Mircea Eliade, *The Sacred and the Profane; The Nature of Religion*(New York: Harcourt, 1959), 20.（该段引用参考王建光翻译的《神圣与世俗》，北京：华夏出版社，2003 年——译者注。）

② 近期研究可参见 P. J. Margry, *Shrines and Pilgrimage in the Modern World: New Itineraries into the Sacred*(Amsterdam: Amsterdam University Press, 2008)。

成为伊斯兰教的表征时，就吸引着无数朝圣者。今天，麦加朝圣活动聚集了几乎世界上所有的民族。中国大同附近的云冈石窟拥有51000 座大小石雕佛像，它处于连接中国与蒙古和中亚的战略要道。2001 年，联合国教科文组织宣布它成为世界文化遗产。对其 252 座佛龛进行保护的原因，一定程度是遭受空气污染的结果。①如果有人要着手撰写朝圣者去麦加或去大同的历史，那么他将书写出一种强调连接和互动、贸易和商业、移民和环境的世界历史。

我将详细说明宗教是如何改变地球上各种地点以作为本章的结尾，这些地点担负着创建各种世界历史意义并塑造世界历史的任务。

耶路撒冷的圣地摩利亚山（Mt Moriah）或称圣殿山，数千年前仅仅是一块神圣的岩石。在《创世记》（14：18）中模糊地提及了当地的统治者："撒冷王麦基洗德（Melchizedek）……他是至高神的祭司。"——暗示这座山上存在着某种当地崇拜。然而不久之后，《圣经》就声称这个地点是神圣的，因为以撒在那里被捆绑作为燔祭。后来，神殿在岩石之上建立起来，岩石本身被称为基石和"世界之脐"。诚然，指定某个位置是世界中心，这种出发点并不独特，②然而耶路撒冷的那块岩石却具有最重大的全球影响力。多年以来，对犹太人、基督教徒和穆斯林而言，圣殿山的神圣性被一次又一次地叠加，在耶路撒冷建立起的教堂、清真寺和犹太教会堂，每一座都凭借自己的力量成就神圣性。在那里，耶稣驱赶了货币兑换者，也是在那里，穆罕默德升入了天堂。在中世纪，这座世界中心之城是几大主要的欧洲军事行动的目标，被穆斯林控制之后又落入基督徒手中，随后由大英帝国托管统治了 30 年。在约旦的穆斯林短期统治之后，它又被转交给一个犹太政府。古往今来，耶路撒冷作为真实的世界中心绘制在大量的世界地图上，它吸引了来自世界各地，各类宗教，不计其数的朝圣者。当代的全球政治对话将圣殿山看作世

① 参见〈http：//whc. unesco. org/en/list/1039〉。

② Baldwin Spencer and F. J. Gillen. *The Arunta: A Study of a Stone Age People*(Oosterhout, 1969).

界上最重要的地点之一，因为它能改变世界的历史。这块“肚脐”之地上发生过数百万人的冲突，即使不是数十亿人，却也深入人心，只因这片土地既能开启一场世界大战，也能如《圣经》先知们所说的那样，引领人类进入一个全球和平的时代。①圣殿山，这块岩石，从很多方面勾勒出宗教与世界历史在那里融合与交汇的关系，它或许是最具影响力的——也最令人担忧——正不断说明着宗教问题是如何以及为何进入世界历史的。

参考书目

- Armstrong, Karen. *The Great Transformation: The Beginning of Our Religious Traditions*. New York: Knopf, 2006.
- Brague, Re'mi. *The Wisdom of the World: The Human Experience of the Universe in Western Thought*. Chicago: University of Chicago Press, 2003.
- Clarke, Peter B. *New Religions in Global Perspective: A Study of Religious Change in the Modern World*. London: Routledge, 2006.
- Coward, Harold G. *Sacred Word and Sacred Text: Scripture in World Religions*. Maryknoll, N.Y.: Orbis Books, 1988.
- Eliade, Mircea. *A History of Religious Ideas*. Chicago: University of Chicago Press, 1978.
- Funkenstein, Amos. *Theology and the Scientific Imagination from the Middle Ages to the Seventeenth Century*. Princeton: Princeton University Press, 1986.
- Hughes-Warrington, Marnie. *Palgrave Advances in World Histories. Houndmills*, Basingstoke: Palgrave Macmillan, 2005.
- Johnson, Donald, and Jean Johnson. *Universal Religions in World History: The Spread of Buddhism, Christianity, and Islam to 1500*. Boston: McGraw-Hill, 2007.
- Kirsch, Jonathan. *A History of the End of the World: How the Most Controversial Book in the Bible Changed the Course of Western Civilization*. San Francisco: Harper San Francisco, 2006.
- Margry, P. J. *Shrines and Pilgrimage in the Modern World: New Itineraries into the Sacred*. Amsterdam: Amsterdam University Press, 2008.
- Masuzawa, Tomoko. *The Invention of World Religions, or, How European Universalism Was Preserved in the Language of Pluralism*. Chicago: University of

① Oleg Grabar, *The Dome of the Rock* (Cambridge, Mass.: Harvard University Press, 2006).

Chicago Press, 2005.

➢ Super, John C., and Briane K. Turley. *Religion in World History: The Persistence of Imperial Communion*. New York: Routledge, 2006.

黎云意　译　陈　恒　校

第十三章　技术、工程与科学

丹尼尔·R. 海德里克

229 使用技术，我们指的是人类为实用目的运用自然而发明的工具、人造物、技能和方法——从最原始的手斧到如今的互联网。技术诞生于人类祖先首次学会使用棍棒和石头之时。建设大型项目需要合作，而使用大量的人力则是相对较晚的现象。巨石结构的出现——重达数吨的庞大岩石——可以追溯到 5000 年前。建造这类纪念性建筑需要一种复杂的技术形式，我们后来称之为工程。

技术和工程需要有关自然的实际且可操作的知识。虽然人类一直对自然现象背后的原因充满好奇，但在历史的大部分时间里，人们将生死或变幻莫测的天气解释为超自然力量或神明的作用。探索物理现象的自然解释——我们所说的科学——在首个伟大工程项目很久之后才出现。

技术、工程和科学是密切关联的。简单的技术——例如将石头打磨出锋刃或用芦苇编织篮子——这些可以从反复试验的摸索期中学会。然而，建造巨石纪念碑的工程则需要经验、远见和计算，换言之就是专业知识。除了少数例外，工程一直反映出政府强权统治下复杂社会的特征，政府通过征召劳力和征税来维持大型项目的开支。例如古埃及社会通过建造金字塔、城市、庙宇和宫殿展示出他们的工程技术。他们运用的技术种类要远远超过早期时代，这些技术包括家庭手艺，如烹饪和织造，还有冶金、造船和建筑学。从古埃及人的时代开始，技术和工程的发展虽然时而迅猛时而缓慢，却

从未倒退。如今我们生活的世界便是建立在数千年的尝试和创造 230
之上。

今天的技术已远远不止反复试验，而要求比我们感官能感知到的更深层次的自然知识，通常需要科学和数学。如果说现今的技术主要受惠于科学，那么反过来也是如此。科学不仅仅单独建立在逻辑和数学之上，而且还需要复杂和昂贵的仪器，比如粒子回旋加速器、太空探测器和超级计算机。技术、工程和科学之间的共生关系是现代世界的标志。

石器时代的技术

在 400 万—250 万年前，居住在非洲东南部草原上的南方古猿人，他们搬运从河床中发现的一拳大小的鹅卵石，从而展现出他们运用工具的洞察力。存在于 250 万—180 万年前的能人，他们学会了打磨石块制作砍刀。借助这些（以及那些由木头、骨头或兽皮制作的早已风化腐蚀的工具），能人成为首个依靠技术生活的生物。他们的后代直立人，脑容量只有现代人类的三分之二，发明了更为复杂的工具，包括手斧、劈刀和双面燧石器，还学会了生火和控火。有了这些技术，他们成为能捕捉大型野兽的猎人，并且从非洲迁徙到了气候更寒冷的欧洲和亚洲。

然而，这些技术没有一样可以与智人（现代人）的创造相提并论。智人出现在 15 万—10 万年前的东非。大约 7 万年前，人类进入了一个崭新的时代，这个时代不仅是物理演变——缓慢的生物进化的结果——，而且也是有关语言发展的文化变迁的结果。早期原始人类创造的工具数十万年来未曾改变，而智人发明了各种惊人的工具，它们由石头、骨头、象牙、木头、兽皮和其他材料制成。与实用性工具相对的是他们也在洞穴的墙上绘制图像以及制作一些装饰性物品，例如串珠项链和石刻像。

人类迅速遍及整个东半球，他们在 55000—35000 年前到达澳大利亚，尽管大陆和离得最近的新几内亚之间隔着 62 英里长的海洋。我们不知道那些人类使用的是什么船，但我们知道他们具有渡海的技能与勇气。

比之祖先，人类还学会了如何在更冷的气候条件下生存。科学家研究了大约公元前 3300 年时，一个被称为“冰人奥兹”（Ötsi the Ice Man）的人类的遗体，他亡于奥地利和意大利之间的阿尔卑斯高山上。我们能详尽地了解他是因为严寒近乎完好地保存了他的身体和服饰装备。他穿着由草编织的斗篷和皮裤，靴子里塞满草以保护
231 他抵抗寒冷。他还随身携带了一把铜斧和燧石刀、弓箭、一个篮子以及生火用的火绒。

冰人所穿服饰的缝制技术证明了人们能在北欧和西伯利亚生活。至少在 11000 年前，美洲原住民的祖先从西伯利亚跨越陆桥到达阿拉斯加。另外一群西伯利亚人，因纽特人（旧称爱斯基摩人）的祖先，他们学会生活在林木线外高纬度的北极地区。他们能存活下来多亏了由动物毛皮制成的衣服、兽皮船、鱼叉、弓箭以及由狗拉的雪橇，他们可能是有史以来完全依靠当地材料制作最复杂技术的人类。

上述所有人都是杂食者，他们食用采集的野生植物和捕杀的动物。为了生存，石器时代的觅食者们比如今大多数受过高等教育的博物学家更了解居住地的环境、地形、天气和当地动植物的情况。他们知道哪些植物可食用，哪些有药用价值而哪些是有毒的，他们还知道这些植物生长在何处，它们何时成熟，需要多少阳光和水分。

大约 12000 年前，居住在中东的人类开始在合适地点播种所需植物的种子，通过灌溉助其成长，并且淘汰掉不需要的植物。这类园艺工作很可能由女性完成，大多数蔬菜类食材由女性收集。随着气候逐渐变得干燥，很难再找到野生动植物，当地居民就越来越多地依赖小麦和大麦，之后是扁豆和豌豆。类似的变化在世界各个角落发生，如东南亚、新几内亚、西非、中美洲和安第斯山脉。

同时，猎人们开始捉住动物而不是当场宰杀食用它们。幼小的

畜群，如山羊和绵羊是最容易捕捉到的。人们宰杀较为凶猛的动物而饲养容易被驯服的种类。随着物种被慢慢驯化，饲养者们越来越多地从狩猎转为放牧。随后，猪、驴、牛和马进入被驯养的范围，骆驼是最晚被驯服的动物，大约3000年前才被饲养。

一旦人类依靠被驯化的动植物作为他们的主要食物，他们的生活和技术就发生了翻天覆地的变化。人类能够安顿下来建立永久的居住地，他们能够创造新事物，如陶器和织布机，虽然这些物品还不能被四处携带。人们以不同的方式制作岩石工具，而不是打磨和抛光石块。我们将这种文明称为新石器时代。

新石器时代出现了第一座巨石纪念碑群，建造它们不仅需要数百人多年的劳动，还需要周密的规划和设计。这群伟大的石碑是公元前3000年建造于英格兰的巨石阵，被认为是人类利用石块排列进行夏至和冬至太阳升起情况的天文观测，该建筑群是人类首个工程项目。

古代技术

第一个复杂社会出现于公元前5000年和前4000年的美索不达 232
米亚、埃及、印度河流域，有河流途经的炎热干旱地区的灌溉生产量要多于雨水丰沛的地区。将水输送到土地上需要大量被专门监管的劳动力。水利工程师们指导劳工团队挖掘运河、排水沟渠和修建水库、堤坝和堤岸。他们还发明了挑水的机器，例如吊桶杆（一端是水桶，另一端负重的长杆）以及由人或动物驱动的拴着链条的水桶。

中华文明开始在中国的北方，之后传播到长江流域和华南地区。黄河流域需要花费大量的人力物力建造堤坝来保护土地不受周期性洪水侵害。中国中部和南部山区的降雨量充沛，需要排空沼泽并在山坡上修建梯田以获得更多的耕地面积。安第斯山脉的当地人开凿运河将山上的水源引到干燥的沿海平原。在墨西哥山谷，印第安人从浅水湖泊底部挖出淤泥形成台田，这些人造岛屿非常肥沃，农民一年内能收成七次。

在这些新的定居点，从那时起农民种植的农作物便被选定好了：中东种植小麦、大麦、扁豆和豌豆；中国北方种植小麦和小米，中国南部和东南亚种植大米；美洲则种植玉米、豆类、土豆和棉花。人们还驯化动物：欧亚大陆驯养绵羊、山羊、猪、驴和牛，中美洲驯养狗和火鸡，南美洲则驯养无峰驼和羊驼。农作物和动物的剩余产品不仅能维持农民的生存所需，而且还供养大量的统治者、祭司、商人、仆人和各类工匠。这些人全部聚集在城镇之中。精英们利用他们的权力进行如金字塔、庙宇和典礼中心项目的建设。许多城市被精心规划，其中有宏伟的宫殿、呈矩形排列的街区、供水管道或巨大的城墙和城门。

工艺在乡村和城市中心蓬勃发展。纺织无论在哪里，几乎全是女性的工作，埃及人制作亚麻制品，美索不达米亚人利用绵羊毛，而安第斯山脉的人则使用羊驼毛，中国人学会了养桑蚕来编织丝绸，还染上鲜艳的颜色。棉花单独起源于印度、西非和美洲。人们普遍使用不需搬来运去的陶器，纺织品和陶器制作主要是女性的工作，陶土盆常常用于储存食物和烹饪。

冶金术大部分是政治、技术和经济的结果。铜和黄金是在自然界偶然发现的纯金属，冰人奥兹的斧头就是天然铜制成的。大量利用铜与第一座城市同时兴起，因为冶炼矿石需要庞大的熔炉和足够的燃料。在公元前3000年，铁匠们学会混合铜与锡制成青铜，这种
233 合金的强度和耐用度要比单一金属制品更好。人们用青铜制造出的工具和武器远优于石头。不过在很多地方，青铜制品十分昂贵，只有精英才有财力使用。

冶炼铁则需要比铜或锡更高的温度。在公元前1500年，居住在安纳托利亚的赫梯人学会制作铁制工具和武器。由于铁矿石几乎在任何地方都可以找到，一旦冶炼铁的技术被掌握，铁就变得较为廉价，可以用于制作斧劈、锄刀、犁头甚至锅碗瓢盆。在印度、非洲

和欧洲，人们挥舞铁斧砍伐森林，使从事农业的人群迁移到那些最初由狩猎采集者居住的领地。而且军队也能装配上铁制的剑、箭和矛。

人类在公元前 3000 年，驯服的第一种马由于太小而不能骑乘。人们在马脖子上套上原始的皮质马具，如果负载过重会使马窒息，因此它们只是用来拖拉轻型战车。在公元前 2000 年，当马被饲养到足以用来骑乘的时候，骑兵就取代了御车者。骑马的游牧民们手持铁制武器攻击从事农耕的定居者。生活在复杂城市社会中的居民与被他们称为“野蛮人”的群体之间发生的战争，肆虐整个欧亚大陆将近 3000 年。

古典时期和中世纪时期的欧洲

所有文明都利用某种科学形式援助他们的技术。水利工程师和建筑师必然运用几何学，天文学则帮助古代河流文明预测出洪水周期，这些技术的产生都是基于观察和实用目的。然而，希腊人却推测形成自然现象的原因，男性公民闲暇时光聚集在广场，进行政治和哲学思想的辩论。与他人不同的是，希腊人清晰地界定了普通人的自然世界和神明的超自然世界之间的区别。希腊人率先引入了人类探究中的自然因素，并将逻辑学和数学作为思考的形式。

早在公元前 6 世纪，多位希腊思想家就开始解释有关不涉及神和灵魂的自然世界。泰勒斯是第一位提出世界完全由物质实体和力构成的人，由此开拓了人类的探究视角。他的学生阿那克西曼德则认为世界由火、水、空气和土构成，他认为万物源于无生命的基质，然后演化成我们所熟识的物种。对早期希腊思想家们来说，构成自然的各个分离的部分称为元素。另一个思想家，毕达哥拉斯，则用数学术语阐述世界，他的后继者们致力于描绘宇宙的几何结构，他们认为天空包括地球，由太阳、恒星和行星组成的宇宙以及诸神的住所奥林匹斯山。

234 并不是所有的希腊哲学家都对自然世界感兴趣，其中最著名的两位是苏格拉底和柏拉图。相比这个有缺陷的现实世界，他们对理想的属性更有兴趣，例如真理和美。然而，柏拉图的学生亚里士多德却在理想和现实之间架起了桥梁，凭借逻辑方法和一些公理，他建构了将自然物分类和找寻自然现象背后原因的系统。

亚历山大大帝之后，希腊人的知识中心转移到埃及的亚历山大里亚，该城的希腊统治者们将它建设成了拥有世界上最完整图书馆的文化中心。在那里，几个杰出的思想家促进了科学的发展，尤其是数学。其中最重要的是欧几里得，他的《几何原本》一书提供了几何问题和数论的证明。欧几里得的追随者阿基米德继续数字研究，求得圆周率并研究了流体的物理现象。

与希腊人不同，罗马人对科学思辨的兴趣较少，而是对实际应用更感兴趣。罗马土木工程师们混合石块和水泥建造出有拱门、地窖和穹顶的大型建筑，他们修凿为城市供水的运河和沟渠，还创造出四通八达的石路网络，这样他们的军队就可以迅速到达帝国的任何一部分。

然而在罗马帝国，天文学、地理学和医学这三种科学获得了巨大进步。托勒密运用欧几里得的几何学研究天空，在他的《天文学大成》一书中，提出了一种太阳和各天体围绕地球旋转的宇宙模型。虽然后来这种观点被证明是错误的，但该理论有益于航海家，而且还维持了1000多年的影响力。托勒密在另一本名著《地理学》中运用几何学方法确定了地球的经度线和纬度线，这一系统沿用至今。

古罗马世界另外一位重要的科学家是医学家盖伦，他通过医治受伤的角斗士，了解了人体解剖学和器官的功能，特别是肺部和动脉。盖伦的名声传到罗马城，于是他成为先后四任皇帝的私人医生。就像亚里士多德和托勒密，盖伦的学说成为之后几个世纪知识的基础。

5世纪时罗马帝国分崩离析，西罗马帝国衰亡了。许多著名的罗马技术失传，遭遇相同命运的还有希腊的科学知识。虽然以君士坦丁堡为中心的东罗马帝国幸存了1000多年，但之后其大部分的土地和人民，包括整个中东和北非都被阿拉伯人接管。

罗马帝国衰落可能标志着科学和人文学科的倒退，不过它也导致了几项重要的技术进步。在5—15世纪期间，创新改变了西欧的农业，人们利用铧式犁耕种北欧和西欧的黏质土，而过去的罗马人并没有掌握这种技术。中国发明的马颈轭，使人们可以驾驭一匹马犁地或牵拉沉重的大车，铁马蹄则防止马的脚掌被潮湿的地面腐蚀而磨损。在三圃制轮耕制度下，人们可以第一年种植小麦或燕麦，第二年种植豌豆或其他豆类，第三年则休耕，这可促使产量增加百分之五十。引入马镫以及培育更大型的马种也使穿戴全副盔甲的欧 235
洲骑士成为战场的主力。

西欧人也建造水车（一种美索不达米亚的发明），还引进风车（一种波斯人的发明）研磨谷粒、泵水和锯木。13世纪，人们为教堂装上机械钟，这样即便在晚间或冬天也可以知晓时间（因为日晷在晚上失效，而水钟在冬天会结冰）。相较其他文化，欧洲的技术很少依赖人力，更多的是借助动物、风和水的力量。

伊斯兰世界的科学与技术

欧洲有关自然的研究由于西罗马帝国的衰落中断了1000年。之后是阿拉伯人而不是欧洲人真正成为希腊人在科学领域的继承者。阿拉伯人军队在7世纪和8世纪戏剧性的成功使他们建立起了一个接纳希腊语世界的帝国。他们对波斯和印度河流域的征服尽管是短暂的，但却带给他们能够接触有关自然知识的其他来源。

凯旋的阿拉伯人同时鼓励实用科学和理论科学的发展。早在9世纪，阿拔斯王朝的哈里发马蒙（al-Mamun）就在巴格达建立了智慧宫（Bait al-Hikmah），科学家在那里将希腊人的著作翻译成阿拉伯语。他们还研究天文学和数学，进行化学和医学实验。其他的统治者们则建立起天文台、图书馆、学校和医院。阿拉伯帝国最著名的科学家是医学家伊本·西拿（西方称之为阿维森纳）和伊本·路西德（或称为阿威罗伊）。伊本·海赛姆（Ibn al-Haytham，或称为阿尔哈曾）被称为“现代光学之父”，他是第一位论述眼睛疾病的人。化学的起源可以追溯到炼金术实验，这又是一个源于阿拉伯语的词汇。阿拉伯数学家将“阿拉伯”数字和零的概念从印度传播到中东，再从那里传播到欧洲。算术（algorithm）一词由数学家和天文学家花剌子米（Al-Khwarizmi）命名，他的著作《代数学》（*Kitab al-Jabr*）引入了代数（algebra）一词和三角学的基本概念。

实用性科学促使阿拉伯帝国进入最鼎盛的繁荣期，在实用性科学的指导下，很多被忽视的灌溉工程得以在波斯、埃及、美索不达米亚重建和发展。阿拉伯人得以从亚洲东南部引入新作物，如柑橘类水果和棉花。工匠完善陶瓷和玻璃的制作工艺，冶金家能生产出
236 世界上最好的钢刀片。伊斯兰科学的全盛期结束于 13 世纪，此后，早期人们对先进科学技术中那些非比寻常的观念和对自然的好奇之心，不再见容于保守派神职人员和神秘主义者。

中国的技术与科学

在技术方面，中国曾是现代以前最先进的文明。与其他国家相比，由于中国的人口越来越密集，因此对防洪、灌溉土地和排干沼泽的需求使他们很早就掌握了水利工程。不少工艺和行业的繁盛是在一个集权而独裁的政府扶持下实现的，尤其是在古代中国的黄金时期宋朝（960—1279）。宋朝引进稻的种类，提升了粮食供应量，为国家带来繁荣。在明朝（1368—1644），工程师完成了世界上最长的运河——京杭大运河的建设，它贯通首都北京和中国的南部地区。

比欧洲早了几个世纪，中国的铸造作坊就使用风箱和焚烧焦炭来生产大量的铁质武器、钟和工具。丝绸、盐和纸张的生产全权由政府控制，其质量和数量达到前所未有的水平。中国的陶瓷工发明

可以绘制的釉料，一旦经过煅烧，上釉的瓷器就可以防水。纤薄、半透明而丰富多彩的中国瓷器在明朝臻于完美，甚至令其他文明羡慕。同样，中国还发明了火药和指南针，尽管相较阿拉伯人或欧洲人，他们没有充分利用这些发明。

这些“一流”的中国技术在中国社会和文化中发挥着次要作用。汉朝（前 206—公元 220）时期，中国政府已经建立起一个庞大而复杂的考试性质的官僚系统，注重对儒家经典、诗歌和书法研究的考核，而忽视工程和科学。技术人员和工程师们不受政府控制，也不受人尊敬。

科学也在古代中国社会和文化中扮演着次要角色。官僚机构擅长汇编地图学、地震学、气象学、医学和其他领域的有用知识。天文学被国家垄断，以它制定日历的目的是为帝国典礼择选吉日。一些异常事件，如彗星、日月食、地震则被认为是危机的预兆，因而成为国家机密。中国的数学家发展了复杂的算术和代数，却疏忽几何学，也无视穆斯林注重的希腊数学家们的著作。中国科学家们收集的庞杂资料从来没有引发对自然的思索，也没有任何为纯理论知识而进行的研究。科学既不在学校和学院被教授，也不包括在考核范围内。在技术方面，中国的科学在宋朝达到顶峰，然而却停滞在之后的明朝。

科 学 革 命

科学革命不仅是人类智识的又一进步，而且也是人类研究自然 237
方法的巨大变革。这场革命开始于 16 世纪的西欧，很久以前它的发生趋势就在其他地方显露出来。一是希腊人对思考自然现象的热忱；二是从阿拉伯人和波斯人那里继承的对自然现象细致观察的传统；三是承袭了希腊人和阿拉伯人对数学的研究。这三者导致的结果是人们对解释形成自然现象的原因采用了一种结合逻辑推理、细致观察或实验以及应用数学的、新颖的探究方式。这种方式我们称之为现代科学。许多人疑惑于为什么现代科学起源于西欧，而不是中国或中东这些对自然和技术的关注源远流长的文明。大多数历史学家将之归因于中世纪晚期欧洲独特的社会性质。欧洲被划分成相互竞争的多个国家，没有哪个能够拥有对本国人民的绝对控制权，更不用说对邻国。罗马天主教教会与国王的权威、诸侯以及市镇居民彼此牵制，发生在 16 世纪早期的宗教改革，使教会面对着宗教和世俗的双重挑战。科学家们仍面临风险，但他们对大自然奥秘的探究并不像其他社会一样依赖政治或教会权力。此外，新思想的广泛传播要归功于约翰内斯·谷登堡（Johannes Gutenberg）在 1439 年发明的活字印刷术。相比之下，中东和中国的科学家都为国家效力或在国家的监管下工作，这两种文明的城市、行会、商贩或大学都不独立于政府。在一些特定时期，如阿拔斯王朝或宋朝，工程和应用科学在政府的支持下蓬勃发展，而在其他时期，这些科学技术又停滞不前。很少有什么地方的政府会容许出现挑战官方哲学或宗教教义的纯理论性思考，即便是在西欧，这种宽容在 18 世纪以前也是少见和不可预测的。

哲学和宗教解释也呈现出欧洲科学的特殊性。与中国不同，欧洲人认为自然是一个有机整体，他们继承了希腊人关于自然是由许多不同部分组成的观念。不像穆斯林那样认为所有真理都存在于《古兰经》、穆罕默德言行录或语录，以及出自伊斯兰教法或神法的所有法律中，信奉基督教的欧洲人习惯于以教派和国家划分区域，因此很乐意容忍新观念的出现。

然而这种解释忽视了历史事件的重要性。直到宋朝终结之前，中国技术都非常有创造力，衰落是从明朝开始的，当时中国思想开始转向儒学复兴；而 13 世纪之后，阿拉伯-伊斯兰教世界的科学同
238 样停滞不前。两者的发展进程可谓是意外地分别输给了对蒙古人（在中国和波斯）和对基督教（在西班牙）的保守反应。

科学革命的起步可以追溯到波兰教士尼古拉斯·哥白尼。他在著作《天体运行论》中认为地球围绕太阳旋转，这一理论（称为日

心说）与托勒密和天主教教义中认为作为基督之家的地球处于宇宙中心的观点相对立。继哥白尼之后，像第谷·布拉赫和约翰尼斯·开普勒等天文学家则讨论了新思想是如何契合天文观测以及如何用它们论证数学的。

意大利人伽利略·伽利莱，为佛罗伦萨公爵赞助的数学家和哲学家，他以支持日心说而闻名。伽利略使用1608年由荷兰眼镜制造商汉斯·利伯希（Hans Lippershey）发明的望远镜，从而成为第一位观测木星卫星、月球陨石坑和银河系的人。他在《关于托勒密和哥白尼两大世界体系的对话》（1632年）一书中为日心说辩护，他的著作被宗教裁判所谴责，而他本人还被迫发誓放弃这种危险的想法，并遭受软禁。

然而，日心说是无法禁止的。最后说服其他天文学家的是英国数学家艾萨克·牛顿的研究贡献。他发明的微积分使他能描述空间内物体运动的定律以及计算行星运动的轨道。牛顿的《自然哲学的数学原理》（通称为《原理》）出版于1687年，该书不仅建立了新的天文学，而且还确立了可以通过相关理论数据和数学表达式发展科学的新观念。

在16、17世纪，受过教育的欧洲人开始发现科学是实用性知识的来源，它有助于公共事业。这种对科学的认知表现为国立科学学会的成立，比如1662年组建的英国皇家学会（The Royal Society of London for Improving Natural Knowledge）和1666年组建的巴黎科学院（Paris Academy of Sciences）。科学家们撰写学术论文，彼此交流和发表。这些领域的研究有可能通过实验和观察法。威廉·哈维（William Harvey）发现了血液循环，安东尼·凡·列文虎克（Antonie Philips van Leeuwenhoek）则用显微镜研究细菌、精子和肌纤维。

到了18世纪，对于自然科学，尤其是已经成为启蒙运动哲学家宠儿的牛顿，依据自己的研究冲击着宗教和传统。法国和英国政府建造天文台，资助向世界各地的探险活动，如18世纪30年代和40

年代法国到拉普兰和南美洲的探险；英国人詹姆斯·库克于1768—1779年和法国人路易·安托万·德·布干维尔（Louis Antoine de Bougainville）在1766—1769年的太平洋航行。政府还建立植物园用以采集、研究和播种有用的植物，伦敦郊区的皇家植物园裘园（Kew）和巴黎植物园与世界各地的植物园的科学家们互相交换种子、植物和植物学知识。

239 几个世纪以来，水手们学会了在看不见陆地的情况下，估测所处纬度或与两极的距离。然而，他们所在的经度或者东西向位置依旧成谜，因而导致一些灾难性的沉船事故。为了应对这种情况，英国政府拨款2万英镑（如今价值超过1000万美元）研究船舶在海上经度的计算方法，天文学家们发明了一种称为“月角距”的办法，即计算月球与另一个天体之间的角度，还配备月角距表，一位训练有素的水手由此可以确定船舶与某个已知陆地之间的时差，从而计算出不同的经度。这种方法操作困难，在钟表匠约翰·哈里森（John Harrison）发明出精确的航海天文钟之后逐渐失色。尽管航海天文钟较为昂贵，但它帮助水手更方便而精确地确定经度。

科学革命还促使另外一些实用性技术的出现。牛顿的微积分和他的重力数学表达式使炮兵可以计算炮弹的轨迹。三角测量和三角法应用于整个国家精确地图的测绘。科学实验还帮助改进镜子、望远镜、温度计和测量仪器。

第一次工业革命（约1750—1869）

18世纪晚期和19世纪初期见证了一个崭新的世界历史时代：工业革命。工作，特别是制造业的工作，被细分为各类简单劳动。新机器被引入制造、运输和通信行业，商品产量逐渐变得越来越多。新的工艺技术使铁廉价得足以取代木材和石头，煤炭则成为主要的能源来源。

工业革命发轫于英国，英国大部分人口从事商业、运输和金融行业，而且他们对讨论科技充满兴趣。英国政府尊重私人企业，而专利制度则能鼓励创新者。在1776—1815年之间，英国参与了几次战争，没有一次是在英国本土开战的。最后，英国缩进海岸线和通航河流，使运输要比其他地方便宜，而英国丰富的煤、铁和其他矿石资源主要分布在地表，非常容易获取。

英国工业化始于织物贸易。英国一直是毛织品的主要生产国，但是棉花这种更舒适的纺织品则是从印度进口的。因为进口印度织物的限制不包括纤维，所以反而成为发明纺纱技术的动机。1764年由詹姆斯·哈格里夫斯（James Hargreaves）发明的珍妮纺纱机以及1769年由理查德·阿克赖特（Richard Arkwright）发明的水力纺纱机
使一名工人可以及时注意多个纺锤。随着纱线成本的大幅下降，发 240
明家们还创造出其他用于编织、漂白和印染成品布的机器。英国棉花工业越发扩大，持续增长的进口纤维则转由美国的奴隶生产。机械化还改造了其他产业。到18世纪，陶瓷从简单的陶器变为由熟练工手制的细瓷。18世纪60年代，乔赛亚·韦奇伍德（Josiah Wedgwood）打破了简单重复劳动的制作工艺，通过短期培训和引进机器，按模具批量生产出相同的盘子、杯子和其他物件，这就使得产品的价格比过去更低而质量却更高。类似的劳动分工和机械化方式也运用于其他行业，例如酿造啤酒、铸造大炮和锯木。

在18世纪初期，亚伯拉罕·达比（Abraham Darby）和他的儿子亚伯拉罕二世发明了一种将铁熔炼为焦炭的方式，取代了日益昂贵的木炭。1783年，亨利·科特（Henry Cort）创造了一种搅拌熔铁的方法（即搅炼法），从而以更低成本生产出质量更优质的熟铁。

工业革命最著名的发明是蒸汽机。1712年，托马斯·纽科门（Thomas Newcomen）设计了第一台用火产生动力的实用型机器。纽科门蒸汽机的使用遍及英国的矿山，它取代了原有的由马拉桶的方式。如果没有苏格兰的仪器制造商詹姆斯·瓦特的洞察力，那么纽科门蒸汽机仍然局限于矿山。瓦特研究了格拉斯哥大学的纽科门蒸汽机模型，他注意到大量能量在加热和冷却交替过程中被浪费了。

通过使用一个单独的冷凝器，瓦特的蒸汽机要比纽科门的减少75%的燃料消耗。瓦特与钢铁制造商马修·博尔顿（Matthew Boulton）一起创办了一家公司制造蒸汽发动机。当他们的专利期满之后，发明家们则尝试用高压引擎驱动交通工具。在1807年，美国人罗伯特·富尔顿（Robert Fulton）成功地建造了第一艘经营成功的商业蒸汽轮船“北河”号（或“克莱蒙特”号）。1830年之后，铁路大繁荣席卷英国、美国和欧洲大陆。

几个世纪以来，人们一直对长距离的快速交流充满兴趣。1794年，法国人克劳德·沙普（Claude Chappe）开始建立一座顶部是木梁的电报塔网，能够远距离传送信号。然而，这种网络的成本高昂，而且只能在晴天使用。很多发明家都设想过借助电力发送消息，但是第一个经营成功的电报是1837年由英国人威廉·库克（William Cooke）和查尔斯·惠斯通（Charles Wheatstone）取得的专利。这种只需要一根电线的电报性能很好，很快就夺去了美国人塞缪尔·摩尔斯发明的电报代码（1837年专利）的风采。到了19世纪中叶，欧洲和北美东部电报线路已纵横交错。

变革加速（1869—1939）

241 在19世纪晚期，工业化从英国蔓延至欧洲大陆和北美，其影响甚至到达世界上最偏远的角落。西方国家迅速看到工业化给英国带来的商业和军事优势，其中法国和比利时是最先实现工业化的。1871年之后，新统一的德国迅速壮大工业，很快就在铁路和钢铁方面超越英国，而且还引领工业化工原料产业，尤其是有机染料。通过吸引英国工人和工程师，美国从中获取发展的经验，英国人的技术、美国本土丰富的原材料以及人们对各类商品的无止境的需求，使得纺织厂、铸铁厂、铁路和机器商收益颇丰。20世纪以前，俄国落后于这些国家，但1929年之后，苏联庞大的人力资源、丰饶的原料和斯大林强权的政策很快就克服了落后状态。

而在欧洲和北美之外，情况并不那么乐观。英国对印度的殖民统治阻碍了其他地区现代工业的兴起，并以蒸汽船和现代武器打败了中国、埃及和其他国家。英国以低廉的价格出售工业产品，如棉布和金属，以换取原材料和热带出产的咖啡、茶和烟草，这样，已工业化的国家就能延迟南美洲和亚洲发展工业几十年。日本是一个例外，在19世纪60年代和70年代结束闭关锁国之后，开始建立自己的工业，到19世纪90年代，他们已拥有自己的铁路、造船厂和现代武器。

随着企业家们学会利用最新的科学成果，他们很快发展了新技术。1876年，美国人托马斯·阿尔瓦·爱迪生在新泽西州的门洛帕克成立了一个研究实验室，他聘请技术人员和科学家，这些研究者们运用了那些物理学家如汉斯·克里斯提安·奥斯特（Hans Christian Oersted）和迈克尔·法拉第（Michael Faraday）有关电磁性质的发现，其中最著名的成果就是1877年的留声机和1879—1880年的电气照明系统。

爱迪生的成果是众多新兴产业中唯一由工程、科学和商业间紧密互动造就的。在19世纪60年代和70年代，冶金学家发现了几种低廉的炼钢方式，很快取代了铁成为制造铁路和各类机械的材料，钢甚至用于桥梁和大型建筑物的架构。化学家解开有机化合物中的奥秘而生产染料和纤维，从煤炭中制作药品，从大气氮中制作化肥和炸药。

以科学为基础的技术迅速改变了工业国家居民的生活。19世纪末期的一些发明彻底改变了通讯。一个是海底的电报电缆，可以在几小时内向世界各地传送编码信息；另一个是电话，由美国人亚历
山大·格雷厄姆·贝尔发明于1876年。在1895年，意大利人古列尔 242
莫·马可尼演示了通过电磁波传递信息的方式，这一发明基于物理学家詹姆斯·克拉克·麦克斯韦和海因里希·赫兹的发现。很快，无线电报转为能传输声音和音乐以及摩尔斯符号的广播。

另一个改变世界的创新出现在19世纪：汽车。发明家一直试图

通过机械方式驱动车辆。然而在道路上使用蒸汽机过于沉重，解决方法就是通过内燃机燃烧汽油来驱动四轮。1885 年，率先创造这种机器的是德国工程师卡尔·本茨。1908 年，美国的亨利·福特推出了 T 型汽车，成为第一辆大规模流水线装配的车型。简单耐用的汽车价格每年都在下降，到 20 世纪 20 年代每辆售价 300 美元，价格之低甚至连农民和工人也买得起。

最惊人和令人瞩目的是人类能驾驶比空气重的飞行器。这是威尔伯·莱特和奥维尔·莱特兄弟的成就。1903 年 12 月他们首次飞行成功之后，很快就吸引了众多追随和模仿他们的人。

20 世纪最后的 10 年间，技术进步对世界上那些富裕工业国家的居民而言似乎预示着一个光明且令人激动不已的未来，甚至也是其他人类的希望。然而，科技的弊端在 1914 年第一次世界大战爆发时显现出来。工业化放任了大规模步枪、机枪和重型火炮的生产，对于这些武器，士兵们几乎毫无抵御能力；最可怕的是毒气，它使成千上万的士兵致盲甚至直接杀死他们。

后工业技术（自 1939 年伊始）

随着 20 世纪 30 年代战争的日益迫近，大国开始招募科学家和工程师来协助设计更强大的新型武器。至今人们依旧能感知他们努力的成果。

20 世纪 20 年代，工程师发现无线电波可以被硬面反射、接收和分析。当 1939 年 9 月第二次世界大战爆发，德国和英国的科学家们便加快了对这一现象的研究。由此产生了雷达技术，在 1940 年的夏天，这项技术帮助英国皇家空军探测入侵的德国轰炸机。雷达后来又被德国用于对抗盟军的轰炸机，而英国和美国则运用它对抗德国的潜艇。自此以后，雷达成为飞机和轮船不可或缺的一部分，甚至被用于执法。

20 世纪 30 年代，两位工程师，英国人弗兰克·惠特尔（Frank

Whittle）和德国人汉斯·冯·奥海因（Hans von Ohain）进行涡轮发动机应用的研究，这项技术可长期运用于水力发电站以及推进飞机的蒸汽引擎。德国是首个在战斗中使用喷气式飞机的国家。战争结 243
束后，世界所有主要的飞机制造商都采用喷气发动机，因为它不仅速度更快，而且比螺旋桨发动机成本更低且功率更大。从 20 世纪 50 年代开始，喷气式飞机就取代了活塞式发动机的客机。

活塞式或喷气式发动机是无法让飞行器飞出大气层的，因而需要一种装载燃料和氧化剂的火箭。利用火箭推进飞向外太空的想法由三位科学家各自公布于世：苏联数学家康斯坦丁·齐奥尔科夫斯基（Konstantin Tsiolkovsky）、美国物理学家罗伯特·戈达德（Robert Goddard）和德国物理学家赫尔曼·奥伯特（Hermann Oberth）。二战期间，德国军队发起了一项由沃纳·冯·布劳恩（Wernher von Braun）主持的火箭研发紧急计划，建造了第一枚远程弹道导弹V-2。战争结束后，美国和苏联招募德国物理学家开发远程导弹。1957 年，苏联第一颗人造卫星送入轨道。之后，两国为研发洲际弹道导弹进行着军备竞赛。自 20 世纪 60 年代以来，许多国家发射了用于军事目的、通信、导航或科学研究的绕地卫星。

第二次世界大战时期出现的所有技术，一点也没有唤起对核能的惊恐。在第一次世界大战之前，像物理学家欧内斯特·卢瑟福、皮埃尔·居里和玛丽·居里都研究原子的结构。20 世纪 30 年代，欧洲和美国的科学家已经意识到核裂变的力量。随着战争临近，阿尔伯特·爱因斯坦、利奥·西拉德（Leo Szilard）、恩里科·费米以及其他欧洲科学家纷纷移民美国。1942 年，美国政府实行建造原子弹的曼哈顿计划。1945 年 8 月，两枚投放在日本的原子弹终结了战争。1949 年，紧随美国之后的苏联成功爆炸了第一枚原子弹，3 年后，苏联的氢弹试验成功。核导弹竞赛直到 1991 年苏联解体才结束。

不少国家建造用以发电的核反应堆，尽管需要多年时间和花费数十亿美元的成本，但核电站可以不燃烧化石燃料，如果操作得当，也是无污染的。虽然故障很罕见，但一旦发生却是灾难性的，例如

1986年乌克兰切尔诺贝利核电站的爆炸。此外，核电站消耗铀燃料和一些核电站产生的钚还可用来制造核弹。

能使航空和核能失色的一项无孔不入的技术就是计算机。二战期间，德国、英国和美国的工程师们建造出原始的电子计算机，用以计算炮弹轨迹或破解敌军密码。战后，美国IBM公司率先造出用于军事和商业用途的大型计算机。1947年，美国人约翰·巴丁（John Bardeen）和沃尔特·布拉顿（Walter Brattain）在贝尔实验室发明了晶体管，可以设计出比过去使用的交换器和电子管式计算机更小却性能更强大的计算机。到了20世纪70年代，实际上IBM已主导了全球计算机市场。

244 20世纪60年代发明的微型处理器（芯片），包含数以百计的晶体管（后来是数百万）使得个人计算机得以实现。计算机推广最有效的诱因是20世纪80年代运作的互联网。1989年，英国人蒂姆·伯纳斯-李（Tim Berners-Lee）发明了万维网，使互联网可用于研究、商业和娱乐。连接全世界的计算机网络促使光纤电缆的发明，几乎将通信数据的成本降低至零。

使未来充满希望的科学技术是生物技术。对生物进行科学研究缘起于19世纪晚期的微生物理论。第二次世界大战应用的青霉素拯救了无数士兵的生命。战后其他抗生素的发现帮助世界各地的人们对抗细菌感染和减少死亡率。20世纪60年代发明的避孕药将性爱从怀孕风险中解脱出来，并且还降低了出生率。

近期，遗传学的不断发现改进着生物技术。遗传学可以追溯到奥地利科学家、教士格雷戈尔·孟德尔（Gregor Mendel）的研究，他从研究豌豆传递基因特征中推测出遗传规律。20世纪50年代，生物学家弗朗西斯·克里克（Francis Crick）和詹姆斯·沃森（James Watson）发现脱氧核糖核酸的双螺旋模型（DNA），这种物质存在于所有活细胞之内，并且能确定有机体是如何形成和繁殖的。实验室设备可以在几个小时内复制出成千上万的DNA，这样就能创造出植物的新变种甚至新物种。遗传工程师们现在已能创造出耐虫害、耐病菌和耐霜冻的新作物。转基因作物和动物导致人们极大的焦虑，若作为生物繁衍必然会产生意想不到的后果甚至可能危害人类和自然环境。

几乎所有随工业革命而出现的创新都起源于欧洲和美国。世界上其他地方不是西方创新的受益者就是受害者。在第二次世界大战之前，只有日本作为非西方国家在工业化方面取得成功。战后，日本的工程师和技术人员转向民用消费品行业。在随后的 20 年里，日本企业在产品质量和精密仪器方面超越他们的西方竞争对手。虽然发明创造依旧源于西方，但日本却擅长使这些创新符合消费者的需求，因此日本占有全球市场的很大份额。

近来其他东亚国家在大部分技术方面赶上西方国家，加入了工业国家的行列。中国正在进行世界上最大的工程项目长江三峡大坝建设。印度也正在成为计算机软件的主要生产国。只要条件合适，工业和后工业技术就会迅速蔓延至其他文明。然而，世界的很多国家仍然是落后的。拉丁美洲、中东、亚洲其他地区以及撒哈拉沙漠以南的非洲地区大部分至今仍停留在一个世纪之前的状态，在科学和技术还没有开始发挥作用时，却受到政治、经济和文化价值观的摆布。

结　　语

科学技术的历史述说着人类不断增强的征服自然的力量，我们 245
因此能够过上更健康、更舒适的生活，更快速地旅行和沟通以及改变世界。这是一段一路高歌凯旋的故事吗？或者说是 19 世纪的思想家们认为的“驯化荒原”？抑或是隐患重重？

风险之一是人类屠杀和破坏的能力变强了。自文明开端以来，战争就连续不断，但只有在过去半个世纪中，国家拥有毁灭地球上生灵的能力，而且还没能保证以后不会再使用这种能力。技术的另一项影响，虽谈不上风险但却是不争的事实——破坏自然环境。虽然人类很早就开始改造他们的居住环境，但只有自工业革命之后，人类的技术才造成了全球性影响。化石燃料提供了大部分使现代文明得以成为可能的能量，但却以牺牲地球气候为代价。今天，世界面临的一项挑战是我们能否找到一种无污染又符合文明需求的能量生产方式，或者说我们在追求更先进、危害性更大的技术时，是否将不可逆转地破坏地球环境。

参考书目

- Barber, Elizabeth W. *Women's Work: The First 20, 000 Years*. New York: Norton, 1994.
- Cardwell, Donald. *Wheels, Clocks, and Rockets: A History of Technology*. New York: Norton, 1995.
- Ede, Andrew, and Lesley B. Cormack. *A History of Science in Society: From Philosophy to Utility*. Peterborough, Ontario: Broadview, 2004.
- Headrick, Daniel R., *Technology: A World History*. New York: Oxford University Press, 2009.
- Huff, Toby. *Rise of Early Modern Science: Islam, China, and the West*. Cambridge: Cambridge University Press, 1993.
- McClelland, James E., and Harold Dorn. *Science and Technology in World History*. Baltimore, Md.: The Johns Hopkins University Press, 1999.
- Mokyr, Joel. *The Lever of Riches: Technological Creativity and Economic Progress*. New York: Oxford University Press, 1990.
- Needham, Joseph. *Science and Civilisation in China*, 7 vols. Cambridge: Cambridge University Press, 1959—2008.
- Pacey, Arnold. *Technology in World Civilization*. Cambridge, Mass.: MIT Press, 1990.
- Stearns, Peter N. *The Industrial Revolution in World History*. Boulder, Colo.: Westview, 1993.
- White, Lynn, Jr. *Medieval Technology and Social Change*. Oxford: Oxford University Press, 1962.

黎云意 译 陈 恒 校

第十四章　高级农业

彭慕兰

所谓“高级”农业，相对某些方面和某些标准必然更为先进。 246
虽然标准为何尚未达成共识——不过可以肯定的是，其中包括每英亩①或每工时产量更高这两者备选。同时需注意的是“高级”这一标签并非纯理性的问题：试图改变或无视过去几个世纪中不断存在的被指为“落后的”农民，有时会导致灾难。

我们也可以回顾性地定义“高级农业”这一概念——如今农业种植面积和产量占比最大的耕作是怎样的。用这种方法我们可以罗列出很多现在颇为常见的特征，然而这些概念可能在一两百年前很少见或根本就不存在。其中包括前所未有的每英亩产值；大量使用化肥、农药以及从制造商处购买的其他投入品；绝大多数农产品的售价（价格由耕种者自己或购买者制定）；汇总每个农场相对出产较少的作物及种类；以及在大多数情况下，对过去普通农民而言，每工时更高的生产率。另一种晚近的趋势起初令人意外：远低于旧式耕作方法的能源效率。一些早期农民每生产 1 卡路里要投入多达 90 卡路里的能量（不包括太阳能），而如今 1 : 2 或 1 : 3 的比率则更常见，在一些高产出的农业富庶国，比率则能下降到1 : 1。②

一些趋势早在几世纪前就已在世界各地被发现（虽然不是没有

---

① 1 英亩约合 4047 平方米。——编者注

② David Grigg, *The Dynamics of Agricultural Change* (London: Hutchinson, 1982), 78 - 80.

逆转)，另外一些独特的趋势则直到晚近才出现。事实上，不少地区的主要发展动态至少在1800年前，甚至是在1950年以前恰恰与上述所列相反。因此，一种长远性的全球视角打破了任何纯目的论的模式——虽然对比高级农业与早期新石器时代农业是一个时间跨度很长的观察——却可能不用完全考虑复原这一模式的历史。

因此，本章将区分“高级有机农业”和“能源集约化农业”，前者是商业化的，通常专门、密集地利用劳动力和（或）资本，每英亩相对高产（虽然通常不是每工时高产），但并不大量使用机器或
247 现代化工产品；后者兴起于19世纪00年代的某些地方，但普及则要到1945年之后。我这样区分大致是受里格利（E. A. Wrigley）的影响力，虽然“有机”“高级有机”和“以矿产资源为基础”的经济体制之间的区别仍具争议。①

人口、技术和农业改革，约800—1800年

农业在公元800年前的几千年中并非停滞不前。某些时期和地区的农业产量大致可与早期现代水平匹配：一些罗马专著中援引的产量数据之高以至于某些文艺复兴时期的欧洲人怀疑文献的准确性，而剩下一些人则偏爱同代人提供的最佳农耕方式的指南。②许多地方都建立起灌溉系统。虽然农业改革往往深刻地反映出地区性，但也存在重要的跨地区发展，如开始于7世纪的“伊斯兰绿色革命”。伊斯兰教的扩张使不少农作物传播到广袤的地区——从南亚到北非和西班牙，例如一些优质物种：柑橘、棉花、茄子、菠菜、甘蔗、小麦、水稻、高粱和香蕉。③不过，这一时期绝大多数的农业增长是

① E. A. Wrigley, *Continuity, Chance and Change: The Character of the Industrial Revolution in England*(Cambridge: Cambridge University Press, 1988)，尤其是17－30。

② Mauro Ambrosoli, *The Wild and the Sown* (Cambridge: Cambridge University Press, 1997).

③ Andrew Watson, *Agricultural Innovation in the Early Islamic World* (Cambridge: Cambridge University Press, 1983).

“粗放式的”，即通过额外的劳动力开垦新的耕地。

从 800 年左右开始，农业出现更集约化的迹象——提高每英亩，有时是每工时的产量——这种情况至少发生在欧亚大陆的两端。欧洲开始漫长缓进地从二圃制过渡到三圃制，休耕地面积从原来的减少一半变成减少三分之一（然而这一转变是渐进的：在东欧部分地区，直到 19 世纪才完成）。①与此同时，中国长江流域及更南端地区的农业产量则往更大规模发展。在 9 世纪时，长江下游的居民已熟稔从东南亚引进的早熟水稻品种，这使他们能利用中国南部充足的水资源和光照，在同一地区种植出更多的一年熟作物（密集人口产生的丰富肥料可提供灌溉水稻所需的营养物质，以及一些其他因素使休耕制在很大程度上是不必要的）。②这些都是关于人口增长与更“高级”农业间复杂关系的相对明确的例子，并成为后一个世纪农业的主要特点，至今还保持着重要性和争议性。③

重要的是不要过于目的论。在 1800 年之前很少有地方真的土地短缺（而且人口并没有达到会使土地变得稀缺的高密度：可获得的作物和技术、其他大型动物的数量、土地分布以及其他因素都对土

---

① 关于这一方式在中世纪西欧缓慢推进的情况，可参见 David Grigg, *Population Growth and Agrarian Change: An Historical Perspective*(Cambridge: Cambridge University Press, 1980), 73; 东欧的情况，可参见 Peter Gunst, ‘Agrarian Systems of Central and Eastern Europe,’ in Daniel Chirot, ed., *The Origins of Backwardness in Eastern Europe* (Berkeley: University of California Press, 1989), 76－77。

② Mark Elvin, *The Pattern of the Chinese Past*(Stanford: Stanford University Press, 1973), 121－124; Francesca Bray, *The Rice Economies*(Berkeley: University of California Press, 1986), 15－16, 119, 203（比 Elvin 提供了更晚时期早熟水稻的情况）。

③ 相关争议起于 Ester Boserup 发表于 1965 年的著作，*The Conditions of Agricultural Growth: The Economics of Agrarian Change Under Population Pressure*(New Brunswick, N.J.: Aldine Transactions, 2005)，该书认为人口增长往往会刺激农业发展，因而反驳了马尔萨斯的主张。其中一部分关注农业城市的刺激效应，在中世纪及早期现代欧洲文献中尤为重要。参见 Philip Hoffmann, *Growth in a Traditional Economy: The French Countryside, 1450—1815*(Princeton: Princeton University Press, 1996)。对立观点可参见 Robert Brenner, ‘The Agrarian Roots of European Capitalism,’ in T. H. Aston and C. H. Philpin, eds., *The Brenner Debate*(Cambridge: Cambridge University Press), 213－327。

地资源具有影响力)。甚至现在很多以人口压力闻名于世的地方——
248 例如孟加拉和爪哇岛，在 19 世纪仍然有着富饶的可开垦的土地数量，另外特别是在非洲，直至近几十年前，粗放型增长依旧完全能养活当地人口。到了 15 世纪 00 年代（17 世纪 00 年代的美洲，约 19 世纪 00 年代的非洲)，世界人口在稳定了几个世纪后开始前所未有地增长：大约在 1400—1800 年间增长了 2 倍，1800—1900 年则增长了约 60%，然后在 20 世纪又几乎增长了 4 倍。尽管如此，大约公元 800 年依旧是一个开始缓慢传播高级有机农业的良好开端。

可实现高产集约化农业的地区很快就出现了，虽然仍算特例。在英国诺里奇（Norwich）东部的某些农村——可能并非巧合，是中世纪英国人口最密集的地区之一，其中人口最多之地很早就不再受约束——被认为已达到“18 世纪晚期的生产力水平”，该地在 14 世纪 00 年代就大量减少休耕制，①他们的产量是英国其他地方的 2 倍多。同样，约在 1200 年，中国长江下游地区的某些农村也显示，水稻产量直到 20 世纪并没有被明显超越。②在这两个区域，后几个世纪农业的进步可以以其他农村逐渐接近它们已达到的产量来衡量。对早期现代社会而言，平均收益虽至关重要，但对 1800 年公布的标准则是微不足道的。英国农业的每英亩产量在 1300—1800 年间可能增加了 40%；长江下游地区许多不完整的数据显示，水稻作物在 1200—1800 年间的产量也有类似的收获（我们若将增长的两熟作物

① Bruce Campbell, ‘Agricultural Progress in Medieval England: Some Evidence from Eastern Norfolk,’ *Economic History Review*, n. s. 36: 1(February, 1983), 30 - 31. 另见 Robert Allen, ‘The Two English Agricultural Revolutions, 1450—1800,’ in Bruce Campbell and Mark Overton, eds., *Land, Labour and Livestock: Historical Studies in European Agricultural Productivity*(Manchester: Manchester University Press, 1991), 239; Mark Overton, *Agricultural Revolution in England: The Transformation of the Agrarian Economy 1500—1850*(Cambridge: Cambridge University Press, 1996), 77。

② E. C. Ellis and S. M. Wang, ‘Sustainable Traditional Agriculture in the Tai Lake Region of China,’ *Agriculture, Ecosystems and Environment* 61 (1997), 185; Kenneth Pomeranz, ‘Beyond the East-West Binary: Rethinking Development Paths in the Eighteenth Century,’ *Journal of Asian Studies* 61: 2(May, 2002), 555, 582.

考虑在内则数量会多一些)。①

要增加产量是很困难的，即使附近就有成功的例子。第一，彼此邻近的土地间甚至也不存在可简化的异质性方式，像织布机、磨石等工具都是不相同的；排水、光照、微生物和土壤化学间的细微差别也起着决定性作用。因此，在某一地区的最佳实践不能不假思索地在另一个地方施行，尤其是在没有现代科学的情况下，推测可能需调整的因素并非易事，而且在摸索过程中天气变化则更为复杂。第二，减少作物产量的锈菌病、虫害、杂草和其他还在不断进化的生物，所以农民必须适应它们以避免降低产量。第三，前现代时期的耕种者很少受过教育，因而传播新的技术知识恐怕就有难度。最后，往往缺乏强有力的促使耕作者提高产量的激励机制。无论如何，许多人是不自由的，并不能从高产量中受益，而那些受惠的精英们则经常缺乏足够的能力（或欲望）去密切管理农民进行产量最大化的实践（当然，有许多人在农民为他人耕作的"恰当"激励手段方面下功夫，但这些手段既非万无一失，也非低成本的)。

甚至耕种者会维持他们的生产量而不追求最大化，若遭遇收成差还会自主减少产量，这样做就可以使风险变得最小。②因此，耕种者种植的高产量作物中耐旱作物只是土地中的一小部分，或者他们根本就不种植，他们偏爱将分散的"贫瘠"土地按不同特性合并起来，也偏爱家庭劳力可胜任的作物，而不是在旺季时花钱招雇农帮
忙。此外，尤其是每单位重量或体积的谷物不是很有价值，不住在 249
贸易路线附近的人所获盈余只能依赖本地市场。几世纪以来，农业最高产的地方都毗邻城市：长江下游区域，德里及（可能是）特诺奇提特兰（Tenochtitlan）附近的灌溉土地，日本的畿内（Kinai)，英

① Pomeranz, 'Beyond the East-West Binary,' 554－555 及相关注释。

② 参见 James Scott, *The Moral Economy of the Peasant*(New Haven: Yale University Press, 1976)。

国南部以及巴黎盆地，等等。出现这种状况的原因往往是相互性的。一方面，城市发展需要农业剩余产品，否则农民也需要的粮食可能就会被武力夺取。然而，城市市场依旧激励附近农民增加每英亩的产量：远离集中需求，农民投身于非农业活动和（或）将土地用作畜牧，这样虽然每英亩产量更少，但能以更少的劳力到达较远的市场。城市中心经常通过提供丰富的肥料和其他必需品来激励每英亩更高的产量，例如在阿拉伯不少半干旱地区，富裕的城市居民创建慈善募捐基金，资助附近居民掘井取水，使城市周边的农场产量更高。但是，在人类历史的大部分时期，多数农场与周边城市并没有牢固的联系。

可耕作的土地要比其他生产要素更被迫切需要。每英亩的资本投入确实增加了，尽管很难被衡量：更好的犁，更多的水井、水闸、水泵等等。尤为重要的是，更集约化的种植制度——是否能通过减少休耕或通过引进多熟制实现——这就必然意味着每个地区每年都要花更多时间劳作。另外的增产方式是多施肥、小心除草等，这同样意味着每英亩要投入更多劳力。一些创新（如多熟制、圈养牲畜而不是放牧，或建造需要维护的灌溉工程）使农民劳作年限变得更长。这种方式可能传播到英国的最远端（尽管远离热带气候）：到了约 1700 年，农民经常一年工作 300 天。有一项研究结果认为，平均每年耕作时间的峰值出现在 1800 年左右，达到不可思议的人均 4171 个小时。①

其他劳作，例如收割超额的产量，这是自然所需，人们不得不去完成，但又不能持续过长的时间。所以除非改进工具，不然人们无非就是更加努力劳作（这点很难证明，但可能发生在某些

① Gregory Clark and Yves Van der Werff, ‘Work in Progress? The Industrious Revolution,’ *Journal of Economic History* 58: 3(September, 1998), 837, 841; Hans-Joachim Voth, *Work and Time in England 1750—1830*(Oxford: Oxford University Press, 2000), 129。1800 年的数据可能由于战时压力而被稍微夸大，不过 1830 年的数据仍然是每年 3716 小时。

情况下)，[1]为此更多的家庭成员、邻居，和（或）雇用的帮手被动员起来。因此，高级有机农业不仅意味着增加的工作量，而且往往使季节性问题变严重，也就是说在高峰季节需要大量劳动力，但在一年中的大部分时间却并不需要。一些农民在不忙碌的季节就去干别的工作。直到第一次世界大战，许多法国工厂会在收割季暂时关闭，并准许工人离开，大多数国家的上学时间表依然反映着年轻人在夏季农场劳作的日子。然而，这些解决方案是不完美的，许多人只能以短期工作收入维持一整年生活，而各种非农业者——从谴责“懒惰”的早期现代道德家，到20世纪期望消除“剩余劳动力”的发展经济学家，都谴责这种情况。

总之，劳动力需求充分增长，而令人印象深刻的是增产并没能 250
带动农民日收入的提高。在英国，农民的日收入可能在1500—1800年间有所下降，尽管每年延长的工作时间使农民的年收入增长了。[2]长江三角洲地区不太准确的数据显示出略有差异但同样存在歧义的情况。虽然每英亩劳动时间增长（特别是实行双熟制时），但一个农村家庭的平均规模却大幅度缩减了，所以每个家庭的农业收入和劳动天数可能仅仅略有增长。而且，小型农村家庭中的妻子们——不太需要从事农事——而是进行其他劳动，尤其是纺织；她们的日收入可能略有增加，但家庭每年的劳动总量和总收入则是明显增长的。[3]在许多地方，所有土地的收益增加是因为土地变得多产，因而

---

① Gregory Clark, ‘Productivity Growth without Technical Change in European Agriculture before 1850,’ *Journal of Economic History* 47: 2(June, 1987), 419 - 432.

② 综合上文注释(Gregory Clark and Yves Van der Werff, ‘Work in Progress? The Industrious Revolution,’ *Journal of Economic History* 58: 3[September, 1998], 837, 841; Hans-Joachim Voth, *Work and Time in England 1750—1830* 〔Oxford: Oxford University Press, 2000〕, 129)中每年的劳动时间指数，并集合了Robert Allen一文中每个劳动者生产农产品产量的数据(‘Economic Structure and Agricultural Productivity in Europe, 1300—1800,’ *European Review of Economic History* 4: 1〔2000〕, 20)，在1500—1800年间，每小时产量收益率下降14%——这可能被低估了，因为大多数学者认为1500年的工作时间并没有Clark和Van der Werff指出的那么长。

③ Li Bozhong, *Agricultural Development in Jiangnan, 1620—1850* (New York: St. Martin's, 1998), 81 - 97, 119 - 155.

不少农民从中受益。至少在西欧的某些地区——我们仅对这些地区进行计算——其产出的增长速度要比土地、劳动力和资本投入的加权平均值更快，有数据表明大约从1450年到1815年间，效率增长虽然缓慢却非常显著①（14世纪的瘟疫造成巨大的破坏，使人们长期处于极危险的状况中）。然而，每单位劳动时间的收益可能并没有增加。

到目前为止，我们一直在着重论述已经耕作的土地如何变得更集约化，从而形成农场，但这不意味着大量增加耕种面积是微不足道的，或者只需要在新土地上重复旧有的种植方式。全球耕地面积可能从1700年到1850年扩大了2倍，中国、俄国、欧洲和北美获利最大。②

在很大程度上，这涉及到驱赶那些不务农或务农强度较低的人（例如使用刀耕火种法），并种植一些众所周知的作物。在这些情况下，应用的新技术多半与农业一样具有强制性或具制图意义。然而在其他情况下，通过种植新物种使耕地面积扩大的方式特别适用于某些区域。最著名的例子是“哥伦布交换”——这是1492年后，美洲与欧亚大陆在植物（以及动物和病害）方面互相交流的运动。即便我们对种植加以节制，但引进种类的数量依旧是惊人的。小麦、水稻、大麦、高粱、糖、橙子、葡萄、咖啡、橄榄等都传播到美洲，而土豆、红薯、玉米、各种辣椒、西红柿、南瓜、花生等则传播到欧亚大陆。③

种植新作物常常使农业更加集约化变得可能。在东亚和东南亚的不少地方，马铃薯、甘薯、玉米能供养高地地区过去不开展农事的定居人群（中国部分地区后来花费很大的代价增加耕地：一年生作物取代山坡上种植的树木，以致土地侵蚀和下游泛滥明显增多）。一些流动的耕种者还改进了美洲的物种，特别是块茎作物，由于收

---

① Hoffmann, *Growth in a Traditional Economy*, 102 - 131.

② John Richards, 'Land Transformation,' in B. L. Turner et al., *The Earth as Transformed by Human Action*(Cambridge: Cambridge University Press, 1990), 165.

③ Alfred Crosby, *The Columbian Exchange: Biological and Cultural Consequences of 1492* (Westport, Conn.: Greenwood Press, 1972).

割它们不必在某个严格的时间段内，因而对那些想避开自称为地主和官员的非定居人群很有吸引力。美洲农作物对亚洲低地的影响较小，无法取代高产的水稻，但它们有时会成为宝贵的第二作物。例如在中国珠江三角洲的农民，更愿意将他们的耕地种植高收益、高风险且劳动密集型的甘蔗，或者他们把剩余的土地（或在附近山上）种植以前从不种植的甘薯，后者比大米需求更少，但它们富有营养， 251
每英亩能产生不少卡路里，而且需要的劳力相对较少。①与此同时在欧洲，在过去已有低地上出产的粮食产量每英亩变得更少了，于是土豆种植迅速在一些人口稠密的地区，如在佛兰德斯和爱尔兰蔓延开来。同时，玉米传播到非洲各地，每英亩玉米能产生的营养远超以同样栽培技术种植出的非洲稷和高粱，而且玉米成熟得更早，所以可以作为农民等待高粱成熟之前的食物。然而，大多数非洲人尚未面临提高亩产量的巨大压力，而且我们对 20 世纪前美洲作物传播的距离和速度所知尚少——那时玉米单一栽培开始大规模取代其他作物，而不是作为补充食品（玉米似乎传播得很快，它被作为供给奴隶贩运船向市场提供便宜且易存储的剩余作物——这是一个有关高需求刺激农业集约化的无情的例子）。②

总之，从 800 年到 1800 年，农业逐渐向集约化发展。休耕制减少而多熟制增加了，尤其是靠近城市的地方，或者当新的互补性作物可获得之时。其他地区——通常远离主要城市——这些广阔区域曾由牧民之类的非定居耕种者开发和利用，或者被生活在沼泽和森林地区的人群利用其他方式种植一年生作物，尤其是在 1500 年之后。虽然不少新工具被发明，但人们还是渐渐传播及适应过去的

---

① Sucheta Mazumdar, *Sugar and Society in China: Peasants, Technology, and the World Market*(Cambridge, Mass.: Harvard University Asia Center, 1998), 258 - 259.

② 关于玉米在非洲的早期传播情况，可参见 James McCann, *Maize and Grace: Africa's Encounter with a New World Crop, 1500—2000*(Cambridge, Mass.: Harvard University Press, 2005), 39 - 58。奴隶供给和沿海驻军的关系，可参见 McCann, 30, 46, and Marvin Miracle, 'The introduction and Spread of Maize in Africa,' *Journal of African History* 6: 1(1966), 38 - 55。

“最佳实践”，认为这种实践确实比新技术更重要。各种形式的实物资本，例如谷仓、水井、犁被积累起来，提高了使用效率，从而改进了运输系统，允许发展出更专业化的新市场。然而，最大的产出收益来自土地投入的提高，首要的即是劳动力。即使在相对“先进的”地区，农业劳动力仍占优势地位：在1800年，约占欧洲城市中的13%，中国长江下游“先进的”城市中占9%（特别的是中国有大量农村人口从事手工业）。[1]（相比之下，那时美国农业劳动力只占1%到2%，但却完全是一个粮食出口国。）每个农民的作物产量增长（其他人群也增长），但每年农民普遍工作更长时间以实现产量收益（其中一些是收入）。即使在劳动力充足的地方，节省劳力的革新也并非默默无闻，降低劳动力的革新都占主导地位。

最后，在此期间农业的主要发展在很大程度上发生在农业内部。当然，社会其他组成也很重要。政府和其他武装组织裁定土地索赔人，经常残忍地驱逐失败者；工匠逐渐让铁犁变得便宜和更普遍；城市消费者、新货供应商和收税员都以不同的方式激励农民提高产量；道路、码头等的建设也强化了这种影响。但在约1800年，几乎
252 对农产品的所有投入都来自农场（有时来自其他专门培育役使动物、高质量种子或将大豆研磨成肥料的农场），农场也最了解如何使用这些投入品。而1800年之后的发展则完全不同了。

工业化世界中的农业

被严格定义的时代总是具有迷惑性，不少1800年后的农业变革趋势仍然与较早时期相类似。尤其是欧洲以外和“新欧洲”：一些温

① Jan de Vries, *European Urbanization, 1500—1800*(Cambridge, Mass.: Harvard University Press, 1984), 74; G. William Skinner, ‘Regional Urbanization in Nineteenth Century China,’ in G. William Skinner, ed., *The City in Late Imperial China*(Stanford: Stanford University Press 1977), 226, G. William Skinner, ‘Sichuan's Population in the 19th Century: Lessons From Disaggregated Data,’ *Late Imperial China* 8: 1(June 1987), 72-79.

带地区，如北美、阿根廷和澳大利亚这些被欧洲殖民的地区，培育了许多原产于欧洲的作物，并成为新农业机械化的中心。即使在这些地区，技术性农业也没有很快获得胜利。19 世纪发明了一些用于现场农事劳作的机器，但只有一种：麦考密克收割机（发明于 1831 年，1847 年首次投入大规模生产），在 1920 年之前被广泛使用。除此之外，一战前主要的农业机械创新都集中在收获后期阶段：轧棉花、小麦脱粒、甘蔗压榨等等。①只有比利时、英国和法国这三个国家，1910 年之前农民数量减少了，而在大多数国家中，农民在工人中的占比是逐步下降的。②在中国，直到 20 世纪 90 年代末期之前，农民数量一直在增加，在印度更是直到 2000 年左右。③在全球范围内，直到 20 世纪 30 年代之前，大部分农业增产可能是由于投入的增加，只有在二战后全要素生产率增长（即技术和组织效率增长）才变得更加重要。④

事实上，耕地面积的增长在 1800 年之后大幅加速，尽管严格意义上在中国（不包括东北和蒙古等）和西欧已经终止。⑤大约在 1830—1920 年间，巴西、阿根廷、智利、加拿大、美国、澳大利亚和其他地方的原住民（大部分）被有欧洲血统的农民取代⑥（白人

---

① Giovanni Federico, *Feeding the World: An Economic History of Agriculture, 1800—2000* (Princeton: Princeton University Press, 2005), 90 - 91.

② Federico, *Feeding the World*, 56.

③ 数据参考 1998 年由国际应用系统分析研究所（International Institute for Applied Systems Analysis）发布的《中国统计年鉴》(*China Statistical Yearbook*)，链接：〈http: //www. iiasa. ac. at/Research/LUC/ChinaFood/data/urban/urban_ 5. htm〉。关于印度的数据，可参见 Amrita Sharma, 'The Changing Agrarian Demography of India: Evidence from a Rural Youth Perception Survey,' *International Journal of Rural Management* 3: 1(2007), 28, 他认为印度一些地区农业人口下降最早的记录在 1999—2000 年；Indian Ministry of Agriculture and Cooperation, Institute of Economics and Statistics, 'Agricultural Statistics at a Glance 2008'〈http: //dacnet.nic.in/eands/At_ Glance_ 2008/ch_ 2tb2.2u.xls〉显示直到 2001 年，几十年来农业人口一直持续增加（最新数据）。

④ Federico, *Feeding the World*, 2.

⑤ Federico, *Feeding the World*, 35.

⑥ Alfred Crosby, *Ecological Imperialism: The Biological Expansion of Europe, 900—1900* (Cambridge: Cambridge University, 1986).

定居者的农业扩张在非洲各地不太成功)。虽然在亚洲定居的西方人较少，尽管如此还是相当大地取代了其他定居农业的生活方式，常为了发展作物出口而借助殖民地立法，例如英国的《罪犯种族法案》(*Criminal Tribes Act*) 基本上将游牧民族视为犯罪。又例如在印度阿萨姆邦（Assam）建造茶园、在肯尼亚建造咖啡庄园、在印度尼西亚苏门答腊建造烟草和橡胶种植园。其他土地是“公开的”，欧洲人很少或并不涉足：因此直到 1850 年，中国清朝始终保持着东北主要发展林业，政府的权力衰弱之后，在 1895 年后开始鼓励移民（为了避免失去被俄国或日本占领的土地)，约有 800 万永久移民和 1700 万临时移民，他们绝大多数是农民，在 1937 年前抵达东北，今天这一地区已被誉为中国的粮仓之一。①在东南亚的湄公河、湄南河和伊洛瓦底江三角洲，殖民政权（和受英国影响的泰国君主制）排干沼泽
253 并实行财产索赔，但主要是针对当地居民，再加上许多印度人和中国人，他们创造了庞大的、单一文化的稻米出口区，在许多方面连接了由新欧洲人创造的小麦单一文化。在世界范围内，农田面积从 1850 年到 1920 年增长了约 75%。俄罗斯②和北美占一半以上，但占比增长最快的是拉丁美洲、大洋洲和东南亚。③

这一次土地开荒情况与早年间的不同，在很大程度上要归功于新的非农业技术。海运运费率在汽轮出现之前已经开始适当下降，此后则下降得更快。将小麦从纽约运送到利物浦的成本，1902 年要比 1868 年减少 79%，而 1913 年将糖从爪哇岛运送到阿姆斯特丹的成本不到 1870 年的一半。④随着铁路发展，陆路运费也骤降：将小麦从芝加哥运送到纽约的成本，1902 年比 1868 年低71%。⑤机动与非机动

① Thomas Gottschang and Diana Lary, *Swallows and Settlers: The Great Migration from North China to Manchuria*(Ann Arbor: Center for Chinese Studies, University of Michigan, 2000), 2.

② 数据表明了 1991 年之前，经常称作苏联，我用“俄罗斯”一词是为了方便起见。

③ Richards, ‘Land Transformation,’ 165.

④ Kevin O'Rourke and Jeffrey Williamson, *Globalization and History*(Cambridge, Mass.: MIT Press, 1999), 41（小麦）and 53（糖）。

⑤ 同上，41。

陆路运输之间的差别更为显著。在 1928 年，将小麦运送到遭遇饥荒的中国内陆省份陕西，每吨英里的成本要花费 0. 79 美元，用拖拉机运送的成本则降为 0. 13 美元，而如果使用铁路，则只需要 0. 02 美元。①低廉的运费使在偏远地区开展耕作在经济上变得可行。②

现代科技也帮助农场适应市场需求。谷物升降机，约在 1840 年引进芝加哥，用于解决紧迫的新问题。关闭负载的机车头代价非常昂贵，所以必须经过完备的思考。从机器上大量倾倒出的粮食可以更好地装载成数百袋。这种方式具有深远影响。谷物袋让每个农民的小麦可以以单独包装的状态送达纽约，并被相应分级和定价。如今这些袋子是司空见惯了，它是整个装载运输过程中分级和定价的必需品。因而就出现了抽象概念如“2 号春小麦”——属于可交换谷物之列。一旦这种标准化的商品出现，就拥有了在某个时间和地点进行一定数量的轻松、大规模交易的能力，甚至在谷物收获之前。由此期货市场的诞生转变了农民、消费者和中间商之间的关系。③

农产品标准化成为颠覆早期现代农业的一个重要趋势。植物学家和其他人经常惊讶于过去“传统”农民种植农作物品种的数量，在 20 世纪 20 年代加尔各答的经济博物馆（Economic Museum）中，单孟加拉一地就展出了超过 4000 种水稻品种。④不光是这些自然物种的剩余，在不少社会中，农民还有意识地创造、保存和交换各类数目庞大、差别细微（以肉眼而言）的种子，他们知晓这些种子适合各种土壤和预期的天气，并且可得到需要的植物特征。这就代表着当时形成了一个（在大多数情况下）由农民自己（包括临时性农田耕种者）创造的有关当地知识的巨大宝库。⑤但是在过去的 150 年里，

---

① R. H. Tawney, *Land and Labor in China*(Armonk, N.Y.: M. E. Sharpe, 1966), 87.

② 反而很少有边境农民是为了自给自足（以及避开贷款）：在 1860 年前后，若在美国建设一个新农场，一般来说要花费一个自耕农 70 年的收益（包括移民的成本）。Federico, *Feeding the World*, 43。

③ William Cronon, *Nature's Metropolis*(New York: Norton, 1991), 109 - 147.

④ Frank Perlin, ‘The Other Species World,’ in Frank Perlin, *Unbroken Landscape. Commodity, Category, Sign and Identity: Their Production as Myth and Knowledge from 1500* (Aldershot, Ver.: Variorum, 1994), 206.

⑤ 同上，206 - 211。

这一趋势已被大幅逆转，大规模市场、大型种子公司、基于实验的科学家和发展专家们促使作物品种越来越标准化。

低廉的运输成本也使农民能与相隔数千英里的对手竞争——这种竞争通常是不公平的。来自美国、澳大利亚和乌克兰的廉价谷物
254 更受城市居民欢迎，给许多欧洲农民带来了毁灭性打击。而且一些农场规模过小不能采取类似的成本节约技术。例如，匈牙利的农场在1863年只使用168台蒸汽机，到了1871年就上升为3000台，但这只有在大型农场才有意义，不然新技术会超越和蚕食邻居的农场。匈牙利的出口额骤然上升，而足以支持一个家庭的农场比率降至30%，在加利西亚（波兰）则降至19%。①在大城市附近，许多农民转为种植蔬菜或经营乳制品，因为这些对市场依旧重要而对大型农场而言则没什么必要，他们甚至还可以拿廉价谷物喂养动物；其他人则成为城市居民，还有些人移居海外，这经常有助于扩大昔日邻居经营的农业。同样，彼此影响的循环虽小却到处可见。在东南亚的新水稻种植区无法与中国和印度农民对上海、香港、加尔各答和孟买的市场占领相竞争，从而增加了这些地区的移民。近期，《北美自由贸易协定》之后，从美国进口玉米使许多墨西哥农民无法竞争过那些美国农场的工人。

新技术使农业发生巨大转变。除了新机器，其他重要的新技术涉及化学和生物方面，这些技术很大程度上源于土地稀缺的欧洲，大多数都能提高每英亩土地的产量（不过农业机器往往发明于土地资源丰富而劳动力匮乏的美国，主要是为了提高每工时的产量）。②

可能最重要的创新是非生物成分的化肥（不像粪肥、草、藻类或豆粕），它可以替代土壤为作物提供氮、磷和钾。早期的例子，如

① John Bodnar, *The Transplanted: A History of Immigrants in Urban America*(Bloomington, Ind.: Indiana University Press, 1985), 25.

② Federico, *Feeding the World*, 94.对立观点可参见 Alan Olmstead and Paul Rhode, *Creating Abundance: Biological Innovation and American Agricultural Development* (New York: Cambridge University Press, 2008)。

从19世纪40年代起，肥料通常只被稍加利用和加工。骨头和某些岩石，经过酸处理能提供大量的磷和钾。在秘鲁和智利能发现大量的鸟粪（干燥的海鸥粪便），而其他地方则较为少见，这种鸟粪可以制成硝酸盐。约在1840年，智利开始出口硝酸盐，1860年多达10万吨，1913年增至300万吨。①

硝酸盐生产，由德国化学家在1909年研制，对农业生产更加重要。生产硝酸盐虽然需要大量电力，但不缺乏原材料，因此任何人都能以较低廉的方式比以往更集约地施肥，从而极大地增加产量（不过，人造化肥不能替换所有生物性投入。没有粪肥，土壤会失去重要的有机物质和微量营养素）。这最终使某些人口稠密地区（如西欧和中欧）在食品方面恢复完全的自给自足，并且使世界能供养更多的人。没有合成肥料，地球最大承载人口可能大约是36亿人，②虽然至今在67亿人口中仍有一部分人忍饥挨饿，但这是分配的问题而不是生产力不足。从另一种方式分析，合成肥料还将化石燃料施加给作物，挖掘出了数百万年积攒的太阳能。

然而，化肥没有立刻在世界范围内传播，很多农民负担不起费用，而其他人则拥有肥沃的土地，并不需要使用化肥。我们应当看到，全球使用化肥的全盛期是在1950年之后。尽管如此，化肥可能仍是20世纪最重要的发明。今天使用的合成氮的养分（大约）相当 255
于回收人类每1克液体或固体排泄物所获养料的5倍，可能相当于人类蛋白质摄入量的40%。③

三种相互关联且变革性的非农投入品发明于19世纪，但直到20世纪才盛行起来，即化学杀虫剂（其中不少是从煤焦油或石油化工中生产出来）、杂交种子以及使用现代建筑材料和能源建造的灌溉工

① José Ignacio Martínez Ruiz, 'Nitrates' in John McCusker, Lewis Cain, Stanley Engerman, David Hancock, and Kenneth Pomeranz, eds., *The History of World Trade Since 1450*(New York: Thomson Gale, 2006), 536–537.

② Vaclav Smil, *Enriching the Earth: Fritz Haber, Carl Bosch, and the Transformation of World Food Production*(Cambridge, Mass.: MIT Press, 2001), xv.

③ Smil 提供的蛋白质图表，*Enriching the Earth*, 157; 比较计算人类的排泄物，27 and 142。

程。首先最容易获得的是杀虫剂。

农民始终致力于对抗虫害、杂草和真菌以防它们破坏庄稼。最常见的方法是通过一代又一代反复试验获得的，包括轮流耕作（使虫害丧失将某种特定植物作为宿主）、销毁作物残茬（出于类似的原因）等等。在10世纪，中国园丁们利用砷对抗虫害①——但是这只是农民“军火库”中一项小小的武器。19世纪的一些趋势共同改变了这种情况。

首先，蓬勃发展的长途贸易运送过程中附带了很多有害生物，有时到达的地区没有对付它们的天敌。19世纪40年代，造成爱尔兰马铃薯饥荒的枯萎病几乎可以肯定是来自美洲，或许具有讽刺意味的是，这些有害病菌由一艘运送秘鲁鸟粪的商船带来。②自运输革命刺激作物的专业化和大规模集中以来，往往是一个品种变得越来越普遍：这有利于害虫快速传播，而阻碍了某种传统虫害防治方法（相类似的问题就是今天那些集中型动物饲养经营者们〔CAFO〕，因为密集养殖动物而大剂量使用抗生素从而造成带有传染性疾病粪便集中的问题）。加利福尼亚州的水果业——是铁路运输和大规模灌溉的创造物，在许多方面它是现代农业的缩影，而且是如果没有铁路则将不可想象的完美案例。③

害虫对果园或葡萄园的种植者而言是毁灭性的。销毁已遭病害的小麦，耕种者一年的收入付诸东流已经够糟糕了，而如果毁掉果树可能意味着他们将失去几年的收入。如果栽种果树是农场多样化经营中的一小部分，那么或许还可以承受得住。在过去，通常情况下如果梨、橘子或其他作物是唯一的种植品种，那么耕作者将无法承受如此打击。此外，大部分加利福尼亚州的果园种植的并非本地物种——数以百计的新果树和葡萄品种是进口而来的，而每一种都

---

① 农药〈http://www.pollutionissues.com/Na-Ph/Pesticides.html〉。

② James S. Donnelly, Jr., *The Great Irish Potato Famine* (Thrupp, U.K.: Sutton Publishing, 2005), 41.

③ 根据 Steven Stoll, *The Fruits of Natural Advantage: Making the Industrial Countryside in California* (Berkeley: University of California Press, 1998), 94-123。

有可能带来新的虫害。在 19 世纪 70 年代和 80 年代，加利福尼亚州的农民反复遭受害虫侵扰，最终他们从化学公司和加州大学那里获得解决之法。各种主要基于铅和砷的新式杀虫剂出现了。这些喷雾廉价又容易获得，但没人知道使用多少剂量才合适——许多种植者过量喷洒农药是为了让自己的投资风险降低一些。虽然消费者和医生为此多加抱怨，公共卫生局也在 20 世纪 20—30 年代成立，一些农学家担心农药会损害土壤，而且农民普遍增加农药喷洒量——而消费者购买这些作物则是有害的。1925 年加利福尼亚州农场的土地成本要比 1900 年高出 350%，因此更多的东西值得维护，人们只能背
水一战。当更有效和更安全的杀虫剂在二战后出现，许多农民还是 256
更大量地使用这些新农药。

越来越多地大剂量使用杀虫剂的安全性问题在蕾切尔·卡森（Rachel Carson）于 1962 年发表《寂静的春天》一书之后备受争议。全球农药消费量在 1980 年左右达到顶峰，之后有所下降。然而，许多贫困国家的农药使用量仍在继续上升，他们为了急迫地增加产量，却忽略健康和环境危害，后两者的风险将更大。

机械、生物和化学类农业投入品使 20 世纪的高级农业从根本上区别于之前任何时代。作物产量增长达到史无前例的速度：每英亩，以及尤其是每工时的产量（后者，正如我们所见，作为与高级有机农业彻底的断裂），约在 1970 年，美国种植玉米的农民每工时生产出的食物能量要比工业化前的农民高出 100 到 1000 倍。①因此，资本及能源密集型的农业意味着有史以来第一次人们能以较少的劳作供养更多的人。

这些变化也使得农场越来越依赖向其他现代产业购买投入品。表 14. 1 中的数据评估了非农业投入品成本在美国农业产出值中的占比。其他富裕国家看起来存在类似趋势，然而非洲在 1960 年的估计值是 2%，这相当于美国在 1800 年的比值。②

---

① Grigg, *Dynamics of Agricultural Change*, 78.

② Federico, *Feeding the World*, 52 - 53.

表 14. 1　非农业投入品成本在美国农业产出值中的占比

年　份	比　值
1800	2
1870/1872	8
1911/1913	13
1936/1938	17
1985	53
1998/2000	64

来源：Federico（2005），p. 53。

这有助于解释为什么尽管农民在 20 世纪已极大地多产，但他们不一定变得更富有（其他原因我将在后文讨论）。这也有助于解释为什么信贷对许多农民而言变得越来越重要，给予一些经营规模较大的农民更多的抵押品竞争优势，即使他们对有形物价格并不在行。

高级有机农业和 20 世纪的能源集约化农业之间的环境差异同样明显。表 14. 2 对不同农民生产的食物的能量与其生产食物所消耗的能量进行比较。

表 14. 2　食物能量与生产食物所需能量比（%）

生活必须的木薯作物	60—65
中国农民	41
生活必须的热带作物	13—38
热带作物：化肥和机械	5—10
甜菜，英国	4. 2
小麦，英国	3. 35
玉米，美国	2. 6
大麦，英国	2. 4
土豆，英国	1. 6
大米，美国	1. 3
豌豆，英国	0. 95
牛奶，英国	0. 37
所有农业，1968 年的英国	0. 34
所有食物供应，英国	0. 2

注释：数据（大部分截止于 20 世纪 60 年代晚期）来源于 Grigg（1982），p. 79。

正如我们所见，农业的技术化在 20 世纪 00 年代早期仍是刚刚起步，甚至在许多富裕国家也如此。尽管这一过程无处不在，自二
战以来最大的新闻就是高投入农业向贫穷国家传播。其一，促成了 257
巨大的灌溉繁荣，其二，生物和化学变革是（尽管不止是）20 世纪 60—70 年代“绿色革命”的缩影。让我们从水开始论述。

大多数欧洲以及北美东部全年降雨量适中，分布相对均匀，然而很多其他地方则不太幸运。广阔的干旱和半干旱地带横跨整个北非和亚洲部分地区，从摩洛哥到中国西北部。在这些地区，从事农业大部分有赖于掘井、分流河道（通常依赖高海拔融雪，因此高度季节性）或两者兼有。其他广袤的亚洲和东非地区拥有足够甚至过多的降雨量，不过主要依赖短暂的集中性季风，不一定符合农民的需求，而且逐年各不相同。美洲、澳大利亚和非洲撒哈拉沙漠以南的大片土地缺水或高度季节性降雨，农民需要依靠大量运输和（或）存储用水。

在一些地方，灌溉可以追溯到几千年前，但过去的 100 多年却见证了这项技术的极大蔓延。钢结构、混凝土等新材料制造起更大的水坝，天然气或电动泵可以运输更多水到达更远的地方，人口增长的强盛国家可能期望通过浸没法获得更肥沃的土地。大坝涡轮发电所得的收益往往用来资助农民用水。①美国西部、澳大利亚、印度（旁遮普）和埃及等所有低降雨量的地区是现代早期灌溉项目的实践地。然而这并非一个普遍的全球现象。乔瓦尼·费德里科（Giovanni Federico）估计在约 1900 年，全球灌溉面积为 4 千万公顷，其中仅中国就拥有 2. 3 千万公顷，他们全部使用传统的方法、材料和能源。②

然而到了 2000 年，灌溉面积已达到 2. 8 亿公顷。其中一半的增

① Marc Reisner, *Cadillac Desert: The American West and its Disappearing Water*(New York: Penguin), 134.

② Federico, *Feeding the World*, 45; Dwight Perkins, *Agricultural Development in China, 1368—1968*(Chicago: Aldine, 1969), 64.

258 长发生在1960年后，苏联、中国和印度占半数。①多用途的水坝可提供电力、水以及（有时）可防洪，吸引了许多赞成者。对新的可耕作土地而言，从长远来看，灌溉通常要比对现有农田作渐进式改进提供更大回报，然而意料之外的是这破坏了环境，特别是当排水不充分时往往会使收益减少。②水坝也是掌握技术的新主权国家和冷战援助国的完美象征。在其他地方，天然气动力泵或电能动力泵使开采地下含水层变得经济，而且能把以前的干旱区变成粮仓。惊人的结果发生在1960年后的中国北部、印度、巴基斯坦西北部以及1950年后的美国大平原，然而现在，所有含水层都面临枯竭的危险。其他雄心勃勃的计划不仅针对粮食生产，而且还包括国内急需供应的棉花：发生在苏联的亚洲中部地区，是世界上最大的灌溉灾害之一。③不过，灌溉对供养1945年后迅速增长的世界人口已必不可少，同样还包括提高产量和扩大种植面积。1920—1980年间的耕地增长率与1850—1920年一样，因此绝对比以往任何时期更快。超过70%的新灌溉土地分布于非洲、亚洲南部和西南部以及南美洲。④今天，剩下的未来最有潜力的灌溉地可能位于撒哈拉沙漠以南非洲地区，那里灌溉地只有7%（南亚是40%）。⑤然而，许多地方已经大量采用现代灌溉技术（特别是印度、巴基斯坦、中国北部、澳大利亚和美国西部的部分地区），现在面临日益严重的问题是污染、盐化、涝害、地下水枯竭以及陈旧的基础设施。⑥

---

① Federico, *Feeding the World*, 45.

② 观点概述于 Sandra Postel, *Pillar of Sand: Can the Irrigation Miracle Last?*(New York: Norton, 1999), and Fred Pearce, *When the Rivers Run Dry*(Boston: Beacon, 2006), 52. Pearce, *When the Rivers Run Dry*, 201 - 216。

③ Pearce, *When the Rivers Run Dry*, 201 - 216.

④ 数据来源：Richards, ' Land Transformation, ' 165。

⑤ Ernest Harsch, ' Agriculture: Africa's "Engine for Growth," ' *African Recovery* 17: 4(January 2004)，访问链接：http: //www. un. org/ecosocdev/geninfo/afrec/vol17no4/174ag. htm。

⑥ Postel, *Pillar of Sand*; Kenneth Pomeranz, ' The Great Himalayan Watershed: Agrarian Crisis, Mega-Dams and the Environment, ' *New Left Review* 58(July/August 2009), 5 - 39; Reisner, *Cadillac Desert*; Pearce, *When the Rivers Run Dry*.

主要发生在1960年后的第三世界农业的化学和生物转向同样重要。政治改革是决定性因素，因为政府在创造和传播新农业技术的过程中扮演着关键角色，即使这些地方的土地所有权非常不平等，农业从未像许多现代工业那样集中，其最大的农场在整体作物市场中只占极小的比例。由于广泛采用新技术使许多农场增产，从而价格有所下降（除非国家干预），但大部分收益进入消费者的口袋，没有哪个单独的农民的收益足以证明大力投资是合理的。因此，系统化农业研究往往是由政府资助，企业授以专利改进（直到1960年，这对农用化学品而言是可行的，但不包括生物创新，例如种子[1]），或由大型、方便组织的加工业协会进行（如纺织或面粉厂，而不是普通的面包和服装的买家）。

因此，农业研究和发展主要集中在工业化完备的富裕国家，他们的关注点着重于本国范围内。在世界的许多地区，如20世纪50年代或60年代的不少殖民地，农业研究往往针对出口作物而不是本国作物。[2]然而，殖民地自治化使政府和大学得以创立，至少可能对本地利益作出回应。与此同时，人口快速增长使西方的各种焦虑加剧——农民革命、大规模移民、人类灾难——促使人们以更多资金研究较贫困国家的相关农业情况。其成果包括高产的小麦、水稻和 259
其他基本作物的杂交种子。许多最重要的工作由联合国粮食及农业组织（FAO）和洛克菲勒基金会推动，不过在这一网络之外的科学家们也促进了农业研究的突破：中国研发了自己的杂交水稻、小麦和高粱，南罗得西亚（即现在的津巴布韦）改进了玉米种植，从而使产量翻了两番。[3]

结果是出人意料的。从1961年到2000年，全球农业产量增加了

---

[1] Federico, *Feeding the World*, 102。一些富裕国家大力推广种子的国际专利，而最贫穷国家则反对。

[2] Federico, *Feeding the World*, 106.

[3] Benedict Stavis, *Making Green Revolution*(Ithaca, N.Y.: Cornell University Center for International Studies Rural Development Committee, 1974), 26－40; McCann, *Maize and Grace*, 140－141.

145%，较贫困国家（或地区）的最大涨幅：南美洲达216%，亚洲达302%。①此外，几乎所有成就都源于增加的资本投入和全要素生产率的提高。绿色革命的革新并没有带来更多的耕地，通常也不需要更多的劳动力（收获和加工大丰收的情况除外）。有时，新品种实际上只需要更少的劳动，对面临大规模失业和就业不足的国家而言这是件喜忧参半的事。

杂交种子本身并没有提高产量，除了繁育它们，相对还需要大量肥料。事实上，全球化肥消费从1950年到1988年上升了900%。自那以后，较富裕的国家需求量已下降了四分之一，但在其他地区仍持续上升，第三世界化肥消费自1960年以来已经涨了2500%以上。②到目前为止，撒哈拉以南的非洲地区受到这种趋势的影响最小：2004年，当地农民每公顷年使用9千克化肥，而南美洲使用73千克，南亚使用100千克，东亚和东南亚发展中国家使用135千克，而工业化国家则使用206千克化肥。③

如果不适当稀释而使用过量的肥料则会严重危害土壤。因此，农民播种种子时需要更好且更可靠的水源，而从生物、化学和水力革新所获的收益则使该三者牢固地相互依赖。由于杂交种子本身容易迅速退化，农民每年必须购买新的种子而不是储备种子。

因此，大部分第三世界的农民，像那些富裕国家的农民一样，通过更多地购置农业投入品而使产出更高效。但在许多贫困国家，农业信贷稀缺而昂贵，若遇到政治动荡还可能中断供应，也存在灌溉基础设施缺乏维护等问题——这些都会放大社会风险。这些人群是最贫穷的农民，一季的坏收成就可能导致他们破产。然而，这些穷农民无法避免与轻松使用农业投入品的富邻居竞争。因此，绿色革命虽益处颇多，但也常常加剧不平等，富裕农民购买那些少地或

① 数据源于FAO，Federico，*Feeding the World*，20。

② Federico，*Feeding the World*，54，Smil，Enriching the Earth，246。由于1950年贫穷国家使用化肥率是微不足道的，以这一年为基准年后产量极大地增加。

③ Harsch，‘Agriculture: Africa’s “Engine for Growth.”’

缺钱但走技术化路径之人，或者遇到信贷问题、缺乏关键投入品以及其他不幸之人的土地。一些农场扩大，农民越发觉得购买节省劳力的机械是很有必要的，这就加剧了需要以劳动谋生之人的困境。①因此，即便比早期西方增长更快，第三世界农业的技术转型对农业生产率也至关重要，对大量食品购买者而言也不啻救赎，但是，许多农民为此付出了惨痛的代价。

农民没有变得更多产的另一个原因是因为 20 世纪农产品相对于 260
其他商品的价格是没有优势的。这对热带作物的种植者尤其明显（主要在贫困国家），如今价格绝对值比一战前更便宜。②但是对温带农民而言，自 1850 年以来相对价格普遍停滞或下降的部分原因是因为产量激增。③高级有机农业的主要趋势是截然不同的：虽然有很多例外（甚至很多数据存在问题），农产品相对价格上涨看似超过落后的几世纪，但农田与劳动比率却逐渐恶化。④

大多数贫困国家沉重的国情在令人难忘的农业增长中延续着农业贫困。政策手段跨越不同的时间和地点——人为地压低粮食价格，政府根据产业进行不对称地投资，对低效农业投入品生产商进行关税保护，不利项目的集体化，等等——然而意识形态各不相同的政府重复着这些模式。除了显著的少数例外，低工业化社会国家从农业中榨取得要多过对它的付出，而且还经常声称这是金融产业增长的必然手段⑤（具有讽刺意味的是，过去关于早期工业化可增加过

---

① Francine Frankel, *India's Green Revolution: Economic Gains and Political Costs* (Princeton: Princeton University Press, 1971), 35 - 40, 70 - 74, 105 - 109, 134 - 136, 175 - 177 显示印度各类产出的情况；关于墨西哥，Joseph Cotter, *Troubled Harvest: Agronomy and Revolution in Mexico, 1880—2002*(Westport, Conn.: Praeger, 2003) 233 - 320, 该文献主要论述了绿色革命的影响，虽然没有对争议作出判断。

② Federico, *Feeding the World*, 193.

③ Federico, *Feeding the World*, 221.

④ Wilhlem Abel, *Agricultural Fluctuations in Europe From the Thirteenth to the Twentieth Centuries*(London: Methuen, 1989), esp. 1 - 5; Zhao Gang, *Man and Land in Chinese History: An Economic Analysis*(Stanford: Stanford University Press, 1986) and 'Zhongguo lishishang gongzi shuiping de bianqian,' *Zhongguo wenhua fuxing yuekan* 16: 9(September, 1983), 52 - 57, 欧洲和中国各自处于这种情况下（高出长期平均价格数据）。

⑤ Federico, *Feeding the World*, 201 - 220.

剩农产品的普遍学术观点，现在看来显然是可疑的）。①

同时，富裕国家开始致力于相反的方向，大量补贴相对较少的农民。近年来，富裕国家的农业补贴是所有发展援助数额的5倍多。②这常常使贫困国家的农民（或富裕国家中非补贴农民）无力争夺市场。取消这些补贴将有助于许多贫穷农民，虽然对“穷人”的净效应一般很难估算：数以百万计的最穷困之人是靠工资为生者、失业者或其他靠补贴压低全球交易食品价格的人。

这些补贴主要集中于混播作物中种植数量相对较少的一部分（如美国的玉米、大豆、棉花和糖），它们廉价而普遍。许多食品在加工过程中使用高果糖的玉米糖浆和麦芽糊精，玉米则作为动物饲料（牛进化为吃草，玉米有时甚至用来养殖鱼类）是一个突出的例子（只有在非洲，超过一半的玉米产量供人类直接食用）。③同时，食品消费者越来越多地购买由大力推广品牌的制造商出售的加工食品，这些制造商大规模购置某种作物。在这种情况下，农民成为可与较大市场占比的中间商交换大量投入品的供应者，通常获得的最终售价较低（一些名牌食品并不比上一代更多加处理：美国超市咖啡价格中的10%～15%属于种植者，而20世纪70年代中期则接近30%）。④

---

① Robert Allen, *Enclosure and the Yeoman*(Oxford: Clarendon Press, 1992)，特别是235－265; Hoffmann, *Growth in a Traditional Society*, 16－20, 201－205; Federico, *Feeding the World*, 226－231; Penelope Francks, 'Rural Industry, Growth Linkages, and Economic Development in Nineteenth Century Japan,' *Journal of Asian Studies* 61: 1 (February 2002), 33－55; Harry Oshima, 'The Transition from an Agricultural to an Industrial Economy in East Asia,' *Economic Development and Cultural Change* 34: 4(July 1986), 783－809. Pomeranz, 'Beyond the East-West Binary,' 550－555, 572－582。

② 'Agricultural Subsidies: Facts and Figures,' Center for Trade and Development, (www.centad.org/relatedinfo9.asp)。这些补贴远远超过那些欧洲农民在1870—1914年迅速失去市场时所获的数额，Federico, *Feeding the World*, 190, 199－200。

③ McCann, *Maize and Grace*, 1.

④ John Talbot, *Grounds for Agreement: The Political Economy of the Coffee Commodity Chain*(Lanham, Md.: Rowman and Littlefield, 2004), 167－169。埃塞俄比亚种植者参与争议，星巴克宣称他们的收益只有高档咖啡零售价中的5%，参见Kim Fellner, *Wrestling with Starbucks: Conscience, Capital, Cappuccino*(New Brunswick, N.J.: Rutgers University Press, 2008), 163－164, 180。

1950年后农业发展的初期情况似乎可概括为积极和消极两种特征。生物和化学研究——现在越来越多地由以营利为目的的企业组织掌控①——研发各种转基因作物，可以显著地提高亩产量：面 261
对人口增长，以及越来越多的土地使用生物燃料替代造成全球变暖的煤炭和石油的现状，这一目标极具吸引力。在许多情况下，要开发成功这些新品种需要与非常明确的非农投入品相结合（例如，美国孟山都公司的作物“Round-up ready”，旨在能大量耐受该公司研发的名为“Round-up”的除草剂）。因此，农民的技术“包”通常要求清理掉农田中的任何其他作物或作物品种（这也可以减少转基因农药抵抗虫害的风险）。此外，获专利的种子每年需要回购：不仅因为它们会生物性退化，而且农民再利用它们可能面临专利侵权诉讼。

人们就这些新作物可能带来的环境和健康风险争论不休。可以肯定的是，更进一步的农业技术化将深化农民对非农投入品和单一文化生产策略的依赖：正如我们所见，这是自19世纪中期以来持续的趋势，尤其在20世纪中叶。如果这些作物种植成功，农民将强化基于增加资本投入和全要素生产率的增长的近期耕地模式，而不是基于使用更多土地和劳动力的增加投入品的高级有机农业主流模式。这些变化是否会再次使大农场农民比小农场农民更受益，目前很难预测，影响因素包括需要防止与其他植物进行有害性异花授粉的贫瘠土地的面积大小，转基因作物如何影响农民及时购买化肥和农药的需求，哪些非农就业机会将给予那些不再从事农业的人。

一些农学家和发展专家提出另一种方法，更接近早期的增长模式：认为采用复杂的间种轮作方式的劳动密集型农业可以满足每亩生产粮食的安全所需，而且环境风险更小，也不会使农民依赖于信

① 在20世纪80年代的美国，私人农业研发的支出已超过了公共支出：Federico, *Feeding the World*, 111。

贷和购买的投入品。①这些论点都很难评估——要获得采用复杂的间种轮作方式所生产数量的可靠数据尤其困难,②以及环境灾难的风险也很难被估计。不管采用何种方式都需要冒巨大的风险，大多数政策制定者似乎都押注在未来的技术上。因此，近年来的高级农业大概与我们的未来最息息相关。然而，研究这些趋势如何促成和颠覆高级有机农业漫长历史中某些关键的特性，依旧非常重要。

参考书目

- Abel, Wilhelm. *Agrarian Fluctuations in Europe from the 13th to the 20th Centuries*. New York: St.Martin's, 1980.
- Allen, Robert. *Enclosure and the Yeoman: The Agricultural Development of the South Midlands, 1450—1850*. New York: Oxford University Press, 1992.
- Bray, Francesca. *The Rice Economies: Technology and Development in Asian Societies*. New York: Oxford University Press, 1985.
- Campbell, Bruce. *English Seigniorial Agriculture, 1250—1450*. Cambridge: Cambridge University Press, 2000.
- Federico, Giovanni. *Feeding the World: An Economic History of Agriculture, 1800—2000*. Princeton: Princeton University Press, 2005.
- Grigg, David. *The Dynamics of Agricultural Change. London: Hutchinson*, 1982.
- Hoffman, Philip. *Growth in a Traditional Economy: The French Countryside, 1450—1815*. Princeton: Princeton University Press, 1996.
- Hurt, R. Douglas. *American Agriculture: A Brief History*. West Lafayette, Ind.: Purdue University Press, 2002.
- Ludden, David. *Peasant History in South India*. Princeton: Princeton University Press, 1985.
- McCann, James. *Maize and Grace: Africa's Encounter with a New World Crop,*

---

① Arega D. Alene, Victor M. Manyon, and James Gockowski, 'The Production Efficiency of Intercropping Annual and Perennial Crops in Southern Ethiopia: A Comparison of Distance Functions and Production Frontiers,' *Agricultural Systems* 91(2006), 51－70; *Special issue of Agricultural Economics* 34: 2(March 2006).

② Paul Richards, *Indigenous Agricultural Revolution: Ecology and Food Production in West Africa*(London: Hutchinson, 1985), 66, 70－72。有一些数据表明，间种轮作法与单一耕作技术农业相比，在贫瘠的土壤上效果特别好；Gene Wilken, *Good Farmers: Traditional Agricultural Resource Management in Mexico and Central America*(Berkeley: University of California Press, 1987), 265－266对描述一些问题进行了定量比较。

1500—2000. Cambridge, Mass.: Harvard University Press, 2005.

- Moon, David. *The Russian Peasantry 1600—1930: The World the Peasants Made*. London: Addison Wesley Longman, 1999.
- Perkins, Dwight. *Agricultural Development in China, 1368—1968*. Chicago: Aldine, 1969.
- Schwartz, Stuart B. *Sugar Plantations and the Formation of Brazilian Society*. Cambridge: Cambridge University Press, 1985.
- Smith, Thomas. *The Agrarian Origins of Modern Japan*. Stanford: Stanford University Press, 1958.
- Watson, Andrew. *Agricultural Innovation in the Early Islamic World*. Cambridge: Cambridge University Press, 1983.

黎云意 译 陈 恒 校

第三部分

进　程

第十五章　人口迁移

狄克·霍德

长久以来，人们一直在民族国家范式之下对迁出者和迁入者进行研究——即使从对立观点来看，在约束民族身份的意识形态下，这些人是同一批人。许多早期的“人类迁移”——蒙古人、匈奴人、维京人——被视为进行了破坏性的活动，流动人群被许多惯于“定居”的居民和统治者视为威胁。大部分过去的研究采用利益驱使和肤色等级来支持“白人”殖民者对“有色人种”的支配——好像白色就是无色一样。自 20 世纪 70 年代以来，19 世纪晚期的“科学种族主义”遭到乔治·弗雷德里克森（George M. Fredrickson）的“白人研究”（Whiteness Studies）和拉纳吉·古哈（Ranajit Guha）的“底层研究”（Subaltern Studies）的批判，“种族”被认为是一种社会建构。新的看法首先出现在欧洲和北美，然后推广到大多数社会之中，研究者们认为迁移人群将自己看作生活的代理者甚至“企业家”，计划将他们的人生和社会资本投资于更好的，通常仍然（严重）受制约的环境之中。 269

虽然已被接受的迁移理论没有得到发展，但“系统研究法”以及全球-本地间关系的研究方法现在已被广泛接受。系统研究法联合了（1）本地、区域、全国和全球框架内始发地社会的迁移决策与模式；（2）经由远距离流动所反映的运输与交流的时代意义；（3）到达迁入社会或在中途逗留的情况下，地区微观、中观和宏观视角下的目的地社会；（4）移民生活所依赖或半依赖的社区间的联系（跨文化或流浪）。学科间的跨文化社会研究方法（霍德〔Dirk Hoerder〕）能够对特定地区或区域差异中起始和到达社会的结构、体系以及无序框架进行综合分析——包括工业化、城市化、社会分层、性别角色和家庭经济、人口特征、政治形势和发展、教育机构、宗教或其他信仰体系、民族的文化构成以及长短距离迁移的传统等。

270 系统研究法可分析外迁行为对家庭和出发地社会的影响，以及迁入行为对接收移民的社会和社区的影响。数百万被迫离乡背井的非洲奴隶或菲律宾妇女对当今社会每个家庭（微观史），对出发地（中观层面）以及对全世界和宏观区域的影响是如何的？种植业社会如果没有强迫引进劳力，或者欧洲和美国工业化缺少来自欧洲农村外围的无产移民，是否还能进行发展？迁移人群是如何应对文化冲突和必要的调整的？自从移民作为一个完全社会化的个体出现之后，对迁入移民同化的传统解释始终在被否定（或重构）。移民将自己作为经济缝隙的补缺者，对特定经济、社会、政治范畴作出相应调试对移民而言既重要也是可行的。随着时间的推移，移民完成了一种文化适应的过程，融合了出发和到达社会的各项元素。跨文化（旧称“种族”）的伙伴关系或婚姻，这一过程被称为混血（métissage 或 mestizaje），或者在 20 世纪 30 年代和 40 年代的拉丁美洲研究中被概念化为文化嫁接。

系统研究法，以结构性限制的移民能动性为基础，需要根据非自愿性移民如强迫、契约或奴隶工人以及难民作出调整。移民在出发时被剥夺能动性。然而，迁入后移民的生存和融入取决于在严酷约束下作出的选择。

文化适应即移民的能动性，涉及在不同社会强制要求或约束，以及在个人和家庭目标间不断地进行协调。近期的一个术语“跨国主义”（transnationalism）过于强调民族、国家和政治的边界。然而，移民在全球范围内，与他们的家庭、社区以及起始地和目的地（即“地方性”）相互联系。因此，这种连通性应该被称为“全球本土化”（glocal）。①

人类的历史是迁移的历史，而不是早期流浪的“史前史”以及随后定居者的“历史”。不同宏观区域的迁移周期不同，但可从下面的时代看出：

● 在距今 20 万年之前：早期智人走出非洲东部，繁衍至世界各地；

● 公元前 15000—前 5000 年：早期定居农业；

● 公元前 5000—前 500 年：美索不达米亚、印度社会以及埃及人-腓尼基人世界的城市化差异；

● 公元前 500—公元 1500 年：定居世界的迁移；

● 1400—1600 年：不同文化间的交流和贸易路线；

● 1600—1800 年：殖民者与殖民社会；

● 1800—1914 年：全球网络；

● 1914 年后：难民和劳工运动，其中约在 1950 年出现过中断。

迁移涉及不同文化间的交流和冲突，人类能动性的方式强调甚 271
至强迫移民留下他们的痕迹，即使是在受到严酷制约的条件下。

早期多样性迁移的探索性目标可能被简化为包括迁离原因、在未知地点建立新社区或者在之后建立起对定居人群的统治、停留的时间以及流动性的程度在内的变量类型。

● 在不同地理位置的同一文化族群内迁移，涉及狩猎和采集以及母系和父系婚姻的迁移。

---

① Christiane Harzig and Dirk Hoerder with Donna Gabaccia, *What Is Migration History?*（Cambridge: Polity Press, 2009），在第三章和第四章提供了有关移民史的传统和最近研究方法的总结。Hoerder, ‘*To Know Our Many Selves*’: *From the Study of Canada to Canadian Studies*（Edmonton: Athabasca University Press, 2010），chapter 14; James H. Jackson, Jr., and Leslie Page Moch, ‘Migration and the Social History of Modern Europe,’ *Historical Methods* 22（1989），27－36, reprinted in Dirk Hoerder and Leslie Page Moch, eds., *European Migrants: Global and Local Perspectives*（Boston: Northeastern University Press, 1996），52－69; George M. Fredrickson, *The Black Image in the White Mind: The Debate on Afro-American Character and Destiny, 1817—1914*（New York: Harper, 1971）; Ranajit Guha and Gayatri Chakravorty Spivak, eds., *Selected Subaltern Studies*（New York: Oxford University Press, 1988）。

• 同一文化族群内，向外迁移的家族旁支或父子迁移到达新的未知的地区。

• 殖民迁移到定居地区，需要通过征服来建立对当地居民的统治，可能包括暴力、剥削和压迫。

• 当一个群体的生存受到威胁或为了寻求新的生存空间时，整个社群进行迁移，以及迁移的人群到达未定居或定居的地区，涉及征服或共栖。

• 跨社群的迁移表示（a）永久和平地迁入或（b）在另一族群的社会空间内临时性“暂居”或（c）运送非自愿性的俘虏到另一个群落中进行强迫劳动。

• 流动或游牧的生活方式，除了包括全体男性和女性之外，有时还有儿童和老人。

人类的分布涉及空间分离和不同文化的演进。迁移影响着那些携带知识与技能、情感与精神从出发地离开的族群：“知识的储备”作为在目的地相异且艰苦的条件下重建社会的资源，反映出能力、精神和新情感的融合。然而，新来者也可能传播疾病或摧毁当地的信仰体系。受流行疾病和战争之苦的人群，可能不得不通过迁移的方式来重建可生存的社区，或者逃离被更进一步地压迫。与和平解决或长期战争相比，空间竞争可能涉及到非对称的、利益驱使的、权力周旋的互动方式。

智人的迁移和“农业革命”

约20万至15万年前，智人，这些聪明的男女在东非或亚洲进化繁衍。他们遍布世界经历了三个主要阶段，第一阶段在距今6万年前，他们开始在非洲-欧亚大陆的热带地区定居。第二阶段是他们沿
272 水路从尼罗河流域和红海将居住地扩展至南亚；当距今2万年之前的“冰河时代”的海平面降低时，人们搬迁到次大陆巽他（Sunda），即现在的东南亚诸岛，随着新的航海技术的发展，再到达萨胡尔

(Sahul)，现在的新几内亚至澳大利亚间的诸岛。

在第三阶段，距今 4 万—3 万年，人类迁移的三大路线伴随着凉爽而干燥的气候：从东南亚向北到达朝鲜半岛、日本群岛和黑龙江流域；从汉藏语系地区向西穿过大草原到达欧洲，从尼罗河流域—新月沃土—黑海地区向北和向西迁移。此外，有一小群人穿过当时干燥的白令海峡进入美洲。智人在“深时”（deep time）的分化，女性基因及其生育能力对语言学、遗传学和考古学的形成发挥着尤为重要的作用。早期人类是根据语言、遗传性变异、工具和陶器被定义的，而不是根据种族或民族文化。文化交流需要转译者，新的生态环境就要求调整策略。

随着距今 15000—5000 年的“农业革命”开始，人们建立起十二个主要的语言区，掌握了植物和动物进化的知识：“驯化”使人们获得食物的方式从依赖自然过渡到依赖农业和园艺。在第一阶段人类进行密集收割和新型钓鱼技术的试验，移民将知识传播到新月沃土（安纳托利亚到尼罗河）、东南亚、云南、新几内亚、西非和中美洲。生产力刺激了对储存设施和工艺产品的需求，定居式生活得以实现，也导致较高的人口增长率。不均匀的人口增长带动新的社会动态和迁移。第二阶段涉及通过跨文化，或与殖民者接触迁移到定居地区。在此期间，非洲不再承载世界上大部分的人口了。①

至公元 500 年的城市、文明和海路移民

粮食生产的增长，特别是谷物和块茎，驯化驮兽和役畜，轮子的发明，新的造船术和航海术等，为延长人类可达到的距离提供技术支持。在公元前 1 世纪，水手破解了季节性季风的奥秘，从而“驯服”了印度洋。迁移的人群进一步分化。

从觅食中解脱，劳动可使人们致力于工艺品，并改善住所条件，

① Patrick Manning, *Migration in World History*(New York: Routledge, 2005).

因为交流需要能会面的场所。约在公元前 8000—前 6000 年，第一批城镇出现在巴勒斯坦和埃及。公元前 2000 年的美索不达米亚的城市可容纳五万人甚至更多的人，公元前 250 年左右的巴特那（Patna）和长安（今陕西省西安）是当时世界上最大的城市。城市集中度涉及高迁移率和专业性。人们迁进或迁出根据的是一座城市在贸易体
273 系、国际战争中的对应地位，或者是由于迁都和资产转移。城市对供给品的需求使它们紧邻集约化农业生产地带，吸引着农村家庭和劳动者。密集的人口更容易受到自然以及人为的破坏。

农村与城市间加强交流，商业网络扩大，统治家族或群体则开疆拓土。沿海运输和陆路（后来被称为“丝绸之路”）将地中海东部和苏美尔世界与东南亚诸岛以及中国南部联系起来。一种跨地中海的欧亚—北非的贸易网络也诞生了。移民依靠流动的车夫、水手、翻译者、货币兑换商的路线进行迁移。人们通过跨文化的联合，他们的孩子可能因为是“杂种”而被排斥，从而成为定居的母系社区中的成员或者组成一个新的族群（“种族进化”）。迁入的男性可以娶当地女性获得社会关系和融入习俗的机会。此外，学者在提供庇护的法庭间流动，担当文化意义间调解的翻译者。有城墙的城市将内外部人员区分开来，迫使移民和商人在获得许可后方可进入。对于移民而言，“公民”这一身份类别的建立起到正式阻碍的作用，而语言则是非正式的阻碍。希腊语“蛮族”最初指的是不讲希腊语的外来者，之后逐渐暗指粗野和低等的外来者。

统治者破坏性的扩张和帝国间的战争驱使着武装人员向各地流动，并迫使平民成为短期或长期迁移的难民。为了满足对劳动力的需求，强盛国家临时性地束缚劳动者，或者无论是在被迫迁徙途中还是在到达目的地的情况下都始终奴役着他们的生活。为建造仪式性的工程，例如金字塔、中国的运河、罗马大道、库斯科的防御工事等，都需要长年动员成千上万的劳力和服务人员。

城市和帝国文明提供了远距离的可连接体系。不同信仰间的接触可能导致宗教文化的改变以及产生新的文化。有关社会和精神领

域的新的信仰体系出自移民中的哲学家和先知，一些宗教鼓励冥想式朝圣，希伯来人铭记着自己被迫流亡成为苦力，传教士作为上帝卑微的仆人而迁移，他们作为战士教士或传播信仰的商人。信仰体系的编撰、整理和同一化同样会产生异议和分立，从而导致外迁或所谓的圣战以及难民潮。所有宗教性社会群体，如犹太教教徒和琐罗亚斯德教教徒都是分散各地的。从农业式转变到城市式的精神实践，取代了宗教文本和汉藏语系超自然思想中掌管丰饶的女神与男神。新的社会规范出现，例如接下来几千年限制女性迁移的观念。

迁移与社会，公元前 500—公元 1500 年

非洲尼罗河流域的人群与地中海的航海文明彼此联系，撒哈拉沙漠以南的科伊人和班图人向西部和南部流动，草原群体则向西迁移。在公元 1 世纪，西非社会趋于安定，跨撒哈拉沙漠的商队 274
与地中海地区进行贸易交流。在奴隶制度之下，男性收留流动的贫穷亲戚和家庭债务人。由于女性劳力受到高度重视，她们的非自愿性迁移往往就受地区局限。男性战争俘虏被出售到更远的地方，甚至跨越印度洋。讲斯瓦希里语的商人进行内陆连接，说阿拉伯语的人横跨过海洋。通过海洋向东与世界连接是恰逢其时的。

地中海东部的人群对流动具有丰富的经验，这反映出希腊人-波斯人“希腊化时代”的文化传播与马其顿人对印度河流域短暂统治的文化融合。随后，罗马帝国的政治征服和吸纳促使希腊工匠进行迁徙，奴隶被迫流动，从撒哈拉以南和非洲北部征募士兵，以及犹太人的流亡。扩张涉及通婚和文化混血（métissage）。

从公元前 5 世纪开始，欧洲中部的凯尔特人和日耳曼人向东迁移到小亚细亚，向北迁移到斯堪的纳维亚半岛，向西迁移到不列颠群岛，向西南到达伊比利亚半岛。约在公元 800 年，农民定居下来，

然而世俗和宗教的掌权者们周旋于统治的循环之中。在中部欧洲帝国，从西西里岛临时扩张到斯堪的纳维亚半岛，皇帝讲着阿拉伯语，皇后来自拜占庭，非洲的官员们迁移到北部的宫廷中。农民看似如农奴般定居，却逃离城市或被他们的主人送到远方。从 8 世纪开始，拥有在小片土地上耕作和大量航海经验的北方人穿过冰岛和格陵兰岛到达北美洲，他们穿过波罗的海，沿着第聂伯河对当地人进行统治，并航海占领英国，在诺曼底定居，又在西西里岛建立统治。中世纪的欧洲社群是流动的。

新的伊斯兰信仰的移民和军队通过北非进入伊比利亚，成为定居的耕种者或工匠。一种融合三种文化和宗教的伊斯兰教-犹太教-基督教的社会和知识中心出现了。其首都科尔多瓦，在 10 世纪拥有约五十万人口。当法兰克人的基督教军队征服了这个多元文化的社会之时，移民们又往相反的方向开始流动。

在整个欧亚大草原，游牧驱马的男性和女性建立起好斗的统治领域。他们侵入印度北部——那里在公元前 1500 年诞生了吠陀文化；而在第一个千年时期他们又征服了中国的农业社会。这场战争造成的流动性扰乱了丝绸之路的贸易，从而加强了阿拉伯人与古吉拉特人在印度洋的交流，直到跨亚洲的“蒙古治下的和平”（pax mongolorum）重新开始连接。①

在东亚，从 8 世纪中期起族群开始重新调整。到 11 世纪，中国的水手发明了指南针，建立起流浪式的社群。帝国的世界性城市的人口中，许多移民的信仰出自遥远的高加索和不列颠群岛。在国内，出于需求，工匠们搬迁到中心地带，城市男女搬到遥远的城镇，行政人员则四处分散。农民迁移到土地更稀疏的定居点。频繁出现的自然灾害造成短期和长期的人口迁移。对搬运工的依赖意味着高迁

① George F. Hourani, *Arab Seafaring*（Princeton: Princeton University Press, 1995）; Thomas T. Allsen, *Culture and Conquest in Mongol Eurasia*（Cambridge: Cambridge University Press, 2001）; UNESCO, *The Silk Roads: Highways of Culture and Commerce*, introduction by Vadime Elisseeff and Doudou Diène（Oxford: Berghahn, 1999）.

移率，以及大型运河建设项目需要来自远方的劳力。 275

在美洲，搬迁到中美洲的人群带去了玉米，种植的产量使密西西比河流域的阿登纳（Adena）和霍普韦尔（Hopewell）筑墩人（约前 700—公元 400）能够定居下来。出现了一系列的文化交汇者、家园建设和因战争流动的人口。在尤卡坦半岛的玛雅城市吸引了来自公元前 1800 年的移民，但最终在 10 世纪，该城市被抛弃。迁入的人群提供农业和学术成果，为 14 世纪的墨西卡（阿兹特克人）文化奠定了基础。在印加帝国，强制劳力——这些叛乱人群组成的非自愿移民以及自愿在城乡间搬迁的人群构成了生活的整体。

这些天各一方的同时代人群间的互动，被认为是一种多文化的欧亚人—非洲人的“世界化”（ecumene）。当 14 世纪中叶的瘟疫杀死了可接触区域大约三分之一的人口时，移民们不得不重建一个可供生存的人口中心。

合二为一的世界，1400—1600 年

1400 年之后，东西部边缘地带两个不相关发展的居住区改变了全球权力关系。中华帝国对外的联系，最远处（1405—1435）扩展到印度、锡兰、亚丁湾甚至更远，成千上万的人为此四散东西。之后帝国掌权者突然终止了向外联系，只有南部省份的商人和移民在无政府支持、缺乏武器或其他防御工具的情况下，继续与东南亚的流散式社群进行联系。同一时间，小小的葡萄牙王权之冠驱使着武装的商人-士兵们向南沿着非洲海岸进行直接的黄金交易，他们进入地界，获得可利用的人力。

欧洲大西洋沿岸的崛起诱惑着船员远离地中海衰落的经济体，通过迁移获得新机遇，他们之中包括克里斯托弗·哥伦布，他的小型航船只有中国帆船的八分之一大，却到达了“西印度群岛”。沿着环非洲路线的瓦斯科·达·伽马则到达了印度港口，他用武力迫使东非城市重新为他的船只提供供给，并为他领航。武装的伊比利亚

移民与美洲人的联系成为全球迁移的模式，摧毁了印度洋的贸易协议，从长远来看，他们建立起了欧洲-大西洋世界的优势。

伊比利亚信奉天主教的统治者，通过驱逐犹太人和穆斯林社群，夺取他们长途贸易的经验和手工生产者。荷兰的新教徒城市、奥斯曼帝国和北非社会欢迎这些难民以及他们带来的基础知识。15—16 世纪全球权力结构是自 20 世纪中叶兴起的后殖民迁移的起点。

276 美洲的交流和迁移网络连接起复杂和简单的文化，征服者引发了战争，进行残酷的剥削，甚至他们在不知情的情况下引入了欧亚的病原体，导致人口骤减。他们的迁入造成加勒比地区的种族灭绝，中美洲地区的种族濒临灭绝，破坏性地驱散了美洲北部和东南部的原住民人群。非洲奴隶被迫迁移，原住民也被迫充当西班牙和葡萄牙殖民者的劳力。从新西班牙到西班牙属马尼拉的跨太平洋交流，太平洋移民体系的第一阶段形成，将奴役或自由的亚洲移民如中国的流亡者们一同带到美洲的殖民地。

随后作为“美洲移民”的欧洲人——其中一半到三分之二的人是受契约制约的劳工①，即新移民。“大西洋地区的白人”的移民数量上较少，新的权力关系促成了“黑人的大西洋”：19 世纪 30 年代，比欧洲人更多的非洲人被送到美洲。自由和非自由的移民建立起美洲的社会和经济。“哥伦布交换”将驯养的动物引入美洲，一些原住民学会了用马载物。美洲向欧洲引入了食用植物和兴奋剂。土豆、玉米、豆类成为新的食品来源。到 19 世纪，持续增长的人口迫使数以百万的人群启程前往美洲。

两者融合出同一种文化和经济，使早期全球化得以概念化。杰里·本特利的“文明间以及跨文化互动”的观点包括了通过自愿联合、政治-社会-经济施压或同化的互动。伊曼纽尔·沃勒斯坦的世

---

① 欧洲的穷人支付不起跨大西洋航行的费用，就出卖他们的劳动力，从 3 年到 7 年不等。

界体系分析，强调以经济因素解释欧洲在 1500 年之后的优势地位，该观点由珍妮特·阿布-卢霍德（Janet Abu-Lughod）去中心化，她综合了 1500 年之前多种交易和迁移的线路，按它们各自独立的累积过程进行分析。埃里克·沃尔夫（Eric Wolf）则探讨了之后迁移到热带和亚热带种植带移民之间的接触情况。①

至 1800 年，生活于殖民地、自治区和殖民统治社会的人群

在跨大西洋、环非洲、跨印度洋航行的第一个世纪里，欧洲的那些由国家资助的武装商人建立起坚固地点用于与非洲和亚洲西部交流，首先需要小规模地迁入，这对当地移民及内陆社会几乎不构成影响，然而，随后就有数千万奴隶被迫迁移到那里。

奴隶们第一次到达伊比利亚半岛充当仆人和劳工。这种非常致命的奴役制度通常建立在种植园经济之上，约有一千二百四十万名男性和女性在火药帝国时期被迫迁徙到美洲——欧洲将之称为
“大探险时代”。那些奴隶中大约有二百万人没有在大西洋的“中 277
间通道”航线中活下来。在非洲，人口下降率很高是由于殖民者对沿海或沙漠边缘地带村庄的突袭和进军。美洲的奴隶重建起特殊的人种文化，尤其像巴西那样由高比例的被释非洲人以及“穆拉托人”（mulattos，即白人和黑人自愿或非自愿结合的后代）组成的社会。在其他国家（例如美国），出现普遍性的奴隶文化是由于在加勒比人种植园的中途逗留者以及少量来自特定文化源头的人群的共同作用。

① Jerry H. Bentley, *Old World Encounters: Cross-Cultural Contacts and Exchanges in Pre-Modern Times*(New York: Oxford University Press, 1993); Immanuel M. Wallerstein, *The Modern World-System*, 3 vols. (New York: Academic Press, 1974—1988); Janet L. Abu-Lughod, *Before European Hegemony: The World System, A. D. 1250—1350*(New York: Oxford University Press, 1989), 3 - 40; Eric R. Wolf, *Europe and the People without History*(Berkeley: University of California Press, 1982).

亚洲的广大区域，中华帝国的中央地带、日本群岛、东南亚社会以及南亚人形成了截然不同的迁移模式。中国的南部省份成为移民的聚居地，人们还往帝国的北部迁徙。印度人搬迁到因战争而人口骤减的边疆地带，以及少有人定居或者很难开垦耕作的地区。不管文化如何，每个农民家庭的子女都超过两个，因此需要更多土地，或者下一代不得不通过迁移来养活自己。社会生态状况影响着迁移策略：在财产足够的情况下，全家都会搬迁走。更常见的是，不少孩子迁移到那些遥远的毗邻边境但有利用价值的土地上，或者搬到靠近城市或海洋的城市劳动力市场。他们通过汇款维持着“家”里亲人的生计，但不足以支撑整个家族。

与中国内部迁移和葡萄牙的向外流动同时的是，在印度洋移民和贸易路线与地中海世界之间的“枢纽地区”，第三个具有全球影响的变化是穆斯林奥斯曼帝国的崛起。为了开发人口稀少地区，政府不情不愿地对家庭进行重新安置，但也提供激励措施，以诱使原籍地区的亲友能自愿跟随。这种创新的“中立”帝国对人群的统治被定义为根据宗教和人种文化族群管理他们自己。为了避免按人种统治的规则（成为19世纪民族国家的原则），帝国政府利用一种人为的无主语言，朝廷从中亚和非洲奴隶移民中选出受过教育的女性，核心军队由从远处招募来的受约束的士兵组成。帝国吸收着难民带来的人力资本和社会资源。从1300年到1600年，它提供了一种在结构上能融合多种文化和宗教的居民和移民的国家模型。

当16世纪的基督教欧洲将自身的信仰分解成天主教、新教以及一些更小的教派之时，宗教冲突产生了难民。三十年战争或称第一次欧洲战争（1618—1648）导致三分之一的人口死亡，整个地区都需要引入移民以恢复社会经济活力。胡格诺派教徒将他们的势力从信奉天主教的法国转移到其他新教社会，英国清教徒逃到荷兰或迁移到北美。欧洲内部迁移要比长途迁移的规模更大，三个移民区域出现在17世纪中期：以城市化荷兰为中心的北海体系，环波罗的海的经济吸引着移民，以及西班牙中部接收从法国中南部来的男性劳动力，他们往往与当地人通婚。①

在与美洲接触后期，被杀害的当地原住民仍然占多数，非洲奴 278
隶或一些自由民是第二大群体，欧洲人数量最少，却是全副武装的，因此也是最强大的群体。在加勒比地区、新西班牙以及葡萄牙殖民的巴西出现了新的社会。在北美，包括了从新西班牙来的移民以及信奉天主教的法国移民，最后到达的是英语语系的清教徒们。

全球所有社会的传统迁移模式持续发展着，不少移民是相互关联的：占优势的欧洲殖民者移民，在到达之后又促使当地生产商和贸易商迁移；移居的帝国官员迫使殖民地居民迁徙；投资者移民强迫奴隶和受契约限制的人群迁移。到了 18 世纪，种植业已遍布整个世界。殖民者移民大多数是没有家庭的男性。他们雇用男仆和女仆为他们工作和提供当地食物。火药帝国的掌权者们缺乏多文化的生存能力，不得不依靠中国人、犹太人、亚美尼亚人、阿拉伯人或其他移民的跨文化技能和主动性，才能从当地生产者那里获取货物。欧洲政权对强制劳动的逻辑在于非自愿流动的人群很少出生于武装精良的社会，而且在迁移运输后可通过束缚使他们定居下来。在美洲、澳大利亚、南非和其他地方，欧洲的农村移民家庭驱赶了当地以捕猎为生的人群，成为以农业为生的定居人口。在全球范围内，区域特异性的迁移一直在持续进行着，无论是远距离还是殖民者迁入或迁出。

农业地区和家庭生产——印度乡村、瑞士的山谷、新英格兰的丘陵——人们在冬天生产织物或者劳动密集型产品，在城镇中引进大型“制造业”（手工业生产中心），打乱了人们的生活。他们不得不通过迁移找到工作，19 世纪大规模的无产阶级移民促成了“原始工业化”流动。

① Simonetta Cavaciocchi, ed., *Le migrazioni in Europa secc. XIII－XVIII*(Florence: Monnier, 1994).

19世纪的全球迁移体系

从1815年到1914年，主要出现以下四种全球迁移体系：

- 到19世纪70年代为止的非洲大西洋地区的奴隶迁移以及强制劳动体系；
- 从19世纪30年代到20世纪20—30年代，在亚洲或来自亚洲的，同一政权之下受信贷契约约束的移民以及受经济制约的自由移民；
- 1815年之后欧洲向外扩张的大西洋迁移体系，从20世纪30年代开始停滞；
- 19世纪20年代之后，从欧洲延伸到俄国西伯利亚的大陆迁移体系，在20世纪30年代发生转变，至20世纪50年代结束。

279 大部分移民都是劳工。

从19世纪20年代到20世纪30年代，跨大西洋迁移人数大约有五千万至五千五百万。1914年之前的一个世纪里，俄国-西伯利亚迁移体系中，跨里海地区的移民约有一千万至两千万人。亚洲迁移体系中，印度和中国南方的移民大约有四百八十万至五百二十万人。19世纪末，亚洲东北部和俄国迁移系统中移民人数大约有四百六十万至五百一十万人。在太平洋迁移体系的第二阶段，只有约一百万亚洲移民前往美洲。①

在欧洲，1792年之后，革命、反革命以及拿破仑帝国的征战动员了超过一百万名士兵，改变了成千上万的作为难民的男性、女性和儿童的生活，迫使伤病和力竭的士兵抛弃自己的故土。自19世纪20年代起，讲德语的农民家庭重新开始迁移。沙皇政权选择了俄国南部平原的斯拉夫移民，他们向西迁移到大西洋，100年间，这是欧

---

① Adam McKeown, 'Global Migration, 1846—1940,' *Journal of World History*, 15: 2 (2004), 155-189.

洲西部、北部，最后是东部和南部人群最常选择的路线。其他移民把从事农业生产的非白人的殖民定居点作为目标：南非、肯尼亚、澳大利亚，或者小部分在加勒比、南亚、东南亚群岛以及其他地区开发的殖民地。在19世纪，欧洲的人口增长率是全世界最高的，在20世纪，其他大区域促使本国人向外移民也是出于人口原因。

在19世纪中期，去北美的移民中有三分之一从事农业，但到了19世纪90年代的“无产阶级大规模移民”，则主要是从事工业的工人。农村移民的整合，性别比是六十个男性比四十个女性，而且机械化使过渡到城市工业化生产变为可能。大部分从伊比利亚半岛和意大利半岛迁出的移民选择南美作为他们的目的地，那里的边疆社会看起来很具吸引力，但是大多数人还是成为农村或城市的劳资工人。大约有三分之一的移民又重回欧洲，但他们就像旅居者或“外来劳工”。北美的种族主义导致自19世纪80年代初期起就排斥亚洲移民，而在1921年之后又开始排斥肤色为“橄榄色”或“黑色”的东南欧移民。加拿大在20世纪20年代才承认移民。①

当在海地的奴隶和加勒比黑人开始革命，“黑色大西洋”强制移民时代似乎宣告结束，奴隶们解放自己，奴隶贸易在1807年（或1808年）和1815年被禁止。投资种植园的白人移民试着更换劳工——穷困潦倒的欧洲（白种）工人或亚洲（黄种或棕种）工人——不过他们还是购买了超过二百万强制迁移的非洲人。19世纪30年代，英国的殖民地上废除了奴隶制，美国在1863—1865年废止，紧随其后的是19世纪80年代的巴西和古巴。一些自由和被释放的非洲裔美国人回到非洲，尤其是到利比里亚和塞拉利昂。巴西和古巴是非洲人、欧洲人和美洲印第安人混居的社会，文化嫁接过程不同于信奉新教的美国实行的隔离政策。在南美和加勒比地区的那

---

① Shula Marks and Peter Richardson, eds., *International Labour Migration: Historical Perspectives*(London, 1984); Dirk Hoerder, ed., *Labor Migration in the Atlantic Economies: The European and North American Working Classes during the Period of Industrialization* (Westport, Conn.: Greenwood, 1985).

些被释放的非洲裔群体迁移到跨文化区域，但是这种情况在美国直到20世纪00年代早期才出现，种族主义机制拖延了南方各州居民向外迁移的时机。①

280 白人的大西洋世界对热带食品的消费增长促使对受约制的殖民地劳动力的需求维持在较高水平。与奴隶制终结同时的是，大英帝国在19世纪30年代引入契约制的印度奴隶，以及在19世纪40年代，强迫中国进行鸦片贸易，从而增加了为贫困和债务契约而迁移的人群。在日本，新精英的工业现代化项目，通过向农民苛征重税来敛财，因而从19世纪70年代起，农村的年轻人不得不开始移民。从缅甸和毛里求斯穿过纳塔尔到达加勒比地区，那些属于欧洲人的种植园地带，受契约限制的“苦力”以及更大规模的信贷移民被残酷地剥削。三分之一的契约劳工是来自印度的女性，由于中国的性别关系，几乎没有女性中国移民，还有来自日本的男性和女性移民。相类似的“旅居”的自由移民家庭建立起商业和社区。在第一次世界大战中，成千上万的契约工人成为英国和法国的“殖民地辅助人员”。于是印度那些支持独立的政治家们遂商讨废除有时被称为“第二奴隶制”的统治。②

工人和农民共同创造了第四大俄国-西伯利亚迁移体系。西伯利亚的契约移民与驱逐出境的罪犯和不同政见者彼此接触。虽然欧俄村庄的公社特征使个体外迁非常困难，但越来越多的农民临时搬迁到工业城市以及顿巴斯和乌拉尔的矿业地区，在1861年农奴解放后的10年里共达一百三十万人。欧洲中部和西部的少量专家和熟练工跨越往东的大西洋迁移体系这道分水岭，从19世纪80年代开始，经济和种族压迫导致犹太人、乌克兰人移民以及德语语系的前迁入农

---

① John K. Thornton, *Africa and the Africans in the Making of the Atlantic World, 1400—1800*, rev. ed. (New York: Cambridge University Press, 1998); José C. Curto and Renée Soulodre-La France, eds., *Africa and the Americas: Interconnections during the Slave Trade*(Trenton, N.J.: Africa World Press, 2005).

② David Northrup, *Indentured Labor in the Age of Imperialism, 1834—1922*(Cambridge: Cambridge University Press, 1995).

民一起向西欧和北美流动。

在19世纪，大规模移民造成的特殊结果促进了出境率：北美平原、南俄罗斯、阿根廷、澳大利亚的产粮居住地，共同实行机械化收割，导致世界市场价格的崩溃。欧洲边缘地区的农民家庭无力竞争，不得不把儿女送到远方赚取薪资，通过汇款支撑出现赤字问题的家庭——这一过程在20世纪下半叶的南半球反复出现。同时，向东迁移的农民家庭孩子成为被城市束缚的移民，他们在美国所获的工业就业和城市便利从数量上超过了向西迁移人群谱写的神话。

并非像人们所期望的那样拥有“无限的机会”，而是一些接收移民的社会小心地发展出了一种图景，移民转向了“生机”和艰苦的工作。夏威夷的亚洲裔种植园工人，巴西咖啡种植园或者北美工厂的欧洲裔工人，以及非洲裔加勒比劳工们建设了20世纪早期的城市和工业社会。19世纪那些受约束和自由的移民在（亚）热带全球种植园地带——那里的工厂里——为工业社会以及其他劳动移民生产食物。①

至20世纪50年代的难民一代，无混杂人群以及强迫劳动迁移

在亚洲，移民从中国北方向东北加速流动。日本的激进派—— 281
追求西方的“现代化”概念以及反（西方）帝国主义论调——进行激进的扩张。被破坏的殖民地的朝鲜人不得不为占领者劳动。数以百万的印度劳工移民在英属缅甸种植大米。

大西洋世界，从19世纪80年代到20世纪20年代的几十年内被称为民族国家的最远点——与帝国主义存在一定的冲突。然而，欧洲的哈布斯堡王朝、霍亨索伦王朝和奥斯曼帝国统治过众多人民，温莎王朝以及法兰西共和国统治着遍布世界的殖民地人群，美国在

① Wolf, *Europe and the People without History*; Carey McWilliams, *Factories in the Field: The Story of Migratory Farm Labor in California*(Boston: Little, Brown, 1939).

前西班牙属地——古巴、波多黎各以及菲律宾建立其霸权。不同文化权力层级形成的跨文化政体掌握着支配权，他们迫使弱势人群或受压迫的种族——这些文化群体进行迁移。遍布帝国的运输和通信连接通常并不用于迁移，但是有助于这种人群流动的发展。

从19世纪80年代开始，欧洲帝国的官员开始加强单一民族对“少数”民族的统治，为了避免被去文明化，犹太人从俄国和哈布斯堡王朝的斯洛伐克土地上向外迁移，其他人也纷纷逃离被屠杀的危险，例如亚美尼亚人。19世纪末，民族国家引入护照法，更加严格地实行准入管制，而对忠诚和军事的需求也在增长。为了获得归属感，在一种无条件妥协的文化之中，移民和少数民族居民不得不“同化”于新的生活方式。假设移民被认为所谓的自卑感源于基因，那么他们就会成为不可同化的“种族”。

欧洲的帝国拒绝给予少数民族平等，导致了巴尔干战争和第一次世界大战，也产生了数百万的难民。新的战后民族国家，受民族同一性的意识形态驱使，启动了“无混杂”族群或种族清洗政策。在半个世纪里，欧洲成为世界上产生难民的主要区域。①

到20世纪20年代，特别是在大萧条期间，北大西洋世界中大多数的国家不再需要移民劳工。法国和加拿大（以及澳大利亚）则例外。在北美，宏观区域的差异和美国经济增长导致非洲裔美国人以及墨西哥人向北大规模迁移。在苏联，20世纪30年代战后重建的城市和工业导致了严苛的生存形势，形成了斯大林主义的劳动纪律和强制迁移。农民家庭逃离集体化，随之而来的是生产崩溃导致饥荒，从而引起大量人口迁移，尤其是在乌克兰。

在战争中，欧洲和日本的帝国主义列强不得不依靠殖民获得辅助性的工人和士兵。到20世纪30年代末，数百万的工人不得不到日
282 本人需要的地方工作，一千万中国人逃离进攻的军队。纳粹德国在

① John Torpey, *The Invention of the Passport: Surveillance, Citizenship and the State*(Cambridge: Cambridge University Press, 2000); Michael R. Marrus, *The Unwanted: European Refugees in the Twentieth Century*(Oxford: Oxford University Press, 1985).

1939年占领波兰，将约一百一十万成人以及一部分孩子驱逐进劳工营。战争结束后发生大规模难民运动，战俘被遣送回国，日本士兵从破败的城市迁走，移民流离失所，加上逃离新的中东欧共产主义政权的人群，人口流动率维持在很高的水平。法西斯德国驱赶信仰犹太教的德国人以及其他族群。逃亡的犹太人往往搬迁到巴勒斯坦，阿拉伯国家间的战争转而又造就巴勒斯坦穆斯林的难民群。在那时，白人统治的南非实行强制劳动移民，对非洲黑人实行严酷的种族隔离。

在两次世界大战间隙，殖民地印度的学生去往英国留学，而西非和加勒比的学生则到达法国。受邀吸收殖民者的文化，学生们历经歧视和种族主义。这些经历二元文化的移民发展出一种新的跨文化逻辑。认识到欧洲和非洲、白人和黑人在文化上的平等价值，学生们从塞内加尔和马提尼克开始呼吁黑人文化融合——“黑人性”(négritude)。那时，第一个非洲殖民地劳工的定居点在法国南部建立，印度水手们居住在伦敦，中国水手们遍及世界各地的港口城市。白人社会不安地容忍着这些边缘人士聚居地。

20世纪50年代以来殖民地自治化和新全球模式下的移民

帝国主义国家并没有利用1945年后的权力重组来协商结束殖民主义。因而（新）殖民地的人们不得不进行解放战争，殖民地自治化的三种主要迁移类型随之出现，即“回迁”“撤离”和增收带来的迁移。西方国家往往向世界各地输送全副武装的移民，如今成为手无寸铁者的目的地，极度贫穷的移民往往违抗禁止入境的现实。

殖民地自治化终结的首先是临时管理员和士兵对殖民地的剥削，其次是长期定居家庭在殖民地生产食物和兴奋剂的特权地位。离开的不少是“回迁移民”，不论是立即返回还是之后才离开。在殖民地出生的克里奥尔人（Creoles）从来不知道移民社会的起源，因此他们的离开并不算是“返回”性质的迁移。第三，殖民帝国的附属人员：通常是与殖民者同人种的警察，他们不得不离开——不管他们是不是本地招募的，例如在法属阿尔及利亚，还有迁移到英国的锡克教徒；或者深陷于少数对抗多数的情况，例如支持美国对中印半岛统治的赫蒙族人（Hmong）。第四，混合血统的人群与文化同源的精英使殖民者的核心群体发现自己处于一个不利的位置。然而，在
283 1975 年之前，虽然前殖民国家拒绝承认自己昔日的盟友成为迁入者，但还是不情愿地接受了约五十五万到八十五万名意大利人、法国人、英国人、比利时人、荷兰人和其他白人殖民地的克里奥尔人。在“母国”，混血家庭面临种族主义，“有色”的附属人员则在营房或不合格的住房内终老。

撤离迁移开始时，首先，殖民精英们带着他们的资本、技能和知识离开了，这对新成立国家的经济造成严重破坏。其次，一些新独立的国家中的种族或宗教信仰是“纯粹的”：英属印度划分成一个以信奉印度教为主的印度，而主要信奉伊斯兰教的巴基斯坦在 1947 年产生了四百万名难民。第三，占主导地位的多数人或者统治精英们也可能驱赶那些被视为威胁新国家民族同一性的少数民族迁入者：南亚人被逐出肯尼亚和乌干达，泰米尔人则被驱逐出斯里兰卡。第四个问题涉及地位或阶级，类似当时中国和越南地主被驱离的情况。这些政策诱发大规模的迁离，导致社会经济结构的进一步瓦解。机能失调的体制丧失了教育和经济领域的活跃成员——19 世纪的欧洲保守派王朝国家。在国内，新的（男性）精英往往没有实现社会稳定：由宗族或独裁者进行一党统治的前民族解放势力，各类群体的民族文化和民族宗教间的战争，军阀中饱私囊，宗教或意识形态的原教旨主义产生对生活失去希望的难民，与 1945 年后的欧洲流离失所的人们不相上下。许多殖民地后期的移民决定迁往前殖民者的富庶国度，在一代又一代的统治之后，他们语言相通并且至少在一些习俗方面类似，但更多的人则前往发展中国家。①

① Mike Parnwell, *Population Movements and the Third World*(London: Routledge, 1993); Ronald Skeldon, *Population Mobility in Developing Countries: A Reinterpretation*(New York: Belhaven, 1990).

此外，迁移发生的破坏是由于新殖民的不平等贸易条件使殖民地后期的南北分化日渐定型造成的，这种条件有利于已工业化且强大的地中海北部和加勒比地区，因此，全球六分之一到四分之一的人口（居住在欧盟、苏联和北美）对抗着剩下的那些世界人口。根据联合国以及世界银行的报告，在20世纪90年代中期，世界人口中最富有的20%人的财富值几乎是世界人口中最穷的那20%的60倍。自殖民地自治化以来，这种差距翻了一番并且还在继续增长。在“全球种族隔离”的经济体制秩序中，平均每年人均GDP达到380美元在低收入国家被与年人均GDP达23090美元的高收入经济体相提并论。更多的人为了到达能提供工作的社会和经济体而不管是否获得官方文件批准。类似的迁移还将中国缺少投资的农村与大都市和工业化城镇联系起来。到2000年，大约有一亿六千万名中国男性和女性进行迁移，同样的情况还发生在印度、俄罗斯和巴西。

在全球范围内，八大宏观区域彼此重叠的迁移体系出现在20世纪。两种模式的南北体系取代了大西洋体系。

（1）原西欧地区的人口因战争而减少，而增长出数百万具有东 284
部德国血统的难民、被驱逐者、流离失所者以及回迁的殖民地移民。战后经济的增长带来了对额外劳动力的需求，20世纪50年代中期的欧洲南部以及20世纪60年代起的北非，“外来工人”搬迁到北方。盼望着回归，这些人实行自己的策略：他们定居下来，招来自己的家人，到2000年，他们大约占社会接收人口的8%~10%。

（2）相类似的南北迁移体系在美洲发展。从19世纪80年代，尤其是自20世纪40年代起，移民大多来自墨西哥，自20世纪20年代起，加勒比人迁移至美国，而从20世纪50年代中期起，移民则到达加拿大。他们的离开往往与破坏性或流通性的美国资本渗透到他们的社会有关。20世纪60年代，加拿大和美国撤换了基于种族的考绩制纳入标准，移民包括了来自180种不同文化的群体。

（3）拉丁美洲的经济处于不平等的全球体系中的从属地位，受限的投资策略被社会精英解释为劳动需求和就业之间存在鸿沟。在加勒比地区，中部和南部的美洲人搬到快速发展的国家。20 世纪 70 和 80 年代的右翼独裁统治，在一些美国权力机构的支持下，造成难民在北美—欧洲间的大迁移。近期，巴西、阿根廷和委内瑞拉已经成为引人注目的迁移中心。

（4）韩国、新加坡和马来西亚吸引着亚洲移民来维持区域间的经济增长。历史性的中国人大流亡，在日益增长的民族主义主流社会的压力下，也引发了一定人数的迁移。关于日本种族主义的理由，他们并不承认移民，而继续歧视为其服务的朝鲜劳动人口。

（5）亚洲内部的迁移通过被太平洋迁移体系的第三阶段补充，出现在 20 世纪 60 年代晚期。中国、印度以及菲律宾和东南亚的人们迁移到美国和加拿大，很少一部分人去了殖民关系依旧存在的欧洲。

（6）波斯湾地区蓬勃发展的石油提取经济吸引了来自西方的专家，以及来自西亚、北非、印度洋沿岸和菲律宾的男性工人，而女性移民则不同，她们主要从事家庭劳务。这些国家不授予居民身份而依靠劳动力循环。占人口半数的女性受到排斥，从教育和外出作为雇佣劳工开始就成为对外国临时工永久需求的一部分。在阿拉伯联合酋长国，他们的人数占人口的 80%。

（7）在撒哈拉沙漠以南的非洲地区，经济不断扩张，犹如在某个时段的索马里和肯尼亚，自种族隔离制度结束以来，南非成为吸引工人的地点。在不少国家，机能失调的精英阶层（起初仍由殖民
285 者训练或受殖民者支持）和同样具有破坏性的世界银行强制削减社会服务，加剧了贫困和失业，造成国内大规模的城乡间流动，以及向外迁徙到前殖民者国家（通常拒绝给予入境许可）。

（8）在 1989 年之前的东欧社会主义国家，社会成员工作的权利似乎阻碍了对迁移到远方劳动的需求。然而，集体化，城乡发展不平衡，匈牙利、南斯拉夫以及苏联部分地区的经济增长以及对西伯利亚南部的投资，导致了高水平的跨区域和州际流动。禁止移民出境将这些宏观区域从所有其他移民地区隔离开来。自 1989 年以来，新的东西迁移形成，莫斯科或布拉格成为吸引国内、中国和西方移民的中心。

21 世纪之交的迁移验证了两种全新的全球现象：女性化以及去种族主义或新种族主义。当今的难民一代，流离失所的绝大多数是女性，因为战争仍然是一个男性的事业。此外，无人陪伴的儿童也只能自我放逐。在世界劳工进口中，由于电子工业的崛起、“轻型”制造业以及服务业的发展，女性占迁入者的大多数。在一些社会，女性居民可达到某种程度的工作平等，但是男性却不分担家庭劳动，而对佣人的需求已经从打扫卫生到看护技能了。由从不同文化背景迁入的女性需要抚育幼儿以及照顾老人。她们的存在意味着幼儿生活于多种文化交汇的社会化环境中，她们通过汇款资助“在故乡”的家庭，由此诞生了依靠女性劳动的经济体，例如菲律宾、孟加拉国和拉丁美洲国家。

种族的区分假设了遗传差别和显性遗传标记如肤色的差异，导致自欧洲扩张时期以来，构建出了一种白人对抗黑人（或有色人种）的二分法原则。殖民后期的回迁移民和废除种族主义的迁入移民标准使“白人”社群以及不少有色人种如“黑人”或“棕人”社群成为彻底的殖民者移民群。在殖民后期，白人世界的去种族主义入境程序遭到反驳，然而，新种族主义给予有色人种移民的工作不同于白人，或者有色人种因人种文化差异而在发达国家和发展中国家中从事低薪服务业。

目前，不少社会中的年轻人在跨文化和多种有色人种教育机构中成长。一种无种族基础的移民规则和跨文化交流的全球性框架正在被讨论，然而，全球生产和服务迁移的重构导致了新形式的仇外——不管是在美国的反墨西哥人的种族主义，还是在南非的反移民暴力，或是“欧洲堡垒”政策。虽然一些社会讨论对移民的包容，但仍然有不少社会在贯彻着排斥。

参考书目

➢ Appleyard, Reginald T., ed. *International Migration Today*, 2 vols. Paris: Unesco, 1988.

➢ Bade, Klaus J., Pieter C. Emmer, Leo Lucassen, and Jochen Oltmer, eds. *Migration—Integration—Minorities since the 17th Century: A European Encyclopaedia*. Cambridge: Cambridge University Press, 2011.

➢ Cohen, Robin, ed. *The Cambridge Survey of World Migration*. Cambridge: Cambridge University Press, 1995.

➢ Dupeux, Georges, ed. *Les Migrations internationales de la fin du XVIIIe siècle à nos jours*. Paris: CNRS, 1980.

➢ Eltis, David, ed. *Coerced and Free Migration: Global Perspectives*. Stanford: Stanford University Press, 2002.

➢ Gungwu, Wang, ed. *Global History and Migrations*. Boulder: Westview, 1997.

➢ Harzig, Christiane, and Dirk Hoerder, with Donna Gabaccia. *What Is Migration History*? Cambridge: Polity, 2009.

➢ Hoerder, Dirk. *Cultures in Contact: World Migrations in the Second Millennium*. Durham, N.C.: Duke University Press, 2002.

➢ Kritz, Mary M., Lin L. Lim, and Hania Zlotnik, eds. *International Migration Systems: A Global Approach*. Oxford: Oxford University Press, 1992.

➢ Pan, Lynn, ed. *The Encyclopedia of the Chinese Overseas*. Richmond: Curzon, 1999.

➢ Simon, Rita J., and Caroline B. Brettell. *International Migration: The Female Experience*. Totowa, N.J.: Rowman & Allanheld, 1986.

黎云意 译 陈 恒 校

第十六章　约 1750 年以前的欧亚大陆贸易

詹姆斯·D. 特雷西[1]

4 万年前，在肯尼亚的一个山洞里，人们将鸵鸟蛋壳的碎片制成 288
珠子，在碎片上钻洞，然后将它们串联起来。从碎片的数量来看，他们似乎制作了足够多的珠子用来传递。[2]旧石器时代晚期，在欧洲的仪式举行之地，为了交换，人们不远万里运来贝壳和其他物品：比利牛斯山脉的伊斯图里茨（Isturitz）有一个岩洞，岩洞上有彩绘，岩洞中有一条河流穿过；安纳托利亚东南部，采集狩猎的人对石灰石柱进行雕刻和固定，组成圆圈，即歌贝克力石阵（Göbekli Tepe）。[3]大约 14000 年前的人类遗址中出现了黑曜石，在小亚细亚，其分布地靠近其源起之处，随着距离渐远成比例下降。黑曜石就这样从一个群体传入另一个群体。然而，到了大约 7000 年前，人类重要的聚居之地都出现了大量的（黑曜石），反而小规模的定居点却一点也没有。[4]

---

① 谨以此章纪念我在明尼苏达大学已故的朋友和同事托马斯·S. 努南（Thomas S. Noonan）教授，一位领路人、探路者。

② S. H. Ambrose, ‘Chronology of the Lower Stone Age and Food Production in Africa,’ *Journal of Archaeological Sciences* 25(1998), 377 – 392.

③ Paul Bahn, *Pyrenean Prehistory. A Paleoeconomic Survey of the French Sites*(Warminster: Aris & Philips, 1984), 85 – 90; Klaus Schmidt, *Sie bauten die ersten Tempel. Dasrätselhafte Heiligtum der Steinzeitjäger. Die archäologische Entdeckungen an Göbekli Tepe*(Munich: Beck, 2006).

④ Colin Renfrew and John Dixon, ‘Obsidian in Western Asia: A Review,’ in G. de G. Sieveking *et al.*, eds., *Problems in Economic and Social Archaeology* (London: Duckworth, 1977), 137 – 150.

专业商人和小贩通常不可能将黑曜石逐地运送。很明显，交换习惯可以追溯到人类的过去。

鉴于我们思考的是世界历史中的贸易活动，那么就要优先考虑时间层面，这也意味着我们将对其他方面进行次要处理：本章仅涉及奢侈品的长途运输，范围仅限于欧亚大陆和非洲部分地区。转运港口是大量商品的再分配中心，不但有高价的“主打产品”，而且有带动远距离贸易的奢侈品。虽然很多地方都不缺古代贸易的证据，但只有在欧亚大陆，我们才能对全球框架下的区域联系进行追踪，探讨从独特的城市文明（约前 3500 年）起始①直至 1750 年（英属东印度公司掌控了印度洋庞大的多语种贸易网络）的历史。从公元前 3500 年开始，商业机构慢慢从美索不达米亚南部向外扩散。虽然政策由国王制定，但一些王国有着雄厚的商业野心，特别是腓尼基
289 人和他们的继承者迦太基人。公元前 560 年开始，欧亚大陆的大部分地区都由各大帝国统治。哪座城市惹怒了皇帝就可能直接从地图上消失。但这些帝国也修建道路，修缮港口，对强盗和海盗进行打压。从 589 年起，中国经济开始繁荣，中国的丝绸和受其他地区追捧的商品产量不断增加，对进口商品的需求也增加了——正如伊斯兰教国家兴起创造了贸易经济体促进了货物的陆上和海上运输一样。蒙古帝国最初打乱了陆路贸易，但也将欧亚大陆的大片土地纳入同一制度之下。从十字军东征开始，意大利的海上诸小城就开始争夺亚洲商品的分销权。威尼斯最终击败了自己的竞争对手们，却眼睁睁地看着葡萄牙将力量投射到印度洋地区，荷兰共和国和英国紧随其后。大西洋的国家都曾希图让现存的贸易经济体转变为贸易帝国。总之，过去两个世纪常见的商业机构可以说是一座大厦的顶层，它的基础与那些仍在发掘中的城市里的人一起，深埋在过去。

---

① 关于城市文明开始于何时的争论，参见 Mario Liverani, *Uruk: The First City* (London: Equinox, 2006), chapter 1。

约公元前3500—前143年的商人、城镇和商业战略

乌鲁克（Uruk，约前3500—前3000）因灌溉农田而发达。阿努（Anu）神庙控制着粮仓和绵羊群。为了获取制造青铜用的银、铜和锡，驴车驮着一包包纺织品沿着幼发拉底河向安纳托利亚的采矿区进发；负责人既是神庙的差役，也要为自己牟利而进行交易。①在波斯湾，向南远到巴林都可以找到来自乌鲁克的文物，因为那里是阿曼、埃兰（Elam，伊朗西南部）和印度河三角洲的交通枢纽。在叙利亚北部有乌鲁克的商业殖民地，船只从那里驶往埃及，让努比亚的黄金沿着尼罗河顺流而下。运往埃及的商品青金石，是从阿富汗北部②经由中亚河间地带（Transoxonia）和伊朗高原运来的。③伊朗东南部的叶海亚土丘（Tepe Yahya）设有一个美索不达米亚货物配送中心。从公元前2750年左右开始，当地工匠突然开始用绿泥石生产一种风格独特的石碗，并在美索不达米亚的贸易线上连续销售了1个世纪。有人可能在这里会提起“经济帝国主义”，美索不达米亚人对伊朗高原的开发，④或者是一种反馈或者是二次经济发展。⑤

在叙利亚北部的埃布拉（Ebla），宫殿里的档案记录了公元前

---

① Maria Eugenia Aubet, *The Phoenicians and the West: Politics, Colonies and Trade*, 2nd edn. (Cambridge: Cambridge University Press, 1994), 101 - 110; Liverani, *Uruk*, 41 - 42.

② 关于公元前3000年之前发现青金石的29个地方，参见 Magarita Primas, ‘Innovation-stransfer vor 5,000 Jahren. Knotenpunkte an Land-und Wasserwegen zwischen Vorder-asien und Europa,’ *Eurasia Antiqua* 13(2007), 1 - 13。

③ Liverani, *Uruk*; Samuel Mark, *From Egypt to Mesopotamia: A Study of Predynastic Trade Routes*(College Station, Tex.: Texas A&M University Press, 1977).

④ C. C. Lamberg-Karlovsky, ‘Third Millenium Modes of Exchange and Modes of Production,’ in Jeremy A. Sabloff and C. C. Lamberg-Karlovsky, eds., *Ancient Civilization and Trade*(Albuquerque, N.M.: University of New Mexico Press, 1975), 341 - 368.

⑤ Cf. Mario Liverani, *Antico oriente. Storia, società, economia* (Bari: Laterza, 1991), 151 - 156.

2500 年的贸易细节，包括金银比 1 ∶ 5。埃布拉生产亚麻和羊毛纺织品，工匠们将金、银和宝石进行加工然后出口。宫廷文献将商人描述为“信使”或供应者，他们也承担贸易风险。这一地区的很多城市都有一个卡鲁姆（*karum*，交易港口）或一群常驻商人，他们的头领是埃布拉指派过来的。有一份文献记载了这样一项条约，根据该条约，埃布拉王和亚述王（在底格里斯河的上游）向彼此的商人提
290 供便利；以类似埃兰的苏萨（Susa）或巴林的迪尔蒙（Dilmun）这样的城市为中心，这两个贸易网络有可能是对口的。阿卡得王国国王萨尔贡（Sargon，前 2335—前 2279 年在位）①造成了埃布拉的毁灭（约前 2300 年）。但萨尔贡的王国没过多久也灭亡了。乌尔（Ur）和巴比伦的国王努力重现她的辉煌，但他们也必须与来自叙利亚沙漠或者扎格罗斯山脉的好战部落进行抗争。随着美索不达米亚经济的停滞，迪尔蒙的发展达到了顶峰。

下一个千年的早期（前 18 世纪），人们路经赫梯的城镇卡尼什（Kanish），可以来到安纳托利亚的银矿。考古学家在这里发现了来自 850 公里外亚述的一份卡鲁姆的记录。当驾着驴车的商队经营者们将一大批纺织品密封起来时，卡鲁姆成员与初级合伙人签订合同，将银器运回亚述，为了与出港的商队一起交账，他们会在那里清点账目。商人们可能期望往返利润达到 100%，但税收和交通运输会使利润减少30%。②约公元前 1600 年开始，各种各样的宫廷记录表明安纳托利亚中南部的赫梯国王们与他们在亚述、巴比伦尼亚、埃兰和埃及的对手存在外交关系。一位统治者称自己通过赠送礼物维持威严，另一个统治者则称收到了作为贡品的礼物。在这两条线之间，人们可以从考古学完好的记录里找到跨区域贸易的商机。商人未经

---

① Liverani, *Antico oriente*, 213 – 219, 249 – 251; G. Pettinato, ‘Il Commercio Internazionale di Ebla: Economia Statale e Privata,’ in Edward Lipinski, ed., *State and Temple Economy in the Ancient Near East*, 2 vols. (Leuven: Department of Orientalistiek, 1979), I, 189 – 233.

② Liverani, *Antico oriente*, 358 – 366.

批准，不敢穿越邻国领地，但也说明一定存在保护旅行者的承诺。大约在公元前 1200 年，一波来自陆地和海洋的入侵浪潮以巨大的力量袭击了中东，使各大王国赖以生存的稳定商业四分五裂。①

腓尼基——古代迦南被缩减的遗存——也许是最早恢复贸易的地区。公元前 1500—前 1200 年，埃及统治了腓尼基。由于与克里特岛传说中的“制海权”争夺并不激烈，西顿（Sidon）和比布鲁斯（Byblos）把传说中的黎巴嫩雪松木运送到埃及，用来换取努比亚的金子和纸莎草纸，比布鲁斯后来也成为这一地区的主要配送中心，给后世留下了“书”一词。②一位埃及使者（约前 1070 年）的报告描述了贸易恢复的情况，当时，比布鲁斯国王吹嘘与埃及通商的船只达到了 20 艘，受雇于当地商人的船只超过了 50 艘。到腓尼基国王希兰一世（Hiram I，前 969—前 936 年在位）统治时提到了推罗，它很快就成为腓尼基特产紫色染布的中心。③《列王纪》（上）记载了希兰一世和所罗门国王之间的一份条约：一支腓尼基人的船队将被派往俄斐（Ophir，在索马利亚〔Somalia〕?）去取黄金和宝石。有考古证据表明，大约在这一时期，靠近现代埃拉特（Elath）的所罗门的红海港口船运兴起。腓尼基人曾是法老的臣民，特别想要打破埃及在红海到非洲之角的航运垄断。公元前 800 年，推罗和西顿处于亚述人的统治之下，但可以通过进贡黄金保持一定程度的独立。④

腓尼基工匠们的作坊需要贵重金属。从公元前 7 世纪开始，也许更早，由于亚述的扩张，推罗和西顿无法进入安纳托利亚的矿山，于是在西部建立了殖民地。与此同时，希腊各城市派出了更多的殖

① Liverani, *Antico oriente*, 469 – 478, 629 – 642.

② Chester G. Starr, *The Influence of Sea Power in Ancient History*(Oxford: Oxford University Press, 1989), 12 – 13; Robin Hägg and Nanno Marinatos, *Minoan Thalassocracy. Myth and Reality*(Stockholm: Svenska Institutet I Athen, 1984); Aubet, *The Phoenicians and the West*, 21 – 24, 30.

③ Aubet, *The Phoenicians and the West*, 6.

④ Aubet, *The Phoenicians and the West*, 29 – 45, 55 – 59.

民者。腓尼基人的贸易站和希腊人的农业定居点之间那些老生常谈
291 的差异被过度夸大了；（实际上）希腊殖民地带动了其母城的贸易，腓尼基人也在寻找农田。然而，腓尼基人的扩张确实展现了一种以金属贸易为重心的商业战略；在伊比利亚，迦太基人的前哨众多，这对他们的黄金和白银非常重要，同时也是产自康沃尔的金属锡的中转站。公元前7世纪，当推罗和西顿被完全征服后，迦太基成为一个蓬勃发展的商业帝国的神经中枢。通往西地中海的通道被守卫牢牢把控着，将不受欢迎的入侵者们拒之门外。但是当罗马开始进军大海，迦太基棋逢对手。公元前264—前143年的布匿战争，令迦太基成为一片废墟，时至今日，在突尼斯附近依然可见其残迹。①

帝国之盾，约公元前560—公元600年

学者们曾经认为所有的帝国都与现在的欧洲帝国一样会制定商业策略。但古代帝国的学生们已经削减了具有商业目的的军事远征的次数。②这些帝国确实带动了贸易发展，但主要是通过加强安全保障和建立外交关系间接促成的。波斯的居鲁士大帝（前550—前529年在位）统治时期建立了许多贸易区，从东部的呼罗珊（Khurasan）到西部的斯基泰（黑海北部）和埃及。大流士一世（前522—前486年在位）发行了统一的银币，并在尼罗河三角洲开凿了一条运河，通往红海。明智的波斯还管理着远方的省份，让阿契美尼德家族（Achaemenids）稳坐王位两个世纪之久，直到亚历山大东

---

① Aubet, *The Phoenicians and the West*, 257 – 287; John Boardman, *The Greeks Overseas: Their Colonies and their Trade*, 4th edition(London: Thames & Hudson, 1999). Cf. Starr, *The Influence of Sea Power*, 29 – 49, 54 – 55.

② 例如，S. A. M. Adshead, *China in World History*(New York: St. Martin's, 1988); Manfred G. Raschke, ' New Studies in Roman Commerce with the East,' in Hildegard Temporini and Wolfgang Haase, eds., *Aufstieg und Niedergang der römischen Welt*, 9: 2(Berlin: G. de Gruyter, 1978), 604 – 1378。

征（前331—前323）才结束。①

尼罗河上那座以亚历山大的名字命名的城市在这之后对贸易发展意义非凡。与此同时，他的将领们所建的王朝与东方保持着密切的联系。埃及的托勒密王朝重建了尼罗河-苏伊士运河并鼓励发展红海贸易，从南阿拉伯引进没药和乳香，从印度河三角洲引进棉花和珠宝。到了公元前2世纪晚期，据说有一个叫“希帕罗斯”（Hippalus）的人“发现”了西南季候风，这种季候风能让水手们从非洲之角穿越印度洋到达马拉巴（Malabar）海岸，而不会沿着海岸线驶向印度河三角洲。②在波斯湾上部，有两个希腊城镇，查拉克斯（Charax）和阿坡洛古斯（Apologus），它们分担了印度的交通传输，格尔哈（Gerrha）亦是如此，作为阿拉伯海岸的迦勒底小镇，商队穿过这里的沙漠到达今约旦的佩特拉（Petra），再进入另一条通往红海的路线。伊朗和美索不达米亚的塞琉古王朝与托勒密王朝和波斯湾的君主们相互抗衡。塞琉古王朝非常重视到印度的陆路，通过巴克特里亚（Bactria，阿富汗北部）将兴都库什和西部地区的东西带到这里，由此获得通行费用和珍贵的用以作战的大象。从公元前247到前140年，巴克特里亚出现了一个独立的希腊王朝，国王皈依佛教。他们的后继者贵霜帝国派传教者沿着商人常走的路线，越过兴都库什和帕米尔高原，越过塔克拉玛干沙漠，来到中国。巴米扬最大的石像之一——于21世纪被阿富汗武装派别塔利班摧毁——就可追溯到贵霜时代。③

丝绸很早就从中国外传出去，但并不是作为贸易物品传出去的： 292
中国通过“用丝绸封锁边境”的策略来抵御游牧民族的攻击。贡绸

① George F. Hourani, *Arab Seafaring in the Indian Ocean in Ancient and Early Medieval Times*, revised by John Carswell(Princeton: Princeton University Press, 1997), 11 - 13; Pierre Briant, *Histoire de l'empire perse. De Cyrus à Alexandre*(Paris: Fayard, 1996).

② Hourani, *Arab Seafaring*, 18 - 30.

③ Hourani, *Arab Seafaring*, 13 - 16; S. A. M. Adshead, *Central Asia in World History*(New York: St. Martin's, 1993), 37 - 41; Étienne de la Vaissière, *Sogdian Traders: A History*, tr. James Ward(Leiden: Brill, 2005), 17 - 20.

(Tribute-silk) 穿过草原远销西方；希罗多德讲述了一位希腊商人的故事，故事中商人跟随一个斯基泰人的商队从黑海来到“伊萨多内斯”(Issodones)，这个地区可能就在天山山脉的东边。①丝绸之路的开辟，位于草原以南，是在中国汉朝完成的（前 225 年—前 221)。公元前 120 年，汉武帝（前 141—前 87 年在位）将匈奴联盟从祁连山与戈壁沙漠之间的河西走廊驱逐出去，并将长城向西建，延伸至敦煌。与此同时，一名使节被派遣西行与匈奴的仇敌月氏人（贵霜人）接触。当他多年后返朝时，朝臣们大肆庆贺，说月氏这个新的、遥远的盟友是武帝权力天赋的象征。帕米尔高原的另一边费尔干纳(Ferghana，今乌兹别克斯坦）的“汗血宝马”成为帝国骑兵的精良坐骑；当交通中断时，武帝派军队穿越塔克拉玛干沙漠到费尔干纳。在将近 1000 年的时间里，汉族与匈奴因世代争夺塔克拉玛干南缘的绿洲城镇而不停争斗。路过这一地区的车辆向南、向西，穿过喀喇昆仑山脉到达拉达克（克什米尔）和印度河上游；或者沿着瓦罕走廊（Wakan Corridor)，穿越兴都库什山脉，到达巴克特里亚；或者穿过帕米尔高原到达费尔干纳和粟特（撒马尔罕)。后来，贵霜和粟特商人来到中国,②带着珍贵的饰品，粉饰了数以千计的新建佛教寺庙，这些装饰品包括金、银、青金石，以及来自遥远地中海的红珊瑚。③来自河西走廊（约 300 年）的信件显示，粟特商人向西运输丝绸（从中国驻军那里获得，他们获得的报酬是丝绸）和麝香（来自尼泊尔，同等重量价值超过黄金)。④

---

① J. Ferguson, 'China and Rome,' in Temporini and Haase, eds., *Aufstieg und Niergang der römischen Welt*, 581-603, here 581.

② Raschke, 'New Studies in Roman Commerce,' 606-621(the quotation); Vaissière, *Sogdian Traders*, 73-84.

③ Ying-Shih Yü, 'The Hsiung-nu,' in Denis Sinor, ed., *The Cambridge History of Inner Asia*(Cambridge: Cambridge University Press, 1990), 118-150; Adshead, *China in World History*, 24-26; Peter Golden, *Nomads and Sedentary Society in Medieval Eurasia* (Washington, D.C.: American Historical Association, 1998), 14-24; Xinru Liu, *The Silk Road: Overland Trade and Cultural Interaction in Eurasia*(Washington, D.C.: American Historical Association, 1998), 11-13.

④ Vaissière, *Sogdian Traders*, 45-66.

在地中海，奥古斯都·恺撒战胜了他的敌人（前31年），取得了决定性胜利，带来了一段漫长且和平的时期。罗马东部的沙漠地带，由于阿拉伯人的马鞍可以平衡单峰骆驼背上沉重的背包，使得货物运输越来越方便。罗马修建了一条从佩特拉到亚喀巴湾（Aqaba）港口的主干道，另一条由驻军保护的主干道从尼罗河中部的科普托斯（Coptos）延伸到了红海的贝勒奈西（Berenice）。公元2世纪，斯特拉博得到消息说每年驶向印度红海的船只有120艘。从约公元50年开始，根据《环印度洋航行记》（*Periplus*），水手利用了西季候风航行到马拉巴。次大陆出土的（古罗马）帝国银币便士（*denarii*）有99%发现于印度南部。储蓄硬币表现了东西方贸易的一个持久性特征。印度没有天然的金银资源，贵金属需求量巨大。罗马也存在收支平衡的问题，对他们来说源自遥远东方的奢侈品数量仍然相对较少，主要是印度尼西亚的马拉巴胡椒、丁香和肉豆蔻。乳香，与寺庙仪式一样散发着强大的力量——来自阿拉伯南部，用于防腐的“香料”来自东非，还包括没药。罗马人虽然已知晓丝绸，但他们更喜欢加沙的透明织物（“纱布”）；中国样式丰富的用金线织成的锦缎，直到帝国后期才流行起来。①与南印度的联系吸引了更 293
多说希腊语和阿拉姆语（Aramaic-speaking）的商人，他们希望去往更远的东方。随着梵文逐渐成为一种官方语言，东南亚部分地区正在演变成印度的文化殖民地。罗马人也逐渐明白了，一个人可以绕过马来半岛到达中国东部。166年，中国文献记载了一个马可·奥勒留派来的大使。②

帕提亚人（Parthians，前247—公元226）统治下的波斯击退了罗马军队，允许向东方自由发展贸易。帕米拉（Palmyra），叙利亚

① Richard W. Bulliet, *The Camel and the Wheel*(Cambridge, Mass.: Harvard University Press, 1990), 87–106; Raschke, ‘New Studies in Roman Commerce,’ 634–667; Adshead, *China in World History*, 24–39.

② Paul Wheatley, ‘Sartyanarta in Suvarnadvipa: From Reciprocity to Redistribution in Ancient Southeast Asia,’ in Sabloff and Lamberg-Karlovsky, eds., *Ancient Civilization and Trade*, 227–284; Adshead, *China in World History*, 28–30.

北部的一个罗马城市，派出商队前往中亚河间地带和粟特，并在帕提亚的首府苏萨①建立了一个商业殖民地。然而，萨珊王朝（224—651）更注重发展商业。为了通向印度的交通更加便利，他们建造了新的港口，包括巴林对面的要塞城市西拉夫（Siraf）；他们还把贸易社区从阿曼转移到了印度洋沿岸的波斯城镇。在波斯信奉琐罗亚斯德教的君主制度下，因信仰异教而被罗马帝国禁止的聂斯托利派基督教（Nestorian Christian）社团的商人生意兴隆，他们在马拉巴海岸和斯里兰卡拥有重要的殖民地，斯里兰卡此时是与中国贸易的中心。波斯在斯里兰卡的利益非常重要，以至于在皇帝努什尔万（Nushirvan，即哥士娄一世〔Khosrow Ⅰ〕，531—579 年在位）统治时期要对这个岛屿进行海军远征，在下个世纪波斯人又远征了这里一次。②

萨珊波斯将东罗马帝国对丝绸日益增长的需求当作武器。来自罗马埃及和红海的东向贸易量似乎有所减少，这可能是乳香需求量减少造成的；基督徒情感上更倾向于为祭坛加香火，而不是为富人的家庭烧香。但是当也门被信奉基督教的埃塞俄比亚皇帝征服时（6 世纪 20 年代），君士坦丁堡看到了机遇。到 5 世纪 70 年代，也门被萨珊征服，在这之前它一直是埃塞俄比亚商人的基地，他们拿着君士坦丁堡的佣金为自己购买丝绸。540 年，波斯和拜占庭开战，陆路贸易中断；其中一个原因就是君士坦丁堡拒绝为中国丝绸支付更高的关税。这对粟特商人来说也是一个打击。在丝绸之路的东端，中国北魏的首都洛阳，粟特商人们住在专门为来自西方的外国人保留的城区，据说在 528 年达到了 2500 户，大约一万两千五百人。如今，在土耳其的统治下，粟特人说服他们的可汗派遣大使去进行沟通，但波斯拒绝，不同意恢复贸易往来。后来可汗又派遣了一个粟特王朝使团穿越大草原前往君士坦丁堡，568 年，使团在那里得到了热烈

---

① Raschke, ‘New Studies in Roman Commerce,’ 641 – 643; Vaissière, *Sogdian Traders*, 87 – 88.

② André Wink, *Al-Hind: The Making of the Indo-Islamic World*, 3 vols. (Leiden: Brill, 1990—1995), 1: 47 – 51; Hourani, *Arab Seafaring*, 38 – 41.

欢迎。正如后来驻中国大使馆所显示的那样，拜占庭贵族所需的绸缎不必取道波斯了。①610—628年，拜占庭人和萨珊人打了最后一场战争，即使另一场争夺统治权的战争正在酝酿之中。

中国、伊斯兰和蒙古，589—1500年

隋朝（581—618）和唐朝（618—907）时期的中国被认为是“世界上秩序最好的国家”。这一时期，国家政府机构中那些脾气暴躁的贵族逐渐被公务人员所取代，帝国通过垄断食盐贸易缓解了收入问题。水稻种植区域不断向南方扩展，粮食经过大运河被运送到 294
北方的城市和边境要塞。②此时中国的经济“总量和人均生产总值都是世界第一”，技术也是先进的。几个世纪间，高温鼓风炉生产出的钢材质量让欧洲望尘莫及，而瓷器样品最终在全球范围内流行了起来。由于对异域商品需求的不断增大——北方大草原的猎鹰和毛皮，伊朗的香水和马匹，东南亚的香料和珍珠——至今只注重发展国内贸易的帝国富商大贾们开始把目光转向国际贸易。③这一时期，驻扎在唐朝都城长安的西方人多达二万五千人，从其数量就可以看出中国的“万有引力”。④远至南方，广州的外来人口无疑要更多。756年，粟特-突厥混血的一位反叛将军占领了都城，内战爆发，和平与繁荣不复存在。几年后，帝国军队收复长安，对西方人进行了大屠杀。与此同时，758年，“阿拉伯人和波斯人”乘机从海上袭击广州。⑤

---

① Hourani, *Arab Seafaring*, 43 - 45; Raschke, ' New Studies in Roman Commerce, ' 596 - 597; Adshead, *China in World History*, 72 - 73; Vaissière, *Sogdian Traders*, 199 - 211; Bulliet, *The Camel and the Wheel*, 104.

② S. A. M. Adshead, *T'ang China: The Rise of the East in World History*(New York: Palgrave/Macmillan, 2004), chapter 2.

③ Adshead, *T'ang China*, chapter 3; Raschke, ' New Studies in Roman Commerce, ' 637.

④ Adshead, *T'ang China*, 68, and *China in World History*, 76 - 77; Vaissière, *Sogdian Merchants*, 137 - 140.

⑤ Vaissière, *Sogdian Merchants*, 216 - 220; Hourani, *Arab Seafaring*, 61 - 63.

一位阿拉伯地理学家讲述了接下来一个世纪从波斯至广州的交通。穆斯林会派下级法官（*qadi*）来解决争端，但中国会把入境货物扣押起来，直到全部船只都入港，并征收30%的关税；唯有这样，外国人才能买卖丝绸、香料、麝香和樟脑。878年，一支叛军洗劫了广州，据说被屠杀的穆斯林、基督徒、犹太人和琐罗亚斯德教徒超过十二万人。这场灾难使得海上贸易临时转向东南亚，特别是信奉佛教的三佛齐王国，它位于苏门答腊岛南部，掌控着马六甲海峡两岸。①不过，很快外国人重返中国港口，交通日益繁忙，尤其宋代（960—1279），商业主要集中于南方，秩序得到恢复，官方也重视海上航线的安全。这是中国商业航运的伟大时代，在这一时期，许多新商品涌入国际市场，包括瓷器、漆器和钢铁。②

伊斯兰教的贸易共同体是中国位于西方的伙伴。《古兰经》让从事贸易往来成为一种光荣的职业，伊斯兰教的作家们通过夸大穆罕默德商人家族即古莱氏人（the Quraysh）的可信度来强调这一点。③然而，商业发展并不是倭马亚哈里发（632—749）的首选任务，他们统治大马士革，在安纳托利亚与拜占庭军队对峙；专注于进一步的征服。④阿拔斯王朝（Abassid，750—1258）的崛起显然与城市发展和商业利益是分不开的。⑤巴格达，这个新首都，迅速成为除中国外的世界上最大的城市。阿拔斯王朝保持了货币迪拉姆（dirham）的统一，维持稳定，并尽可能与昔日的敌人缔结条约，比如外高加索的哈扎尔（Khazar）王。里海狭长的沿海平原被外高加索和大海包围，曾经被互为对手的众帝国相互争夺，现在成为一个名为“罗斯”

---

① Hourani, *Arab Seafaring*, 64－78; Wink, *Al-Hind*, I, 84－85; Kenneth R. Hall, *Maritime Trade and State Development in Early Southeast Asia*(Honolulu: University of Hawaii Press, 1985).

② Wink, *Al-Hind*, I, 216－220, 225－230; Adshead, *China in World History*, 129－130.

③ Patricia Crone, *Meccan Trade*(Princeton: Princeton University Press, 1987).

④ Ira Lapidus, *A History of Islamic Societies*, 2nd edn. (Cambridge: Cambridge University Press, 2002), 38－40.

⑤ Thomas S. Noonan, 'Why Dirhams First Reached Russia: The Role of Arab-Khazar Relations in the Development of the Earliest Islamic Trade with Eastern Europe,' in his *The Islamic World, Russia, and the Vikings, 750—900*(Aldershot: Ashgate, 1998), II, 202.

的民族的贸易路线，他们把北方毛皮运到伏尔加河用以换取珍贵的迪拉姆。①同时，阿曼商人把东非纳入印度洋航线，他们在沿海地区建立了岛屿殖民地，为了换得印度市场所需的黄金、象牙和奴隶。295
这一时期，伊斯兰商业机构形成，比如保护商人及商品的基金会，以及一种新的支付工具，它的名字传入了欧洲（“支票”）。②

执政后的阿拔斯帝王被突厥的一位南方酋长（945 年）剥夺了政治权利，哈里发王国名存实亡。然而后继者仍将贸易作为收入的来源并以此来维持威望。在河间地带，萨曼王朝（Samanid state，877—999）的人们开始担任阿拔斯的省长。他们让布哈拉（Bukhara）成为波斯文学文化的中心，使大商队穿过大草原来到伊蒂尔（Itil，今阿斯特拉罕），那里是伏尔加保加尔人（Volga Bulgars）的城市，伊蒂尔由此成为商业中心，毛皮、琥珀和蜂蜜从俄罗斯各地流向这里。③在波斯湾，一场非洲奴隶大起义（868—883）削弱了巴士拉的转口港地位。后来，白益王朝（Buyids，932—1062）控制了海湾两岸，并用西拉夫（Siraf）取代巴士拉，接受来自索法拉（Sofala，肯尼亚）、南印度和中国南部的商船。④法蒂玛王朝（Fatimids）是来自马格里布的什叶派王朝，声称要复兴哈里发王朝。他们征服埃及（969 年），创建开罗，显然将这一主张付诸实践；可能很多犹太商人在这一时期离开了巴格达来到埃及。同时，波斯湾与东方的贸易减少，尤其在 1055 年塞尔柱王朝突厥部族的人洗劫巴格达之后，从海湾去往贝鲁特和大马士革的运输商队也减少了。红海作为替代品成功地被法蒂玛王朝推广出去，亚历山大港成为亚洲海运货物最理

---

① Lapidus, *A History of Islamic Societies*, 56 – 68; Noonan, ‘Why Dirhams First Reached Russia.’

② Olivia Remie Constable, *Housing the Stranger in the Mediterranean World* (Cambridge: Cambridge University Press, 2003), chapter 2; Wink, *Al-Hind*, 1: 24 – 31.

③ Richard N. Frye, *Bukhara: The Medieval Achievement* (Norman, Okla.: University of Oklahoma Press, 1965), chapters 3 – 4; Janet Martin, *Treasure of the Land of Darkness: The Fur Trade and Its Significance for Medieval Russia* (Cambridge: Cambridge University Press, 1986), 12 – 17.

④ Wink, *Al-Hind*, 1: 20 – 21, 54 – 55.

想的地中海终点站。埃及官员监管着各个国家商人的“商馆”（*fun-duqs*），包括“法兰克人”——威尼斯人、热那亚人和加泰罗尼亚人。①

印度南部仍然是东西方海上贸易的枢纽，这是当地统治者收入的重要来源。他们注意到印度教徒对远洋旅行的制裁，就向新来的航海者波斯人、希腊人、犹太人、叙利亚基督徒和阿拉伯人做出让步。最后，从 11 世纪开始，一个被称为“马普皮亚斯”（mappilas）的组织越发重要。在东方，科拉曼达兰（Colamandalam，科罗曼德〔Coromandel〕海岸）信奉印度教的科拉斯（Colas）对海上贸易充满了兴趣。为了方便来自三佛齐的商人，他们在首都建立了一个佛教圣地。然而，他们也针对这个岛国发起了两次海军行动（993 年和 1026 年），以确保从马六甲海峡到中国的通行自由，或者也可能是为了支持他们的商业行会进行海外业务。科罗曼德海岸的马里亚卡雅族（Mariyyakayars）是讲泰米尔语的穆斯林，他们的加入使印度扩张进入了新的阶段。这一时期，穆斯林开始建立一些小的殖民地（如爪哇），这些殖民地似乎都属于印度南部和斯里兰卡。②

成吉思汗（1227 年驾崩）统治下的蒙古政权迅速扩张，很多传统的陆路贸易中心如巴尔克（Balkh，古巴克特里亚的首都）受到重创，从此一蹶不振。然而，在伟大的征服者去世之前，蒙古官员就开始遍寻技术精湛的工匠，并强迫他们搬迁，以满足帝国的经济需求。例如，对蒙古人来说，织锦意味着国事，“是游牧民族国家工艺的要素”。可汗的队列中包括数百甚至数千匹驮着各样织物的骆驼，定期分发给将军们，将军们也以同样的方式奖励下属来维护自己的
296 权威。因此，丝织工被围捕并被重新安置于临近蒙古首都的三个地

① Wink, *Al-Hind*, 1: 56, 86 – 90; Constable, *Housing the Stranger*, 107 – 113.

② Wink, *Al-Hind*, 1: 70 – 85, 315 – 330; Stephen Frederic Dale, *Islamic Society on the South Asian Frontier: The Mappilas of Malabar, 1498—1922*(Oxford: Oxford University Press, 1980), chapter 1.

方。成吉思汗的孙子们将帝国一分为四，分别位于喀喇昆仑（蒙古）、布哈拉（Bokhara）、萨莱（位于伏尔加河）、大不里士（Tabriz）。①不过各个首都之间的交通路线畅通无阻，频繁往来的外交使团也扮演着商旅角色。在1245到1335年的蒙古和平时期，来自遥远西方的商人和传教士从黑海安全到达中国；一些人还将"鞑靼"织锦的样品带回去，很快，这些样品在欧洲引起轩然大波。②

14世纪，欧洲大陆的大部分地区经济萎缩，蒙古汗国发生内乱，这些对贸易发展造成了影响。取蒙古或元朝而代之的明朝（1368—1644）皇帝统治的是一个规模较小、更注重汉族传统的中国。郑和的航行（1405—1433）表现了中国航海在印度洋的顶峰时期，也是它的最后一幕；此后，明朝政府放弃了海上贸易，背弃了海外华人。③帖木儿（1370—1405年在位）重建了中亚汗国，使丝绸之路从撒马尔罕这个宏伟华丽之都复兴起来。但是他也对竞争对手贸易中心的系统性进行视察，沿着北部大草原的路线，在叙利亚北部和美索不达米亚，他把攻击目标转为信奉基督教聂斯脱利派的少数民族。④在伊朗，伊儿汗国将霍尔木兹岛变成一个港口，恢复了波斯湾的贸易活动。然而，在最后一位可汗死后（1335年），这个国家的和平与安全也不复存在了。⑤与之相比，中国南部海域由于没有强国控制，贸易发展似乎越发繁荣。到15世纪中叶，马六甲海峡已经成为中国南方、印度和印尼群岛商人的聚集地。只要外国群体支付过路费，不破坏苏丹的和平，就可以自主管理他们的事务，按照他们

---

① 对于中国的元朝、中亚的察哈台汗国、伊儿汗国和伊朗的金帐汗国，参见 David Morgan, *The Mongols*(Oxford: Oxford University Press, 1987), 222－224的表格。

② Thomas T. Allsen, *Culture and Conquest in Mongol Eurasia*(Cambridge: Cambridge University Press, 2001), 41－50, and *Commodity and Exchange in the Mongol Empire: A Cultural History of Islamic Textiles*(New York: Cambridge University Press, 1997), chapters 1, 5.

③ Adshead, *China in World History*, 197－200.

④ Adshead, *Central Asia in World History*, chapter 5.

⑤ Wink, *Al-Hind*, 2: 19－21; Morgan, *The Mongols*, 158－174.

自己的意愿进行贸易活动。①事实上，马六甲海峡简直就是一块吸引贸易活动的磁铁，西方的新移民认为它可能是主宰海上航线的“关键”。

欧洲东部，约1100—1750年

在中世纪的欧洲，小的贵族领地和半自治的城邦遍地都是，商人在政策上有发言权。这种情况下的结合意味着城市和领地可以为他们的商人提供支持，如果有必要的话，他们会发动战争。从1100年左右开始，北方的诺夫哥罗德控制了大片的黑貂皮猎场，将毛皮沿着伏尔加河运送到保加尔汗国，并热情欢迎代表德意志北部汉萨同盟的商人移民队伍。大约从1300年开始，汉萨同盟控制了通往西部的交通。但到了14世纪40年代，即使汉萨人封锁了诺夫哥罗德，主要的汉萨城市在其本土水域仍受到来自当时由勃艮第公爵统治②的荷兰郡的商人和战舰的挑战。在意大利，威尼斯和阿马
297 尔菲（Amalfi）在拜占庭的赞助下开始与东方进行贸易。十字军东征期间，威尼斯和热那亚凭借自己的力量一跃成为海上强国。如果说是威尼斯帮助推翻了拜占庭皇帝，让拉丁王子取而代之（1204年的第四次十字军东征）的话，那么热那亚则支持了米海尔·巴列奥略（Michael Paleologus），帮助他恢复了拜占庭的统治（1261年）。之后，热那亚在整个黑海北岸建立起殖民地，从蒙古治下充满活力的草原路线获取利益。但后来帖木儿帝国在大草原上发起了毁灭性的战争。1453年君士坦丁堡被奥斯曼帝国征服，很快，黑海就成了奥斯曼帝国的一个湖泊。于是天平偏向威尼斯，威尼斯与埃及的马穆鲁克王朝（Mamluk，1250—1517）达成协议。当威尼斯控制着通往

---

① Wink, *Al-Hind*, 3: 215 – 220.

② Martin, *Treasure of the Land of Darkness*, 43 – 84; Klaus Spading, *Holland und die Hanse im 15en Jahrhundert*(Weimar: Böhlau, 1973).

埃及和叙利亚马穆鲁克的海运通道时，它在亚历山大港的商人必须从苏丹的官员那里购买胡椒和香料。①大约从 1500 年开始，奥斯曼帝国的舰队侵蚀了威尼斯的海洋主权。然而，奥斯曼帝国上流社会喜爱的锦缎和其他款式丰富的纺织品并不是来自中国，而是来自威尼斯。②威尼斯贸易的真正问题——至少看起来是这样——是葡萄牙商队开始把马拉巴胡椒运往里斯本的码头。

葡萄牙的印度之行再次反映了国王与贸易的关系（国王有商船）、宫廷贵族的野心以及中世纪天主教的梦想，即与远在伊斯兰王国那边的传奇基督教国王建立联系。一进入印度（1498 年），葡萄牙人就意识到他们不会买欧洲商品里的胡椒。反而，人们不得不把印度棉花带到东非的索法拉，用来换取胡椒贸易商所需的黄金。后来，明朝禁止与日本建立直接贸易关系，印度利用这一禁令，将中国的丝绸从澳门运往日本，换取白银。随着时间的推移，葡萄牙的私营商人，包括混血的商人，表现出最大程度上的商业发展积极性，他们放弃了对埃斯塔多（Estado）的保护，开设的商店遍布印度洋港口。统治埃斯塔多的贵族们有一个更加简易的策略：他们用军舰占领并加固海上交通的咽喉要塞，包括马六甲海峡（1511 年被占领）和霍尔木兹，从而将现有的贸易网络转变成一个朝贡体系。尽管葡萄牙人从未发现神秘的东方基督教王国——除非有人将他们与埃塞俄比亚的接触算在内——但埃斯塔多人支持天主教为了让信徒皈依所做的努力，比如在印度南部的采珠人帕拉瓦人（the Paravas）当中所做的。他们希望葡萄牙的基督教海上帝国会遭到“摩尔人”（Moors）的反对，他们并没有失望。奥斯曼帝国征服亚丁（1538 年）有效地阻断了葡萄牙的船队驶入红海。奥斯曼帝国还鼓励其远

① Eliahu Ashtor, *The Levant Trade in the Later Middle Ages*(Princeton: Princeton University Press, 1984); Constable, *Housing the Stranger*, 234 – 236.

② James D. Tracy, ‘Il commercio italiano in territorio ottomano,’ in Franco Franchetti, Richard A. Goldthwaite, and Reinhold C. Mueller, eds., *Il Rinascimento italiano el'Europa*, vol. IV, *Commercio ne cultura mercantile*(Treviso: Angelo Colla, 2007), 455 – 484.

方的盟友亚齐（位于苏门答腊岛的最北端）苏丹建造舰队与异教徒作战，然而他的商人们利用巽他海峡从香料群岛（印度尼西亚东部）航行到亚丁。这种新的连接方式恢复了亚历山大港与地中海之间的贸易，增加了奥斯曼帝国的海关收入，让威尼斯重新成为欧洲胡椒和香料的主要供应地。①

1580—1640 年间，西班牙统治着葡萄牙和它的海外领地，当时以荷兰为中心的新生的联省共和国正准备为获取独立与西班牙一战。
298 因此，荷兰的爱国主义者和谋求利益的人相互联合，对西班牙的亚洲财富之源发起攻击。1603 年，荷兰和泽兰（Zeeland）的几支舰队途经巽他海峡到达香料群岛，通过租用一家名为“乌斯特-伊格尼”（*Vereenigde Oost Indische Compagnie*）的公司（即联合东印度公司），平息了当地的势力纷争。荷兰东印度公司拥有固定资本，制定了长期战略。欧洲的船只和大炮现在不仅可以控制海上航道，还可以控制物资供给。在香料群岛，班达群岛（Banda）的肉豆蔻产量占全世界的 95%；1621 年，荷兰人占领此地，强行驱逐了本地种植者，取而代之的是那些承诺只与荷兰东印度公司进行贸易的岛民。面对长期存在的流动资金的问题，荷兰人从西班牙裔美洲人那里获取白银，因为他们甚至在战争期间也与伊比利亚人进行交易。然而，荷兰东印度公司通过发展亚洲水域的“国别贸易”，减少了物种的出口。例如，在苏拉特（Surat），荷兰人竭尽全力从古吉拉特邦商人手中夺取印度传统上用来交换香料的棉花（荷兰东印度公司的总部设在雅加达，更名为“巴达维亚”），并将其运往爪哇的市场。其目的是在亚洲建立资本储备，这样人们不仅可以为回国航行购买商品，还可以为东方日益增长的军舰和要塞成本提供资金支持。最后，为了防止葡萄牙人出现“腐败”，荷兰东印度公司颁布了一项禁止私人贸易的法令。这些政策在对抗欧洲对手竞争

① Giancarlo Casale, *The Ottoman Age of Expansion* (Oxford and New York: Oxford University Press, 2010).

时占据了一些优势。新成立的英属东印度公司被迫放弃了香料群岛的贸易，转而回归印度，而葡属印度邦国（*Estado da India*）也从马六甲海峡等许多要塞被驱逐出去。但是，种植胡椒的地方太多；控制胡椒供应的策略（就像对上等香料所做的那样）损失惨重。更麻烦的是，17 世纪中叶，欧洲胡椒和香料市场出现饱和的迹象。此外，禁止私人交易的措施也非常有效，足以阻止公司员工参与一些随机的活动，这些活动可能会抵消荷兰东印度公司在胡椒和香料贸易上的大量投资。①

在 1600 年特许成立的英属东印度公司（EIC），每一次航行都会形成资本存量并进行清算。此外，在英荷战争（1650 年）之前，英属东印度公司与荷兰东印度公司的竞争只属于民间私人事务，而不是国家事务。英国商人不相信利用军舰进行贸易产生的成本效益，无论如何，英属东印度公司没有足够的资金来抗衡荷兰舰队——因此，英属东印度公司未能在香料群岛获得立足之地。然而，事实证明，退回印度也算因祸得福。英属东印度公司的总部最初设在苏拉特，把更多的贸易资本用在了印花布和其他印度棉花上。与胡椒和上等香料不同，欧洲对棉花的需求几乎没有任何限制。英国人还把更多的资源投入孟加拉邦，那里的食物丰富而且廉价，因此为出口而生产的棉纺织工生活成本非常低。早在 18 世纪，欧洲人就喜欢上了茶叶，荷兰东印度公司从住在爪哇的中国商人那里购入，然而英国人去了广州，带来了此时孟加拉所产的鸦片。最后，尽管英属东印度公司的董事们对“闯入者”颇有微词，但他们从未禁止公司员
工私下交易。由此，私人贸易填补了英属东印度公司留下的空白， 299

① F. S. Gaastra, *De Geschiedenis van de VOC*(Haarlem: Fibula van Dishoek, 1982); Niels Steensgaard, ‘The Growth and Composition of the Long Distance Trade of England and the Dutch Republic before 1750,’ in James D. Tracy, ed., *The Rise of Merchant Empires* (Cambridge: Cambridge University Press, 1990), 102–152; R. J. Barendse, *The Arabian Seas: The Indian Ocean World of the Seventeenth Century*(Armonk, N.Y.: M. E. Sharpe, 2002), chapter 8.

使英国的航运得以横贯整个印度洋地区。①

17 世纪，欧洲公司的联合行动只占苏拉特（科罗曼德海岸）马苏里巴特南（Masulipatnam）等大港口贸易的一小部分。但是，到了 1730 年，英国人和荷兰人（以此顺序）被认为是孟加拉最伟大的商人。②不过他们还有另外一个欧洲的竞争对手。17 世纪 70 年代，法属印度公司经历起步失败之后，又于18 世纪20 年代重新启动。利润丰厚的皇家烟草专卖公司为其提供资金，随后又有王室的支持，并为了维持法国和西班牙的贸易平衡，向停靠在加的斯（Cadiz）的印法船只收取金银。到了 1740 年，法国出口东方的金银总量约为 26.5 万公斤，与英国持平。本地治里的官员也是第一批用欧洲武器和战术训练印度士兵的。但皇室优先考虑事项的转变很快减少了所需的资源流动。转折点出现在 1757 年，当时孟加拉的行政长官占领了现在的英属贸易中心加尔各答。与行政长官庞大的军队和他的法国军事顾问对峙，两千名印度土兵和英国正规军在普拉西（Plassey）赢得了胜利。③英属东印度公司当时还没有获得印度的领土管辖权，但从那时起，谁来指挥海洋已毫无疑问了。

欧洲在印度洋的势力没有受到任何挑战是完全不可能的。在东部，苏拉威西岛的布吉人（Bugis）袭击了香料群岛的荷兰前哨。在西部，阿曼人把蒙巴萨和东非沿海的其他堡垒型定居点中的葡萄牙人赶走了。④在印度，所有的欧洲公司，即使自己不愿意，也要仰仗印度教或耆那教徒的大量贷款，以便及时购买回本国的货物。在许多情况下，这些人与当地纺织商签订合同，为公司提供棉花订单，

① K. N. Chaudhuri, *The Trading World of Asia and the English East India Company, 1660—1760*(Cambridge: Cambridge University Press, 1978); Barendse, *The Arabian Seas*, chapter 9.

② Chaudhuri, *The Trading World of Asia*, 16, 198 - 199.

③ Catherine Manning, *Fortunes à Faire: The French Trade in Asia, 1719—1748* (Aldershot: Ashgate, 1996).

④ Michael N. Pearson, *Port Cities and Intruders: The Swahili Coast, India, and Portugal in the Early Modern Era*(Baltimore: The Johns Hopkins University Press, 1996), chapter 6; Christian Pelras, *The Bugis*(Oxford: Oxford University Press, 1996), chapters 5 - 6.

从而将外国人挡在印度农村之外。尽管如此，欧洲海上国家之间的竞争在某种程度上标志着一个历史转折点（英属东印度公司的胜利）的到来，从更大的意义上说，它从一开始可能就是一个转折点。研究过去的学者对于区域贸易体系何时连接在一个统一网络之中总是有不同想法。但要重建某个特定时刻的世界，最好的方法是从当时人的观念出发。换句话说，我们可以认为：从大约 1500 年（如果不是之前的话）开始，印度洋世界有一个统一的贸易体系。因为以这个年份为起点，勇敢而贪婪的新来者一波接一波地到来，这表明：这样一个体系确实存在，而且这些人认为他们可以按照有利于自己的方式运转它。

参考书目

- Adshead, S. A. M. *China in World History*. New York: St. Martin's, 1988.
- ——, *T'ang China. The Rise of the East in World History*. New York: Palgrave Macmillan, 2004.
- Allsen, Thomas T. *Commodity and Exchange in the Mongol Empire. A Cultural History of Islamic Textiles*. New York: Cambridge University Press, 1997.
- Ashtor, Eliahu. *The Levant Trade in the Later Middle Ages*. Princeton: Princeton University Press, 1984.
- Aubet, Maria Eugenia. *The Phoenicians and the West: Politics, Colonies and Trade*, 2nd edn. Cambridge: Cambridge University Press, 1994.
- Barendse, R. J. *The Arabian Seas: The Indian Ocean World of the Seventeenth Century*. Armonk, N.Y.: M. E. Sharpe, 2002.
- Hourani, George F. *Arab Seafaring in the Indian Ocean in Ancient and Early Medieval Times*, revised by John Carswell. Princeton: Princeton University Press, 1997.
- Liverani, Mario. *Antico oriente. Storia, società, economia*. Bari: Laterza, 1991.
- Martin, Janet. *Treasure of the Land of Darkness: The Fur Trade and Its Significance for Medieval Russia*. Cambridge: Cambridge University Press, 1986.
- Raschke, Manfred G. ' New Studies in Roman Commerce with the East, ' in Hildegard Temporini and Wolfgang Haase, eds. *Asufstieg und Niedergang der römischen Welt* 9: 2(Berlin: G. de Gruyter, 1978), 604 - 1378.
- Tracy, James D., ed. *The Rise of Merchant Empires*. Cambridge: Cambridge University Press, 1990.

➢ Vaissière, Étienne de la. *Sogdian Traders: A History*, trans. James Ward. Leiden: Brill, 2005.
➢ Wink, André. *Al-Hind. The Making of the Indo-Islamic World*, 3 vols. Leiden: Brill, 1990—1995.

李 娜 译 屈伯文 校

第十七章　工业化

帕特里克·卡尔·奥布莱恩

定义、概念和背景

作为一项经济活动，工业与农业、林业、渔业、采矿业、采石 304
业、交通业、金融业和贸易等现代经济所必不可少的部门并不相同。人类无论男女，在历史长河中不断制造产品，或用于使用，或用于交易。无论是家庭还是村庄，无论是区域还是国家，经济不可能离开制造产品而存在。

但工业化的历史要短得多，它指的是一场经济转型，其规模与涉及的领域与制造产品迥然有别，同时工业化大大提升了制造业在国家或地区经济体系中相对其他产业部门的重要性。

在西蒙·库兹涅茨（Simon Kuznets）的开创性研究之后，经济学家、历史学家和社会学家利用可以获得的官方资料，对工业化的进程进行研究和比较。①在非洲、亚洲和南美洲，大多数国家只有最近几十年间的经济数据，但在进行跨国比较时，这些宏观经济指标却可以反映出工业化的普遍特征。

例如这些宏观经济数据表明，在工业化进程中，在国家和区域经济中，农业、林业、渔业和矿业的雇佣劳动力数量在下降；而随

① Simon Kuznets, 'Towards a Theory of Economic Growth,' in Simon Kuznets, *Economic Growth and Structure*(Cambridge, Mass.: Harvard University Press, 1965), 1-81.

着工业化的进展，劳动力和生产部门的分类也越加细密。产出和雇佣劳动力从服务业（包括所有非商品性产品部门）流出，或是进入与消费者相关的行业如医疗保健，或是作为投入（包括分配、法律咨询、会计等）以维持现代制造业和增加主要产品。随着工业产出的速度超过其他生产部门，对投入需求的增大会吸引原本对服务业的投入转移到制造业部门中来。然而，究竟服务业中有多大比例直
305 接转向与消费者相关的行业是很难测算的。当工业发展到更高层次后，最终服务业产出在生产和劳动力雇佣中所扮演的角色也将更为重要。第三世界国家近期的经济发展表明，人口增长、城市化和制造业的缓慢增长必然导致服务业在就业中扮演相对重要的角色。这些趋势预示着城市非熟练工人的不充分就业，他们的收入更多地通过转移支付而非购买产品实现，而且最终服务业必然会增进公民福利。

工业化对于经济的持续增长是必不可少的，这也可以通过国家资本（包括建筑物、机械设备、装备、工具、基础设施、通信和分配网络）体现出来。此外，外贸数据也能反映出工业化在长时段内的发展变迁，因为一国进出口产品的变化与工业化有相关性。工业化会增加本国生产的制造业产品的出口额，同时进口产品在进出口总额中所占比例则会相应下降。

这种依赖统计数据并进行分类的研究方法来自库兹涅茨及其学派，由于这种方法能够将工业化这个在全世界范围内长达 4 个世纪的漫长历程清晰明确地展示出来，因此非常有意义。通过总结不同区域与国家的工业化历程，持这种方法的研究者总结出了工业化的基本模式，并揭示了不同区域与国家在走向工业化的道路上的差异，此外，也探讨了工业化进程在全球不同地区的不同速度及其历史。

由于劳动力、资本和其他国家资源在工业化过程中的再分配必然伴随着技术和组织结构的转型，并提高劳动力的单位产出、提高生活标准、促进人口增长、带动城市化和文化转型、引发国家间力量对比的变化，因此将有利于改进公民福利。例如，塔尔科特·帕

森斯（Talcott Parsons）笔下的工业社会涉及一系列相互联系的社会因素、霸权的价值观以及法律体系，被社会学家视作从功能角度阐释的现代性。①

通过明确工业化如何重构人类行为和社会组织，伯特·霍斯利茨（Bert Hoselitz）及其门徒将帕森斯的分类方法向前推进了一步。与马克斯·韦伯类似，社会学家常常进行对比，一方是先赋性的、多重层次的、倡导共产主义的、家庭型的和依赖权威的传统行为模式，另一方是重视成就的、动态的、有闯劲的个人主义及其行为模式，后者在工业化时代更具优势。②

然而，历史资料并没有明确告诉我们工业化与社会变迁究竟孰先孰后。此外，社会学和社会历史学的研究方法莫不更为关注工业
化对家庭、社区、村庄和地区造成的破坏、混乱以及潜在的负面影
响，相比之下，工业化的性质、起源以及对人类生活水平的积极意 306
义则较少受到重视。作为一个社会进程，工业化对于新的劳动分工、阶层形成以及地区发展不平衡有不同影响。随着工业化从一个国家传播向另一个国家，工业化也越发与去工业化、失业和经济萧条相联系。关于工业化进程的负面理解肇始于卡尔·马克思，但随着当代对于工业化的研究越发将社会学与历史学相融合，并越发具有全球视野，对于工业化的理解也更趋正面。③

当代研究已经展示出了工业化进程的复杂性、多面性和多变性，推翻了马克思以来的基本认知。人们已经认识到，通往工业化社会

---

① Talcott Parsons, 'Some Principal Characteristics of Industrial Societies,' in Talcott Parsons, *Structure and Process in Modern Societies* (Chicago, Ill.: Free Press, 1960), 132-169.

② Bert Hoselitz, 'Main Concepts in the Analysis of the Social Implications of Technical Change,' in Bert Hoselitz and William Moore, eds., *Industrialization and Society* (Mouton: UNESCO, 1963), 11-31.

③ Stephen Sanderson, *Social Transformations: A General Theory of Historical Development* (Oxford: Blackwell, 1995), and Marcel van der Linden, *Workers of the World: Essays Towards a Global Labor History* (Leiden: Brill, 2008).

的道路并非一条，而关于资本主义行将覆灭的言论也逐渐偃旗息鼓。①任何关于工业化的“通行理论”或象征莫不建基于产品、雇佣劳动力和资源分配的结构性转变之上，或是依赖于社会和文化的“现代化”。

作为历史进程的工业化

现代工业（指的是工业活动集中在特定区域或城镇，以工厂、企业和公司为组织形式，使用机械化为生产手段和非生物能源）经历了漫长的发展历程，并且在某些国家和地区的出现早于其他。经济史家对作为历史进程的工业化的研究持续了几代人的时间，他们将工业化分为早期和晚期以探讨其动力和成因，并在全球范围内将其按照技术因素划分为不同阶段。早期工业化指的是西欧发达国家及其海外殖民地如美国、加拿大和澳大利亚等地区的工业化，开始于 18 世纪中期英国工业化后不久，第二次世界大战后的长期经济繁荣（1948—1973）宣告工业化完成。这一时期又常常被划分为两段，后者以电力和内燃机为主要动力。②晚期工业化指的是 1950—2010 年间的工业化，这时工业化扩散至东亚，以日本的工业化最为典型。③

道格拉斯·诺斯（Douglass North）和罗伯特·托马斯（Robert Thomas）高度概括了工业化的第一个阶段，认为其动力和进程主要来自私人。在他们看来，工业资本的集聚、制造业技术的积累、工
307 业组织模式的扩散以及用于科学研究的资金都依赖于私人投资，并增加了劳动力和资本的生产效率。投资人之所以投资，是因为他们

① 关于社会学对于工业化的研究，可见 *Annual Reviews in Sociology*。

② David Landes, *The Unbound Prometheus: Technological Change and Industrial Development in Western Europe from 1750 to the Present*, 2nd edn. (Cambridge: Cambridge University Press, 2003).

③ Alice Amsden, *The Rise of the Rest: Challenges to the West from Late Industrialising Economies*(Oxford: Oxford University Press, 2001).

预计可以获得收益。同时，工业化需要政治权力的介入来避免不稳定、崩溃和失败等现代工业在建立过程中常常遇到的挑战。这些投资以及保险业促进了推动经济发展的机制建设和立法，在12世纪直到法国大革命（1789—1815）之间，都得到了欧洲国家和私人自愿组织的支持。①

随着支持性组织和法律体系的完善，“原工业化”即工业化进程的初始阶段开始在欧洲大陆多个地区和国家起步。因此，1750年以后，以机器生产为特征的工业化并非是在欧洲大陆随意发展的，而是在已有制造业基础的地区扎下根来。

富兰克林·门德尔斯（Franklin Mendels）等研究前工业化时代的欧洲历史学家们发现，欧洲工业化的模式和工业聚集区表明，通过分析某些地区工业化的盛衰可以加深对当代工业化的理解。但他们的研究结果发现，从原工业化到现代工业，并不存在线性的进步。②

沃尔特·罗斯托（Walt Rostow）对工业化的概括性研究颇具争议，但对于理解工业化极富启发意义。罗斯托的观点源自马克思和德国历史学派，他们对资本主义起源的研究涉及工业化，时间从中世纪直到19世纪，跨越几个世纪。罗斯托接过了他们的假设，即现代工业化的市场经济国家，其发展经历了相似的过程，只是发展速度有所不同。在罗斯托的研究模型中，资本和知识的渐进性积累将经济发展推入起飞阶段，在这一阶段，工业化的速度和规模足以维持其经济的持续增长。③反对者认为，罗斯托的解释只能适用于欧洲国家，亚历山大·格尔申克龙（Alexander Gerschenkron）的“经济

① Douglass North and Robert Thomas, ‘An Economic Theory of the Growth of the Western World,’ *Economic History Review* 21(1970), 1-17.

② Franklin Mendels, ‘Proto-Industrialization: The First Phase of the Industrialization Process,’ *Journal of Economic History*, 21(1972), 241-261.

③ Walt Rostow, ‘The Preconditions for Take-Off’ and the ‘The Take-Off,’ in Walt Rostow, *The Stages of Economic Growth*(Cambridge: Cambridge University Press, 1965), 17-58.

落后的历史透视”就是典型。①在格尔申克龙眼中，欧洲的工业化历程是“多元中的统一”。与库兹涅茨和罗斯托不同，格尔申克龙更加重视各国在工业化进程中的差异而非共性，他相信，通过对如今已经步入发达国家行列的国家的工业化战略进行细致入微的比较研究，可以理解它们是如何实现工业化并提高人均收入水平的。尽管格尔申克龙的观点被后来的经济史学界误解，但他尝试建立欧洲工业化之差异模式的努力却激励着后代学者，促使他们建立扎根理论(Grounded Theories)，而不再集中关注工业化的共性。②

在库兹涅茨及其支持者看来，工业化可以被视作一个普世的宏观经济过程，但在法国大革命到20世纪50年代期间，欧洲国家的工
308 业化历程在生产产品的构成上有所不同，在生产方法上各有差异，并在组织方式等方面形态各异。与工业化大生产不同的传统生产方式不仅在欧洲大陆留有根据地，即使在英国这个1914年以前引领世界的工业经济体中也仍然存在。新技术只是在生产的某些领域代替了手工生产，而且市场、尤其是高端消费品和资本产品需要根据需求随时作出调整，这是与工业化大生产不同的生产模式仍然得以存在的土壤。实际上，依托工厂进行的大规模量化生产并非在所有产业部门都意味着高效率，相当数量的传统产业存留下来，现代化工业生产与手工生产和原始生产模式之间并不存在难以弥合的鸿沟。与此相反，当工业成为一个个经济体的主导经济部门后，工业内部的转型和扩张始终离不开连续的调整和适应。新技术、新工具、新能源和新组织形式渐次出现，拓展了制造业部门所需要的技术范围。③直到一

---

① Alexander Gerschenkron, ‘Economic Backwardness in Historical Perspective,’ in Alexander Gerschenkron, *Economic Backwardness in Historical Perspective*(Cambridge, Mass.: Harvard University Press, 1962), 5–30.

② Richard Sylla and Gianni Toniolo, eds., *Patterns of European Industrialization in the Nineteenth Century*(London: Routlege, 1991).

③ Charles Sabel and Jonathan Zeitlin, ‘Historical Alternatives to Mass Production: Politics, Markets and Technology in Nineteenth Century Industrialization,’ *Past and Present*, 108(1985), 133–176.

战之后，美国的工业化范式才取代英国范式被欧洲国家所接受，而大约半个世纪后，当欧洲国家在面临亚洲新兴经济体挑战时，才再度意识到自己在规模小、灵活度高和生产多元化方面的优势。

此外，阿尔弗雷德·钱德勒（Alfred Chandler）的著作开创了一个新的研究热点，揭示了美国工业（包括钢铁、化工、制药、汽车、炼油、电力产品和农药等）在西方工业化第二阶段（1893—1973年）奠定了独特而富有竞争力的优势，这与美国在管理方面相比欧洲国家的优势有很大关系。钱德勒将现代公司这一组织形式具体化为美国工业优势的核心因素，并且认为其他国家由于现代公司的缺失而在20世纪处于相对劣势。尽管钱德勒的观点与第二次工业革命（只有大型企业才能实现规模经济，现代技术体现着科技进步）的优势产业密切相关，但放之于整个制造业中却并未合理。虽然钱德勒的观点颇具启发意义，但20世纪影响工业竞争力的因素还有很多。①

全球扩散：当代发展与未来趋势

保罗·贝劳奇（Paul Bairoch）试图超越对欧洲和北美的关注， 309
对1750—1980年间工业化在全球范围内的空间分布和节奏进行定量研究。贝劳奇对于全球制造业生产能力空间分布的概括性研究虽然存在值得商榷之处，但仍然颇有启发。②自1750年以来（这一年通常被视作英国工业革命的起始年份），全球工业产出在100多年的时间内增加了1倍，从19世纪中期到第一次世界大战，又增加了4倍。在1912—1953年的40年间，尽管全世界笼罩在战争和萧条的阴云中，工业产出还是增加了3倍；而20年后，也就是到战后经济长期繁荣达到顶点的1973年，工业产出再度增加3倍。随后，全球工业

① David Teece, 'The Dynamics of Industrial Capitalism,' *Journal of Economic Literature* 31 (1993), 1-45.

② Paul Bairoch, 'International Industrialization Levels from 1750—1980,' *Journal of European Economic History* 11(1982), 269-333.

产出的年增长率开始下降，但与此前相比，仍然保持了较快增长。

相比之下，第三世界国家的工业产出在1750年以来至少增加了1倍。然而，一战以来的数据显示，第三世界国家的工业产出无论是相对数量还是绝对数量都有所下降。非洲、亚洲和南美洲人口对来自欧洲和北美发达国家的工业制成品的消费数量不断上升，相比之下，这些国家的人均工业产品产出则急剧下降。从长时段和全球范围来看，第三世界国家工业产出在全球工业产出中所占的比例实际上有所下降：从1750—1800年间的大约70%，迅速下降到1950年前后的10%。此后，这一数字又有所上升，尤其是近些年来，中国和印度工业的发展推动了这一比例的快速攀升。然而从整体上看，1750年以后的2个世纪中，工业化（以人均工业产出为标准）仍然局限在欧洲和北美的范围内。

这也就解释了为什么直到近期，围绕工业化过程和起源的讨论仍然以西方发达工业国家为主要对象。英国在17世纪和18世纪始终是全球最发达经济体（根据人均工业产出为标准），直到1900年前后，英国的这一地位才被美国取代，随后又在20世纪末被其他欧洲国家和日本超越。欧洲和北美的工业体最初以劳动力产出、技术进步和企业组织的有效性为标准；当美国取代英国成为世界工业霸主后，制定了一系列指标作为商人和政府用以考量美国经济在全球范围内的优劣的标准。此后崛起的工业国家包括德国、苏联、瑞典、瑞士、比利时、意大利以及日本和东亚工业化国家等，都采用多项指标来测定工业生产能力和效率。①

根据人均工业产出，美国工业规模在20世纪大部分时间内首屈一指，美国因此长期垄断工业霸权。两次世界大战延长了美国工业
310 霸权的时间，②其竞争优势在战后长时期的经济发展中逐渐被欧洲和

---

① Moses Abramovitz, 'Catching Up, Forging Ahead and Falling Behind,' *Journal of Economic History* 46(1986), 385-406.

② Gavin Wright, 'The Origins of American Industrial Success 1879—1940,' *American Economic Review* 80(1990), 651-668.

日本所超越。这一现象解释了诸多关键因素——包括科技进步、社会力量、规模经济、自然资源禀赋——与劳动力弹性供应之间的相互影响，这种相互影响正是二战后欧洲国家工业发展的动力。在当代欧美工业化的市场经济体中，工业化以开发科技、生产组织模式和机构的潜力等方式继续发展。在对某些国家进行研究时，往往挑出其社会和科技能力来比较其相似性而非差异。①

相比亚洲和拉丁美洲的新兴工业化国家，欧洲国家的工业化历程可以更为准确便捷地用经济学或社会学专业术语加以概括。对于这些所谓的后起工业化国家来说，政府在工业化进程中所扮演的角色、企业所采取的策略和组织结构，以及风格各异的文化和法律体系，共同代表了工业化的新模式。②这一新的浪潮或曰第三次工业革命体现了新技术在工业中的重要地位，也是工业化在全世界更多国家和地区进行扩张的产物。③无论传统工业国家还是后起工业国家，对于信息技术、高速交通、生化科学、基因工程、机器人、电脑控制系统以及工业在全球范围内的迁移、扩散和整合都采取了相似的态度。快速发展的现代工业大多是知识密集型，为日渐富裕和个性化的消费者服务。消费者口味的变化、日益快速的技术变革以及密集化的全球竞争促使世界各地的工业生产变得更为灵活并富于适应性。与20世纪典型的美国企业相比，现代企业规模变小，其管理结构也不再是金字塔形。现代企业以发挥知识和智识的作用为导向，不仅是科技人员、专业人士和管理层，也包括普通员工的技术和才能，以便提升其产品的品级，寻找差异化的竞争空间并实现创新。④

尽管如此，企业通过结构的再调整和重组、制造业迁移以及发

---

① Nicholas Crafts and Gianni Toniolo, *Economic Growth in Europe since 1945*(Cambridge: Cambridge University Press, 1996).

② Toshio Hikino and Alice Amsden, 'Staying Behind, Stumbling Back, Sneaking Up, Soaring Ahead: Late Industrialisation in Historical Perspective,' in W. Baumol, *Convergence of Productivity*(Oxford: Oxford University Press, 1994), 285 - 315.

③ Daniel Bell, 'The Third Technological Revolution and its Possible Socio-Economic Consequences,' in *Dissent* 36(1989), 164 - 176.

④ Richard Florida, 'The New Industrial Revolution,' *Futures* 23(1991), 559 - 576.

掘创新潜力和效率来提升空间，但在现有的劳动力水平基础上并不容易实现。①

311 与此同时，两个现实问题亟需引起学术和政治层面的关注。第一个也是最重要的是，目前贫困的第三世界国家如何以及在何时在当代全球劳动分工中找到自己合适的位置。②第二，发达经济体是否会采取更加严厉的措施来阻止去工业化这一影响其人口生活水平的现象。

所谓去工业化，一般是指工业部门的雇佣劳动力和产值在其国民生产总值中的比重下降。许多第三世界国家如中国和印度，都曾在 19 世纪经历过去工业化过程。然而，当代发达经济体尤其是英国和美国，其工业与服务业的比例往往很难确定，因为在二者之间几乎没有一条清晰的分界线。此外，由于欧洲和北美地区富裕的消费者正在消费越来越多的来自第三世界工业国家的廉价制成品，后者遭受的贸易逆差正在逐步缩减。相反，发达工业国家之间的货物和资本流动中的问题是当代亟需调整的经济挑战。然而，如果新型贸易保护主义肆无忌惮地继续蔓延，那么近些年来亚洲、中东和南美洲的工业发展将可能陷于停滞。③

部门内部的联系

与此同时，工业仍然被视作引领国民经济长时段发展的领头羊。工业在何时、何地、以何种方式成为领头羊以及产生了怎样的结果，有赖于其他部门的支持。在经济结构工业化之前，农业是经济的重

① Giovanni Arrighi, ed., *The Resurgence of East Asia*(London: Routledge, 2003).

② Rolf Kaplinsky, ' Technological Revolution and the International Division of Labour in Manufacturing: A Place for the Third World,' in Rolf Kaplinsky and Charles Cooper, eds., *Technology and Development and the Third Industrial Revolution*(London: Frank Cass, 1989), 5 - 37.

③ Ajit Singh, ' Manufacturing and De-industrialization,' in John Eatwell, Michael Milgate, and Paul Newman, eds., *The New Palgrave Dictionary of Economics*(London: Macmillan, 1987), 63 - 78.

中之重。在经济体系之外的资源进入经济体之前，工业所需的劳动力、资本、原材料和市场大多来自经济体主要的经济部门。经济学家建构起这些联系，但其基本联系及其重要性却可以通过比较早期工业化阶段——即农业决定城市和工业兴衰的时期——不同国家或案例的经验来得知。①

工业与交通业的联系也值得一提。交通业的需求满足并拓宽了工业生产的市场。工业生产有其专业分工，往往聚集在某个区域，并且分散在大范围的空间中，这之间的协作依赖于交通业为其提供
的服务。交通业的创新，如硬化路面、运河、轨道线路以及以蒸汽、 312
油和喷气机为动力的机器，降低了成本，加快了原料和产品的运输速度，有力地推动了工业化进程。不但如此，交通业也将工业与其下游产业如钢铁、机械和建筑业联系起来。若没有交通业的技术创新，区域、国家乃至全球的工业化都会受到极大限制。②

银行等金融机构对工业企业尤其是小企业的支持是其他行业所不能匹敌的。该部门吸收储蓄，为工业企业提供基础资本以及日常运行所需要的资金。若没有稳定而持续的现金流，工业企业根本无法运作。通过在商业萧条期为企业提供资金，银行可以帮助企业渡过债务危机。不幸的是，政府为避免通货膨胀和维持本地货币的国际比价而采取的措施往往会压制银行业的发展。管制资金供应和货币兑换，并且同时为工业提供贷款，使得政府在平衡工业发展的需求以及金融、物价和国际收支差额之间困难重重。③

货币和财政政策是国家与工业关系中的重要环节。对于实行计

---

① Giovanni Federico, *Feeding the World: An Economic History of Agriculture, 1800—2000* (Princeton: Princeton University Press, 2005).

② Peter Hugill, *World Trade since 1431: Geography, Technology, and Capitalism* (Baltimore, Md.: The Johns Hopkins University Press, 1993).

③ Karl Born, *International Banking in the Nineteenth and Twentieth Centuries* (Leamington Spa: Berg, 1983), and Rondo Cameron et al., eds., *Banking in the Early Stages of Industrialization* (Oxford: Oxford University Press, 1967).

划经济的苏联和中国，现代工业的创立由中央政府规划、资助和执行，而其他国家的政府则较少行使此类职能。国家资助并建立某些工业，并为其他行业提供支持，但整体上看，国家为工业发展提供了通信设施、能源、教育、培训、信息和技术服务以及安全保障，以推动私人资本投资国内工业部门。①国家同样为工业企业的组织、雇佣劳工、集资和销售提供法律支持。②概而言之，除了苏联和中国等少数例外，工业的产生、发展和管理都由私营企业主导，而由政府提供设备、规则和机构。

即使在历史学家中间，对于政府与工业之关系仍然存在争论，各种观点之间往往存在着关于私营企业和管理对于现代工业之作用的先入之见。历史学家撰写工业经济体的历史，揭示了国家好心参与市场运作却取得恶果的现象。③工业化在冷战时期成为不同观
313 点交锋的战场，争论在第三世界工业化中市场和政府应当担当的角色。④不过，目前一种更为平衡的观点正在浮现，即试图分析政府的工业化策略，哪些是有益的，哪些是有害的。⑤历史研究已经论证了国家经济政策中有助于经济发展的结构性和历史性因素。⑥关于国家在工业化中之作用的研究已经超越观念领域的分析而进入经验分析。⑦

---

① Douglass North, Institutions, *Institutional Change and Economic Performance*(Cambridge: Cambridge University Press, 1990).

② Stefan Epstein, *Freedom and Growth: The Rise of States and Markets in Europe, 1300—1750*(London: Routledge, 2000).

③ Robert Ekelund and Roy Tollison, eds., *Politicized Economics, Monarchy, Monopoly, and Mercantilism*(College Station, Tex.: Texas A&M University Press, 1997).

④ Robert Allen, *Farm to Factory: A Reinterpretation of the Soviet Industrial Revolution*(Princeton: Princeton University Press, 2003).

⑤ Ito Shapiro and Lance Taylor, ' The State and Industrial Strategy,' *World Development* 18 (1990), 861 - 878.

⑥ Charles Tilly, *Coercion, Capital and States*(Oxford: Oxford University Press, 1990).

⑦ Richard Wade, *Governing the Market: Economic Theory and the Role of the State*(Princeton: Princeton University Press, 1990), and Ha-Joon Chang, ed., *Institutional Change and Economic Development*(London: Anthem, 2007).

国际关系与全球背景

学术界对于国内工业与国际经济关系的历史和现实研究已经很多，从中可以得出许多推论，也可以为现实提供药方。国内因素对于工业化的意义不言而喻，但没有一个国家的工业化能够脱离国际经济环境而实现。此外，工业化还有一个推动力，就是产品有足够的国际市场，或是产品能够突破国内市场的局限。几乎在所有工业化案例中，从原材料、资本、熟练劳动力到专业技能和技术，都有相当一部分来自国外。商品进出口、交通、保险、分配等服务，以及资本、信用和技术等生产的国际流动是工业化在全球扩散的必要组成部分，甚至在英国成为第一个工业化国家和 19 世纪资本和技术进入国际流动之前就是如此。①

国际贸易和商业对于工业化之时机、速度和模式的重要性，体现在国家的国际收支中。资本和劳动力的国际流动常被用来分析国际与国内市场的推力和拉力，也被用来分析 20 世纪、19 世纪以及以前几个世纪中影响工业化扩展的政治等因素。

在 1846—1914 年间，全球化与工业化携手并进，至少在欧洲以及欧洲在美洲和澳洲的殖民地是如此。交通成本的急剧下降和联系日益紧密的全球市场促进了贸易和专门化。大规模的资本和人 314
口流动在国家之间和国内经济各部门之间有效促进了资源的再分配。由于政府没有采取措施限制资本、人口和贸易的流动，失业者可以前往他国或本国的城市中，以求在城市服务业和工业中寻找就业机会。1914—1948 年间，上述全球化历程受到关税、移民政策和两次世界大战的阻挠，直到 1948—1973 年的繁荣周期才再度恢复，尽管没有达到此前的程度。近来，工业化通过贸易、资本和劳动力的流

① Jeffrey Williamson, 'Globalization, Convergence and History,' *Journal of Economic History* 56(1996), 277 - 306.

动再度加速向外扩散，但复苏的“新保护主义”又给全球化蒙上了一层阴影。①

从英国开始，从亚洲小虎到21世纪的中国和印度，越来越多的国家实现了工业化，其间无一例外伴随着关于工业化内因与外因之作用的争论。许多经济学家认为，贸易是经济发展的“女仆”而非“发动机”，但进出口在各地有所不同，而且依赖于世界经济的周期，并受到国家的国际经济政策的制约。②

无论在哪里，工业化都需要高水平的投资并且日益增加，用于建筑、机器、仓储等服务于制造业的门类，但对于城市化、住房、交通和分配网络以及与现代工业相伴而生的公共服务来说，贸易却有极大价值。当国家和商界希望推动工业化快速发展时，国内积累的资本往往不足以满足工业发展所需。本地工业化所需的原材料、机器、劳工等需要从国外进口，当工业化加速后，这些物资的价格都会上涨。③

国外投资可以填补两项空白，尤其是在工业化早期，此时本地投资者和金融机构并不看好工业企业的发展，也许国际收支状况制约着进口产品的分配。国外资本也会带来负面影响，比如涌入资金过多，或是需要付出政治代价，从而影响工业化的前景。在二战后的去殖民化历程开始前，国外投资往往也是帝国主义侵略的一部分。④

随着去殖民化的开始，投资人和借贷人越来越相互依赖，但在
315 名义上，主权贷款人往往被视作剥削者。而大多数国家都严重依赖国际资本市场，到20世纪末，拉美、非洲、亚洲以及冷战后的前苏

① Kevin O'Rourke and Jeffrey Williamson, *Globalization and History*(Cambridge, Mass.: MIT Press, 1999).

② Irving Kravis, 'Trade as a Handmaiden of Growth: Similarities between the Nineteenth and Twentieth Centuries,' *Economic Journal* 80(1970), 850-872.

③ Kevin O'Rourke, ed., *The International Trading System, Globalization and History*(Cheltenham: Elgar, 2005).

④ Herfried Munkler, *Empires*(Cambridge: Polity Press, 2007).

联和东欧等工业化经济体推高了外债，使这些国家的债务水平已高达危机水平，相对其外汇收入而言难以支付。①

制造业生产力的持续增长依赖于工业科技的发明、改进和发展。大多数工业国家和正在经历工业化的国家都依赖国外的产品和技术。尽管技术和产品的原发国和首先应用国享有一定优势，但在全球化的工业扩展中，人们更依赖于技术的引进和改造提升。因此，技术转移而非技术创造才是工业化的核心。关于工业化的扩散，与当地或国家生产新形式的制成品以及掌握外来技术的能力有关。相对而言，拥有吸收外来技术并将其工业生产多样化的国家比那些由于历史、政治和文化因素而难以"拿来主义"的国家更易于发展工业化。在不同的历史时期，不同国家会抵达其发展瓶颈。②与此同时，创新的加速、新技术复杂性的增加，以及文化惰性的加强，使得要追上先进工业国变得更加困难。

尽管跨国公司（MNCs）被认为可以解决工业化过程中的困难，但无论是其组织结构还是经营目标都无法令第三世界经济体相信跨国公司能够实现大规模工业化。然而，跨国公司在过去的半个世纪中主导了资金和工业技术在全世界的扩散。这些跨国公司和财团大多是私人企业，总部坐落于某个国家，领导层也在这里（以美国最多，此外也有英国、法国、德国、瑞士、荷兰、日本、印度、韩国和中国台湾地区等），在世界范围内生产和销售工业产品。实际上此类企业并不是新生事物。无论是其形式、结构还是经营目标，都可以追溯到16—17世纪荷兰、英国与法国专营美洲、亚洲和非洲贸易的公司。

许多欧美跨国公司的历史可以追溯到第一次世界大战之前，其 316
广度和深度经过两次世界大战而进一步增强，很快便拓展至全世界，并在1948—1973年的长期繁荣期间控制了全球大部分跨国贸易、资

① Alan Kenwood and Alan Loughheed, *The Growth of the International Economy*, 3rd edn. (London: Routledge, 1992).

② Joel Mokyr, *The Lever of Riches: Technological Creativity and Economic Progress*(Oxford: Oxford University Press, 1990).

本流动和技术转移。美国跨国公司向其他国家和地区传播现代技术、新产品、先进管理方式和工业组织模式，促进了欧洲工业在二战后的复苏。①

美国、欧洲和日本的跨国公司在第三世界工业化中扮演怎样的角色仍有争议。他们被指责为销售不合时宜的产品，出口过时技术，并向南美、非洲和亚洲等落后国家兜售不适合其国情的管理体系。他们承诺为所在国家的劳动力提供培训，但常常口惠而实不至。他们被指责在世界范围内剥削廉价劳动力，并垄断了现代技术和最受欢迎的产品。与此相矛盾的是，跨国公司在其所属的发达国家也被视作不爱国，加剧了国家的去工业化。②

超长周期下全球范围的工业化

人类从旧石器时代以来便开始制造工具，学会了装饰，并进行物品交换。当定居农业出现并且生产出剩余的食物和原材料以满足中东、非洲、欧洲、亚洲和中美洲一系列文明或帝国的城镇需求、生产分工、贸易和政治秩序时，制成品的数量、范围和复杂度都有所提升。全球史研究者将从苏美尔文明到中世纪的这大约 5000 年划分为一系列前后相继的帝国，他们的著作探讨了帝国兴衰背后的政治、军事和文化因素。③

研究工业化的历史学家往往以工业革命为界，此前的历史以千年为时段，以后则以百年为时段，他们对古代文明的兴趣在于理解古代帝国走向繁荣所依赖的贸易网络的范围、数量和结构，最重要的是制成品的成本和价值。考古学家已经发掘并研究了大量材料，

---

① Ronald Findlay and Kevin O'Rourke, *Power and Plenty: Trade, War, and the World Economy in the Second Millennium*(Princeton: Princeton University Press, 2007).

② Robert Casson and Ron Pearce, 'Multinational Enterprises in LDCs,' in Norman Gemmell, ed., *Surveys in Development Economics*(Oxford: Blackwell, 1987), 90 - 132.

③ Graeme Snooks, *The Dynamic Society: Exploring Sources of Global Change*(London: Routledge, 1996).

来了解制成品种类和数量的变化。这些制成品大多来自城市，而城市在早至苏美尔时代（前 3800—前 2000 年两河流域的文明）就在空间上集中制造业，并且种类多样。 317

考古学家将古代帝国生产和与其他国家交换的耐用制成品进行分类并记录。这些物品数量多、种类全，而且随着时间的推移越发复杂，它们证明，在古希腊和罗马帝国如日中天之前，长途贸易就已广泛地存在于亚洲、欧洲和非洲。在工业革命之前很久，制成品向各地扩散，其设计和制造工艺水平也有所提升。但对于制成品在贸易中的数量，历史学家们连可供讨论的假说也没有，也无法测算某地制成品的数量，更不用说 18 世纪以前全球制成品的规模了。

然而，制造业和制成品本应该得到重视，因此，将英国工业革命描述为从农业占主导的经济向工业主导经济的突破性、快速性转型，这样的说法过于简单。在此之前，大量制成品已经参与到世界各地的贸易中去了。机器，比如依靠风力或水力的机器，在此之前几百年就已投入使用。在中东、印度、中国和欧洲的许多帝国，甚至在苏美尔文明的城市中，都不难发现将工人集中在同一个屋檐下或是厂房里共同协作的案例。在工业革命开始之前很久，尽管与制造业相关的特定技术、工艺、手段和进程在不断发展，但工人很快就掌握了起来。简而言之，深刻改变了过去 300 年间经济增长方式的工业化，其关键特征（包括种类繁多的产品的制造、工业品贸易、机器动力、非生物能源、专业分工、工厂和工业活动的空间集中）在石器时代的考古资料和历史记录中也留有痕迹。尽管上述因素无法被统计资料所证实，但伴随着中东、欧洲、亚洲和中美洲城市崛起而快速增长的制造业和贸易在历史叙事中的记录也使历史学家相信，究竟工业化以来的 300 年间发生了哪些新变化，仍然是一个值得探讨的问题。①

① Andrew Sherratt, ‘World History: An Archaeological Perspective,’ in Solvi Sogner, ed., *Making Sense of Global History*(Oslo: Universitesfortlaget, 2001).

上述种种莫不说明，过去300年间的工业化与更早的工业化之间的差别仅仅在于速度、模式、全球扩散程度和不同工业部门之间的整合密度。例如自17世纪末以来，人们所使用的制成品的种类和数量较此之前都有前所未有的增加，世界各地都是如此。在人类进
318 入现代社会之前，在某些帝国或城市中，专供富裕人口使用的制成品的数量和种类也增长迅速，但其使用仍有明显的地域差别，而且只有那些财力雄厚、衣食住行等生存需求已被满足的人群才有能力消费制成品。此外，那些制造业集中的城镇乃至政权几乎无一不受到政治动荡和自然灾害的严重影响（包括社会混乱、战争、时疫、疾病和各种自然灾害）。这些外部因素可以永久性地破坏制造业和贸易。在16世纪之前，几乎在所有城市社会都可以发现制造业和贸易的兴衰。然而17世纪以来，此前千年因城市工业化和商业发展而导致影响国家稳定的政治动荡乃至自然灾害被新的因素取代了，即社会动荡、经济周期性萧条，当然还有核战争。①

工业化的历史被视作从1750年以前的千年之中已经开始，制造业从部分地区的零星活动最终发展为全球现象，而一种布罗代尔式的观点正在将这段历史分割开来。②因此，越来越多的经济学、历史学、社会学和人类学领域的知名学者尝试着回避工业革命起源于英国并在19世纪扩展向全球的传统叙事，开始重新探索其起源，分析其利弊影响。

但这并不意味着关于工业革命的经典研究失去其意义，因为这些经典研究揭示了从中得出的观念、方法和认识是何等传统。③

对于工业化的经典研究大多遵循从案例到案例、从国家到国家的模式，对于了解经典研究的学者来说，目前的工业化研究令他们

---

① David Christian, *Maps of Time: An Introduction to Big History*(Berkeley: University of California Press, 2004).

② Fernand Braudel, *Civilization and Capitalism, 15th—18th Century*, 3 vols. (London: Collins, 1988).

③ Peter Stearns, *The Industrial Revolution in World History*(Boulder, Colo.: Westview, 1998).

感到震撼的是对现代工业化的长时段速度和模式的概括。①300 年来，许多杰出历史学家和社会科学领域专家的实证研究并未得出关于工业化的宏观理论。工业化只是被视作现代经济发展背后结构性调整的关键性因素，并从一个国家扩展到另一个国家。②工业化要想快速发展，离不开投资和不同部门间的联系，而与此相关的分类方法和专业术语也逐渐被创造出来并加以完善。计量经济学旨在将导致工业产出的投入进行分类以测算其重要性，在计量经济学中，生产功能被以大数据的方式进行计量。尽管这些投入得以发挥作用的机制 319
已经被发现，但在作为历史进程的工业发展中，这些投入各自发挥了怎样的作用却尚未可知。在任何关于工业发展之“必要投入”“前提条件”“要求”和“直接必要条件”的讨论中，都不会漏掉净资本投入、增效技术、理想规模、合理组织、进攻性市场策略、进入竞争激烈的国际市场以及增强政府支持等要素。但对于历史学家和社会科学家来说，经历了 300 年发展的工业化，仍然只有二三十个国家达到人均产值的最高水平，使得世界人口的一小部分达到较高的生活水准；在这种情况下，上述不同要素之间何时、为何和怎样互动才能在某时某地形成持续性的工业化进程仍然值得探讨。③

尽管只有少数几个新兴工业国家在近期得以跻身工业化的市场国家行列，并且其工业生产水平和人民生活水平近期才接近欧洲、美国和日本等发达工业国家的水准，但目前仍然没有基于世界范围的统计资料证明不同国家间劳动力平均产出与工资的比例关系正在接近。与此相反，工业国与正在工业化进程中的国家（如中国和印度）之间的差距倒正在加大。④

如今，工业化进程已经为人所知，推动工业化的直接因素也为

---

① Paul Bairoch, Victoire et deboires. *Histoire économique et sociale du monde du XVI siècle au nos jours*(Paris, Gallimard, 1997).

② Nicholas Teich and Roy Porter, *The Industrial Revolution in National Context*(Cambridge: Cambridge University Press, 1996).

③ Angus Maddison, *The World Economy: A Millennial Perspective*(Paris: OECD, 2001).

④ Dilip Das, *China and India: A Tale of Two Economies*(London: Routledge, 2006).

人所熟识，但仍然有一个频繁出现的问题没有得到解决，即为何全世界仍有许多地区没有实现工业化，尤其是在所谓的落后国家已经具备比较优势并且致力于实现工业化之时。例如，工业效率低下的国家在理论上可以直接引进先进的管理方法，它们可以直接从国际市场上引进技术人才和管理专家，并且获得资金。而且，这些国家的劳动力往往价格低廉，自然资源丰富，其国内市场潜力巨大。这些国家的政府致力于推动工业化，并乐于为民族工业的发展和细化提供资助。它们甚至欢迎跨国公司的分支机构。

从英国出现第一次工业革命至今已有 300 年，但工业化的扩展却伴随着痛苦，不仅步伐缓慢，而且局限在某些地域。尽管关于全球工业化进程目前仍没有高水平的宏观论述，但关于为何很多国家没有实现工业化的讨论却并不少见。研究者认为，少数国家紧随英
320 国的脚步（尤其是有二十几个案例，最终超越了英国的工业水平），或是拥有，或是很快具备了所谓的“社会能力”，从而实现了工业化。但绝大多数国家并未拥有这种社会能力，它们的人口占据了世界人口的相当部分。所谓社会能力是一个包罗万象的词汇，指一个国家或民族的文化、价值观、家庭体系、政治和法律机构、宗教、追求、教育以及接受工业部门的能力。无论在任何时期，这种社会能力都是国家和本地历史的遗产。政府以及教会、学校、工业企业等机构可以引导社会能力流向所需要的方向，投资、发展以及在工业企业中工作的物质需求也可以将其改变。除了这一基于概念的宏观概括，没有其他的工具可以既研究工业化的成功案例并与后来的案例作出比较，又能够展现出达到世界发达经济体之宏观经济结构和生产力水平的难度。①

尽管如此，对于工业化的宏观概括也不可能通过综合现有的成功和不成功案例而得出。自 18 世纪以来，经历工业化的国家和地区

---

① François Crouzet, *A History of the European Economy, 1000—2000*(Charlottesville, Va.: University Press of Virginia, 2001), and Amsden, *The Rise of the Rest.*

的国际环境发生了很大变化，这也使得对宏观概况的描述难上加难。英国工业革命依靠的是蒸汽动力、煤炭和机械来提高消费品、机械和交通部门的劳动生产率，但此后的工业化所依赖的技术，范围在扩大，数量也在增多，并在加速变化。[1]工业发展的地缘政治包括贸易、国外资本、技术扩散以及从国际市场引进技术人才和专家，这些都发生了巨大变化。1846—1914 年间的自由主义国际秩序加快了几个世纪以来的战争趋向；1914—1948 年间，则是新重商主义和遍布世界各地的战争主导着国际秩序。再往后，美国的全球霸权、去殖民化和跨国公司的崛起加快了现代工业在全世界的扩展。1989 年计划经济体崩溃后，苏联、东欧和中国都削减了政府管制经济的措施，进一步促进了私有经济的发展。曾经被视作历史的终结的资本主义成功地得到了政府的支持和激励。世界各国都致力于私有企业的发展，但并没有适合所有国家工业化的万能良药。直到近年来保护主义的复兴，国家间相互依赖性的加强、工业在全球范围内的整合一直在持续，工业化变得更为全球化，在地域上也更为多样。尽 321
管对于目前仍未实现工业化的国家而言，可供选择的技术足以推动其结构实现前所未有的变迁，并快速增加其劳动生产率（例如中国和印度），但将进入新世纪以来的工业化视作与此前工业化有质的不同——如第三次或第四次工业革命——并不能给我们特别的启发。

300 年来，新知识的出现有力地促进了工业化。[2]通信、生物科技和机器人等新技术只是最新一波推动工业调整结构、调整区位和调整生产部门以满足人类新需求的动力。在当代技术条件下，知识、劳动力技能、协同程度和对全球市场的反应是工业发展的比较优势，如同在此前的工业化进程中，大企业、大规模生产和固定资本所扮

---

① Robert Allen, *The British Industrial Revolution in Global Perspective*(Cambridge: Cambridge University Press, 2009).

② Arnold Pacey, *Technology in World Civilisation*(Oxford: Blackwell, 1990), and James McClelland and Harold Dorn, *Science and Technology in World History*(Baltimore, Md.: The Johns Hopkins University Press, 1999).

演的角色。在工业已从欧洲和北美转移到亚洲的21世纪，实现工业化需要不同于以往的政治能力和社会能力。①

参考书目

- Allen, Robert. *The British Industrial Revolution in Global Perspective*. Cambridge: Cambridge University Press, 2009.
- Amsden, Alice. *The Rise of the Rest: Challenges to the West from Late Industrialising Economies*. Oxford: Oxford University Press, 2001.
- Braudel, Fernand. *Civilization and Capitalism, 15th—18th Century*, 3 vols. London: Collins, 1988.
- Christian, David. *Maps of Time: An Introduction to Big History*. Berkeley: University of California Press, 2004.
- Crouzet, François. *A History of the European Economy, 1000—2000*. Charlottesville, Va.: University Press of Virginia, 2001.
- Findlay, Robert, and Kevin O'Rourke. *Power and Plenty: Trade, War and the World Economy in the Second Millennium*. Princeton: Princeton University Press, 2007.
- Gerschenkron, Alexander. ' Economic Backwardness in Historical Perspective, ' in Alexander Gerschenkron, *Economic Backwardness in Historical Perspective*. Cambridge, Mass.: Harvard University Press, 1962, 5 - 30.
- Kenwood, Alan, and Alan Loughheed. *The Growth of the International Economy*. 3rd edn. London: Routledge, 1992.
- Kuznets, Simon. ' Towards a Theory of Economic Growth, ' in Simon Kuznets, *Economic Growth and Structure*. Cambridge, Mass.: Harvard University Press, 1965, 1 - 81.
- Landes, David. *The Unbound Prometheus: Technological Change and Industrial Development in Western Europe from 1750 to the Present*. 2nd edn. Cambridge: Cambridge University Press, 2003.
- Mokyr, Joel. *The Lever of Riches: Technological Creativity and Economic Progress*. Oxford: Oxford University Press, 1990.
- North, Douglass. *Institutions, Institutional Change and Economic Performance*. Cambridge: Cambridge University Press, 1990.

李文硕 译 陈 恒 校

① David Held et al., *Global Transformations: Politics, Economics and Culture*(Cambridge: Polity Press, 1999).

第十八章　世界历史上的物种交换

J. R. 麦克尼尔

人类的整个历史都在生态中展开。文化依赖于自然，无时不 325
在，无处不有。与此同时，千百年来人类也以文化改造自然并塑造了生态系统。总的来说，人类对生态系统的影响与日俱增，今天，人类已在生态变迁中占据支配地位，并主导了生态进化。人们改变环境，并由此改变生态背景及自身历史的一个重要渠道就是物种交换。

物种交换与许多事物相关，尤其重要的是农作物、家畜及致病微生物或致病菌的远距离迁移。选择以上三者是其具有重大、直接的历史意义。因此，比起蒲公英和松鼠来，这里更关注甘蔗和马的物种交换。然而在某种程度上，这是一种主观的选择。首先，它是以人类为中心的，认为形形色色的物种变化对人类事务没有影响或影响微乎其微。主观地作出这些选择也许从生物学的角度上讲是有缺陷的，然而历史学以人类活动为中心和重点，所以舍此也别无他策。这里的物种交换更重视突然的、长距离的、洲际的活动，而非本地的、逐渐的变动。因此，相对于罗马人将葡萄酒传遍欧洲和中国先民努力扩大稻作区域，我们更为重视玉米传至非洲。另一方面，这些选择意在关注物种交换而非物种内部之间的基因转移。本章旨在发掘那些重要的物种交换对人类历史的作用，因此，野草、害虫、菌类、药用植物、禽类及其他对人类历史产生一定影响的数不尽的物种并不为本章所重视。

物种交换有时是刻意为之，有时则是无心插柳。人们从一地迁徙到另一地时会有意带一些家畜和粮食，种子、害虫、杂草、微生
326 物也会被无意带去。然而，即便是有意引种往往也会带来意想不到的后果，其中最著名的一例就是澳大利亚的兔子。19 世纪，作为食物从英国运往澳大利亚的兔子，繁殖出数以千万计的后代，破坏了可供澳大利亚牛羊放牧的草地。有意引种会导致始料未及的后果，诸如此类的插曲也阐释了物种交换的一个重要原则，严格来说叫生态入侵，人们也叫它生态释放：外来的物种远远超过了当地的捕食者和寄生虫，比起旧环境，他们在新家大量繁殖、逐渐兴盛，严重破坏了当地的生态。每一百个外来物种中会有一例该类事件发生。① 今天，政府花大力气阻止大部分物种交换，然而它还是常常发生。人类曾在历史的大部分时期迫不及待地用它做实验。现在，出于对生物入侵以及随之而来的农作物损害、本土物种边缘化甚至灭绝的恐惧，这类实验已被大大限制。如今，生物保护主义已悄然成长。然而，它的理论依据却有限，本土与非本土物种往往很难区分，有时生物民族主义还会带有浓厚的沙文主义色彩。②物种交换仍在继续，由于远距离贸易和长途旅行的激增，它的频率比任何时候都更快，只不过在新千年它更加隐蔽，且往往是意外发生的。

早期状况（约公元前 10000 年前）

地球上的生命已有 40 亿年的历史，大多数陆生物种相对来说还很年轻。天然屏障不仅抑制了物种迁徙，还把地球分成相互独立的生物地理区，它们的边界变化非常缓慢。只有鸟类、蝙蝠、飞虫以

---

① M. Williamson, *Biological Invasions*(London: Chapman and Hall, 1996); N. Shigesada and K. Kawasaki, *Biological Invasions: Theory and Practice*(New York: Oxford University Press, 1997).

② Peter Coates, *American Perceptions of Immigrant and Invasive Species* (Berkeley: University of California Press, 2006) 以大约 1870—1930 年间的美国为例对此类主题进行了探讨。

及水生物种能逆势而行。而大陆漂移、海平面变化以及暂时连接大陆的陆桥偶尔也给少数陆生物种提供了这样的机遇，人类祖先便是其中之一。他们在非洲的东部和东南部生活了成千上万年，可能改变了他们活动区域内的生物圈，这很可能从他们学会使用火就开始了。火的频繁使用也促进了相关植物的生长，尤其是草类。火使用得越频繁，草就会生长得越茂盛，自然地，食草动物也会更大更肥美。如果早期的人类知晓这个道理，或许会有意用火去改变生态。

大约 10 万年前，人们首次离开非洲奔赴新天地，当时他们已经掌握了用火技术，一路上用火扩大了草地的范围。跋涉至西南亚时，他们可能不小心多带出了一些非洲的物种，比如跳蚤、虱子和其他寄生虫。古老的病原体随之而来。他们一路向东，到了南亚和东南 327
亚。至迟到 4 万年前，人们沉浮跨海，登陆澳洲。其他人则向西北迁往欧洲。15000 年前，有可能更早，一小群人跟着驯鹿穿越白令陆桥来到美洲（抛开人类中心论，也有人认为最早出现在美洲的是驯鹿们无意带来的入侵者）。

人类由西伯利亚向北美移民的时候也带上了狗，这很可能是人类第一次有意识地将物种从一个大洲引入另一个大洲。大约在 16000 年前，首先在西亚，狼在与人类共同的生存斗争中逐渐被驯化为狗。人狗协作的效率很高，尤其是在像西伯利亚和阿拉斯加这样的高纬度地区。在美洲，狗帮助人类战胜了许多大型哺乳类动物，与气候变化一起使后者很快灭绝。然而，类似的灭绝也产生了巨大的影响：美洲已无适宜驯养的本土物种，美洲的历史发展也被迫打乱了原先的节奏。约 3500 年前，如今人们所说的澳洲野狗被正式带到了澳洲。澳洲野狗是非常能干的猎手，一些澳洲本土物种被它赶下了自然历史的舞台。①

在公元前 10000 年即旧石器时代的历史长河中，物种交换非常

① Tim Flannery, *The Future Eaters*(Chatswood, Australia 1994); Flannery, *The Eternal Frontier*(New York: Atlantic Monthly Press, 2001).

罕见，影响也极为有限，狗只是其中的特例。虽然也有一些诸如病菌之类的物种在悄无声息地交换，但是没有驯化，就没有有意识的物种引进，人类本身除外。

公元1400年前的驯化、农业社会与陆上的物种交换

晚期冰河时代末，也就是从大约11000年前开始，人类对于动物的驯化迎来了高潮。当代主流观点相信，这一驯化高潮至少在相互独立的七个地区分别展开，首先是亚洲西南部的所谓新月沃地，随后在华南华北、新几内亚、撒哈拉以南的非洲、南美洲、美索不达米亚，北美洲和东南亚或许也能算上，时间也有先后。因此无论是有意还是无意的物种交换都加快了步伐。那些易于驯化和方便使用的物种被人类带在身边，流向各地；而以它们为宿主的病菌和寄生虫也随之走向世界。人类过上定居的农耕生活后往往不再四处迁徙，不过当他们再次踏上行程之时，肩上的行囊也愈加沉重。

328 当此之时，大多数易于驯化和方便使用的物种都生活在欧亚大陆。那些对气候条件和日照时间敏感的动植物（有些开花作物需要充足的日照时间才能开花）在欧亚大陆内部进行东西向的扩散。早期农牧业所依赖的动植物则在几千年间流向四方，这一时间段若以当时的标准来衡量，足可称为“即刻”。①毋庸置疑，这一过程在生物意义上是错综复杂的，是外来物种进入新的生物地理区域。这一过程甚至在历史意义上也是纷繁复杂的——无法适应生物地理变迁和未知疾病的人在残酷的自然力量面前难逃厄运；被农民和牧民的迁徙、尤其是国家的扩张改变了的政治局势，也将不适应者淘汰出了历史。非洲与欧亚大陆间这番劫波渡尽的物种交换，至迟在公元前1500年已孕育了人类伟大的早期文明，从黄河流域直至尼罗河

① Jared Diamond, *Guns, Germs and Steel: The Fates of Human Societies* (New York: Norton, 1997).

畔，他们在千百年间各领风骚。支撑他们的是经过人类驯化的动植物，虽然不尽相同，但小麦、牛、猪、山羊、绵羊尤其是马则为其所共有。这些早期文明正出自这物种交换之“乱世”，利用人口增长、国家建构、军事专门化以及武力征服，从人类始祖时代的“草莽”中崛起为“英雄”。

在这段往事中，农作物和牲畜从亚洲西南部向欧洲的扩散已得到考古学和遗传学最好的，或至少不是最差的证明。小麦、大麦、牛、猪、绵羊、山羊和马构成了西南亚的农业生产的核心，但从营养的角度来看，豌豆、鹰嘴豆、扁豆及其他菜园作物对其也同样重要。这些动植物途经安纳托利亚与巴尔干半岛，以平均每年 1000 米的速度渗入欧洲，约在公元前 4000 年抵达不列颠——在此之前已抵达地中海，之后又来到波罗的海。近期的遗传学证据表明，在欧洲很多地区，来自亚洲西南部的移民很大程度上取代当地人口后，这些动植物也随之来到这里；但也不能一概而论，在欧洲不少地区，本地的游牧部落则主动接纳了农耕采集的生产方式。他们显然已经适应了类似冰川融化、高寒草原变森林这样的极端气候变化。截至公元前 2000 年，欧洲所有重要的牲畜和大部分农作物都是外来物种，而且它们几乎都来自西南亚。①

相比之下，在公元前 2000 年之前，新几内亚、非洲和美洲的物种交换极为有限。有证据表明，新几内亚高地直至近代还处在高度隔绝状态，尽管现有证据还算不上充分。在非洲，农作物主要经撒哈拉地区传播，由塞内冈比亚（Senegambia）绵延至埃塞俄比亚。在美洲，耕作技术在热带地区传播得更为广泛，尽管如此，包括物种在内的各种交换仍维持在较低水平，与亚洲地区相比仍稍显逊色，更别提东起印度河西至尼罗河中间的广袤地带，这是公元前 2000 年前后交流活动最为频繁的地区。在美洲，限制农作物传播的一个因

① Luigi Luca Cavalli-Sforza, *Genes, Peoples, and Languages*(Berkeley: University of California Press, 2000); D. Harris, ed., *The Origins and Spread of Agriculture*(Washington, D.C.: Smithsonian Institution Press, 1996).

素就是中美洲的一种来历不明的作物墨西哥类蜀黍，也就是现代玉米的祖先，这一物种只有适应不同地区的昼夜时长后才能广泛种植。这一特性限制了它向北扩散的步伐，而人们认识到种植并开始种植活动的脚步自然也延宕下来。

329 此后 3000 年左右，物种交换的步伐虽在加速，却时断时续。当局势对贸易有利时，比如当大国维持着广袤地域的和平时，物种交流就会加快。在罗马帝国和中国汉朝达到鼎盛时期时，也就是大约公元前 100—公元 200 年间，穿越亚洲的贸易路线，即丝绸之路，见证了商旅辐辏之熙攘，动植物和传染病自然也夹杂其间，东西扩散。中国与罗马互通有无，商人将樱桃、杏、核桃输往罗马，再将葡萄、非洲高粱、骆驼和驴带回中土，天花和麻疹也可能借机上路。大瘟疫夺去了罗马帝国约三分之一的人口，天花可以说是罪魁祸首。

如果说罗马与汉的时代是亚欧大陆历史上三次物种交换高潮中的第一次的话，那么 7—8 世纪则迎来了第二次高潮，这也是最为恢弘显著的一次。此时中国正值唐朝，帝国统治集团中华夷共处，加之多元化的文化背景，唐朝对外贸、技术和文化（如佛教）乃至域外动植物兴趣盎然，持续时间达 150 年之久。朝廷接纳了大量奇珍异宝，包括珍禽异兽、香料、观赏花卉之类的外来物种，尽管它们中的大多数对社会和经济的贡献微不足道，但服务于国计民生的物品如棉花种植也从印度引入华夏，没过多久，棉纺织品就已在中国经济中举足轻重，其地位千百年间未曾移易。这气势恢宏的物种交流，得益于唐人对异域文化和奇珍异兽那海纳百川般的气度，但同样不可忽视的是，公元 750 年前帝国西部边疆和平稳定的地缘政治局势促进了中外贸易、旅行和交通，物种交换自然也得其利甚也。大约在公元 600—750 年这一个半世纪中，中亚地区为数众多的政治实体逐渐整合为少数几个大国，这无疑使商旅通行更为便捷，也降低了安全成本。在这几个大帝国的控制下，中国、印度、波斯及黎凡特地区之间的关系比以往更为稳定。阿拉伯帝国在 751 年大败唐军，一并粉碎了此间的良辰美景，4 年后，安史之乱席卷大唐，关陇幽燕狼烟四起，唐王朝根基动摇。曾经平稳的地缘政治局势和一度向异域敞开大门的恢弘气度，在短短数年间一去不返，帝国在风雨飘摇中走进了黄昏，物种交流也随之进入低谷。①

13—14 世纪间，蒙元治下的和平带来了物种交换的第三次高潮。蒙古铁骑凭借着强弓硬弩在肆意烧杀中开疆拓土，而一旦下马治天下，却也致力于维护秩序以促进贸易。到此时，东西交流史上那些影响深远的物种早已登上舞台，不过沙漠边缘的中亚走廊上再度驼铃四起，胡萝卜和柠檬的一种来到中国，黍的一种则到达波斯。不过很有可能的是，腺鼠疫也就是黑死病——这场欧洲、亚洲西南部和北非地区有史以来最严重的瘟疫——其病原体正是此时从中亚或中国西南部的云南踏上了向西的旅程。尽管没有明确证据，但这场瘟疫很可能也袭击了中原腹地，甚至撒哈拉以南的非洲。

由于在区域内产生了历史性的影响，欧亚大陆上的另外两次物 330
种交换同样值得留意。第一个是最早在越南地区培植的占城稻。1012 年，得益于宋真宗的推崇，占城稻被中国农民广泛种植。与本土物种相比，占城稻更耐旱，而且生长期更短。有了占城稻，农民们可以实现一年两作或三作，类似水稻与小麦交替种植的轮作制度也得以发展。不到 150 年的时间，占城稻已成为长江以南广大地区最常见的农作物，土地也因此被开垦成了适合水稻种植的农田，尤其是不宜浇水的山坡斜地。有赖于食物的富足，宋朝开始了大规模的经济扩张，商业经济更为繁荣，北方的原始采矿冶炼业也取得进一步发展，这一切与占城稻密不可分。②

大约与此同时，伊斯兰世界贸易的扩张将印度洋沿岸与地中海沿岸连成一体，此次扩张也引起欧亚大陆西部（含北非地区）范

① Edward Schafer, *The Golden Peaches of Samarkand: A Study of T'ang Exotics*(Berkeley: University of California Press, 1963).

② Fancesca Bray and Joseph Needham, *Science and Civilization in China. Vol VI. Biology and Biological Technology. Pt 2. Agriculture*(Cambridge: Cambridge University Press, 1984), 492 - 495.

围内农作物的迁移。10—13 世纪，阿拔斯王朝时期（750—1258）相对稳定的政局对陆上、海上贸易起到促进作用，糖、棉花、稻谷以及柑橘类水果也由印度地区传入埃及和地中海地区。与之一道而来的植物和耕种技术还在北非、安纳托利亚及南欧地区掀起了小型农业革命，这些沿海地区不仅炎热，还常有疟疾肆虐。①许多沿海地区因此开始了定期耕种，这是自罗马帝国以来的第一次。即便是懒散笨拙的奴隶也可以掌握蔗糖与棉花的种植技术，这两种作物的引进与传播加速了掠夺奴隶的步伐，这也导致了地中海及黑海地区几个世纪的人口紧张。要在黎凡特、埃及、塞浦路斯、克里特岛、西西里岛、突尼斯、安达卢西亚等沿海、疾病肆虐的制糖中心维持大量劳动力，有赖于奴隶的持续供应，而后者则需要通过掠夺或购买毫无防备能力、而且通常是贫困的农民来实现。受此利益驱动，掠奴人有时会去黑海沿岸，更有甚者，贩奴商人还穿越撒哈拉，或是沿大西洋从海路抵达撒哈拉以南。萨阿德（Saadi）王朝曾局限在摩洛哥的苏斯地区和德拉河谷一带，自 1350 年起，王朝统治者开始役使非洲黑奴生产蔗糖，成功地获取暴利，截至 1550 年，萨阿德王朝已控制了摩洛哥的大部分地区，种植园经济也随之蔓延开去。此时，利用非洲黑奴生产蔗糖的经济模式业已传入大西洋群岛（如加那利群岛、马德拉群岛），随后又抵达美洲。

尽管欧亚（含北非）地区的物种交换进程从未真正停止，但是，当地区间的联系被政局削弱时，交换的脚步也会放缓。罗马帝国与汉朝治下的和平曾极大促进了欧亚大陆间的长途跋涉与远程贸易，但公元 200 年后，物种交换变慢。1350 年，即蒙元治世后，物种交换变得尤其缓慢。但彼时，甘蔗已在印度和地中海地区生根，小麦

---

① Andrew Watson, *Agricultural Innovation in the Early Islamic World: The Diffusion of Crops and Farming Techniques, 700—1100*(Cambridge: Cambridge University Press, 1983)。亦可参见对上述观点的反驳，见 Michael Decker, ‘Plants and Progress: Rethinking the Islamic Agricultural Revolution,’ *Journal of World History* 20(2009), 187-206。

也已经广泛传播到绝大部分可能的区域，牛、猪、马、绵羊和山羊
也是如此。换句话说，自此之后，参与交换的物种越来越少了，即 331
便是在政局稳定的时候也是如此。

在此期间，欧亚大陆之外的其他地区也见证了类似或规模更小的物种交换和同化。在美洲，玉米正适应不同纬度昼夜时长不同的困难，从它的老家中美洲向南方、北方传播。玉米种植的密度可以比其他作物更高，并为北美主要的人口聚居地提供补给，当然，居住在太平洋西北岸、以三文鱼为生的人们例外。玉米耐高温、易于种植，然而作为一种生物，它却缺乏重要营养素。因此，以玉米为主要粮食的美洲印第安人尽管人数增多，但健康状况不佳、身材矮小。截至公元 1000 年，玉米已经传入北美洲的大西洋沿岸，最北可达魁北克地区。①

在非洲，被驯化的牛沿着尼罗河走廊进入撒哈拉南部地区，与此同时，畜牧文明也由今天的苏丹地区向南拓展。约公元前 500 年，尼罗河走廊的往来交通将疟疾传入地中海世界，使该地区在接下来的 2500 年饱受磨难。大约 2000 年前，班图移民把以蜀黍和粟为主的萨赫勒地区作物传遍东非和南非的同时，也将传染疾病带入此地，致使原本各自隔离的南非土著遭了殃。约公元前 300 年，不知名的非洲探险家们不断开辟新天地，最初这种行为并不多见，但此后他们横穿撒哈拉西半部分，将萨赫勒与马格利布地区连成一体。这条线路逐渐成为连接南北的通行道路，尽管路途中满是危险；并且根据已知的语言学证据，正是经由这条线路，大型马匹得以进入西非。它们给西非带来了一种新的军事形式——骑兵，凭借于此，新兴的王国与帝国比以往规模更大，1230—1591 年的马里王国和桑海王国（Songhai）就是很好的例子。自此，西非有了骑士贵族。对于他们以及在他们的基础上形成的国家而

① James D. Rice, *Nature and History in the Potomac Country* (Baltimore: The Johns Hopkins University Press, 2009), 26 - 27.

言，奴隶贸易是其经济支柱之一，比起步兵，骑兵更容易掠人为奴。①非洲与美洲的物种交换无论从生物还是政治角度来看都显得十分混乱，除了西非的马匹一例之外，物种交换对这两大洲的影响微不足道。

公元1400年前物种的海路交换和生物入侵

如前面提到的人类和犬类首次抵达澳大利亚和美洲，洲际物种交换迎来高峰。在整个西南太平洋地区，从4000年前到1000年前波
332 利尼西亚人首次进入新西兰，人类逐渐移居无人岛上，并引发了包括物种灭绝——尤其是鸟类——在内的生物变迁。所有这些都是物种入侵“原生态”地域，也就是此前没有人类以及随人类而来的其他物种居住的，或是虽然有人类但却未曾大量使用火的大陆或岛屿。这也就说明了物种入侵带来了巨大变迁，尤其是大规模的物种灭绝，如同人类到达之后的澳大利亚、新西兰和美洲。

原产于南美洲的甘薯在大约公元1000年代扩展到波利尼西亚中部并随后传遍了整个大洋洲，这是关于物种交换最盛行的说法之一。甘薯对生存环境要求较高，而且无法通过海路传播。因此毋庸置疑，一定是人类将甘薯带离了原产地，至于是谁在什么时间以何种方法就不得而知了。最终，甘薯成为西太平洋和新几内亚高地的主食，东亚岛屿和大陆的部分地区也依赖甘薯；至于甘薯如何到达东亚，很可能的是经由其他途径而非太平洋。可以这么说，波利尼西亚人高超的航海技术，以及原生地贫瘠的地理状况使波利尼西亚群岛比起世界上任何其他地区，都接纳了更多的外来物种。②

---

① Robin Law, *The Horse in West African History*(Oxford: Oxford University Press, 1980). Jack Goody, *Technology, Tradition, and the State in Africa*(Oxford: Oxford University Press, 1971).

② J. R. McNeill, ‘Of Rats and Men: A Synoptic Environmental History of the Island Pacific,’ *Journal of World History* 5(1994), 299－349.

自水手们发现了季风的规律之后，印度洋的航海环境变得可靠起来，这也为物种交换开辟了新的海上之路。在公元500年前，香蕉、亚洲薯类、芋头传到东非。这些东南亚植物可介绍的优点有很多，比如它们极耐潮湿，而因班图人扩张到中非和非洲东南部来的蜀黍和粟则非常耐旱。芭蕉——香蕉的一种——曾在从印度到新几内亚的偏远地区生长。语言和遗传学证据显示，早在3000年前，这些亚洲农作物就已抵达东非沿岸，而到达大河（今刚果）以西的森林地带的时间约为2000年前，恰好也是班图人迁入的时间。班图人的成功往往被归功于铁的使用，而种植外来的亚洲农作物也是不容忽视的因素。作为非洲东部和南部较新的移民，班图人既没有大力改造现有生态模式，也没有尝试创造新模式。将香蕉、芋头和亚洲的薯类引入东非的尝试很可能不止一次，几乎可以肯定的是，在公元500年前，也就是马达加斯加南岛的移民安顿之时再次被引入。中非潮湿的热带雨林被农民征服是一次具有史诗意义（却未被记载）的事件，移民马达加斯加也是如此，而亚洲的农作物在这两次事件中起到了至关重要的作用。①

公元1400年前又发生了几次重要的洲际生物迁徙，主要集中在非洲与南亚之间，对于水手来说，这是最为畅通的航道。自青铜时代起，非洲黍类就已成为南亚次大陆的重要食物来源，在印度河流域青铜文明的中心哈拉帕和摩亨佐达罗，黍类就是小麦和大麦的补充。珍珠粟是当今世界第六大谷类，它起源于西非稀树草原，3000 333
年前，它被带去了印度，现已占印度谷类耕种面积的10%。几个世纪后，东非的高粱进入印度并最终成为该地仅次于稻米的第二大粮食。高粱秆被用来喂养牛。同样来自非洲的龙爪稷很快成为喜马拉雅山麓社会和印度极南部地区的主要粮食，虽然它是在约1000年前才刚刚传入印度。非洲的农作物传入南亚，其最重要的影响是为印

① John Iliffe, *Africans: The History of A Continent*(Cambridge: Cambridge University Press, 1995).

度地区带来了更多抗旱的旱地植物，不仅为拓居地打开了新的局面，也让那些供水不稳定的地区收成增加。上述种种为我们展现了约3000~1500年前环印度洋地区一个生机勃勃的作物交换世界，也许这幅图景中还包括杂草、疾病和动物。印度洋的信风使这片土地成为全球海上交换网络的先驱，并因此走在了物种交换的前列。①

公元1400年后的生物全球化

公元1400年后，水手们几乎将每一个适合人类居住的角落纳入了生物互动网络，他们中的大部分是大西洋畔的欧洲人。世界各生物地理区不再被海洋与沙漠隔离。世界上的生物边界正逐渐消失，只要生态条件许可，动植物和疾病会传播到任何地域，当然，传播的速度与广度仍然取决于运输的技术与手段以及商业、生产与政治模式。

1492年，哥伦布开启了与大西洋彼岸的常规化往来。在第二次航行中，他特意带上美洲没有的物种，装满了船舱。此后的几个世纪，他的后来者们源源不断地向美洲输送新物种。1972年，阿尔弗雷德·克罗斯比（Alfred Crosby）在以此为主旨的书中将这一持续过程称为"哥伦布大交换"，此后，历史学家们也沿用这一说法。②显然，哥伦布大交换给美洲印第安人送去了大批动植物新物种，同时，对他们而言非常陌生的灾难性疾病也悄然而至。天花、麻疹、百日咳、流感等疾病活跃于从日本到塞内冈比亚区域间并迅速蔓延。这些地方性的儿童期疾病（由于它们需要大量的活跃人群为土壤，因此有时也被称为"人群疾病"），导致了当地婴儿死亡率居高不下。但是，大多数欧亚大陆和非洲的成年人并未受到影响，他们对大部

① Kenneth Kiple, *A Moveable Feast: Ten Millennia of Food Globalization*(New York: Cambridge University Press, 2007), 46－48.

② Alfred W. Crosby, *The Columbian Exchange: Biological and Cultural Consequences of 1492*(Wesport, Conn.: Greenwood, 1972).

分类似传染病产生了持续或完全的免疫力。除了人群疾病外，哥伦布大交换还将来自非洲的致命传染病，如黄热病、疟疾等带去了美洲。对美洲而言，这些都是新疾病，因此，美洲印第安人并没有免疫力。总之，在1500—1650年之间，这些传染病对美洲产生了破坏性的影响，人口下降了50%~90%，这也是世界历史上两次人口灾难 334
之一（另一次是黑死病）。

重要的一点是，这些可怕的经历也是旧模式扩张的一种方式。从公元前3000年开始，越来越多的人类与驯化的群居动物紧密生活在一起，也是从那时起，传染病已经以牺牲一部分人为代价的方式来使剩下的人获得免疫力。大体来说，居住地人口越密集，与动物交叉感染细菌和病毒的次数越频繁，那么较之他人（他们往往在婴儿时期就死去）而言，这部分人会对更多的传染病产生更强的免疫力。他们身上往往携带着致命的传染疾病，极易在儿童间传播，这些疾病无意间被带去了那些并没有此类病史的人群中间。不同的传染病对抗经验也是大规模的密集人群通常都会向那些分散的小规模人群进行领土扩张的有力武器。①拿哥伦布大交换来说，它就被认为是一次大规模的扩张。

美洲印第安人很少有可以传入非洲及欧亚大陆的致命传染病。当他们的祖先跨越东北西伯利亚和阿拉斯加迁往北美时正是冰河世纪。严寒不利于大多数病菌生存，这也使他们在途中免遭传染的威胁。此外，他们在离开西伯利亚时，只有狗已被驯化，因此，那些源自牛、骆驼和猪身上的传染病（如天花、流感）还没有进化。抵达美洲后，美洲印第安人只驯化了羊驼和美洲驼，它们碰巧都不是那些会进化为使人生病的病菌的携带者。就致病菌而言，哥伦布大交换显然是单方面的事。

驯养动物的命运也大致相同。尽管美洲的火鸡传到了其他大陆，但它们的地位却无足轻重。羊驼和美洲驼也并未在老家安第斯山脉

---

① William H. McNeill, *Plagues and Peoples*(New York: Doubleday, 1976).

之外的地区兴盛繁衍，虽然这些地方也有零星的人群。一方面，美洲鲜有驯养动物，更别提它们的传播了。另一方面，欧亚传入美洲的物种却生长旺盛。牛、山羊、绵羊、猪和马都是非常重要的动物移民。它们在美洲遍寻有利于生长的空旷区域，特别是牛和马，它们在诸如彭巴草原、委内瑞拉大草原及其他广袤的草原上驰骋。这些新来的动物也给美洲印第安人带来了在1492年前相对匮乏的动物蛋白、兽皮和毛料。牛和马是重要的畜力资源，自此，美洲大陆第一次实现了耕作，轮车与多样的驮兽为交通运输提供了更多的可能。以上种种也发掘了美洲在商业与生产专业化方面的潜力，尽管这样会造成社会分化，但同时也能促进整体经济发展。当然，新动物也给美洲带来了新的问题。它们习惯性地边吃边糟蹋粮食，也引起了牧人与农民之间的纷争，虽然这在非洲和欧亚大陆已是稀松平常，但对于那时的美洲来说却是新鲜事。①

335 如同在西非那样，马也改变了北美的政治版图。17世纪，草原上的美洲印第安人从西班牙属墨西哥领地那里得到了马，他们中的一些人甚至很快掌握了马术。在马背上，他们俨然是娴熟的捕牛猎手，只要野牛在，他们就不会饿肚子。此外，比起那些没有马的族群来，拥有马的族群也就占据了军事优势，因此，1850年前后，苏族（Sioux）、科曼奇族（Comanche）等依托骑兵拓宽了领土，建立起帝国。②

人类与马的密切关系往往影响到人类的历史。马也是迄今为止发现的最早的可被人类骑行的动物（大象和骆驼很晚才出现），因此，从马首次被驯服到机动车出现的千年间，可以说马代表了人类（陆上）移动能力的顶峰。凭借其速度和力量，直到20世纪早期，马在军事上的地位都非常重要。人类与马是仅有的可以大量流汗散热并可以数小时不间断地坚持剧烈运动的物种。人类依靠马追捕诸

① Elinor Melville, *A Plague of Sheep*(New York: Cambridge University Press, 1994).

② Pekka Hämäläinen, *The Comanche Empire*(New Haven: Yale University Press, 2008).

如野牛、北美野牛、鹿、熊、袋鼠之类的其他物种，直到它们因为热量过度消耗而不得不停止逃亡。同时，作为战马，它们可以在战场上整日作战，它们的能力远在战象和战驼之上（其他的物种往往只是披上铠甲以作军用而已）。也正是有通过排汗使身体降温的能力，马和人类简直是天作之合。他们在所到之处强强联合，足以强大到让那些没有马群的人们难以抵抗（再一次抛开人类中心论，这种强强联合对无人驯养的马群也是一种威胁，截至 1900 年，野马仅存在于生物圈里不多的犄角旮旯中）。

在农作物方面，哥伦布大交换则更为公平。小麦、黑麦、大麦、稻米等欧亚大陆的主要作物在美洲找到了适宜生长的沃土。有时，这些沃土也是由人（畜）力创造的。就拿稻米来说，亚洲、非洲及美洲的苏里南和南卡罗来纳地区都是如此。一些刚到大陆的作物甚至能在又冷又干的土地上生存，就连本土作物都无法做到这一点：在萨斯喀彻温，小麦长势就比玉米喜人。除了粮食之外，柑橘类水果、香蕉、葡萄、无花果从欧亚大陆传入美洲，粟、蜀黍、薯类、秋葵、西瓜也从非洲远道而来。因此，这些新来的农作物使美洲农业更为丰富，也使美洲饮食有了多样性。但到底它们并没有促成质的飞跃，因为在此之前，美洲已有玉米和土豆，而且蔬果的种类也很丰富。

与粮食作物类似，糖和咖啡等药用作物同样深远地改变了美洲。糖最初是新几内亚的一种草茎物种，日后却成为南亚、中国及地中海地区的经济作物，并在 16—17 世纪传入巴西和加勒比海地区。糖既是食物又可药用，因此它也成为以非洲奴隶为主的种植园经济的一大支柱。来自埃塞俄比亚和阿拉伯半岛的咖啡在 18 世纪成为种植作物。如果没有这些重要的作物，美洲种植园问题的复杂性会大大降低，大西洋的奴隶贸易也将不成规模。

玉米、土豆、木薯、番茄、可可、甘薯、南瓜、笋瓜、菠萝及 336
其他许许多多的农作物共同促成了美洲对全球食用作物的贡献。南美洲还给世界带去了烟草。部分作物还对非洲及欧亚一些较大地区产生了革命性的影响。以土豆为例，它较好地适应了爱尔兰至俄国的北欧地区的土壤和气候条件。它们的到来与传播也在18—19世纪人口增长的浪潮中扮演了重要的角色，而此次人口增长也为海外帝国和工业革命提供了充足的人力。土豆极易储存，特别是在寒冷的气候条件下，而且它的营养丰富。在土豆的原产地安第斯山脉，产量和仓储已达到新高度，此外它还为15世纪印加帝国的扩张提供了能量支持。几个世纪后的北欧，土豆也起到了类似的作用。在欧洲，特别是爱尔兰地区，土豆也暴露了过分依赖单一主食的缺点。1845—1852年爱尔兰土豆饥荒，病害引发土豆大量减产，爱尔兰人口也因此减少了1/4，死亡与移居人数各占一百万。①

土豆之所以能对北欧的食物供给产生影响，与另一个外来物种苜蓿密不可分。尽管苜蓿并非来自美洲，却在哥伦布大交换对欧洲的影响中至关重要。苜蓿中含有一种微生物，它拥有可以将空气中的氮转化进土壤里的独特能力，这样，植物根茎就可以从土壤中吸收到氮。所有的植物都需要氮，但对许多作物而言，氮却是含量最少的营养。土豆尤其需要氮，如果土壤中无法供应氮，土豆就不能获得持续丰收。虽然苜蓿在欧洲和西南亚的土地上恣意生长，但早在13世纪，信仰伊斯兰教的安达卢西亚已有苜蓿种植的证据。很快卡斯提尔人（Castilians）就了解到苜蓿种植的价值，并将其应用在食用作物的轮种中，这种方法也经由西班牙人向北传播（从这个角度来看，哈布斯堡家族的领土扩张可以说是整个欧洲的福音）。伦巴第和低地国家逐渐成为苜蓿种植的中心。1620年，英国农民开始尝试苜蓿种植，1850年，苜蓿种植已遍布整个北欧。正是苜蓿的固氮特性促使土豆在营养和人口方面产生了影响。另外，苜蓿也是一种绝佳的饲料，它不仅促进牛群数量的增长，还提高了北欧的牛奶与

---

① 近期对于土豆历史的研究可见 John Reader, *Propitious Esculent*(London: Heinemann, 2008)。

肉食产量。尽管历史学家还没有关注它，但苜蓿在欧洲历史上的地位同土豆一样重要。①

与土豆和苜蓿相比，玉米的影响则更为广泛。它可以较好地适应南欧、中国以及非洲大片土地的不同环境。原本不适宜谷物和块茎类植物生长的土地，因为玉米的到来而变成良田。玉米在中国和南欧有效地促进人口增长并抵抗住饥荒，在非洲的影响更为深远，直到今天，玉米仍是非洲地区最重要的食物。从安哥拉到塞内冈比亚的非洲大西洋沿岸，玉米在1550年后的两个世纪里成为这里的主要食物。不同的玉米品种可以适应非洲若干不同雨量的地区，同时，也增强了非洲人在干旱中生存的能力。玉米比粟、蜀黍和块茎类植 337
物都更容易贮存。酋长和国王们也通过玉米的集中贮存和统一分发使他们的权力最大化。在玉米的帮助下，西非的森林地带建立起比以往更恢宏的帝国。17世纪70年代后，阿散蒂王国（The Asante kingdom）着手版图扩张，先遣部队以玉米为食，因为玉米可以跟随他们远距离征战。玉米也是商队必备的食物，促进了非洲大西洋沿岸的商品化，这其中也包含奴隶贸易。只要商人和他的手下们有易于携带的食物补给，奴隶贸易很容易就扩展到内陆地区。西非海岸沿线建有大量的奴隶收容所用以拘禁奴隶，正是丰富的玉米存量为其提供了可能。就像糖和咖啡刺激了美洲对奴隶的需求那样，非洲的玉米也使得奴隶贸易变得更为可行。②

木薯，又名树薯，是美洲对非洲农业的又一大贡献。木薯是巴西的原生作物，其深根系统不仅助其在干旱贫瘠的土壤中生存，还能抵挡农作物病虫害。木薯在非洲的许多地区长势良好，和玉米一样，它为西非和安哥拉帝国的建立和扩张提供了便于携带的食物。

---

① Thorkild Kjaergaard, ' A Plant That Changed the World: The Rise and Fall of Clover, 1000—2000,' *Landscape Research* 28(2003), 41 - 49.

② James McCann, *Maize and Grace: Africa's Encounter with a New World Crop*(Cambridge, Mass.: Harvard University Press, 2005)揭开了非洲玉米历史的研究序幕。关于外来作物与奴隶贸易的关系，见 Stanley Alpern, ' The European Introduction of Crops into West Africa in Precolonial Times,' *History in Africa* 19(1992), 13 - 43。

和土豆一样，玉米无需在特定的季节里收获，它可以被扔在地里几个星期甚至更长。由于人们总面临着被掠为奴的威胁，木薯成为他们躲避危险、寻求安全的理想作物。从这个角度来说，木薯和玉米恰巧起到了相反的作用：木薯帮助农民从奴隶掠夺的魔掌中逃脱，而玉米则帮助奴隶主们经营和拓展业务。

哥伦布大交换是世界历史上规模最大、速度最快、影响最深远的洲际生物交换，但并非只有哥伦布这一代人有此贡献。麦哲伦成功航行之后也引发了跨太平洋的大交换（又称麦哲伦交换）。起初其影响集中在菲律宾，随着库克船长三下太平洋之后，影响进一步扩大。比起大洋的边缘地带，太平洋岛屿所受的影响更深，而在美洲（或是1788年后的澳大利亚），最显著的影响是数轮流行病带来的人口锐减。①许多美洲的食用作物，如甘薯、玉米和花生在中国南部越来越重要，但它们很可能不是通过麦哲伦跨洋而来，而是葡萄牙和荷兰商人经由大西洋和印度洋传入的。②

整体上看，1500—1800年间这些龙卷风般的洲际物种交换给整个世界带来了翻天覆地的变化。对于那些未经历过人群疾病的土地来说，这也是一次人口灾难。洲际物种交换提高了各地食物供给的数量与稳定性。以马为例，它们每到一处，便会为战争提供新的基础，进而重组当地的政治关系。

这些早期现代的大交换都产生了历史性的影响。不仅欧洲的帝国主义扩张到美洲、澳大利亚和新西兰，欧洲（或者一般称欧亚）的动植物和疾病也传播了过去。随欧洲人走向世界的种种生物，无
338 意之中推动了欧洲殖民者、欧洲霸权和欧亚物种的扩散，因此也创造了研究这一进程的权威历史学家阿尔弗雷德·克罗斯比所言的新欧洲，澳大利亚、新西兰、北美大部分、乌拉圭、阿根廷以及巴西

① J. R. McNeill, 'Of Rats and Men.'

② 研究综述可见 Sucheta Mazumdar, 'The Impact of New World Food Crops on the Diet and Economy of China and India, 1600—1900,' in Raymond Grew, ed., *Food in Global History*(Boulder, Colo.: Westview Press, 2000), 58-78。

都包括在内。

除了新欧洲之外，一些新非洲的特征也在美洲初见端倪。1550—1850年间，超过一千万非洲人搭载贩奴船来到美洲。随船而来的黄热病与疟疾对美洲的聚落模式产生了深刻的影响，因为这些疾病对先前没有接触过的人群来说有致命的危险。贩奴船还运来了西非的稻米，18世纪，它已成为南卡罗来纳、佐治亚及苏里南沿海经济的基石。秋葵、芝麻、咖啡（尽管并非搭乘贩奴船而来）等其他非洲作物也来到了美洲。以上种种在巴伊亚（Bahia）至切萨皮克湾地区建立起新非洲。这里充斥着非洲的面孔与文化，当地的居民和文化已经灭绝，当地的粮食也与新非洲的物种相融合。新欧洲在这方面也大抵如此，但二者又有显著不同：海地革命（1791—1804）之前，美洲土地上几乎没有非洲人，此后非洲人在政治、经济、社会方面都受制于人，反之，欧洲殖民者及其后代却很快主宰了新欧洲地区。

更微妙的是，美洲的大西洋沿岸存在低纬度新非洲至温带新欧洲之间的过渡地带。到1750年，甚至魁北克地区的生物和文化方面都出现了一些非洲元素，欧洲元素向巴巴多斯和巴伊亚地区大量输出，尽管如此，这两个地区解读成新欧洲或新非洲均可。然而，在古巴与马里兰（北纬约22—38°）之间的绵延地带更为平均地分布着非洲与欧洲元素，也使这里的生物圈与文化克里奥尔化。巴西东南部，也就是今天的米纳斯吉拉斯州、圣埃斯皮里图州、里约热内卢、圣保罗州（南纬约16—22°），作为相应的南部过渡带也有类似的情况。在美洲，哥伦布大交换创造了“新的非洲欧亚大陆”，而非洲、欧洲与亚洲的影响比例则依纬度、气候不同而不同，也受生物史和文化史上偶发事件的影响。

哥伦布大交换表明，海上航行使各个大陆前所未有地联系在一起，而上一次还是6500万年前的冈瓦纳古陆（Gondwanaland）最后一次分裂。航行并未给每个物种都提供舒适的环境。航行中会淘汰一些因为这样或那样的原因而无法在长途跋涉中存活的物种。蒸汽与航空时代的到来打破了物种交换长期以来的壁垒，加速了新旧物种的传播。尽管哥伦布大交换在16—17世纪的影响最为深远，但从某种程度上来说，其仍未结束。美洲的浣熊、灰鼠、麝鼠在19—20世纪来到欧洲。而欧洲的椋鸟也传到了北美。同样，麦哲伦交换也未终止。如果有什么不同的话，那便是麦哲伦交换在
339 19—20世纪令物种交换速度加快，特别是人为引进的物种，如猕猴桃（从中国传入新西兰，再到智利和美国加利福尼亚）和桉树（从澳大利亚传到各个角落）。①

18—19世纪，人为引入物种日渐成为制度化。植物园被用于广泛传播有用植物，特别是在欧洲帝国的版图内。最著名的一例是英国植物勘探家从巴西亚马孙地区获取橡胶树种，并将它带到伦敦郊外的基尤（Kew）植物园，再从那里将它们带去英属马来亚。橡胶种植园经济很快在马来亚繁荣起来，巴西的割胶经济也因此受到损害。荷兰当局将黄金鸡纳树（原产于秘鲁安第斯山脉东麓）的种子带去了爪哇，到19世纪70年代，那里的奎宁生产已具规模，而奎宁是一种对抗疟疾的药物。若不是便宜的奎宁，此时的欧洲帝国和20世纪40年代的日本根本无法在疟疾肆虐地区畅行无阻。在澳大利亚和新西兰，殖民者组织了各种旨在进口英国常见动植物的机构，这些动植物通常被认为优于澳大利亚和新西兰的本土物种，至少殖民者是这样想的。植物园、植物勘探家与改善生物适应性的机构一起改进运输技术，为19—20世纪的物种交换提供了保障。②

意外或是不受欢迎的物种交换也在不可避免地发生。拜19世纪交通运输的改善和加强所赐，诸如咖啡锈病和葡萄根瘤蚜（一种威

---

① Robin W. Doughty, *The Eucalyptus: A Natural and Commercial History of the Gum Tree* (Baltimore: The Johns Hopkins University Press, 2000).

② Richard Grove, *Green Imperialism: Colonial Expansion, Tropical Island Edens and the Origins of Environmentalism, 1600—1860*(New York: Cambridge University Press, 1994). Richard Drayton, *Nature's Government: Science, Imperial Britain, and the 'Improvement' of the World*(New Haven: Yale University Press, 2000). Warren Dean, *Brazil and the Struggle for Rubber*(New York: Cambridge University Press, 1987).

胁葡萄藤的害虫）之类的有害物种在全世界蔓延。霍乱逃离了它土生土长的孟加拉湾，在19世纪初成为世界性的灾难。19世纪末，一种置牛于死地的病菌——牛瘟在东非和南非传播，致使90%的畜类死亡，游牧民族因而变得贫困（同时也为野生动植物提供了生态位）。1918年，成千上万从一战战场上幸存的士兵搭乘轮船赶往世界各地的家乡，随之传播的流感病毒夺去了两千万至六千万人的生命，其中大多是印度人；死于流感病毒者比死于战争的生命更多。

结　　语

更加快速而频繁的交通与旅行对物种交换产生了持续的积极影响。今天，大约44000条定期航班时常会无意间将昆虫、种子和细菌带去世界各地。①水生物种凭借远洋航船的压载水得以在世界各大港口穿行。里海的斑马贻贝正是通过这种方式被带去北美的河流湖泊，这些地方每年花费几十亿美元整治新物种带来的危害。许多政府在阻止杂草、害虫和细菌侵入上花费很大力气，但成功
的阻止也是暂时性的，有效期只能持续到下一次入侵物种的到来。 340
不过也有些政府部门为其他问题所累，对新物种的到来不予干预。因此，物种的全球化有着悠久历史，目前仍在进行并且将不可避免地继续下去。

和文化全球化一样，生物全球化永远不会穷尽和终结。橡胶树不会征服冰岛，北美驯鹿也不会在婆罗洲（加里曼丹岛）闲庭信步。尽管有气候、土壤及其他生态条件的限制——这些界限会改变，但终不会消失——物种交换还是会持续发生并影响人类历史进程。也许，现如今的物种交换并不会再次带来诸如四五百年前哥伦布大交换那样的影响，但对于有用的经济动植物来说，这大概

① Andrew Tatem and Simon Hay, 'Climatic Similarity and Biological Exchange in the Worldwide Airline Transportation Network,' *Proceedings of the Royal Society. Biological Sciences* 274(2007), 1489 - 1496.

是一条真理：只要经过几个世纪的不懈努力，几乎所有的物种都会移植成功。而对于害虫和病菌来说则另当别论。在生物史上，四五百年只是眨眼而过的云烟。从长远来看，陌生与无法预料的变化仍将会发生。

参考书目

- Burney, David. ‘Historical Perspectives on Human-Assisted Biological Invasions,’ *Evolutionary Anthropology* 4(1996), 216–21.
- Carlton, J. H. ‘Marine Bioinvasions: The Alteration of Marine Ecosystems by Nonindigenous Species,’ *Oceanography* 9(1996), 36–43.
- Carney, Judith. *Black Rice: The African Origins of Rice Cultivation in the Americas*. Cambridge, Mass.: Harvard University Press, 2001.
- Crosby, Alfred. *The Columbian Exchange: Biological and Cultural Consequences of 1492*. Wesport, Conn.: Greenwood Press, 1972.
- ——. *Ecological Imperialism: The Biological Expansion of Europe, 900—1900*. New York: Cambridge University Press, 1986.
- Curtin, Philip D. ‘Disease Exchange across the Tropical Atlantic,’ *History and Philosophy of the Life Sciences* 15(1993), 169–96.
- Groves, R. H. and J. J. Burdon. *Ecology of Biological Invasions*. Cambridge: Cambridge University Press, 1986.
- Hobhouse, Henry. *Seeds of Change: Five Plants that Changed the World*. New York: Perennial, 1986.
- Kiple, Kenneth. *A Moveable Feast: Ten Millennia of Food Globalization*. New York: Cambridge University Press, 2007.
- Leland, John. *Aliens in the Backyard: Plant and Animal Imports into America*. Columbia, S.C.: University of South Carolina Press, 2005.
- Mccann, James. *Maize and Grace: Africa's Encounter with a New World Crop*. Cambridge, Mass.: Harvard University Press, 2005.
- Mcneill, William H. *Plagues and Peoples*. Garden City, N.J.: Anchor Press, 1976.
- Melville, Elinor. *A Plague of Sheep*. New York: Cambridge University Press, 1994.
- Mooney, Harold A., and Richard J. Hobbs, eds. *Invasive Species in a Changing World*. Washington D.C.: Island Press, 2000.
- Shigesada, N., and Kawasaki, K. *Biological Invasions: Theory and Practice*. New York: Oxford University Press, 1997.
- Watson, Andrew. *Agricultural Innovation in the Early Islamic World: The Diffu-*

sion of Crops and Farming Techniques. Cambridge: Cambridge University Press, 1983.

➢ Williamson, M. *Biological Invasions*. London: Chapman and Hall, 1996.

李文硕 译 陈 恒 校

第十九章　世界历史上的文化交往

杰里·H. 本特利

343 20 世纪 60 年代以来，随着世界史逐渐成为历史学领域中的一个专门领域，世界史学者将其关注焦点和研究领域集中到政治、社会、经济、人口和环境问题上，并有着强烈的实证取向。对于世界史学者而言，跨文化贸易、大规模移民、流行病和环境变迁可谓重点话题，比较经济分析、帝国扩张和殖民统治亦然。当代世界史研究最为根本的前提之一，是相信历史进程超越单个社会或文化区域的范围。与此相反，世界历史上的跨文化交往和交换影响了几乎全人类。倘若此话不假，那么有理由相信，跨文化交往和交换除了产生政治、经济、社会、人口和环境影响外，也形成了文化影响。

作为历史学课题的文化交往

20 世纪 80 年代以来，在“新文化史”影响下，对于文化的研究在历史学中焕发出勃勃生机，但世界史学者却未能及时地从文化视角关注跨文化交往。对于文化研究来说，相对于对大区域、跨区域乃至全球范围的比较研究，对界限明确的、向心力强的地区进行分析无疑要简单得多，这也在一定程度上解释了世界史学者的文化视
344 角的滞后。从克利福德·格尔茨（Clifford Geertz）影响深远的人类学研究出发，可以更容易地理解上述分析。格尔茨主张用深描的方法进行文化分析，这种方法植根于地方知识，也就是不同社区的人

为自己编织的意义之网。格尔茨的人类学对于理解某个文化环境有很大价值，但却无助于分析不同文化传统之间的交往、渗透和交换。

当历史学家们将注意力从单个社区转向更大范围内的比较研究、跨区域研究乃至全球研究时发现，评判文化借鉴的意义、宗教渗透的强度以及文化交往的动因极为困难，甚至比了解丝绸的数量、物种交换的影响以及殖民统治结构还难。目前还没有针对跨文化交往进行文化研究的范式，比如现代政治经济研究中的现代化理论或世界体系论。世界史学者们目前尚未提出文化变迁的研究路径，也没有从已有的研究理论和方法中得到借鉴。

尽管将文化分析应用于历史研究有诸多龃龉，尤其是将其运用于比较研究、跨区域研究和全球研究时，但跨文化交往的文化视角仍然值得历史学家注意。"文化交往"一词所指繁多，包括科学、技术、意识形态、教育、哲学和宗教传统等世界观和价值观的扩散，尤其关注不同社会或不同传统的代表之间进行互动时所产生的调适和反应。

当不同社会、不同文化传统的人群参与到系统性的、持续性的交往中时，所产生的结果多种多样。长时段的相互交往完全可能产生微不足道的影响。不过更为常见的情况是，不同文化传统对本区域之外施加影响或引发反应。有时这种互动甚至会产生剧烈的排斥反应乃至爆发冲突，有时则会引起对不同文化的兴趣乃至接纳。但即便如此，人们接受新文化，如皈依新的宗教或认可新的意识形态，也会对其加以变通，使之与自身的文化传统相衔接。因此，历史学家阿诺德·佩西（Arnold Pacey）在研究大规模技术交换模式时指出，"技术扩散"不如"技术对话"或"技术辩证法"更准确，因为前者指的是技术无差别地从一个社会进入另一个社会，后者指的是技术在进入另一个社会时会被调整，以适应新的社会状况。①实际 345

① Arnold Pacey, *Technology in World Civilization: A Thousand-Year History*(Cambridge, Mass.: MIT Press, 1990).

从整体上看，文化的融合与传递往往是文化交往的特征。

缺少共同认可的范式、理论、学术传统乃至专业术语，历史学家如何才能最好地将文化研究应用于比较路径、跨区域路径乃至全球路径？当世界史学者以及其他领域的研究者关注文化交往时，他们缺少共同的方法论。他们从包括人类学、社会理论和后殖民主义在内的多种资源中汲取营养，用于理论建构、研究分析和阐释。与此同时，如何基于全球视角理解微妙的、复杂的文化史并将其纳入学科轨道，是摆在学术界面前的巨大挑战。本章旨在为此做出探讨，梳理学术界已有的文化交往观点、研讨主流分析路径，并在此基础上勾勒出学术界分析文化交往时的宏观架构。

文化交往的不同研究路径

相比对全球经济史的研究，文化交往似乎难以进行宏观研究。研究大区域经济变迁和西方崛起的流派主要有以下三者：现代化学派、世界体系学派和以历史学家彭慕兰、王国斌、安德鲁·贡得·弗兰克（Andre Gunder Frank）、杰克·古德斯通（Jack Goldstone）和马立博（Robert B. Marks）等人为代表的加州学派。①在文化研究领域的确形成了为数不多的几个通史理论家，但均未达到上述三个学派对于宏阔进程的理解程度。

阿诺德·汤因比也意识到文化交往值得注意，尽管其方式与众不同。汤因比曾探讨“文明地域之间的接触”，尝试着解释文化交往的不同模式，这也成为其巨著《历史研究》的一部分。在该书的其他部分，汤因比对文化交往阐发了僵硬而且缺乏同情之理解的态度。类似于赫尔德和施本格勒，汤因比赞扬文化的纯洁，即一个体系完

---

① 亦可参见 Jerry H. Bentley: *Shapes of World History in Twentieth-Century Scholarship* (Washington, D.C.: American Historical Association, 1996), and ‘The New World History’ in Lloyd Kramer and Sarah Maza, eds., *A Companion to Western Historical Thought* (Oxford: Blackwell, 2002), 393 - 416。

整的社会的未经其他文化影响的文化，认为文化交往和对异文化的
借鉴是对文化的亵渎和玷污，他有时甚至将其称作“杂种”（Misce-
genation）。他将文化影响力的传播称作文化辐射，认为这是社会濒 346
于解体时才会发生的现象。他同时坚信，文化辐射的代价极为高昂，因为当社会向外传播文化之时，同时也敞开大门接纳外来因素，破坏自己的文化纯洁性。①汤因比对文化纯洁性的焦虑可谓来自他鸡蛋里挑骨头般的苛刻，这种恐外情绪导致他以及施本格勒等人对文化交往存有偏见。对文化交往的先入之见使汤因比没有将文化交往视作一个历史进程来加以探讨。

玛丽·赫尔姆斯（Mary W. Helms）和杰里·本特利致力于探索研究大范围历史进程中的文化交往，并作出了更为建设性的努力。在近期的研究中，两位学者将权力（Power）的概念融入跨文化交往中。不同社会之人群的交往往往发生在不同的权力关系框架中，不同形式的权力也影响着文化交往的进程。因此，权力将在本章占有重要地位。

作为人类学家，赫尔姆斯在《尤利西斯的远航：权力、知识与地理距离的民族志探险》中探讨了文化在长距离交往中的重要性。本书尤为重视前工业时代的旅行者，认为跨文化交往在社会和政治领域产生了深远影响。众所周知，在前工业时代，人们普遍认为异域文化充满着危险并且本能地排斥，但赫尔姆斯认为，异域文化同样充满吸引力。来自遥远的异邦人的知识，既是威胁又赋予拥有它的人以力量，是危险，但能够掌握它也是身份地位的象征，那些行万里路的旅行者也可以借助它为自己赢得现世利益和身后盛名。无论是定居他乡的异邦人，还是返回故国的游子，他们都可以成为文化中间人——拥有异域的知识，自身代表着遥远而不为人知的神秘国度。空间距离有助于文化交往，遥远异邦的知识因其“外来和尚”

① Arnold J. Toynbee, *A Study of History*, 12 vols. (London: Oxford University Press, 1934—1961).尤其是第四章，‘Contacts between Civilizations in Space(Encounters between Contemporaries),’ 8: 88 - 629。

的身份具有先天的优势，而且因为作为文化中间人，他们有条件实现自己的目标。①因此，这种来自空间距离的“权力”是理解文化交往的关键因素。

与赫尔姆斯重视空间距离对文化的影响不同，本特利更为关注文化交往的过程，一方面发掘文化交往的模式，另一方面通过将交往置于相应的政治、社会和经济背景中来理解交往背后的权力动态。尽管本特利相信异域文化的吸引力，但他同样重视阻挠文化传播的障碍。对于一种文化来说，外来文化、价值观和习俗往往缺乏吸引
347 力而且充满生疏感，因此外来文化和生活方式的渗透就成为值得注意的事态。本特利试图梳理文化交往的不同轨迹和进程，比如为何有的文化交往进展顺利而有些却充满艰难险阻，也关注文化交往所得以发生的政治、社会和经济背景。本特利不仅注意到了文化发展的物质因素，而且重视政治、社会和经济条件等影响文化选择的因素，这一路径尤其适用于分析社会而非个人层面的文化发展。无论男女，个人也会有自己的文化史，当然，这种历史受制于大的时代背景，并且常常与自己的物质利益或社会利益相悖。历史上不乏例证，文化选择也会带来政治、社会和经济利益。只有将文化交往置于恰当的环境中，才能够理解复杂的政治、社会和经济权力是如何通过促使不同社会间的持续性交往而影响文化发展的进程的。②

除了赫尔姆斯和本特利，很少有学者提出有关文化交往的全球进程的分析范式。不过许多学者关注文化交往的个案，在此过程中，他们改进了研究方法，其解释路径对理解大范围内的文化交往不无助益。尤其值得注意的是民族志研究中的墨尔本学派，他们探索了跨文化环境的复杂性，并尤为关注权力关系的问题。格雷格·

---

① Mary W. Helms, *Ulysses' Sail: An Ethnographic Odyssey of Power, Knowledge, and Geographical Distance*(Princeton: Princeton University Press, 1988).

② Jerry H. Bentley, *Old World Encounters: Cross-Cultural Contacts and Exchanges in Pre-Modern Times*(New York: Oxford University Press, 1993).

邓宁（Greg Dening）、唐娜·莫维克（Donna Merwick）、赖斯·伊萨克（Rhys Isaac）和因加·柯伦迪门（Inga Clendinnen）等学者与墨尔本直接相关，其他很多学者的作品中也可以看到该学派的身影。从 70 年代开始，墨尔本学派致力于历史学的人类学转向，首先是在太平洋岛屿的历史研究方面，继而推广到北美、拉美、欧洲和澳洲的历史研究中。墨尔本学派大多关注内聚力强的社会或团体的历史经历，但他们往往重视其中的文化差异和不对称的权力关系，因其直接影响了社会或团体内部的紧张关系。在跨文化交往中，比如欧洲拓殖者与马克萨斯岛民的交往，与尤卡坦半岛玛雅人和新荷兰土著人的往来（邓宁、柯伦迪门和莫维克分别对上述三种做过研究），文化差异和权力关系都是突出问题。①大部分文字资料反映了欧洲人在相互关系中的强势地位，因此墨尔本学派致力于发掘和利用考古资料、口述材料，并尝试用新的角度和方法
阅读文献材料，以发现处于弱势地位的人和群体。墨尔本学派的细 348
密研究，不仅审慎分析了文化议题，更在于其将多重视角引入研究，并将不同的权力关系置于考察之下，因此有力推动了对跨文化交往的理解。

对于权力的关注是后殖民主义学者的标签，同时他们也形成了另一种对文化交往进行历史分析的路径。爱德华·萨义德在《东方主义》一书中得出了他的著名论断——欧洲学术界通过一系列学术研究和知识生产将东方殖民地建构为与欧洲社会相对立的他者，而他们所生产的知识又极大影响了政策制定者和殖民地管理者对欧洲以外地区的理解。以此观之，欧洲的影响远不止于让其他地区的人群接受欧洲的宗教信仰和意识形态，而且为社会分析划定了基本的

① Greg Dening, *Islands and Beaches: Discourse on a Silent Land: Marquesas, 1774—1880* (Honolulu: University of Hawai'i Press, 1980); Inga Clendinnen, *Ambivalent Conquests: Maya and Spaniard in Yucatan, 1517—1570*, 2nd edn. (Cambridge: Cambridge University Press, 2003); Donna Merwick, *The Shame and the Sorrow: Dutch-Amerindian Encounters in New Netherland* (Philadelphia: University of Pennsylvania Press, 2006).

分类标准，并且定义了何为理性和非理性、何为文明和不文明、何为高雅和野蛮、何为先进和落后、何为积极和消极、何为进步和停滞，以及何为现代和传统。①

萨义德将东方主义的起源追溯到古代，即古希腊人将波斯人视作没有理性的、低级的、没有独立意识的蛮族，但萨义德的分析重点在于全球帝国争雄的时代，也就是欧洲人和欧洲裔美国人有力量在全世界扩张的时代。不过，他关于殖民地知识建构的观点同样适用于欧洲以外的帝国。欧洲建构了一系列关于撒哈拉以南非洲、美洲、大洋洲以及亚洲的知识，由此而导致的欧洲人对于智识的垄断实际上与在这些地区的扩张、帝国和拓殖同步发生。②实际上，满洲人和中华帝国利用制图学和人类学对华南、中亚和台湾的控制同样是这样一个过程，帝国统治者试图将它们纳入帝国的范围。③沙皇俄国和德川幕府也对自己感兴趣的地区和人口进行考察，比如西伯利亚和北海道。从古至今，势大力强者通过知识生产实现领土扩张和殖民统治的案例不绝于史。东方主义解释了知识与帝国间的关系，不过这一概念并非全新，也不仅仅适用于欧洲，尽管欧洲将生产关于东方的知识提升到了更高的层次。不同时期、不同地域的许多帝国都采取了类似东方主义的手法。

对于文化交往的历史分析，学术界在方法论上仍然各自为战，

---

① Edward W. Said, *Orientalism*(New York: Pantheon, 1978)。萨义德后来修正了他的观点，见 *Culture and Imperialism*(New York: Knopf, 1993)。

② 有些观点延续下来，见 Mary Louise Pratt, *Imperial Eyes: Travel Writing and Transculturation* (London: Routledge, 1992); and Tzvetan Todorov, *The Conquest of America: The Question of the Other*, trans. by Richard Howard(New York: Harper and Row, 1984)。

③ Laura Hostetler, *Qing Colonial Enterprise: Ethnography and Cartography in Early Modern China*(Chicago: University of Chicago Press, 2001); Peter C. Perdue, *China Marches West: The Qing Conquest of Central Eurasia* (Cambridge, Mass.: Harvard University Press, 2005); Emma Teng, *Taiwan's Imagined Geography: Chinese Colonial Travel Writing and Pictures, 1683—1895* (Cambridge, Mass.: Harvard University Asia Center, 2004); Stevan Harrell, ed., *Cultural Encounters on China's Ethnic Frontiers* (Seattle: University of Washington Press, 1995).

不过大范围的研究和对个案的深入探讨均有助于深化现有研究。学术界在近期将政治、社会和经济权力纳入文化交往研究的尝试尤其有助于理解其进程。下面，笔者将以近来的研究为材料，对文化交 349
往的全球史进行一番简要梳理。

前现代时期的文化交往

由于欧洲人积累了大量资料，跨文化交往和文化交换的研究集中于现代和早期现代。尽管这些资料的观点有所偏颇、视角有所局限，但它们提供了大量关于跨文化活动的记载。随着这些材料的缺陷被墨尔本学派、后殖民主义批评家等学者发现，历史学家可以用新的技术和方案来校正材料的偏颇，并引入新的视角。

在 1000 年前，在欧洲人的材料记载之前的那段时期的文化交往是怎样的呢？前现代时期的文化交往能够在多大程度上进行分析呢？笔者倾向于将文化交往置于其政治、社会和经济背景中探讨，明确文化交往密集的时间和时代，并探索不同时代文化交往的主流模式。①历史学家所研究的文化交往的不同时期不可能在一篇文章里得以概括，因此笔者在此希望探讨两个时期，即公元 1500 年前的前现代时期和过去的 250 年即现代时期，这两个时期文化交往的模式并不相同。

尽管没有确凿证据，但几乎可以肯定，不同的文化社区在形成之初，就已存在相互间的文化交往。J. R. 麦克尼尔和威廉·麦克尼尔认为，万物有灵论者和萨满教徒关于人类与万物之“灵”的关系的信仰也许在距今 4 万—1 万年前已传播到世界其他地区。尽管这一观点仅仅是种推测，但也不无道理，因为在这一时期的后半段，世界各地的采集和渔猎人群均出现了万物有灵论，弓箭技术也传播到

---

① 参见 Bentley, Old World Encounters, as well as ‘Cross-Cultural Interaction and Periodization in World History,’ *American Historical Review*, 101(1996), 749 -770。

世界大部分地区。①无论如何，在农业和定居社会形成之前很久，信仰、观念完全可以在人类群体之间传播，来自异域他乡的物品广泛流布，不同社群之间彼此通婚，甚至渔猎部落在彼此交往间也可以交换新工具和新技术。

定居社会出现以后，单个社会通过跨文化交往融入更大的交流
350 网络，在此期间，文化交往成为主流。笔者并不打算将文化发展仅仅局限于彼此交往的功能，认为在跨文化贸易、大规模移民和帝国扩张与殖民统治时代不同群体的互动中，必然存在文化交往。在没有资料的情况下，我们无法确知此类早期文化交往的细节，同时也无法反驳在旧石器时代早期以及印欧语系和班图语系的人群向外移民的时期，文化交往已伴随长距离贸易而展开。②

人类拥有书写能力后，文化交往得以更清晰地展示出来。在两河流域、埃及、印度河流域等地区，早期城市及其行政管理阶层的出现使得与外界广阔世界的往来成为可能。两河流域和埃及先民至少在公元前 3500 年代已相互贸易，而到公元前 3—前 2 世纪，一张商业大网已将安纳托利亚、叙利亚、埃及直至东边的阿富汗和印度河流域包裹在一起。尽管没有明确的材料表明在物质往来的同时也有文化交往，但可以肯定的是，旅行者和商人一定带着自己的文化前往他乡。也许，埃及人从两河流域学到了艺术装饰、船舶设计和书写。③相比之下，西半球早期文化交往的证据更为稀少。但即便如此，考古学者通过追踪北美的祭品和陪葬品也发现了文化

---

① J. R. McNeill and William H. McNeill, *The Human Web: A Bird's-Eye View of World History*(New York: Norton, 2003)，尤其是第 17—18 页。

② Philip D. Curtin, *Cross-Cultural Trade in World History* (Cambridge: Cambridge University Press, 1984)；David W. Anthony, *The Horse, the Wheel, and Language: How Bronze-Age Riders from the Eurasian Steppes Shaped the Modern World*(Princeton: Princeton University Press, 2007)；Christopher Ehret, *The Civilizations of Africa: A History to 1800*(Charlottesville, Va.: University of Virginia Press, 2001).

③ 在此只列举一部相关著作，Michael Rowlands, Mogens Larsen, and Kristian Kristiansen, eds., *Centre and Periphery in the Ancient World*(Cambridge: Cambridge University Press, 1987)。

交往的轨迹。①

帝国再次加快了跨文化交往，提升了贸易、旅行和交往网络的组织化程度。丝绸之路就是典型，在公元前200年之后，丝绸之路有力促进了文化、物质和物种交换。这条通道以其在海陆两方为商人贸易丝绸、瓷器、马匹、玻璃等物品提供路径而为人所知，同时也是宗教和文化传统相互往来的高速公路。陆上丝绸之路连接了东起中国和朝鲜、西至巴克特里亚和印度，直至伊朗和地中海地区，而海上丝绸之路则连接了中国与日本、东南亚、锡兰（斯里兰卡）、印度、伊朗、阿拉伯和东非。伊斯兰教出现后，丝绸之路的往来货物更加繁多，很快一条穿越撒哈拉沙漠的道路出现了，将撒哈拉以南的非洲与地中海地区联系起来。

尽管东半球的陆海通道兴起于军事防御和商业往来，但其对宗教与文化传统的传播仍旧发挥了深远影响。佛教从其诞生地印度传至伊朗和中亚，继而到达中国、朝鲜、日本和越南。基督教沿着贸
易线路，从巴勒斯坦散布至地中海各地，并向东来到两河流域、伊 351
朗、印度和中亚部分地区。伊斯兰教的传播尤其迅速，从阿拉伯扩散至亚欧大陆的广大地区，东起印度尼西亚，西至摩洛哥，甚至撒哈拉以南非洲的部分地区也受其影响。7—16世纪，三大宗教继续向外扩张，即使悬远之国也不乏拥趸。科学、数学、技术和医学传统同样如此。

该如何解释这种宗教和文化传统的扩散呢?②文化交往的大背景有待于细致考察，这样才能理解推动文化交往的多种权力。大帝国的存在是其政治背景，正是这些帝国保障了欧亚大陆大部分地区的和平稳定，甚至有些帝国为了实现文化统一，有意引入了某种宗教。

① Jonathon E. Ericson and Timothy G. Baugh, eds., *The American Southwest and Mesoamerica: Systems of Prehistoric Exchange*(New York: Plenum, 1993); Timothy G. Baugh and Jonathon E. Ericson, eds., *Prehistoric Exchange Systems in North America*(New York: Plenum, 1994).

② 以下讨论来自 Bentley, *Old World Encounters*。

在丝绸之路上，扮演此类作用的帝国有中国的汉王朝、印度的孔雀王朝和贵霜王朝、伊朗的塞琉古王朝和帕提亚王朝，以及欧洲的罗马帝国。在公元 500—1000 年间，这条通道上的帝国变成了中国的唐宋、控制印度到地中海的阿拔斯王朝以及西部的拜占庭帝国。在接下来的公元 1000—1500 年间，则有游牧民族的诸国家如塞尔柱人和奥斯曼人控制的土耳其，以及蒙元和随后的明王朝粉墨登场。至于文化交往的经济和社会背景，在前现代、前工业化时期，许多生产力发达的农业社会产生了足够的剩余产品以维持其制造业和商业部门达到一定规模，并使得商人得以外出寻找商机。实际上，这些政治、经济和社会背景也解释了宗教和文化传统的扩散。

除了大的时代背景，从组织的角度也可以分析佛教、基督教、摩尼教和伊斯兰教的扩散。这四种宗教都依靠传教士向外传教，并且需要接纳者放弃甚至拒绝其原有的宗教传统，以接受一种新的生活方式。除了少数例外，我们无法确切地获知转宗者的思想、如何理解其文化历程，或为什么转变宗教。因此，积极的传教士对于宗教的传播具有重要意义。当外出传教时，他们采用各种方式劝说他人皈依。在那个没有科学的时代里，展示奇迹是传教士常用的和有
352 效的手段。这种方法显示他们拥有操纵自然的超能力为其所用，因此能够引起广泛注意，甚至富有的人和有钱人也不例外。传教士也通过一般的途径传播宗教，比如为社会下层提供服务。传教士过着一种苦修式的生活，为平信徒确立了高标准的生活方式；但同时也免除了他们自己达到上述标准的麻烦，因为他们为传教士和宗教机构提供钱财，从而有利于教会的大业。

对于那些从传教士之处获得宗教知识的人来说，他们面临着许多选择。当面临新的宗教信仰和文化时，最容易也最常见的选择就是拒绝，有时甚至以暴力的方式来拒绝。另一种常见的选择就是允许外来文化和宗教的存在，并择其有利者而用之——当外来文化带来了新的知识和不同寻常的理念时，往往会将其部分加以利用。还有一种选择，就是切断与本土文化和宗教信仰的纽带，而完全采用

一种新的文化。这看起来不太可能，因为完全转向新的文化常常带来动荡和不适。这一过程中既有对新语言、新食物的接受，也有新的习俗。个人与家庭、朋友、熟人和商业伙伴的关系也会重新调整。发型、服饰也会受到影响，甚至身体也需要经过物理调整。但这种转变却在世界历史上屡见不鲜。此外，文化转型不仅仅是个人的事情，而且是一种社会现象，因为许多人涉及其中，自然会影响整个社会。

考虑到文化转型的复杂，第三种选择尤其需要注意，并且需要至少两个层次的分析。一方面是文化或宗教转型的意义。不难想见，人们在绝对接受新文化时，一定会仔细考虑其利弊得失，同时不应忽视的是，对于宗教真诚的皈依促使至少伴随着许多文化转型。但这并不意味着皈依者已然像受到该宗教长期影响的教徒那样完全接受了这种信仰。对于新宗教之概念的简单解释和“翻译”必然包括将外来观念与本土文化相融合，渗入其对世界的传统看法。因此，转型必然伴随着融合，人们在对外来文化的理解来自本土文化的
“透镜”。许多研究揭示了主要宗教在不同地区面对不同人群时发生 353
了怎样的调整。①

另一方面是转型及其政治、社会和经济背景的关系。关于这一点，许多个案堪称范例，反映出个人的文化和宗教选择与其政治、社会和经济利益息息相关。有时，政权支持某个宗教，或是有意压制某个宗教，这自然会影响到个人对于宗教的选择。国家往往通过支持某些宗教流派或专门向某些群体开放关键职位等方式支持某一文化传统，或是通过歧视性税收、宗教迫害等方式有意打压其他传统。这类方式的成效有限，但时间一久，就能从整体上影响社会的文化生态。除了国家政策，社会和经济利益对于个人的文化和宗教选择也有很大影响。历史上不乏此类案例，即组织程度高的异邦人用商业和贸易机会吸引人们接受其文化。皈依新的宗教并非商业行

① 见 Clifford Geertz 关于伊斯兰教的杰出研究，*Islam Observed: Religious Development in Morocco and Indonesia*(Chicago: University of Chicago Press, 1968)。

为，但与其他社会建立密切联系却可以促进商业贸易。长此以往，就像家族和族群的文化传统向下一代传承一样，随着吸引越来越多的人，外来传统也会扎下根来，并影响整个社会的文化景观。

近来，刘欣如和沈丹森对佛教由印度进入中国的政治、社会和经济背景进行了深入细致的探讨。刘欣如认为，从 1 世纪进入中国到 7 世纪最终地位稳定，佛教入华的全部历程发生在中印贸易的大背景下。起初，双方的贸易为中国为数不多的佛教徒带来祭祀和礼仪用品，而佛教从中受益良多。到 7 世纪，中印间贸易已达到相当规模，这不仅有益于主导贸易的商人信徒，而且日渐增长的信众也从中受益，包括地方信徒。沈丹森则关注 7—15 世纪，他发现上述模式一直延续到 10 世纪，官方使者与商业一道促进了佛教在中国的发展。此后，虽然贸易仍在继续，但中印两国的佛教却日渐分离——在印度，佛教正在伊斯兰教和印度教的冲击下岌岌可危。①因此，虽然刘欣如和沈丹森没有把复杂的文化交往简化成物质交换，但他们清楚地揭示出，在促使佛教从印度来到中国的大环境中，贸易和外交活动是其关键因素。

现代文化交往

354 上文讨论的文化交往模式并未定格于公元 1500 年，而是一直延伸到现代——毋庸置疑，早在全球化进程开始的 1500 年之前 1000 年，东西半球间的交往就已经开始了。②桑贾伊·苏布拉马尼亚姆（Sanjay Subrahmanyam）和贝利（C. A. Bayly）都将文化因素的全球扩散视作前现代与现代之连续性的体现。尤其是在东半球，商人、

---

① Xinru Liu, *Ancient India and Ancient China: Trade and Religious Exchanges, A.D. 1—600*(Delhi: Oxford University Press, 1988); Tansen Sen, *Buddhism, Diplomacy, and Trade: The Realignment of Sino-Indian Relations, 600—1400*(Honolulu: University of Hawai'i Press, 2003).

② Jerry H. Bentley, 'Hemispheric Integration, 500—1500 CE', *Journal of World History* 9 (1998), 237 - 254.

使节等旅行者沿着古已有之的通道往来四海，持续不断地将观念、神话、宗教信条和有价值的异域新知带到本土文化圈中，正如贝利所言，不同的社会均采取了类似措施来应对共同的文化问题，如改革运动。①

然而，1500 年标志着全球历史节奏的变化。1500 年后，欧洲人凭借独有的和前所未有的方式和道路进入世界其他地区，并从中获取了巨额利润。1800 年后，随着工业经济的崛起，欧洲确立了自己在经济、技术和军事领域的优势地位。②尽管长期以来形成的文化交往模式在某些领域仍然适用，但在欧洲人的地理大发现以及工业化和帝国主义崛起之后，传统模式的大部分已经不再有意义了。

相对于前现代时期，权力在现代的文化交往中扮演了更为重要的角色。比起前现代时期，现代时期的资料无疑更多，使我们对文化交往模式的理解更深一层。制图学、人类学和历史学等学科有助于重建和分析被文字资料忽视的弱势群体，这时也得到很大发展，是探讨早期现代和现代的帝国的最重要智识工具。欧洲在多个领域的强势地位并未使其文化更易于被他人接受，但却使欧洲文化传统有更多向外扩散的机会。欧洲文化，如现代自然科学、商业模式以及基督教的多个流派都更多地传播到世界其他地区。甚至直到 20 世纪，信徒众多的佛教、伊斯兰教和印度教也仍还局限在东半球，而 1500—1800 年间，欧洲商人、传教士、冒险家、殖民者和拓殖者等将其文化带到了美洲大部和亚洲、撒哈拉以南非洲、澳洲部分地区以及太平洋岛国。地理大发现使欧洲人得以了解世界文化地图，并

---

① Sanjay Subrahmanyam, ‘Connected Histories: Notes towards a Reconfiguration of Early Modern Eurasia,’ in Victor Lieberman, ed., *Beyond Binary Histories: Re-imagining Eurasia to c. 1830*(Ann Arbor: University of Michigan Press, 1997), 289 - 316; C. A. Bayly, *The Birth of the Modern World, 1780—1914: Global Connections and Comparisons* (Oxford: Blackwell, 2004).

② Jerry H. Bentley, ‘Early Modern Europe and the Early Modern World,’ in Charles H. Parker and Jerry H. Bentley, eds., *Between the Middle Ages and Modernity: Individual and Community in the Early Modern World*(Lanham, Md.: Rowman and Littlefield, 2007), 13 - 31.

开始生产有关异域异邦的知识。同时，这也使得其他地区的人群开
355 始形成关于欧洲人的观点，并了解其文化。这样的经历是一种互惠的过程，但无疑欧洲人得到的好处更多，因为他们比其他人群得到了更多关于全球文化的系统性知识。[1]

在现代，政治、社会和经济背景仍然是理解文化交往及其影响的基本框架。在美洲，天花等外来疾病使土著人口锐减，加快了殖民者的拓展，也使得土著居民丧失了文化自信，因此放弃其传统文化，转而皈依基督教。但传统宗教信仰仍然强力遗存下来，甚至也曾让基督徒放弃基督教信仰。当土著美洲人皈依基督教时，往往将自己的文化融入基督教中。[2]不过随着时间的推移，欧洲殖民者逐渐扩展了对土著社会的控制，并强化了对传统信仰的压制（其中甚至不乏暴力活动），土著社会的文化传统逐渐消亡，使基督教成为唯一制度化的宗教信仰。外来疾病引发大规模人口消亡也同样发生在澳大利亚和许多太平洋岛国，随后欧洲殖民者与在美洲一样加强了对当地文化传统的压制。[3]这里的土著居民也逐渐接受了基督教，开始只是暂时的，但随着时间的推移，基督教逐渐被调适以适应本土社会的需要，并吸引了许多岛民的深深信仰。

与美洲和太平洋岛国不同，亚洲和非洲的大部分地区都没有遭受输入型流行病的影响而人口锐减；他们在1500—1800年间的所谓早期现代时期也没有被欧洲占领和殖民，只有菲律宾、印度尼西亚和非洲中部除外。不过，欧洲传来的基督教在亚洲和非洲许多地区吸引了皈依者，在这些地区，皈依基督教反映了本土与外来宗教间

---

① 要了解此类研究，见 Stuart B. Schwartz, ed., *Implicit Understandings: Observing, Reporting, and Reflecting on the Encounters between Europeans and Other Peoples in the Early Modern Era*(New York: Cambridge University Press, 1994)。

② Clendinnen, *Ambivalent Conquests*; Serge Gruzinski, *The Conquest of Mexico: The Incorporation of Indian Societies into the Western World, 16th—18th Centuries* (Cambridge: Cambridge University Press, 1993); Patricia Lopes Don, ‘Franciscans, Indian Sorcerers, and the Inquisition in New Spain, 1536—1543,’ *Journal of World History* 17 (2006), 27 - 49.

③ 关于马克萨斯岛的情况，见 Dening, *Islands and Beaches*。

的融合。例如，正统天主教在菲律宾吸引了大量皈依者，但早期信徒将天主教信仰融入本土文化对于社会和文化发展的观念中。①与之类似，在刚果王国，外来的宗教信仰影响了很多人，但在本土文化影响下却转向了未曾料到的方向——刚果先知多纳·比阿特利兹·吉姆帕·维塔（Dona Beatriz Kimpa Vita）宣称由圣安东尼为之洗礼，谴责巫术和奴隶贸易，修改天主教礼拜仪式以适应自己的需要，并告诉刚果人，耶稣和圣母玛利亚都是黑皮肤的刚果人；他还致力于将基督教义作出适合刚果社会的改造。维塔的活动引起了刚果社会的极大兴趣，但随着她在 1706 年被统治阶层和教会以巫术之名处死，以及其追随者被武装镇压，维塔运动也逐渐终结。②在中国的基督徒数量不多，来自官方的压制使其消亡。而在日本，本土文化与 356
基督教的融合再度上演，官方的大规模镇压粉碎了日本基督教的萌芽；在经历了对欧洲传教士和日本皈依者的残酷镇压后，只有少数“地下教徒”保持着对基督教的信仰。由于失去了与欧洲、亚洲及其他地区基督教会的联系，他们只得以自己的记忆为信仰的基础，而非正统的宗教经典。其结果就是在日本，基督教与佛教、神道教和纷繁复杂的地方信仰相融合，在乡村的渔猎社群也就是地下教徒的聚居区中，形成了一套混杂着教义与礼仪的独特信仰。③

如果说地理大发现增强了欧洲文化在早期现代的影响力，那么工业化和帝国主义的崛起则进一步增强了欧洲和欧美的文化力量并使之延续至 19 世纪。随着欧洲和欧美国家对世界其他地区的影响力日渐增强，以及拥有了更好的方法来探索和建构关于世界其他地区的知识，萨义德所说的东方主义有了新的意义。迈克尔·阿达斯（Michael Adas）和伯纳德·科恩（Bernard S. Cohn）等学者探讨了东

---

① Vicente L. Rafael, *Contracting Colonialism: Translation and Christian Conversion in Tagalog Society under Early Spanish Rule*(Durham, N.C.: Duke University Press, 1993).

② John K. Thornton, *The Kongolese Saint Anthony: Dona Beatriz Kimpa Vita and the Antonian Movement, 1684—1706*(Cambridge: Cambridge University Press, 1998).

③ Christal Whelan, trans., *The Beginning of Heaven and Earth: The Sacred Book of Japan's Hidden Christians*(Honolulu: University of Hawai'i Press, 1996).

方主义知识的特征和影响。通过梳理欧洲人在不同时期关于亚洲与非洲的知识，阿达斯发现，当欧洲人在17世纪首次接触中国和印度科技时，他们报以崇拜之情。然而，随着启蒙思想、现代科学和工业的进展，欧洲人对其他地区的评价迅速下降，曾经对印度和中国的真心崇敬变成对停滞社会的轻蔑，欧洲人越发相信自己是优等种族，亚洲人尤其是非洲人是低等种族，而自己有责任帮助亚非实现文明。①科恩则以大英帝国发掘、建构和系统化关于印度的知识为个案，探讨其对文化和殖民霸权的意义。掌握印地语、汇编法典和收集古物推动形成了一套有助于殖民统治的知识体系。②

然而，全球性帝国、机器大工业和东方主义知识并未使欧洲人可以任意对世界其他地区施加其文化。欧洲传教士凭借帝国的实力和东方主义知识在亚洲、非洲、美洲和大洋洲传播天主教和基督教。但当地人的反应却多种多样，既有直接拒绝，也有对传教士的动机及其与殖民者的关系表示怀疑。③既然欧洲国家在国外并不拥有绝对权力，近来一项对德国海外帝国的研究发现，东方主义的知识可以
357 影响现实。德国民族志学家将非洲西南部的赫雷罗人（Herero）描绘为残忍、不人道的族群，而萨摩亚岛民则是“高贵的野蛮人”；至于中国人，则是聪明而务实的，有着辉煌的过去，不过近来则受到腐败、贫困和停滞的影响。因此毫不奇怪的是，德国殖民当局用残酷手段对待赫雷罗人；对于萨摩亚人则是保护与利用并举，并有着父亲般的严慈；对于中国，则通过在青岛的殖民地了解和学习中国文化，同时又带着种族的有色眼镜加以观察。④

1900年尤其是1950年以来，尽管传教活动仍然存在，但世俗的

---

① Michael Adas, *Machines as the Measure of Men: Science, Technology, and Ideas of Western Dominance*(Ithaca, N.Y.: Cornell University Press, 1989).

② Bernard S. Cohn, *Colonialism and Its Forms of Knowledge: The British in India*(Princeton: Princeton University Press, 1996).

③ Jean and John Comaroff, *Of Revelation and Revolution*, 2 vols. (Chicago: University of Chicago Press, 1991—1997).

④ George Steinmetz, *The Devil's Handwriting: Precoloniality and the German Colonial State in Qingdao, Samoa, and Southwest Africa*(Chicago: University of Chicago Press, 2007).

文化交往猛然增多。欧洲和美国的大学成为西方自然科学、技术、社会科学和法律向全世界扩散的基地。欧洲、美国和日本的商界影响了全世界的商业活动、商业理念甚至商务装束（比如商人的穿着打扮）。全球化以欧美资本为主要推动力，促进了寿司、商业体育、牛仔裤、好莱坞电影和世界音乐的传播。目前，历史学家尚未开始思考这些文化发展，尚未总结其模式，也没有从宏观上进行分析。但很明显，文化交往仍然在不同社会和文化传统的人的互动之中产生，并反映了使世界大部分人口参与跨文化互动的政治、社会和经济等多种权力。

参考书目

- Adas, Michael. *Machines as the Measure of Men: Science, Technology, and Ideologies of Western Dominance*. Ithaca, N.Y.: Cornell University Press, 1989.
- Bayly, C. A. *The Birth of the Modern World, 1780—1914: Global Connections and Comparisons*. Oxford: Blackwell, 2004.
- Bentley, Jerry H. *Old World Encounters: Cross-Cultural Contacts and Exchanges in Pre-Modern Times*. New York: Oxford University Press, 1993.
- Cohn, Bernard S. *Colonialism and Its Forms of Knowledge: The British in India*. Princeton: Princeton University Press, 1996.
- Comaroff, Jean and John Comaroff. *Of Revelation and Revolution*, 2 vols. Chicago: University of Chicago Press, 1991—97.
- Dening, Greg. *Islands and Beaches: Discourse on a Silent Land: Marquesas, 1774—1880*. Honolulu: University of Hawai'i Press, 1980.
- Helms, Mary W. *Ulysses' Sail: An Ethnographic Odyssey of Power, Knowledge, and Geographical Distance*. Princeton: Princeton University Press, 1988. 360
- Said, Edward W. *Orientalism*. New York: Pantheon, 1978.
- Schwartz, Stuart B., ed. *Implicit Understandings: Observing, Reporting, and Reflecting on the Encounters between Europeans and Other Peoples in the Early Modern Era*. New York: Cambridge University Press, 1994.

李文硕　译　陈　恒　校

第二十章　前现代帝国

托马斯·T. 阿尔森

定义与差异

361　所谓帝国，往往指的是拥有广袤地域范围的政治单元，将大片领土和多元化的人口置于单一主权实体的控制下。在上述定义的诸要素中，只有单一主权实体是可以量化的。至于地域范围和人口的多样性，并没有统一的标准，只不过在任何关于帝国特性的描述中都是必不可少的。

例如地域规模，多大的帝国才能达到帝国的标准？政治单元何时达到这一规模？①在埃及，约公元前1550—前1070年间的新王国是第一个达到现代国家如西班牙和土耳其的规模的王朝。在两河流域，政治组织规模的变化有两次飞跃：约公元前2360—前2180年间的阿卡得王国第一次统一了整个两河流域，公元前935—前612年间的亚述新王国将领土扩展至两河之外，其影响力广及小亚细亚、叙利亚、腓尼基和埃及。亚述王国随着其地域面积的扩大，人口逐渐多元化，帝国境内不同地区、不同阶层产生了不同的政治诉求，这与现代帝国给人们的印象更为接近。虽然无法确定亚述是不是最早的帝国，但可以确定的是，亚述是帝国的早期形态，并且其政治实践深刻影

① For all comparisons, see Rein Taagepera, 'Size and Duration of Empires: Systematics of Size,' *Social Science Research* 7(1978), 108 – 127, especially 116 – 117, 126.

响了它的波斯继承人，也就是公元前534—前330年的阿契美尼德王朝、公元前247—公元226年的帕提亚王朝和226—651年的萨珊王朝（Sasanids）。

公元前322—前187年的孔雀王朝控制了南亚次大陆的大部分地区，也开创了印度的帝国传统；该王朝继而被中亚入侵者建立的贵霜王朝和本土的笈多王朝取代。在中国北部，第一个有文字记录的王朝是殷商（约前1520—前1030），之后是周（约前1030—前256），这两个王朝都没有严密的政治结构，而根据传统中国史学的记录，帝国时代始自秦朝（前221—前207）和汉朝（前202—公元220），中央政府重建，中国认同逐渐形成，新的疆土被纳入统治。 362

匈奴（约前209—公元87）通常被视作第一个草原帝国，该帝国的形成正是游牧民族对秦汉帝国的反应。匈奴瓦解后，经历了漫长的分裂，之后形成了突厥汗国（Türk Qaghanate，552—744）。而突厥汗国的主要继承人，在西部是哈扎尔（Khazars，约650—965），在东部则是回纥（亦称“回鹘”，Uighurs，745—840）。

在地中海世界，尽管雅典人和亚历山大大帝也曾开疆拓土，但帝国一词似乎属于罗马人。随着罗马的扩张，拉丁语*imperium*，也就是“命令”，逐渐被用来指称罗马控制下的疆土，即罗马帝国。就像东方的汉朝，罗马也长期定义了欧洲的帝国。

尽管新世界也诞生了令人叹为观止的早期文明，但帝国——奥尔梅克（Olmec，约前1200—前400）和早期玛雅（Classic Maya，约300—900）——却姗姗来迟。约950—1200年由托尔特克人（Toltec）建立的王朝可能是中美洲的第一个帝国，阿兹特克帝国紧随其后（约1400—1520），其成就远超前人。安第斯地区曾出现多个嗜好开疆拓土的国家，执牛耳者非印加帝国（约1400—1536）莫属，这是美洲疆土最大、整合度最高的帝国。

尽管帝国统治下的人口纷繁多样，但由于帝国留给后人一个高度统一的印象，因此其人口的多样性被部分地忽视了。然而，不同的帝国在建成之前，其人口构成的族裔-语言多样性也是各不相同的。汉朝和元朝（1271—1402）这两大东方帝国就是典型代表——在前者，其统治阶层和被统治者均以汉人为主体；在后者，构成统治阶层的蒙古人只占总人口的1%略多。概括地说，帝国统治者往往是少数族裔，越是大帝国越是如此。这也就意味着帝国的统治者必须考虑许多特殊问题，而被统治者之中，不同的族裔和认同也意味着不同的权力和不同的社会角色。

帝国往往被分类，至少也会被贴上标签，常见的有定居帝国、游牧帝国、海洋帝国、附属国、整合性帝国、吸收性帝国、防御性帝国、商业帝国和非正式帝国等等。不过从本文的写作目的出发，笔者将帝国分为公元1500年以前的帝国和现代形成的帝国两类。尽管现代帝国和传统帝国有某些共性，但笔者此处重点在于突出其差异。

首先，那些延续到20世纪的传统帝国，大多是陆地型帝国，而现代帝国则主要依靠海洋。

之所以如此，是因为现代帝国是得到政府支持、以商业利益为导向而出现的，进入“新帝国主义”阶段后则由民族国家支持。它们的早期形式是城邦之类的小型政治体，可能是君主国，也可能是
363 共和国，但许多帝国的特性是从“军事强人”开始的，他们统帅私家武装而非国家武装。

传统帝国与现代帝国在领土扩张动机和统治方法上也有所不同。现代帝国始于对新原料和新市场的追求，因此新帝国致力于经济竞争和间接控制；而传统帝国始于对新领土和新人口的追求，因此致力于军事竞争和直接控制。

此外，现代帝国主义者在扩张中仍然维持与宗主国的联系，与本土形成紧密联系的社会，保持其原始认同；而传统帝国的拓殖者往往在扩张中失去与宗主国的联系，被拓殖区所同化，认同也会发生变化。在现代帝国中，宗主国保持其在文化上对于被控制地区的优越；而传统帝国中，作为少数族裔的统治者往往公开承认并依赖被控制地区的文化资源。因此，相对于现代帝国对被控制地区的

“文明化”，传统帝国往往被同化。

讨论“实力的差异”对于现代帝国很重要，但对传统帝国却意义有限。苏联在20世纪40年代以武力控制波罗的海国家体现了这种差异在现代语境中的意义，但在13世纪蒙古控制中国的过程中呢？尽管不同的计算方式得出的结论会有所差别，但根据目前对于国家实力的理解，统治中国的金朝（1115—1234）和南宋（1127—1279）似乎国力更为强大。在这张计算表上，蒙古有100万人口，以游牧经济为主体，但金和南宋有1亿人口，控制着当时全世界大部分生产力，军事技术也更发达。因此不难发现，在传统帝国的时代，计算实力的方法也与当代不同。

这也就是二者之间的最后一个差别。在后哥伦布时代的世界，武器的差别有助于帝国的扩张，这种差别随着时间的推移逐渐扩大，获得先进武器的成本不断降低，从而助长了帝国的开拓性。而传统帝国的开疆拓土则很少依赖先进技术。原因如下：首先，在其初始阶段，武器并非决定性因素，比如第一代火枪并不比有效的弓箭更好；其次，当火药等技术创新开始取得优势的时候，这些技术很快传播到其他地区，因为技术并不存在长期垄断。

战争与帝国

传统帝国诞生于战火中，它们的长期存在也依赖于军事力量的
强大，因此军事优越性的问题值得探讨。装备水平大致相当的军队 364
之间的战斗，胜利取决于军队人员的数量和战斗力。战斗力依赖于征募和训练方式以及由此而来的士兵个人的纪律性和技能，此外也离不开士气和不同单位间的协作能力，以及战斗中的现场指挥。对于传统帝国和现代帝国，上述种种都是适用的。

相对而言，数量就是一个变化很大的因素了。在前现代的经济条件下，社会的人口基数并不能够直接推导出军队的规模。比如在中国，由于农业需要大量人口，因此军队能够招募的成年男子的数

量就受到了制约。此外在许多国家，军队被上等阶层、贵族人员所垄断，社会底层不能加入军队，这也限制了军队的规模，制约了武器的使用，这些社会无一不是“低参军率”国家。①与此相反，欧亚大陆北部有许多人口较少的国家，但却有很高的参军率；其中有些国家甚至全部成年男子都是军人。

这些军事国家几乎全民皆兵，并且有如下共性：1. 经济生产的参与者主要是妇女和儿童，因此不受征兵的影响；2. 社会分层不发达；3. 狩猎是重要的资源获取方式和军事训练形式；4. 所有人都有权拿起武器；5. 武器在本地生产，通常是由个人负责；6. 依靠国内蓄养的马匹，骑兵战争是常见的战争形式。

这表明国家实力取决于军队的规模、战斗力和机动性，因此有利于小规模的、边缘地带的居民。因此毋庸置疑，欧亚大陆上居住于温暖地带、人口密集、生产力发达的社会往往从北部山地和草原征召盟军、军事人员、雇佣兵、辅助人员、低级军官和皇家卫队。有时这些北方民族也会深入南部，或是充当骑兵，或是充当商人，甚至条件合适时成为南方国家的统治者。

帝国在扩张中总会遇到敌人，并且不断面临新环境的挑战，因此要想取得军事胜利，必须不断进行变革、调整，并对战争技术进行补充。能否吸收敌人的武器、战术、组织方式乃至整个战争模式，是一国军队是否具灵活性的体现。罗马人有强大的步兵，在东部边界遇到敌人促使他们发展出强大的骑兵武装。②更令人惊讶的是蒙古人，他们从草原而来，却迅速接受了朝鲜半岛和中国人的航海技术而建成海军，在1279年消灭南宋的战争中发挥了重要作用。③

在大多数时候，掌握新的军事技术，最快捷的方法是引进外国

---

① Stanislav Andreski, *Military Organization and Society*(Berkeley: University of California Press, 1971), 33 - 36, 232.

② Ann Hyland, *Equus: The Horse in the Roman World*(New Haven: Yale University Press, 1990), 170 ff.

③ Xiao Qiqing [Hsiao Ch'i-ch'ing], ' Meng-Yuan shuijun zhi xingchi yu Meng-Song zhanzheng,' *Hanxue yanjiu* 8(1990), 177 - 200.

专业人员，或是通过雇佣兵，或是从俘虏中遴选，这种方法也会导致军队族裔的多元化。公元前 480 年进攻希腊的波斯军队，和 1258 365
年进攻巴格达的蒙古军队，如同后来的殖民军队一样，其中都有外国军人，他们组成单独的建制，与本国部队隔离开来。有时，帝国的伟大恰恰体现在其人口族裔的多元化上，这种多元化反映了帝国的庞大规模和成功。有时，驻扎在首都的外国驻军，或是外国人组成的皇家卫队，在帝国政治中也扮演了重要角色。

灵活性也包括决策的灵活，伴随着战争而及时有效地调整策略。除了军事技术、战术和组织化程度，杰出的军事指挥官能够发现和利用人所不见的机遇，能够预测并避免潜在的危机。这些对于所有军事指挥官都是毋庸置疑的。笔者在此提出强调，是因为许多帝国奠基者被视作得益于好运气而取得了成功。这些人物被赋予超人类甚至超自然的能力，以区别于碌碌凡人。他们正是凭借其非凡之才、人格魅力而吸引追随者，赢得信任，鼓舞士气，并成为帝国权威之合理性的中心要素。这也是我们后面将要探讨的话题。

在帝国初建的时代，常常遭遇冲突并随之而导致社会的军事化。秦国依靠吞并其他国家而成为帝国，这些国家此前也曾吞并更弱小的国家；印加帝国的经历与之类似。不过，决定帝国扩张的并非只有军事侵略这一个要素，来自外部的邀请也是帝国得以维持、发展甚至出现的重要原因。希腊城邦频频要求罗马人来帮助平定内乱，中国北方的割据势力为了消灭对方也常常邀请游牧军队协助作战，结果却导致游牧民族长驱直入。但无论以何种方式启动，帝国的战争机器一旦开始运作，便往往按照固定的逻辑前进：占领，继而是驯化被占领地区的人口，然后是边界保卫战，最终战争导致帝国解体。

帝国是如何组建的

军事胜利，尤其是决定性的胜利，为胜利者提供了不同选择——收手谈判还是永久占领，后者需要建设相应的统治机器。帝国可以安排统治机构和官员，逐渐取代当地官员，这取决于帝国的发展阶段，例如秦和汉就采用了这种方式。另一个方法就是仍然保留原有机构和人员，依靠他们进行间接统治。埃及新王国、阿契美尼德王朝、罗马和阿兹特克就采用了这种方式，许多游牧和半游牧民族也采取了这种方式，与当地官员合作，后者帮助维持社会秩序，
366 开发农业，并控制城市居民。契丹人建立的辽（916—1125）和蒙古人建立的元就是如此，1038—1194 年间统治伊朗和伊拉克的塞尔柱大帝国亦然。在类似政权中，劳心者往往是本地人，而作战者往往是外国人，掌握军队及其附庸。

帝国中枢的统治结构也因帝国而异。在罗马和中国唐代（618—907），职业官僚为皇权服务，即便皇位易主也是如此。而北方游牧民族建立的帝国则大不相同，不管是游牧的帝国还是定居的帝国，在那里，官员们忠于统治者个人而非国家。这些帝国的中枢机构往往从统治者的家族或部落中产生，因此为统治者个人服务的人员也就同时在为国家服务。帝国的这一特点往往产生奇异的情形，即非正式的和流动的中枢机构，借助一套正式的、科层化的政府机构发挥影响，这在蒙古（1206—1402）、帖木儿（1370—1506）和莫卧儿（1526—1858）等内亚帝国尤为明显。①

对于传统帝国来说，将完全不同的治理方式整合起来——包括直接统治方式和间接统治方式、自身的统治方式和外来的统治方式，以及基于专门安排的统治方式——并不鲜见。所有的传统帝国都是政治综合体，包括了由不同都市区构成的复杂等级结构、本土省份、特别军事管制区、外来统治者、缓冲国和盟国。

不管哪种形式的管理，都离不开记录和书写。多族裔、多语言的帝国在决定官方语言和文字时也面临多种选择。也许秦帝国为我们提供了成本最低的方法，它创造了一种新的官方语言——小篆，

---

① Stephen Blake, ‘Patrimonial-Bureaucratic Empire of the Mughals,’ *Journal of Asian Studies* 34, no.1(November 1979), 77－94.

将此前的文字标准化，使各种口语和文字在书写上统一起来。

官方语言往往与统治集团的语言有密切联系。不过也有例外，统治者出于便利和尊重，保留被统治民族的语言，比如罗马在希腊语地区仍保留了希腊语的官方地位。有时，统治民族本身没有文字，比如阿契美尼德王朝，使用伊朗语言，但以阿拉姆文字（Aramaic）为其政府机构的主要文字，后来的塞尔柱帝国虽然讲土耳其语，但使用的是新波斯文。更重要的是，这两个王朝在选择官方文字时，都选择了被大多数管理人员所使用的文字。

对于没有文字的统治者来说，根据其语言创造一种新文字也是一个选择，这种方法尤其受到草原民族的青睐。土耳其人第一次采用了这种方法，在阿拉姆文基础上创造了如尼文（Runic）；契丹人
借用了汉字，蒙古人则借用了回纥文字。当然，在这种情况下，官 367
方事务仍然有赖于掌握被统治民族文字的人。在蒙古人建立的横贯亚洲大陆的大帝国中，汉语、波斯语、藏语、东斯拉夫语和多种土耳其方言并行不悖。在这样的环境下，很多人掌握了多种语言，环境本身也促进了不同语言间的交往和借鉴。

帝国疆域广大并且极具多元性，因此往往采取措施促进内部的统一化。这种统一化体现在很多方面——官员和军队使用统一服饰以培养集体感、统一的语言和文字、官定度量衡并使用统一重量和金属构成的统一货币。这些措施首次出现于约公元前 700 年的吕底亚并在约公元前 480 年被阿契美尼德王朝所借鉴，不过后者从未统一货币，直到罗马帝国，货币才得以统一。类似的情形也出现在东亚。中国的货币首次出现在公元前 480—前 221 年的战国时代，随后由秦国统一，并在汉朝被中央政府垄断。这表明，官方货币的出现是一个缓慢但却逐渐加快的过程，其出现既与帝国的扩张有关，也与商业的发展有关。①

---

① Susan Sherratt and Andrew Sherratt, 'The Growth of the Mediterranean Economy in the First Millennium B.C.,' *World Archaeology* 24, no.3(February 1993), 363.

时间也被标准化。官方历法规定了庆典日，调控经济生活，这种对时间的管理往往具有重大的政治能量。此外，历法根据节气而来，对社会生活也有很大影响。政府借助历法来明确自然和社会的关键节点，以便灌输世界观和意识形态。在中国，从汉代开始，历法就像货币一样被官方垄断；而在阿契美尼德王朝和蒙古国家，出于实用，存在着多种时间体系。但无论新旧大陆，所有的帝国政府都认真记录时间。

所有帝国都致力于维持安全的通信网络，并且为这一网络提供保护、维持其秩序。通信网络是和平的象征，也是长途交往的保障。尽管手段不一，但无一不要求拓展四方的基础设施。

如今最广为人知的当属罗马和印加的道路网，但包括阿契美尼德王朝、秦王朝和汉朝以及孔雀王朝在内的所有早期帝国均为道路设施投入大量人力物力。内陆水运也得以发展，尤其是在中国。从隋朝（581—618）开始，继而在唐和元，各王朝致力于用复杂的水路网络将物产丰饶的南方与北部政治中心连接起来，其目的当然在于便利军队调动、物资转运和官员出访。但朝廷有时也四处流动。很多因素导致朝廷的巡行，包括游牧传统、多京城制，以及巡查地方、利用稀缺资源、展示权威、检测地方忠诚度和强化权威等。

国家建设的路网可以为公共所有，此外还有专为公务人员使用的设施。阿契美尼德王朝及其地方臣僚在全国各地建立了多个大型
368 “行宫”，其中有生活区、游猎区、花园、仓库，并配有驻军。这些行宫是政府权威在全国各地的具体体现，并保证了统治阶层在出行过程中的安全和舒适。①基于类似目的，法国加洛林王朝也在全国建立了类似设施，只是规模较小。

另一个让帝国中枢始终关注的问题是政令的迅速传达，这催生了政府驿站系统的发展——在旧大陆，驿站系统供骑马的专使使用，而在没有骑行动物的新大陆，则完全依靠人力。驿站系统除了传递

① Pierre Briant, Rois, tributes et paysans(Paris: Belle Lettres, 1982), 451 - 456.

信息，也有重要的安全作用，可以收集国内外情报。除了亚述时期，类似机构在阿契美尼德王朝、萨珊波斯、罗马和拜占庭也都存在。在此基础上，倭马亚王朝（661—750）和阿拔斯王朝（749—1258）的哈里发们创造了一套精妙的皇家邮路系统——*barid*——并被后来的穆斯林王朝所继承。在蒙古统治的时代，这套邮路系统发展到顶峰，在蒙古人统治下，这套系统一度从蒙古利亚和北部中国一直延伸到伊朗和伏尔加流域南部。

重视管理、通信和交通网络的最主要原因在于保障帝国中心的物资供应。传统帝国获取物资的方式有多种形式，并且往往有固定的顺序：首先是战利品，尤其是帝国军队一次性带回的大量物资；其次是贡品，由失败者定期重复提供，其数量和种类经过了审慎算计；第三就是由帝国官员向永久居民征收的税赋。因此，帝国事务的处理首先依赖军事，之后依赖管理。

通常，对占领地区的第一个经济剥夺方式是人口统计，这是从索取贡品转向征收税赋的前提。征收，无论是征收货币还是物资，往往发包给私人企业或交给政府官员以便降低成本，这种方法被从罗马帝国到蒙古帝国的很多帝国所采用。人口统计往往伴随着地籍整理，从盐盒到金属储藏柜的所有东西都要清查一遍，以确定其对帝国的潜在价值。在东亚，中国的许多王朝以及蒙古都将盐铁收归官营，并取得了一定成功。

除了征收赋税，人口登记的另一个目标在于清查人口资源，尤其是为了保障军队征募之用。由于帝国总是持续不断地建设宫殿、公共建筑、堡垒、交通和水利设施以及农业工程，因此总是需要人力资源。通过人口登记也可以发现，工程、锻造等领域的专业人员，他们的技能可以为帝国宫廷所用。

帝国如何合法化

帝国尽管依赖于军事实力，但无不致力于为其占领和统治提供 369

意识形态上的合法性。为了赢得被统治者的支持，帝国统治者深知说服比强迫更有效率。这并不意味着政治信息的传递是零成本的，因为在识字率有限的社会，政治宣传往往通过图像等形式来实现并且规模巨大，所有这些都表明，政治宣传的对象是普通大众而非精英阶层。

在亚述新王国的首都尼尼微就可以看到这种措施的早期实践，那里有一系列宣传画，展示了帝国统治者单枪匹马平定叛乱、战胜敌人和自然灾害。更为成熟的宣传则还包括了文字，说明他们英雄般的、战无不胜的事迹。①阿契美尼德王朝继承了亚述的基本方式，为了展示他们相对其前辈阿卡得人、埃兰人、古波斯人的优越性，他们发明了一种特殊的楔形文字。就目前所知，他们的主要目的就是向大众宣传皇室。

为了追求合法性和权威，媒介与媒介所传播的信息同样重要。在古代帝国的伟大首都——波斯波利斯（Persepolis）、罗马、长安、巴格达和库斯科（Cuzco）——竖立着纪念碑式的宫殿、游乐场、公共建筑和庆典中心，它们不仅主宰着人的活动，而且将人的秩序加之于自然。游行、皇家围猎和胜利庆典等公共活动也要实现上述目的，这些活动都经过仔细设计，以突出威严和气势。这些奢侈靡费的活动彰显了统治者的富庶，也显示其组织能力。这些开支没有立刻的回报，而是一场政治活动，既激发民意，又凸显威力。②

统治者宣称神、天、大自然赋予其特殊能力，以这种方式进行统治。埃及法老和印加统治者宣称自己是神的子孙；但大多数，比如中国皇帝自称天子，贵霜统治者自称神子，孔雀王朝统治者自称神的爱人，只有自己才能统治人间——这是更大世界的一部分。这

---

① Irene J. Winter, ‘Royal Rhetoric and the Development of Historical Narrative in Neo-Assyrian Reliefs,’ *Studies in Visual Communication* 7(1981), 2-38 and Pamela Gerardi, ‘Epigraphs and Assyrian Palace Reliefs,’ *Journal of Cuneiform Studies* 40, no.1(1988), 2-35.

② Cf. Bruce G. Trigger, ‘Monumental Architecture: A Thermodynamic Explanation of Symbolic Behavior,’ *World Archaeology* 22, no.2(1990), 2-32.

种将皇权与宇宙联系在一起的观念，其根源在于这样一种认识——统治者代表着秩序，处于在自然和人间追求秩序的斗争的中心。在这样一个世界里，统治者是法律的制定者和捍卫者，并因此而掌管秩序；统治者是建设者、猎人，也是国家的象征，调节文化与自然的平衡。

这样的情形发生在各个帝国中，从埃及新王国法老到罗马和印加的帝王。尽管帝国往往接纳现有的、支持普救论的宗教或意识形态体系，但公众的参与却与政治组织规模的增加密切相关。阿契美 370
尼德王朝远大于此前的诸帝国，即使其最大的前任亚述，面积也只有其五分之一；而蒙古帝国又是阿契美尼德王朝的5倍。对于当时人而言，这些帝国就是世界，但帝国宣称自己据有天下凭的是好运和特殊条件。创建了世界最大的陆地帝国的成吉思汗成为了一个家喻户晓的名字，他的蒙古帝国只有20世纪的日不落帝国能够超过；亚历山大大帝也留下了不世英名，倒不是因为他建立了帝国，而是他征服了大片土地，包括阿契美尼德王朝的领土。

在西亚，人们认为王朝建立者的好运和人格魅力会传给后人。在古代伊朗，这种“皇家的荣耀”被称作*farnah*，表现在图像上，就是统治者会带有皇冠，或是被一轮光圈围绕。所有讲伊朗语言的国家都有这种观念，也包括居住在草原上的斯基泰人（Scythians）。[1]此后的草原帝国中，类似观念同样存在，在土耳其语中称作*qut*，在蒙古语中叫作*suu*；如果继续向西，会发现罗马帝国的*felicitas*也是类似含义。

在2000年间，这种命运眷顾的观念始终与帝国相伴，意在使人们相信帝国的崛起纯属天意，最多也就是机缘巧合。有意思的是，另一个长期存在的政治概念——治权转移（*translatio imperii*）——即帝国从一个王朝转移到另一个王朝，却证明帝国的崛起来源于精心设计。

实际上，这种转移并不鲜见。在墨西哥，阿兹特克帝国的创建者们有意将自己与此前的托尔特克联系起来，以论证征服这一帝国

---

① Gherardo Gnoli, ‘On Old Persian Farnah-,’ *Acta Iranica* 30(1990), 83-92.

的合理性。在欧洲，帝国转移的突出案例就是公元800年圣诞节这一天查理曼加冕为“罗马皇帝”。拜占庭也是如此，16世纪的莫斯科大公国更是宣称自己是罗马-拜占庭的唯一合法继承人。在更早时代的东方，阿契美尼德王朝接过了两河流域的帝国遗产，亚历山大大帝试图接过阿契美尼德王朝的遗产，后来的萨珊波斯成功地论证了自己是这一帝国传统的继承者，尽管徒有其名，而且这一传统也是虚构的神话。接下来，阿拔斯王朝的哈里发们一方面接过了伊斯兰的意识形态，同时继承了萨珊波斯的疆域及其政治机器和象征王室的符号。①

也许中国的帝国传承最为正式，一系列“合法的”王朝前后相继。为了保持这种前后相继的连续性，甚至许多小型的、短命的非汉族王朝也被计算在内。由此而产生的“正统”完全是人为制造的，但却能够向前追溯；尽管如此，这种“正统”观念在东亚维持了2000年之久。

草原地区的帝国传承也有相似之处，尽管更缺乏系统性。蒙古人对于其帝国“前任”土耳其的政治传统尤为敏感，尤其是维吾尔人，尽管两者之间相差350年；蒙古人复制了土耳其人意识形态的
371 全部核心要素，尽管如尼文自13世纪以后无人能够阅读。到帖木儿登上历史舞台时，蒙古人的政治模式仍然在很大程度上维持运转，因此一时只能躲在蒙古傀儡后面垂帘听政。此后，帖木儿的继任者们声称拥有管理其土地的权力，并把帖木儿的头衔“伊可汗”戴在了自己头上，因此宣布自己接过了他的天命。②这样就开始了另一个帝国传承的系统，每个继任的帝国都宣称从其前任那里得到了许多

① Shaul Shaked, ‘From Iran to Islam: On Some Symbols of Royalty,’ *Jerusalem Studies in Arabic* 7(1986), 75-91.

② On this chain, see Thomas T. Allsen, ‘Spiritual Geography and Political Legitimacy in the Eastern Steppe,’ in Henri Claessen and Jarich Oosten, eds., *Ideology and the Formation of Early States*(Leiden: Brill, 1996), 116-135; Beatrice Manz, ‘Tamerlane and the Symbolism of Sovereignty,’ *Iranian Studies* 21, nos. 1-2(1988), 105-222; and Lisa Balabanlilar, ‘Lords of the Auspicious Conjunction: Turko-Mongol Imperial Identity on the Subcontinent,’ *Journal of World History*, 18, no.1(March 2007), 1-39.

遗产。

从这个角度可以发现，帝国在某种意义上是永生的，而且除了第一个，其他帝国都有一套从前任继承而来的样板可资利用。上述关于帝国构成的观点，尽管一方面强调其来自天意，同时也离不开审慎设计，看上去相互矛盾，但实际上互为补充。在每一个文化传统的历史记忆中，都有许多可供选择的政治选项，以及组织、行为和意识形态模式，它们或隐或现，许多“正在进行”，有些“储备待用”。①因此无论是匪帮头子、游牧统帅、叛军将领还是野心勃勃的王储，只要善于经营并且运气不坏，都可以靠武力夺取政权，他们可以选择新的帝国模式，并通过庆典和模仿营造新的“帝国的荣耀”。由于重建是兴利除弊而非复制其前任，因此应用新模式是更好地融入新环境的方式，是传统社会的政治转型。

成功的帝国建设者审慎地吸纳其同道和支持者，为个人发展提供机会，但也规定了一系列政治信条和模式，包括皇权的普世性、好运气和世界秩序，这些可以为其被统治者所发现，有时也颇有吸引力。而意识形态既是动力，也是为其提供合法化的途径。

帝国的兴衰

值得注意的是，关于帝国衰亡内部因素的观点大体相似。从古至今，帝国内部的观察者每逢危机之时总是抱有类似的观点——在自满情绪、肆意放荡和自私自利精神的冲击下，帝国创建者、也就是最佳统治者的智慧和精神力量已经不存在了。对于起源于内亚的帝国，抨击的对象往往是尚武精神和种族认同的消逝，原因是安逸生活的消磨。因此所有试图复兴帝国的努力，都致力于重振帝国初建时的雄风。

---

① 见 Philip Salzman, ‘Ideology and Change in Middle Eastern Tribal Society,’ *Man*, n.s., 13(1978), 618－637。

现代帝国内部的观察者则不重视道德因素，而是重视经济因素。他们往往认为，帝国有其资源获取模式，或是有其物资交换体系。有些帝国依靠附庸的进贡，通过不断的武力行动从其战败国手中汲
372 取资源；有些帝国的经济体系依托于其社会本身，依靠的是互换和再分配，而非市场机制。也有的帝国依靠不对称的中心-边缘结构，在这里，凭借权力而形成的富裕的中心剥夺贫困的边缘。

上述模式确实存在——阿兹特克帝国有庞大的进贡体系，印加帝国依靠的则是规模庞大的再分配体系，唐朝的崛起凭借的是其中心地位支配着范围广阔的边缘。毋庸置疑，并不存在一个适用于所有帝国的经济体系，在帝国内部，也不存在一个垄断性的体系。多样性和易变性是共性。在中心-边缘结构中，新的帝国往往在边缘地区崛起。①换句话说，财富的差异常常引起边缘对中心的进攻，因此世界历史上常见的战争模式是贫困的边缘挑战富有的中心。中美洲就是如此，比如托尔特克和阿兹特克；在欧亚大陆，内亚游牧民族靠着侵略富裕的中心地区攫取资源。

既然如此，我们该如何理解传统帝国的经济呢？不妨先来看看蒙古人的经济“体系”。蒙古帝国往往被视作封建、依靠进贡和资源再分配的帝国，但这些都不足以解释蒙古帝国，并且缺少关键一环，即蒙古帝国在遍布欧亚大陆的版图上学会了如何创建、渗透和支配一个广阔的资源交换和维持系统。在元帝国的中枢朝廷盛行一个再分配系统，从汉地获取的资源进入中央后，根据统治者在草原时的等级进行分配。不过元朝并不是只有这一种系统。在北方的西伯利亚，元朝通过索取贡品和不记名贸易这一古老的贸易方式获取毛皮；在南方，国际市场对青花瓷的需求推动了一种类似市场机制的产生。13 世纪末 14 世纪初，江西景德镇的私人作坊开始生产迎合西亚市场的中国瓷。掌握市场信息的穆斯林商人同时也进口瓷器生产中所必

① David Wilkinson, ‘Cores, Peripheries, and Civilizations,’ in Christopher Chase-Dunn and Thomas D. Hall, eds., *Core/Periphery Relations in Precapitalist Worlds* (Boulder: Westview, 1991), 157–160.

需的钴颜料。中国的瓷器生产得到官府的资助，从产量、销售范围和长距离市场这三方面来看，瓷器生产很可能是当时规模最大、工艺最复杂的制造业。①

由此可知，蒙古帝国的经济体系包括进贡、命令和市场因素，这说明帝国的交换和生产并不遵循可以复制的模式。由于帝国的构成往往包括多种族裔—语言集团和政治体，并且依靠不同的治理模式整合起来，因此帝国同样是经济复合体，内部的不同板块各有其资源维持方式和交换模式。这是自然而然的过程，因为帝国要想成为帝国，必须将不同文化和地区的资源整合在一起，比如将伊朗高 373
原与两河流域连在一起，将东亚大草原与华北平原连在一起，将安第斯高原与海岸连在一起。

尽管帝国经济体系多种多样，但仍然可以进行宏观概括，至少可以解释其为何失败。维持帝国的存续需要极高的成本，永远需要大量资源，浪费严重，运行低效，依赖对弱小国家的剥削，并且容许大规模的贪腐。正如约瑟夫·坦特尔（Joseph A. Tainter）所言，现代经济理论中的边际效应降低理论是理解帝国经济的最好途径。随着帝国的扩张，边界线不断增长，统治人口成倍扩张，国防、管理成本日益高涨，而合法性所产生的效益奖逐渐不足以保障帝国的安全、资源获取和臣民的忠心。帝国只有在初建阶段才是收益大于支出的，一旦当边疆从掠夺的起点变成防御的终点时，帝国运行的成本持续增高，而通过对外扩张和加重税赋的方式增加收入也将遭到越来越严重的抵抗；此时官僚体系和军队的膨胀加剧了官员的腐败和财政负担，使得收益进一步降低。②普世性已经融入帝国的意识形态，而要解散帝国军队则要承担巨大风险——军方依靠战争获

---

① Robert Finlay, ‘The Pilgram Art: The Culture of Porcelain in World History,’ *Journal of World History* 9, no.2(1998), 150 - 158; and Chen Yaocheng, Guo Yanyi, and Chen Hong, ‘Sources of Cobalt Pigment Used in Yuan Blue and White Porcelain Wares,’ *Oriental Art*(Spring 1994), 14 - 19.

② Joseph A. Tainter, *The Collapse of Complex Societies*(Cambridge: Cambridge University Press, 1990), 91 ff.

利——这种自我克制扩张的努力只能是梦一场。

帝国的遗产

帝国在有意无意间促进了政治和文化变迁，这是帝国的主要遗产之一。有些帝国，比如汉和罗马，有意吸收和归化所谓的“蛮族”。不过帝国也会塑造新的人群，出于边界安全、外交或是方便管理等目的，将占领地区的人群进行重新划分和整合。拜占庭帝国曾在6—7世纪根据边界人口对于帝国军队和政治的潜在影响而将其重新划分，很大程度上影响了巴尔干地区的斯拉夫民族情结。①中国在其“亚洲的内陆边疆”也采取类似措施，唐朝的外交、垦殖和编户政策深刻影响了游牧民族和森林人群。②

草原帝国的此类政策更加强烈，其波及范围也更为宽阔。蒙古人出于军事目的重组被其征服的其他游牧民族，等到蒙古帝国崩溃后，草原地区的族裔和部落结构已被彻底改造。后蒙古时代的族裔构成，又受到沙俄和苏联的影响，此后逐渐成为中亚和内亚的现代国家。

帝国的扩张从很多方面改变了政治和族裔景观。最明显的就是帝国加快了次级国家的形成。有时候这种形成是小规模的、防御性
374 的，比如公元前2世纪为抵抗罗马进逼而出现的法兰克战争同盟。③
也有些规模庞大。681—1018年的保加利亚第一帝国就是反抗拜占庭帝国的产物，它既是拜占庭的敌人，但也借鉴了拜占庭。帝国的衰落产生了类似结果，随着帝国的解体，领土、省份以及帝国创建的

① Florin Curta, *The Making of the Slavs: History and Archaeology of the Lower Danube Region c. 500—700*(Cambridge: Cambridge University Press, 2001), 335 - 350, especially 347.

② Mark S. Abramson, *Ethnic Identity in Tang China*(Philadelphia: University of Pennsylvania Press, 2008), 108 - 149.

③ David Harry Miller, ‘Ethnogenesis and Religious Revitalization beyond the Roman Frontier: The Case of Frankish Origins,’ *Journal of World History* 4, no.2(Fall 1993), 277 - 285.

军队就成了新政治体和团体的核心机构。

很多时候，帝国扩张导致了人口的大规模流动，许多流动全无计划可言，而且常常引发混乱——有些人希望逃离侵略军的威胁，有些则前往帝国境内寻求避难所。3—5世纪的罗马和中国为我们展示了帝国对人口和族裔变迁的影响。不过帝国引起的也并不都是无秩序的活动，尤其是在西亚和草原地区，那里的帝国往往将一整个社区迁往遥远地区，或是保障通信网络，或是振兴落后地区的经济，或是作为对该社区的惩罚。印加就是如此。尽管其规模达不到后哥伦布时代美洲的殖民拓殖，但传统帝国中的人口迁移仍然规模很大——通过把本可以相互隔绝的人口连接在一起，帝国留给身后人数不清的文化冲突和交往。

在相距遥远的人群之间建立文化和经济联系，堪称帝国最大的遗产。帝国的政策自然而然地促进了文化交往。帝国统治者资助科学和艺术来彰显自己的权威，并鼓励文化精英向大众宣扬自己的政绩。更重要的是，并非只有皇室资助文化——阿契美尼德王朝融合了伊朗、两河流域和希腊的传统，罗马则融合了拉丁与希腊，帖木儿帝国融合了土耳其-蒙古和波斯-伊斯兰文化，而唐帝国则在佛教中融合了中土、中亚和印度文化。

异域物品增加了朝廷的威严，也增加了其神秘感；对于声称控制大帝国的人来说，来自异域的奇珍异宝是必不可少的。帝国朝廷追求“国际”标准，并通过一系列措施进行文化竞争，统治者担心被视作远离潮流，或是缺乏与外界的交往。唐朝从西亚和中亚接受了围猎猎豹的习俗。更常见的是从异域引进植物。从汉代的上林苑到伦敦的基尤植物园，帝国一手影响了物种的跨大陆流通乃至全球流通。

异域人士出没于宫廷左右，也是帝国统治者塑造自身影响的常见手段。因此，阿契美尼德王朝宣传在皇宫营造中使用了大量来自外国的材料和工匠，帖木儿也常常公开展示其在对外征伐中俘获的外国匠人。

375 尽管异域奇珍是帝国构建过程中必不可少的一部分，但要获取异域奇珍却要依靠交通条件的改善和安全。远途行商来到帝国的城市贩卖外国货，往往会留在帝国里充当财政顾问、包税人和情报员，而且在战争期间可以供应物资。丝绸之路在1世纪之交达到第一个高峰并不是偶然的，此时罗马、帕提亚、贵霜和汉四大帝国控制了从地中海到太平洋的交通网。①

行商对于宗教扩散有所助益，佛教和后来的伊斯兰教的传播都有赖于海陆商贸网络。这些商人兼传教士在草原帝国尤为成功——回纥人在762年接受了摩尼教，哈扎尔人的统治阶层则在800年皈依了犹太教。除了增强其合法性之外，皈依一种世界性宗教也是适应外部世界变化的手段。宗教可以帮助统治者整合其信息系统和基础设施，也是统治者吸引和控制外来人口的方式。

有些帝国的文化辐射力远超其政治-军事力量的辐射范围。有很多这样的例子，帝国的文化影响范围超过其政治控制范围。在东亚，唐朝是周边国家和族群的榜样，朝鲜、日本和越南借鉴其制度、意识形态以及物质文化和知识。这些地区将唐朝视作激励力量、先进典范和自身合法性来源，因此唐朝在这些地区的影响力主要通过感召而非强力来实现。②在西方，尽管拜占庭帝国的规模和影响力时有大小，但却是西起地中海、东至外高加索、北至俄国的东正教共同体的主宰，提供了一系列有吸引力的观念、制度、象征以及庆典仪式，被其周边国家有选择地吸收。③此外还有技术资助——拜占庭曾派遣著名工匠帮助俄国，既是为了表达善意，当然

① J. Thorley, 'The Silk Trade between China and the Roman Empire at its Height, circa A. D. 90—130,' *Greece and Rome*, second series, 18(1971), 71-80.

② Charles Holcombe, *The Genesis of East Asia, 221 BC.—A.D. 907*(Honolulu: University of Hawai'i Press, 2001), 215-228.

③ Jonathan Shepard, 'The Byzantine Commonwealth, 1000—1550,' in Michael Angold, ed., *The Cambridge History of Christianity*, vol.5, Eastern Christianity(Cambridge: Cambridge University Press, 2006), 3-52.

也是期待回报。①

结　语

16世纪早期，依赖海洋的欧洲也开始其帝国之路，在全球范围内遭遇到了奥斯曼帝国、萨菲帝国（Safavid Empire）、莫卧儿帝国、中国明朝、阿兹特克帝国和印加帝国等，每一个都有明确的谱系和模式。这些帝国的传统在其领土、制度和组织上显示出来，这本身就值得研究。而为何在没有联系的情况下新旧大陆的帝国拥有类似的结构也是需要探讨的课题。不过帝国的历史意义并不局限于这些 376
重大的、可以比较的领域。

在某种程度上，全球政治史就是一部帝国体系与多边体系之间来回摆动的历史，而且这样的简化并非没有意义。帝国通过扩张破坏了一些国家，也制造了新的国家，即使走向萧条也能创造新国家，将大帝国重新划分为若干小国家，其中有些是新的，有些是重组的。在人类学家出现之前，无论是殖民主义的还是其他的，帝国一直在确认、分类和重组人口。在人种进化的过程中，帝国的“分类学”长期扮演着重要角色。

典型的帝国政策也有深远的文化影响。人口转移、驻军和殖民加剧了交往，而对通信网络的保护和对异域珍宝的兴趣则推动了长途交换。因此，帝国仿佛一个巨大的盆地，集聚和储存不同人口和文化的创造，并尝试、接纳许多创新，将其传向远方。

尽管传统帝国将自己视作稳定和秩序的来源，尽管其在今日的声誉被视作保守主义的呼声，但它们是历史变迁的长期和持续性的动力。

---

① Thomas Noonan, Roman Kovalev, and Heidi Sherman, ‘The Development and Diffusion of Glassmaking in Pre-Mongol Russia,’ in P. McCray and W. D. Kingery, eds., *The Prehistory and History of Glassmaking Technology*(Ceramics and Civilization, vol.VIII; Westerville, Ohio, 1998), 293-314.

参考书目

➢ Alcock, Susan E. et al., eds. *Empires*. Cambridge: Cambridge University Press, 2001.

➢ Allsen, Thomas T. *The Royal Hunt in Eurasian History*. Philadelphia: University of Pennsylvania Press, 2006.

➢ Barfield, Thomas J. *The Perilous Frontier: Nomadic Empires and China*. Oxford: Blackwell, 1989.

➢ Conrad, Geoffrey W. and Arthur A. Demarest. *Religion and Empire: The Dynamics of Aztec and Inca Expansionism*. Cambridge: Cambridge University Press, 1995.

➢ *Dandamaev*, Muhammad A. and Vladimir G. Lukonin. *The Culture and Social Institutions of Ancient Iran*. Cambridge: Cambridge University Press, 1989.

➢ Doyle, Michael W. *Empires*. Ithaca, N.Y.: Cornell University Press, 1976.

➢ Eisenstadt, S. N. *The Political Systems of Empires*, vol. 1. New York: Free Press, 1969.

➢ Farmer, Edward L. et al. *Comparative History of Civilizations in Asia*. Reading, Pa.: Addison-Wesley, 1977.

➢ Garnsey, P. D. A. and C. R. Whittaker, eds. *Imperialism in the Ancient World*. Cambridge: Cambridge University Press, 1978.

➢ Helms, Mary W. *Craft and the Kingly Ideal: Art, Trade, and Power*. Austin, Tex.: University of Texas Press, 1993.

➢ Lewis, Mark Edward. *The Early Chinese Empires: Qin and Han*. Cambridge, Mass.: Harvard University Press, 2007.

➢ Schwartz, Glenn M. and John Nichols, J., eds. *After Collapse: The Regeneration of Complex Societies*. Tucson, Ariz.: University of Arizona Press, 2006.

➢ Silverstein, Adam, J. *Postal Systems in the Pre-Modern Islamic World*. Cambridge: Cambridge University Press, 2007.

➢ Toynbee, Arnold J. *A Study of History*, vol. 7. London: Oxford University Press, 1954.

➢ Yoffee, Norman, and George L. Cowgill, eds. *The Collapse of Ancient States and Civilizations*. Tucson, Ariz.: University of Arizona Press, 1988.

李文硕 译 陈 恒 校

第二十一章　现代帝国主义

杜赞奇

阿富汗战争和伊拉克战争后，学术界对于帝国主义的兴趣再度复苏，这种复苏重新提出了一个难题，即“帝国主义”一词的适用范围。有些学者试图将美国定义为帝国这个并非否定含义、甚或肯定意义的词，但认为其行动并非帝国主义，这促使人们思考帝国主义与帝国间的区别。先不管人们如何看待美国，这两个词之间的区别的确值得深思。 379

历史上的帝国与帝国主义

相比帝国主义，帝国在世界历史上的存在时间更长。如同奥斯曼和罗马，帝国将一系列迥然有别的政治群体纳入自己的政治秩序，或是按照等级组织起来。帝国通过帝国主义的强力征服活动得以组建，但在建成后的几个世纪里趋向于相对稳定的秩序。帝国主义是构建帝国的过程，也可以指帝国的一个特征，即被占领的领土并没有——无论是永久还是暂时——被纳入宗主国的政治结构中，而是仍然被置于独立并与帝国隔离的地位，可能是殖民国家，也可能不是。

上述帝国主义的两种解释可以被看作同一个过程的两个阶段，在这一过程中，帝国本身就是推动帝国主义的帝国主义者，而帝国主义也会催生帝国。不过 20 世纪以来，学术界倾向于将现代帝国主义视作一个与此前不同、甚至极为独特的一种现象，它与资本主义密切相关，与传统帝国主义不可同日而语。而进入 21 世纪以来，帝国主义逐渐被剥离其负面意义，变成了一种联邦制结构或“被拉大的保护国”。①实际上，尽管迈克尔・哈特（Michael Hardt）和安东尼奥・尼格里（Antonio Negri）不见得将帝国主义定义为仁慈，但他们
380 明确指出，当代世界是一个没有中心，由全球资本和跨国流动构成的帝国。②

尽管帝国和帝国主义不可能彻底消失，但某些特定的历史条件还是会使一些帝国统治者维持帝国内的绝对差异和压迫（帝国主义），而另一些统治者则倾向于维持相对差异（帝国）。实际上，19 世纪和 20 世纪的欧洲殖民主义植根于种族差别，这种殖民主义难以形成帝国。下面我们来看一看现代帝国主义所独有的不同要素。

19 世纪之前，殖民主义指的是宗主国人口以暴力将被占领地区的原住民驱赶到远方后，在被占领土地上定居的活动。这在美洲和澳洲最为明显，在非洲的部分地区也有所体现。19 世纪以来，殖民主义不再指定居活动本身，而是指宗主国施加于殖民地本土人口的国家控制。对宗主国和殖民地原住民来说，殖民主义统治的目标全然不同。这种差别的理论基础是强大的种族主义观念，这种观念产生于社会达尔文主义者将种族划分为先进和落后的活动。殖民主义这种国家控制形式得到了宗主国的认可，并且与宗主国政治体制隔离开来，也成了帝国主义这一长时段历史现象的一种独特表示。

现代帝国主义的根基并非只有殖民统治。19 世纪和 20 世纪的中国、奥斯曼帝国和伊朗受控于间接的或曰非正式的帝国主义，帝国主义国家并非直接控制这些国家的国家机器，而是通过经济控制外加军事威胁，比如列强在中国的炮舰外交。这些国家之所以没有被

① Anthony Pagden, 'The Empire's New Clothes: From Empire to Federation, Yesterday and Today,' *Common Knowledge* 12, no.1(Winter 2006), 13 - 14.

② Michael Hardt and Antonio Negri, *Empire*(Cambridge, Mass.: Harvard University Press, 2000).

殖民地化，或是因为此举成本太高，或是因为列强之间矛盾重重。这种间接的帝国主义同样具备种族隔离的特征，比如在中国，华人往往禁止定居在外国人在条约口岸的定居区，而洋人在中国的土地上享有治外法权。

现代帝国主义与哈布斯堡、奥斯曼、沙俄、莫卧儿和明王朝等亚欧大陆上的早期帝国明显不同。这些庞大的陆地帝国往往逐步吞并毗连地区的土地，将其纳入自己的政治结构中，并以等级化差异加以区分。也有些帝国比如沙俄，在19世纪后期开始致力于向现代帝国主义转型。16—18世纪，西欧国家以海为路逐步扩张至新世界，西班牙尤其走在现代帝国主义的前列——比如对国际法的促进和认可——但它们主要是殖民定居，而非占领大片土地。后来的海洋帝国如荷兰、法国和英国与之不同，它们构建的国家结构不是为了应对拓殖，也不是为了应对本土人口，而是为了帝国之宗主国的需要。

到目前为止，海洋性和拥有殖民地是现代帝国主义公认的两个 381
特征。之所以会有这样两个特征，其主要原因在于如下两个关键因素。第一个是现代资本主义。17—18世纪的商业革命，以及大约从18世纪70年代开始于英国的工业革命促使欧洲国家向全球寻求资源和市场。对于世界体系论者所谓的“资本积累的全球机制”，导致其产生的因素不仅是日渐扩张的贸易，技术进步、不断提升的控制全球资本积累的组织能力与资本主义的融合也是重要因素。高度复杂的组织机构能够以不吞并土地的方式从远方调动资源、获取利润，并且与资本的逐利活动联系在一起，因此19世纪的帝国主义呈现出新的面貌。

组织能力不仅包括暴力机制，也包括控制大规模劳动力流动，并利用种族观念从这些劳动力获利的能力。比如，那些被贩卖到加勒比群岛的奴隶被视作下等人，种植园主为了延长其工作时间无所不用其极，并且最大程度地克扣其口粮。《叛舰喋血记》（*Mutiny on the Bounty*）里名声大噪的布莱船长（Captain Bligh）把面包树从塔希提引入加勒比。由于这种树栽上就能活，因此种植园主认为，奴隶可以一边干活一边从面包果树上摘下果子来充饥。这样就可以省下时间和成本，增加利润。牙买加的种植园主们将船长称作“面包果树布莱”，赏给他 1000 基尼①。

殖民地的管理机制往往鼓励建设基础设施以促进商品、主要原料和资本在宗主国和殖民地之间自由流动，以此来推动资本主义的发展。这不仅包括建设港口以及连接港口与原料产地的道路和铁路，也包括度量衡、时间和货币等有助于市场经济的因素的标准化。这在英属印度最为明显，在列强间接统治的中国也是如此。中国的海关总署受控于英国，雇用了英国和中国的职员，并派遣到中国各地。他们广泛收集中国的货币、度量衡、管理机制和税收等方面的情报并报送英国，以便输出符合中国市场需求的、标准的、可度量的商品——不仅是中国，在世界其他地区也是如此，比如里约热内卢。

第四个塑造现代帝国主义的因素是民族主义。我们发现，民族国家在现代帝国主义中扮演着重要角色。19 世纪，英国和法国这两个主要帝国主义国家已经成为民族国家，民族国家以及民族资本家成为帝国主义之间争夺殖民地和资源的主要动力。在 1815 年击败拿破仑后的 100 多年中，大英帝国统治了世界，但从 19 世纪 70 年代以
382 后，英国的霸主地位逐渐受到德国、意大利、俄国、日本和美国等野心勃勃的民族国家的挑战并日渐衰微。这些国家中的大部分致力于现代化，并通过激发其民众的民族主义甚至超民族主义来追求全球霸权。

民族主义也被用来整合民众和资源，以为战争做准备，或是直接投入战争。日本、俄国和意大利等一战期间没有发动民众支持战争的国家首先创立了国家控制的大规模的组织来动员民众。此类组织类似一支征募起来的军队，并声称代表民意。这样，他们可以呼

① 英国金币名，1663—1817 年采用。1 基尼等于 21 先令。——编者注

吁民众放弃眼下的个人利益，比如放弃个人消费、拒绝罢工等。

如果说19世纪的帝国主义更多的是民族国家间的竞争，并因此激发了民族主义，那么20世纪的帝国主义正是以民族主义为推动力的。汉娜·阿伦特（Hannah Arendt）评论道，帝国主义者是最好的民族主义者，因为他们自称超越了国家分裂的现实，代表了整个国家的荣耀。①帝国主义宿命般地与民族主义纠缠在一起，而现代民族主义之成为帝国主义的核心也使其难以转型为帝国或联邦。

民族主义也催生了在传统帝国中不曾存在的分裂力量。民族国家与帝国不同，后者不依赖权利而依赖等级化的特权和责任，前者保障本国公民而非所有帝国臣民的公民权。因此出现了一套政治-法律双重体系，与种族主义、文化理论和帝国内部的差异相互强化。这也促进了殖民地民族主义的觉醒，而殖民地民族主义的觉醒又促进了帝国内部的宗主国与殖民地的对立。这种对立阻挠了安东尼·帕戈登（Anthony Pagden）等学者所说的、传统帝国向联邦式或董事会式帝国的转型。②

对帝国主义的研究

霍布森（J. A. Hobson）在1902年对帝国主义经济基础的研究开帝国主义研究之先河。霍布森对帝国主义的根源作出如下解释：工业资本的竞争、制造业产量超过本国市场的需求，以及资本家拥有控制遥远地区资源和市场的充足的资本。列宁、罗莎·罗森堡等马克思主义者的帝国主义理论的基础——过度生产、消费不足和剩余
资本——都可以在霍布森这里找到。不过霍布森并不像列宁那样相 383
信帝国主义是资本主义的必然阶段，而是认为多个阶级，尤其是金融资产阶级将政策推向冒险的、没有希望的殖民主义。他开出的药

① Hannah Arendt, *The Origins of Totalitarianism*(New York: Harcourt Brace Jovanovich, 1973), 152-153.

② Pagden, 'The Empire's New Clothes.'

方是加强国内民众的购买力。

对于列宁来说，资本主义依靠剥削产业工人的剩余价值而存在，因此帝国主义是其必然结果也是更高阶段。简单地说，资本家要想取得高利润就必须降低工人工资，但这样一来，国内消费不足，因此资本家必须在全球为其产品和投资寻求市场。但只有进入资本输出阶段，帝国主义才真正形成。此时资本已经全球化，帝国主义操纵国家机器为自己服务，帝国主义带来的荣耀和利益也使得帝国主义国家足以买断本国的“劳工贵族”，而剥削殖民地。在这样的全球背景下，无产阶级革命首先在资本主义的薄弱环节爆发，比如俄国，由于那里的资本主义政治和社会制度相对薄弱，因此资本主义的破坏性更强。

列宁的理论对后人关于帝国主义的认识产生了不容忽视的影响，甚至影响到了亚非地区的非马克思主义的反帝运动领袖如孙中山和科瓦米·恩克鲁玛（Kwame Nkrumah）。拉美左翼知识分子的依附理论也是类似的帝国主义观。这一理论由安德鲁·贡得·弗兰克（Andre Gunder Frank）等人于20世纪70年代率先提出，认为现代帝国主义的存在基础是一个不断发展的、高度不平衡的资本主义世界，其中有中心与边缘之分。前者是发达的工业资本主义国家，后者则是受剥削的国家。以工资为基础的资本主义产生于中心，但资本主义却导致边缘的不发达，因为中心对边缘的剥夺和二者之间的不平等交换始终存在。在信奉依附理论的学者看来，问题的关键并不在于边缘地区的资本主义程度和现代化程度不够高——这些地区已加入全球资本主义——而是中心地区导致边缘地区的不发达。

伊曼纽尔·沃勒斯坦和乔万尼·阿里吉（Giovanni Arrighi）等人的世界体系论与依附理论颇有类似之处。他们认为，至少自1500年以来，世界形成了一个资本主义的世界体系，其中心和边缘不断变化，并催生了半中心和半边缘地区。例如作为中心，伊比利亚国家被荷兰取代，后者又被英国超过，之后又是美国成为当代的中心。他们认为，传统形式的劳动力流动和不平等交换导致边缘地区的不发达。例如在英国，其经济发展依靠的是土地充足、物产富饶的新大陆的奴隶种植园和价格低廉的农产品。不过相比于依附理论，世界体系论有更强的历史感，不仅注意到中心的变动，而且意识到某 384
些政治理念比如民族主义是如何将边缘地区推入中心的。这一方面的典型非19世纪的日本莫属。

对马克思主义、依附理论和世界体系论的批评指出其以宗主国为中心的取向。边缘地区只是被动地等待技术强国的塑造。对上述理论的最早修正来自约翰·加拉赫（John Gallagher）和罗纳德·罗宾森（Ronald Robinson），他们认为英国在19世纪的大部分时间里奉行的是“自由贸易的帝国主义”。①作为工业革命的先驱，英国也是贸易霸主，并利用一切机会试图间接控制贸易。这种间接控制就是采取与大英帝国内的其他国家合作的方式推动贸易，因此赋予这些边缘国家相对更高的地位。加拉赫和罗宾森没有关注中心国家的政策和行为，而是重视那些塑造帝国主义发展之特性与时间进展的外部的、连续性因素。

由弗雷德里克·库珀（Frederick Cooper）和安·劳拉·斯托勒（Ann Laura Stoler）主编的《帝国的张力》也许是反映帝国主义研究之后宗主国转向的最佳读本。本书更为重视地方因素，除了经济因素，也重视文化和社会。编者认为，现代帝国主义往往被二分为稳如磐石的中心控制着边缘地区，后者几乎是完全被动地接受中心的指令。②民族主义运动也往往将帝国的中心与被统治者视作截然分开的对立双方。本书认为，这种二元对立被夸大了。新的权力结构为地方精英和团体进入帝国主义以及重组社会提供了契机。这些地方精英和团体包括某些非洲酋长（详见下文）和中国的买办或商业代理人，他们既是帝国主义的代理人，同时也与帝国主义存在竞争。

---

① John Gallagher and Ronald Robinson, 'The Imperialism of Free Trade,' *Economic History Review*, second series, 6, no.1(1953), 1-15.

② Frederick Cooper and Ann Laura Stoler, eds., *Tensions of Empire: Colonial Cultures in a Bourgeois World*(Berkeley: University of California Press, 1997).

实际上，帝国主义与被统治者之间在利益和意识形态上存在多项差别，这使得帝国主义的统治充满了不稳定性和不确定性。启蒙运动以来的普世主义与现代帝国主义相伴随，将普遍公民地位和权利概念推向整个帝国。这与帝国主义推行的将宗主国与殖民地区别开来的差异政策——受到西方人关于种族和文明的观念影响——有所抵触。面对这样的差异，帝国主义国家往往借口殖民地不具备自治能力，或是白人肩负将文明带到世界各地的责任等理由。当然，殖民地并不全然接受这套说辞。

早在法国大革命时，海地就爆发了奴隶起义，奴隶们借鉴了法国革命理念，以人权为名要求解放。但法国革命家们却不支持海地起义，后者最终也以失败告终。不过，海地起义的幽灵在随后的几
385 十年中依然困扰着英法帝国主义，并推动了奴隶解放运动。《帝国的张力》一书的作者们从更宏观的角度，指出殖民地人与帝国主义之间的关系是多面的，尤其是前者常常改变统治者的殖民观念。例如在菲律宾和非洲，当地人往往以归化基督教为由试图获取传教的领导权。有时，甚至基督教也被重组用以推翻殖民统治。

笔者要提到的另一个思想流派是后殖民主义。后殖民主义强调被殖民者的影响，重点在于帝国主义在文化和意识形态领域的影响。爱德华·萨义德的《东方主义》是这一领域的杰出作品，他以埃及和中东为例指出，西方殖民者不仅在政治和经济上控制殖民地，也在理性和客观的名义下生产了关于东方，或者说是被殖民地区的一系列知识。换句话说，在有助于殖民控制的“种族科学”之下，权力-知识的殖民体系所生产出的关于殖民地的知识被视作是科学的、真实的。实际上，这些关于殖民地的知识也影响了宗主国。

《东方主义》出版后不久，许多学者发现，殖民地也在生产此类关于殖民地的知识来了解自己，他们将大宗族视作部落，认为民间信仰是非启蒙性的。帕萨·查特吉（Partha Chatterjee）认为，民族主义重新催生了殖民资本主义的许多种类和目标。他展示了甘地等

民族主义者如何克服殖民主义最深的意识形态根源，以及他们如何提出新的社会设想。不过最终，这些设想还是与以启蒙和自由为名推进的全球资本主义融合在一起。①

尽管边缘地区能在多大程度上成功颠覆帝国主义的知识系统和经济生产尚无法判断，但毋庸置疑，边缘地区的民众更可以利用这套系统与帝国主义进行竞争，并最终结束正式的殖民主义或间接统治。19 世纪，帝国主义是整合全球的途径，并且与传统帝国主义相比，在更大程度上推动了世界的同化。帝国主义国家与企业允许私人拥有财产，创造了新的组织结构、个人权利、新形式的专业组织以及大规模的政治和经济机构如民族国家、族裔集团乃至宗教组织，以取代或补充传统的归属组织如行会、等级、宗族和村社。可以肯定，这类组织更易于在大都市中发现，比如上海、孟买和拉各斯，
以及帝国的海岸和中心地区，而这些地区与内陆之间的空白仍然是 386
去殖民国家所继承的帝国遗产。

然而，挑战帝国主义统治秩序的正是帝国主义带来的新形式的社会组织。因此，现代企业家、经理人、财会人员、教育工作者、产业工人和律师不仅感受到殖民秩序带给他们的职业生涯的约束和提供的前景，这些掌握现代知识的专业人员同样也掌握了挑战或规避这些约束的方法。他们成为内地挑战帝国秩序的新的民族和政治运动的领导人。

现代帝国主义的主要发展

与工业化、资本主义和民族国家相伴的现代帝国主义出现于约 18 世纪 70 年代，1815—1870 年间的不列颠治下的和平（Pax Brittanica）是其巅峰。新大陆的独立革命冲垮了西班牙帝国，以及拿破仑

① Edward Said, *Orientalism*(New York: Pantheon, 1978); Partha Chatterjee, *Nationalist Thought and the Colonial World: A Derivative Discourse*(London: Zed, 1986).

在1815年的失败，共同推动了英国霸权的崛起。凭借工业实力和海军力量，大英帝国统治了海洋，并通过非正式帝国、“自由贸易”和殖民控制了亚洲、非洲和太平洋岛屿的大部分。

即使美国独立，大英帝国仍然通过准官方性的东印度公司控制了印度。公司在1600年凭借皇家特许状垄断了与亚洲的贸易，并且通过向欧洲各地出口受欢迎的印度纺织品而大获其利，一直到17世纪，英法丝绵业商人才成功禁止了此类进口。随着利润的降低，东印度公司进一步通过武力干涉衰亡中的莫卧儿帝国，将帝国各省和自治的印度王公直接置于自己的武力控制下。印度地方政府和王公之间的内斗有助于公司的渗透，并助其在1760年击败法国。政治统治使公司控制了莫卧儿的收入，从印度和东南亚贸易中获取利润，也使罗伯特·克莱武（Robert Clive）和沃伦·黑斯廷斯（Warren Hastings）等公司大佬个个赚得盆满钵满。1773年，高税率和贸易的混乱导致孟加拉发生饥荒，三分之一的人口因此而亡。

对大片土地的控制同样使公司得以利用在印度种植鸦片等方式弥补纺织品利润的损失。由于西方需要中国的茶叶等产品，东印度公司利用走私鸦片弥补贸易赤字。鸦片贸易的运作依靠“国家贸易”
387 这一复杂的体系，在这一体系之下，来自各国的商人将鸦片从东南亚运往中国各口岸，公司则将从中获取的利润分配给他们。鸦片贸易很快改变了与中国的贸易逆差。在19世纪头10年，中国在国际贸易中收入2600万美元，而1828年后，则改为净流出3800万美元。鸦片也成为19世纪国际贸易中最值钱的单项商品。因此凭借军事和政治控制，东印度公司收回了此前流失给印度和中国的金钱，并拥有了进一步殖民印度的资源。

与此同时，鸦片贸易的扩张影响了中国经济和相当一部分人口，迫使中国在1838年向英国宣战。鸦片战争清王朝的失败使列强在随后的一个世纪里以非正式的形式控制中国，很多西方国家通过与中国签署最惠国贸易条款而享有英国在中国的利权。这一系列条约被称作不平等条约，使得清政府支付了大笔赔款，对西方商品执行固定的低关税，允许西方国家享有治外法权，并准许传教士入内地传教等。清廷若不服从，列强则以武力相威胁甚或挑起战争，接下来将签署更不平等的条约。列强还凭借条约将若干中国变成通商口岸，外国人可以在此定居。这些通商口岸大多是上海、天津这样的大城市，它们是外国文化向中国渗透的基点，融合了中西文化，逐渐改变了中国。

由于东印度公司所掌控的印度的面积大于英国本土，也由于大英帝国政治经济利益的转变，英国议会逐渐开始限制公司的权力。从 18 世纪后期开始，越来越多的工业家和自由贸易论者进入议会，议会逐渐剥夺了公司的自治权，并放弃了武力政策，转而推行自由贸易政策，包括鸦片自由贸易。1833 年，议会废止了东印度公司对亚洲贸易的垄断，而英帝国的权威也收归到政府官员手中。

我们知道，大英帝国在 19 世纪的大部分时间里执行的都是“自由贸易的帝国主义”。作为世界上工业生产率最高的国家，只要可以自由进入市场和保持通畅的物资交易，英国就能够保持在世界市场上的比较优势。不过，只要英国觉得某地市场没有准许私人合法拥有财产，不对全世界贸易敞开，就会对当地进行武力干涉，或迫使其改变政策；一般初期英国基本保持非正式控制，但当这一低成本方式不能有效保障其利益时便会使用正式的控制。

到 19 世纪早期，英国经济已实现了全球化，进口食物和原材 388
料，出口服务和制成品，尤其是钢铁和棉花。起初，英国的贸易主要在欧洲和北美开展，但随着时间的推移，大英帝国内部的贸易比重不断上升，尤其是在 19 世纪后期。1850 年，三分之一的英国投资在美国，三分之二在欧洲；到 1913 年，几乎半数的英国投资都在帝国之内。1850—1860 年，英国向帝国其他国家的出口占总出口的比例从四分之一上升到三分之一。①

---

① Michael W. Doyle, *Empires*(Ithaca, N.Y.: Cornell University Press, 1986), 264－266.

印度对于英国和英帝国的贸易都是至关重要的。从印度获得收入及其在印度维持的规模庞大且现代化的军事力量，确保了英国在东南亚尤其是在中国占据军事优势。在每一场中英战争中，英军中的大部分士兵都来自印度。英印军队的作战范围西至土耳其和马耳他，他们无需得到议会授权，也不需英国提供经费。通过从印度得到贸易逆差、利息收益、有保障的投资回报和殖民地管理收益，英国与美国等国家的贸易差额得以平衡，这些被印度民族主义者称为英国从印度吸走的血。当其他欧洲大国在19世纪后期逐步退出殖民地的时候，英国的贸易和投资反而越发关注大英帝国。

1850—1875年，英国的这种自由贸易的帝国主义开始越发受到其他帝国主义的挑战。对于资源的激烈竞争引发了列强瓜分非洲的狂潮。19世纪70年代，欧洲只控制了非洲大陆不足10%的地区，但到第一次世界大战时，非洲只剩下埃塞俄比亚和利比里亚（由获得自由的美国黑奴所建）两个独立国家。尽管瓜分狂潮由某些特殊政策和活动引起，比如俾斯麦19世纪80年代的非洲政策和比利时国王利奥波德私人控制的公司在刚果的活动，但要理解这一狂潮，还得从欧洲内部的变迁中寻找答案。欧洲工业在不断壮大，这些新的工业国尤其是德国，亟须寻找原料来源和海外市场以弥补本国市场的不足，就像此前的英国一样。瓜分狂潮同时说明，发达资本主义民族国家开始了相似的活动：他们争夺相同的资源，而且彼此之间相互制约。

在激烈竞争中，英国逐渐放弃了依靠殖民地的本土组织加以扶持的间接控制方式，而是开始掠夺其竞争者控制的领地。1882年英国占领了埃及并在1899年越过埃及苏丹直接控制了埃及，以便保障从苏伊士运河到印度的通道。在南非发现金矿和钻石矿后，英国向荷兰宣战，爆发了布尔战争（1899—1902），并最终控制了整个南非。在非洲，英国控制了西起黄金海岸、尼日利亚和塞拉利昂，东至肯尼亚和乌干达的庞大土地。法国与之类似，早在1830年就入侵阿尔及利亚，并逐渐渗透入摩洛哥和突尼斯，吞并了从阿尔及利亚到刚果河的非洲西北部的大部分地区。德国是非洲第三殖民大国，而意大利则占领了东非的厄立特里亚和意属索马里。

1885 年，列强签署《柏林条约》，为殖民非洲订立规则。尽管 389
条约宣称维护非洲人的利益，但同样明确了剥夺非洲的方针：拥有沿海殖民据点的国家，拥有其内陆土地的权益。殖民化历程是野蛮而没有规则的。只需少量白人就可凭借条约进入非洲内陆，将村落中的某个老人扶植为部落长老，再授予他新的权力，比如行使主权、出售土地或授权开矿。紧随其后的就是迫使劳动力为其服务，和剥削这一地区。因此特伦斯·兰杰（Terence Ranger）认为，非洲的部落制和酋长国都是帝国主义的产物。①

许多学者将 19 世纪的最后 25 年视作新帝国主义阶段。除了英国和美国争夺建立非正式控制的拉美，自由贸易的帝国主义在世界其他地区趋于解体。尤其是在中国，英国放弃了自由贸易，转而致力于建立排外的势力范围。1895 年，日本在成为帝国主义国家后第一次击败中国，随后也开始试图控制中国领土。日本攫取了台湾，并凭借条约控制了东北，但俄国、德国和法国出于对日本独控中国大陆的担心，迫使其放弃了东北。而俄国则通过向清政府提供贷款，将东北划为自己的势力范围。尽管列强没有在中国推行全面的殖民控制，但争相划分势力范围等同于掀起了瓜分中国的狂潮；美国反对瓜分中国，而是在中国推出了门户开放政策。亡国灭种的危机激发了中国的民族主义，再加上门户开放政策以及欧洲列强之间的矛盾，使瓜分中国最终没有成功。而日本则从一战到 1945 年二战战败，其间比其他国家攫取了更多的中国领土。

尽管在中国推行门户开放，美国在临近的菲律宾却执行新帝国主义政策——1898 年，美国凭借美西战争的胜利取得了对菲律宾的控制。除了这里，东南亚新帝国主义的另一个典型是法国在 1883 年占领印度支那，一块远大于法国本土的土地。英国的势力向西到达

---

① Terence Ranger, 'The Invention of Tradition in Colonial Africa,' in Eric Hobsbawm and Terence Ranger, eds., *The Invention of Tradition* (Cambridge: Cambridge University Press, 1983), 211 - 262.

缅甸和马来亚，暹罗（今泰国）得益于其在英国与东边法国势力范围之间的缓冲地位而得以保留其独立地位。荷兰从 18 世纪起就控制了马来群岛并通过垄断咖啡、蔗糖、辣椒、原木和矿物等产品而获取暴利，但直到 20 世纪之前，荷兰对这里的控制都是间接而脆弱的，通常在这里执行的是被称作荷兰“文化系统”的奴隶劳作。

1941 年太平洋战争爆发后，西方帝国主义在东南亚的势力范围大多被日本控制，这使得殖民地意识到欧洲殖民者实际上不堪一击。但日本很快就以“大东亚共荣圈”的名义建立起自己的“反殖民”帝国。在这里，名义上的主权国家实际上是日本人的傀儡。尽管日
390 本战败后许多欧洲国家再度声称其殖民权力，但风起云涌的去殖民运动却使其成为梦一场。

20 世纪中期的帝国主义转型

如果说 19 世纪最后 25 年见证了新帝国主义的崛起——相互竞争的民族国家致力于将全世界划分为各自独享的势力范围——那么一战的结束则带来了又一轮帝国主义的变迁，不仅影响到老牌欧洲帝国，新兴帝国日本、美国和苏联也受其影响。这种新的帝国主义被称作“民族国家的帝国主义”，重要的例子是于 1932—1945 年间出现在中国东北的满洲国。

两次世界大战之间，帝国主义竞争和控制势力范围面临着新的环境。一战的野蛮将欧洲人的全世界文明化的虚伪展现给了亚非殖民地。这些地区的民族主义运动往往将对本地古代文明的赞扬与社会主义诉求（证明苏维埃革命的强大影响力）结合起来，用以批评帝国主义，以及西方赖以理解世界的种族化的达尔文主义。反帝运动日益要求在政治和经济上与帝国主义相切割。

此外，新帝国主义倾向于将某一地区或领域划为自己专属的势力范围，这一倾向也逐渐有所改变。两次世界大战期间，帝国主义尝试建立区域共同体或经济体，其中的殖民地或附属国往往被重组

为名义上的主权民族国家，但实际上仍然在军事上受到宗主国的控制。民族国家的帝国主义反映的是宗主国为实现全球霸权而将边缘地区整合入一个有机共同体的战略性转向。正如阿尔贝·勒布伦（Albert Lebrun）在一战结束后所说的那样，目标在于“将法国与其遥远的殖民地连为一体，以整合其力量实现互惠”。①但这一政策对法国来说并不容易。随着殖民地和附属国权力意识的崛起以及它们对资源和社会动员的需求日渐增加，帝国主义在其间成立现代化的、间接的机构将更有效果。帝国主义的目标是控制这些地区，途径则是掌握其动员机构，包括银行、交通基础设施和模仿宗主国而成立的政治机构，如议会、政治监控机制和政党。简而言之，与自由贸易的帝国主义不同，两次大战之间的帝国主义致力于机构和观念的现代化。它们通常支持文化或意识形态的相似体，有时也包括反殖民主义，即使种族主义与民族主义和军事政治控制并存。

附属国在军事上依赖宗主国，而宗主国则根据自己的需要征用 391
附属国的资源，但附属国在经济和制度上的落后并不一定总是满足宗主国的利益。因此，这种模式的帝国主义有时需要经济和军事—政治的分离。有时，比如在苏联-东欧和日本-伪满洲国的关系中，大笔投资进入后者，改变了传统的工业化宗主国与提供原料的殖民地的二元结构。②

由于殖民地军队及其提供的资源在一战中扮演了重要角色，英法等传统帝国逐渐意识到帝国经济发展对于其全球竞争的意义。英国的约瑟夫·张伯伦政府在殖民开发中推行新重商主义政策和帝国优先策略，在一战后更为明显。不过，由于保持殖民地自给自足的观念根深蒂固，一战后国内的资本需求以及保护英国工业的需要等，使得1940年前其对殖民地发展的投资只有一次略微超过英国国民生

---

① As quoted in D. Bruce Marshall, *The French Colonial Myth and Constitution-Making in the Fourth Republic*(New Haven, Conn.: Yale University Press, 1973), 44.

② See Prasenjit Duara, *Sovereignty and Authenticity: Manchukuo and the East Asian Modern* (Boulder, Col.: Rowman and Littlefield, 2003).

产总值的0.1%。①与之类似，当法国政府在20世纪30年代执行帝国优先政策并开始改革时，对经济和社会发展的投资均微不足道，直到1946年才有所转变。②1932年伪满洲国的建立，标志着宗主国-殖民地关系的第一次重大转型。与中国类似，日本也曾与美国和欧洲列强签订不平等条约，但1868年明治维新使日本成为强大的民族国家并废除了不平等条约。为了展示其力量，日本吞并了中国台湾和朝鲜。与此同时，由于日本领导层亲身感受过帝国主义列强的威力，他们能够感受到自己殖民触角所及和试图殖民化的亚洲同胞们的想法。当日本在一战期间将势力推向亚洲的时候，这一泛亚主义论调甚至调门更高了，此时的西方列强们正忙于厮杀。1919年，朝鲜的三一运动和中国的五四运动让日本第一次见识到对其扩张主义政策的大规模抗议，殖民地和军方的决策者开始尝试新的统治方式，这才有了伪满洲国的成立。

伪满洲国在理论上拥有主权和独立的政治机构，但在经济上与日本融为一体，这种模式是为了将泛亚主义论调与军事控制的矛盾调和起来。伪满洲国有自己的宪法和国旗，并被塑造为一个形成中的国家，试图建立现代化的经济，并使其国民形成共同意识。占主导地位的华人可以使用自己的语言，并能够获取政府部门的高等职位。

在这幅表面现象背后的，是日本的军事控制和中国官僚身边的影子官员。尽管日本人的论调中充满了兄弟之情和平等观念，但实际上针对华人的种族歧视却无处不在。然而，若论起经济和发展，尤其是
392 工业化和政府自治，伪满洲国表现极好。日本对朝鲜等殖民地的开发只有在伪满洲国成立之后才得到了很大的提升。1938年，英国对印度的人均投资只有8美元，而日本对朝鲜的人均投资却高达38美元。③

---

① Stephen Constantine, *The Making of British Colonial Development Policy, 1914—1940* (London: Frank Cass, 1984), 25, 276.

② Marshall, *French Colonial Myth*, 224-226.

③ Sub Park, ' Exploitation and Development in Colony: Korea and India, ' *Korean Journal of Political Economy*, 1, no.1(2003), 19.

二战后，东欧国家对苏联的军事依赖显示了这种新帝国主义模式的许多特征。苏东共有的反帝反资理念促使其形成了中央集权的经济和政治体系。苏联通过经济剥削和军事威胁，将发展水平在自身之上的国家融入以自己为中心的区域经济体之中。在某些方面，苏联帝国主义展示了这一体系的反经济的特征，不但苏联在欧洲的附属国发达水平更高，而且苏联还通过低价供应原油和原料的方式扶植其发展，并从这些国家进口制成品。这就是帝国为保护自身安全和控制附属国而付出的代价。①

美国长期奉行的是一种没有殖民主义的帝国主义（只有菲律宾等少数几个国家例外），这部分是因为美国自身的殖民地经历。美西战争后，美国在中美洲加勒比海地区构建了一个控制系统。这些名义上独立的国家越来越依附于美国，后者占据了这里外贸的四分之三和大部分外国投资。20 世纪 20 年代，当日本在伪满洲国实行新帝国主义的时候，面临加勒比地区越来越激烈的民族主义，美国也开始在这一地区实施类似措施。行政官员、外交官和商人尝试着将这里的银行体系置于美国控制之下，建设通信设施，投资自然资源，推动教育以及训练经营阶层接受美国式的宪法、自由选举和商业理念。不过与此同时，美国并没有放弃军事威胁的手段。②

美国式的帝国主义不仅以门罗主义为标志，门户开放同样是其特征。尽管二者之间有矛盾和冲突，但也有很强的连续性——都以主权国家或名义上的主权国家为载体来推进美国的利益。伍德罗·威尔逊总统在 1917 年宣称，世界各国应当“一致接受门罗总统的主

① See Paul Marer and Kazimierz Z. Poznanski, ‘Costs of Domination, Benefits of Subordination,’ in Jan F. Triska, ed., *Dominant Powers and Subordinate States: The United States in Latin America and the Soviet Union in Eastern Europe*(Durham, N.C.: Duke University Press, 1986), 371 - 399.

② Robert Freeman Smith, ‘Republican Policy and the Pax Americana, 1921—1932,’ in William Appleman Williams, ed., *From Colony to Empire: Essays in the History of American Foreign Relations*(New York: John Wiley, 1972), 273 - 275.

义作为全世界通行的主义……任何国家都不应将自己的政策加诸其他国家或人民”。但仅仅两周前，威尔逊还曾派军队进入多米尼加共和国，并在海地和墨西哥采取类似行动。①美国试图通过将这些国家培养成美国的效仿者并使其服从于外部的经济和军事制约，来实现自己的经济霸权，确立自己在意识形态领域的霸主地位。不过值得注意的是，在20世纪50年代针对古巴革命之前，这一模式的帝国主义并未成为主流。

393 美国利益集团与全球解放运动的矛盾不仅在于军事力量，有限自决理念也就是政治监管，至少是同样重要的。1922年，内政部长富兰克林·兰恩（Franklin K. Lane）写道：“一个民族可以自己决定其命运……美国就是如此。门罗主义就是民族自决的表达……也是我们如何为落后民族提供有限民族自决。”②因此在国联关于伪满洲国的听证会上，日本代表始终坚持亚洲门罗主义是日本在亚洲的特权。实际上，民族解放和帝国主义利益之间的矛盾正是日本与泛亚主义之间的矛盾。

二战后，利益、解放和武装暴力的融合发展到卡尔·帕里尼（Carl Parrini）所说的“超帝国主义”。这指的是美国试图维持帝国主义之间的合作，降低冲突，这些国家在20世纪后半期致力于在世界各地割据形成专属于自己的垄断市场。③超帝国主义得益于遍布全球的军事基地，以及国际货币基金组织、关税与贸易总协定和世界银行等机构来确保发达资本主义国家之间的合作，并促使前殖民地国家形成新式帝国主义。尽管美国已不再是地区霸权而是全球帝国，用阿里吉、许宝强、孔诰烽、塞尔登（Mark Selden）的话来说，美国构建了一个巨大的“政治和军事僚属”组成的系统，并在“帝国主义与附属国之间推进专业化分工”。这样看来，战后的美国代表了

---

① Andrew J. Bacevich, *American Empire: The Realities and Consequences of U.S. Diplomacy* (Cambridge, Mass.: Harvard University Press, 2002), 115-116, quoting from 115.

② Quoted in Smith, ‘Republican Policy and the Pax Americana,’ 271.

③ Carl Parrini, ‘The Age of Ultraimperialism,’ *Radical History Review*, 57(1993), 7-9.

民族国家式帝国主义的顶峰。①

20世纪上半期，独特的资本主义和民族主义结构推动了帝国主义之间的竞争。现代帝国主义的民族主义基础使其难以为帝国主义国家所用，无论是日本在伪满洲国，还是美国在伊拉克，都难以使之转变为联邦政治体或合作式经济体或帝国。民族国家认同和早期的利益都不可持久，尤其是当其发展出与竞争性资本主义的新联系之后。我们这个时代的全球化和区域一体化有很多特征，但资本主义与民族主义间的冲突仍在不断为全球合作制造障碍。

参考书目

- Bacevich, Andrew J. *American Empire: The Realities and Consequences of U.S. Diplomacy*. Cambridge, Mass.: Harvard University Press, 2002.
- Cooper, Frederick, and Ann Laura Stoler, eds. *Tensions of Empire: Colonial Cultures in a Bourgeois World*. Berkeley: University of California Press, 1997.
- Doyle, Michael W. *Empires*. Ithaca, N.Y.: Cornell University Press, 1986.
- Gallagher, John, and Ronald Robinson. ' The Imperialism of Free Trade, ' *Economic History Review*, second series, 6, no.1(1953), 1－15.
- Hardt, Michael, and Antonio Negri. *Empire*. Cambridge, Mass.: Harvard University Press, 2000.
- Hobson, J. A. *Imperialism: A Study*. Ann Arbor, Mich.: University of Michigan Press, 1965(originally published in 1902).
- Münkler, Herfried. *The Logic of World Domination from Ancient Rome to the United States*, trans. by Patrick Camiller, Cambridge: Polity Press, 2007.
- Said, Edward. *Orientalism*. New York: Pantheon, 1978.
- Stoler, Ann Laura, Carole McGranahan, and Peter Perdue, eds. *Imperial Formations and their Discontents*. Santa Fe, N.M.: School of American Research Press, 2007.
- Wallerstein, Immanuel. *The Modern World-System*, vol. III: *The Second Great Expansion of the Capitalist World-Economy, 1730—1840's*. San Diego: Academic Press, 1989.

李文硕　译　陈　恒　校

① G. Arrighi, T. Hamashita, and M. Selden, eds., *The Resurgence of East Asia: 500, 150 and 50 Year Perspectives*(London: Routledge, 2003), 301.

第四部分

区　域

第二十二章　东亚与欧亚大陆中部

濮德培

从古代开始，东亚和欧亚大陆东部就与世界其他地区相连。民 399
族主义历史观重视东亚民族国家——中国、朝鲜、日本和越南——的内在统一性，而欧亚大陆中部则被分为内亚（蒙古、西藏、新疆和满洲）和中亚（前苏联中亚部分）。这一武断的划分方法忽略了亚洲内部的共性和互动，也不适用于 1989 年以后的世界。如今，全球化与民族主义正携手并进。中国坚持认为，其内亚部分自古以来就是中国的一部分，而中亚地区的独立国家则致力于与俄罗斯切断联系。然而，东亚和欧亚大陆中部的文化与经济交往的历史，远比民族主义史观所提供的要长。本章试图展示研究东亚与欧亚大陆中部的全球联系的不同路径。

定义、区域与环境

东亚和欧亚大陆中部覆盖了七个平行的气候带：1. 北端的冻原带；2. 西伯利亚和中国东北北部的针叶类松树林；3. 华北、朝鲜和日本的混合型森林带和阔叶林带；4. 从中国西北直至蒙古和乌克兰的草原带；5. 中亚核心区的高原沙漠和绿洲；6. 华南和台湾的亚热带雨林和稻米带；7. 中国西南和越南丛林遍布的季风区。每一个生态区都有一个独特的地区文化，但相互之间存在人口移动和物资交
换。坚定的朝圣者、勇士和商人甚至能越过最荒凉的沙漠、高山和 400

浓密的丛林。无论是帝国还是宗教和贸易网络，都不曾遭遇不可逾越的自然屏障。

在温带和亚热带，人口集中在河谷和丘陵地带，但沼泽遍布、蚊虫滋生的水岸地区不在此列。渭河河谷、长江中下游平原、京都平原和红河三角洲是东亚的核心区。蒙古的色楞格河（Selengge River）和鄂尔浑河（Orkhon River），中国东北的辽河、花剌子模境内的绿洲、大宛的谷地以及阿姆河和锡尔河曾是欧亚大陆的核心。在定居农业区的周边盘踞着游牧部落、行商等流动人口。他们受不了耕种农业的辛苦，依靠饲养牲畜养活自己；也有些靠着劫掠商人和农民为生。尽管其人口少于河谷地区，但却通过掠夺人口和战俘补充自己。定居与游牧间持续不断的冲突塑造了这一地区文化发展的特性。即便是在日本列岛，早期神话传说中也留下了游牧部落从朝鲜半岛南下而来的记载。

从公元前第二个千年开始，中国的各部落国家和帝国逐渐开始
401 向南北扩张，覆盖了多个生态区。他们包括草原地区、华北大部、长江中游；日本和越南的国家则向低地和山区扩展。这些文明并非依靠一种独大的文化形成的，而是多种文化的融合。国家的收入大多从定居农业中取得，但其军人、战马以及森林产品和动物制品，则大多来自草原和山区。

这片土地上，不同的宗教文化纵横交织。与欧洲人不同，东亚人的宗教分歧并不极端，融合与共存是普遍现象。中国的祖先崇拜是儒家社会伦理的基础，与道教、佛教和地方信仰并存。日本的地方信仰被整合为神道教，其中融入了从中国和朝鲜传入的佛教传统。佛教传道僧从印度出发，到阿富汗经丝绸之路将佛教传播到欧亚大陆东部和中部，其时东亚地区的中国、蒙古、西藏、朝鲜、日本和越南是大乘佛教国家，但即便在这些地区，佛教也并非占统治地位。在伊斯兰教到来之前，对天的信仰、萨满教和佛教混合并存于欧亚大陆中部，而即使这里的伊斯兰教也不像中

东地区那样严苛，虽然秉承一神信仰，但也容许原有的地方圣人的崇拜，这些崇拜类似于圣徒信仰。基督教只在朝鲜和越南的边缘地带留下了印记。

地区间的语言差别同样显示出语言间的混杂性。汉语是一系列语言的混杂融合，地区之间迥然有别。如今，中国和台湾地区都以普通话为唯一的书写文字，但各地的方言仍有很大差别。阿尔泰语系，包括蒙古语、土耳其语、满语以及日语和朝鲜语覆盖了欧亚大陆草原和沙漠地带的大部分。藏语虽然融入了汉语因素，但却是另外一种独特的语言。越南语也并非汉语，但其现代文字中有超过70%来自汉语。中国西南部的群山之中，遍布着数以百计的地方语言。口语的多样性与文字的统一性形成了鲜明对比。汉字起源于公元前2000年，使用范围遍及日本、朝鲜、越南和欧亚大陆中部的许多地区，为国家和政府机构所使用。另一个可与之类比的文字是维吾尔文，被蒙古和满洲所使用，西藏文字则从梵语中衍生而出。土耳其人如今使用阿拉伯字母和西里尔字母，并混杂着罗马字母。而罗马字母现在已是越南的官方文字，朝鲜则使用自己创造的文字。因此，这一地区创造了许多文字，并且融合了世界各地的不同文字。

简而言之，模糊的边界和流动性使得任何试图建立清晰的、明确的、连续的地理、宗教和语言界线的努力付诸东流。

古代的交往

近来的考古发掘证明，欧亚大陆上的古代文明之间存在密切交 402
往。在四大古文明中心中，中国发展最晚，排在埃及、两河流域和印度之后。商代城邦大概出现于公元前1500年，最早的文字出现于公元前1200年。在巴克特里亚-马尔基亚纳（Bactria-Margiana，近土库曼斯坦和阿富汗）发现的第五个中心型遗址，证明欧亚大陆中部也有自己的古代文明，并且与中东地区有所联系，很有可能是传向远东的文化中转站。①

中国从欧亚大陆中部获取了重要的技术和文化资源。在中国古代墓穴中，发现了与在俄国中部发掘的墓穴中类似的青铜马具。毫无疑问，冶金术穿过草原从西方传入中国。车轮交通工具的使用增加了流动性，使人口进一步越过草原扩散。印欧语系的人从其发源地土耳其或南乌克兰动身，向东西扩散，进入伊朗、印度和中国新疆的塔里木盆地。②在中国的神话中有西王母，其前身就是希腊女神赛比莉(Cybele)。③汉语中甚至有来自波斯语的元素，比如狮，许多道教仪轨也类似印度的瑜伽修行方法。④目前甚至发现了史前时代文化交往的若干证据。

为何汉字是这一地区流传至今的最古老语言？为何汉字不使用字母？游牧民族往往以小规模部落的形式存在，他们在构建大帝国之前无需书写文字，小型绿洲社会也不需要文字。文字在中国的出现，得益于列国之间为发展为大帝国而展开的竞争。随着君王们打造出军队和官僚机构，他们也雇用专业人士解读神谕和解释经典文本。随着战国时代的各个诸侯国形成了自己的传统，文本所使用的文字也发生了分化，但秦始皇在公元前221年统一列国后，禁止其他文字的使用，焚毁书籍推行统一文字。自那时起，这套方式并未被抛弃。腓尼基等字母的使用者是地中海和中东的商人；粟特人是古代欧亚大陆中部的商人，他们使用的就是腓尼基文字的变体。东亚国家的统治者们将古典汉字，也就是与任何口语都存在词汇和语法差别的书写文字，视作统治帝国的有效工具。

---

① Fredrik T. Hiebert, *Origins of the Bronze Age Oasis Civilization in Central Asia*(Cambridge, Mass.: Harvard University Press, 1994).

② David *Anthony*, ‘Horse, Wagon, and Chariots,’ Antiquity 69(1995), 264; and ‘The Archaeology of Indo-European Origins,’ *Journal of Indo-European Studies* 19:3(1991).

③ Elfrida Regina Knauer, ‘The Queen Mother of the West: A Study of the Influence of Western Prototypes on the Iconography of the Taoist Deity,’ in Victor H. Mair, ed., *Contact and Exchange in the Ancient World*(Honolulu: University of Hawai'i Press, 2006).

④ Victor H. Mair, introduction to Lao Tzu, *Tao Te Ching*(New York: Bantam, 1990).

除了中国，东亚的其他国家均是根据自己的语言调整文字。日本在 8 世纪发展出了两种音节的字母，朝鲜人在 14 世纪创造了自己的字母，越南也成功地将汉字改造成自己的文字用于书写本民族的语言。几个曾占据华北的起源于欧亚大陆中部的政权也在汉字基础上创造了自己的文字。相比拉丁语之于欧洲，古典汉字在东亚发挥 403
了更大的纽带作用。

国家建构与扩张

亚洲的第一个官僚制国家出现在中国，即公元前 221 年统一了六国的秦朝。秦国坐落于中国文化圈的西部边陲，借鉴游牧民族形成了强大的军事力量。秦帝国压制异端思想，推行标准化的公路，组建了各司其职的管理机构，统一了货币，并通过军事力量将统治权推进到北部边疆，筑长城而守藩篱。但暴秦二世而亡，随后的两汉享国祚达 400 年之久，从公元前 206 年持续到公元 220 年。汉代军队向四方出击，对新疆塔里木盆地建立了短暂的控制，并占领了越南。汉代帝王可谓马上得天下而马下治天下。与后来的许多王朝一样，汉代军队有多民族特色，成员包括草原地区的骑兵、定居农民、文官和顾问。

汉代统治者依靠儒家轻徭薄赋和均田思想发展农业，并将儒家思想奉为官方信条，但他们也鼓励宗教融合。来自印度的传道僧在汉代将佛教带到中国，并将佛教经典从印度文字译为汉字。到 9 世纪，佛教已成为中国的主导性宗教，在日本、朝鲜和越南的地位更高。佛教是一种超越地方信仰的普世性宗教，在盛行于东亚的大乘佛教中，僧侣鼓励平民信奉佛教，因此佛教得以渗透到日常生活。佛教不回避与其他地方信仰的交流，因此寺庙里可以既有清官、勇士、道教群仙，也有佛教僧侣。佛教经典中的许多词汇和概念也进入汉语，而在日本，佛教经籍是第一批书写文字的材料。5—7 世纪日本和朝鲜出现的第一波国家得到了佛教人士的大力帮助。

自公元前1000年起，欧亚大陆草原地区的游牧民族形成了强盛的军事社会，常常与南部的国家一争雄长。华夏政权看不上这些“蛮族”，但却依靠他们获取马和武器。汉王朝防御游牧民族骚扰的方式，一般包括军事出击、控制边贸、修筑城墙以及分而治之的外交策略。匈奴人控制着欧亚大陆中部的草原和绿洲，汉王朝出口最有价值的中国产品——丝绸——经由行商运往欧洲，以换取战马并
404 维持边境和平。当贸易繁盛时，会将中国与帕提亚和更西边的罗马帝国连接在一起。①

当汉王朝在3世纪覆灭后，草原地区的突厥人控制了中国部分地区，并切断了丝绸之路，直到7世纪隋唐王朝时才再度恢复。气象万千的盛唐，其商业与文化辐射力较两汉更为强大，控制了现在新疆的塔里木盆地，将大量的丝绸和商品运往西部。唐代帝王甚至使突厥有所畏惧，并赢得了“天可汗”的称号，即突厥的统治者。随着唐帝国的扩张，发端于阿尔泰山的突厥人也向外扩张。他们借助丝绸之路的财富维持其武装力量，同时保护欧亚大陆间的贸易。唐王朝同样强烈影响了日本和朝鲜，后者借鉴了唐的官僚制度，而越南则成为唐帝国控制的一个省。帝国精英很喜欢遥远异乡而来的奇珍异宝，比如从南方进贡的犀牛、西部来的和阗舞者以及来自日本的漆。②帝国军队曾与吐蕃苦战，并在今日吉尔吉斯斯坦的塔拉斯河流域（Talas River）与阿拉伯军队鏖战。汉人与穆斯林、基督徒、犹太人和佛教徒一起在帝国内游历和定居。

唐王朝在750年后陷入衰落，各地区走向分崩离析。军阀控制了帝国的边缘地区，而草原的突厥人则占领了欧亚大陆中部。939年，越南永久性地脱离了中国控制，朝鲜则在935年建立了新王朝，日本也不再派遣遣唐使。800—1200年，中国的人口和经济中心南

---

① Ying-shih Yü, *Trade and Expansion in Han China*(Berkeley: University of California Press, 1967).

② Edward Schafer, *The Golden Peaches of Samarkand: A Study of T'ang Exotics*(Berkeley: University of California Press, 1963).

移，长江下游和东南沿海发展起来。河谷地区的稻谷密植支撑了商业网络、大都会和繁荣的海洋贸易。

两宋王朝（960—1279）甚至没有完全控制中国的核心地区。1126 年，半游牧的金朝控制了整个华北，使宋朝统治者迁往临时首都杭州。尽管在军事上不算成功，宋代在经济上和技术上还是有了很大进展。指南针、火药和印刷这三项改变世界历史进程的发明都源于中国，并在宋朝迎来了快速发展。利用指南针，大型船舶从中国海岸出海，航向东南亚；宋朝军队配备了火器，从火油到火铳；宋朝军事失败是因为北部强邻更有效地使用了火器。印刷术诞生于 7—8 世纪，到宋代时已达到较高规模，为致力于科举考试的莘莘学子提供了大量廉价的书籍，复印了大量的佛教经典，戏剧、文学和图像也得以大规模推广。宋代冶金业的规模直到工业革命后才被英国超过，并印制了世界上最早的纸币，而杭州也成为当 405
时世界上最大的城市。与其他中国王朝不同，宋代的财政收入主要来自商业。

在欧亚大陆中部，游牧的回纥人定居在城市里，以绿洲为依托，建立起庞大的商业网络，并以自己的军事力量帮助唐王朝维持统治。他们欣然接受了从古代伊朗诞生的摩尼教。在更西部，建立在欧亚大陆中部绿洲的萨曼王朝和中亚黑汗王朝的伊朗人和突厥人引入了伊斯兰教。越南的第一个独立王朝以红河谷地的人口密集区为中心，是一个小规模的官僚制国家，并沿海岸向南和向北与中国进行贸易。日本发展出独特的文化，以京都的皇廷为中心，而乡村的武士逐渐控制了这个国家。

13 世纪，蒙古人第一次也是最后一次离开草原，将包括中国、中亚、中东大部和俄国在内的欧亚大陆中部分散的政权整合在一起。蒙古人的占领起初破坏了许多农业区，但持续到 14 世纪的“蒙古治下的和平”（Pax Mongolica）复兴了丝绸之路的商业活动，使中国商人再度关注西方，并促使中亚城市再度繁荣。最后一个伟大的游牧君主帖木儿，在他的中心撒马尔罕堆满了抢夺来的财宝，大部分来自中东。日本和越南成功挡住了蒙古入侵，但随后日本武士间内战烽起，日本列岛惨遭蹂躏。

中国的明朝（1368—1644）由来自南方的一个农民缔造，赶走了蒙古人，恢复了农业基础，比起蒙古来是一个更封闭的王朝。明代早期的统治者致力于武力扩张，在西北用兵，入侵越南，并向东南亚派遣了由穆斯林郑和率领的大型舰队来宣示自己的力量。但西北战事失败了，越南游击队也赶走了中国驻军；来自西北的威胁迫使明廷放弃了远洋航行，并最终放弃了疆土的梦想，回到了汉代中国的地域范围。自治的蒙古领袖和草原王朝日渐壮大。朝鲜从蒙古独立后建立了朝鲜李氏王朝，是亚洲寿命最长的王朝，从1392年维持到1910年。

新旧大陆在16世纪第一次结为一体，“人类之网”也扩展至全球。①西班牙和葡萄牙的海洋探险使其成为可能，但让两国赚取的财富却来自亚洲。美洲的白银随西班牙和荷兰舰队穿过大西洋，来到印度和中国，购买当地的纺织品、茶叶、瓷器和香料。白银也向西穿过太平洋，经马尼拉和澳门来到中国和日本，扩展了从中国海岸、中国台湾和日本南部到马六甲海峡的贸易网。来自全球的白银使明
406 朝统治者重新打开了国门，准许葡萄牙人租借澳门，并允许中国人航行海外。16世纪末，白银从各个角落涌入中国，彻底改变了中国社会。随着明代开始以白银征税，大量白银被用来支付给长城驻军及其军需系统。在中国和日本逐渐形成了由消费拉动的社会，产生了对印刷书籍、奇珍异宝、花园和奢侈生活的巨大需求。相比于地主阶层，新的哲学思潮和文化运动更为中产阶级城市消费者所赞誉。②烟草、玉米、马铃薯、花生和辣椒等来自新大陆的农作物改变

① J. R. McNeill and William H. McNeill, *The Human Web: A Bird's-Eye View of World History*(New York: Norton, 2003).

② Joseph Fletcher, 'Integrative History: Parallels and Interconnections in the Early Modern Period, 1500—1800,' in *Studies on Chinese and Islamic Inner Asia*, ed. by Beatrice Forbes Manz(Brookfield, Ver.: Variorum, 1985), 37-57.

了亚洲人的饮食结构，并推动了人口增长。到 1600 年，中国人口已超过 1. 5 亿，是世界第一人口大国。

中亚则走上了衰落的道路。商路转向海洋沉重打击了陆上行商，持续的战争打乱了绿洲国家。沙俄向西伯利亚的扩张也打破了游牧民族的联盟，尽管许多蒙古统治者组建了短暂的联盟，但无人能再现成吉思汗的辉煌。明朝的防御政策和贸易专营制度使蒙古人自相残杀，但跨越长城南北的贸易并未间断。长城没有阻断中原与草原的联系，但却破坏了游牧民族的经济。

17 世纪的东亚见证了一系列新军事力量的崛起，每一个都达到了前工业社会的顶峰。从 16 世纪末到 17 世纪初，东北亚经历了惨烈的国家竞争，明、朝鲜、日本和崛起中的满洲彼此竞争。1592—1598 年，日本军阀丰臣秀吉入侵朝鲜，朝军幸得明军帮助，日军以失败告终，不过满洲人也通过劫掠朝鲜建立了自己的国家。日本和朝鲜选择了保护性孤立政策，而中国和越南则积极向外扩张。

满族是聚居在中国东北、起源于欧亚大陆中部的民族，他们与蒙古骑兵一起推翻了明王朝，并在 1636 年建立了清朝，随后又占领了台湾、蒙古、新疆和中亚部分地区，并使西藏成为其一部分。与快速而短暂的蒙古统治不同，满族的统治持续了 200 多年，并奠定了今日中华人民共和国的疆域基础。中国不再是一个明朝那样由汉族主导的帝国，而是一个包括多样化人口的文化多元体。儒家思想仍然是官方信仰，但与佛教、伊斯兰教以及地方信仰等遍布多样化人口的多种信仰并存。

扩张最终摧毁了独立的蒙古国家，并使中国直接与欧亚大陆中部的沙俄和哈萨克发生联系。在南方，清王朝见证了欧洲贸易的扩张，尤其是英国和荷兰。18 世纪，清王朝以朝贡贸易的方式控制着松散的外国贸易，欢迎携带贡品而来的外国使节，但对他们加以严格管理。俄国人在中国的边境城市佳木斯与清朝开展贸易，而英国 407
等欧洲国家的贸易则被限定在广州。尽管如此，与中国的贸易还是为商人带来了大笔财富，并使中国获得了来自中亚哈萨克的马和来自拉美的白银。

清王朝的扩张也促进了国内贸易。市场扩大促进了劳动分工，农民乐于集中生产其优势农产品并拿到市场上卖钱。长江下游的棉花和丝最为著名，中游则盛产谷物，华南山区则出产用于出口的陶瓷和茶叶。华北生长棉花，西北则出口羊毛。沟通南北的大运河从军事通道变成了商业贸易的渠道。

疆域的拓展推动了人口流动。移民涌向四方——从华北到东北南部、从华中到四川、从东南沿海到台湾、从西北到新疆、从华南到东南亚。清朝官员对待人口流动的态度颇为矛盾，一方面，他们甚至通过移民促进了地区开发，并减缓了移出地的压力；但同时，新移民难以管理。但即便法有所禁，大量的农民和商人仍然不断向边境移动，而帝国人口也增加了1倍，超过了3亿。华人在东南亚生根发芽，他们充当征税官、鸦片商和矿工，有助于当地的殖民统治。尽管清王朝的统治者观念保守，但清代中国却最终进入世界。

与此同时，日本经历了3个世纪的混乱后逐渐统一，统治日本的武士阶层也采取了不同于清王朝的政策，但结果却惊人地相似。16世纪的日本积极参与到东亚的海洋贸易中，大量商人和倭寇沿海岸贸易，并在越南海岸建立了殖民地。欧洲人则把先进武器、基督教和黄金带到日本。德川幕府出于对外来物品和宗教扰乱日本社会的担心，几乎禁绝了所有海外贸易，只在长崎保留了一个小岛与荷兰人贸易，并接收来自朝鲜的进贡。但日本人始终密切关注中国，要求与中国贸易的商人定期提供关于中国的情报。

尽管日本切断了海外贸易，但日本国内的贸易却发展起来。幕府将军要求各地军阀定期前来江户（东京的前身），此举所费不赀。因此前往江户的驿道上蕴含着大量商机，商人、酒店主、运输工和娱乐业者可以从中牟利，而城市富裕人群的需求也促使城市扩张。天皇所在的京都仍然是日本最美的地方。经营谷物和货币兑换的商人则聚居在大阪。江户、京都和大阪使日本成为当时世界城市化发

达的地区之一，也是世界通信密度最高的地区之一。濑户内海（日
本的地中海）连接了主要的三个岛屿，德川幕府时期日本又将北海 408
道收入囊中。

与其他地区类似，日本也推动土地清理，增加农业密度，推动劳动力分工和农产品商业化。但日本与欧亚大陆其他地区相比有三个特点：18 世纪日本人口增长缓慢、幕府将军不许任何人拥有武器、地方统治者致力于保护森林资源。有效控制基层的日本乡村严密监控出生率，甚至准许杀婴的存在，为的是使自己的生活压力不至过大。同时日本军队放弃了火枪，因为德川幕府拆毁了成百上千的城堡，并不允许任何人拥有武器，只允许武士阶层拥有用于礼仪活动的剑。村民和地主有严格的规矩以确保森林资源的产出。只有日本这样的岛屿国家才能执行此类环境政策。但中国和日本在 18 世纪行驶在商业发展、地区整合和农业发达、城市繁荣的平行线上。

大　分　流

当 19 世纪走近尾声的时候，东亚各国之间已身处不同的世界。除了中、日仍保持独立，东亚其他国家都已沦为殖民地。清朝统治者面临内部叛乱和外敌入侵，国土沦丧且最终不免王朝崩溃的命运；而日本则成长为世界主要力量之一。朝鲜被日本占领，越南沦为法国殖民地，中亚则被俄国控制。

这一大分流是如何形成的呢？中日两国均面临欧美帝国主义的入侵，并对外国工业制成品敞开本国市场。但英国不满于广州一口通商，因此将中国作为第一个目标。英国相信，导致其纺织品难以进入中国市场的原因在于中国的制度，为了遏制白银外流，在 1840 年和 1856 年两次发动鸦片战争。法国和美国也步英国后尘，利用机会向中国出口商品，并派遣传教士进入中国内陆。沙俄趁机占领了新疆部分地区，并铺设了西伯利亚铁路和中东铁路经东北通向太平

洋，而德国则在山东青岛攫取了租界。

人口增长、生态破坏、异端邪说和民族冲突困扰着大清国，直到19世纪60年代，几位地方督抚发起一场自强运动以富国强兵。他们经营兵工厂、造船厂，发展工业，翻译西方技术和法律文书，并
409 聘请洋人顾问。他们的措施有效强化了清政府，西方列强也意识到与清政府打交道对他们有利可图。

1854年，美国用炮舰迫使日本签订不平等条约，使日本的有识之士开始关注中国的困境，他们致力于推翻德川幕府的统治。经历了十年动乱，维新人士在1868年宣布将大政奉还于明治天皇，这使得日本开始全面追求自强、财富和实力。在中国，保守派的阻挠延宕了改革；而在日本，全社会都极力推动激进的变革。武士和将军失去了特权，职业向全体国民开放，量才录用，新政府向世界各地学习以巩固政权，因此日本得以迅速实现工业化，并建立起新的军事力量。

尽管日本的现代化者致力于脱离亚洲——也就是贫弱而落后的中国——但日本并不能摆脱欧洲列强的地缘政治。朝鲜这把“指向日本心脏的尖刀”在被日本以武力打开国门后也出现了改革运动。中日俄三国对朝鲜的干涉，最终导致1894年中日战争爆发。这时的日本已进行了30年的自强运动，终于在一场关键战役中击败数倍于己的中国军队，一举震惊四方。英国长期以来与俄国进行地缘政治竞争，并于1902年与日本订立同盟。1905年，日本战胜俄国，再度震惊世界。此时的日本已成为全球帝国之一，朝鲜已完全沦为殖民地，清王朝则在衰败的下坡路上一路高歌猛进。

中、日之间在文化上的深层差异并非两国分流的原因。中日两国共同信奉儒家思想和佛教传统，有类似的土地关系、市场结构和帝国权威。日本武士在享受了250年和平之后，逐渐成为官僚阶层，类似中国的文官队伍。但日本之所以能够振兴起来，主要是受到了外国帝国主义的致命威胁。新的日本领导层，将自己的革命称作恢复帝国实力的努力，借鉴法国、英国和德国，建立现代工业化国家。

外国资本和顾问给了日本鼎力之助，但农业人口才是日本实力崛起的关键。农民缴纳赋税、参加军队，农村妇女则在纺织厂中打工，推动日本出口产业的发展。

相比之下，由于农业人口过于多元和地方精英权势太大，中国始终没有建立起行之有效的财政体系。1895 年后，尽管需要向日本支付大笔赔款，但清王朝还是向日本派遣了数以千计的留学生学习日本的经验。年轻的光绪帝在归国日本留学生的支持下发起激进改革，但改革在保守派和慈禧太后的反对下于 1898 年失败。后来，满族保守集团又支持和利用义和团袭击华北的外国人。这一大规模的叛乱引来了外国干涉，皇室逃离京城，最终带给清政府的是更 410
多的耻辱和赔款。随后，满洲贵族在 1905 年发起了最后一次改革尝试，废除科举考试，并以日本为模式建立新军。但此时改革为时已晚，何况改革的步伐迈得太小。1911 年，民族主义者的革命打碎了清帝国。

20 世纪中日民族主义也沿着相关却相反的两条道路发展。两国之间相互影响，在半个世纪中虽然追求相似目标，却进行了多次战争。在日本的留学生和东南亚的商人一直鼓吹中国并非帝国而是民族国家。留学生们运用了民族这个强有力而且有煽动性的概念，即日本人对德语 Volk 的翻译，指的是由血缘、领土、历史和语言凝聚而成的人类共同体。他们认为汉人是黄帝的后裔，5000 年前就已成为统一民族，但受到了野蛮的满族人的压迫。只有民族主义的暴力革命才能推翻帝制，建立新的共和国，反对受到英、日影响的改革派所提出的君主立宪制主张。激进民族主义运动的领袖孙中山，从海外华人社区募集资金，那些自明亡以来就从事秘密反清活动的地下组织成为他手下的革命者。

1912 年 1 月 1 日中华民国成立后，孙中山意识到民国不能失去其边疆领土，因此提出了汉、蒙、满、回、藏五族共和的理念。民国的政治理念融合了西方的宪政主义、日本和德国的种族主义以及苏俄的社会主义。然而正如毛泽东所言，“枪杆子里面出政权”，在蒋介石 1927 年名义上统一中国之前，内战的烽烟肆虐在这片土地上。

日本尽管已经击败中国和俄国，并且占领了朝鲜和中国台湾，却仍然有强烈的不安全感。民国的分裂让帝国主义有了可乘之机，日本也参与到瓜分中国的竞争中来。许多同情中国的日本人士主张成立由日本领导的泛亚联盟，将西方势力逐出亚洲，他们中的许多人敬仰中国古典文化，但鄙视此时中国的衰落。也有些人信奉大和民族优越论，认为日本人是太阳大神的后裔。伍德罗·威尔逊的全球国家平等秩序在日本也有市场。

不过最终，经济和文化联系还是没能阻挡军事进攻。一战期间，日本借欧洲大国厮杀之际迫使中国签订《二十一条》，使自己获得了中国沿海地区的政治经济优势。战后的凡尔赛会议将德国在山东的
411 利权转交给日本，激怒了那些信任威尔逊的中国民族主义者。英国和法国禁止一切殖民地领袖参会（包括越南民族主义者胡志明），而将日本接纳入帝国主义阵营。中国学生、商人和市民在 1919 年 5 月 4 日发起大规模抗议游行，迫使政府拒签《凡尔赛和约》。

20 世纪 20、30 年代，中日之间摩擦不断，并受到全球经济波动的影响。中国的抵制日货运动给日本带来了压力，并促进了本国制造业的发展，但中国对日本先进产品的需求仍然很大。中日两国竞相向欧美出口茶叶和纺织品，但中国政府利用日本贷款扶植本国工业。日本在东北大力投资煤矿和钢铁业，为闯关东的中国人提供就业机会。日本人将东北视作本国贫困农民的输出地，而蒋介石则致力于在东北抵制日本的影响力。

1929 年开始的全球经济大萧条打破了世界大国之间的相互依存，他们走上了自给自足之路，依靠自己的殖民地，出台新的关税和移民政策，关闭了自己的国内市场。1924 年，美国不再允许亚洲移民进入美国，1930 年的《斯穆特-霍利关税法》（*Smoot-Hawley Tariff Act*）减少了外国进口产品的输入。美国和东南亚市场的关闭沉重打击了中日两国的农产品出口商，两国之间的关系似乎被战争机器绑

在了一起。1931 年，正当南京国民政府挺进东北之时，日本策划成立伪满洲国，国联谴责日本，中国和美国拒绝承认伪满洲国，但日本并不把国联放在眼里。

日本希望将中国纳入其大东亚共荣圈，排除西方帝国主义，但低估了中国民族主义的力量。蒋介石对日本侵入东北采取了强硬态度，双方在北京周边的一系列摩擦最终在 1937 年成为中日战争的导火索。国军在上海殊死战斗，但日军凭借技术优势击败了数量更多的国军。不过日本的军事胜利并未使其控制中国大片国土，更没有赢得中国人的尊敬。蒋介石在 1937 年 12 月将首都迁离南京后，日军对手无寸铁的南京平民展开屠杀。国民政府将长江上游的重庆立为陪都，采取以空间换时间的策略。

与此同时，蒋试图消灭更有力的潜在对手——中国共产党。1921 年，几名主张无产阶级革命的青年学生在上海成立了中国共产党。尽管工人在中国人口中只占很少比例，但他们的观点与马克思和列宁一样，认为无产阶级工人才能领导革命。在共产国际的指令下，中共与国民党人组成统一战线打击军阀，赢得了工人阶级的大力支持。1927 年 5 月 30 日，上海工人举行罢工抗议日本企业家，宣 412
扬孙中山的社会主义理念，支持民族革命。当国民党 1927 年向北挺进时，蒋介石发动青帮攻击中共及其城市支持者，显示了自己的真实色彩。

此时，斯大林和托洛茨基正在争夺苏联的最高领导权，围绕中国共产主义运动的失败展开了激烈争论。城市暴动失败后，毛泽东率领少数人马退入华南的山区。1931—1934 年间，毛泽东在江西成立了第一个苏维埃政权，得到了贫困农民、会党和难民的支持。

毛泽东和中共建立了农民领导的政府，并多次打退国民党的进攻。蒋将中共视作比日本更严重的威胁，前者为心腹大患，后者只是腠理之疾。在经历了五次“围剿”之后，中共只得离开江西，开始了二万五千里长征，并在比江西更偏远的陕北建立了新的根据地。

当蒋介石亲自来到西北指挥“剿共”战争时，当地军阀囚禁了蒋，并迫使他与中共建立了第二次统一战线，共同抗击日本侵略。为了表明自己的民族主义立场，蒋不得不终止了对中共的战争，并与共产党一起联合抗日。

第二次统一战线期间，中共发动数以百万计的农民巩固在延安的根据地，并在华北发动游击战打击日本。但他们与世界的联系并未被切断。苏联和美国人时时光顾，中共也通过向日占区走私商品获利。1941 年日本偷袭珍珠港后，美国给予蒋介石大量援助。约瑟夫·史迪威（Joseph Stilwell）将军是最了解中国的美国军人，但令他沮丧的是，蒋介石将大量美援用来准备与共产党的内战。相比之下，蒋更喜欢陈纳德（Claire Chennault）将军的空中支援，后者从不要求国民党实施改革。

国共两党都是列宁式的国际主义革命党，但他们都不听命于其外国支持者。蒋懂得媒体在美国的重要性，他和妻子得到了亨利·鲁斯（Henry Luce）的支持，常常登上《时代》周刊封面，1937 年更是获得了年度人物的称号。但蒋介石可不是美国的附庸，他迫使罗斯福总统解除了与他不和的史迪威的职务，以便将军事全权控制在自己手里。毛泽东从苏联得到的物质资源和宣传很少，因为斯大
413 林并不认为他是一个彻底的共产党人。毛泽东在延安的山沟里创造了自己的社会主义道路。

1945 年日本战败，1949 年中华人民共和国成立，改变了东亚大国间关系，但使它们无一例外地投入了冷战。中国加入了社会主义阵营，并得到了苏联的大力援助，站在了美国阵营的对立面。美军对日本的占领一直持续到 1954 年，将日本改造为非军事国家，并在这里建有美军基地，作为对反共同盟的支持。蒋介石的“中华民国”撤退到台湾，同样需要美军保护。不过美苏两国都不能完全控制其盟友。

朝鲜从日本独立后，统一南北的努力失败了，1950 年，金日

成和李承晚之间爆发了战争。金日成得到了斯大林的支持，尽管毛泽东给予了援助，而美国领导下的联合国军却击退了金日成。当麦克阿瑟将军逼近中朝边界时，中国军队再度将其逼退到三八线附近。

越南也类似，当地革命者投身到大国争霸中以实现自己的意图。1905 年日俄战争中俄国战败刺激了越南反殖民主义者，他们欢呼亚洲国家击败欧洲国家。但法国殖民者成功挫败了所有反抗运动，将大批民族主义者投入监狱。关押着全国各地民族主义者的监狱成了越南反抗运动的发源地。①主要的反法组织都形成于邻近国家和地区，尤其是在华南、中国香港和泰国。胡志明在许多盟友的支持下，一再逃出警方搜捕，他利用边界地区成功发动革命的经验堪称经典。

1940 年法国向德国投降，给日本以占领越南的机遇。胡志明利用维希政权垮台的时机返回越南，并于 1945 年 8 月发起革命，引发了越南的民族主义抗争。他热切欢迎苏联和中国的援助，而法国则依靠美国的支持，以反共为名恢复殖民统治。1954—1975 年间，南越和北越之间爆发战争，是一场在冷战名义下的民族主义战争。美国和法国损失了成千上万军人，而越南为民族革命付出了数以百万计的生命。

中日两国的内政也并未被其背后的大国操持。尽管中国率先引 414
进了斯大林式的以重工业为导向、压缩市场、农业集体化的计划经济，但很快就偏离了斯大林的轨道。毛泽东意识到，中国不能以牺牲农业的方式发展工业。斯大林的农业集体化失败了，但中国却取得了成功，这使毛泽东下决心推动整合农业和工业的公社。赫鲁晓夫这位出身农机工程师的苏联领袖警告大规模农业存在局限，但毛泽东却更相信人定胜天。与此同时，毛泽东时时挑动赫鲁晓夫惧怕

① Peter Zinoman, *The Colonial Bastille: A History of Imprisonment in Vietnam, 1862—1940* (Berkeley: University of California Press, 2001).

核武器的神经，并批评他追求与西方资本主义国家和平共存。经历了与美军在朝鲜的冲突，面对着充满敌意的台湾，他看到了西方对社会主义运动的致命威胁，但他提出了“两条腿走路”来迈向共产主义——克服城乡差别，促进工业与农业共同发展。

大自然可不这么想。1959—1961 年的饥荒起因是毛的激进农业策略与水旱灾害的碰撞。但务实派的邓小平等人后期调整政策，依靠市场，并从国外引进资本和技术，同时公开声称，资本主义的黑猫比社会主义的白猫更会抓老鼠。

中国走向国际的大势不容遏制，在毛泽东去世后，中国不再追求消灭阶级差别的共产主义社会，开始引领社会主义阵营中的改革。

日本也常常不按美国的要求出牌。美国迫使日本接受了去军事化的宪法，将本国市场向日本敞开。关税和管制使外国商品难以进入日本，日本政府得以全心致力于发展世界一流的出口工业。日本制造逐渐从低端的消费品生产进入高端的技术和设计领域，日本政府对经济发展施加规划，但仍然坚称自己是资本主义。在日本经济高速增长的年代，日本工人和工会没有追求高工资，而是同心协力支持企业发展。20 世纪 70 年代石油危机后，日本汽车快速涌入美国市场，同时日本顶住了要求向外资和商品开发市场的压力。

韩国和中国台湾紧随其后。东亚经济奇迹——日本、韩国、中国台湾和中国香港年增长率超过 10%，人均收入 10 年内翻了一番——使人们相信，儒家思想是经济发展的推动力。尽管这些国家的精英都认可儒家思想，但实际原因却是：受过教育的劳动力从农
415 村涌入城市、高储蓄率、技术教育的大力投资以及通过人员进修、交换项目和政府规划来利用外国市场的商机。

这样说并不意味着历史毫无用处。上述许多特征都植根于前工业化时代东亚的社会结构中。20 世纪 90 年代以来，中国紧随亚洲四小虎的步伐快速发展，显示了东亚国家间的紧密联系。日本的先进技术在东亚传播，香港则成为外国投资进入中国内地的通道。中国

重新向世界敞开国门标志其再度回归曾经在世界经济中扮演的中心角色，这种角色可以追溯到唐代。推动当代中国经济增长的许多因素都可以在其历史中发现，包括海内外华人的血缘关系、农民到城市或乡镇企业中寻找工作机会以及国有银行将吸收的高额储蓄投入经济建设中。

然而在过去的200年间，中亚从全球贸易的十字路口跌落为被殖民统治的边缘地带。18世纪中期，中俄两国将中亚一分为二，赶走了蒙古和维吾尔势力，并向西藏渗透。途经中亚的商路也掌握在几个帝国手中。中国商人在19世纪进入蒙古，通过房贷控制了当地贵族，并将羊毛运至沿海的天津。沙俄在19世纪的中亚建立了殖民统治，与此同时，中国将新疆变成了自己的一个省。中亚邻国有共产主义也有民族主义，但无不觊觎中亚领土，对中亚来说，无论通过哪条路实现民族独立都不能尽如人意。

1978年中国开始改革开放，此时距离毛泽东去世已有2年，戈尔巴乔夫的苏联改革在8年之后启动。中苏两国都意识到，未来的发展离不开对资本主义国家敞开国门、弱化阶级斗争、鼓励个人致富。邓小平和戈尔巴乔夫都相信，社会主义应该完善而不应抛弃，但在1989年这个关键性年份，苏联走向解体。

除了菲德尔·卡斯特罗的古巴和卢卡申科的白俄罗斯，现存的社会主义国家都在亚洲。中国是最大的社会主义国家，面临着维护好党的统治和全球化程度日益加深之间的关系。快速的经济增长使数以百万计的人口脱离了贫困，不过也产生了巨大的收入差距，并使得腐败的政府官员中饱私囊。从海外回国的中国人喜欢各种与世界接轨的活动，频繁出入星巴克，热衷于互联网。中国政府仍旧坚 416
持社会主义，并从传统的爱国主义情怀中汲取文化养分。在核扩散和全球变暖等问题上，中国与国际社会合作并长期参与国际事务，但外部导向和内部因素之间的矛盾却一直存在。

东亚其他国家也尝试着适应国际局势的变动。朝鲜是世界上最后一个未经改革的斯大林式的国家，而越南则从1986年开始了效仿中国的改革。蒙古国在1996年成为独立的民主国家，通过选举，经过整改后的共产党重新执政。中亚新出现的国家中既有土库曼斯坦和乌兹别克斯坦这样的独裁国家，也有经历了类似郁金香革命这种民主变革的国家，如2005年的吉尔吉斯斯坦。

在冷战的另一边，两极冲突的遗产并不明显。日本仍然是美国的独立盟友，并在中国拥有大量投资，但其侵华历史使日本的保守派与中国的爱国者之间尖锐对立。韩国同样在中国大量投资，而且韩国肥皂剧男明星在整个东亚都受到热烈追捧，但朝鲜半岛局势依然紧张。台湾政治在国民党与倾向独立的政党之间摇摆，但经济却持续发展，并且与大陆的纽带更为紧密。许多东亚政治体仍然保持着传统模式，可以追溯到50、100乃至500年前，当然新的因素也在发展。中亚和东亚社会仍将以自己独特的方式对彼此和世界作出回应，究竟以何种方式则在很大程度上取决于其历史。

参考书目

- Barfield, Thomas J. *The Perilous Frontier: Nomadic Empires and China*. Cambridge, Mass.: Basil Blackwell, 1989.
- Beckwith, Christopher I. *Empires of the Silk Road: A History of Central Eurasia from the Bronze Age to the Present*. Princeton: Princeton University Press, 2009.
- Blusse', Leonard van. *Visible Cities: Canton, Nagasaki, Batavia*. Harvard, 2008.
- Brook, Timothy. *The Confusions of Pleasure: Commerce and Culture in Ming China*. Berkeley: University of California Press, 1998.
- Dower, John W. *Embracing Defeat: Japan in the Wake of World War II and the Coming of the Americans*. New York: W. W. Norton, 1999.
- Gordon, Andrew. *A Modern History of Japan: From Tokugawa Times to the Present*. Oxford: Oxford University Press, 2003.
- Hansen, Valerie. *The Open Empire: A History of China to 1600*. New York: Norton, 2000.
- Iriye, Akira. *China and Japan in the Global Setting*. Cambridge, Mass.: Harvard, 1992.
- Lewis, Mark Edward. *The Early Chinese Empires: Qin and Han*. Cambridge, Mass.: Belknap Press of Harvard University Press, 2007.
- Mair, Victor H., and University of Pennsylvania Museum of Archaeology and

Anthropology. *Contact and Exchange in the Ancient World, Perspectives on the Global Past*. Honolulu: University of Hawai'i Press, 2006.

- Marks, Robert B. *The Origins of the Modern World: A Global and Ecological Narrative*. Lanham, Md.: Rowman & Littlefield, 2002.
- Perdue, Peter C. *China Marches West: The Qing Conquest of Central Eurasia*. Cambridge, Mass.: Harvard University Press, 2005.
- Rossabi, Morris. *Khubilai Khan: His Life and Times*. Berkeley: University of California Press, 1988.
- Snow, Edgar. *Red Star over China*. UK, Black Cat, 1936, 1944.
- Spence, Jonathan D. *The Search for Modern China*. New York: Norton, 1999.
- Wakeman, Frederic Jr. *Strangers at the Gate: Social Disorder in South China 1839—61*. Berkeley: University of California Press, 1966.
- Whitfield, Susan. *Life Along the Silk Road*. Berkeley: University of California Press, 1999.
- Woodside, Alexander B. *Community and Revolution in Modern Vietnam*. Boston: Houghton Mifflin, 1976.

李文硕　译　陈　恒　校

第二十三章　南亚与东南亚

安德鲁·温克

418 几百年来，南亚和东南亚是世界上的一个地区而非两个。这一地区深受季风影响，包括大陆、岛屿和海洋。这里有肥沃的河谷和密布的河流，文化相似、社会组织相同。早期地理学家大多将这里视作印度。

定居社会与农业扩展

新石器时代采集渔猎经济向种植业经济的转型在大约公元前4000年始于今天西北方向的土质柔软地区。依靠河水泛滥和灌溉，农业从这里开始扩展，营造了印度河谷地的砖建、有围墙的城市，并在公元前3000—前1500年达到顶峰。哈拉帕和摩亨佐·达罗这两个史前的印度河谷城市被湮没在泥土中，彻底消失在了人们的记忆里。因此，南亚其他的农业扩展和定居社会的形成与此前印度河谷的发展没有直接关系。在恒河及其支流构成的冲击平原上，定居和农业的扩展是一个漫长的历史过程，大约始于公元前1000年，当时，雅利安人掌握冶金术，并将由牛或牲畜牵引的重犁引入印度。铁器的使用，也许还有刀耕火种的方法，使得人
419 们向东清理出更多的土地，进入了相对潮湿和森林密布的地区。直到此时，具有印度文化特征和组织模式的定居社会才发展起来。恒河和亚穆纳河（Yamuna）构成的两河间的土地具有很高的农业潜

力，因此被视作南亚的中心。印度文明正是从这里而非印度河流域孕育而生。

水田稻作在公元后的最初几个世纪出现在三角洲地区，并很快蔓延至泰米尔平原中部，使这里成为类似中心地区的又一个人口密集区。东南亚同样如此，灌溉稻作和定居首先出现在大河流域排干的谷地，时间大约在公元前后，此时来自美拉尼西亚、印度尼西亚和奥斯特罗尼西亚的大规模移民潮刚刚停歇。

到中世纪早期，森林清理、农业扩展和定居社会的发展已使本地形成了君王和领主控制的数个政权，遍布南亚和东南亚的大河谷地。农业社会在各处发展，规模变大并且更为复杂，为新的政治秩序奠定了基础。

此时，农民仍然生活在丛林之中，以及零星分布的飞地上，包括沙漠。即便到了中世纪末期，所谓的蛮荒之地仍然占据这一地区陆地面积的70%~80%，只有不足30%的陆地有人定居。直到今天，南亚和东南亚的农业和定居地仍在扩张。相比之下，欧洲在此之前就已开发到其生态系统所能承受的极限程度，由于砍伐森林，欧洲在燃料方面和食物营养方面已达到崩溃边缘，幸而16世纪来自新大陆的食品如玉米和马铃薯以及使用煤炭挽救了欧洲的生态。南亚和东南亚地区，比起欧洲和世界其他地区，其农业扩张和人口增长的潜力都更为巨大。

王公与婆罗门

南亚和东南亚地区的帝国缓慢地向外扩张，整合了古代的贸易路线，较少受到佛教制约。从中世纪早期开始，新的政治秩序逐渐在南亚和东南亚的农业定居区的核心地带出现，这是一种由印度王公和婆罗门实施共管的政治秩序。这是一种新的体系。早期中世纪的任何一个印度王朝，其历史都不早于7世纪。尽管所有王公都自称为古代刹帝利贵族的转世化身（关于这些刹帝利，我们今天只能

420 从史诗中找到线索），但他们的出身似乎更应该是卑微的、普通的，有些来自印度之外的其他地区。在日渐形成的印度区域性王国中，他们主持大型庙宇——这些庙宇用砖石等耐用材料修造——并举行盛大的礼仪祭祀供奉在庙宇中的神灵。中世纪早期的印度教是君主国家血脉纵向传承在宗教上的反映。婆罗门走出传统农业区，尤其是中心地区北部，这在南亚都是普遍现象，最明显的表现在斯里兰卡和东南亚的平原地区。在斯里兰卡，水田稻作和农业定居的发展伴随着佛教的渗透。不过在这里，佛教主要流行于农民中间，并且其基本的社会和政治形式与印度教类似，反倒与古代印度贸易发达地区的佛教有很大不同，甚至在基本教义上也有所差别。在僧伽罗（Sinhalese）社会中，尽管佛教的影响不及其在斯里兰卡的影响，但婆罗门阶层的影响同样深远而持久。此外，婆罗门阶层逐渐扩大，僧伽罗的佛教王公们也不断赐予其丰厚的封赏，包括土地和村庄。在东南亚农业社会中，同样存在佛教-印度教徒混居的情况，也有大量的婆罗门阶层。即使是在缅甸、泰国和柬埔寨等于中世纪皈依佛教的国家中，婆罗门的存在也一直持续到16世纪。在这些国家，佛教同样是农民的信仰。

在定居人群中，僧俗两界共用资源，其领导层也往往跨越两界。在印度教-佛教文本中，有浩如烟海的记载是以世俗事务融入宗教为中心的。这些文本反映了一个普遍的、根深蒂固的信念，即中世纪所有国家的王公都被视作具有内在的神性。尽管在斯里兰卡和东南亚大陆国家的佛教不承认神成肉身的存在，但这仅仅是理论上的概念。在其他地区的实践中，王公的神性来自信奉宗教而得到的转世轮回，并且其中包含了王权的世袭性和准神性。实际上，无论是湿婆（Shiva）还是毗湿奴（Vishnu），其神性付之于肉身的理念，都在当时的泰国、柬埔寨等佛教国家的国王加冕典礼上有所体现。几乎在所有中世纪国家的王廷上，无论是印度教国家还是佛教国家，婆罗门都垄断了宗教职能，其所以如此，也大致来自相同的原因。婆罗门而非代表着神的王公被赋予了至高无上的宗教权威。由于王公所代表的世俗权力总不是十全十美的，因此王公需要代表精神力量的婆罗门来支持。因此宗教文本总是鼓吹王公与婆罗门通力合作才能实现理想道德，臻于化境。

大量关于中世纪的石刻碑铭记录了农业和定居社会的发展、有 421
神性的王公与婆罗门的合作以及婆罗门阶层在高级职位上的大量增加和影响力扩大，比如领导人们砍伐森林。从碑铭中也可以发现，劳动分工日渐细化，在此过程中，等级的意识也在不断强化和巩固。在恒河平原、泰米尔纳德（Tamil Nadu）和马拉巴尔（Malabar）等人口密集和得到长期开发的地区，在定居农业、统治精英、商人中间出现了明确的等级概念。但在山林、牧场以及海岸等农业不发达地区，等级概念尚不明确。在信德和孟加拉等边缘地区，等级概念虽然出现，但并未深入人心。在印度之外信奉印度教和佛教的国家，类似等级制度的社会分化也已存在，但并未被赋予宗教意义。在印度的等级制度中，四大种姓是其基础，斯里兰卡的社会结构虽然与此形似，但并不神似。斯里兰卡的等级制度并不像印度一样严苛，而在僧伽罗佛教徒眼中，宗教意义上的纯净与污染也并不存在，更不用说所谓的不可接触者。在实践中，等级制度类似于佛教平信徒的习惯法，这种习惯法是一套宗教规则，与由王公、婆罗门和佛教僧伽一起维持的政府系统密不可分，并且与土地所有权联系在一起。但爪哇和巴厘岛内陆的印度教国家却形成了独特而严苛的等级制度。在 14 世纪爪哇的满者伯夷国（Majapahit），国王自认为是一套得到宗教授权的社会等级制度的监护人，该等级制度依靠从边缘地区向中心地区的进贡，这与印度式的等级制度类似，并且任何在领土之外的活动都被视作颠覆性叛乱。

在农业和定居社会发展的东南亚大陆国家，尽管表面上看并不存在等级制度，但实际上社会等级仍然存在。印度教-佛教信仰和实践为各地的农业活动赋予神圣性，因此在斯里兰卡和东南亚大陆国家，长途贸易掌握在作为少数民族的华人和穆斯林手中。在印度，宗教律书严禁高等级的印度人尤其是女性从事海洋贸易。印度教商人和耆那教商人在外出贸易时往往不带女性，也不会在其他地区永久定居，并且很少与当地人通婚。在东非、红海地区、中亚、波斯和马六甲以及中世纪和近代早期他们所到达的地区，印度教和耆那教商人莫不如此。

城市的墓地

422 一项领域宽广的新研究认为："地中海地区也许是世界历史上城市密度最高、城市延续时间最久的地区。"①雅典、罗马、亚历山大里亚、安条克、君士坦丁堡、马赛、科尔多瓦、巴塞罗那、比萨、佛罗伦萨、威尼斯等城市是权力和文明中心，并持续了几个世纪，甚至千年之久。与其他地区相比，地中海地区的政治文化更倾向于以城市为中心。亚里士多德等哲学家认为，在城邦（polis）即城市之外没有生命，只有野兽和天神。正是从 *polis* 的原始概念中，衍生了政治（politics）这一词汇。相应地，对于地中海历史的研究长期以来重视城市和城镇，将其视作具有突出特性并极具重要性的门类，并将其视作转型、进步和现代化的节点。用布罗代尔的话来说，地中海地区的欧洲城市是"充满活力的转型力量"。

相比之下，亚洲冲击平原的水旱交替却难以产生城市，城市即使出现也难以持久，其原因在于河道巨变和滨海地区的淤塞。地震同样是不利因素，尤其是年代短、仍在变动期的印度北部山区，以及信德和旁遮普。印度尼西亚的八十五座火山摧毁了大量城市——实际上，1883 年喀拉喀托火山岛的覆灭成了天灾的代名词。除了频繁出现的台风，海底地壳变动引发的海啸和气候变化导致的干旱，使南亚和东南亚成为有记录以来世界气候最不稳定的地区，也使其成为城市的墓地。哈拉帕、摩亨佐·达罗、大城府（Ayudhya）、曲

① Peregrine Horden and Nicholas Purcell, *The Corrupting Sea: A Study of Mediterranean History*(Oxford: Blackwell, 2000), 90.

女城（Kanauj）、坎贝（Cambay）、克兰加诺尔（Cranganore）、加尔（Gaur）、马六甲、吴哥、三佛齐（Shrivijaya）、阿努拉达普勒（Anuradhapura）和波隆纳鲁瓦（Polonnaruva）都是这座墓地里的墓碑。此外还有很多。考古发掘找到了被抛弃的定居点和城市，几乎遍布本地区各地，有很多籍籍无名。

理查德·伯顿（Richard Burton）认为，信德“出现了沙漠，城市、港口和城镇衰落了，印度人不得不搬到几英里之外……除了少数例外，我们无法推测这个国家 50 年前的地貌”。①如果说印度河及其支流的河道西转和萨拉斯瓦蒂（Saraswati）的干旱彻底摧毁了哈拉帕和摩亨佐·达罗，那么印度河及其支流的再度转向对于德巴尔（Debal）、阿勒（Alor）和阿拉伯王朝首都曼苏拉（Mansura）等中世纪信德城市，以及近代早期的萨塔（Thatta）、拉合尔和穆罕默德-托尔（Muhammad Tor）等伊斯兰城市也产生了类似影响，尽管影响程度各有不同。印度河—恒河平原上的河流改道经常发生，使得很多城市和城镇的地址都难以被再次发现。12—17 世纪间，整个孟加拉河系统改道向东，并发生了彻底变形，尽管由此而出现了大片新的定居土地，但随之也埋葬了数不清的城市。半岛低地地区的河流 423
转向与此类似，在坎贝湾、康坎和马拉巴海岸地区莫不如此。在东南亚，河流排空地区形成了土层浅的巽他平原，周边密布巨大宽阔的湿地沼泽，其间有频繁改道的河流和河床沉积层。中世纪，泰国湄南河的支流频繁改道，曾一度向西流去，如今在其旧河道上已遍布丛林和历史遗迹。在泰国南部和爪哇周边，河口地区的城邦国家占据主流，这些国家大多国祚短浅，其兴其衰速度极快。三佛齐代表了这些河口国家的顶峰，坐落于从巴里桑山脉（Barisan Mountains）向东流入马六甲海峡的河流的入海口沉积层上。这些沉积层至少起源于 5000 年前，火山灰不断增加其厚度，中世纪苏门答腊岛上的河流不

---

① Richard F. Burton, *Sindh and the Races that inhabit the Valley of the Indus*(1851)(Karachi: Oxford University Press, 1973), 3-4.

断沉积，森林砍伐、暴雨和地壳运动也增加了其厚度，快速改变了海岸地形，并导致苏门答腊岛东部许多国家的消亡，这是13世纪三佛齐衰亡的重要原因。与之类似，爪哇上的小国可能因为火山爆发而在几个小时内消失，火山及其对水文的影响，对于苏洛河与布兰塔斯河冲击平原上的国家有至关重要的影响。

环境的不稳定性使得城市极度依赖自然条件，并且难以长期存在。南亚和东南亚地区历史上的城市往往用不耐久的材料制成，如泥土、竹子、荆棘、棕榈叶和木头，只有宗教建筑、宫殿和城堡才使用砖石，因此城市的寿命更短。城市缺乏或只有很少永久性的基础设施，与大型村庄区别不大，历史学家有时则用“村镇”（Rurban）来称呼它们。村镇人口流失很快，紧接着就是村镇自身的消亡。季风导致的人口季节性变化，精英阶层的流动，由外敌入侵、饥荒、疾病和旱灾导致的人口流动和频繁的政治变迁进一步增强了这种“不稳定的村镇”。

由于没有持续性的城市，我们很难找到塑造南亚和东南亚中世纪和现代文化的古代传统。如前所述，哈拉帕和摩亨佐·达罗等古代印度城市对后来的定居形式，无论是城市还是村镇或其他形式，影响极小。佛教对于集市的影响在中世纪已荡然无存。约公元前326—前187年的孔雀王朝和320—550年的笈多王朝等印度古代王朝并未留下特殊的帝国遗产。看起来似乎没有古代城市遗留下来，没有道路，也没有纪念碑。印度建筑从中世纪而非古代起步。尽管印度的政治、宗教和社会组织的词汇（比如等级）可以追溯到古代，
424 但直到中世纪才开始应用。直到此时，定居生活的条件——农民文化、婆罗门识字阶层和王权神性——才使得上述概念能够从整体上开始实施。欧洲中世纪是雅典和罗马等古代城市文化的复兴，即加洛林王朝时期和12世纪，然后是文艺复兴的到来，但印度却只能从文献尤其是史诗中发掘自己的古代遗产，而且并未发生欧洲那样的“治权转移”（*translatio imperii*）。

地理与世界历史背景

印度的历史空间并不局限于古代城市或城邦以及后来的帝国中，也包括沙漠和海滨等大片开放空间，即游牧边疆和海洋边疆。

南亚位于世界上面积最大的连续干旱区的南端，这一撒哈亚干旱区从撒哈拉到阿拉伯半岛、从黎凡特到波斯高原，并向北延伸到中亚、蒙古和中国部分地区，再向南延伸到南亚——这里近半数地区年均降水量不足 3. 28 英尺①，因此也可以被视作干旱区的延伸。干旱地区的生态条件限制了定居农业的发展，因此这里的人们逐水草而居。南亚正处于撒哈亚干旱区的游牧世界与位于赤道地区的潮湿的东南亚之间的过渡区，后者的河谷地带位于热带雨林之中，盛行高密度的稻作农业。因此在南亚而非东南亚的历史上，尤其是中世纪，游牧部落的侵袭和内迁频繁见诸于史料记载。

在拉贾斯坦（Rajasthan）发现的墓穴是游牧部落侵入南亚的最早的考古证据，包括灰烬和武器，它们是斯基泰人的皇室陵墓，也就是希罗多德所说的“草原金字塔”。早在公元前 3 世纪，梵语文献中就记载了“不洁净”的斯基泰人如何侵入南亚。印度西北部从信德直到印度-阿富汗边境是广袤的干旱区，在这里曾经出现过印度-斯基泰游牧民族领地，拉贾斯坦西部就位于这里。位于中国甘肃省的月氏是游牧部落，其中一支曾在公元初的几个世纪来到印度建立了触及印度南部的贵霜帝国，这一干旱地区就是贵霜帝国的核心。到 15 世纪，这片干旱区又称为嚈哒（Hephthalites）即白匈奴帝国的一部分。

自始至终，南亚西北部的斯基泰、贵霜和嚈哒都是本地区贸易 425
发展的关键。中世纪来到印度的游牧民族，包括土耳其人、蒙古人和阿富汗人的影响则更大。8—15 世纪，这一干旱区经历了巨大

① 1 英尺约合 0. 3 米。——编者注

的变化，部分源于中世纪温暖期的气候和人口变化。①由于马的消化系统不发达，依赖干燥的、蛋白质含量高的草料，因此气候变化对以马为生的游牧民族影响尤大，即便温度只是稍稍上升，草原地区的土耳其人和蒙古人也要大规模迁徙。中世纪游牧民族深入南亚以及波斯、中国和俄国等定居社会，军事力量和组织也是重要的推动力，尤其是骑射技术的发达、马镫的发明和铁制铠甲的使用。这些因素以及新的军事和政治组织形式使其克服早期部落文化的束缚，获得优于定居社会的军事能力，因此其南下和入侵难以抵挡。

在南亚的干旱区，由于临近定居农业社会，逐水草而居的生活方式很快就达到自然所能承受的极限。这些临近干旱地区的农业区是农业地带的边缘，无法承受大规模的游牧民族。除了阿富汗、俾路支和信德也就是古代的印度-斯基泰，游牧民族进入南亚其他地区后都不得不适应游牧-定居的新环境，因此大部分游牧民族放弃了原有的游牧生产方式。他们有效地转变为以农民为主的定居社会的统治精英。

尽管进入内地的土耳其人和蒙古人等游牧民族放弃了原有的生产生活方式并依赖马匹的进口，但他们并非不再重视原有的干旱区，而是赋予曾经生活在农业核心区之边缘的民族更大的权力。因此，对农业资源的调配比此前有所增强，贸易和贵金属的重要性增加了，商人和金融集团的地位也更高。干旱地区和农业区之间的军事、政治和商业网络更加密集。尽管南亚干旱区不适于游牧民族的生产生活，并且不能出产战马，但对于只适用于农耕社会的南亚来说，干旱区却提供了日益重要的贸易和交通通道。不过与波斯、中国和俄国草原不同，游牧民族在中世纪进入南亚并未扩大逐水草而居的生
426 活方式的范围，也并未阻挡农业的扩展。

滨海之地的航海民族扮演着干旱地区之游牧民族的角色。在这

---

① Brian Fagan, *The Great Warming: Climate Change and the Rise and Fall of Civilizations* (New York: Bloomsbury, 2008), xi－xii.

两个地区，快速的、没有限制的人口移动，对流动资产的快速掠夺和长距离贸易是对生态系统的自然适应。印度洋与西北干旱区颇有可比之处——地域广阔、无人定居、生活着流动民族，并且可以凭借季风（早在公元1世纪就有航海者利用季风）轻易到达世界其他地区，获得潜在的巨额财富。游牧民族和航海民族的边界都是贵金属即主要的流动财产的重要孔道，但内部往来不频繁。如同梵语文献中认为游牧民族“不洁净”一样，马来-印度尼西亚群岛中的海洋民族或曰海上的游牧民族也被视作“低矮、可憎”的人，喜欢以马来亚陆地为基础从事海盗活动和贩卖奴隶。在海洋上就如同在沙漠中，人类的活动没有道德感也缺乏制约，以鱼和肉为食的居住者是等级制度的最下层，被视作异教徒和被社会抛弃的人。在这里，贸易、征税、奴隶贸易和海盗活动之间并没有清晰的界线。

一个印度-伊斯兰世界

游牧边疆和海洋边疆在伊斯兰统治下得到了进一步发展。①比起现代社会之前的其他各文明，伊斯兰世界更加依赖于人口不受约束的流动和贵金属的自由流通（*rawāj*）。阿拉伯帝国据有干旱区最为荒凉但却最具战略性的区域，凭借骆驼将地中海和印度洋连接为一个统一的经济交换网络，控制了所有海洋和陆路贸易，只有拜占庭不在控制之内，而且北部的丝绸之路由唐帝国和吐蕃交替控制。阿拉伯帝国的黄金，来自萨珊波斯的宫廷、拜占庭人的教堂、叙利亚的寺院和埃及的法老陵墓；阿拉伯帝国控制了远至西非苏丹、高加索、亚美尼亚、东欧大草原、中亚、西藏、东南亚、索法拉（Sofala）、努比亚和埃塞俄比亚北部，从各地掠夺贵金属，铸造的金币第纳尔和银币迪拉姆构成了伊斯兰帝国的货币基础，有力推动了全球贸易。

---

① 若要对这一问题有更为广阔的了解，参见 André Wink, *The Making of the Indo-Islamic World*, 5 vols. (Leiden: Brill, 1990—2004 and forthcoming)。

包括宽广的贸易体系、财政系统和奴隶军队在内的伊斯兰制度，反映了其货币和商业的极端重要性。

427 尽管信德、俾路支、莫克兰海岸以及扎布尔（Zabul）和喀布尔受到倭马亚王朝（661—750）和阿拔斯王朝（750—1258）的统治，但第一个整合游牧的干旱区与定居的大河平原的是962—1186年间的伽色尼王朝（Ghaznavids）。中世纪，伽色尼王朝衰亡之后相继是1186—1206年的古尔王朝（Ghurids）、1206—1290年的奴隶王朝、1290—1320年的卡尔奇王朝（Khalajis）、1320—1414年的图格拉克王朝（Tughluqs）、1414—1451年的赛义德王朝（Sayyids）和1451—1526年的洛第王朝（Lodis）。这些王朝莫不将整合和拓展印度-伊斯兰法规视作自己的历史使命并将德里作为首都，但并不致力于让本地居民归化伊斯兰教。1398年，帖木儿大军毁灭德里，以其为中心的印度-伊斯兰王朝覆灭；到15世纪时，出现了许多区域性的伊斯兰王国，尤其是在孟加拉、克什米尔、信德、古吉拉特、马尔瓦、坎迪斯和德干。通过将印度寺庙和其他途径的财富投入不断扩张的金钱经济，这些中世纪的印度-伊斯兰国家形成了前所未有的调动财富和商业资源的能力。起初，他们缺少任何能够被视作一个独特的印度-伊斯兰支配形式的正式的、持续性的机构，并且在政治上周旋于与游牧民族精英的竞争，后者大多起源于奴隶，被游牧民族用钱收买，专门用来与前者较量。这些国家的统治精英来自后游牧时代，包括土耳其人、蒙古人和阿富汗人，具有多样化特征，但用人机制缺少正规标准，没有固定的科层机制，因此这些国家在很长时间内不断变动，王朝之间传承迅速。13世纪蒙古摧毁了阿拉伯帝国，大量伊斯兰学者和神学家来到印度，这是印度-伊斯兰机构进化的分水岭。他们不是游牧民族，而是来自定居人群。部分也是这一原因，1211—1236年间执政的伊杜米思（Iltutmish）是第一个得到巴格达认可的印度-伊斯兰统治者，并在1228—1229年接受了哈里发传教团（Caliphal Emissaries）。从此开始，印度-伊斯兰统治者都需要得到巴格达的认可。印度寺庙的废墟上建立了新的清真寺，伊斯兰神职人员教授信徒祈祷仪式，法学家负责阐释伊斯兰法。14 世纪初，印度-伊斯兰国家在本土形成伊斯兰教苏非派（Sufi），并且鼓励愿意加入军队和皈依伊斯兰教的蒙古边缘群体的到来。当时的文献资料中甚至专门指出他们的残暴、无纪律性和快速行军速度，并将其称为新穆斯林。相比之下，当时的历史文献中很少提到印度人的大规模皈依。到 13 世纪末，印度“异教徒”皈依者大多来自战俘，尤其是妇女和儿童，其在数量上的意义更大于皈依本身。14—15 世纪，本土
居民的皈依越来越多，但大多出现在边缘地区，以及印度的非定居 428
社会中，并且远离印度-伊斯兰国家的中心。在 1389—1413 年的斯卡德尔-巴什坎（Sikandar Butshikan）统治时期，克什米尔谷地的大部分人口皈依了伊斯兰教。在孟加拉，主要是在定居社会边缘地区的精英和苏非派中出现了皈依，时间则是恒河及其支流向东转向所引发的森林部落向农业社会转型期。①乡村地区清真寺的大量出现表明，这一皈依过程在 15 世纪末进展顺利，并一直延续到 16 和 17 世纪。

12—13 世纪在德干高原和半岛地区出现的新型政治控制模式在很大程度上类似新崛起的印度-伊斯兰国家。在这里，重要的王朝包括迪瓦基里的亚达瓦斯（Yadavas of Devagiri），统治了德干高原西部和马拉塔（Maratha）地区，以及南至克里希纳河（Krishna River）地区；瓦拉萨穆德拉姆的霍伊萨拉斯（Hoysalas of Dvarasamudram），统治卡纳塔克（Karnataka）；以及瓦拉格尔的卡卡提亚斯（Kakatiyas of Warangal），统治泰伦加纳（Telangana）。这些王朝大多起源于内陆干旱区的生态边缘地带，逐水草而居的游牧生活（依靠绵羊、山羊和牛而非马）盛行，其移动能力超过半岛地区的定居社会，与草原地区的民族类似，只不过规模较小。整个半岛地区在 12—13 世纪后，高地和干旱地区的游牧民族凭借相对简单的等级结构和更高的

① Richard M. Eaton, *The Rise of Islam and the Bengal Frontier, 1204—1760*(Berkeley: University of California Press, 1993).

个人化程度以及更高的忍耐力，而拥有了更高的活力，并对定居的等级社会产生了巨大威胁，逐渐控制了人口密集、位于肥沃平原上的国家。它们的崛起与皈依伊斯兰教无关，但印度教献身精神例如吠拉湿婆派（Virashaivism）对于军队的影响，却使其受益匪浅。随后，维查亚纳加尔（Vijayanagara）帝国在14—15世纪的崛起与之类似，该国供奉的神灵来自德干高原南部内陆地区的游牧民族勇士。半岛各国都雇用了大批来自北部的穆斯林士兵，数量超过了弓箭手，前者在12世纪40年代首先出现在霍伊萨拉斯，在14—15世纪达到顶峰，与此同时，经海路进口的马匹的数量也迅速增加。半岛上逐渐出现了新的帝国秩序，财政与货币体系越来越类似印度-伊斯兰国家，并将平原地区的定居社会完全置于帝国统治之下。在公元2000纪的前半期，整个南亚次大陆上后游牧国家的首都，包括德里、迪瓦基里、瓦拉萨穆德拉姆、瓦拉格尔以及比加普尔、格尔康达和维查亚纳加尔，都位于干旱和半干旱地区的边缘。在游牧民族与定居社会的互动中，这些功能独特的首都能够发挥调和定居社会的财富与来自游牧民族、军队和商人之资源的功能。

东南亚大陆和马来-印度尼西亚群岛上没有适合游牧民族的生态
429 条件，更不用说骑马的游牧民族了。蒙古人入侵东南亚大陆只是偶然事件，除了影响当地王朝的更迭外，没有留下深远影响。因此对于中世纪这一地区的发展，影响最大的因素是由佛教信徒管理的定居国家间在蒙古入侵之前的领土兼并，这类兼并往往沿南北方向进行，没有受到游牧民族或后游牧时代依靠马匹的军队的持续性入侵。尽管马匹很快改变了南亚的军事模式，军队并且经历了伊斯兰化，但这两者在东南亚大陆都不存在。令人惊奇的是，中世纪见证了后游牧民族的印度-伊斯兰国家在南亚的崛起，也见证了整个印度洋地区的海滨国家和航海民族的迅速伊斯兰化，包括港口城市基尔瓦（Kilwa）、霍姆兹（Hormuz）、坎贝、卡利古特（Calicut）、马六甲、大城府、金边、撒母耳（Samudra-Pasai）、格里西科（Gresik）、图斑（Tuban）、淡目（Demak）、雅加达和万丹等。日益活跃的海洋边疆地区与南亚次大陆上的后游牧国家有很多相似之处。港口城市之间的竞争毫无规章法度，在经济上对外开放，在建筑上全面铺开，在政治上多元共存，但在文化上则都属于印度-伊斯兰文化圈。这是印度洋商贸迅速扩展的时期，与中国的贸易尤为重要，尤其是 1277 年后，蒙古大汗忽必烈控制了中国的东南沿海和华南地区，中国贵金属向印度洋地区的流动速度加快了，而且中国的穆斯林商人也广泛参与到海洋贸易中。印度-穆斯林滨海国家的形成也离不开航海民族，包括马来-印度尼西亚群岛上的奥朗劳特人（Orang Laut）、莫肯人（Moken）和巴瑶人（Sama Bajau）。他们与海洋游牧民族一样，出现在定居社会的边缘地区，在马来政治史中扮演着重要角色，为马来伊斯兰国家建立霸权奠定了航海基础和彼此间的联系，在这个人口分散的地区，将朝廷与接受封赏的土王与农民联系在一起。

通向早期现代

历史学家们将早期现代作为一个时段，这一时期出现了大范围、全球性或接近全球性的平行和相互联系的发展。①尽管这些发展包括哪些方面学界尚无定论，但对于其中的重要内容，学界已基本达成共识。

从 1500 年到 1800 年，游牧民族的影响力有所下降，由于游牧民
族开始定居以及火药武器的使用，定居社会以及大型、整合度高的 430
国家的影响力日渐突出。在这一时期，土地开发强度更高，内部

① Joseph Fletcher, 'Integrative History: Parallels and Interconnections in the Early Modern Period, 1500—1800,' *Journal of Turkish Studies*, 9(1985), 37－57; John F. Richards, 'Early Modern India and World History,' *Journal of World History*, 8: 2(1997), 197－209; the special issue devoted to 'Early Modernities' of *Daedalus: Journal of the American Academy of Arts and Sciences*, 127: 3(Summer, 1998); and Jerry H. Bentley, 'Early Modern Europe and the Early Modern World,' in Charles H. Parker and Jerry H. Bentley, eds., *Between the Middle Ages and Modernity: Individual and Community in the Early Modern World*(Lanham, Md.: Rowman and Littlefield, 2007), 13－31.

的殖民地化伴随着农村的不稳定和农业财富及其重要性的降低，人口也经历了快速增长（除了美洲）。欧洲的海外探险和对全球航路的控制使世界经济第一次真正地连为一体。无论何处，城市商业阶层的重要性日渐突出，宗教改革、识字率提高、以方言写成的宗教文本以及人文主义文学，推动了世界许多地区的社会向早期现代转型。

16—18 世纪控制南亚大部分地区的莫卧儿帝国就是其中之一。该帝国宣称自己是成吉思汗和帖木儿的继承人，但在 16 世纪后半期逐渐放弃了游牧民族的特性。在莫卧儿第三任皇帝阿克巴统治时期（1556—1605），帝国在印度-阿富汗的竞争对手们因为部落分裂而衰亡，而帝国则组建了依靠火药的军队并创造了传奇般的财富。阿克巴强行推广一套彼此明晰的制度，用财富来标明不同等级，将祖先留下来的后游牧时代的马上贵族转变为服役贵族，有统一制服、纪律和凝聚力。依靠从新大陆和日本涌入的白银，以及与印度独特的金融阶层的合作，帝国在科学考察的基础上形成了新型的财政体系和官僚制度，成功聚敛了前所未有的财富，使得帝国管理变成了商业买卖。游牧边界的关闭促使帝国更加重视印度本土，并致力于得到土地贵族即拉其普特人（Rajputs）的支持。与此同时，帝国采纳了新的政治理论，以包容并整合多元化的人口。阿克巴主导了宗教思想改革的开端，这场改革遍及南亚，强调理性、纪律、有序活动的约束，主张高效的时间管理、井然有序的工作习惯，严禁嫖娼、酗酒和吸毒。

此时葡萄牙人到达南亚已有 15 个年头，摧毁了穆斯林对印度洋航海的控制权，葡萄牙国王自封为埃塞俄比亚、阿拉伯和波斯的征服、航行和贸易之主。正如阿尔布克尔克（Alphonso de Albuquerque）在 1513 年的家信中所写的那样，“只要听说我们要来了，当地人的船只立刻消失不见，连鸟都不敢在海上停留”。葡萄牙人以及随后荷兰和英属东印度公司掌握了印度洋的霸权，结束了印度洋自中世纪以来的开放态势，凭借的正是 14—15 世纪欧洲人在大西洋上使用的炮舰。

印度洋上几乎无人能够抵挡欧洲人的炮舰，尽管在 17 世纪之 431
前，封锁海洋边疆的行动实际上并无效果。很长时间以来，这类举措与封闭陆地的游牧民族边疆一样没有实效。从马拉巴和北苏门答腊到马六甲、爪哇和苏禄群岛，许多海洋公国起源于中世纪奥朗劳特人等海上民族引发的混乱，它们皈依伊斯兰教的时间正逢所谓“香料狂欢”时期，参与到 14 世纪中期黑死病暴发以后世界的复苏中。到 16 世纪后期，爪哇的支配性海洋国家淡目占领了最后一个重要的印度教-佛教国家，即位于爪哇内陆的帕加加蓝（Pajajaran）。淡目覆灭之后，爪哇内陆中部出现了两个新的国家，分别位于巴章（Pajang）和马特拉姆（Mataram），即今天的苏拉卡尔塔（Surakarta）和日惹（Yogyakarta）。这些国家农业发达但海洋贸易落后，完全脱离于荷兰控制的爪哇贸易。苏丹阿贡（Agung，1613—1646 年在位）建立了马特拉姆在爪哇东部和中部以及马都拉（Madura）的霸权，摧毁了海滨城镇，将讨海为生的爪哇人迁到班图（Bantam）、巴邻旁（Palembang）、望加锡（Makassar）和马辰（Banjarmasin）。从此时直到 19 世纪初，爪哇中部再次成为一个控制整个爪哇的国家的中心，并塑造了独特的爪哇宫廷文化。马特拉姆保留了普兰巴南神庙（Prambanan）和千佛塔（Borobudur）这两个印度教和佛教遗迹，这个伊斯兰国家深深植根于印度和爪哇的传统模式中。荷兰东印度公司称霸爪哇群岛的海洋后，爪哇社会逐渐内转，外来文化对它的影响逐渐增加，尽管早期现代社会的某些特征仍在发展，比如由华人承担的包税制和货币经济得以发展，但爪哇内部的水陆交通也得以发展。稍后，类似的发展也出现在东南亚大陆，尽管这一地区由于远离海洋，上述变化并不剧烈。在 16—17 世纪的泰国和柬埔寨，穆斯林贸易仍占有相当比例，那时的陆上贸易掌握在金边的占族人（Chams）、印度南部的波斯人和丘利亚人（Chulias）以及马来商人手中。到 18 世纪，大陆国家已准备应对外来的渗透和影响，以主张守住领土的佛教信徒为中心进行重组，阻挠伊斯兰教继续深入。

欧洲帝国主义及其后果

如果说早期现代社会的某些特征在形式、规模和持续时间上在
432 不同地区有所不同，甚至某些特征在有的地区完全没有，那么可以说并非世界各地都可以实现全面现代化。1800 年，南亚和东南亚都没有走进工业革命，欧洲帝国主义在 19 世纪和 20 世纪决定性地影响了这两个地区的现代化，但其结果却有所不同。简单地说，英国在南亚的殖民统治推动了政治现代化但没有推动经济现代化，而英国、荷兰和法国推动了东南亚的经济现代化，却失于政治现代化。直到最近几十年来，这些差异才逐步得到纠正。

1757—1857 或 1858 年，英国在南亚的经济势力发展为全面的帝国统治，或曰“公司控制”（Company Raj）。18 世纪后半期，英国在将孟加拉鸦片走私进入中国的贸易中获益匪浅。但到 1809 年时，公司已无法盈利，转而通过土地获益。土地收入曾是莫卧儿帝国收入的基础，对于公司也是如此。1857—1858 年印度反英起义之后也是如此，此时英国消除了在南亚次大陆大部分地区面临的挑战，但公司也走到了生命的尽头，取而代之的是英国的直接统治，反对任何改革。土地收入可以满足英国统治印度的主要财政资源，也是英印政府负责的最重要的经营管理项目。但它们并非革命性的变革利器。在南亚各地，农业长期以来始终靠季风吃饭，直到 19 世纪末，近半数农业栽种面积种植的是黍类、谷物和豆类，而高产、更具适应力的水稻种植则局限在人口密集的北部和东部。1800—1901 年，南亚人口从 2 亿增加到 2. 85 亿，耕地面积的增加比例与人口的增加比例类似，但种植过程中遭遇到产量下降仍不可避免。饥荒频繁发生，尤其是在 19 世纪 70 年代末和 90 年代末。在某种程度上，生产模式也发生了变化——多种经济作物引入南亚，而南亚也成为原棉、大米、鸦片、茶叶和黄麻纤维的出口地。

普遍认为，司法公正将会推动进步和现代化，那么 19 世纪初期

大英帝国的主要正面影响在于社会和法律改革。1800 年时，南亚没有任何自发的工业发展，直到 1850 年也没有任何现代化的工厂，晚至 19 世纪后半期才出现少数现代工业，尤其是孟买的棉花业和加尔各答的纤维行业，随后，铁路和技术设施也发展起来。反英起义后的政府极其重视自身的安全，因此没有构建一个来源宽广的收入基础。与日本和俄国不同，英印政府并没有扶持工业发展的动力。此外，英印政府在整个 19 世纪和 20 世纪初始终面临资金不足的压力，外国投资的数量相对较小，远远不能满足工业发展的需要。

从一开始，英国对印度的政治统治依靠的就是与地方势力的合 433
作而非彻底颠覆，尤其是在叛乱之后和维多利亚时代（1837—1901）晚期。南亚并非种植园经济，也并非白人的殖民地，这部分是因为气候和经济机遇。这里也没有如同东南亚华人那样的大量外来人口，因此在帝国主义统治者与本地农民之间缺少中间力量。英印统治的钢铁框架是印度契约文官体系，这一个规模小、全部是至少绝大部分是来自英国的精英人群——从 1858 年到 1947 年，这一体系几乎从未超过一千人。由于规模小，英印政府不得不做出复杂的政治决策，反复挑选谁是靠得住、有效的同盟者。其日常运作离不开规模更大的、全部由印度人组成的非契约文官队伍。最重要的是，英国在反英起义之后开始从社会最保守的群体中寻找合作者，以领主和王公作为统治的支柱。英印政府不再是改革者的目标，而是保守主义者的希望。

借助印度王公实施间接统治是大英帝国与欧洲其他帝国的差别。19 世纪中期以后，南亚三分之一的国家是公国，数量超过 550 个，有些很大，也有些很小而且不重要的国家。到维多利亚时代晚期，大多英国官员都将印度视作保守之地，视其为传统的、等级鲜明的农业社会，由土地贵族以仁慈的父权主义进行统治，这种统治需要加以保持。领主、王公、穆斯林精英等赋予群体参与到这一保守政府中，成功阻挠了社会和政治改革。1914—1930 年间，第一次世界大战及其影响加快并深化了社会和政治变迁。为封建王公服务的城市中接受西方教育的职业阶层开始出现于南亚次大陆的新政治空间，而且民族主义也正在集聚力量。1929 年，穆斯林派别主义和建设穆斯林国家的努力出现了。1947 年，英国在印度统治的结束伴随着次大陆的分化，以宗教为界形成了两个独立国家，其中印度教的印度成为世界最大的民主国家，巴基斯坦则成为穆斯林的军政府国家。两国国民经济落后，相互之间争斗不已，不过印度的政治系统更加现代化和世俗化。

对于英国来说，南亚次大陆是其控制的远大于莫卧儿帝国区域的中心。最重要的是，英国海军控制了印度洋，并且控制了影响南亚安全的重要据点。1776 年，英国控制了孤悬海外的斯里兰卡，从 1815 年一直到 1948 年，这个岛屿都是英国的皇家殖民地（Crown Colony），此
434 后斯里兰卡成为英联邦内的自治领，由于长期不能统一为现代国家，斯里兰卡陷入僧伽罗人和泰米尔人的内战。在第一次英缅战争（1824—1826）后，印度人以及少数华人与英国一起合作开发缅甸经济，并实现了对缅甸的占领；但英印统治很快就破坏了缅甸社会的内在秩序。由于英国政府按照自己的需要支配缅甸经济，缅甸社会到 1914 年时已严重分裂，不同族裔间的往来只限于经济领域。1948 年缅甸独立后更名为缅甸联邦共和国，直到今天仍然在军政府控制下。泰国和马来西亚尽管并不位于影响南亚安全的地理位置，但同样受到英印式的统治。泰国仍然在很大程度上保持了司法和领土自治。但在马来半岛，英国在 1824 年成立了新加坡殖民地与荷属巴达威亚争夺与中国的贸易，2 年后与马六甲和槟榔屿合并成为海峡殖民地。1867 年，海峡殖民地成为皇家殖民地，由伦敦而非英属印度控制。在美国罐头业发展的影响下，马来锡矿成为有利可图的产业，因此更加吸引殖民者的关注。这时英国人已开始在马来伊斯兰君主国担任官职。1896 年成立了马来联邦，以吉隆坡为首都；1914 年，英国完全控制了马来半岛。英属马来包括三部分——海峡殖民地、马来联邦和马来属邦。锡矿雇用中国劳工进行开采，随着 1920 年英属马来允许印度劳工前来工作，他们大量投入橡胶行业，生产了全

世界 53%的橡胶。与东南亚其他地区一样，马来亚在二战中被日军占领。英国的统治于 1945 年得到重建，一直持续到 1957 年马来西亚独立才宣告结束。

17 世纪，荷属东印度公司赶走了葡萄牙人，垄断了印度尼西亚群岛的香料和胡椒贸易，并将爪哇北部的滨海地区纳入自己的直接控制之下。尽管公司在 1800 年正式解散，但其领地转归荷法政府控制。总督威廉·丹德尔斯（Willem Daendels）统治期间（1808—1811），引入了全新的政府理念，并控制了苏门答腊和日惹内陆的国家。1811—1816 年英国控制期间，莱佛士（Stamford Raffles）也执行类似政策，将欧洲的主权概念引入爪哇，或是利用、或是改造、或是摧毁本地的原有机构。1816 年拿破仑战争结束后，爪哇恢复荷兰统治，欧洲人和华人开始在爪哇中部开垦面积更大的种植园，经营蔗糖、咖啡、靛蓝和胡椒。爪哇战争后，荷兰全面控制了爪哇政治，并推行强迫种植制，要求所有村庄都要将种植出口产品的土地以固定价格卖给荷兰政府。凭借这一制度，荷兰得到了有保障的收益， 435
而这一制度及其多种变换形式一直持续到 19 世纪 70 年代才被取代。强迫种植制对土地的剥夺，还不及以劳动力替代税收这种制度对劳动力的剥削。作为一种剥削制度，种植园主支付给劳工的工资极低，甚至在 19 世纪 30 年代后的爪哇仍没有货币的急速扩张。由于荷兰人在爪哇内陆建立了数十个蔗糖加工厂，此举促进了爪哇农业的工业化。直到 20 世纪 30 年代大萧条前，蔗糖业始终是爪哇经济的支柱。此外，强迫种植制也加快了爪哇的出口。此时，爪哇各地财富都有所增加，而且爪哇社会的购买力激增。这在某种程度上是国家支持的经济现代化，但并未伴随着政治现代化，如同马来西亚和缅甸那样。

苏伊士运河开通后的第一年即 1870 年，《耕地法》允许私有企业开发爪哇，由此揭开了自由主义开发的新阶段。与英属印度相比，在爪哇担任官员的欧洲人数量激增，对爪哇农业的剥夺比起强迫种植制有过之而无不及。与此同时，强迫种植制产生的利润，有一部分用于占领马德拉、巴厘、龙目岛、伊里安查亚、苏门答腊和加里曼丹等外岛。直到20世纪初，荷兰在印度尼西亚群岛的领土才有所变化。经历了日本占领以及与荷兰的两次战争后，本地区在1949年取得独立，成立了威权政府。

越南是东南亚最后一个被欧洲控制的重要国家。1897年后，法国开始系统性地改造越南政府、开发经济，最终将其统治扩展至越南、柬埔寨和老挝。法国在印度支那最终的治理结构很大程度上受到1897—1902年担任总督的保罗·杜美（Paul Doumer）的影响。对于法国来说，印度支那只意味着工作机会、贸易和投资场所，与其他地区相比，法国控制下的印度支那与东南亚市场的联系在很大程度上被切断了。经济依附导致了社会不平衡发展和文化衰落，无法支撑民族工业或农业的发展。缅甸的情况更糟糕，现代化的发展被耽搁了几十年，大片土地被欧洲人用来种植茶叶、橡胶和咖啡。1945年日本战败后，共产主义的越南独立同盟（简称“越盟”控制了政权，紧接着就发生了与返回印度支那的法国的战争。1949年中华人民共和国成立后，胡志明在越南取得了一系列胜利，但60年代越南战争爆发，这是一场与美国的战争，最终南北双方在1976年被越共统一。

参考书目

- Bayly, Susan. *Caste, Society and Politics in India from the Eighteenth Century to the Modern Age*. Cambridge: Cambridge University Press, 1999.
- Bose, Sugata. *A Hundred Horizons: The Indian Ocean in the Age of Global Empire*. Cambridge, Mass.: Harvard University Press, 2006.
- Charlesworth, Neil. *British Rule and the Indian Economy, 1800—1914*. London: Palgrave Macmillan, 1982.
- Chaudhuri, K. N. *Trade and Civilisation in the Indian Ocean: An Economic History from the Rise of Islam to 1750*. Cambridge: Cambridge University Press, 1985.
- Cipolla, Carlo. *Guns, Sails, and Empires: Technological Innovation and European Expansion, 1400—1700*. New York: Barnes and Noble, 1965.
- Lieberman, Victor. *Strange Parallels: Southeast Asia in Global Context,*

c. 800—1830. Cambridge: Cambridge University Press, 2003.

- Pearson, M. N. *The Indian Ocean*. London: Routledge, 2003.
- Reid, Anthony. *Southeast Asia in the Age of Commerce, 1450—1680*, 2 vols. New Haven: Yale University Press, 1988—1993.
- Wink, Andre'. *Al-Hind: The Making of the Indo-Islamic World*, 5 vols. Leiden: Brill, 1990—2004 and forthcoming.

李文硕　译　陈　恒　校

第二十四章　世界历史上的中东

约翰·奥伯特·沃尔

437 中东既是一个战略概念，也是一个地缘文化区。作为一个概念和独特的认同标志，中东是分析家们在书写20世纪国际事务时创造出来的产物。然而作为地区，中东的人口与文化与古代人类历史紧密相连，尽管“中东”这一词汇直到晚近才出现。“中东”本身就塑造了理解西南亚和北非这一广袤地区历史的途径。“中”和“东”定义了该地区与世界其他地区的关系，也反映了该地区在全球历史进程中的重要性。

要理解中东在世界历史上的地位，需要考察中东的属性以及“中东”这一概念的属性。这意味着，在考察这一地区的历史的同时，应当注意到这一地区的不同历史时期的概念是如何在中东历史变迁中演进的。

作为概念的中东

中东这一概念产生于20世纪初帝国主义的全球战略规划。20世纪以来，中东逐渐被理解为世界主要文化区而非仅仅是战略区位。进入21世纪后，全球化和通信技术的进步削弱了中东作为一个地区的特征，而且“中东”一词越发被用来界定一个广泛联系网络中的地理位置。这些变化表明，世界正从一个欧洲控制下的世界转变为日益全球化的世界。

在这些变化的概念和历史条件中，中东的范围也不断变化。在 438
20 世纪下半期之前，埃及和苏丹之外的北非并未被列入中东地区。西北非洲往往被视作另一个区域——地中海地区。地中海盆地在地理特征上易于辨识，该地区几千年来形成了密切的经济、军事和宗教联系。地中海地区和中东地区有时被视作相互补充的两个地区，有时又是相互竞争。但到了 20 世纪末，整个北非都已成为中东的一部分。

长期以来，欧洲人将亚欧大陆欧洲以外地区视作东方（Orient 或 East）。随着控制东欧的奥斯曼帝国在 19 世纪渐趋衰落，西欧国家领导人将这一战略性局面称作“东方问题”,①而这一地区则被称作近东（Near East）。然而，随着 19 世纪末中国和日本成为国际事务中的重要问题，以及巴尔干和奥斯曼的新危机，“欧洲人意识到有两个东方问题，即近东和远东（Far East）”。②随着这两个术语的出现，两者之间的地区也就被称作中东了。

阿尔弗雷德·塞耶·马汉（Alfred Thayer Mahan）通常被视作“中东”一词的发明人。③1902 年，马汉在一篇文章中写道，“相比欧洲，远东是国际事务中更活跃的地区，有巨大的重要性；但从军事角度看，通讯的问题和旅行道路的问题是其他问题的基础”，因此，“中东，如果可以用这个词的话，终有一天会需要其自己的马耳他和直布罗陀”。④尽管马汉并未见到中东一词的使用，但实际上在此之前，国际事务分析家出于简便已经使用了该词。1900 年，戈登将军（T. E. Gordon）写过一篇题为“中东问题”的文章，也许可以说明

---

① A. L. Macfie, *The Eastern Question, 1774—1923*(revised edition; London: Longman, 1996), 1 - 4.

② Roderic H. Davison, ‘Where is the Middle East?,’ *Foreign Affairs* 38: 4 (July 1960), 666.

③ 参见 Davison, ‘Where is the Middle East?,’ 667 - 668; Roger Adelson, *London and the Invention of the Middle East: Money, Power, and War, 1902—1922*(New Haven: Yale University Press, 1995), 22 - 24。

④ A[lfred]. T[hayer]. Mahan, ‘The Persian Gulf and International Relations,’ *National Review* 40(September 1902), 39.

英国政策制定者们已经在使用中东一词了,①有些美国分析家也在使用。然而中东一词广为人知，却是因为拥有大量读者的记者瓦伦丁·奇罗尔（Valentine Chirol，汉名“吉尔乐”）在《泰晤士报》上连载系列文章以及出版专著《中东问题》之后，他将马汉视作中东一词的创造者。正是通过马汉和奇罗尔，中东一词才为人所熟知。

这些作者笔下的中东与马汉的中东相类似。中东是位于近东与远东之间、地理范围并不明确的地区，在早期使用中，往往包括西印度洋盆地，包括非洲之角和波斯湾。直到 20 世纪中期，中东一词一直被用来指称全球帝国主义战略，而非描述该地区的人口和风俗，直到二战后才开始转变。

439 一战后奥斯曼帝国的瓦解导致“近东”的巨大变化。巴尔干新出现的国家不再属于近东的范围，而且近东一词逐渐被用来指称东地中海地区、阿拉伯半岛和历史悠久的两河流域。而中东此时也逐渐被用来指代上述地区。

二战后，这一趋势越发明显。当时，盟军在开罗的指挥和供应中心被定义为中东指挥和中东供应中心。使用中东而不使用近东始于英国军官。政治家和学者对此有不同意见，皇家地理学会赞同国会图书馆地图部主任劳伦斯·马丁（Lawrence Martin）的观点，即中东是当代的误读，他们都认可珀西·洛兰（Percy Loraine）爵士的建议，即“应当界定中东的范围”，尽管他承认到 1943 年，近东一词已完全被淘汰了。②

---

① Thomas E. Gordon, ‘The Problem of the Middle East,’ *Nineteenth Century* 47: 277 (March 1900), 413-424。关于本文的探讨以及术语的使用，见 Clayton R. Koppes, ‘Captain Mahan, General Gordon, and the Origins of the Term “Middle East,”’ *Middle Eastern Studies* 12: 1(January 1976), 95-98。

② 见 Percy Loraine, ‘Perspectives of the Near East,’ *The Geographical Journal* 102: 1(July 1943), 6; Lawrence Martin, ‘Geographical Record, The Miscalled Middle East,’ *Geographical Review* 43: 2(April 1944), 335; George Clerk, ‘Address at the Annual General Meeting of the [Royal Geographical] Society,’ *The Geographical Journal* 104, Nos. 1 and 2(July-August 1944), 4-5。

美国对中东一词的使用并不像英国这样有大的变化。1951 年，英国副外交大臣在议会辩论中承认，“近东一词如今在英国已经落伍了，官方以中东一词取而代之”。①到 20 世纪 50 年代末，美国的使用也发生了变化，开始使用中东一词。因此，当美国总统艾森豪威尔 1958 年在联合国大会上的演讲中使用近东时，美国国务院不得不澄清，“国务院用近东和中东指称同一地区”。②次年，国务院地理学家埃策尔·皮尔西（G. Etzel Pearcy）承认，尽管中东一词所指涉的范围并不确定，但这一术语如今已是最为广泛使用的术语。③

二战之后，对于西欧和北美以外人口和社会的研究逐渐摆脱了帝国主义政策、战略规划和东方主义的束缚。50 年代，对世界特定区域的研究已经广泛采用了跨学科方法，打开了区域研究的大门。1958 年通过的美国《国防教育法》向语言和区域研究中心提供经费支持，该法案促进了将不同地区视作区域的研究。55 家研究中心在第一个为期 5 年的资助项目中受益，其中 9 家以中东为研究对象。这些机构的名字也反映了当时中东这一术语的普遍使用，其中 5 家名字中有中东研究中心的字样，3 家使用近东，只有 1 家保留了东方这一词语。若想成功申请资助，第一个条件就是必须说明“全球范围内一个明确的地域”。④

二战后，中东一词逐渐开始意味着一个明确可辨识的文化地域，而非战略地理区位。1947 年，费希尔（W. B. Fisher）认为在中东，“战时管理经验表明，中东各地有共同的自然环境要素和社

---

① 转引自 Davison, ‘Where is the Middle East?,’ 672。

② ‘“Near East” Is Mideast, Washington Explains,’ *New York Times*(14 August 1958) 〈www. nytimes.com〉.

③ G. Etzel Pearcy, ‘The Middle East—An Indefinable Region,’ *The Department of State Bulletin* 40: 1030(March 23, 1959), 416.

④ Donald N. Bigelow and Lyman H. Legters, *NDEA Language and Area Centers: A Report on the First 5 Years*(Washington: US Department of Health, Education, and Welfare, 1964), 24, and Appendix E, 114 – 117 for a listing of the Centers.

440 会组织”，在这一基础上，“我们可以将中东视为一体”。①到 50 年代末，中东作为一个文化区域的概念已基本成型，当时一位著名人类学家认为，中东“是一个自成的文化区域，有其中心与边缘。中东文明在不同地区各有特点，不仅仅是与东西方交流的文明单元，而且是东西方文明的祖先”。②到 20 世纪 60 年代，越来越多的学者认可了这一观念，拉斐尔・帕泰（Raphel Patai）认为，“尽管各地有其独特的发展和特征，熟悉整个中东的人都相信，这里有共同的模式和基本特征，将其与世界其他地区区分开来”。③这是六七十年代区域研究的主要进展，即将研究区域具体化，将其视作客观的对象。④

区域研究的思路是将世界划分为多个不同地区，这种思路影响了政策制定者、学者和国际事务专家看待西欧和北美之外其他地区的方式。在区域研究中，中东是最重要的研究对象之一。起初，中东一词的使用者主要是非中东地区的学者，继而该地区或来自该地区的人也接受了中东这一术语。在阿拉伯学术界，中东被译作 al-sharq al-awsat，并很快进入阿拉伯语。1967 年，埃及的艾因夏姆斯大学（Ayn Shams University）成立了中东研究中心（Markaz al-sharq al-awsat lil-Buhūth）；此后，这一术语更为普遍，1978 年伦敦发行的一份阿拉伯语的国际报纸就被命名为《中东》（*al-Sharq al-Awsat*），是阿拉伯世界有影响力的声音。大多数阿拉伯语的学术成果用中东一词来指涉现代政治或战略问题，但早自 1968 年，有些关于中世纪的

---

① W. B. Fisher, ‘Unity and Diversity in the Middle East,’ *Geographical Review* 37: 3 (July 1947), 417, 420.

② Carleton S. Coon, Caravan, *The Story of the Middle East*(revised edn.; New York: Henry Holt, 1958), 2.

③ Raphael Patai, *Society, Culture, and Change in the Middle East*(3rd edn.; Philadelphia: University of Pennsylvania Press, 1969), Preface(1961), 4.

④ 见 John O. Voll, ‘Crossing Traditional Area Studies Boundaries: A “Middle East” View,’ *News Net: The Newsletter of the AAASS* 42: 2(March 2002), 1, 4－6; John O. Voll, ‘Reconceptualizing the “Regions” in “Area Studies,”’ *International Journal of Middle East Studies* 41: 2(May 2009), 196－197 的讨论。

研究也使用这一术语。①

但中东的边界并不确定，到 80 年代，至少在某些重要的政治和社会领域，中东已不再是最有成效的分析单位。之所以如此，既因为区域研究将世界划分为相互隔离的不同区域，也因为重大历史变迁之故。因此，中东的概念再次发生变化。尽管在许多研究中中东仍然是区域研究中那个独具特色的区域。到 21 世纪初，越来越多的研究将中东视作一个与全球有着广泛联系的地理区位。

全球化改变了世界各地区的特性。跨区域活动削弱了中东之为中东的特点。石油业就是典型。几乎从 20 世纪一开始，石油公司就都是跨国公司，其活动也是国际性的。但从二战后，石油出口国家的政府扮演了越来越重要的角色。1959 年，阿拉伯联盟召开了第一次石油大会以协调各国政策。不到一年，这一区域内部的努力有了新的替代品，
即石油输出国组织（OPEC）。尽管阿拉伯国家不断尝试各种合作形式， 441
但并非区域组织的 OPEC 却成为最主要的阿拉伯国家组织。

20 世纪后半期中东概念的变化也反映了独特的中东认同的转变。许多人离开中东，迁往世界其他地区。当他们在新的定居地成为重要的少数族裔时，他们形成了独特的族裔或宗教认同。他们并没有统一的中东人的认同，比如在西欧，土耳其移民劳工就被视作土耳其人，而非中东人。

宗教成为主要的认同单位和分析工具，是当代研究与区域研究传统模式的重要差异。将伊斯兰教作为历史和社会科学进行研究，而非对其神学和哲学的研究，逐渐被纳入中东研究的框架中，尽管大部分穆斯林并不生活在中东地区。随着所谓“伊斯兰复兴”的出

① 例如关于全球战略研究，可见 Abd al-Mun ‘ am Imarah, al-Istiratijiyyah al-Amrikiyyah fi al-Sharq al-Awsat ba’ da al-Harb alAlamiyyah al-Thaniyyah [‘ American Strategy in the Middle East After World War II’] (Cairo: Markaz al-Mahrusah lil-Buhuth, 1997)；关于中世纪研究中使用这一术语的案例，可见 Ibrahim Ali Tarkhan, al-Nuzum al-Iqta ‘ iyyah fi al-Sharq al-Awsat fi al-Usur al-Wusta’ [‘ The Feudal System in the Middle East during the Middle Ages’] (Cairo: Dar al-Katib al-Arabi, 1968)。关于《中东》这份报纸的信息可以浏览〈www. aawsat. com〉。

现，上述现象变得越发重要起来。1978—1979年间的伊朗伊斯兰革命证明，伊斯兰在世界事务中扮演着越发重要的角色。苏联入侵阿富汗以及随后爆发的反苏“圣战”运动为激进的伊斯兰原教旨主义在全球范围内的崛起奠定了基础。

到90年代，穆斯林已遍布全球，而中东也不再是分析伊斯兰事务的唯一单位。在这一新的、全球化背景下，全球伊斯兰社区或曰乌玛（*ummah*）作为分析单元变得越来越重要。[1]

到21世纪初，中东的概念已发生变化。尽管这一概念是区域研究的核心，但随着世界各区域独立认同感的弱化，区域分析的单位也发生了变化。即使是在战略规划中，也就是中东这一概念最初出现的领域，中东的边界也不再固定不变。美军的战区与中东的概念存在交叉。马汉的中东在现在美国的中央战区内，“中间”被“中央”所取代。不过中央战区的责任区包括前苏联的中亚地区以及巴基斯坦和阿富汗。在关键部分，中东已回归其最初概念，即用以表示特定区域的地理概念。

从世界历史看中东

中东概念的演进为我们理解和分析中东提供了三条宏观路径。这三条路径并非相互隔绝，而是代表了将中东概念化的宏观模式。

442 第一种模式基本被用来探讨20世纪上半期的政策和军事战略。在讨论此类问题时，东方和近东是最常使用的术语。北非和巴尔干并未被包括在关于中东的早期探讨中。

第二种模式是区域研究路径。将区域视作既是在社会上和文化上可辨识的单位，又是地理区位，是区域研究路径的关键。这一路径强调中东社会和文化的独特性，来自区域研究这一大的学术背景，

---

① 参见 Olivier Roy, *Globalized Islam: The Search for a New Ummah*(New York: Columbia University Press, 2004)。

也是二战后几十年来全球事务变迁的结果。

在全球化的推动下，许多关于中东的认识再次引发争议。21 世纪初，尽管中东一词仍然得到广泛使用，但无论是其概念还是在实践中，中东都不再是一个独特的区域，而是越发强调其作为一个更广泛区域的组成部分，既是石油世界，又是原教旨主义者的全球化组织区域。

这三种模式是学术界在过去 100 年间将中东放入世界历史框架加以探讨的结果。学术界已经研究了中东在过去 500 年到 1 万年间的历史，并且通过不断修正其概念将中东的历史叙事融入世界历史叙事中。这些不断变化的视角中的关键，就是近东与中东这两个概念的互动。

关于该地区历史阶段的划分已基本达成共识。采集渔猎和农业零星出现的时代是最早的时期，即经典术语所谓的旧石器和新石器时代。对这一时期的研究主要通过个案地区及当地群落的考察来进行，东方、近东和中东都是对本地考古遗址的概括。

从此之后直到早期现代，中东的历史可分为三个大的时间段——古代文明（大规模城市-农业社会）的崛起与发展，始于公元前 4000 年到大约公元前 700—前 500 年；古典文明时期，始于约公元前 500 年到 7 世纪伊斯兰教的兴起；之后是 7—16 世纪，以穆斯林国家和社会为主体。[①]许多围绕上述历史时期的著作在 20 世纪面世，从中可以发现中东这一术语在不同时代的不同概念，也反映了中东这一地区被概念化的不同阶段。

历史叙事：古代史

长期以来，西方和中东本地学者都致力于构建中东地区古代人 443

① 这一分期与主流世界史教材的分期相似，见 Jerry H. Bentley and Herbert F. Ziegler, *Traditions and Encounters: A Global Perspective on the Past*(4th edn.; Boston: McGraw-Hill, 2008)。

类历史的宏大叙事。20 世纪学术界对中东历史的研究奠定了今日理解中东之历史的基础。上文所述的三种模式都得益于对中东历史的研究。在世界古代史研究中，中东位于中心。

直到 19 世纪，对古代史的理解仍然没有超越犹太教、基督教和伊斯兰教的框架。犹太教和基督教为主要古代社会提供了解释，但这种解释是用来支撑其信仰体系的。塔巴里（Abu Ja'far Muhammad al-Tabari）等早期伊斯兰历史学家也以伊斯兰教义和先知来建构中东地区的古代历史。在上述历史叙事中，几乎没有地区认同。本地区复杂的社会被简化为孤立的个体，往往用简单的“古代社会”涵盖一切。

这种将中东历史视作孤立社会历史简单相加的方法一直持续到 19 世纪。当戈登、马汉和奇罗尔开始谈论“中东”的时候，中东地区的古代史已经广为人知了。20 世纪初，学术界在探讨中东各古代社会时开始将之引入更为宽泛的区域性框架中。然而在最初讨论本地的古代社会时，“东方文明”是最常用的标签，之后逐渐出现了“近东方”（Near Orient）或“近东”等术语。

但术语的使用却前后不一，这在詹姆斯·亨利·布雷斯特德（James Henry Breasted）的主席演说中可见一斑。布雷斯特德影响了当代学术界的古代史研究，他在 1919 年就任美国东方学会主席的演讲，题目中使用了近东方（Near Orient），但演讲中却使用了近东（Near East）和“更近东”（Nearer East），并且将中东文化称作“埃及-巴比伦文化”。①

在一战后的 20 年间，关于何为中东古代史有相对标准的范围。主流的学术研究用东方和近东来指称这一地区，但其关注焦点是埃及和巴比伦（或两河流域）。权威的《剑桥古代史》就是如此，书中的近东一词指的就是所要探讨的主要文明的地理位置。罗斯托夫

---

① James Henry Breasted, 'The place of the Near Orient in the Career of Man and the Task of the American Orientalist,' *Journal of the American Oriental Society* 39(1919), 160-161, 180.

采夫（M. Rostovtzeff）的观点与剑桥史相似，认为古代文明“起源
于近东”，但书中研究的只是孤立的几个古代社会。在布雷斯特德关
于古代史的经典教科书中，他将“古代近东”理解为地理位置，并 444
将当地主要社会的共有特征理解为“东方文明”，但他并不认为这是
一个统一的区域。①

中东一词几乎从不用于古代史。但如同近东和东方这两个术语一样，该地区的概念化与中东一词的概念化类似。该地区的命名往往从地理学来考虑。这些概念说明这是东半球的区域，但又不涉及区域文化。

在二战后的区域研究中，探讨该地区古代史的上述趋势逐渐发生变化。近东一词逐渐只用于古代史，而中东则越来越用于指称这一地区。因此术语的使用发生了混乱。主要的古代史研究，比如切斯特·斯塔尔（Chester Starr）的作品，从 1965 年第一版到 1983 年第三版都使用近东一词。一部重要的意大利学术著作中使用的“东地中海”（Oriente Mediterraneo）一词，在其 1960 年的英译本中被译作“古代东方”（Ancient Orient）。与此同时，威廉·麦克尼尔、勒芬·斯塔夫里阿诺斯（Leften S. Stavrianos）等全球史学者以及苏联历史学家在研究古代史时都使用了中东一词。②

最重要的变化在于学术界逐渐将这一地区视作重要的历史-文化

① J. B. Bury, S. A. Cook, and F. E. Adcock, eds., *The Cambridge Ancient History*(New York: Macmillan, 1923), 1: v－x(Preface); M. Rostovtzeff, *The History of the Ancient World*(2nd edn.; Oxford: Clarendon Press, 1930), 1: 8; James Henry Breasted, *Ancient Times, A History of the Early World*(2nd edn.; Boston: Ginn & Company, 1935), iii, 279－282, and passim.

② Chester G. Starr, *A History of the Ancient World*(3rd edn.; New York: Oxford University Press, 1983), 75 and passim; Sabatino Moscati, *Il profile dell' Oriente mediterraneo*(Torino: Edizioni Radio Italiana, 1956), and Sabatino Moscati, *The Face of the Ancient Orient: A Panorama of Near Eastern Civilizations in Pre-Classical Times*(Chicago: Quadrangle, 1960); William H. McNeill, *The Rise of the West*(Chicago: University of Chicago Press, 1963), chapter 4; Leften Stavrianos, et al., *A Global History of Man*(Boston: Allyn and Bacon, 1964), 64 and passim; A.Z. Manfred, ed., *A Short History of the World*(Katharine Judelson, trans.; Moscow: Progress Publishers, 1974), chapter 2.

单位，无论称其为古代东方、近东还是中东。历史学家意识到尼罗河文明与两河文明是不同的文明体系。但由于贸易网络的密集、移民以及大国和帝国的发展，中东成为一个世界性区域。斯塔尔提出了“近东的统一”，萨巴提诺·莫斯卡蒂（Sabatino Moscati）也认为东方文明的发展是“多个孤立因素创造了一个有机整体”。①在这一过程中，阿卡得帝国和波斯帝国被视作两个巅峰。

该地区的古代史与华夏文明不同，并非一部以文化为纽带的同化历史；与此相反，该地区的区域文化被视作一系列相对独特的文化的复杂综合体。对此，麦克尼尔写道，“传统的地域和文化障碍被打破了；一个融合了埃及与两河流域的世界性文明开始在中东出现……尽管存在文化冲突，但在中东，大概一致的社会结构虽然缓慢但却确凿无疑地浮现出来了”。②这一理解方式使其足以利用区域研究的框架来塑造古代世界历史的叙事。

到 20 世纪末，全球化改变了区域研究的基础，也改变了区域认同本身。上文所述的第三种模式变得重要起来，即将中东视作一个
445 与世界有广泛联系的地理区间，并重塑了对中东古代史的分析。麦克尼尔将中东视作世界性文明的观点深刻影响了区域研究，他在 1990 年修订了关于古代中东的分析。在自己的早期作品中，麦克尼尔“认为相互孤立的文明形成了真正的和重要的群组”，并且“这些相互孤立的文明是自治的社会实体，它们的互动影响了全球的历史”。在麦克尼尔后来的论述中，他认为上述观点对于最早出现在古代中东的“基督教世界体系没有给予足够的重视”。③

这种将中东视作广泛的全球网络之一环的观点成为关于古代中东与世界历史的核心。马歇尔·霍奇森（Marshall Hodgson）是这一观点的先驱，他始终不认可区域研究中将其视作独特地域的观点。

---

① Starr, A History, chapter 6; Moscati, *The Face of the Ancient Orient*, 292.

② McNeill, *Rise of the West*, 112 - 113.

③ William H. McNeill, ‘The Rise of the West after Twenty-Five Years,’ *Journal of World History* 1: 1(1990), 4, 7 - 8, 9 - 10.

霍奇森认为，中国、印度、地中海和中东等伟大的区域文明虽然是20世纪60年代出现的世界历史叙事的中心角色，但这种方法并不完美。世界所有区域连接在一起，是文化发展的共同背景。①

21世纪初的新研究大多强调这种网络的跨文化性，并深刻影响了世界历史叙事中的古代中东。彼得·斯特恩斯（Peter Stearns）在他编纂的教科书以及一部关于“变迁中的文化”的历史地图集中采纳了这一观点；约翰·麦克尼尔和威廉·麦克尼尔则展示了世界历史上的交往，即“人类之网”的全景，将古代中东置于宽广的历史视野中。新的主流世界历史文本，包括克雷格·洛卡德（Craig Lockard）近来的研究，强调在理解“世界历史的古代基础”时关注“社会、网络和转型”。②

历史叙事：古典和中世纪的中东

在关于古典时代和中世纪中东的探讨中，中东作为一个具有独特认同的区域的概念并不明显。西方学术界对古典时代的研究集中在古代希腊与罗马。20世纪上半期出现了许多对主要古典社会的研究，但大多属于第一种模式，即中东只是包括若干孤立国家与社会的地理区域。希腊化文明是最具概括性的术语，即由亚历山大大帝东征及其形成的诸国家为基础的文明。③同样也有很多关于波斯诸国的重要研究，其框架在于波斯文明，而非区域文明。

---

① Marshall G. S. Hodgson, ‘The Interrelations of Societies in History,’ *Comparative Studies in Society and History* 5: 2(January 1963), 233.要了解他更多的观点，见 Marshall G. S. Hodgson, Rethinking World History, Edmund Burke, III, ed. (Cambridge: Cambridge University Press, 1993)。

② Peter N. Stearns, *Cultures in Motion: Mapping Key Contacts and Their Imprints in World History*(New Haven: Yale University Press, 2001); J. R. McNeill and William H. McNeill, *The Human Web*(New York: Norton, 2003); Craig A. Lockard, *Societies, Networks, and Transitions*(Boston: Houghton Mifflin, 2008), 104－114.

③ W. W. Tarn, *Hellenistic Civilization*(London: Arnold, 1930)是这一类型中的重要作品。

446 许多关于中东历史的研究重视中东史上的帝国，这使得如下主题成为古典时代历史的重点——东西方的长期战争，从希波战争开始，一直持续到罗马与波斯诸帝国的战争。①在这一主题下，该地区无论被称作东方、近东还是中东，都被视作历史事件的背景，而非拥有特定认同的单元。

20 世纪的区域研究几乎完全忽略了古典时代的中东史。现代中东研究的权威学者，如理查德·弗莱（Richard Frye），在研究古典时代时并不将中东视作一个区域，而是强调波斯文明的重要性。②与之类似，关注古代晚期罗马帝国分裂的学者探讨了东罗马文明的崛起即拜占庭帝国，③尽管他们分析了拜占庭文明的东部与拉丁文明的西部之间的差异，但君士坦丁堡和东罗马帝国都未被纳入中东区域加以探讨。将中东作为一个区域进行研究的方法，并未影响到对该地区古典时代历史的研究。

但关于该地区如何与其他主要文化区互动的研究却是个例外。麦克尼尔等人提出的古代中东是世界性文明的观念，拓展了传统的以希腊罗马为中心的古典研究。古典时代出现的四个大型城市社会保持有各自的特征，但彼此间的交往也十分重要。麦克尼尔用“世界性”（Ecumene）一词来描绘从太平洋到大西洋的诸多社会，并且认为古典时代后期是“欧亚大陆世界性的结束”，这一时期的各个文明“完全是自给自足的”。④

在全球化时代，许多重要的研究都将古典时代的中东置于人类交往这一更为宽泛的网络中。总体看来，后区域研究时代的古典时代研究路径可以用一部主流的世界历史教科书的章节标题来概括，

---

① 21 世纪的作品可见 Tom Holland, *Persian Fire: The First World Empire and the Battle for the West*(New York: Anchor, 2005) 。

② Richard N. Frye, *The Heritage of Persia*(Cleveland: World Publishing, 1963) .

③ N. H. Baynes and H. St L. B. Moss, eds., *Byzantium: An Introduction to East Roman Civilization*(Oxford: Clarendon Press, 1948) .

④ William H. McNeill, *The Ecumene: Story of Humanity*(New York: Harper & Row, 1973) , 162, and *Rise of the West*, chapter 7.

“帝国、网络与欧洲、北非和西亚的重塑，公元前500—公元600年”。① 有趣的是，传统上关于东西方冲突的研究，以及关于区域研究中对文明界定之冲突的研究，一直延续到21世纪的文明冲突论中。但即便是在关于冲突的历史研究中，中东也被视作一个地理区位，而冲突的一方则被定义为伊斯兰文明。

关于中世纪中东的研究与范围更广的伊斯兰研究密切相关。无论是帝国模式、区域研究模式还是全球化模式，穆斯林的历史和伊斯兰传统都是核心。20世纪初，西方历史学家主要以东方学为框架，其研究也多以宗教为中心。穆斯林社区是分析的基本单位，但研究的重心 447
是穆斯林社区的扩张，而非与中东的联系。区域研究倾向于将中东等同于穆斯林世界。例如伯纳德·刘易斯（Bernard Lewis）在20世纪60年代初的研究中，认为“中东一词并非指涉一个具有明确无疑的特征和认同的区域”，并且将“阿拉伯文明”和“伊斯兰”置于“中东的整个生活方式和政府模式”框架下。②许多学者意识到中东和穆斯林世界之间的区别，认为中东与早期穆斯林帝国的领土大体重合。③由此观之，中世纪的伊斯兰社会为从整体上理解中东奠定了基础。

20世纪末，关于中世纪中东的探讨倾向于将以中东为中心的穆斯林社区视作更大网络的中心。从这种视角出发，理查德·伊顿（Richard Eaton）认为“到10世纪，融合了大多数中东人口的伊斯兰社会已成为一种世界文明”。④也有观点将中世纪的中东视作“旧世界网络”中与其他主要城市社会互动的社会之一，或是包容多个主要区域社会的、以语言为基础的世界体系的一环。

---

① Lockard, *Societies*, chapter 8.

② Bernard Lewis, *The Middle East and the West* (Bloomington: Indiana University Press, 1964), 10, 12-13.

③ Nikki R. Keddie, ‘Is There a Middle East?’ *International Journal of Middle East Studies* 4: 3 (July 1973), 257.

④ Richard M. Eaton, *Islamic History as Global History* (Washington: American Historical Association, 1990), 7; J. R. McNeill and William McNeill, *Human Web*, chapters 4-5; John Obert Voll, ‘Islam as a Special World-System,’ *Journal of World History* 5: 2 (Fall 1994), 226.

历史叙事：现代中东

与古代和中世纪历史类似，现代中东的历史被史学的发展与现实变迁所塑造。19 世纪和 20 世纪的历史学倾向于关注中东与西方大国间的关系，以及中东居民在现代性向全球扩展过程中的体验。20 世纪的历史学家面临一项独特的挑战，即不仅要分析中东的过去，而且要分析史学家们自己所生活年代的重大事件。无论任何时代，中东研究者正经历着中东的变迁，并且要把这种变迁表达出来。

20 世纪上半期，历史学家倾向于将现代中东史理解为一系列独特社会的历史。在战略领域和地理范畴中，中东被视为单一的单元，戈登、马汉和奇罗尔已经界定了中东的范围。这一观点几乎不关注当地的政治和文化发展。值得注意的是，无论是戈登还是马汉，都没有注意到他们所观察的这一地区正在崛起的民族主义。

一战之后，关于西南亚洲和北非的研究大多关注其认同单位，这些认同单位或者比中东这一区域概念更宽广，或者狭窄。使公众
448 舆论接受中东一词的奇罗尔，撰写了一篇文章谈论穆斯塔法·凯末尔（Mustafa Kemal）在土耳其废除哈里发制的文章。在文章中，奇罗尔分析了哈里发制被废除在泛伊斯兰世界产生的影响，在结论中，他认为新生的土耳其国家将在这个近东（而非中东）地区产生重要影响。①

该地区在当代发生的事件影响了整个伊斯兰世界，在奇罗尔看来，伊斯兰世界遍布整个东半球。阿诺德·汤因比在 1927 年考察了“《凡尔赛和约》以来的伊斯兰世界”，将中东与伊斯兰世界这两个概念合二为一，其著述中的地图是泛指意义上的伊斯兰世界，但书中所记载的历史事件则没有超出中东和西北非洲的范围。②这一时期

---

① Valentine Chirol, ‘The Downfall of the Khalifate,’ *Foreign Affairs* 2: 4(15 June 1924), 582.

② Arnold J. Toynbee, *Survey of International Affairs, Vol. 1: The Islamic World since the Peace Settlement*(London: Royal Institute of International Affairs, 1927).

的世界历史著作从总体上看来，流行的是孤立地记述民族主义、帝国主义、改革等重大事件以及孤立地分析国家的历史。

二战后的区域研究深刻改变了上述研究旨趣。以中东这一概念作为研究单位来理解重大主题，是许多现代中东史研究的基础。现代化就是最重要的主题之一，关于现代化的重要研究包括对“中东现代化之肇事”的历史分析、传统社会的转型以及军队等机构在现代化中所扮演的角色等。①

随着大学中的中东研究项目越来越多，关于中东历史的概况类课程也有所增加，随之而来的就是相关教科书的撰写，而这些文本又反过来明确了中东地区自身的概念。这类文本需要满足市场需求，因此文本所涉及的范围和内容也在不断变化。乔治・柯克（George Kirk）在 1948 年出版的著作，到 1964 年时已是第七版。本书关于现代中东的部分，强调大国的政策和民族主义政治。下一代的著作，例如西德尼・内特尔顿・费希尔（Sydney Nettleton Fisher）在 1959 年出版的著作，更加强调区域政治和社会发展，到 2004 年本书已更新至第六版。阿瑟・戈尔德施密特（Arthur Goldschmidt）1979 年的著作在探讨伊斯兰复兴时对伊斯兰进行了全面论述，在 2010 年的第九版中收录了“伊斯兰权力的再巩固”和“反恐战争”的章节，所使用的资料是 50 年代的学者们所无法获知的。②

在 20 世纪最后几十年间，中东历史研究再度变化。全球化使得跨区域视角和新的主题成为学术研究的重要方向。马克思主义者在

---

① 见 William R. Polk and Richard Chambers, *Beginnings of Modernization in the Middle East: The Nineteenth Century*(Chicago: University of Chicago Press, 1968); Daniel Lerner, *The Passing of Traditional Society: Modernizing the Middle East*(New York: Free Press, 1958); Sydney Nettleton Fisher, ed., *The Military in the Middle East*(Columbus: Ohio State University Press, 1963)。

② George E. Kirk, *A Short History of the Middle East, from the Rise of Islam to Modern Times*(London: Methuen, 1948; 7th edn.; New York: Praeger, 1964); Sydney Nettleton Fisher, *The Middle East, A History*(New York: Knopf, 1959; 6th edn.; with William Ochsenwald; Boston: McGraw-Hill, 2004); Arthur Goldschmidt, Jr., *A Concise History of the Middle East*(Boulder: Westview, 1979; 9th edn.; with Lawrence Davidson; Boulder: Westview, 2010).

20 世纪中期掀起了关于方法论的辩论，区域研究、后现代主义等视角挑战了传统的东方主义的研究思路。①新兴的重要领域包括中东女
449 性史研究，无论是现代视角还是后现代视角，代表作可见尼基·凯迪耶（Nikki Keddie）的研究，同时流行文化也成为热点话题。②

“伊斯兰复兴”是最明显的新话题。随着 1978—1979 年的伊朗伊斯兰革命，20 世纪 80 年代以来关于现代中东史的研究几乎都不会忽视伊斯兰运动的崛起。约翰·埃斯普西托（John L. Esposito）1984 年的著作是关于伊斯兰与政治的早期作品之一，1992 年他的新书《伊斯兰威胁：神话还是现实》则体现了 90 年代关于文明冲突的探讨。除了讨论“政治的伊斯兰”和军事组织的出现，宗教领域的重要研究成果也涉及伊斯兰教法、为宗教献身的神秘组织、网络伊斯兰以及创造 i-穆斯林世界（iMuslims）的电信网等方面的现代历史。现代中东史研究的新特征在于，当下的研究将视野扩展至全球而非局限在中东内部。③

在新研究中，中东被视作地理区域而非具体化的文化区域，这也反映在对 21 世纪初中东与全球其他地区关系的探讨上。例如关于文明冲突的讨论就反映了这一点。伯纳德·刘易斯在 1990 年首次将“文明冲突”一词引入公共舆论，他在区域研究领域使用了这一概念，即西方与中东之间的文明冲突。④不过真正将文明冲突发挥出来

---

① 对区域研究的早期批评，见 Hamilton Gibb, *Area Studies Reconsidered*(London: School of Oriental and African Studies, 1963)，最广为人知的批评当属 Edward Said, *Orientalism*(New York: Random House, 1978) 。

② 见 Nikki R. Keddie, *Women in the Middle East, Past and Present*(Princeton: Princeton University Press, 2007), and Walter Armbrust, *Mass Culture and Modernism in Egypt* (Cambridge: Cambridge University Press, 1996) 。

③ 关于伊斯兰教法在现代社会的转型，见 Tariq Ramadan, *Radical Reform: Islamic Ethics and Liberation*(New York: Oxford University Press, 2009) 。关于现代神秘主义，见 Martin van Bruinessen and Julia Day Howell, eds., *Sufism and the 'Modern' in Islam* (London: Taurus, 2007)；关于网络伊斯兰，见 Gary R. Bunt, iMuslims, *Rewiring the House of Islam*(Chapel Hill, N.C.: University of North Carolina Press, 2009) 。

④ Bernard Lewis, 'The Roots of Muslim Rage,' *The Atlantic* 266: 3(September 1990), 56; Bernard Lewis, *What Went Wrong? Western Impact and Middle Eastern Response*(New York: Oxford University Press, 2002).

的是塞缪尔·亨廷顿，他在刘易斯的基础上进一步阐发了这一概念。亨廷顿认为，世界事务中的主要矛盾不在于区域之间，“区域是地理概念，而非政治或文化实体。巴尔干和中东都被文明之间和文明内部的冲突所折磨……离开文化，地理位置上的接近并不能产生共同性”。① 他认为，冲突的基本单位是跨区域的文明。在由此引发的争论中，即便不同意这一冲突假说，或试图修正冲突基本单位的观点，也都不再使用中东一词。②当他们使用中东一词的时候，如同亨廷顿一样，指的是地理区位。

结　语

中东是一个区域，是一个概念，也是一个建构起来的术语。作为标签，世界任何一种语言在19世纪之前都不存在中东这个词语。但中东所指涉的地区和人口却有漫长的历史。中亚和北非之间的广袤土地上演了人类历史上的许多重大事件，因此有必要使用简洁词汇表示这一地区。在21世纪初，“中东”以及英语之外的对应翻译，成为最广为使用的术语。

从20世纪初中东一词诞生直到如今，考察“中东”如何使用既 450
可以了解中东历史上的主要事件，也可以提醒我们关注概念的使用以及使用概念所产生的结果之前的关系。从整体上看，过去100年间主要形成了三种研究模式。

在第一种模式中，中东只是欧洲大国在战略规划时使用的地理名词。欧洲大国只有在决策时才涉及中东，而且这一术语并未关注当地的人口。而当涉及该地区的历史与社会时，则更多地使用近东，

---

① Samuel P. Huntington, *The Clash of Civilizations and the Remaking of World Order*(New York: Simon and Schuster, 1996), 130－131; emphasis added.

② 见 Shireen T. Hunter, *The Future of Islam and the West: Clash of Civilizations or Peaceful Coexistence?*(Westport: Praeger, 1998); Hayward R. Alker, ‘If Not Huntington's “Civilizations,” Then Whose?’ *Review* 18: 4(Fall 1995), 533－562。

如在讨论古代城市-农业社会演进以及古典和中世纪帝国的建立时就常用近东一词。在现代，关于当地的政治与文化发展也常常使用这两个术语，但涉及的区域概念则更为广泛，即伊斯兰世界。也许正是术语的复杂，使得帝国主义国家的战略规划家们难以理解民族主义运动或宗教激进运动和改革的崛起。

第二个模式则与模式一相反。二战后的区域研究热潮使原本只是战略规划家们所关注的中东被大众所关注，中东文化也被视作拥有独特特征的文化形态。尽管区域研究为理解人类社会提供了跨学科的深度研究，但却人为地将世界划分为迥然有别的不同区域。主要社会之间的交往被忽视了，只有西方对其他地区的影响得到关注。区域研究的重点话题之一就是将中东视作向现代社会转型的传统社会。这一固化的、僵硬的观点被批评者称作本质主义方法，即认为中东是原初社会——这一词汇是为“不变的东方”专门创造的。

20 世纪后期的全球转型和本地区的转型改变了对中东的认识，中东被视作交往网络的组成部分，反映了全球范围内的人口迁移和跨区域运动。然而，这一新模式与当代历史研究无关，却为理解古代和中世纪的中东社会提供了新视角。

无论中东一词是否使用，其广泛使用说明有必要为这一在世界历史上发挥重要作用的区域设立一个简洁的标签。世界历史影响了对中东一词的理解，而中东一词的概念也影响了对重要事件的理解。

参考书目

- Berkey, Jonathan P. *The Formation of Islam: Religion and Society in the Near East, 600—1800*. New York: Cambridge University Press, 2003.
- Cleveland, William L., and Martin Bunton. *A History of the Modern Middle East*. 4th edn. Boulder: Westview, 2009.
- Davison, Roderic H. ‘Where Is the Middle East?,’ *Foreign Affairs* 38: 4(July 1960), 665 - 675.
- Gershoni, Israel, Amy Singer, and Y. Hakan Erdem, eds. *Middle East Historiographies: Narrating the Twentieth Century*. Seattle: University of Washington Press, 2006.

➢ Iggers, Georg G., and Edward Q. *A Global History of Modern Historiography*. Harlow, U.K.: Pearson, 2008.

➢ Keddie, Nikki R. ‘Is There a Middle East?’ *International Journal of Middle East Studies* 4: 3(July 1973), 255 – 271.

➢ Lockman, Zachary. *Contending Visions of the Middle East: The History and Politics of Orientalism*. Cambridge: Cambridge University Press, 2004.

➢ Pearcy, G. Etzel. ‘The Middle East—An Indefinable Region,’ *The Department of State Bulletin* 40: 1030(March 23, 1959), 407 – 416.

➢ Stiebing, William H. *Ancient Near Eastern History and Culture*. New York: Longman, 2003.

李文硕　译　陈　恒　校

第二十五章　世界历史上的非洲：长而又长的视野

克里斯托弗·埃雷特

非洲之源

455 人类的历史从非洲开始。大约 5 万年前，人类共同的祖先们已生活在如今非洲这块土地上。由此观之，世界历史曾经是非洲的历史，这已是人所共知。仅仅因为部分非洲人在大约 5 万年前离开非洲走向世界，因此历史并未停留在非洲——这一观点却并未被广泛接受。留在非洲大陆的非洲人没有超越时间而静止在历史中，他们与其他地区的人类一样经历了相同的时间跨度和历史变迁。

从 9 万年前到 6 万年前，人类祖先逐渐具备了像今人一样的智识水平和社会能力。正是在此时，人类历史从非洲开始了。在此之前，也就是大约 20 万年前，非洲古人类产生了许多现代人的体质特征；在大约 10 万年前的间冰期，人类祖先从非洲扩散到温暖的黎凡特地区。不过这一扩散并未持续多久。大约 7 万年前，气候再度转冷，适应寒冷天气的尼安德特人重新回到黎凡特，那些在体质上达到现代人标准的人类也消失了。将这段历史与公元前 5 万年后人类的扩散相比，也得不出明确的看法。尽管冰河时代的条件恶劣，但已经具备现代人体质特征的人类在几千年间就已遍布东半球，甚至进入冰原带。在现代人的扩张面前，尼安德特人和其他地区的古人类最终不免消亡的命运。

很明显，从 10 万年前到 5 万年前，非洲经历了进化和转型。关 456
键的转变是什么？近期，一项研究给出了答案。①古人类的声带结构发生变化，从而具备了语言能力，这一变化出现在 10 万年前到 5 万年前。最重要的变化在于口腔和喉管这两个长度大概相同的人体腔的出现，这两个人体腔用于发声，口腔里有舌头，喉管向下延伸，与口腔的尾部呈直角。这一体质特征在其他灵长类动物身上都没有，甚至 10 万年前在黎凡特和非洲的那些具备现代人体质特征的古人类身上也没有。对于现代人而言，语言是创造和维持广泛联系网络和社区的基础。完备语言能力的进化，使早期的现代人能够形成合作关系并定居在一起，这也是我们的人类祖先与其他古人种更为先进之处。

考古发掘显示非洲大陆东部的人类最先形成了现代人所具有的智识能力和想象力。在非洲的这些地区，工具、装饰和符号表达物在公元前 9 万—前 5. 5 万年间经历了重大进展，包括在东非发现的人造装饰品，在非洲东部和南部发现的贝壳做成的珠子，以及最初在南部非洲后来在东非发现的小型石刀。古人类具备现代人的想象力和思考能力的显著标志，是发现了最早的象征性表达物，即在南部非洲出土的 7. 7 万年前留在赭石上的石刻。这一时期另一个标志性的发展是价值连城的石器等物品的远距离交换的出现，说明互惠性社会关系的出现，显示了不同社会之间交往的正式程序。

到 5 万年前，人类开启了另一个新的历史方向，即走出非洲，走入世界各地。也许人类沿两条路线走向各地，一条是如今已经被海洋淹没的南亚海岸，另一条经西奈到达中东后分为两支，即西行进入欧洲、东行穿过亚洲。

---

① Philip Lieberman and Robert McCarthy, ‘Tracking the Evolution of Language and Speech: Comparing Vocal Tracts to Identify Speech Capabilities,’ *Expedition* 49, 2: 15 – 20.

第一次大转型

无论在哪里，人类在其最初3.5万年中都过着采集渔猎的生活。随后，冰河时代末期的气候变迁使世界各地相继进入了漫长的人类历史第一次大转型时期，从狩猎转向食品生产，从采集和渔猎野生动植物到有意地保护动植物。

457 公元前12700—前10800年的博林-阿勒罗德间冰段（Bølling-Allerød），最初，气候转暖增加了非洲许多地区的降雨量，气温升高。也许正是在这一时期，三组人群开始了早期的离散，他们所使用的语言也是今天非洲大陆的三种主要语言。尼罗-撒哈拉语族在尼罗河以东地区扩散，也就是今天的苏丹；尼日尔-科尔多凡语族（Niger-Kordofanian）则穿过苏丹东部到大西洋海岸；亚欧语系的厄立特里亚语支语族（Erythraic）则从其原生地非洲之角向北到达今日的埃及。①

最后一点尤其应当注意，因为普遍认为亚欧语系起源于中东。语言、基因和考古证据相结合，可以发现亚欧语系的起源地在中东以南的非洲埃塞俄比亚或厄立特里亚，完全不在亚洲。②许多语言证据表明，原初的亚非社会属于人类历史上的前农业时代。③

随着新仙女木事件（Younger Dryas，前10800—前9500），气候再度变冷变干，人类在公元前1万年前后冰河期来临之前发展出新的生存方式。有些地区，人类首次开始保护动植物，为农业的出现

---

① C. Ehret, 'Reconstructing Ancient Kinship in Africa,' in Nicholas J. Allen, Hilary Callan, Robin Dunbar, and Wendy James, eds., *Early Human Kinship: From Sex to Social Reproduction*(Oxford: Blackwell, 2008), 200-231, 259-269.

② C. Ehret, S. O. Y. Keita, and Paul Newman, 'The Origins of Afroasiatic,' *Science* 306 (3 December 2004), 1680-1681, concisely summarizes the convergent findings of these three fields.

③ C. Ehret, 'Linguistic Stratigraphies and Holocene History in Northeastern Africa,' in Marek Chlodnicki and Karla Kroeper(eds.), *Archaeology of Early Northeastern Africa* (Posnan: Posnan Archaeological Museum, 2006), 1019-1055.

奠定了基础。公元前 9500 年以后农业的诞生，从根本上改变了人类历史的发展方向。人工种植作物和饲养动物，使得同一块土地产出的食品翻了几番。人口数量从几百万增加到数以十亿计，社会分层、城市生活、国家和复杂技术的发展都离不开农业。位于非洲中部两端的人群分别独立地走上了产生农业的道路。

公元前 1 万年前，在位于今天马里的大草原上生活着尼日尔-科尔多凡语族的一支，使用的是原始尼日尔-刚果语的衍生语言，他们此时开始收集野生谷物，翁约戈文化（Ounjougou）是西非细石器时代（West African Microlithic）最早的代表，即所发现的早期尼日尔-刚果人的考古遗址。与其食物系统相伴随的，是他们很可能在公元前 1 万—前 9400 年发明了世界历史上最早的陶器。他们并非将谷物磨成粉，而是将其整颗放在陶罐里烹饪。

尼日尔-刚果人何时从采集转向种植？考古-生物材料如今还无法确认具体的时间段。目前通过重构尼日尔-刚果语中表示种植的动词可以发现，西非草原地区从采集向种植的转变大概发生在公元前 9000—前 6000 年。①

大约公元前 6000 年，西非农业史进入新的发展阶段，即几内亚
番薯和油棕榈两种新作物的种植。与之相伴随的是在西非细石器时 458
代中出现了磨制石斧。新的作物和工具使尼日尔-刚果人群的分支——贝努埃-科瓦人（Benue-Kwa）——在公元前 5000—前 3000 年间扩散至西非的雨林地区，即从今天的科特迪瓦到喀麦隆。番薯和油棕榈需要阳光直射，石斧可以帮助他们砍伐森林，以种植这两种作物。这一时期的另一项发明是贝努埃-科瓦人的纺织工具，用以制作拉菲草布（Raffia Cloth）。公元前 3000 年以后，贝努埃-科瓦人的一支班图人，将西非以番薯为基础的农业从中非的雨林带向东和向南推广。

---

① C. Ehret, ‘Linguistic Evidence and the Origins of Food Production in Africa: Where Are We Now?’ in Dorian Fuller and M. A. Murray, eds., African Flora, *Past Cultures and Archaeobotany*(Walnut Creek: Left Coast Press, in Press).

在东边的北苏丹人是东南撒哈拉的尼罗-撒哈拉人的一支，他们走向农业的道路完全不同。公元前1万年代中期，气候转暖使本地区趋向地中海气候，冬季湿润多雨；地中海地区的野生动物，最著名的是奶牛，向南进入撒哈拉中部。与此同时，热带草原和温带草原也向北扩展到这里。随着气候变化，北苏丹人在气候互动地区发现了牛，时间在公元前8500—前7200年，这也是世界上最早开始饲养牛的人群。①与在自己西面2500公里的翁约戈人类似，北苏丹人也收集野生谷物，但将谷物磨成粉来食用。

大约公元前7200年，人类社会有了新的发展——在撒哈拉东部的考古遗存中发现了当时的社区，包括大面积的宅地、由荆棘组成的牛栏、圆形住房和谷物储藏坑，其中发现了高粱。语言证据进一步证实了考古发现，证明这一时期的北苏丹人已经开始种植谷物。他们与当时居住在东部红海山区的亚非人群有重要联系，后者使用的语言是原始库希特语族（Cushitic）的分支。公元前7000年下半期，最北部的库希特人，也就是现代贝贾人（Beja）的祖先，在山羊从中东到北苏丹的传播过程中充当了中间人的角色。库希特人甚至在更早的时候就像北苏丹人那样养牛，而且他们或是收集或是种植高粱。②

尼罗-撒哈拉人群被考古学家苏顿（J. E. G. Sutton）称作“中非的水上文明”，他们与北苏丹人联系紧密，后者独立发明了非洲的第二种陶器技术。水上社会以不同的方式适应公元前9000年代中期的气候变迁。他们善于在撒哈拉地区的河湖中捕鱼和抓捕河马，并且在公元前9000年代后期穿过撒哈拉南部，将渔猎经济扩展到非洲西部。

公元前6500—前5500年的干旱期使撒哈拉的许多河湖变干消亡，使水上文明失去了存在基础。因此，以农耕-游牧混合经济为基

---

① Fred Wendorf and Romuald Schild, ‘Nabta Playa and Its Role in the Northeastern African History,’ *Anthropological Archaeology* 20(1998), 97－123.

② C. Ehret, ‘Linguistic Evidence’.

础的北苏丹人向撒哈拉南部扩张，取代了当地的许多水上社会。只 459
有尼罗河两岸等水资源长期存在的地区，水上文明才得以保存下来，但也吸收了放牧或种植的生产方式。从存在于公元前 5000 年的尼罗河畔的喀土穆新石器时代遗存中发现了棉纺织技术，考古发现了他们的纺轮。①

非洲不同社会引领了陶器技术以及其他农业技术的创新。棉花的历史说明，不同地区、全无交往的人们也可以实现同样的技术革新。将棉花作为衣料来源而加以人工栽培，独立地出现于世界三个相距遥远的不同地区——非洲的苏丹东部、印度和新大陆。在每个地区，棉纺织的发明者都是以本地的棉花为原料，喀土穆的证据将非洲棉纺织的起源提前到与印度同一时期。

农业开发期，公元前 6500—前 3500 年

与其他地区的早期农业类似，公元前 6500—前 3500 年的非洲农业同样迎来了种类增多，并且在食物中所占比重增大。尼日尔-刚果农民开始种植黑眼豆（Vigna subterranea）和豇豆（V. unguiculata）这两种豆科植物。南部撒哈拉和萨赫勒地区的苏丹农耕-游牧人群在高粱之外开始种植多种瓜类和葫芦以及蓖麻子，并在公元前 3000 年前后将这些作物带到古埃及。上述两组人群分别独立地开始栽培珍珠稷（Pennisetum glaucum）并以之为主要谷物。通过重建埃塞俄比亚高原地区的古代语言发现，库希特人在这一时期开始种植两种新的高原作物，即小米和画眉草籽（t'ef）。

公元前 7000—前 4000 年间也是人工饲养和种植的动植物从一个地区向世界其他地区传播的时期。在公元前 6000—前 4000 年间的非洲，活动在红海山地和埃塞俄比亚北部干旱地区的驴被库希特人成

① For published plates showing the spindlewhorls, see A. J. Arkell, *Early Khartoum*(New York: Oxford University Press, 1949).

功驯化。随后，驴经埃及传播到中东，正是在这里，驴首先成为重要的运载工具。在此之前的公元前7000年代下半期，绵羊和山羊则从中东传播到非洲，很快成为苏丹人和库希特人的重要家畜。从苏丹草原出发，山羊和牛向西进入西非的尼日尔-刚果社会，具体时间虽然并不确定，但可以肯定是在公元前3000年前。高粱这一苏丹游牧定居社会的重要食物，可能也在大概同一时期进入尼日尔-刚果社
460 会。非洲花生和豇豆则沿着相反的路径传入苏丹和库希特社会，到公元前3000年向北到达肯尼亚北部。

高粱、珍珠稷和小米这三种非洲主食如何在公元前3000—前1000年间越过中东直接进入印度，这一有趣的谜题至今仍未解决。莫非此时的海洋贸易已沟通了北非和印度？

令人惊奇的是，这些作物的起源地并非埃及，这里在公元前7000年仍然是采集渔猎社会。通过逐步接受大麦和小麦以及从中东来的绵羊和山羊，埃及人逐渐进入农耕社会。瓜类、葫芦和驴从南部的苏丹人社会进入埃及，但棉花却没有。通过考察古埃及文字可以发现，苏丹同样影响了埃及人对牛的态度和行为。①

第二次大转型在非洲

到公元前5000年，农业种类和产量的增加使人口的规模和密度都有所提高，随之而来的是世界许多地区的第二次大转型，即人类生存方式从小型聚落到本地政治体再到城镇和国家。长期以来，历史学家们认为埃及是非洲第二次大转型的核心。但由于西方学术界始终存在埃及例外论，历史学家们常常忽略古埃及文化的孕育地即南部的上埃及，是公元前4000年代逐渐出现的复杂社会之核心地带的北部边缘。

---

① C. Ehret., 'The African Sources of Egyptian Culture and Language,' in Josep Cervelló, ed., *África Antigua. El Antiguo egipto, una civilizatión Africana* (Barcelona: Centre D'estudis Africans, 2001), 121 - 128.

公元前 5000 年代这一复杂社会逐步形成的第一个证据并非出现于尼罗河畔，而是下努比亚北部西侧的草原上。远离尼罗河 3000 公里之处，纳布塔-普拉亚（Nabta Playa）居民建立起大型石阵，这是他们对天文现象的理解。在这里发现的墓葬，不论是人的墓葬还是牛的墓穴，都说明这里是富裕的游牧社会，并且形成了繁琐的仪式，而类似现象出现在上埃及要几百年之后了。①

公元前 4000 年，人类再度经历了社会和政治的复杂化，这一次是出现在尼罗河畔，以尼罗河-阿贝河交汇处和上埃及为其南北边界，出现了首批城镇和国家。河畔地区的城镇生活在当地文化中越发重要，即便公元前 4000 年撒哈拉变干导致纳布塔-普拉亚文化终结之后依然如此。由于考古学家几乎忽略了努比亚地区的考古，当 461
地的两个考古发掘即沙赫那波（Shaheinab）和奎斯图尔（Qustul）是我们获取这一时期埃及南部知识的唯一来源。沙赫那波和奎斯图尔这两个城镇属于尼罗河畔的同一个文化体，但各居南北，相距逾 1000 公里。这个中尼罗河文化建有专门用于礼仪的圆形土丘，但如今已在风吹雨打中变作一抔黄土。这种礼仪场所代表了一种长期的文化和政治传统，持续数百年之久。

从公元前 4000 年代中期到上下埃及统一，奎斯图尔始终是统治该地区的国王驻节地。与早期的纳布塔-普拉亚类似，奎斯图尔也有许多牛的墓穴。王室陵墓的图像显示，奎斯图尔的国王曾征服上埃及。对此我们目前还不能彻底推翻。如果抛开埃及例外论，正如考古学家布鲁斯·威廉姆斯（Bruce Williams）所言，这里曾有一个与后来的前王朝时代的上埃及同等重要的国家。②

高度中央集权的埃及国家的崛起背后，来自奎斯图尔的王权理

---

① J. McKim Malville, R. Schild, F. Wendorf, and R. Brenner, 'Astronomy of Nabta Playa,' in J. C. Holbrook, J. O. Urama, and R. T. Medupe, eds., *African Cultural Astronomy*(Dordrecht, New York: Springer, 2008); M. Kobusiewicz and R. Schild, 'Prehistoric Herdsmen,' *Academia*, 3(2005): 20－24.

② Bruce B. Williams and K. C. Seele, *The A-Group Royal Cemetery and Qustul*(Chicago: University of Chicago Oriental Institute, 1986).

念和前王朝时代上埃及的礼仪形式也是重要动力。金字塔之前的埃及王陵模仿早自公元前 4000 年代的努比亚，呈现圆形土丘的模式，直到 2000 年后的埃及南部王国仍然盛行。除此之外，理念之间也存在共通之处，包括对牛的重视，以及苏丹和埃及国王均声称自己具有某种程度的神性，这与中东明显不同。公元前 4000 年代后期，上埃及统治者们是否通过将纳布塔-普拉亚和奎斯图尔的理念合法化来建立自己的权力呢？从外在的礼仪表征看，似乎正是如此。

古王国时期努比亚存在两个著名国家。克玛（Kerma）是其中力量更强的国家，统治了上努比亚的东古拉河段（Dongola Reach），也许还有南部的其他地区。公元前 2040—前 1700 年间的中王朝，统治者们在占领北部的塞国（Sai）之后，在下努比亚的布衡（Buhen）建造了巨大的堡垒，这说明埃及统治者们视南方的克玛为潜在威胁。克玛王国的首都位于其北部边疆附近，这似乎表明克玛对埃及也抱有类似态度，也可能克玛希望王室直接监控与埃及的贸易。通过观察克玛首都内的大型王室墓葬，可以了解其顶峰时的权势。但这些王陵是目前有关克玛王国唯一的考古发现，我们无法从中获知克玛的城市生活，也不知道克玛的权势向南延伸几许。

公元前 1500 年代末，图特摩斯一世（Thutmose I）将埃及的统治向南扩张至尼罗河第三到第四瀑布间的东古拉河段，并将这一地区完全置于其殖民统治之下。一般认为，埃及的扩张摧毁了克玛王国，但真的如此吗？随着埃及在东古拉河段的势力在公元前 12—前
462 11 世纪走向衰落，克玛王国鼎盛时期的物质文化得以在考古记录中出现。不过继续向南到埃及势力范围之外，克玛王国的政治和文化传统依然存在。

公元前 9 世纪，在埃及以南出现了一个新兴王国，也就是埃及人所说的库什（Kush）。今天的历史学家给该地赋予两个名字——一个是公元前 6 世纪前的纳帕塔（Napata），其首都为东古拉河段之滨的纳帕塔城；另一个是公元前 6 世纪前的摩罗（Meroe）。公元前 750 年前后的皮耶（Piye）统治期间，纳帕塔占领了埃及，而

皮耶的统治者在随后的100年间统治了埃及的大部分土地。库什未来的首都摩罗城在公元前7世纪已经出现，而且位于其南部的领地上。

西方学术界的埃及例外论遮蔽了一个重要事实，即皮耶的继承人们统治的帝国也许比埃及国王，即使是新王朝的领土更大。在埃及，他们调整其宗教关系和政治宣传以吸引被统治的埃及人对他们的认可，改变后者对何为埃及人的理解，将他们视作埃及的第二十五个王朝。从他们留在埃及的材料可以看出，纳帕塔-摩罗统治者并未认为自己是不同于埃及人的其他族裔，而且不遗余力地在皇家艺术中表达自己。他们也不遗余力地改变政治和宗教，这种改变甚至在埃及于公元前7世纪独立后仍然发挥作用。①

从公元前8世纪中期到前7世纪中期纳帕塔人统治时期，是外来势力统治埃及的时期，随后亚述人和波斯人的占领也是如此。外来的控制虽然最终结束了，但他们的影响却留了下来。从公元前8世纪直到公元3或4世纪，从尼罗河第一瀑布到尼罗河-阿贝河交汇处的土地仍然属于纳帕塔-摩罗，时间超过1000年。该国在尼罗河畔的许多城市成为棉纺织中心，而摩罗城也成为冶铁中心。国王们修造大坝，支持新的灌溉技术以促进动物饲养和农业种植，并且有了以摩罗文为载体的文字记录。

西非的城镇与国家

非洲早期城镇与国家的发展始于公元前2000纪的西非。在今日毛里塔尼亚的蒂希地区（Tichit）的一处可获取水资源的陡坡，发现了占地方圆200公里的大型村落和小型城镇，时间大约在公元前2000纪中期。似乎每个定居点都专营某项产品以与其他地区交

---

① William Gordon, ‘Cultural Identity of the 25th Dynasty Rulers of Ancient Egypt in Context: Formulation, Negotiation and Expression,’ Ph.D. diss., University of California at Los Angeles, 2009.

463 换——有的定居点生产磨石，有的生产箭头，等等。在这片定居区的中心是一个比周边定居点更大的城镇。这很可能表明，这座城镇是统治这片定居区的国家的首都。

另一个在公元前2000纪出现城镇的地区是今天尼日尔的艾尔山区（Aïr Mountains）。考古学家奥古斯丁·霍尔（Augustin Holl）认为，这里在公元前2500—前1500年间独立发明了冶炼铜的技术。这里发现了五个大型的贵族陵墓，时间在铜冶炼技术出现不久，说明当时这里已经出现了多个部落或小型王国。①当时是否有城镇与这些陵墓相连呢？做出结论仍需进一步的考古研究。

最早在公元前11世纪，水源条件更好的萨赫勒带（Sahel Belt）成为城市持续发展的中心，以今日马里、尼日尔河的内陆三角洲为中心。公元前1000年，本地居民已开始种植不同种类的作物用于贸易。大约在公元前4000纪，三角洲河口地区的农民驯化了非洲水稻（Oryza glaberrima），也有些定居地善于捕鱼。三角洲之外草原地带的居民与三角洲展开高粱等草原作物和家畜的贸易。到公元前1000纪初，制造业的发展使这一长期存在的贸易关系深化为巨大的商业变革，商人、固定的市场和以船和驴为载体的长途贩运都已出现。

苏丹西部和萨赫勒的城市生活尤其具有特色。城镇和城市从早期的村落发展而来，这些村落往往各有自己专门生产的产品，有的专营棉纺织，有的专营制陶，或者毛皮。从公元前1000年到前500年，冶铁进一步分工细化；从艾尔山区以及西撒哈拉等矿区进口铜矿石巩固了长途贸易。②另一种贵金属黄金来自上尼日尔河的金矿地带，在公元前1000纪末进一步强化了贸易。

---

① Augustin F. C. Holl, 'Metallurgy, Iron Technology and African Late Holocene Societies,' in R. Klein-Arendt, ed., *Traditionelles Eisenwerk in Afrika* (Köln: Heinrich Barth Insitut), 13-54.

② Roderick J. McIntosh, *The Peoples of the Middle Niger* (Malden, Mass.: Blackwell, 1998).

最令人称奇的是，撒哈拉以南非洲不同地区的冶铁技术是分别独立出现的。铁的熔炼可以追溯到公元前10—前11世纪的卢旺达和乍得湖（Lake Chad），时间之早、位置之南使我们很难相信，其技术来自3000公里之外、于500年之前的安纳托利亚，而且铁器直到公元前10世纪之后才随着侵略者进入迦太基和埃及等地区。

从公元前700年到前400年间，经济转型出现在今尼日利亚的中北部，即当时正在形成中的最早的有一定重要性的西非国家，诺克文化（Nok Culture）的产物。在这一文化的中心地区发掘出许多大型陶土雕塑，这些雕塑被打破后埋入贵族的墓葬中。从考古发掘来看，诺克国家与后来本地区的许多国家面积相仿。铁是诺克国家的主要产品，该国也可能是锡矿开采的中心。

世界历史上的第一次商业革命打通了地中海、中东与印度、东南 464
亚、印度尼西亚和东亚间的陆海贸易，西非的商业革命也在这一时期开始了。①生活在费赞绿洲（Fezzan）的格拉梅特人（Garamantes）充当了这两场商业革命的中介人，这也许是他们在公元前9世纪崛起的原因。对于格拉梅特人究竟扮演了怎样的角色，目前还没有直接证据，但内陆三角洲与迦太基人活动范围之间的联系肯定存在——三角洲地区需要马，并且沿用了迦太基人的名字，时间大约在公元前1000纪。

定期的跨撒哈拉贸易网直到骆驼大量应用于运输并成为北撒哈拉地区的主要食用动物之后才得以发展起来。蒂莫西·加拉德（Timothy Garrard）认为，公元3世纪末期罗马开始在迦太基地区铸币标志着西非黄金第一次穿过撒哈拉来到这里。更具有启发意义的是，他认为西非商人直到19世纪仍然在使用的黄金衡量系统保存了迦太基的货币体系。②

---

① 关于第一次商业革命的性质，参见C. Ehret, *An African Classical Age*(Charlotteville, Va.: University Press of Virginia, 1998), 16－21。

② Timothy F. Garrard, ' Myth and Metrology: The Early Trans-Saharan Gold Trade,' *Journal of African History* 23(1982), 443－461.

非洲之角的早期城镇与国家

公元前1000纪的非洲之角同样见证了城市的出现。与萨赫勒和苏丹西部的城市依靠自身内在因素崛起不同，非洲之角的城市在很大程度上得益于第一次商业革命。在非洲之角的对岸生活着南阿拉伯人，包括建立了迦太基的腓尼基人和建立昔兰尼（Cyrene）的希腊人，他们来到非洲寻找新的商品以及用于传统产品的新资源，起初是乳香和没药，不过很快就转向了龟甲和象牙。他们在非洲的定居点模仿其在迦太基和普兰尼的形态，即城邦，影响了本地的库希特游牧社会和北埃塞俄比亚高原的农业社会。①

起初，非洲之角的商路从陆上穿过南阿拉伯直到黎凡特。公元前300年以后，红海成为地中海与印度洋正在扩张中的贸易圈之间的核心渠道。这条海路经亚丁海峡进入阿拉伯海，到印度和印度尼西亚；或是向南到达东非海岸，最远可到今天坦桑尼亚的达累斯萨拉姆。在公元前1000纪，后一条路线的终点是拉普塔（Rhapta），这也是目前已知东非最早的城镇。

465 在公元1000纪早期，埃塞俄比亚北部城邦阿克苏姆（Aksum）将非洲之角北部的城镇和乡村纳入自己的统治。阿克苏姆为非洲之角和红海南部的商业活动提供保护，并对其加以管制和征税，逐渐成长为地区大国，并将其权势扩展至南阿拉伯。该国对地中海与印度洋之间商路的控制使基督教进入阿克苏姆，基督教在成为罗马国教30年后也被阿克苏姆国王埃兹那（Ezana）认可为国教。

6世纪70年代，南阿拉伯被萨珊波斯占领，削弱了阿克苏姆在

① C. Ehret, 'Social Transformation in the Early History of the Horn of Africa,' in Taddese Bayene, ed., *Proceedings of the Eighth International Conference of Ethiopian Studies* (Addis Ababa: Institute of Ethiopian Studies, 1988), Vol.1, pp. 639 - 651; Peter R. Schmidt, Matthew C. Curtis, and Zelalem Teka, eds., *The Archaeology of Ancient Eritrea* (Trenton, N.J.: Red Sea Press, 2008).

红海贸易中的支配地位，从7世纪中期到8世纪中期第一个伊斯兰帝国的崛起切断了阿克苏姆与商业贸易的联系。倭马亚王朝以大马士革为首都，哈里发们将沟通东西的海洋贸易中心转移到了波斯湾，致使红海在100年间成为贸易的死水。

从比较世界历史的角度出发，阿克苏姆国家最重要的贡献在于其建立了一套封建制经济基础。从7世纪末到9世纪阿克苏姆发生了与中世纪欧洲类似的转型。阿克苏姆的城市生活萧条下去，甚至阿克苏姆城也只有几千居民。通过向军士赐予采邑，阿克苏姆国王创建了军功阶层，采邑农民将部分收获交给领主。在前封建时代的阿克苏姆，省长都由贵族担任，修道院成为教育和文化的中心。国王赐予修道院土地以支持其宗教活动，僧侣则向阿克苏姆周边地区传播基督教。

阿克苏姆的封建制度与欧洲封建制度有重要区别。在封建时代之前的阿克苏姆，土地被授予当地农民而非罗马帝国那样授予大地主。因此，阿克苏姆及其继承人如12—13世纪的齐格维王国（Zagwe）以及13世纪70年代后的所罗门王国，允许地主获得农民的部分产品和其他特权，但农民并非农奴而是自由人，能够把自己耕作的土地遗留给亲属或子嗣。

帝国时代

当非洲之角北部在公元1000纪后期进入封建社会时，西非草原地区则开始了帝国时代。韦加度（Wagadu）即加纳，是目前所知的最早的大型帝国，在公元1000纪中期之前取得了地区霸权。该国横
跨从尼日尔河内地三角洲直到塞内加尔的土地，控制了南部金矿直 466
至撒哈拉的商业网络。当比利牛斯山以北还没有城市的时候，韦加度以及苏丹西部和中部已经有繁荣的城市生活。

12世纪韦加度帝国衰亡后，相继而起的是一系列新的帝国——12世纪中期到13世纪初的苏苏（Susu），其霸权的基础在于对金矿

的控制;[1] 13 世纪 40 年代到 15 世纪中期的马里，控制了通往金矿和北部贸易的路线；15 世纪中期到 16 世纪末的桑海帝国，控制了萨哈尔的主要贸易城市和撒哈拉的食盐贸易。从 9 世纪到 15 世纪，加涅姆帝国（Kanem）控制了乍得盆地，其财富和权势来源于对周边国家与撒哈拉中部主要贸易路线的控制。

这些帝国与当时的伊斯兰世界有密切的商业联系。642—710 年间，穆斯林控制了北非；在随后的几个世纪中，伊斯兰教成为跨撒哈拉贸易网中的主要宗教，并且是韦加度和马里帝国商人的主要信仰。11 世纪，控制塞内加尔的塔克尔王国（Takrur）和乍得湖地区的加涅姆帝国也皈依伊斯兰教。后来马里和桑海的统治者同样成为穆斯林，但这些国家农村地区的广大人口依然信奉传统宗教。在东非海岸，伊斯兰教随着商业活动扩张，到 12 世纪已成为斯瓦西里（Swahili）各城邦城市人群的宗教信仰。在非洲之角，伊斯兰教不仅在商人之间流行，而且传入非洲之角东部的库希特游牧社会，在艾哈迈德·古里（Ahmad Gurey，1527—1543 年在位）反对埃塞俄比亚高原上基督教国家所罗门王国的军事圣战中，伊斯兰教充当了精神支柱。从 7 世纪到 15 世纪，伊斯兰通过不同形式将非洲许多地区与世界连在一起。例如，13 世纪的廷巴克图（Timbuktu）不仅是地中海与中东的贸易中心，而且以当时的标准可以算是一座大学城，聚集了许多知名学者从事写作与教学。

今日尼日利亚境内下尼日尔河的西部，在公元 1000 纪下半期孕育了富饶的城市生活。早期约鲁巴（Yoruba）城邦伊夫（Ife）逐渐成为重要的商业中心，以生产玻璃珠著称，并经营雨林带和草原地区与北部的贸易。伊夫拥有高度发达的黄铜铸造，使用一种已经失传的封腊技术，是约鲁巴的宗教和礼仪中心。同时期另一个著名的伊勒-伊夫社会（Ile-Ife）是伊格博-尤克乌人（Igbo-Ukwu）的伊格博城，这里也是黄铜铸造艺术的中心，同时也是约

---

① Stephan Bühnen, 'In Quest of Susu,' *History in Africa* 21(1994), 1 - 47.

鲁巴东部一个横跨下尼日尔河国家的首都，该国的国王被高度仪式化。

非洲南部的农业迟至 5000 年前才出现，因此毫不奇怪，这里
最早的城镇和国家晚于北部。在非洲中西部的赤道热带雨林地区， 467
依靠刚果盆地诸河流的长途贸易直到公元前 1000 纪才发展起来，在班图社会与巴特瓦人（Batwa，俾格米人群体之一）开展贸易，以鱼类、农产品、猎物和石器为大宗商品，其中班图人在公元前 3000—前 1000 年将农业带到这里，而巴特瓦人是赤道地区的古代采集渔猎人群。到公元前 1000 纪中期，铁器已遍布刚果盆地，随之铁器也成为贸易的重要品类。拉菲纺织和造船等行业也是参与贸易的部门。在这一新经济体系中，巴特瓦人专营蜂蜜、腊、毛皮和象牙等森林产品。

在东非大湖区，使用铁器的马沙利克班图人（Mashariki Bantu）在公元前 1000 纪初开创了新的发展。马沙利克人与苏丹人和库希特人相遇后，开始食用前者的高粱和珍珠稷以及后者的小米，改变了自己此前以番薯为主的种植结构。与番薯相比，这些新作物对雨水要求较少，帮助其在公元前 300—公元 300 年间扩散至非洲东部和南部的大部分地区。他们也将冶铁技术带到其他地区，而对铁器的需求也促进了新定居地贸易网络的扩大。

在公元前 1000 纪末到达东非海岸的马沙利克人很快参与到第一次商业革命期间的印度洋贸易网中。这种参与所产生的最突出和持续最久的影响并非来自东非最早城镇拉普塔的商人，而是印度尼西亚移民，他们经由印度洋贸易路线来到东非并定居于此，直到公元 300 年前后迁往马达加斯加。这些早期的马尔加什人（Malagasy）带来了东南亚作物，最著名的就是香蕉，极其适合非洲潮湿的热带环境。香蕉种植很快西传至大湖区和刚果盆地，相比番薯种植，需要的人力更少而产出却更多。历史学家简·凡斯纳（Jan Vansina）和凯恩·克里曼（Kairn Klieman）认为香蕉到达刚果盆地促进了当地商业活动的飞跃，因为香蕉种植的简便使人们有了更多时间从事贸

易以及生产贸易所需的产品。①

上述发展推动了刚果盆地的政治发展，6—12 世纪，这里出现了酋长国，12 世纪后出现了王国。卢阿拉巴河（Lualaba）中部在大约 1100—1400 年间出现了两个已知最早的内陆王国松加伊王国（Songye，即桑海王国）和乌蓬木巴（Upemba）。在大西洋沿岸的下刚果地区，刚果（Kongo）及其首都姆班扎刚果（Mbanzakongo）以及各省中心在大约 1300—1665 年间繁盛起来。这两个地区都在主要的贸易路线两侧，并靠近主要的铜和铁的生产区。

在非洲大湖区，最早的大型国家大约出现在 1100—1400 年间。这里的统治者在其首都修造了大型土木工程，其财富来源并非贸易
468 而是牛。这些城市中有数千人口，居民区占地数平方公里，其间分布着农田和草场。这些散布的城镇集聚了食盐、铁器和食物的贸易，但其主要身份是政治和礼仪中心。②

相比之下，南部非洲最早的城镇马蓬古布韦（Mapungubwe）繁荣于 11—12 世纪的林波波河谷（Limpopo Valley），既是拥有大型石制建筑的王国首都，又连接起内陆黄金和象牙产区与印度洋贸易圈。13 世纪津巴布韦帝国成立后，这一地区城市发展的中心转移到了今日的津巴布韦。帝国首都大津巴布韦（Great Zimbabwe）以大型石制建筑闻名，在 14 世纪时人口高达 1. 5～1. 8 万。帝国的许多省会城市尽管规模不大，但已可以算得上是城镇。

大西洋时代里的非洲，1440—1900 年

非洲历史的第三次大转型始自 15—16 世纪，即西欧和南欧这些

① Jan Vansina, *Paths in the Rainforests*(Madison, Wisc.: University of Wisconsin Press, 1990); Kairn Klieman, '*The Pygmies Were Our Compass*': *Bantu and Batwa in the History of West Central Africa*(Portsmouth, N.H.: Heinemann, 2003).

② J. E. G. Sutton, 'Ntusi and Bigo: Farmers, Cattle-Herders and Rulers in Western Uganda, AD 1000—1500,' *Azania* 33(1998), 39 – 72.

东半球经济体系中曾经的边缘者开始凭借海路前往世界各地。西班牙执其牛耳，接着是其他西欧国家，将美洲与世界其他地区连为一体；葡萄牙人则在非洲海域徘徊，将自己与旧世界的尽头连在一起。由是之故，欧洲人在一个崭新的货物、人口和观念的全球流动中占据了中心地位。

这一新的世界历史体系推动非洲再度转型，这种转型可以划分为三个阶段——从 15 世纪中期到 17 世纪中期的大西洋时代早期、从 17 世纪中期到 19 世纪的大西洋时代中期和 19 世纪到 19 世纪末殖民瓜分的大西洋时代晚期。

大西洋时代早期对许多非洲人而言意味着财富。非洲大西洋沿岸地区本来与苏丹地区的城市世界之间并没有繁盛的商业贸易，但却在新的海岸贸易中扮演了中心角色。葡萄牙人和西班牙人在 15 世纪建立起一套行之 200 余年的商业模式，欧洲商船不但将黄金、胡椒和热带木材等产品运回欧洲市场以从中获利，而且也将商品从非洲某地运往非洲另一地区。例如，欧洲商船将位于今日尼日利亚南部贝宁王国（Benin，约 1300—1897）的棉纺织品运往黄金海岸用于换取黄金，或是运往塞内加尔换取铁器，也会在塞内加尔换取毛皮或奴隶。

苏丹地区的商业同样获利匪浅，因为欧洲贸易是非洲生产商和
商人新的市场，也是新的产品进口地区，这使他们不再依赖于跨撒 469
哈拉贸易和市场。经济发展而非经济萧条使西非的帝国时代于 16 世纪终结。帝国的权力依赖于对两种高价值商品的控制，即黄金和食盐。16 世纪前大型家族商业集团的发展和扩张——起初是在马里帝国——刺激了对多样化产品的需求，并逐渐将更多地区纳入庞大的贸易网络中来。到 16 世纪，西非已出现多个商业性生产中心，提供了多样化的产品，这使得任何单一国家都无法集聚众多权力与财富。因此许多中等规模的王国取帝国而代之。

然而，非洲与世界其他地区的贸易关系在大西洋时代中期发生了变化。此时，欧洲对一种特殊商品的需求产生了深远影响，可谓

遗祸尤烈。17 世纪，加勒比和巴西蔗糖生产的发展亟需一种特殊的“商品”，即奴隶。随着欧洲商船越来越多地投入奴隶贸易并且用欧洲和亚洲产品交换奴隶，非洲大西洋地区的海岸贸易萧条下来，非洲商人也失去了其远方的市场。

内陆地区则见证了国家的兴衰交替。阿散蒂帝国和奥约帝国盛行于 17—18 世纪，它们将战俘投入奴隶贸易，尽管前者在 18 世纪时也依靠其盛产的黄金和柯拉果（kola nuts）维持贸易。西非的达荷美和安哥拉的卡桑杰（Kasanje）则依靠战争掠夺发展起来。而刚果王国则失去了在下刚果地区的贸易中心地位，并在 17 世纪末陷入了长达 30 年的内战中，曾经繁盛的城市带也随之覆灭。

对于大部分非洲国家而言，19 世纪的大西洋时代晚期可谓悲剧时代。凭借几十年间的奴隶贸易，英国又成为反对奴隶贸易的先锋。通过外交活动、在西非海域派驻军舰打击奴隶贸易和建立塞拉利昂殖民地以安置被释放的奴隶，英国逐渐切断了大西洋上的奴隶贸易。但与此同时，由于奴隶贩子不断向内陆掠夺奴隶，这项贸易所盛行的地区也随之改变。奥文崩杜人（Ovimbundu）的商队从安哥拉前往刚果盆地的隆达帝国（Lunda）和卢巴帝国（Luba），也前往其他酋长国和小王国。从 19 世纪早期开始，尧人（Yao）和斯瓦西里商队从非洲中东部国家和内陆地区将奴隶送入印度洋贸易圈，以满足桑给巴尔丁香种植园和乌曼岛（Uman）海枣种植园的需要。19 世纪后半期，今日苏丹地区的商人与远至刚果盆地东北部的赞德王国
470 （Zande）联手劫掠奴隶，运往埃及和中东。19 世纪最后 30 年间，斯瓦西里人和阿拉伯人共同劫掠了刚果盆地东部，抢走许多人口变作奴隶。比利时王国利奥波德私人所有的刚果自由邦进一步加剧了这几十年间的恐怖气氛。效忠于利奥波德的特许商像对待奴隶一样对待投降者，强迫他们生产橡胶等欧洲市场的紧俏货。

跨过非洲西部的苏丹地带，狂热的伊斯兰运动正在崛起，并重塑了该地区 19 世纪的政治生态。在 17 世纪的下塞内加尔谷地，伊斯兰教率先成为一种激发民众反抗政治秩序的意识形态。18 世纪初，

来自塞内加尔的富拉尼（Fulani）移民首先以伊斯兰教为旗帜行动起来，发起了针对富塔-加仑山区（Futa Jallon Mountains）即今日几内亚的苏丹王国的圣战，并在这里建立了自己的伊斯兰国家。19世纪，苏丹地区经历了更为广泛的伊斯兰转向，始自富拉尼阿訇乌斯曼·丹·弗迪奥（Usman dan Fodio），此人生活在东部名义上归化伊斯兰的豪萨城邦（Hausa），在今天尼日利亚北部和尼日尔南部。1804年，乌斯曼与一群信徒打出了“圣战”的旗帜，并在随后的15年间占领了几乎整个豪萨地区，创建了索科托哈里发国（Sokoto）。受其鼓舞，西部的许多富拉尼人领袖纷纷宣称开始“圣战”，其中最重要的人物当属奥马尔·拓尔（Umar Tall），他在1836—1864年间领导的战争摧毁了尼日尔河畔的非伊斯兰的塞古王国（Segu）和卡尔塔王国（Kaarta）。他建立的帝国不断扩张，最终在1890年颠覆了法国的殖民统治。

从19世纪80年代到第一次世界大战，欧洲国家逐步将非洲纳入殖民统治之下。欧洲与非洲间的力量对比在此时被打破并不难理解，西欧在19世纪下半期首先发明了连发步枪，继而发明了机关枪，打破了直到19世纪初还基本平衡的对比。只有埃塞俄比亚和由美国被释奴于19世纪20—40年代建立的利比里亚仍然保持独立。近年来频频见诸报端的达尔富尔王国（Darfur），直到1915年才摆脱殖民统治。

大部分非洲国家在20世纪五六十年代重获独立，其余的也在70年代独立，但这些独立国家的疆界大多是殖民地时期的疆界，而非80年前的局势。尽管时间不长，但殖民统治永远改变了非洲国家的版图。曾经在殖民时代前抵制伊斯兰教的乡村人口最终伊斯兰化；非洲化的基督教也盛行于非洲大部分地区。不过，此前的历史记忆以及社会和族裔关系并未完全消失。在现在的53个非洲国家中，许多国家中的此类关系直到近几十年才有所弱化。在刚果、卢旺达和布隆迪等国家，这些历史遗产仍然在引发冲突、派系分化和暴力活动。无论何处，奴隶贸易对非洲经济的破坏在殖民时代进一步加剧，471

许多地区受制于单一作物制和掠夺性的殖民政策，这使得今天的非洲疮痍遍地。

非洲融入世界历史

以如此漫长的视角来观察非洲不难发现，非洲历史上的重要进展与世界其他地区步伐类似、道路相近。全新世时代人类历史的两次大转型，即从采集渔猎到农业种植以及几千年后从村落到城镇和国家，非洲不仅没有落后，反而是主要的起源地。非洲农作物种植和动物饲养的起始时间仅次于中东，不但早于其他地区，而且与中东的时间也相距不远。世界历史上牛的最早驯化始于东撒哈拉南部，比地中海东部牛的驯化提前了1000～1500年。在撒哈拉以南的非洲，陶器技术由两个不同地区独立分别发明，而棉纺织、拉菲纺织、磨制石器、铜冶炼术以及铁器制造证明了历史学家长期以来的观点，人类历史上的关键性技术往往在不同地区独立地多次出现。

在冰河时代以来的人类历史上，非洲从农业出现到早期城镇与国家的诞生之间的时间差与世界其他地区相似。实际上，无论是在中东、中美洲、中国还是非洲，最早的城市和国家都出现于人工种植和驯养动植物之后的4000～5000年间。在撒哈拉东部，从采集渔猎到农业种植和饲养动物的第一次大转型始于大约公元前9000纪中期。第二次大转型，也就是从本地政治实体到国家和从村落到城镇，在纳布塔-普拉亚是在公元前5000纪，在尼罗河流域是在公元前4000纪，也就是努比亚的沙赫那波（Shaheinab）、奎斯图尔以及上埃及的涅伽达（Naqada）。西非最早的城市和大型政治实体可以追溯到公元前2000纪，在这里，从农业出现到城镇崛起的时间夸度大约为4000～6000年，时间长短依赖于从采集渔猎到农耕的转型的早晚。

另一方面，外部因素也会加快城镇和国家的崛起。津巴布韦帝国及其首都大津巴布韦建立于13世纪，距离农耕社会抵达赞比亚河以南只有1400年。外部因素，也就是印度洋贸易圈对津巴布韦黄金

和象牙的需求是王权的基石。国王控制了黄金和象牙的主产区，也
控制了其他更大区域，贸易路线使斯瓦西里商人经由索法拉 472
（Sofala）等海岸城市进入这些地区。

非洲历史提醒我们，早期城市和国家——也就是历史学家们称之为文明的复杂文化体——并非所有发明的诞生地。例如，铁器制造在公元前1000纪很快成为西非商业城镇的核心部门，但发明冶铁的人却并不生活在这里，而是居住在村落地区；而且铁器同样很快地传遍非洲大陆的非城市、非国家地带。

古代埃及的案例则相反。尽管埃及是早期国家形成史上的重点地区，但却并非全新世人类历史第一次关键转型的策源地，而是农作物和家畜传播的必经之路。埃及古王国也就是其第一个大型国家，位于一个范围更广的早期复杂社会的边缘，这个复杂社会包括撒哈拉的游牧人群、努比亚的城镇居民和南部的奎斯图尔国家。

过去2000年间的历史发展使非洲进一步融入世界历史。苏丹地区和北非人群早在公元1000纪就已高度城市化，并且与当时的西欧和北欧相比，在更大程度上融入了世界经济。1500年以后的历史，尽管改变了欧洲在世界的地位，但也使非洲其他地区深度融入世界。苏丹和西非的农作物，如高粱和黑眼豌豆越过大西洋进入美洲。玉米、木薯、蚕豆和花生等美洲作物进入非洲。尼日尔-刚果地区的非洲奴隶被迫进入美洲，也将自身的音乐传统带到当地，推动了今日风靡世界的爵士乐和舞蹈的发展。要想全面考察非洲对世界的贡献，历史学家们仍有很长的路要走。例如，巴西的卡波耶拉（capoeira）这种介于武术与舞蹈间的艺术来自17世纪安哥拉卡桑杰王国的艺术传统。①

在人类历史早期，非洲并未被排斥在历史发展之外或滞于其后。如今，我们不应再将过去几百年间非洲的混乱与动荡，以及由此而

---

① T. J. Desch-Obi, *Fighting for Honor: The History of African Martial Art Traditions in the Atlantic World*(Columbia, S.C.: University of South Carolina Press, 2008).

产生的经济社会落后与政治动荡放入非洲的悠久历史中，而是应该将非洲与世界历史直接融合起来。

参考书目

- Ehret, Christopher. *The Civilizations of Africa: A History to 1800*. Charlottesville, Va: University of Virginia Press, 2002.
- —— *History and the Testimony of Language*. Berkeley: University of California Press, 2011.
- Iliffe, John. *Africans: The History of a Continent*. Cambridge: Cambridge University Press, 2007.
- Reid, Richard J. *A History of Modern Africa, 1800 to the Present*. Malden, Mass.: Wiley-Blackwell, 2009.

李文硕 译 陈 恒 校

第二十六章　世界历史上的欧洲和俄罗斯帝国

邦妮·G. 史密斯　唐纳德·R. 凯利

欧罗巴（Europa）是希腊神话中的一位腓尼基公主，被化身为 475
公牛的宙斯劫走之后，她的名字与始于巴尔干半岛、隔开非洲和亚洲的博斯普鲁斯以北的地区紧紧地联系在一起。后来，一则更为复杂的神话传说将她与诺亚的儿子雅弗（Japeth）联系起来，继而雅弗也与欧洲有了关联（正如与非洲相联系的含［Ham］以及与亚洲相联系的闪［Shem］一样）；而这一传统做法经由早期制图惯例和查理曼帝国得到巩固。①随后的“神圣罗马帝国”（再后来的“德意志民族”）以“欧罗巴”之名延续了 1000 年，在哈布斯堡王朝统治阶段繁荣尤甚。直到 1806 年神圣罗马帝国为拿破仑所灭，后由奥匈帝国替代，直到 1918 年瓦解。近代的其他扩张包括一些欧洲国家海外帝国的建立，1917 年之后的苏俄（1922 年后称苏联），以及 20 世纪后期与 21 世纪不断发展的欧盟。

古代欧罗巴

罗马帝国地跨全球，覆盖了不列颠到中东再到北非的领土。在

---

① Denys Hay, *Europe: The Emergence of an Idea*（Edinburgh: University of Edinburgh Press, 1957）.

戴克里先的继任者——君士坦丁的统治下，它被基督化并获得了重新统一。君士坦丁神奇地皈依后，在尼西亚召开第一次基督教会议，并发布了西方教会的纲领。在拜占庭帝国定都君士坦丁堡期间，狄奥多西一世确立了基督教的正统地位；439 年，拜占庭的狄奥多西二世颁布了《狄奥多西法典》。罗马圣彼得的继任者教皇虽然凭借自身
476 力量获得强权，成为西方的统治者，但是帝国仍在西方继续衰落。匈奴人、西哥特人、汪达尔人、伦巴第人、法兰克人等亚洲及日耳曼部族迁移到此之前受罗马控制（管辖）的领土，并在基督教信仰及教会政府的统治之下，建立了自己的政权和社会制度。①查士丁尼重新征服意大利，并于 6 世纪建立了伟大的罗马法体系，该体系成为几个世纪中世界各地法律体系的源泉和范例。拜占庭帝国成为“第二个罗马”，俄罗斯成为“第三个罗马”，二者皆信奉希腊的东正教，进而与罗马产生背离，这为 14 世纪的教会大分裂奠定了基础。

神圣罗马帝国建于古罗马帝国的遗迹上，后由西哥特人、东哥特人、法兰克人、萨克森人和伦巴第人组成的日耳曼部族及来自亚洲的匈奴人所推翻。事实上，这些部族在传统惯例中都被视为“蛮族”，尽管现在的历史学家更倾向于称之为移民者而非入侵者。查理大帝通过立法和监督地方权利机构（巡按使），使“新”帝国从一开始就与基督教和基督教徒联系在一起，之后又与教会在欧洲大陆上建立起世俗与精神的伙伴关系。君权和神职，统治权和祭司制度形成的欧亚大陆，依靠罗马法的余晖及宝贵遗产，成为“西方文明”的中心。

7 世纪，穆罕默德与《古兰经》的出现促进了伊斯兰教的传播及其政治势力的扩张。8 世纪，穆斯林入侵北非，开始征服伊比利亚半岛，战胜了西哥特王国最后一位国王，但却在图尔战役中受挫于查理·马特（Charles Martel），紧接着查理曼入侵西班牙。②伊斯兰文

---

① Walter A. Goffart, *Barbarians and Romans, A.D. 418—584: The Techniques of Accommodations*(Princton: Princeton University Press, 1980).

② Francesco Gabrieli, *Muhammad and the Conquests of Islam*(London: Weidenfeld & Nicolson, 1968).

化在伊比利亚半岛繁荣昌盛，尽管中世纪后期的大部分时间都在与西班牙的战斗中进行，随后是西班牙君主对摩尔王国的长期光复运动，这场运动正好发生于卡斯提尔的伊莎贝拉（Isabella of Castile）资助哥伦布开启航海活动之前。伊斯兰教在叙利亚和美索不达米亚也长期保持着统治地位。从 11 世纪开始，在朝圣之前，西欧的封建领主和骑士等势力发动了八次十字军运动收复了耶路撒冷，并一度占领君士坦丁堡，建立了基督教十字军王国。蒙古人于 13 世纪向西方和南方迁移，占领了巴格达。与此同时，土耳其人紧随其后，入侵了巴尔干半岛和拜占庭帝国，并于 1453 年占领君士坦丁堡，从而成为 16 世纪欧洲国家体系国际化的一部分。

从 7 世纪开始，法国梅罗文加王朝（或称墨洛温王朝）的历代国王不仅在军事上征服了弗里西亚（Frisia，在今荷兰）、阿基坦（Aquitaine）及莱茵河东部的各族人民，还统领着阿拉伯人；并且与罗马教会建立起密切的联盟关系。771 年，查理曼成为法兰克王国唯一的国王，在打败了萨克森人、伦巴第人和阿瓦尔人（Avars）之后，他被尊选为罗马的皇帝，于 800 年的圣诞节被教皇加冕，如千年之后的拿破仑一样，不同的是拿破仑是自己为自己加冕。[①]与此同时，封建制度及庄园制度得到了发展，但是帝国的政治结构不堪一击；843 年《凡尔登条约》的签署标志着政治结构的腐朽和瓦解。条约划分了查理曼儿子们的领土，长子罗退尔（Lothair）继承皇位，控制意大利和“中间王国”（洛林地区），路易是东部的日耳曼尼亚地区的国王，而“秃头”查理是法兰克西部（未来法国的雏形）的
国王。查理曼时期之后的欧洲大陆上，越来越多的农民变成农奴， 477
士兵也开始拥有土地，但是教会通过以罗马为中心的主教辖区体系在封建社会中建立起另一种政府体制。1095 年，教皇乌尔班二世宣布发起以“欧洲”军事行动为基础的十字军东征运动。这场为了抵抗阿拉伯和土耳其，收复圣地耶路撒冷的运动持续了 2 个世纪，也

① Heinrich Fichtenau, *The Carolingian Empire*(Oxford: Blackwell, 1957).

产生了影响后世几代人的外交效应。

欧洲通过来自四面八方的外国入侵者获得了进一步的自我定义，这些入侵者有来自北方的斯堪的纳维亚人，南方的穆斯林，以及东方的蒙古人、马札尔人和土耳其人。从地图的角度来看，最能代表欧洲的是T-O地图，在该地图上，亚洲处于T区的上方半圆，左下方和右下方的四分之一扇面分别为欧洲和非洲。十字军东征加剧了东西方的分化，与罗马（西方天主教信徒）和拜占庭（希腊东正教信徒）的宗教分裂如出一辙。根据科维的维杜金德（Widukind of Corvey）的说法："意大利人、法国人和德意志人是欧洲三大优秀种族。"大学的创立与康斯坦茨会议（Council of Constance）的召开进一步强调了"国家"的划分。经济活动和远途贸易有助于欧洲人民种族的一体化。由于大公会议运动，半独立的国教教会开始出现，最初为法国天主教和英国国教，两者后来在现代国家中进行了融合，这两个教会是现代早期"新君主政体"和国教教会的重要组成部分。

民族国家

加洛林帝国灭亡之后，诺曼底（由维京海盗建立）、阿基坦以及普罗旺斯和意大利境内的独立国家开始形成。在德意志地区，萨克森、法兰克尼亚（Franconia）、士瓦本（Swabia）、巴伐利亚四个公爵领地走向独立。①萨克森的奥托一世当选为王，开始入侵意大利，他通过主张重振和支持教皇而获得皇帝头衔，但是他死后并没有子孙。始于11世纪的主教叙任权之争打破了帝王与教皇之间的附属关系。这一时期克吕尼改革运动实行禁欲主义，反对教士婚娶，禁止教产私有化。在东方，斯拉夫人的第一个国家基辅罗斯吸收了拜占庭形式的基督教。大保加利亚帝国被斯拉夫人入侵，但在13世纪时

① Geoffrey Barraclough, *The Origins of Modern Germany*, 3rd edn. (Oxford: Blackwell, 1988).

得到复苏，后又被穆斯林和匈牙利人入侵。13 世纪，当十字军在中东建立基督教国家时，蒙古人开始入侵欧洲。

12 世纪见证了古代文学的复兴，特别是由阿拉伯人翻译的古希腊科学著作与亚里士多德的哲学作品，同时随着大学的出现，拉丁文成为当时学术界的通用语言，首先应用于神学、法律和医学领域的学术交流之中，而后人类学家又试图重塑古代拉丁语言。学习拉 478
丁法学成为在教会和世俗政府任职的必经之路。此后，拉丁语又开始影响希腊语和近东国家的语言，尤其是这些语言在进行《圣经》研究和自然哲学研究之时。古代逻辑学和修辞学发展成为渗透于其他学科领域的“学术方法”。“通用”历史研究秉承着基督教史学派优西比乌（Eusebius of Caesarea）的旧传统，及与基督教发展平行的非西方传统，而现代年代学，尤其是斯卡利杰（J. J. Scaliger）的著作使这一研究与时俱进，再加上 17 世纪的东方语言，特别是古埃及语，几个世纪间一直吸引着学者们，并由此产生了现代“埃及狂热症”。

从 11 世纪开始，欧洲人口开始增长，推动了农业的发展和城市贸易中心的崛起，欧洲的地位逐渐凸显。北欧和东欧的边缘地区开始出现移民和定居者，制造业催生了第一家手工艺行会和所谓的“资本原始积累”。①伴随繁荣而生的是农民起义和异教兴起，以及黑死病从东方传播至威尼斯并扩散至欧洲和英国的其他地区。蒙古人入侵俄罗斯，基辅罗斯毁于一旦。瘟疫导致了封建制度的衰退，而国际贸易继续扩张，高雅文明亦是如此。欧洲较大的国家建立起王室和代议制机构，而税收促使这些国家将战争看作是国家的主要职能，正如法国和英国的那场百年战争。东欧涌现了很多新的国家，如波希米亚、匈牙利和波兰，不消说还有立陶宛大公国；斯堪的那维亚半岛实现了瑞典、挪威和丹麦王室的联合。中世纪后期，莫斯科公国在斯拉夫人群体中兴起，并信奉东正教。长期以来分裂了基

① Marc Bloch, *Feudal Society*, trans. by L. A. Manyon, 2 vols. (Chicago: University of Chicago Press, 1961).

督教的希腊东正教因为穆斯林的入侵和定居而变得更加复杂。所有这些制度性的发展都为欧洲与更广阔世界的关系铺平了道路。

随着贸易的发展，欧洲向东方扩张，但由于 11 世纪晚期开始的十字军东征（前文已提到），以及随之而来的穆斯林的反对和强烈抵抗，欧洲东扩的进程变得更加引人注目。同时期，蒙古帝国西征，穆斯林征服北非。纵观整个中世纪，欧洲商人沿着丝绸之路穿越亚洲来到中国和日本。最早开启丝绸之路的是中国商人，他们通过中亚中间商开辟了多条路线，但是穆斯林的东部扩张最终关闭了这条道路，直到 19 世纪西方探险家和考古学家再次踏上这条道路。与此同时，蒙古征服者建立了一个包括中国、伊朗、土耳其斯坦和俄罗斯在内的大帝国。哥伦布远航的一个世纪以前，中国就已经派遣探险舰队穿越印度洋，抵达波斯湾和非洲的富足港口，之后才退回到闭关锁国的状态。

在霍亨斯陶芬王朝腓特烈一世及腓特烈二世的统治下，西方（神圣罗马）帝国得以复兴。腓特烈二世只关注对于意大利的统治，而忽略了对德意志的管辖，造成德意志在 13 世纪中期出现了政权空
479 位期。德意志历史的崭新阶段开始于哈布斯堡王室的当选，1356 年的《金玺诏书》推动政府从君主政体向贵族联邦制过渡，各公国纷纷遵循各自的政治议程走向独立建国之路。西班牙的收复失地运动则更为野心勃勃，他们抵抗穆斯林和摩尔王国的统治。诺曼底征服者威廉的统治、从王室会议中诞生的议会以及集习惯法、议会和司法于一体的君主政体，使得继恺撒之后为罗马所抛弃的不列颠也同样获得了重生。14 世纪，俄国摆脱了鞑靼人的统治，一个世纪后，伊凡（三世）大帝成为俄罗斯第一位主权统治者，并入侵了与波兰王国重新联盟的立陶宛大公国。基辅成为俄罗斯的第一个国家，并皈依希腊正统宗教（东正教）。奥斯曼土耳其的威胁取代了伊斯兰教的威胁，他们入侵巴尔干，并于 1453 年攻占了君士坦丁堡。其时，欧洲和俄国也正为他们的对外扩张蓄势待发。

进一步扩张

地理大发现时代始于中世纪，在时间上比我们认为的要早些，这与地中海的主导地位的衰退，及西部海域和大西洋陆地的吸引力增加有关。从8世纪开始，维京人南下掠夺不列颠及欧洲各沿海国家，后西进入侵法罗群岛、冰岛、格陵兰岛、文兰（Vinland）及其他各地。由于伊斯兰教封锁了从地中海通往东方的商路，葡萄牙、阿拉贡、热那亚和其他航海中心转而期望从大西洋抵达东方至中国、日本或印度。葡萄牙航海家亨利王子开始了探索，他的探险家首先抵达加那利群岛及其附近岛屿，旨在探寻传说中被非洲统治者所掩藏的黄金。

威尼斯人和热那亚人继续与地中海东部地区进行贸易，并建立了自己的贸易路线和商业帝国。贸易带来了新的农产品、消费品及艺术品。中世纪晚期，意大利和荷兰的贸易中心不断崛起，并出现了自治公社，其探险舰队扩大了欧洲的市场。1494年法国的入侵、阿拉贡的回击以及接下来的“意大利战争”使得意大利的内部冲突愈演愈烈，特别是佛罗伦萨、米兰与威尼斯和那不勒斯之间的冲突，连教皇也牵扯进纷争之中。这些断断续续的战争一直笼罩着整个欧洲，直到1559年法国和荷兰的内战及之后的宗教战争打破了这一局面，两国开始为解放而斗争，共同抵制西班牙帝国的扩张。意大利的国家体制和外交经验为欧洲其他国家所效仿，其15世纪末16世纪初的实战经历产生了“意大利式政治风格”，这种政治风格为继承了马基雅弗利和圭契阿迪尼的外交观念、史学思想及现代政治思想的让·博丹（Jean Bodin）、霍布斯等这些政治家在后来数世纪中享有世界性的影响奠定了基础。宗教改革时期开始，民族国家取代城市成为欧洲政治 480
的中心机构，而国家建设（或国家发明）的过程持续了几个世纪之久。欧洲式的国家建设也将在未来几个世纪里产生全球性的影响。

在西方，城市起初的功能是作为军事和教会基地，但之后越来越多的港口城市发展成为地区乃至全球的经济、贸易、行政以及宗教中心，这与荷兰和意大利北部的发展趋同。特别是威尼斯成为超越欧洲边界的繁荣商业帝国之基，它同包括佛罗伦萨、米兰在内的其他意大利城邦一样，不断巩固自身发展，并雇用了像雷奥纳多·布鲁尼（Leonardo Bruni）和卡鲁西欧·萨卢塔蒂（Coluccio Salutati）这样的人文主义学者在政府机构中工作。人文主义学者是那些研究和传授人文科学（*studia humanitatis*）的人，且他们将自己的道德观和政治观建立在对古典时代（classical antiquity）的理解之上；之后，他们又卷入政治和外交领域。早期的宗教改革者在自己的改革计划中吸纳了人文主义，伊拉斯谟的"基督教哲学"计划领先于路德，而后路德与其宗教理念产生分歧，开始推动教会内部的分裂，德意志王子们以脱离罗马实现政治和宗教独立为名接受了路德的理念。天主教改革运动，尤其是1545—1563年的特伦托会议之后的这种激进的"反宗教改革"方式，试图维护欧洲各国信仰天主教的传统，但却反而激发了一种持续了好几个世纪的宗教冲突和宗教扩张主义，并延续了宗教热情。之后，美国边境冲突和印度冲突促使这一运动过程由东方"古老"的中心向外延伸到西方。

西班牙和英国也加入了探索。英国的船只，特别是布里斯托尔港口的船只在哥伦布进行亚洲资料和民间故事的收集之前就已经横跨了大西洋。威尼斯公民约翰·卡伯特（John Cabot）于1496年开始航海之旅，他到达了纽芬兰，并于1497年正式占领了新苏格兰，与此同时葡萄牙人继续探索"美洲"的北海岸，使之逐渐出现于地图之上。最后加入探索行动的是西班牙，得益于印刷术的发明，西班牙广泛宣传哥伦布的航海之行，并随后征服了墨西哥和秘鲁。这些15世纪的航行开启了欧洲与俄国及世界其他地方交流的新时代。

随后"国际法"的发展扩大了欧洲活动和体制的外交领域，并在一定程度上扩大了文化领域，因为欧洲的语言、宗教及某些价值观随人类一起跨越大西洋，围绕非洲迁移到亚洲和其他地区。①疾病

① Lauren Benton, *A Search for Sovereignty: Law and Geography in European Empires, 1400—1900*(New York: Cambridge University Press, 2010).

伴随着这种扩张而蔓延，甚至伴随着地理大发现的海洋航行而扩散，特别是受到葡萄牙、西班牙、意大利、英国以及荷兰等国航海活动的影响。在更近的地方，在宗教改革期间哈布斯堡王朝和瓦卢瓦王朝的冲突主宰欧洲政治之前，查理五世在地中海与奥斯曼帝国展开了一场争夺，奥斯曼帝国已经成为欧洲权力斗争的参与者。

文艺复兴革新

欧洲的外交关系和体制是文艺复兴时期意大利城邦，尤其是威 481
尼斯的产物，其对欧洲在世界上的地位越来越重要。①15 世纪末，这些关系和制度在意大利战争开始时被北欧国家和西班牙采用，而在查理五世当选皇帝时为瓦卢瓦王朝和哈布斯堡王室所采用。1530 年，奥斯曼帝国与法国建立外交关系，加入了欧洲基督教国家共同体。这些外交关系将新生的欧洲国家体系凝聚在一起，最终成为欧洲全球性帝国的基石。例如，1494 年，法国入侵意大利，试图在各国之间建立联盟，而阿拉贡作出反应，发动了一系列持续了几个世纪的战争，因为王朝的争斗伴随着宗教斗争，所有这一切都是由外交活动塑造的。在佛罗伦萨，马基雅弗利在这些早期战争和外交活动的背景下形成了自己的政治观点，并促成了超越个人道德的“国家理性”。

在德意志，继马丁·路德之后的是皇室新教徒——“抗议”帝国统治——他们联合起来反对皇帝，这场冲突在三十年战争中断断续续，直至 1648 年《威斯特伐利亚条约》的签订。查理五世的儿子——西班牙的腓力二世率领天主教联盟对抗国际新教徒势力、加尔文教徒及路德会教徒，1588 年他还试图用自己建立的无敌舰队征服英格兰。在法国，弗朗西斯一世开始了法国君主政体的现代化进程，内战期间，纳瓦尔的亨利（Henry of Navarre）继承了法国王位，称亨利四世，从而使波旁王朝统领法国。在英格兰，亨利八世的女

① 参见经典著作 Garrett Mattingly, *Renaissance Diplomacy*(London: Cape, 1955)。

儿伊丽莎白的王位由苏格兰的詹姆斯六世（即英格兰的詹姆斯一世）继承，随后，斯图亚特王朝国王和议会之间的争执演变成宗教争端、内战和清教徒革命，之后则是奥利弗·克伦威尔的统治、1688 年的“光荣革命”和辉格党的统治。在外交的影响下，强权政治中的这些权力之争为世界各地日益激烈的帝国竞争奠定了基础。①

西方国家内部的革命模式在全球范围内大行其道。16 世纪，荷兰起义，这场抵抗西班牙君主制的斗争断断续续地进行，直到 1648 年荷兰独立。它是第一个通过革命反对国际法承认主权的国家。在法国，福音派教徒移居日内瓦，其中有些人则返回法国组建圣会，这些教会成为了抵抗的中心，得到了支持新教之贵族的保护，直到抵抗演变成了积极的军事抗议，奠定了建立全球网络的基础。在新教抵抗战争中，以奥兰治亲王（威廉·奥兰治）为首的荷兰人开始与法国胡格诺派教徒联盟，至少在 1572 年胡格诺派作为加尔文教派的一部分在圣巴托洛缪惨案之前一直保持这层关系。胡格诺战争后，《南特敕
482 令》（1598 年）赐予胡格诺派宗教信仰自由和政治自由，法国内战结束，但因为各方势力不平衡，最终 1688 年路易十四宣布撤销敕令，这导致胡格诺派（法国新教徒）被迫逃亡世界各地，远至南非和美洲。

在欧洲的另一个角落，斯堪的纳维亚列强为控制波罗的海及其通往全球贸易的道路而斗争，而波兰则为独立而战，立陶宛和莫斯科在 16 世纪也处于交战之中。伊凡三世统治着莫斯科，从 15 世纪中叶起致力于征服东北部的非基督教民族。伊凡四世（也被称为伊凡雷帝）被加冕为俄罗斯留里克王朝首位沙皇，获得了对哥萨克起义的绝对控制权，并进一步向东北方推进直至亚洲，最终于 1552 年征服喀山。与此同时，尽管伊斯兰教于 1494 年因西班牙的收复失地运动而被驱逐出伊比利亚半岛，但奥斯曼土耳其正扩张至整个欧洲，包括被东西方天主教分裂的巴尔干地区，几乎抵达维也纳城门，直

---

① Donald R. Kelley, *The Beginning of Ideology: Consciousness and Society in the French Reformation*(Cambridge: Cambridge University Press, 1981).

逼匈牙利；之后欧洲列强争相继承奥斯曼帝国“遗产”，从而产生了几个世纪以降闻名于外交领域的“东方问题”。

16 世纪，帝国和殖民的扩张使西班牙处于世界的主导地位。随着 17 世纪荷兰王国和不列颠大英帝国的崛起，西班牙的统治地位黯然失色。西班牙在“新西班牙”殖民地建立了帝国范式，尤其是在南美洲、西印度群岛和墨西哥；中央国家统治、奴隶制及国际法等制度便是由这一殖民运动推进的。西班牙的控制为加勒比海和拉丁美洲的半岛提供了工作机会，同时也促进了欧洲、非洲和美洲原住民族之间的融合。英国和法国在北美洲继续推行帝国主义统治和国家监督的同时，与西班牙，并在他们之间形成政治上的竞争。葡萄牙和荷兰在亚洲建立了自己的帝国机构，并进一步推动全球殖民主义、国家建设以及对外贸易的发展。

探索和全球扩张影响了欧洲的文化及思想。在 17、18 世纪科学革命和启蒙运动的影响下，一些欧洲人开始把目光投向世界的其他地区以获取更多的财富。像路易十四这样的强权君主，大量借鉴了非西方的风格：他自称“太阳王”，并用羽毛装饰自己，还穿上装点着巨大阿兹特克太阳图案的服装。他为情妇们建造了一座完全仿中国风格的小宫殿。另一些人则走得更远：耶稣会士等欧洲旅行者为中国等国的君主带来了钟表和望远镜；作为回报，他们可以研究这些国家的理性统治、自由贸易和宽容思想。中国康熙皇帝不仅受到那些对他的生活方式了如指掌的耶稣会士的推崇，而且还受到法国伏尔泰等思想家的钦佩。伏尔泰认为，中国的君主比欧洲的君主更令人敬重，因为前者受过良好教育，才华横溢且有理性的求知欲。腓特烈大帝创作了一部歌剧乐曲，以赞扬阿兹特克统治者蒙特祖马在宗教上的宽容。良好的行为准则和优质的公共教育也从世界其他地方传入欧洲，还有世界各地的多种风俗习惯，例如定期沐浴和咖啡馆的文明社交等，也相继传入欧洲。①

① 关于这一主题有不少著作，如 David Mungello, *The Great Encounter of China and the West*, 3rd edn. (Lanham: Rowman and Littlefield, 2009)。

483 随着欧洲与世界交往的增多，欧洲人获得了新型食物，结束了他们一直到18世纪的仅能维持生存的经济方式。杏子和甜瓜等食品早已经进入欧洲，但是现在，由于豆类、西红柿、土豆、南瓜和倭瓜的引入，饮食的营养价值变得更加丰富，更不用说糖、巧克力、咖啡和茶了。后四种是兴奋剂，它们有效缓解了工业革命时期延长工作时间带来的疲惫，在那之前，欧洲人主要靠喝啤酒和其他酒精饮料来提神。亚洲的鸦片可以像化学中的阿司匹林和镇静剂一样缓解疼痛和压力，也可以让人们更加努力地工作。鸦片还激发了诗歌创作，如亨利埃塔·奥尼尔（Henrietta O'Niell）的《罂粟颂》，并促进了柯勒律治、司各特和其他鸦片爱好者的创作。

从17世纪开始，欧洲诸国为争夺亚洲和大西洋的贸易站以及其他殖民地权利而相互争斗，其中最好战的是荷兰、英国和法国，它们之间的战争从17世纪中期一直持续到1815年，通常被称为帝国的大战。这些战争结束后，荷兰的海上霸权被推翻，法国的野心被遏制，英帝国崛起。与此同时，在18世纪，俄国继续向四面八方扩张，这种扩张一直持续至19世纪，此时的帝国已经横跨亚欧，控制了100多个民族。俄国对波兰和乌克兰民族以及西伯利亚的游牧民族采用的政策是俄罗斯化，并强调学习俄语和遵守俄罗斯东正教的教条。对于西伯利亚的游牧民族来说，俄国的扩张结束了他们的生活方式，因为狩猎和放牧所需的大片土地被征用，转而用于采矿、农业和其他可以让来自俄国西部的贫困农民获得机会的冒险事业。这些政策没有一项是完全成功的；直到1917年布尔什维克革命之后，热忱的共产党人才开始致力于让穆斯林妇女揭去面纱，学会识读和维护自身权利。

欧洲帝国

欧洲在全球的势力扩张并非一帆风顺，从18世纪开始，北美、海地以及南美的抵抗和起义就导致了西半球一系列新的独立国家的诞生，这些国家遵循了荷兰通过起义争取独立的传统。此外，反抗欧洲奴隶制的行动还包括起义和建立逃亡奴隶自治区。1776 年，北美殖民地宣布成立美利坚合众国，开始武装反抗英国，并于 1789 年通过宪法。1791 年，在自由黑奴对殖民统治的不满情绪以及启蒙运动和法国大革命思想的影响下，法属圣多明各殖民地奋力争取解放，于 1804 年成立了海地共和国。最后，在 1810—1830 年间，西班牙帝 484
国在西半球的大部分殖民地获得了独立，同样这不仅受到帝国中美洲土著人起义和美国成功建国这些事件的影响，而且还受到欧洲发展起来的革命、宪政和共和主义理论的影响。

英国人在印度半岛利用欧洲、印度和世界其他地区的军队成功地拓展了他们在南亚的发展基地。北美殖民地的丧失使得这种扩张显得势在必行。东印度公司最初只在南亚沿海的一些地方设有几个孤立的贸易站，但后来通过巧妙策划、贸易和战斗等方式，逐渐进入了印度的内陆地区。1758 年，东印度公司的军队击败了孟加拉的统治者，几乎占领了整个王国，为其进一步入侵其他国家赢得了基地。但英国管控印度的方式有些奇怪：即使是在 1947 年印度独立前夕，这个次大陆上的许多邦也主要依靠自己的力量运作。①

随着 19 世纪的推进，欧洲人开始用自己的产品与世界其他地区进行贸易，而不再仅仅依靠转运。虽然俄国可以出口毛皮，英国、法国和荷兰可以从自己的各个贸易站和殖民地运输原材料，但这些国家没有丰富的制成品库存，得由世界的其他国家来提供。转运便成了他们大部分收益的来源。随着工业革命的到来，这种情况有所改变，这些国家突然有了自己的廉价纺织品、金属制品、武器和机械可供出售。与此同时，出现了越来越强大的欧洲金融机构，这些

---

① 有众多著作介绍帝国主义，我们选择了其中两类不同的史学著作：P. J. Cain and A. Hopkins, *British Imperialism, 1688—2000*, 2nd edn. (Edinburgh Gate: Pearson Education, 2010)，以及 Heather Streets, *Martial Races: The Military, Race, and Masculinity in British Imperial Culture, 1857—1914*(Manchester: Manchester University Press, 2004)。

机构大部分由贵族资助，它们在世界各地进行投资、放贷和商业交易。19 世纪的欧洲，尤其是英国，发展成为世界上举足轻重的金融中心——即便在 20 世纪中叶失去殖民地之后，它也仍长期保持这一地位。金融实力使英国掌握了新独立的拉丁美洲国家很大程度的间接控制权。19 世纪，甚至 20 世纪，日本在工业和贸易方面日益强大，尽管如此，英国仍在日本的金融领域占据了主导地位。

拥有更多可以出售的商品及越来越多的消费者需求使欧洲人在全球贸易关系中更为劣势，因为国际收支仍然对他们不利。举例来说，欧洲人已经成为茶叶的重要进口商，而茶叶的成本仍然无法通过销售英国的制成品来支付。于是，英国通过从印度转运鸦片卖给中国来抵偿从中国购买茶叶的费用，这种做法耗尽了中国的白银，也残害了中国人的身心健康。中国宣布鸦片贸易为非法，并没收了英国船只运进的鸦片。1840 年，英国进行了反击，用大炮炸开了中国的港口，彻底击毁了中国的抵抗意志。随着《南京条约》的签订，中国不得不向英国开放港口，这实际上也意味着向所有海外贸易开放。1853—1854 年间，美国强迫日本向其船只开放港口，导致欧洲
485 国家也获得同样的准入。法国和英国资助了苏伊士运河的修建，同时法国军队在 19 世纪后三分之一时期奋力征服阿尔及利亚。1857 年印度民族起义后，英国政府决定直接控制印度的运作，并于 1876 年加冕维多利亚女王为印度女皇。

与此同时，欧洲社会和文化在与世界其他地区加深碰撞的过程中不断被重新塑造。在新帝国主义出现前夕，即印度民族起义之后，查尔斯·达尔文相继出版了《物种起源》（1859）和《人类的由来》（1871）。1831—1836 年间，他乘坐“贝格尔”号游览了南美洲海岸，从巴西到智利，然后穿过太平洋，在密克罗尼西亚群岛停留，后抵达南非，最终返回英国。在此次航行中，他熟练地收集化石，同时还将植物和其他标本寄回给英国国内的科学家。达尔文认为，在人类存在数百万年之前，地球就已经有生命体的存在，其经过缓慢发展“进化”而最终产生了人类生命。虽说达尔文并非是一名社

会反叛分子，但他宣称，《圣经》塑造了一个“明显错误的世界历史”。他的适者生存的自然选择理论认为，人类社会充满着好斗的个体和群体，他们彼此不断地进行争斗。

达尔文的研究结果有助于在 19 世纪中期（也被称为“新帝国主义”时期）之后，为欧洲试图强占世界资源和市场的行为提供理由。洪涝和干旱频发不断的当地气候模式，使得进入非洲内陆和在亚洲掠夺土地变得更加容易，这种恶劣的气候导致了饥荒和随之而来的人民抵抗侵略能力的削弱，也无疑使欧洲的接管成为可能。这所谓的“维多利亚时代的大屠杀”影响了中国、印度和非洲等地。此外，1870 年后，两个新的欧洲强国——德国和意大利——也纷纷加入了争夺世界的角逐，竞争变得尤为激烈和富有争议。德国开始在太平洋地区、中国、中东以及非洲东、西海岸开展积极的入侵活动，甚至还企图在摩洛哥和其他地方阻挡法国的介入。然而，德国帝国主义表明帝国主义政策背后缺乏一致性：德国人极为崇尚萨摩亚人，将其视为高尚原始文明的最后幸存者；认为许多非洲种族是毫无价值的生命，应该被消灭；并且对中国的政策摇摆不定：一方面蔑视中国人的成就，另一方面却赞赏中国人的成就。世界各地的帝国主义动机和实践也存在着同样的不一致性。

尽管欧洲人移民有着几千年的历史，但在 19 世纪接近尾声时，欧洲和俄国的移民人数高达数百万，并且在 20 世纪仍然保持着较高的水平。其中许多人定居在曾经是或现在仍然是欧洲殖民地的土地上。移民到西半球、澳大利亚和新西兰的人数最多，还有成千上万人穿越亚洲或进入非洲从事贸易、农业和其他行业。欧洲移民人数最多的是英国人，而从俄国和东欧逃离出来的犹太人，不仅因为那里经济薄弱，而且还因俄国特有并甚至得到其统治者认可的暴力性反犹主义。工业化后期，斯堪的纳维亚也输出了很大比例的移民。 486
许多移民，如西西里人，去了“新世界”，在把资金寄回这个贫穷的岛屿（西西里岛）后，他们又回到岛屿度过余生，尽管更多的人定居于意大利之外。

20 世纪的全球战争

然而，欧洲各大强国之间的竞争不断加剧，这使他们不得不竭尽全力。精良的武器装备，加上气候和饥荒造成的非欧洲人口的大量减少，均推动着欧洲的侵略行径。到 19 世纪末，这些武器还瞄准了拥有亚洲、非洲和太平洋地区控制权的竞争对手，这加剧了国际对抗和帝国冲突。在 1899—1902 年的南非战争中，英国人以极大的代价击败了布尔人，并在 1900 年参加八国联军侵华打败了义和团，随之对中国进行了更广泛的掠夺。1904—1905 年，日军在日俄战争中打败俄军，这是西方强国在 20 世纪第一次被一个非西方强国打败，也推动俄国开启了两场历史性革命的第一场。另一个海外帝国的新成员——美国——击败了西班牙，并取代西班牙占领了古巴和菲律宾。在第一次世界大战前几年，非洲和亚洲乃至在欧洲本土，被殖民地化的民族不断爆发反抗。1912 年，一群在 19 世纪已经脱离奥斯曼帝国的巴尔干国家为了获得更多的土地，于第一次巴尔干战争击败了奥斯曼帝国。然而，在第二次巴尔干战争中，他们又互相残杀。有一种说法认为，第一次世界大战亦可称作第三次巴尔干战争。①

尽管西方国家在征服非西方国家的过程中使用了武力，尽管达尔文提出了白人优越论，但事实上，西方仍在效仿和接触其边界以外的灿烂文明。艺术家们感受到了日本审美价值观的强烈冲击力，并创造了印象派风格来表达这些价值观。他们为亚洲和非洲的哲学所吸引，从奥迪隆·雷东（Odilon Redon）到帕勃洛·毕加索，这些画家都在艺术上有所创新。瓦西里·康定斯基开创了非写实艺术之先河，他很欣赏非洲画像中那种体现“形而上学原则”，而非盲目照

① 下述材料取自 Bonnie G. Smith, *Europe in the Contemporary World 1900 to the Present* (Boston: Bedford St. Martins, 2007)。

搬“现实”的艺术风格。克劳德·德彪西等作曲家在受非西方音乐价值观吸引时，对音乐进行了革命性的创作，而舞蹈家则用非西方风格创造了所谓的“现代舞”。哲学家和其他理论家同样为非西方的思想所吸引，形成了尼采和弗洛伊德的著作。西方通过借鉴世界其他国家的文化来创造其文化的主要部分，并且这一做法一直持续到今天。

1914 年 8 月底，协约国（俄国、法国和英国）与同盟国（奥匈 487
帝国和德国）之间爆发了第一次世界大战，并在欧洲大陆上发生了第一次重大战役。不久，奥斯曼帝国加入了同盟国，而日本、中国、澳大利亚和意大利加入了协约国。尽管还有其他国家的武装部队加入这场战斗，但全球最大的分遣队来自殖民地军队，他们集结在欧洲大陆和整个帝国的前线。德国、法国和英国在非洲各地作战，除了征兵，还强迫劳动和掠夺资源，使当地民众苦不堪言。殖民地军队在中东作战，以实现协约国夺取奥斯曼帝国的目标。并且，协约国通过引发饥荒来煽动平民反抗奥斯曼帝国的统治。此外，法国还在东南亚征召平民为法国服劳役以取代战争前线的士兵。这场战争对大多数交战国来说都是灾难性的，甚至对胜利的协约国来说也是如此。四大帝国——德国、俄国、奥匈帝国和奥斯曼帝国——由于战争而毁于一旦。当欧洲的产量和农业每况愈下时，印度、澳大利亚、日本和美国则在替代性工业和农业方面取得了长足的进步。德国的全球资产被包括日本在内的众多盟国瓜分，不仅给德国，还给新的“托管地”（殖民地）人民带来了沉重的灾难。最后，来自殖民地的老兵往往成为大规模独立运动的核心力量，因为他们目睹了所谓欧洲“优越”国家的野蛮行径。

尽管经历了第一次世界大战带来的暴行和损失，20 世纪 20 年代的欧洲之世界影响力已经达到了顶峰，特别是在美国国会所回避的国际联盟等组织中。1917 年布尔什维克革命使俄罗斯帝国土崩瓦解，但二战后其领土范围和影响力得到进一步扩大。国际联盟通过托管制授予列强新的领土，由此英国和法国成为比之前更大的帝国。这些地区包括战败的奥斯曼帝国的大部分中东领土，其中还有盛产石油的地区。然而，像伊朗这样保持自身独立的国家也感受到了欧洲的强大势力。布尔什维克或多或少地保留了俄罗斯帝国的疆界，尽管他们已经失去了对波兰、芬兰和波罗的海国家的控制。布尔什维克将自己的领土组合起来，建立了苏联，并像其帝国前身一样，致力于在穆斯林等领土上传教并俄化（或苏化）当地居民。

之后这些全球性事件打破了欧洲和苏联的安宁。首先，埃及的起义、甘地发起的反对殖民的群众运动、土耳其的重生，以及来自西方之外的许多挑战，使英国和法国的霸权尤其受到质疑。其次，日本开始大展拳脚以获取更多的领土，不仅是在邻近地区，而且横跨整个亚洲和太平洋地区。到 20 世纪 30 年代末，日本已经入侵中国，建立了伪满洲国，并以从西方手中“解放”亚洲人为名，提议反抗和击败苏联、英国、美国及其他列强。此外，意大利和德
488 国也走向扩张，前者向非洲扩张，后者向欧洲扩张。而后 1929 年，美国股票市场的崩溃造成了 80%价值的损失。由于美国控制着信贷，世界各地的银行（最著名的是奥地利的安斯塔特信贷银行）纷纷倒闭，贸易暴跌，农业遭受重创。20 世纪 30 年代的经济大萧条给世界各地造成了巨大苦难，也证明了全球各经济体之间的相互联系以及欧洲霸权脆弱的本质。

全球社会秩序在经济崩溃的重压下受到了冲击：帝国主义列强对殖民地的要求越来越高；易货贸易（物物交换）取代了贸易和复杂的金融机制；失业的人员发现，追随军事领导人比在民主国家维护个人权利活得更好。从德国到意大利，再从东欧到中国和日本，都表明军事化的政治吸引了人们的效忠，因为人们可以跟随军事独裁者获得无限的声望和体面的工作。在全国乃至全球范围内传播的通信技术以及更为先进的武器装备使全球局势变得尤为紧张，特别是在 30 年代经济萧条继续笼罩着的欧洲。墨索里尼和希特勒宣传，扩张将能纠正一切错误，军事胜利将能巩固国家昌盛——而这一切都是因为受到了一战和经济大萧条的伤害。日本也声称需

要继续扩张领土和复兴军国主义精神。

第二次世界大战爆发，1937 年日本入侵中国，1939 年德国入侵波兰，导致了一场持续至 1945 年的争夺帝国的全球大战。关于死亡人数的估计各不相同，越来越多人认为有多达一亿人在这场战争中死亡。在这场战争中，德国和意大利与日本结盟，组成轴心国；而英国和法国一开始就结成联盟，直到 1940 年法国被击败。不列颠战役中，德国试图通过轰炸来征服英国，但英国经受住了考验。西线战败后，德国于 1941 年入侵苏联，尽管两国在 1939 年夏签署了互不侵犯条约。1941 年 12 月，日本决定消灭太平洋上的竞争对手——美国，并轰炸了其在夏威夷和菲律宾的资产。当时，英国、美国和苏联与几十个较小的国家联合起来组成了一个全球联盟（最初被称为联合国）来击败轴心国。与轴心国相比，盟军在很大程度上协调了各战区的力量，而轴心国的国家元首从来没有在三人会议上规划战略、调整目标和共享资源；鉴于盟军在资源和人力方面的优势，这无疑是一个致命的错误。

当日本在掠夺太平洋岛国及西方的资产时，德国军队横扫欧洲，占领了斯堪的纳维亚的大部分地区和欧洲大陆的西部地区。在入侵苏联之前，德国接管了东南欧和中欧的国家及其财政和自然资源，这为其在 30 年代征服奥地利、捷克斯洛伐克以及波兰增加了砝码。虽然最初取得了一些胜利，但因为闪电战战略的失败，且希特勒拒绝集中德国军事力量，1941 年德国试图征服苏联的举动变得越来越不明智，尤其是在冬季来临的时候。苏联拥有广阔的亚洲领土之优 489
势，可将战时工业转移到亚洲，而德国还得应付中东和北非联盟殖民地的反抗。此时，英国已破译德军的恩尼格玛密码，因此埃德温·隆美尔（Edwin Rommel）虽采取了创新战术，但最终还是被击败了。与苏联一样，英国再次受益于亚洲和非洲的军队，以及在世界各地开展军事行动的丰富经验。

随着苏联、英国和美国军队在欧洲、地中海和非洲联合镇压德国和意大利，最初“偏袒”日本的太平洋战争之秤，在 1943 年开始向同盟国倾斜，盟军夺回了岛屿，帮助了中国的抵抗，并轰炸了日本。在美国，一个由美国人领导的国际顶尖科学家小组在努力制造一种超级武器——原子弹，这成为战争发生转折的象征。在持续6年的战争中，欧洲本土被炸得粉碎；欧洲的道德领导地位被德国的死亡集中营抹杀得一干二净；欧洲的人民于1945年正在遭受饥饿。因为在世界上的重要地位，民族主义领导人要求独立的呼声得到了大众的支持，而欧洲的财富和其他本可以维系帝国的资产已消失在战争的阴霾之中。欧洲霸权已经崩溃。

帝国的衰败

无论如何，苏联仍然是世界上的一支强大力量，它领导了对抗德国的斗争，提高了自身的工业能力。全世界人民都敬重苏维埃人民曾受到的苦难，他们的平民和士兵的伤亡人数可能高达四千七百万。然而，这场战争使苏联领导层在两个方面产生了偏执。其一为，直到1944年年中，英美两国才开始帮助苏联解放欧洲，迫使苏联遭受了德国军队的全面火力。其二为，向日本投掷原子弹的行为似乎是对苏联的警告。在这方面，并非只有苏联人想知道为什么没有向德国投掷原子弹。约瑟夫·斯大林在20世纪30年代领导了苏联的工业化，之后又在战争中击败了德国，于是他决心要在东欧建立一系列忠诚国家作为缓冲区。因此，欧洲国家——特别是苏联——的扩张并没有在1945年结束。

至于其他帝国，荷兰、英国、法国和比利时由于战争的重创都处于岌岌可危的状态，无法将他们的全球影响力维持在战前的水平。战后，美国在日本的协助下，帮助欧洲国家镇压独立运动，特别是印度尼西亚和越南。1947年印度和巴基斯坦各自独立建国，欧洲殖民帝国开始分崩离析，有时甚至有流血和野蛮事件爆发。在白人定居者较少的地方，非殖民化地区往往相对和平，但也并非完全和平。越南、肯尼亚、阿尔及利亚以及其他几个国家的白人定居者曾试图

寻求欧洲本土的武装帮助来阻止独立，但都徒劳无功。英国在肯 490
尼亚设立集中营，折磨基库尤人（Kikuyu）和其他争取自由的民族。类似地，法国折磨阿尔及利亚的民族主义者，为阻止其独立进行了同样残酷的镇压。到 1980 年，大多数独立运动都取得了成功，部分原因是它们在公众舆论战中战胜了欧洲。

帝国的终结并没有阻止欧洲与世界不断紧密的关系。首先，欧洲企业和苏联制造商——包括武器制造商——于 20 世纪 50 年代末繁荣复苏后，在世界各地保持着经济联系网络。其次，欧洲国家通过围绕苏联和美国这两个超级大国建立的冷战联盟与世界其他国家保持着联系。1957 年，六个西欧国家签署建立欧洲经济共同体或共同市场的《罗马条约》，这标志着一个新经济体的建立，这个经济体将独立于个别国家和冷战中的美国集团，发展自己的全球关系。

全球化的移民和交流

对于新近欧洲文化和社会的发展——不用说其内部政治——最重要的，是来自世界各地的数百万移民抵达欧洲。移民潮始于战后，从加勒比等地而来的人们为了寻求经济机会纷纷涌入欧洲。随着欧洲福利国家的兴起，不仅医院需要廉价的劳动力，其他不断发展的机构也需要，欧洲人口在战争期间实际上大量减少，且欧洲大陆的大部分地区都遭到了破坏，建筑工人可以较容易找到工作。因此，欧洲各国政府与非洲和世界其他地区的政府就临时工人问题达成了协议。动乱和不平衡的发展也使非欧洲人来到英国和欧洲大陆，因为这里的生活水平更高，环境也更安全。欧洲政客把移民的存在作为他们政纲中的关键武器，荷兰、奥地利和其他国家在这一点上都做得很成功。随着苏联的垮台和该地区人口的外流，俄罗斯也出现了移民流入，尤其是那些跨越了漏洞百出的边境、为了创办企业和农场的中国移民。仇外主义政治也影响了苏联解体后的公众舆论。

由于技术的发展，俄罗斯和欧洲以新的方式与世界互动，特别
是卫星和计算机通信技术的发展，以及一系列生物和医学领域的
突破，使得人们可以协同应对疾病，进行全球器官交易，并采用
新的生殖方法。无国界医生组织等全球慈善事业始于欧洲，许多
反全球化运动也是如此。全球化的到来使得欧洲人必须更加努力
地思考一系列的问题：南北不平等、参与全球战争，特别是美国
和联合国授权托管的全球战争，以及新非西方公民引入的信仰和
491 做法，例如割礼官、为妇女戴面纱以及宗教信仰多元化，等等。
很难判断欧洲和俄罗斯与世界的关系是否变得比几千年前更复杂，
但他们给历史学家和公民留下了一个不可思议的互动传统，值得
深入思考。

参考书目

- Brotton, Jerry. *The Renaissance Bazaar from the Silk Road to Michelangelo*. London: Oxford University Press, 2003.

492 - Elliott, John Huxtable. *Empires of the Atlantic World: Britain and Spain in America, 1492—1830*. New Haven: Yale University Press, 2006.
- Goffman, Daniel. *The Ottoman Empire and Early Modern Europe*. Cambridge: Cambridge University Press, 2002.
- Greene, Molly. *A Shared World: Christians and Muslims in the Early Modern Mediterranean*. Princeton: Princeton University Press, 2000.
- Hirsch, Francine. *Empire of Nations: Ethnographic Knowledge and the Making of the Soviet Union*. Ithaca, N.Y.: Cornell University Press, 2005.
- Hoerder, Dirk. *Cultures in Contact: World Migrations in the Second Millennium*. Durham, N.C.: Duke University Press, 2002.
- Livingstone, David N. and Charles W. J. Withers, eds. *Geography and Enlightenment*. Chicago: University of Chicago Press, 1999.
- Mitchell, Stephen. *A History of the Later Roman Empire, AD 284 - 641: The Transformation of the Ancient World*. Oxford: Blackwell, 2007.
- Ringrose, David R. *Expansion and Global Interaction, 1200—1700*. New York: Longmans, 2001.
- Sahadeo, Jeff. *Russian Colonial Society in Tashkent, 1865—1923*. Bloomington, Ind.: Indiana University Press, 2007.
- Steinmetz, George. *The Devil's Handwriting: Precoloniality and the German*

Colonial State in Qingdao, Samoa, and Southwest Africa. Chicago: University of Chicago Press, 2007.

➢ Waswo, Richard. *The Founding Legend of Western Civilization from Virgil to Vietnam. Middletown,* Conn.: Wesleyan University Press, 1997.

王鸣彦　译　李　腊　校

第二十七章　地中海历史

大卫·阿布拉菲亚

走进地中海历史

493 地中海既是一个地方，也是一个概念。我们谈到地中海，往往会提及从直布罗陀海峡向东延伸的水域，这些水域通过苏伊士运河的人工水道与红海相连，并通过达达尼尔海峡和博斯普鲁斯海峡的自然水道与黑海相连。更广泛地说，我们把地中海称为那片海域，其中有岛屿和与之接壤的土地。2008 年，地中海包含 25 个政治实体，其中包括一个皇家殖民地（Crown Colony）、一些军事主权基地、一个只得到另一个国家承认的国家、一个地位不确定的飞地、一个小国和几个牢固依附于欧洲联盟的强大经济体。只有两个岛屿是独立国家，即马耳他和塞浦路斯，其中一个岛屿自 1974 年以来被一分为二。西地中海的大岛屿都是一些大国的一部分，而这些大国的经济活动中心往往在欧洲大陆，其中大部分岛屿曾在某个阶段与北非紧密相连，但在中世纪时被永久纳入欧洲的政治网络，如西西里岛、撒丁岛和巴利阿里群岛就在某些时候曾受到非洲统治。

然而，通过地中海沿岸的国家和领土来界定地中海并没有多大帮助。法国和西班牙也远眺大西洋（葡萄牙有时被视为地中海名誉上的一部分）。那么，人们也许应该把那些享有“地中海气候”的地区定义为“地中海”——不管定义为什么——或者是位于橄榄生产线以南、享有美味的“地中海饮食”等。更合理地说，也许人们可以关注那些在日常生活中以某种方式与地中海相关联的地区，比如东部的亚历山大和西部的休达等城镇被看作为地中海的商业区，在地中海两岸接收和发送货物，甚至有些货物来自地中海以外；西西里岛和西班牙南部的金枪鱼渔场；巴塞罗那、巴伦西亚、热那亚、萨沃纳的大型造船厂，以及造船厂后面用来建造木船的森林。有时， 494
有人试图在内陆约 20 公里处划出一条界线，武断地把它当作“地中海”地区和内陆地区之间的划分。有时也有人试图扩大地中海世界，使其包括地中海影响到的所有地区：地中海的贸易路线延伸到黑海之外，穿过直布罗陀海峡，一直延伸到红海。这个“地中海世界”可能还延伸到波兰的克拉科夫或佛兰德斯的布鲁日。或者，人们可以尝试衡量其文化之影响，创建一个可以用西班牙语、葡萄牙语和巴西语生动表达的地中海文化，这是地中海研究学会所青睐的一种方法。

本章认为，地中海历史的研究概括了世界历史的许多重要方面：涉及被广阔的物理空间隔开的社会之间的联系，特别强调商业网络，建立包含各种民族在内的帝国，以集体、朝圣者、奴隶和（后来）旅游者等形式的人口流动，以及在新大陆传播各种宗教信仰。这些现象可以追溯到连接欧洲、非洲和亚洲的海域之上，基督教和伊斯兰教在这一海域上为争夺统治权展开了激烈的竞争。先不说其涵盖的众多岛屿，海洋本身没有永久的人类居住者，除了那些随船只沉入海底的人类骨骼之外；然而，这片海域又有着独特的人类历史，可以作为波罗的海、印度洋或加勒比海等其他海洋历史之典范，也可以作为撒哈拉沙漠等几乎无法居住的干旱空地之典范。地中海的历史与地中海沿岸地区的历史不尽相同，尽管二者通常为人们所混淆。在这一章中，我们将重点放在地中海本身，以期让读者对地中海历史有一个世界性（宏观）的了解。

接下来我们重点讨论一下法国著名的地中海史学家费尔南德·布罗代尔和他在《腓力二世时代的地中海和地中海世界》中对地中海的研究，该著作仍然是 20 世纪史学史上最富有影响力的著述之一。布罗代尔强调的是在战争和帝国建设构成的表层暴力下没有太大变化的世界中，地中海的自然特征如何塑造了人类在这一世界下的体验：这本书开头有一个章节的标题为“山在先”，很富有启发性。另一方面，从最大的西西里岛到威尼斯赖以生存的众多小岛，再到主要依靠海洋生存的陡峭海角和半岛——西方的休达和直布罗陀，抑或亚得里亚海的杜布罗夫尼克，谈及地中海的历史时，这些众多岛屿的作用是毋庸置疑的。

佩里格林·霍登（Peregrine Horden）和尼古拉斯·普赛尔（Nicholas Purcell）在《堕落之海》一书中对地中海历史进行了大规模的研究，强调地中海沿岸和岛屿之间的多种多样的地貌和自然条件，并指出在当地物资出现短缺和过剩的情况下，交换系统的“连
495 通性”十分必要（例如，中世纪早期亚得里亚海的盐可换粮食）。在地中海历史的某些时期，这些交换网络得到极大的扩展，覆盖了整个地中海地区（如在古希腊和腓尼基贸易的全盛时期，或在威尼斯和热那亚人统治下的中世纪时期）。地中海海岸商人售卖的商品，在海的这边是异国情调的，在另一边则是司空见惯的（比方说，中世纪晚期法国南部的蜂蜜与黎凡特的食糖）。因此，正是差异产生了贸易；人们的期望不过如此。从某种程度说，这些差异是由地中海东南部炎热干燥的气候与意大利北部和普罗旺斯海岸较温和的气候之间的物理差异决定的（当然也考虑到存在一定数量的微气候，如西西里西部的埃里斯山，那里的葡萄园位于特拉帕尼盐湖上空的云层中）。但也有一些文化选择决定了种植的品种：中世纪的西欧人通常认为这块地适合种植小麦这种主食作物，但他们的伊斯兰祖先在这块土地上种植棉花、染料、水稻等其他不那么平庸的作物。还有一些贸易产品来自距离地中海十分遥远的地方，如东方的香料，被看作来自世界边缘好似天堂的产品，还有非洲的黄金，黑海的奴隶等。贪婪、对廉价劳动力的需求，以及对炫耀的渴望，使所有这些产品成为地中海地区的高价值商品。正如今天仍然发生的情况一样，有钱人真的会出去买洋货，不是因为它们在质量或设计上的一流，而

是因为它们稀有；甚至在青铜时代“送煤到纽卡斯尔”就已经成为地中海上的一项普通事业。

古典和中世纪的制图家们认为，已知的世界围绕着地中海上的欧洲、亚洲和非洲的交汇点旋转；这种抽象概念将世界分成以地中海为交点的三大部分，奇特的是，甚至在发现美洲之后，这个概念仍然存在，因为它依旧反复出现在16世纪末的地理学著作中。正是在地中海地区，宗教、经济以及政治制度相互吸收、相互碰撞。直到16世纪，地中海才逐渐成为大西洋贸易和政治网络的附属地区。在地中海历史中，而非地中海陆地史中，各种方面的联络者开始崭露头角：他们是腓尼基人和伊特鲁里亚人而不是法老时代的埃及人和赫梯人；是热那亚人和威尼斯人而不是教皇和神圣罗马帝国的皇帝；是利沃诺和士麦那的犹太人而不是奥斯曼土耳其的士兵。然而，这些团体还对帝国的命运产生了极大的影响：迦太基的腓尼基人阻止了罗马人扩张的企图；曾是拜占庭帝国主体部分的威尼斯，在1204年第四次十字军东征后成为“拜占庭帝国的四分之一或八分之一领地”；16世纪，热那亚人掌握着西班牙统治者的财权。宗教横流现象包括犹太人散居到希腊和罗马世界（特别是亚历山大港），基督教地下运动及其在罗马帝国后期的转变作用；伊斯兰教的传入以及北非和南欧部分地区的人民皈依了一种充满活力的新信仰，而这三种宗教（以及早些时候的异教）一直在相互影响和相互教导神学、道德规范甚至还有一些教会音乐片段。朝圣者或独自一人或成群结 496
队地在地中海两岸来回穿梭。所有这一切都表明了在地中海地区内部和向该地区迁移的移民主题的重要性：向西迁移到西西里（公元前9世纪起）的希腊和腓尼基城市的殖民者；定居在西班牙、意大利和北非的日耳曼民族（公元3世纪以后）；来自也门和阿拉伯半岛的阿拉伯人，来自马格里布的柏柏尔人，来自埃及的科普特人，定居在西班牙的穆斯林地区（公元8世纪以后）；还有十字军，威尼斯人，加泰罗尼亚人，等等。然而，在19世纪，特别是20世纪，我们开始看到大规模地反向迁移进程，如地中海人在新世界或北欧寻求生计（带来有趣的文化成果，例如披萨的传播）。这片海域历史上的主角不一定是西班牙、意大利、希腊或黎凡特等国历史上的主角。

地中海沿岸和岛屿上出现的人类，改变了地中海的环境；产生了废物的同时，新的土地也得到了耕种（最近的一个例子是意大利的蓬蒂内沼泽）。环境退化早在古代就已发生，奥利弗·拉克汉姆（Oliver Rackham）等生态历史学家一直在争论，地中海多久能够通过所谓的自我修正过程来适应人类的影响。一个地区的收益可能弥补了另一个地区的损失：突尼斯的粮仓在中世纪急剧减少，但其他供应品来源（如摩洛哥皮革）却自给自足。在一般环境主题下，还必须考虑港口问题。无论是天然的还是人造的海港设施，对贸易的方向和性质都产生了很大的影响。以科林斯为例，远在公元前 7 世纪，古希腊人建立的主要港口位于科林斯湾上的勒凯翁（Lechaion），加强了与伊奥尼亚海、亚得里亚海和意大利的联系，因此科林斯人在西西里岛、叙拉古和伊奥尼亚海的科西拉（科孚岛）建立殖民地并非巧合。休达位于摩洛哥的北端，在它所处的领地两侧都有港口，以防突如其来的大风和浓雾，为进出地中海的船只提供避风港。记住海洋中盛产的食物也是很重要的，特别是其中的鱼和盐，还需将这些食物与人类的需求以及交换系统的发展，甚至与宗教习俗联系起来：有充分证据表明，在 15 世纪的大斋节期间，巴塞罗那消费了大量的鱼。正如继布罗代尔之后的约翰·普赖尔（John Pryor）所示，地中海的季风和洋流在很大程度上决定了一个人能在何时到达何地，从而地中海促进或阻碍了贸易和海军的行动。

地中海历史上的另一个重要主题是跨越海洋之通信手段的改变。由于主要证据是陶器上的粗糙图像，因此我们对最早的船运的设计和效率知之甚少。然而，在第勒尼安海和爱琴海的发现大大增加了人们对希腊、伊特鲁里亚、布匿和罗马船只承载力的了解，其中包括在托斯卡纳和科西嘉岛之间的小岛吉廖岛（Giglio）以及西西里岛
497 附近的沉船。更大的船舶能够航行更长的距离，那么对船舶设计的改进是否会导致贸易的增加，这是一个难以回答的问题。另有观点

认为，不断增长的需求刺激了造船者去开发新的设计，以至于改进能力在很大程度上取决于更广泛的经济条件。从航运的角度来看，重要的是要将由风能和桨力驱动的快速、流线型船只与装满谷物、鱼、盐和木材的大肚慢船之作用区分开来，后者几千年来一直为许多地中海城市打开生命线。认为热那亚或威尼斯的贸易本质上就是丝绸和香料的奢侈品贸易是错误的观点。像小麦和食盐等较低廉的商品被大量交易；举例来说，在古地中海地区，法国南部发现的葡萄酒罐表明，伊特鲁里亚葡萄酒的贸易量大得惊人。与这一主题相关的还有关于水手、乘客和（有时还有）苦役桨手等生活的重要问题；还有证据显示了在不同时期航行时间的长短，以及人们乘船旅行时舒适或不舒适的程度；这方面的证据往往包含在商业信件中，例如 11 世纪和 12 世纪开罗犹太社区的精美收藏品——主要保存在剑桥大学的开罗藏经库档案（Cario Genizah documents）之中；从中，戈伊坦（S. D. Goitein）塑造了一个由商人组成的“地中海社会”的图景，他们在家庭、财力和信仰方面有着密切的联系，这种联系横跨地中海，且远远超过地中海。

人们也可以将地中海历史写成地中海人的历史，而不是地中海海洋的历史，即作为文化和民族之间桥梁的海洋历史。其他的“中间海”包括波罗的海、加勒比海、日本海和印度洋（尽管地图可能看不出这一点），这些通过布罗代尔的方法可以得到证明。黑海在这一论点中占有相当特殊的地位，因为它的商业网络经常与地中海网络相互交汇，为那些控制两大洋之间狭窄通道的人提供收入，这些人包括青铜器时代的特洛伊居民、古拜占庭帝国的居民、中世纪的君士坦丁堡居民以及其后的伊斯坦布尔居民。古希腊人已经购买到了黑海谷物，而中世纪的热那亚人从克里米亚的卡法（Caffa）收购廉价的乌克兰谷物，并将这些谷物运往地中海地区。他们还向埃及出口了大量的切尔克斯（Circassian）白人奴隶，其中许多人被招募到马穆鲁克卫队。然而，黑海也有自己的生命，因为在中世纪早期，来自俄国的瓦兰吉人（Varangian）穿越了黑海，他们并没有远大的野心要深入到君士坦丁堡的“伟大城市”（Miklegarð）之外。还应考虑到存在于地中海内部的“亚地中海”（sub-Mediterraneans）。第勒尼安海内存在着连接撒丁岛与托斯卡纳、意大利南部和西西里的交通网络。亚得里亚海拥有自己的生存体系，因为除了作为地中海货物运往威尼斯的通道之外，它还拥有自己的交换系统：达尔马提亚（Dalmatian）的城镇坐落在一片荒地的边缘（杜布罗夫尼克后面是一片石灰岩沙漠，让人联想到月亮和地球）。因此，这里的人们在很大程度上依赖于来自意大利海岸的粮食和蔬菜供应。威尼斯并没
498 有在与东方的异国贸易中积累自己的早期财富；反而是亚得里亚海北部的鱼和盐为这个城市开启非凡的扩张之旅提供了资本基础。

这些例子表明，在一条容易穿越的水道两岸的各领土是如何以独特的方式发展起来的，它们通过贸易、移徙，有时还有军事斗争的方式相互联系并相互转变着。地中海就是一个很好的例子，由于中世纪的西西里岛既有希腊人也有穆斯林人，所以它受到拜占庭和伊斯兰教文化的共同影响，虽然最终被拉丁基督教徒征服，但这些新统治者的宫廷文化充满了伊斯兰和拜占庭的元素。从其他的“中间海域”中，我们可以看到相似的影响过程，通过这些过程，跨水（海洋）文化占据了主导地位；另一个很好的例子是朝鲜，尤其是中国文化横跨广阔的日本海领域，对日本产生的重大影响。这样的情景并不局限于跨水域的辽阔空间。撒哈拉沙漠和戈壁沙漠的干旱地带也是思想、物品和人员流动的隐喻之海——如著名的横跨撒哈拉沙漠向北到马格里布的黄金贸易，通过这一贸易，马格里布也输出了其主导思想，尤其是伊斯兰教。像现在阿尔及利亚的瓦尔格拉（Wargla）镇这样的绿洲，作为恶劣环境中供人们穿梭的岛屿，好似生活在“潮湿之海”，人们如果想生存下去，就必须保持迁移。波罗的海与地中海有一些共同的特征：与地中海一样，中世纪的波罗的海也是十字军东征的战场，日耳曼骑士团（如条顿骑士团）在其中发挥了强大的作用；像地中海一样，基督教商人也建立了对水域和贸易路线的领导地位，德意志汉萨人在波罗的海沿岸特别在里加

（Riga）建立了贸易城镇，他们向欧洲腹地的消费者出口谷物、毛皮和琥珀。最后，重要的是，新的“地中海”是世界交流（通信）网络发展的产物。大西洋就是一个很好的例子。1492 年以前，东海岸和西海岸没有联系（除了一些偶尔的海盗行动）；1492 年以后，不仅是欧洲，而且非洲也与美洲建立起了一种有重大影响的贸易关系，这种关系是依赖于向巴西、加勒比和北美悲惨地出口人类这种货物（黑奴）而形成的。正如伯纳德·贝林（Bernard Bailyn）所指出的，四大洲相互建立了关系并形成一个体系：非洲以奴隶贸易的形式与南美洲的巴西建立联系，而欧洲的葡萄牙企业家也参与其中。

然而，地中海是“典型的地中海”，不仅因为它有地中海之名，而且因为最密切的交流就产生在这里，这里见证了西方文明的诞生。在这里，三大洲相遇于咫尺之间；乘船十分钟就能从欧洲伊斯坦布尔到亚洲伊斯坦布尔；西班牙南部的阿尔赫西拉斯（Algeciras）离休达只有半小时的路程，站在直布罗陀海峡的岩石上瞭望摩洛哥的摩西山（Jebel Musa）清晰可见；在晴朗的日子里，人们可以从西西里岛西部的埃里斯（Erice）窥见非洲。更重要的是，地中海盛行的大风、温暖的夏季气候，使航行既能够穿越开阔的海域又能够穿梭狭窄的海峡。即使是古代和中世纪的航运业也普遍倾向于走让船长能够看到陆地的航线。从热那亚经过科西嘉岛东侧和厄尔巴岛到撒丁 499
岛的路线就是典型一例，尽管从那里必须要跨过广袤之海才能到西西里或非洲。虽然小岛屿的麻烦在于容易受海盗劫持，并被用作骚扰航运的基地，但穿过希腊岛屿的航线也能让陆地保持在视线之内。

现在我们开始探讨地中海历史的一些持久性特征。布罗代尔认为地中海是一个“一切变革都很缓慢”的地方，但这是从 16 世纪末期的角度来看的。布罗代尔论述的长处在于他对物质环境而不是对人类活动的把握；在他的笔下，甚至是贸易的历史也主要变成了商品的历史。令人好奇的是，缺乏对人的描述。这成为了一种范式，在法国年鉴学派的数十部令人印象深刻的著作中体现得最为明显，这些学者对意大利利沃诺（Livorno）、阿尔及利亚布吉（Bougie）或西班牙巴伦西亚（Valencia）等地中海城市的研究强调了在他们所研究的任何时期内，贸易和社会关系背后的永久性结构。这种观念的风险之处是，人们无法清楚地证明随着时间的推移而发生的变化——例如，在巴伦西亚，奴隶或糖贸易的盛衰。同时，还有一种忽视政治事态发展的倾向。这方面的一个典型例子是雅克·希尔斯（Jacques Heers，后来与编年史者决裂）对15世纪热那亚进行的一项内容丰富且令人印象深刻的研究。热那亚的动荡政治无疑对贸易和社会关系产生了重要影响，然而这一点却只在研究的最后几页纸中才被提及，反倒是谷物、金属和奴隶贸易在正文中得到了充分的讨论。

公平地说，尽管美国、意大利、西班牙、以色列、土耳其和马耳他（仅举几例）等国的各大学都开办了大量关于“地中海历史”的研讨会和课程，但在“地中海历史”的构成问题上几乎没有达成共识。这里采用的方法是强调海洋本身，而不是其周围的领土，即便如此，仍有必要考虑许多地中海岛屿和位于地中海边缘的城镇，正是这些岛屿和城镇创造了贸易网络，以不同时期的地点为例，无论是本土地方还是泛地中海地区：休达、热那亚、杜布罗夫尼克、叙拉古、迦太基、亚历山大、科林斯、萨洛尼卡（Salonica）、士麦那、阿卡（Acre）、特拉维夫，等等。

时间过程中的发展

本章的第二部分重点关注于随着时间的推移，“经典地中海”的发展。地中海沿岸的第一批居民显然没有办法过海。尼安德特人一直在直布罗陀海峡逗留到公元前2200年，在那里后人发现了他们的大量遗骸；但是海峡对岸的休达缺乏类似的证据，这表明他们只生存于非洲海岸。按照这里所用的术语，地中海历史的有效起点是：早在旧石器时代晚期，来自大陆的小船开始探索希腊岛屿寻找黑曜
500 石的时候，第一批定居者大约在公元前1100年就已到达西西里岛。

从断断续续航行的证据来看，我们进入了东地中海各大文明的贸易网络：不仅仅是生存于希腊和克里特岛环境中的米诺斯人和迈锡尼人，还有他们在意大利等更西地区土地上生产出的食物，以及他们通过塞浦路斯与黎凡特的密切联系，特洛伊战争的作用（可能）是控制黑海到爱琴海入口的贸易战，这预示着后来会有许多争夺君士坦丁堡（伊斯坦布尔）的战争。在地中海的另一端，根据古典作家的说法，直布罗陀海峡至少从公元前 1104 年开始对航运开放，当时的加的斯（Cádiz）据说是腓尼基人建立的，而这一说法几乎比实际情况早了几个世纪。很早以前已建立的这种与大西洋的关系，构成了地中海人类史的永恒主题，并在 1492 年以后成为占主导地位的主题。地中海不是一个封闭的世界，而是一个通过黑海与欧亚草原相连，并通过大西洋与北欧和西非相连的世界。从本质上说，这就是地中海如此重要的原因：这里发生的一切将对经济、文化和政治产生深远影响。

我们可以从"第一阶段地中海"开始探究，在这个时期，人类开启了横跨水域的交流，到达岛屿，甚至抵达对面的海岸，但此时的整片水域并未能形成一个统一的系统。在青铜器时代末期以前，大约公元前 1100 年，甚至更晚，远西地区基本上与东地中海相互隔绝。事实上，跨地中海贸易的第一个证据，将我们带回到石器时代晚期，甚至更早，当时人们首次造访爱琴海的米洛斯（Melos），寻找工具制造中使用的火山玻璃，也就是黑曜石。由于米洛斯是一座岛屿，我们有直接证据表明小船经常穿梭于此，将该岛与希腊和亚洲大陆连接起来。即便如此，这并不是贸易：据我们所知，起初人们只是简单地收集黑曜石，并不存在当地的中间商。很多世纪以后，东地中海才出现了克里特岛和希腊迈锡尼的复杂贸易网络。"第一阶段地中海"时期的结束标志着冲突可能还带来了移民、造成贸易的崩溃及大城市的毁灭。在这里，我们可以集中讨论一件既可以说是传说也可以说是事实的事件（但地中海内外的传说故事一直是地中海历史的一个重要特征）：特洛伊战争很可能是一场为了争夺从地中海通往黑海这段海峡控制权的战争，因为这一地区从拜占庭时代到奥斯曼帝国时代，对地中海历史都至关重要。古典作家认为特洛伊战争是从公元前 1184 年开始的，这一观点似乎站得住脚。荷马史诗中的特洛伊战争以一种地中海传说的形式得以叙述：奥德修斯（Odysseus）游历的故事中还包括一些人认为是对西西里岛和意大利南部周围水域的描述，在该地区发现了许多特洛伊战争时期的迈锡尼希腊陶器。在这个航海先锋的时代，海盗、商人和移民逐渐向西进
501 发。但是，希腊作者认为这个时代的混乱局面可延伸到更远的领域，我们可以在埃及的记录中，看到关于这一时期海洋民族的论述，其中最著名的是非利士人（Philistines），他们可能有希腊血统，定居在迦南海岸，并为该地区命名，这里就是如今的“巴勒斯坦”。

东地中海伟大青铜时代文明的崩溃标志着“第一阶段地中海”的终结。腓尼基人开创了“第二阶段地中海”，后来希腊人重新开辟了通往西方的贸易路线，在北非、撒丁岛、西西里岛、意大利南部、西班牙和法国南部建立了殖民地。因此，在这一阶段，联系的范围和规模远远大于偶尔有迈锡尼商人到达意大利南部或西西里东部塔兰托（Taranto）的那些日子。当然，这些航线的开通是一项竞争性的业务，特洛伊战争只是许多商业冲突中的第一场，是希腊舰队在西西里岛和意大利南部海域对伊特鲁里亚人和迦太基人发动更为激进攻势的前身。希腊人也与希腊人作战，因为种族忠诚从来都不是最重要的。公元前 8 世纪以降，地中海岸的西班牙和非洲西北部居民的生活发生了巨大变化，商人主要购买当地产品、食品和原材料，并出售精致陶器和手工作坊的产品。

腓尼基人为新网络的建立提供了主要证据，他们不仅在今天黎巴嫩的土地上开创了商业路线，而且在远到北非的地方建立了子城（殖民地是一个最好避免使用的词，因为它意味着可以远程控制）。在那里，他们建立了 Qart Hadasht，也称“新城”，后来被罗马人称为 Carthago（迦太基），并最终在西班牙水域建立了更多的二级中心。腓尼基人理所应当被视为中东、埃及和美索不达米亚宏大文化的传

播者，他们分发这些文化的产品，甚至更重要的是，在自己的作坊中仿效这些文化。商业哨所应运而生。通常，这些哨所位于近海岛屿，或至少坐落在腓尼基人和其他寻求贸易之人的领域边缘，如位于西西里西海岸的莫特亚（Motya）是腓尼基人和迦太基商人的重要交易基地。对安全的需要和成为自己小飞地主人的愿望驱使了这种行为。商人和文字之间有着重要的联系。腓尼基字母是希腊字母的祖先，它打破了祭司和其他上层群体对书写系统的近乎垄断，在那之前，书写系统非常复杂，甚至是深奥难懂的，因此出现了一种适合商人需求且容易阅读的书写系统。字母表向西传播成为地中海早期历史上的伟大主题之一。

公元前7—公元2世纪地中海历史的主旋律是雅典与其竞争对手在东方争夺政治统治权的斗争（这场斗争延伸到亚得里亚海和西西里岛），以及希腊人、迦太基人、伊特鲁里亚人和后来的罗马人在西方海域的冲突。这些斗争在很大程度上是通过海上竞争实现的，因为斗争的核心是为了获得贸易路线的控制权及由此带来的利益。尤 502
其重要的是，希腊在叙拉古、塔兰托和库迈等地建立了“殖民地”（要记住，这些地方在很大程度上是自治的），这片殖民地区被称为“大希腊”，希腊语为“Magna Graecia”，而小亚细亚沿岸也建立了类似的殖民地。西西里岛的殖民地为像科林斯这样正在蓬勃发展的城市提供了大量的粮食。从位于那不勒斯海湾伊斯基亚岛的匹德库塞（Pithekoussai）开始，希腊人就在大希腊与深受希腊习俗影响且不太世故的民族建立了贸易和文化联系；意大利民族采用希腊文字的形式仅是其中一例；另一个重要的例子是希腊宗教思想的输出——拟人化的神和女神，以及丰富的神话宝库，这些思想被移植到意大利和其他地方的当地神身上。但在进入这些水域时，希腊人与其他民族有了竞争，特别是和腓尼基人及伊特鲁里亚人。有时他们并肩合作，例如位于亚得里亚海北部的斯皮纳（Spina）成了伊特鲁里亚进口希腊陶器的一大中心。但也有暴力冲突，比如公元前474年叙拉古的希腊人和伊特鲁里亚人在库迈爆发的大战。由此得出一个永恒不变的主题：地中海内部的许多竞争根源于商业竞争。然而，这不一定是一个控制黄金和香水的问题。罗马早期更重要的是盐，而伊特鲁里亚人以其巨大的铁矿石储量而闻名，尤其是在厄尔巴岛及其周边地区。因此，我们很早就可以看到，与许多经典著作的设想相反，地中海的贸易不仅可以理解为奢侈品的交换，而且还可以理解为像食品和原材料等简单必需品的贸易。

竞争和贸易战是反复出现的现实。但也有相对稳定的时期。在这一时期，亚历山大大帝征服埃及和叙利亚并建立希腊统治之后，东地中海地区形成了一种混合文化。托勒密时期的埃及统治者延续了古埃及人关于国家控制经济的观念，但他们也通过亚历山大大都市与更广泛的地中海地区建立联系（在法老统治下被忽视），亚历山大港是希腊化时代希腊人、犹太人、科普特人和其他许多人的故乡。这些联系既有经济上的——托勒密王朝拥有令人印象深刻的海军——也有文化上的。尽管存在着种族和宗教的矛盾，但亚历山大图书馆仍体现了希腊化世界中发展起来的文化统一性。希腊化时期是为罗马帝国，甚至为拜占庭帝国奠定基础的时期，因为在东地中海涌现了一种以希腊语为基础的城市文明；与此同时，真正的政治权力已从独立城邦之手转移，落入地方君主之手。像对古埃及女神伊西斯（Isis）这样的宗教信仰的传播，证明了古代地中海地区人口和思想的流动。在政治上，罗马取得了胜利：公元前 1 世纪中叶希腊和迦太基的沦陷巩固了其对地中海的政治控制；在埃及，罗马统治的建立进一步促进了其经济利益。公元前 1 世纪末，埃及、非洲和西西里的著名小麦贸易支撑了罗马，尽管从西西里岛进口食物的
503 历史可以追溯到公元前 5 世纪。在试图保护母城的利益与维护地中海沿岸的大联邦之间存在着一种矛盾关系。诸如高卢、英国和西日耳曼尼亚等地区处于帝国的边缘，帝国的中心首先在罗马，然后向东迁移到君士坦丁堡，从而增强了东地中海地区古希腊土地的经济活力。这是一个城镇星罗棋布的地区，长期以来，这里经常进行着密集的商业交流，即使在伊斯兰教出现和 7 世纪拜占庭时期埃及和

叙利亚灭亡的时候，这种交流也仍继续存在。

因此，“第二阶段地中海”的主题是将整个地中海空间纳入一个相互关联的贸易区，最终在罗马皇帝的统治下建立起一个更加雄心勃勃的综合政治区。可想而知，“第三阶段地中海”的起源必须从公元 4 世纪以来可见的政治和经济分裂中去寻找。“新罗马”——君士坦丁堡在伊斯兰教兴起之前一直控制着东地中海，但经过 1000 年的跨地中海贸易之后，远东和远西之间失去了密切的联系；以弗所（现位于土耳其）等城市的人口减少表明，拜占庭也经历了衰落，尽管与西方国家相比，它的衰落并不明显，复苏的速度也要快得多。此外，在公元 7 世纪，拜占庭失去了在近东和西欧的许多最珍贵的财产，尽管事实上伊斯兰教的兴起确实使地中海大部分地区统一起来，就像罗马便视地中海地区为“我们的海”（mare nostrum）一样。从某种程度上说，一旦西班牙的大部分地区（从 711 年起）处于穆斯林统治之下，那么伊斯兰教就能够重建东西方之间的联系；但南北之间的联系减少了，西欧基督教的世界与东地中海之间的联系也大大削弱。我们进入了所谓黑暗时代的阴暗水域；历史学家们围绕 5 世纪蛮族入侵后贸易的崩溃进行了激烈的争议；那不勒斯湾一直是贸易中心，从这个角度来看，它与意大利西北部仍然平静的港口有所不同，部分原因是阿马尔菲（Amalfi）和那不勒斯的商人进入了东地中海和北非的拜占庭和穆斯林城市。据说，来自古代腓尼基贸易中心的“叙利亚”商人和犹太人，于这一时期在跨地中海贸易中发挥了重大作用。

在伊斯兰教的统治下，一个从西班牙和摩洛哥到埃及和叙利亚的共同市场建立起来，同时与东地中海和意大利南部的拜占庭世界保持着密切的商业联系。希腊和伊斯兰世界在高雅文化领域有着重要的联系，阿拉伯译者通过阿拉姆语翻译将希腊文本保留下来，在更小的范围内，东正教（和“异端”）教士、僧侣与犹太人，当然还有越来越多的穆斯林一道，在伊斯兰土地上形成了丰富的混合文化。在这里，我们再次看到地中海历史上反复出现的一大主题：有

时，就像在这一时期一样，地中海作为文化和宗教融合的舞台表现
504 出一定程度的相互包容。然而，情况并非自发如此：东部基督教僧侣抵达早期穆斯林统治下的西班牙，推动了当地基督教徒公开谴责伊斯兰教，由此引发了科尔多瓦烈士危机（Martyrs of Córdoba），严重破坏了8世纪安达卢斯（Al-Andalus）地区基督教和穆斯林的关系。

从大约950年开始，我们观察到多样性中的统一性。教派繁多，因此很快便不再只有一个伊斯兰教，就像不再只有一个基督教一样。然而，尽管倭马亚王朝、法蒂玛王朝、阿拔斯王朝以及其他声称拥有哈里发权力的君主之间存在着尖锐的政治分歧，但这仍然是一个经济上统一且相对稳定的世界。在这一时期横跨地中海的人群中，有信仰三种一神论的朝圣者，其中包括伊本·朱拜尔（Ibn Jubayr）和图德拉的本杰明（Benjamin of Tudela），前者是一名穆斯林，后者是一名西班牙犹太人，他们生动地记述了自己在十字军东征时期的旅行。在第一次十字军东征（于1095年发起）之前，基督教就开始了跨越地中海到圣地的大规模朝圣运动，之后，十字军东征（于1099年）攻占耶路撒冷，取得了惊人的成功，这进一步刺激了基督教的大规模朝圣。11世纪末，意大利商人、十字军和其他征服世界的骑士大举闯入这个世界。他们的活动在中世纪中叶主宰了整个地中海。然而，这不应被完全呈现为碎片化的历史。意大利贸易的兴起又一次成为地中海商业统一的历史，意大利人、加泰罗尼亚人和普罗旺斯人先后从穆斯林和犹太人手中夺取了贸易路线的控制权，并在十字军的阿卡、君士坦丁堡、亚历山大、突尼斯和巴勒莫等城市建立了自己的贸易基地，由此开启了“第三阶段地中海”。由于比萨人、热那亚人和威尼斯人一旦获得了他们的贸易基地，便会寻求与穆斯林贸易伙伴建立和平关系，所以这些人在西欧经常因与法蒂玛王朝的埃及等穆斯林国家关系十分密切，而受到批评；亚历山大港以黎凡特贸易为生，向西方商人出售从印度洋获得的货物，特别是胡椒和其他香料。加泰罗尼亚人与马格里布统治者的关系变得如此密切，以至于加泰罗尼亚人甚至为阿拉贡基督教国王的穆斯林盟

友提供雇佣军。另一方面，西欧基督教的自信也表现在征服巴利阿里群岛和西班牙海岸线上（1229 年的马略卡岛，1238 年的巴伦西亚，等等）。

随着我们跨过 1200 年，地中海的历史也日益成为基督徒之间激烈竞争的历史，如在 13 世纪初威尼斯和热那亚为争夺克里特岛的斗争，或在 1284 年的梅洛里亚战役中，热那亚击败了宿敌比萨，一度控制了盛产铁的厄尔巴岛。东方的基督徒和穆斯林都是十字军东征的牺牲品，尤其是 1204 年第四次十字军东征洗劫君士坦丁堡时，拜占庭首都自此再未从这一打击中恢复过来。再往西，由于撒丁岛的谷物、奶酪和皮革颇具价值，于是加泰罗尼亚人和热那亚人为争夺撒丁岛的控制权而进行了血腥的战斗，没有一个人幸免于这场战争，包括敌舰上的水手和乘客也惨遭屠杀。

“第三阶段地中海”在 14 世纪中叶结束，当时黑死病夺走了地
中海沿岸陆地上多达一半的人口；信仰基督教的欧洲和伊斯兰教国 505
家的整个经济被迫调整。自此，“第四阶段地中海”开始发展。随着地方贸易路线的兴起，一些大干线（主航线）路线衰落，出现了新的格局；所有这一切都与东方的重大政治事件有关，因为土耳其人控制了爱琴海，并干扰了食糖等产品的供应，基督教商人现在不得不在西西里岛、格拉纳达，甚至地中海以外的马德拉（Madeira）等更近的地方寻找食糖。需要喂饱的人少了，便有更多的钱花在奢侈品上，所以不仅是路线改变了——运输的货品和货品的来源都发生变化了。15 世纪初，巴伦西亚已成为一座繁荣的城镇。我们还开始看到，大西洋逐渐成为地中海商人和征服者的目的地，甚至发生于 1492 年哥伦布横渡大洋之前，这也导致了地中海与更广泛世界之间建立起联系。这一年对地中海的宗教历史同样具有决定性意义，因为它目睹了格拉纳达穆斯林王国的毁灭和数千名犹太人被驱逐出西班牙的惨状。大西洋蓬勃的经济发展像黑死病一样颠覆了地中海。“第四阶段地中海”与大西洋的联系日益密切，新香料路线在大西洋的开通使地中海城市发现自己可与里斯本，甚至与安特卫普展开香

料贸易的竞争。现代地中海早期贸易的衰落包括谷物生产量的下降，例如在当今的克里特岛，葡萄藤和橄榄树的种植占主导地位。

人们总是倾向于从基督教和伊斯兰教之间的斗争来理解16世纪和17世纪，其特点是西地中海残酷的海盗活动的卷土重来（巴巴罗萨·海雷丁〔Barbarossa Hayrettin〕的“巴巴里海盗”可与基督教海盗如罗兹骑士团和马耳他骑士团相匹敌），以及北非沿岸西班牙战役的爆发。1565年对马耳他的围困和6年后的勒班托战役（battle of Lepanto），将地中海分裂为受西班牙和土耳其两种势力影响的地区，因为土耳其无法控制马耳他以西的海域。然而，在这分裂的表面背后，旧的统一仍然存在：由于西方人表达出对土耳其事物的迷恋，东西方通过利沃诺、士麦那、杜布罗夫尼克，甚至文化联系形成的贸易由此而建立；17世纪，西班牙专注于其他地方（美洲、意大利和北欧）的政治问题，而法国国王从16世纪初开始就与奥斯曼帝国保持着非常友好的关系，这个时期的地中海地区就此表现出了一定程度的政治包容性。因此，即使在这一时期，我们也需要把地中海看作是一个统一的整体。利沃诺和士麦那向所有宗教信仰的商人开放，在这些城市中，政治斗争常常被抛到一边，让位于交易和利润；15世纪末从西班牙和葡萄牙流亡的犹太人后裔在这两个城市的成功中发挥了重要作用。杜布罗夫尼克（拉古萨）是一个特别有趣的例子，因为它在连接西欧和奥斯曼巴尔干半岛之间起到了“枢纽”的作用，并在土耳其境内享有特殊的政治自治。该城的地位上升，并
506 拥有地中海最大的一支商船舰队，这在某种程度上与拉古萨市政官员向奥斯曼帝国纳贡的决定不谋而合。然而，这些成功是非地中海列强进入地中海的前奏：16世纪末，英国和荷兰的海盗已经在地中海活跃起来，到18世纪，地中海正式成为一个列强活动于远洋之外的主战场，例如最早开始于18世纪初英国占领直布罗陀海峡和米诺卡岛（Minorca）的行动。18世纪末，地中海成为拿破仑时期法兰西和大英帝国海战的主要战场。

这一切都是19世纪非凡变革的前奏曲，这时的地中海——“第

五阶段地中海”——发生了根本性的变化，英国和法国正共同致力于用一种新的方式将其变成一个中间之海，他们开辟了苏伊士运河，并允许从欧洲到亚洲的航运，而无需绕行整个非洲。北欧的工业化刺激了对东方原材料的需求，现在这些原材料直接可以穿过地中海。因此，地中海作为一条通道重新得到了重视，而不是作为一片拥有资源而具有价值的区域；然而，在某种意义上，一种旧式的关系得以重建：印度的产品再次大量沿着红海流向埃及的地中海港口，就像中世纪葡萄牙开辟一条绕过地中海运输胡椒的路线前的情况一样。亚历山大在经历了几个世纪惊人的衰落之后，再次成为一个经济强市；它的新居民——希腊人、犹太人、意大利人、土耳其人、科普特人——都认为自己与埃及的生活格格不入，并频繁回忆对其城市的经典描述，即 *Alexandria ad Aegyptum*——亚历山大在走向埃及的路上，而不是已经身处埃及（in Aegyptum）。与此同时，殖民列强逐渐加强了对地中海周围领土的控制，早自 1830 年的法属阿尔及利亚开始，一直持续到第一次世界大战前夕，当时意大利还为控制利比亚而战。亚历山大实际上也成为列强的共管地。

与此同时，地中海以新的方式进入欧洲人的意识之中，作为希腊的发源地，由此它也被认为是欧洲文化的发源地。1900 年前后，海因里希·谢里曼（Heinrich Schliemann）和阿瑟·伊文斯（Arthur Evans）在迈锡尼、特洛伊和克诺索斯的发现证实了这些观点。显然，希腊世界的历史比任何人想象得都要久远。从奥德修斯（荷马）时代开始的地中海旅游历史，至 20 世纪末达到了大规模游历的顶峰，地中海成为欧洲和美国所有社会阶层的游乐场。从记录上看，飞行旅行出现于 20 世纪 50 年代，第一批是从英国和德国直飞马略卡岛；佛朗哥政府鼓励西班牙海岸线的迅速发展，甚至是过度发展，并希冀于找到让西班牙在政治和经济上与欧洲脱离的办法。20 世纪 507
末，旅游业呈现出一种新的特征，廉价的航班使前往地中海城市的费用比在本国乘火车还要便宜，至少对英国人来说是这样。旅行是大众化的，并不是所有的人都关注于参观散布在地中海周围的古代庙宇和中世纪或巴洛克式的大教堂：在马略卡岛、莫纳斯蒂尔或米克诺斯（Mykonos），海滩比博物馆更吸引人。在20世纪下半叶，两项在技术上相距甚远的发明改变了地中海和欧洲北部之间的关系：飞机和比基尼。

人们越来越意识到过度旅游所带来的危害。不单单是那些临近太阳海岸丑陋的混凝土旅馆和公寓（*Costa del Sol*）的问题；环境污染还蔓延到地中海水域，过度捕捞蓝鳍金枪鱼和其他生物，还有在南亚得里亚海等地区倾倒有害化学品。法国总统萨科齐提议建立一个“地中海联盟”，与欧盟相并列、相重合。在鼓励以色列和利比亚等宿敌同桌合议的背景下，“巴塞罗那进程”发起了对环境问题的探讨。在这片海域的生物被侵蚀殆尽之前，“第五阶段地中海”很有可能也是最后一个阶段的地中海。

参考书目

- Abulafia, David. *The Great Sea: A Human History of the Mediterranean*. London: Allen Lane/Penguin; New York: Oxford University Press, 2011.
- ——, ed. *The Mediterranean in History*. New York: Oxford University Press, for the Getty Museum, Los Angeles, 2003.
- Braudel, Fernand. *The Mediterranean and the Mediterranean World in the Age of Philip II*. 2 vols., trans. by Siân Reynolds. London: Collins, 1972—3.
- Cooke, Miriam, Erďag Göknar, and Grant Parker, eds. *Mediterranean Passages: Readings from Dido to Derrida*. Chapel Hill, N.C.: University of North Carolina Press, 2008.
- Goitein, S. D. *A Mediterranean Society: The Jewish Communities of the Arab World as Portrayed in the Documents of the Cairo Geniza*, vol.1, *Economic Foundations*. Berkeley: University of California Press, 1967.
- Harris, William V., ed. *Rethinking the Mediterranean*. Oxford: Oxford University Press, 2005.
- Horden, Peregrine, and Nicholas Purcell. *The Corrupting Sea*. Oxford: Blackwell, 2000.
- Matvéjevic, Predrag. *Mediterranean: A Cultural Landscape*, trans. by M. H. Heim. Berkeley: University of California Press, 1999.
- Pryor, John. *Geography, Technology, and War: Studies in the Maritime History of the editerranean, 649—1571*. Cambridge: Cambridge University Press, 1988.

➢ Rackham, Oliver, and A. T. Grove. *The Nature of Mediterranean Europe: An Ecological history*. New Haven, Conn.: Yale University Press, 2001.
➢ Tabak, Faruk. *The Waning of the Mediterranean, 1550—1870: A Geohistorical Approach*. Baltimore, Md.: Johns Hopkins University Press, 2008.

王鸣彦　译　李　腊　校

第二十八章　美洲，1450—2000年

爱德华·戴维斯二世

与欧洲接触之前的美洲

508 早在22000年以前，人类就已跨越国界进入了美洲。公元前9000年左右，覆盖北美大部分地区的冰川开始融化，气候变暖，狩猎-采集者社会慢慢开始从事农业，并根据土壤、海拔和当地生态将南瓜、笋瓜、玉米、土豆或豆类等食物纳入他们的饮食之中。作为土生土长的民族，他们每年至少有一部分时间生活在村庄里。

公元纪元开始的时候，美洲出现了几个主要的文明，如今称这一时期为古典时代。这些文明由集僧侣阶级、武士阶级、农民和工匠于一体的城邦组成。他们还开发了广泛用于农业的灌溉系统，并建造了人口在十五万至二十万之间的大型城市中心，配有令人印象深刻的仪式建筑和宫殿。在中美洲（印第安）文明之母奥尔梅克（Olmecs）人早期建造的基础之上，特奥蒂瓦坎（Teotihuacán）古城几百年来一直在中美洲的城邦里占据领导地位，最终于公元980年左右落到了托尔特克人（Toltecs）手中。①

在秘鲁沿岸地区，其他一些文明成功地建立了统治体系。在北部海岸，莫切人（Moche）因卓越的工程技术而声名鹊起，这在他

---

① Benjamin Keen and Mark Wasserman, *A History of Latin America*(Boston: Houghton Mifflin, 1988), 13-21.

们的筑路工程、灌溉系统和公共项目设施中体现得淋漓尽致。秘鲁南部的纳斯卡（Nazca）在纺织生产方面十分出色，他们的神殿吸引了来自远方的朝圣者。内陆地区，提瓦纳库文明（Tiwanaku civilization）于公元 100 年左右诞生在的的喀喀湖（Titicaca）附近，并将其统治范围向南延伸至今天的智利。公元 6 世纪，蒂瓦纳科的西北方出现了瓦里帝国。帝国统治者为了确保其统治地位而迁移了已被征服的各族人民。他们还对所有农业生产实行了严格的把持， 509
并建立了高效的道路网来巩固政权。所有这些文明都在公元 800 年后开始衰落。①

在尤卡坦半岛和危地马拉，玛雅人建造了数不尽的城邦，并用大型金字塔、堂皇宫殿及多层建筑结构加以装饰。60 多个城市中心组成了这一复杂的社会。干旱、资源短缺、蛮族入侵和内战频发等多重因素的结合使这些文明失去了立足之地。

军事社会产生于后古典时代。最著名的是中美洲的墨西哥和安第斯的印加，他们建立了以军事力量和高效的政治组织为支撑的大型朝贡帝国。这些帝国是西半球人口最集中的国家，人口共达三千多万人，拥有着以其首府之奢与惊人军队为象征的巨大财富和权力。

在北美洲，土墩建筑文明于公历纪元开始发展起来。其中最早的阿德纳家族（Adena）和他们的后继者霍普韦尔家族（Hopewell）于公元 500 年就在俄亥俄山谷兴盛起来。密西西比人是最具忍耐力也是令人印象最为深刻的土墩建造者。他们经营着覆盖大陆大部分地区的大规模贸易系统，不远千里去运输像黄金和黑曜石这样的高价值商品。这些城市遗址中，卡霍基亚（Cahokia）靠近今天的圣路易斯，它于公元 9 世纪成为最大且最具统治力的中心。作为统治者庙宇和宫殿的巨大土墩建筑覆盖了卡霍基亚的风光之美，这里的工

---

① Cheryl Martin and Mark Wasserman, *Latin America and Its Peoples*(New York: Pearson, Longman, 2008), 19 - 23.

匠和艺术家们不断完善着他们的手艺。1150 年以后，卡霍基亚及其文明衰落①。

到了 16 世纪，北美相当多的民族生活在集约农业社区。如今弗吉尼亚低洼海岸地区的阿尔冈坎语系民族就是这种社会组织的典型范例。在这些社区，有时居住和耕种方式的变迁或是为了探索不同生态环境下的季节性资源，或是因为土地已不能再维系群落的生存。②

遭遇：美洲的疾病和死亡

1492 年，欧洲人的到来给美洲和加勒比人民造成了严重且最终的致命的挑战。欧洲人携带的细菌和病毒对美洲人民来说是致命的。美洲土著民族与欧亚疾病源隔绝，缺乏对这些瘟疫的免疫力。早期与欧洲人接触的土著民族受到了天花、斑疹伤寒和麻疹等疾病的严重打击。

天花和其他病毒杀手随西班牙探险队转移至内陆。从 1519 年到 1521 年，天花席卷了墨西哥和玛雅地区。1545 年，斑疹伤寒极其严重地袭击了墨西哥的谷地。每次疫情暴发，会造成多达 90%的感染者
510 死亡。到 17 世纪 20 年代，这种情况使墨西哥谷地的人口从二千五百万减少到仅有七十五万，安第斯山脉的人口也从一千万减少至六十万。

相似地，随着欧洲殖民者和探险家登陆新英格兰并与当地居民进行贸易，流行病也传染到了新英格兰。从 1616 年到 1619 年，一场流行病夺去了新英格兰沿海地区十万当地居民中大约 90% 的生命，同时在 17 世纪 30 年代初，天花席卷了新英格兰，带走了一大部分土

---

① Alvin M. Josephy, Jr., *500 Nations: An Illustrated History of North American Indians* (New York: Alfred A. Knopf, 1994), 28 – 29 and 32.

② Jay Gitlin, ' Empires of Trade, Hinterlands of Settlement, ' in Clyde A. Milner II, Carol O'Connor and Martha A. Sandweiss, eds., *The Oxford History of the American West*(New York: Oxford University Press, 1994), 87.

著居民。这种大规模死亡一直持续到 19 世纪。从 1837 年开始，天花在西北部的黑脚族（the Blackfoot）中肆虐，造成了大约四万人死亡。类似的暴发几乎灭绝了曼丹人。直到 1899 年，普韦布洛人（Pueblos）还在应对天花，它威胁了美国西南部的许多生命。①

征服、殖民和移民

15 世纪末登陆大西洋西岸的欧洲人是第一批全球探索家和殖民者。从沿海的印度和日本到北美和南美，欧洲探险家和移民者建立了殖民地和贸易站，征服或生活于土著帝国之下。在美洲，西班牙人通过征服墨西哥和印加建立了他们庞大的帝国。西班牙的探险队还将马德里的王权扩展至整个南美洲、中美洲和北美大陆的大部分地区。

相比之下，葡萄牙人和英国人既没有创建伟大的帝国，也没有发现征服后落入西班牙人手中的巨大财富。葡萄牙人的探索失败了，他们很快在巴西沿岸建立了人口稀少的殖民地，在那里他们与图皮（Tupian）等人口较少的土著族群发展了经济贸易关系。

同样地，17 世纪来到美洲的英国人，在弗吉尼亚或新英格兰沿海建立起小社区，在那里他们与波瓦坦和万帕诺亚格人（Wampanoags）等相处得不太和谐。17 世纪 20 年代和 30 年代，英国人为了获得土地、争取独立和维系生活，还在加勒比海沿岸定居下来。

最后，法国人穿过圣劳伦斯河（1602）和密西西比河（1718）迁移至北美。他们声称拥有对北美大片地区的主权，但其人口仍然占少数，定居点的数量也微乎其微。其中一部分法国人是作为捕兽

---

① 关于天花的讨论参见 Sheldon Watts, *Epidemics and History: Disease, Power and Imperialism*(New Haven: Yale University Press, 1999), 84 - 108, 关于天花、斑疹伤寒、黄热病及区域性疾病的讨论参见 Noble David Cook, *Born to Die: Disease and New World Conquest 1492—1650*(New York: Cambridge University Press, 1998), 167 - 198。

者和探险家来到这里的，他们与当地居民相处融洽、密切合作。他们很快便掌握了土著语言，与土著妇女结婚，并常常花一定的时间生活在自己的社区。①

横渡大西洋经济的建立

511 欧洲人将他们新获得的领土视为获取原材料和贵金属的来源，以促进他们在欧洲的经济。慢慢地，欧洲人开始建立以航运、港口、原材料和贵金属为支柱的大西洋经济。对于西班牙人来说，银矿激发了他们的野心。西班牙人在波托西（Potosí）发现了世界上最大的银矿，该地位于今玻利维亚北部的安第斯山脉附近。他们利用印加人（也称米塔人）的强迫劳动制度来开采富饶的银矿脉，还在墨西哥北部的萨卡特卡斯州（Zacatecas）开发了产量极高的银矿。在这里，因银矿距离定居点较远，故而他们采用志愿劳动的方式。银矿使得新兴的西班牙帝国创建了一套经济体系，这个体系横跨大西洋，延伸至南欧，为西班牙帝国的多次战争买单。

由于缺乏贵金属，葡萄牙人开始寻找吸引欧洲消费者的农产品。他们选择了糖，当时糖在英国和欧洲市场非常受欢迎。为了种植和加工糖，他们依赖于非洲劳工的种植园，这些种植园是15和16世纪在非洲西海岸开发的，现可拿来一用。葡萄牙人首先在葡萄牙的阿尔加维地区生产蔗糖，之后将这一生产体系与圣多美岛上非洲大陆——似乎取之不尽的廉价劳动力相结合。被招募来执行这项任务的人都成为奴隶。葡萄牙人是非洲奴隶贸易的老手，他们很乐意将购买的非洲奴隶带到巴西。依靠甘蔗和制糖厂，种植园经济很快便在巴西北部沿海的巴伊亚（Bahia）和伯南布哥地区繁荣起来，为种

---

① John J. Bukowczyk, Nora Faires, David Smith, and Randy Williams, *Permeable Borders: The Great Lakes Basin As Transnational Region, 1650—1990*(Pittsburgh: University of Pittsburgh Press, 2005), 14 - 18.

植园园主、意大利投资者以及意大利和葡萄牙商人带来了丰厚的利润。①

切萨皮克（Chesapeake）和加勒比海地区的英国人也把欧洲和英格兰看成是有利可图的市场。切萨皮克（1607）的英国殖民者选择烟草和契约劳工作为他们种植园系统运营的基础。烟草赢得了许多欧洲消费者的青睐，并创造了对劳动力的极大需求，而稳定的契约劳工满足了这一需求。这些男男女女交换了他们的自由，作为回报，种植园主资助他们前往美洲的航程并在合同结束后向他们提供土地。1680 年后英国衰退的经济开始复苏，减少了愿意签订契约合同的劳工数量。②

只有非洲劳工能满足英国人对劳动力的长期需求。非洲人最初是受临时雇用的劳工，17 世纪开始缓慢地转变为奴隶，1680 年后这一过程日益加剧。讽刺地是，葡萄牙人几乎垄断了早期的奴隶贸易，却把第一批非洲人带到了英国殖民地。到了 18 世纪早期，一套合法且发展完善的奴隶贸易体系建立，极大地满足了殖民地种植园主的劳动需求。烟草和奴隶成为使切萨皮克对殖民者和伦敦均有价值的关键。

在加勒比海，移民作为自由劳工来到这里，在成片的小块土地 512
上种植了烟草和棉花。到 17 世纪 50 年代，加勒比地区精明的定居者将目光转向利润丰厚的食糖市场。他们采用了种植园模式，利用为葡萄牙人服务的非洲劳工来耕作。18 世纪，糖岛已经成为英格兰的巨大财富来源。这些种植园园主移民到卡罗来纳州（Carolinas），也带来了经营种植园和管理非洲劳工方面的经验。在那里，他们建立了以大米和靛蓝为主要作物、以非洲奴隶为主要劳动力的经济，带

---

① James Lockhart and Stuart B. Schwartz, *A History of Colonial Spanish America and Brazil* (New York: Cambridge University Press, 1999)，参见第 7 章有关巴西的描述；Frederick Stirton Weaver, *Latin America in the World Economy* (Boulder, Colo.: Westview Press, 2000), 21。

② J. H. Elliot, *Empires of the Atlantic World: Britain and Spain in America 1492—1830* (New Haven: Yale University Press, 2006), 54 - 55, 103 - 104, 94 - 97.

动了整个欧洲市场的运作。①

对许多英国殖民地来说，奴隶制和种植园都不是直接的谋生手段。当然，17 世纪 20 和 30 年代登陆北美东北海岸的英国宗教异议者、朝圣者和清教徒并没有表现出奴隶制的倾向。他们试图建立不受英国国教干涉的宗教乌托邦。最后，他们将目光转向海洋，在那里建立了以航运、木材工业和海运保险为基础的经济体系。新英格兰的船只将在大西洋上航行几十年，并作为奴隶贸易的承运商和保险商获得丰厚的利益。同样地，17 世纪末，定居在宾夕法尼亚州和大西洋中部的其他英国殖民地的农民和商人，开始生产和运送农作物、肉类及其他必需品至加勒比海地区，以维持该地区高度专业化的单一作物经济体——种植和加工用于大西洋贸易的糖及其副产品。

大洋港口和船队仍然是大西洋经济的中心。格拉斯哥、布宜诺斯艾利斯、卡塔赫纳（Cartagena）、费城、纽约、哈瓦那和其他主要港口的作用至关重要，它们一方面作为欧洲和英国货物的出入口，另一方面作为通往欧洲大陆或大不列颠英国的必需品之运输通道。船队连接着波尔图和里斯本与里约热内卢以及非洲奴隶站和工厂。英国殖民船只将费城和巴尔的摩与牙买加的金斯敦和巴巴多斯的布里奇顿连接起来。其中，查尔斯顿和布宜诺斯艾利斯是非洲奴隶的主要入境口岸。伦敦信贷为重要的奴隶贸易支付费用，而蒙特利尔和魁北克则充当了皮毛贸易的集散地。商人住在港口，里约热内卢、费城和布宜诺斯艾利斯等航运中心则居住着船员和海事工人，他们为大西洋巨大船运舰队的航行与运作提供了能量和技术。②

---

① David Eltis, *The Rise of African Slavery in the Americas*(New York: Cambridge University Press, 2000), 136, 195, 199, 200 - 206; Edward J. Davies, II, *The United States in World History*(New York: Routledge, 2006), 6 - 7.

② Davies, *The United States in World History*, 5; Elliot, *Empires of the Atlantic World*, 109 - 110; *Jeremy Adelman, Sovereignty and Revolution in the Iberian Atlantic*(Princeton: Princeton University Press, 2006), 10 - 11, 46 - 47; Eltis, *The Rise of African Slavery*, 219.

革命和美洲，1760—1830

革命极大地改变了美洲的政治和经济领域。七年战争（1756—
1763）标志着这一进程的开始。通过赢得这场与法国的斗争，英国
人确立了他们在北美的霸权地位。讽刺的是，这场胜利对英国政府
来说代价高昂，正如在这场战争中失败的西班牙王室一样。这两大
国都在寻求增加收入的新方法，以偿还战时所欠的债务。这些措 513
施包括更有效的征税手段和成立新的机构，如英国属地的海军部
法院或西班牙裔美洲殖民地的地方行政长官，以执行新的政策。
此过程中，改革措施加强了美洲殖民地政府与帝国中心之间的附
庸关系。

两帝国在革命前夕似乎都相当强大。英国采取了一系列措施，加强王室中央集权。其中包括增加收入的措施，例如加征印花税，旨在授权附属皇家海军部法院起诉企图在北美和加勒比殖民地逃税的个人。英国王室委派了爱尔兰（另一个英国领地）的一位新总督来与控制该岛的盎格鲁-爱尔兰领导者相抗衡。在这两种情况下，王权都意在取代殖民权力。西班牙帝国也寻求加强王权，以提高税收的效率。当新的皇家财政总监带着更权威的权力和更多的助理来到这里时，人口普查员确认了人口及其财富的范围。英国和西班牙均想提高税收的效率。

英国人也迎来了一个崭新的、更多样化的帝国。法国投降后，魁北克省及其信仰天主教的魁北克人被置于英国国王的统治之下。英国人还将统治范围扩展到不同的土著民族，特别是俄亥俄河谷的土著人。安抚新臣民和满足殖民地人民的要求超出了英国政府的能力。偏袒法国天主教徒的政策激怒了殖民地居民，几十年来他们一直是魁北克人的死敌。与此同时，英国通过禁止定居来维护俄亥俄河谷土著人民的完整性，这一做法也激怒了英国殖民地臣民。

两个多世纪以来，西班牙统治着一个民族和种族多样化的人群，从未遇到过英国人所面临的挑战。在这里，印第安人、非洲人、种族混血人、西班牙后裔和西班牙移民长期生活在一起，共同食宿，即使其中一些种族之间的关系是脆弱的。

两个帝国都遭到了对他们新政策的强烈反对。就英国人而言，反抗演变成革命，并造成北美殖民地的丧失。这些殖民地成为后来宣布独立的美利坚合众国，一个致力于公开选举、言论自由、司法公正和联邦分权的自治共和国。另一方面，西班牙虽经历了像 1781—1783 年秘鲁总督图帕克·阿马鲁（Tupac Amaru）起义等其他频繁爆发的暴力抗议活动，但都一一予以遏制并维护了帝国的完整。

英国政府只统治着前帝国的一部分领土。除了加勒比海地区的几个岛屿外，只剩下英属北美领土。由于担心众多在加拿大的美国忠诚捍卫者或发生其他叛乱的可能性，英国于 1791 年颁布了宪法，其中纳入了美国宪法中的许多措施。在大多数情况下，共和主义仍统治着英属北美地区。

革命和新共和政体

514 法国大革命及其继承者拿破仑通过爱尔兰改变了美洲的政治面貌。革命给梦想脱离英国统治的爱尔兰青年带来了极大的冲击。同样重要的是，他们希望使爱尔兰成为一个胸怀法国大革命理想的共和国。不消说，英国人认为这些愿望好比黄粱美梦，并发起了一场运动——把同情法国革命的人关进监狱或驱赶出去。因此，爱尔兰激进分子在动荡的 18 世纪 90 年代被迫离开家园，特别是在 1798 年起义失败后逃往美国，在那里他们担任诸如党报编辑之类的重要政治职务，并将他们的许多想法注入美国的政治版图。在法属圣多明戈岛，法国大革命的影响引发了 1790 年奴隶起义，并最终导致海地共和国的成立，奴隶解放，种植园制度终结。在伊比利亚半岛，1808 年拿破仑军队的入侵最终导致西班牙统治下的美洲爆发革命。①

法国占领者很快罢免了西班牙的国王。根据西班牙法律，在没有君主的情况下，人民继承了统治权。城市行政机构（Cabildos abiertos）是一个开放的市政委员会，在从潘普洛纳（Pamploma）到卡塔赫纳的西班牙各地举行会议，通过选举建立军政府。最终，1812 年，由来自全球西班牙帝国的民选代表组成的议会在加的斯召开会议，起草了宪法。事实证明，这部宪法是一份体现民主自由的文件，因为它结束了美洲印第安人的赋税，赋予每一名男子公民权和应享有的权利（但纯正的非洲人后裔除外），确立了人民主权，并严格限制了西班牙君主的权力。还赋予公民言论自由。事实上，这部宪法创建了一个共和的世界。②

1814 年，费迪南七世（又称费尔南多七世）君主复位，他反对这些措施及宪法对国王的限制。随即，他派遣了一支军队与美洲的忠实臣民联手，残酷地镇压了共和势力。在他的侵略军手中受苦受难的人没有一个能够忘记那几年的暴行。1815 年后，随着保皇党势力与革命军队的长期对抗，南美洲爆发了内战，最终导致新共和国的建立。于 1812 年宪法许诺的自由和自治机构现已成为现实。

具有讽刺意味的是，1807 年拿破仑进攻葡萄牙，为了避免被推翻，在同样的入侵事件发生于西班牙之后，葡萄牙君主和他的随从

---

① Lester Langley, *The Americas in the Age of Revolution, 1750—1850*(New Haven: Yale University Press, 1995), 87 - 99; David Wilson, *United Irishmen, United States: Immigrant Radicals in the Early Republic*(Ithaca: Cornell University Press, 1991).

② John Charles Chasteen, *Americanos: Latin America's Struggle for Independence*(New York: Oxford University Press, 2008), 90 - 92; Jaime E. Rodriguez O., *The Independence of Spanish America* (New York: Cambridge University Press, 1998), chapter 3; Jeremy Adelman, ' An Age of Imperial Revolutions,' *American Historical Review* 113(2008), 319 - 341。关于拉丁美洲代议制制度和公民身份的激烈性讨论，参见 Hilda Sabato, ' On Political Citizenship in Nineteenth-Century America,' *American Historical Review* 106(2001), 1290 - 1320。

逃亡到巴西。他们和平地统治着里约热内卢，直到19世纪20年代初葡萄牙君主返回里斯本。然而，他的儿子留在了巴西并建立君主立宪制，与西班牙国王的风格如出一辙。在19世纪的大部分时间里，他的继承人为巴西带来了极其稳定的生活。①

美洲地区工业经济的崛起

515 19世纪，工业化改变了世界。新技术与国民经济的各个方面融为一体。跨越国界且依靠偏远地区原材料供应的经济体系应运而生。英国作为第一个工业经济体，推动了早期技术变革，培养了第一代高技能产业工人和企业家。其他国家，特别是比利时、法国和德国的政界，认识到工业化所带来的巨大物质优势，并期待英国提供必要的技术和设备，以建设自己国家的工业经济。

在美洲，美国照搬了这一战略。依靠英国的知识、技能和技术来建设纺织、铁路和采矿等工业。英国工厂的设计和设备，甚至技术娴熟的英国纺织工人，在坐落于新英格兰的美国纺织业的早期历史中至关重要。最后，美国技术工人和企业家对进口技术进行改造，并为自己的技术申请了专利。

美国企业家也看到了铁路的发展前景。由于缺乏制造机车的技能或技术，他们求助于英国。一段时间以后，英国的技术推动了美国早期的铁路工业。再以后，美国制造商获得了生产铁轨和机车部件的丰富知识和技能。随后，铁路成为美国铁器制造商及后来的钢铁制造商的重要市场。②

为了推动铁路的发展，美国不得不依靠由英国技术主导的煤炭

---

① Chasteen, *Americanos*, 126－128, 140－142, 145－147, 151－155.

② Sean Patrick Adams, *Old Dominion Politics and Economy in Antebellum America*(Baltimore: Johns Hopkins University Press, 2004)论述了有关英国采矿业的转变; Grace R. Cooper, Rita J. Adrosko, and John H. White, Jr., 'Importing a Revolution: Machines, Railroads and Immigrants,' in Carl Guarneri, ed., *America Compared: American History in International Perspective*(Boston: Wadsworth, 2005), 270－285。

产业。美国征聘了技术熟练的英国矿工，并结合英国的知识以建设机车燃料所需的早期采矿工业。到了19世纪50年代，美国的煤炭企业家根据自身的需求优化了英国的技术，并发展成适合本国环境的创新技术。铁路迅速成为煤炭工业发展的重要市场，成为将煤炭运往工业和国内消费者的一个极其优越的手段。可以说，到19世纪50年代时，铁路业也成为一个整合的国内市场的基础，这对工业化的美国经济至关重要。

美国种植园经济也促进了英国纺织业的发展，使英国一跃成为工业先驱。革命战争结束后，轧棉机的发明让南方人得以开发适宜于该地区气候和土壤生长的短线棉花。19世纪棉花经济的巨大增长加快了英国纺织厂数十年的发展。在纽约市，棉花被拍卖给英国买家、商人、银行和许多服务业，这些服务业使得棉花经济的发展切实可行，并成为英国经济的一个重要组成部分。棉花在1860年成为
美国的主要出口产品，占美国总出口产品的60%以上，足以彰显美 516
国跨大西洋经济之强大，不同于英国技术和技工向东横渡海洋的流动，但其影响力毫不逊色。

公司最早出现在美国的铁路行业，行业规模产生了新的结构性问题——货运量大且种类繁多，路程远至成百上千英里，劳动力雇员数量大，由此铁路部门开始制定新的计划，以监测和控制其庞大企业。这些要求造就了第一代公司经理人，他们需设想新的运营方法来适应庞大企业的发展。铁路领导者发展出一线经理的概念，由这些人处理铁路运营的日常细节问题。铁路公司所有者及顾问是战略导向的管理者，他们负责处理更宏观的问题，如新市场、资本融资和技术创新。

铁路工业为钢铁、电力和化工等其他工业提供了模板。这些行业的运作需精良的技术，受益于大规模生产并结合理论知识。同时，也需利用以类似生产模式加工各种货物的能力。例如，通用电气公司大规模生产多样化产品，依靠受过良好教育的专业人员和灵活的生产能力来实现这一目标。到1900年，美国已发展成为世界上最多

样化且最具活力的经济体。①

加拿大的工业化始于发展有效市场所必需的铁路行业。19 世纪 50 年代，企业家开始建造这些铁路，主要依托于英国资金，其次是美国投资。英国投资者认为，这些铁路是通过港口和船只向英国出口的必需品，因为其农业部门不足以满足工业城市爆炸式增长的需求。

然而，在铁路建设中美国工程师的专业知识必不可少，同时美国开创的组织体制则成为加拿大同行的典范。美国技术为加拿大现代工业的发展奠定了基础，正如英国技术在美国工业化初期所做的那样。

由于对外国公司的存在很敏感，加拿大政治领导人形成了以进口取代工业化的早期策略。这一战略是一种国家政策，加拿大提高了在他国国内生产的产品之关税，并试图封杀外国进口。为抵制这一政策，美国公司开始在加拿大境内部署生产分公司。该决定是美国宏大战略的一部分，在这一战略中，美国公司首先将欧洲和英国作为其业务基地。②

不过，加拿大由于地理位置接近和劳动力素质高而跃居榜首。在新型的、以科学为基础的大规模生产行业中，如化学、电气和汽车行业，美国公司将加拿大受过良好教育的劳动力视为一笔巨大财
517 富，并大量迁往加拿大。直至第一次世界大战时，包括通用电气等在内的大约 450 家美国公司主导了加拿大的经济。

加拿大经济如果一直被外国主导的话，那么其将继续繁荣昌盛且充满活力。不用说，美国取代了大不列颠成为加拿大经济的主要投资商，并在其制造业中占主导地位。加拿大也成为美国企业的主要贸易伙伴和主要投资来源。最后，美国公司还利用加拿大作为平台，出

---

① 关于美国、德国和英国企业的比较讨论，参见 Alfred D. Chandler, Jr., *Scale and Scope: The Dynamics of Industrial Capitalism*(Boston: Belknap Press, 2004)。

② 关于加拿大的经济，及其保护本国免受外国公司（绝大多数为美国）影响的失败尝试的分析，参见 Gordon Laxer, *Open for Business: The Roots of Foreign Ownership in Canada*(Toronto: Oxford University Press, 1989), 5 - 6, 11 - 17, 37, 39, 41, 43 - 49, 123, 140; Glen Williams, *NOT FOR EXPORT: Toward a Political Economy of Canada's Arrested Industrialization*(Toronto: McClelland & Stewart, Limited, 1983), 16, 21 - 28, 36 - 39, 52, 96 - 104, 106 - 112。

口高价值产品到受英国关税保护的英国领地和殖民地。

为了寻找原材料，美国企业向南，进军墨西哥。美国企业在加拿大看到了生产的可能性和大批的消费者，与之不同的是，他们也看到了墨西哥丰富的矿藏。企业领导人为了美国的利益，发现墨西哥总统波菲利奥·迪亚斯（José de la Cruz Porfirio Díaz，1876—1911年在任）领导的政权鼓励外国投资，认为这是使一套以农村为主的世界工业化的最有效手段。美国公司建造了一个铁路系统以确保基本的运输，还构建了一套通信系统以维持在墨西哥的业务与公司总部之间的日常联系。主要分布在北部索诺拉省（Sonora）和奇瓦瓦省（Chihuahua）的铜矿与其他采矿工业生产了数百万吨贵重金属，加工于冶炼厂和精炼厂，并通过埃尔帕索（El Paso）等城市中心的主要铁路枢纽运往美国。由此，墨西哥北部成为美国工业经济不可或缺的组成部分，也是其持续繁荣的必要条件。①

在1830年中美洲和南美洲革命结束后的几十年里，破产、政治不稳定和对其出口产品的需求不足使两大洲处于孤立的状态。英国的投资开始让这些地区重新融入国际市场的进程。从19世纪50年代到20世纪，这些投资构成了英国全球战略的重要部分。

为满足西欧和美国工业中心的需求，英国的资金和矿业公司开发了智利北部丰富的硝酸盐土地。英国的资金也流入哥伦比亚的咖啡种植园，以满足工业世界对热带产品的需求。鉴于本国农业部门不足以养活不断飙升的工业人口，英国资本还在国外寻找食物。阿根廷无法抗拒地成为英国的后花园。它拥有养育大批牛群的广阔南美大草原，以及极其适宜小麦生长的土壤，这都是英国迫切需要的。英国资助并维护当地铁路和冷藏舰队的发展，以便将这些产品运往国内和欧洲市场。②

到19世纪末，美国实业家也看到了北美以外地区的发展潜力，

---

① John Mason Hart, *Empire and Revolution: The Americans in Mexico since the Civil War* (Berkeley: University of California Press, 2002)，第2章。

② Weaver, *Latin America in the World Economy*, 44－52, 55, 63－64, 66, 68; Jeffrey A. Frieden, *Global Capitalism: Its Fall and Rise in the Twentieth Century*(New York: W. W. Norton, 2006), 68－72.

而英国已经在那里建立了自己的领地。秘鲁是一个很好的例子。英国通过投资安第斯用于重工业的矿藏，将秘鲁带入了伦敦的轨道。这一矿藏也引起了美国企业利益集团的注意。他们从加拿大和墨西哥的业务中获益匪浅，并意识到安第斯矿产储备的潜力，特别是其
518 拥有美国重工业急需的大量铜矿。1902 年，美国塞罗德帕斯科（Cerro de Pasco）铜业公司开始购买富含铜矿的土地，并由此为人所熟知。像詹姆斯·哈金（James B. Haggin）等塞罗（Cerro）的创始人将他们长期在墨西哥采矿和冶炼铜的宝贵经验带到了秘鲁。他们与其继任者在利马以东偏远的锯齿山脊（sierras）中部建造了一个大型工业综合体（工业群），就像在墨西哥偏远山区所做的那样。到了 20 世纪 20 年代，秘鲁的政治领导层在奥古斯特·莱吉亚（August Leguia）总统的领导下，大力欢迎外国投资和企业入驻，并将此作为鼓励国民经济发展的一种手段，与之前在墨西哥的做法不谋而合。美国企业和地方政府之间的这种合作，广泛运用于美国私人企业在中美洲和南美洲各地的运营活动之中。①

美国的日益崛起最终预示着 19 世纪英国的长期统治进入尾声。第一次世界大战在这一转变中发挥着决定性作用。战争造成前往欧洲的船只严重短缺，并切断了拉丁美洲货物进入欧洲市场的通道。矿物和热带产品现已几乎全部转向美国市场。

移民和劳工需求

美洲经济体的增长在出口导向型和工业化经济体中都对劳动力产生了的强烈需求。美国庞大的经济规模和多样性吸引了来自欧洲

① Lawrence A. Clayton, *Peru and the United States: The Condor and the Eagle*(Athens, Ga.: University of Georgia Press, 1999), 86 - 88 以及第 4 章; Thomas F. O'Brien, *The Revolutionary Mission: American Enterprise in Latin America, 1900—1945*(New York: Cambridge University Press, 1996), 第 5、6 章涉及秘鲁问题，其他章节涉及美国企业与拉丁美洲各国的关系。

各地的三千多万移民及来自亚洲的数百万移民。他们有的在铁路业和纺织厂工作，中国人和爱尔兰人就分别在这两个行业中居多。还有许多人来到城市建设、矿山和钢铁制造等行业，典型的有南欧和东欧人。19 世纪 70—80 年代，加拿大说法语的魁北克人在马萨诸塞州的纺织厂打工，而说英语的加拿大人则拥向密歇根州和华盛顿州寻找与工业有关的工作。大量的英国、中欧和南欧移民在加拿大短暂停留后也纷纷进入美国寻找更有利可图的就业机会。①

19 世纪末以后，种植园经济为满足工业经济中消费者的需求而急剧扩张，并产生了对劳动力的迫切需求。为满足欧洲和北美咖啡消费者的口味，在中美洲的德国咖啡种植者雇用了来自加勒比海的合同工。这与英国茶园园主在印度阿萨姆邦（Assam）招募了数万名合同工来种植和采摘茶叶，以满足英国人激增的茶叶需求相同；在印度洋留尼汪岛（Réunion）的法国蔗糖种植者也依靠稳定供应的非洲劳工为其种植园服务。②

美国市场爆炸式的增长也对热带产品有了同样的需求压力。 519
1898 年，美国赢得了美西战争的胜利，吞并了生产糖的波多黎各，占领了盛产糖的古巴。美国还成了依赖蔗糖生产的多米尼加共和国的保护国。为了满足这些新占领地对劳动力的迫切需求，美国企业雇用了数千名牙买加人、海地人和巴巴多斯人。③

---

① 有关移民的资料，参见 Walter Nugent, *Crossings: The Great Transatlantic Migrations, 1870—1914*(Bloomington, Ind.: Indiana University Press, 1992), 第 15 章；Mark Wyman, *Round-Trip to America: The Immigrants return to Europe, 1880—1930*(Ithaca: Cornell University Press, 1993), 第 1—3 章；Bruno Ramirez, *Crossing the 49th Parallel: Migration from Canada to the United States, 1900—1930*(Ithaca: Cornell University Press, 2001), 第 1，3，4 章。

② 一项有关德国人在中美洲活动的调查，参加 Thomas Schoonover, *Competitive Imperialism, 1821—1929*(Tuscaloosa, Ala.: University of Alabama Press, 1998), 第 6—8 章；茶的通俗史，参见 Laura C, Martin, *Tea: The Drink that Changed the World*(Boston: Charles E. Tuttle, 2007) 。

③ 关于加勒比海的论述，参见 Cesar J. Ayala, *American Sugar Kingdom: The Plantation Economy of the Spanish Caribbean, 1898—1934*(Chapel Hill, N.C.: University of North Carolina, Press, 1999), 第 6 章；O'Brien, *Revolutionary Mission*, 第 8，9 章。

国外市场对改变种植园经济之劳动力供给的需求，在出口导向型的牧场经济和农场经济领域也产生了相同需求。阿根廷和加拿大分别拥有大片适于种植作物和放牧牲畜的土地——南美大草原和北美大草原——完全能够满足工业人口的营养需要。然而，两国均没有足够的国内劳动力资源来开发这些土地。加拿大政府开放了北美大草原，以低廉的价格将土地卖给了渴望土地的移民家庭。到 1900 年，家庭农场覆盖了大草原，生产的小麦在英国和欧洲工业市场上极具竞争力。在阿根廷，农场主（Estancieros）也是大地主，喜欢雇用单身的年轻人来开垦土地，种植庄稼和开辟牧场。一旦土地被开垦，农场主夫妇便开始种植小麦和饲养牲畜，以出口到海外工业市场。①

经济大萧条和第二次世界大战

20 世纪 20 年代，全球贸易复苏，全球和美洲的出口与工业经济体受益颇丰。即使是墨西哥在 20 世纪 10 年代爆发了一场部分针对美国企业的革命，而后领导者也与其中许多公司达成了和解。这 10 年（1910—1920）以纽约股市的彻底崩盘而告终，美洲将迎来一场漫长而痛苦的经济大萧条。美国企业暂停了从加拿大到南美洲的业务，这一过程严重损害了拉丁美洲和北美的出口导向型经济。直至第二次世界大战结束以前，这些经济体特别是拉丁美洲的经济，在很大程度上与国际经济体系完全隔绝。②

为了应对这一形势，拉丁美洲各经济体像全球大多数经济体一样转向发展国内经济。在美国和德国等工业经济发达的国家，这种转变围绕着振兴受伤但发达的工业基础而展开。在拉丁美洲，各国

---

① 加拿大与阿根廷的对比研究，参见 Jeremy Adelman, *Frontier Development: Land, Labor, and Capital on the Wheatlands of Argentina and Canada, 1880—1914*(New York: Oxford University Press, 1994) 。

② Frieden, *Global Capitalism*, 220 - 228, 303; Weaver, *Latin America in the World Economy*, 117 - 127.

领导者面临着将出口经济体转变为工业经济体的任务。在一段自给自足的时期，像智利等拉丁美洲共和国于 20 世纪 30—40 年代开始建设以工业为基础的经济。

1941—2000 年间的全球冷战

第二次世界大战的结束加速了美国与世界关系的变革。1945 年 520
二战胜利后，美国立即在全球范围内面临着一个强大的敌人，即忠诚的共产主义国家苏维埃社会主义共和国联盟（苏联）。这两大意识形态对立的国家之间的紧张关系演变成了冷战的爆发。在随后的几十年里，两大阵营试图在包括美洲在内的世界各地发挥各自强大的势力。

这种全球影响力在美国国家安全委员会第 68 号文件中表现得最为突出，该文件概述了遏制共产主义威胁的全球战略。在这场较量中，美国经常依靠秘密行动、间谍活动、经济压力和其他非战争手段遏制共产主义，并利用中央情报局作为部署这些策略的主要工具之一。在 1948 年意大利大选中，美国开始布局这些策略。美国赞助的大规模政治宣传，给予亲美政党基督教民主党以财政援助，并采用散播反苏联电影等手段，对共产党候选人的失败起到了决定性的作用。①

当时，拉丁美洲处于美国利益的边缘。美国坚定地认为苏联打算将其革命理念输出到共产党争夺领导权的地区，主要是亚洲和欧洲。随着冷战进入全球范围，这种看法得到了强化。早在 1947 年冷战爆发时，美国和拉丁美洲各共和国就缔结了《里约条约》（*Rio Pact*），这代表着一个区域军事联盟，也是蓄意反苏联的北大西洋条约组织之模板。美国还率先建立了美洲国家组织，旨在应付该半球

---

① 关于冷战爆发的说明，参见 George Herring, *From Colony to Superpower: U.S. Foreign Relations Since 1776*(New York: Oxford University Press, 2008)，第 14 章，关于意大利选举的论述，p. 621。

未来共产主义的任何威胁，并为该区域提供安全保护。①

美国还对在大萧条和二战期间上台的左翼政府及其激进的工会支持者担忧不已。美国将支持转向军事政权，包括1948年在秘鲁夺取政权的曼努埃尔·奥德里亚（Manual Odria）将军和在委内瑞拉长期执政的马科斯·佩雷斯·希门尼斯（Marcus Pérez Jiménez），以此遏制那些看似有反美国倾向的国家。美国还施压于秘鲁等国，迫使其停止与苏联的贸易，并在一些情况下与苏联断绝外交关系。

出于对左倾政府的担忧，在20世纪50年代初民粹主义者雅可沃·阿本斯（Jacobo Arbenz）赢得危地马拉总统选举时，美国予以直接干预。作为中间偏左派进步领袖，阿本斯试图削弱美国联合水果公司（United Fruit Company）在危地马拉的压倒性支配地位。其中最具争议的举动——他征用了水果公司拥有的大量未开垦土地，并将其重新分配给危地马拉10万户生活贫困的家庭。

阿本斯政府的措施激起了美国对共产主义在全球扩张的恐惧。当共产主义阵营的捷克斯洛伐克开始制造武器，这一行为使美国谴责阿本斯政府与共产主义政权存在联系，并发动中央情报局指挥的
521 秘密行动推翻了阿本斯政府。在欧洲实施的秘密策略导致了一场成功的政变：推翻了阿本斯的改革措施，制定了严厉的反共法律，建立了独裁政权。干预已成为美国在拉丁美洲政策的一种常规操作。

1959年，菲德尔·卡斯特罗战胜了美国支持的独裁者富尔亨西奥·巴蒂斯塔（Fulgencio Batista），这是对美国、美国企业及其反共政策的一次成功挑战。卡斯特罗征用了大部分美国拥有的工业和土地，随后又与苏联结盟，这使他成为美国一个强大的敌人。

美国视古巴和拉丁美洲为冷战的中心战场。为对付共产主义威胁，美国依赖于40年代末在西欧和50年代中期在危地马拉成功使用的秘密战术。美国政府利用宣传、向古巴境内外的反卡斯特罗部队提供援助、在古巴进行秘密活动和收集情报，这些是从危地马拉

① Herring, *From Colony to Superpower*, 625－628, 683－684.

秘密行动中复制来的，旨在推翻卡斯特罗政府。但事实证明，这些战略都无济于事，卡斯特罗仍然掌权，对美国及资本主义制度构成极大威胁。①

古巴采用美国向全球盟友部署军事力量和民众扶持的战略，进一步加强了这一威胁。20 世纪 60 年代开始，卡斯特罗向非洲国家提供援助，与他所说的帝国主义作斗争。从扎伊尔到摩洛哥，古巴的军队和援助工作者协助了这些与卡斯特罗思想一致的力量。20 世纪 80 年代后期，由南非率领并受到美国援助的军队入侵安哥拉，古巴再次派遣军队予以援助，决定性地终结了这些袭击。②

中美洲而不是古巴成为结束美洲冷战的决定性战场。在这里，美国总统罗纳德・里根的全球战略与阿根廷和其他反共军事政权的区域野心和恐惧交织在一起。1977—1979 年，尼加拉瓜爆发内战，交战双方分别是美国支持的独裁者安纳斯塔西奥・索摩查・德瓦伊莱（Anastasio Somoza Debayle）及其对手桑地诺民族解放阵线（Sandinistas），这场战争将阿根廷也卷入其中。尽管索摩查政权长期受到美国政府的支持，但吉米・卡特总统领导下的美国撤回了对索摩查政府的援助，转而赞成通过谈判解决问题。

阿根廷政府不仅向索摩查提供了武器等其他援助，并动员了一支由南非、以色列、危地马拉和玻利维亚等反共政权组成的联盟，以拯救索摩查失败的政权。阿根廷还向萨尔瓦多和危地马拉的反共势力提供了资源。在世界范围内，阿根廷对共产主义政权的攻击发挥了重要作用，展现出其在反对共产主义威胁方面的巨大力量，及在跨大西洋海域组织联盟方面的能力。最后，阿根廷及其短暂盟友的努力未能挫败桑地诺派，索摩查逃离该国。阿根廷军事领导人不

---

① Herring, *From Colony to Superpower*, 685－689; 关于巴蒂斯塔、卡斯特罗以及卡斯特罗之改革的简要说明，参见 Thomas O'Brien, *The Century of U. $. Capitalism in Latin America*(Albuquerque, N.M.: University of New Mexico Press, 1999), 150－155。

② Piero Gleijeses, ' The View from Havana: Lessons from Cuba's African Journey, 1959—1976, ' in Gilbert Joseph and Daniela Spenser, eds., *In from the Cold: Latin America's Encounter with the Cold War*(Durham, N.C.: Duke University Press, 2008), 112－133.

愿认输，转而支持数千名前国民警卫队成员，这些成员的军事组织曾维持索莫查的统治。①

522 对美国来说，中美洲是其实施全球反共战略的重要考验。里根放弃了遏制政策，而采取直接对抗共产主义政权的进攻性战略。他认为，这种新的做法是对勃列日涅夫学说的直接反击，勃列日涅夫学说承诺向世界各地的社会主义政权提供一切手段的支持。美国将动用其从南部非洲到阿富汗的军事、外交、经济和秘密资源，以击败苏联及其盟友。②

里根认为中美洲的叛乱是古巴和苏联构成全球威胁的一部分。他的担忧与阿根廷、智利和其他军事政权的担忧交织在一起，他们认为桑地诺派的胜利构成自身生存的致命威胁。当美国在 1982 年爆发的福克兰岛战争中支持英国时，阿根廷与美国的合作结束；然而，阿根廷继续支持被桑地诺派认定为敌对者的尼加拉瓜反抗军（Contras）。

中情局负责指挥反对桑地诺派的力量。它训练了尼加拉瓜反抗军，并投入大量的武器和资金。同样地，这些资源也流入了萨尔瓦多。最后，桑地诺派接受了自由选举，当他们被击败时，不得不将政府的控制权交给了一个亲美政府。温和但软弱的统治者在萨尔瓦多掌权。中美洲的战争标志着冷战的最后阶段，冷战于 1991 年随着苏联的解体而宣告结束。③

全球化经济和美洲，1941—2000 年

冷战期间，美国大力推动国际经济，但联合国拉丁美洲经济委员会成员保罗·普雷比什（Paul Prebisch）正式提出的进口替代工业

---

① 关于阿根廷运动的描述，参见 Ariel C. Armstrong, ‘Transnationalizing the Dirty War: Argentina in Central America,’ in Joseph and Spenser, *In from the Cold*, 134－170。

② Herring, *From Colony to Superpower*, 862, 864, 881－885.

③ Herring, *From Colony to Superpower*, 886－889.

化经济理论对美国提出了严峻挑战。普雷比什认为，外国企业在出口工业中的主导地位使拉美国家实际上屈从于外国，而通常受益的是美国。他反对使整个拉丁美洲陷于从属地位的出口安排，即出售廉价原材料而进口昂贵的制成品。为打破这一劣势循环，拉丁美洲国家需要提高主要进口商品的关税和收费，促进制造这些商品的工业，并发展健康的国内市场。他的思想给了拉丁美洲一个统一且合乎逻辑的哲学武器，以此来反对美国及其工业盟国的国际贸易体系。接受了这一哲学理念的墨西哥、智利及其他几个拉美国家，皆取得了积极的成果。①

因此，拉丁美洲和进口替代工业化的经济策略在 1960 年后几十年里迎合了全球发展经济体的利益。肯尼亚、伊拉克、土耳其和许多新独立国家接受了该经济策略，并取得了卓著的成果：城市化进
程加快，工业生产面向国内市场，识字率提高，等等。这些成果重 523
现了几十年前在拉丁美洲出现的图景。

面对高关税和拉丁美洲发展中经济体的潜力，美国公司制定了一项新的市场战略。在 20 世纪 60 年代以前，拉丁美洲经营的大多数公司主要由金属和原材料生产商经营。各公司开始在拉丁美洲设立制造业务的分支机构，就像上一代人在加拿大所做的那样。通用电气公司早在 20 世纪 20 年代就将其中一条生产线迁往巴西，此举预示着这一战略的到来。几十年来，该公司拓展了生产基地，并增加了面向巴西消费市场的多样性产品。为了获得生产成品所需的零部件，通用电气与当地制造商建立联系，对这些制造商进行了技术培训和质量把控，以达到本公司严格的生产标准。在这一过程中，这些地方企业获得了美国主要消费行业的技术和知识资产。随着许多美国公司接受这一战略，富裕开始惠及特权阶层以外的消费者。②

20 世纪 80 年代的全球债务危机使拉美经济停滞不前，拉美国家

① Frieden, *Global Capitalism*, 310 - 312, 关于全球背景下的 ISI，参见 316 - 319，其缺点，参见 351 - 356；Weaver, *Latin America in the World Economy*, 第 5 章。

② O'Brien, *The Century of U. $. Capitalism in Latin America*, 226 - 229.

在这10年里向美国银行大量借款，以资助基础设施项目。到这10年后期，墨西哥和阿根廷等国无法履行其还款义务。国际货币基金组织（IMF）提供了大量贷款来救助这些国家。该组织成立于二战末期，成为经济形势危急的国家的主要贷款机构。组织还推行了一系列政策，包括放松对外国企业的管制、保证外国企业的财产权、许多政府职能的私有化以及政府开支的大幅削减。

当各国纷纷转向海外寻找成功经济体的模式时，经济复苏进展缓慢。实际上，拉丁美洲国家接受了新自由主义和开放经济，这对新加坡、中国台湾和其他亚洲发展中经济体大有裨益。拉美国家采取了这些政策，它们欢迎外国投资，降低关税，减少出口税及出售国有企业。在智利等国策划了这一全面变革的许多人都曾在支持这些政策的芝加哥大学等美国大学中接受过培训。困扰拉丁美洲的通货膨胀率大幅下跌，经济增长势头强劲，就业机会大大增加。新全球经济的开放政策和半球一体化的发展潜力，标志着美洲新时代的到来。①

北美自由贸易联盟（NAFTA）于1994年获批，墨西哥的加入表明了其对半球一体化所做的准备。20世纪90年代，墨西哥向美国金融机构及其制造业开放了经济。到90年代后期，约有700家美国企业在南加州边界之外墨西哥的蒂华纳设立了工厂。21世纪初，约有雇用了近一百万工人的2000家美资企业，在墨西哥开展业务。②

524 长期以来，加拿大也支持开放经济，并以此作为加强小型工业基础和促进向美国出口原材料的一种方式。二战后，加拿大的外国投资大量增加，主要得益于美国的推动。这些资本大多以直接投资的形式出现，且大部分来自美国前500强企业。美国一直是加拿大的主要贸易伙伴，如20世纪80年代和90年代它占据了加拿大商品贸易的70%，略高于墨西哥。两国的密切交流解释了加拿大加入贸

---

① 有关新自由主义的研究，参见 Weaver, *Latin America in the World Economy*, 177－185。

② 有关墨西哥转向开放经济的研究，参见 Hart, *Empire and Revolution*, 第15章。

易协定的积极性及其对自由贸易所履行的承诺。①

21 世纪之交，美洲似乎正在走向全面经济一体化。民族主义的热情已让位于更为开放的经济，这种经济促进了货物、服务和资本的跨境流动。《北美自由贸易协定》和中美洲各共和国一体化的保证，预示着进一步的繁荣。南美洲，阿根廷、巴西及后继的乌拉圭、巴拉圭、智利和玻利维亚成为南方共同市场的全职或准成员。该组织在规模和交易量上仅次于北美自由贸易协定、欧洲共同体和日本。

20 世纪末的全球化

这一趋势是将昂贵的生产转移到全球廉价劳动力地区的更大全球一体化进程的一部分。到 2000 年，美国和其他发达经济体已在中华人民共和国、印度尼西亚、马来西亚和东欧等地开辟了生产基地。专业化伴随着全球化生产趋势而扩散，这与最初在加拿大制定并随后应用于拉丁美洲的分支机构战略截然不同。智利充分利用了这种专业化，将其沿海水域产量丰富的鲑鱼出售给高度依赖鱼产品的日本市场。它还种植夏季水果，如生长于北方冬季气候的葡萄和桃子，出售给北美和欧洲饥饿的买家。智利还花费大量的时间和金钱来优化可耕地的种植面积，提高土地的生产力。②

甚至美国也看到了自身国际定位的变化。美国最重要的玩偶巴比娃娃的生产展示了这种新的全球生产模式的发展程度。美国生产了这些模具，而后运送到东南亚的工厂加工。塑料和头发部分来自日本和中国台湾，外面的棉衣则由中国大陆制造。印度尼西亚、马来西亚和中国的工厂生产制成品。③在这一新的全球经济中，甚至曾是独占鳌头的经济强国和强大企业总部的美国，也将许多核心制造

① Glen Norcliffe, ‘Foreign Trade in Goods and Services,’ in John N. H. Britton, ed., *Canada and the Global Economy*(Montreal: McGill-Queen's University Press, 1996), 25 - 47.

② 关于智利的研究，参见 Frieden, *Globalism*, 424 - 426。

③ Frieden, *Global Capitalism*, 417.

525 项目分散到全球各地，并与外国企业签订合同——生产曾是本国制造产品所需的零部件。与此同时，拉丁美洲各经济体在重组后的全球经济中寻求新的位置，并开始主张在经济上摆脱对美国的依赖，特别是能源独立和制造业基础雄厚的巴西。未来的经济是一本开放的书，有待人们开篇题言。

参考书目

- Adelman, Jeremy. *Frontier Development: Land, Labor, and Capital on the Wheatlands Of Argentina and Canada, 1880—1914*. New York: Oxford University Press, 1994.
- Ayala, Cesar J. *American Sugar Kingdom: The Plantation Economy of the Spanish Caribbean, 1898—1934*. Chapel Hill, N. C.: University of North Carolina Press, 1999.
- Elliot, J. H. *Empires of the Atlantic World: Britain and Spain in America, 1492—1830*. New Haven: Yale University Press, 2006.
- Hart, John Mason. *Empire and Revolution: The Americans in Mexico since the Civil War*. Berkeley: University of California Press, 2002.
- Herring, George. *From Colony to Superpower: U.S. Foreign Relations since 1776*. New York: Oxford University Press, 2008.
- Joseph, Gilbert, and Daniela Spenser, eds. *In from the Cold: Latin America's Encounter with the Cold War*. Durham, N.C.: Duke University Press, 2008.
- Josephy, Alvin M., Jr. *500 Nations: An Illustrated History of North American Indians*. New York: Alfred A. Knopf, 1994.
- Nugent, Walter. *Crossings: The Great Transatlantic Migrations, 1870—1914*. Bloomington, Ind.: Indiana University Press, 1992.
- O'Brien, Thomas. *The Century of U. $. Capitalism in Latin America. Albuquerque*, N.M.: University of New Mexico Press, 1999.
- O'Brien, Thomas F. *The Revolutionary Mission: American Enterprise in Latin America, 1900—1945*. New York: Cambridge University Press, 1996.
- Rodriguez O., Jaime E. *The Independence of Spanish America*. New York: Cambridge University Press, 1998.
- Watts, Sheldon. *Epidemics and History: Disease, Power and Imperialism*. New Haven: Yale University Press, 1999.
- Weaver, Frederick Stirton. *Latin America in the World Economy*. Boulder, Colo.: Westview Press, 2000.

王鸣彦 译 李 腊 校

第二十九章　大西洋盆地

艾伦·L. 卡拉斯

来自不悦之人的思考

一般来说，历史学家应该有两个主要目标：（1）以一种重建过 529
去的方式，来表明那些生活在我们之前时代的人是如何理解他们所居住的世界，并与之相联系的；（2）赋予这些过去的经历以意义，使之与我们现在的生活相关联。这些宏观问题并不要求学者只在一个特定的国家或语言范围内研究，尽管大多数历史学家被训练这样去做。大西洋的历史可以矫正这种民族主义倾向，而这也非易事。大西洋历史曾经是一个很有前途的研究领域，但现已变得有些落后，出现了难以解决的问题，甚至可能使人感到极度的厌倦。尽管对这位病人的健康状况进行了看似严峻的评估，但长期的预后，病情改善仍有希望。

至少在过去几十年里，大西洋历史为现代世界历史学家的研究提供了巨大的可能性。这些学者往往没有受过西半球历史方面的广泛培训，但他们需要熟悉众多的历史进程，可以说，这些进程都首次出现于现代大西洋世界的背景下。世界历史进程如跨洋移民、洲际和帝国间贸易、宗教传播、民主革命和开明的国家建设等，皆表明大西洋世界历史具有不可低估的意义。事实上，没有大西洋世界的历史，就不会有全球历史。

大西洋世界广阔的空间——除了海洋本身之外，还有与海洋接壤的四大洲——促使学者们探索大西洋沿岸社会之间的互动、交流和联系。此外，这些社会与这一地理空间之外的其他国家，如中国

之间的交流、互动和联系，也影响着大西洋社会的政治、经济、文
530 化和社会发展。例如，茶在美国革命中远非只有象征性的作用。在工业化的全球扩散与大西洋世界的商业交流中，茶叶也是一种必不可少的产品，但这一点通常并没有得到研究。①就目前在大西洋世界进行研究的大多数学者而言，茶叶似乎是英国与其殖民地独立战争前夕倾倒入波士顿港的东西。②换言之，学者们的关注点仍然停留在地方和民族主义的历史叙述之上，即使像大西洋世界这样一个更广阔的区域历史也容易如此为之，更不用说世界历史。

历史关注总是聚焦于特定领域的原因令人担忧。英属北美大陆的北美历史学家，以前被称为早期的美国历史学家，曾经将大西洋的历史“殖民化”。在这一过程中，这些历史学家操纵了该领域颇具研究前景的国际主义倾向，并颠覆了这些倾向。他们弱化了世界更遥远的地区在社会、经济以及文化上对北美洲大西洋沿岸社会所起的作用，除非这种作用与建立克里奥尔殖民地身份的发展有关，或与控制某一特定殖民社会的欧洲大都市地区有一定联系。非洲仍然是一个事后才会被想起的地区，通常在学术上仅仅作为种植园社会“必要”劳动力的来源而出现。③因此，关于大西洋世界的人员、货

① 关于茶及其与糖和工业化的联系，参见 David S. Landes, *The Wealth and Poverty of Nations: Why Some Are So Rich and Some So Poor*(New York, *1999*) , 尤其是 *226, 426, 446*。也可以参见 John Griffiths, *Tea: The Drink That Changed the World*(London: Andre Deutsch, *2008*) 。

② 有关该点的详细实例，参见 Thomas Benjamin, *The Atlantic World: Europeans, Africans, Indians, and Their Shared History, 1400—1900*(Cambridge: Cambridge University Press, 2009) , 528 - 529。

③ 我意识到这将是一个比较有争议的观点，但我支持它。概述观点参见 Jack P. Greene and J. R. Pole, *Colonial British America: Essays in the New History of the Early Modern Era*(Baltimore, Md.: Johns Hopkins University Press, 1984) , 更近期的成果参见 Jack P. Greene and Philip D. Morgan's edited collection, *Atlantic History: A Critical Approach*(New York: Oxford University Press, 2009) 。非洲是大西洋历史的外围角色，除了它影响了美洲的奴隶制。研究非洲社群的学者通过自己的论述予以回应，可参见 John Thornton, *Africa and Africans in the Making of the Atlantic World, 1400—1680*(Cambridge: Cambridge University Press, 1997) 以及 Joseph C. Miller, *Way of Death: Merchant Capitalism and the Angolan Slave Trade, 1730—1800*(Madison, Wis.: University of Wisconsin Press, 1988) 。

物和思想流动的研究极其有限，而且这些研究往往是由学术历史学家以外的人撰写的。①

于是，为了推进这一领域，并抵制早期美国的殖民统治，让殖民美洲的其他欧洲国家之历史学家开始撰写历史，探讨大西洋沿岸所有社会之间的互动关系，这是十分必要的。然而，这种情况似乎还没有出现：西班牙世界仍然是西班牙世界，葡萄牙、荷兰和法国的世界也是如此。换言之，历史学家仍受制于语言和种族。②当一部作品开始探讨这些地区时，如埃利奥特（J. H. Elliott）撰写的《大西洋世界的帝国》（*Empires of the Atlantic World*）一问世，英属北美历史学家立即称之为“权威著作”，同时哀叹自己没有能力创作出这样的学术成果。这种自哀无济于事；相反，学者们应该直接投入更多的精力来参与到大西洋世界的国际主义问题讨论之中。③

目前的情况并不完全是英属殖民时期的美国历史学家的错。用西班牙文、法文或荷兰文代替英文，你就会发现那些学者喜欢使用西班牙文、法文或荷兰文的历史资料，但他们不愿意或也不能够研究用不同语言交流的邻近地理空间。大多数从事原始档案研究的历史学家，在写超越国界或语言界限的历史时表现出不适；此外，那

---

① 例如，可参见 Mark Kurlansky, *A Continent of Islands: Searching for the Caribbean Destiny*(Reading, Mass.: Da Capo, 1992) 以及 *Cod: A Biography of the Fish That Changed the World*(New York: Penguin, 1998) 。也可参见 Sidney Mintz, *Sweetness and Power: The Place of Sugar in Modern History*(New York: Penguin, 1985) ; Mintz 并不是一位历史学家，他是一位人类学家。

② 这点很容易被证明，因为这正是格林和莫根组织他们新作《大西洋历史》（*Atlantic History*）的方式。文章扭转了一个看似过时的观点：这是大西洋葡萄牙世界或荷兰大西洋世界的历史。简而言之，这完全掩盖了一个基本观点；当时和现在一样，大西洋彼岸的人民不只是与他们本国领土的人们进行交流，尽管欧洲国家希望他们这样去做。此外，这种方式还没有通过历史学家相关性检验，因为大西洋世界作为一个整体，其所发生的事情直接影响着当今全球化世界发生的事情。

③ 参见 Greene and Morgan, J. H. Elliot, *Empires of the Atlantic World: Britain and Spain in America, 1492—1830*(New Haven, Conn.: Yale University Press, 2006) 。书中涉及多个作者曾使用过的术语，尤其参见 10, 57, 124, 309 - 310。这本著作非常重要，不仅仅因为它完成了大西洋历史（Atlantic history）研究应该完成的一部分工作，而且因为它提出了有广泛争议的观点，这远比研究一个国家的殖民地可能产生的争议要多很多。

些进行综合研究的学者也不愿接受自己不太熟知的现有文献。

从某种意义上说，谁又能责怪他们呢？然而，这正是大西洋历史最需要的冒险精神。在世界史教育培训普及之前，要改变目前的
531 情况实属不易。历史专业将需要从根本上重组，鉴于专业阻力和预算资源稀缺，重组的可能性似乎越来越小。因此，大西洋历史的研究领域很可能会继续在低潮中漂流，就像几个世纪前来自大西洋东海岸的新世界的第一批游客一样，随着时间的流逝而被人忘却。

同时，还有一个额外问题需要克服。正如语言已被证明是许多大西洋学者的研究障碍，按时间顺序排列的广度同样也是个问题。我认为，大西洋历史已成为美国早期历史的代名词；在少数情况下，该历史的起始时间被推至 19 世纪，令人感到不适。①在这一时间框架内，大西洋世界历史通常被划分为三个时期。虽然并不是所有的学者都在每个时期的起止日期上达成一致，但通常都认为这段历史在 19 世纪结束，一般认为是在早期，也有学者认为是在中期或晚期。例如，1992 年，我和约翰·麦克尼尔试图尽可能地拉长研究范围，远离早期研究的舒适区。②鉴于我们自身接受的是加勒比和拉丁美洲的教育，我们的研究最长只能延伸至 19 世纪 80 年代，当时美洲废除了最后一批奴隶制社会。但由于 20 世纪发生的有关事件，以及大西洋沿岸社会之间的各种联系在世界历史中所起的作用，因此即使是这个研究范围现在看来也似乎不足够。简言之，大西洋世界的概念需要推进至 20 世纪，以便能够清晰地表达和解释该地区从“新世界”转变为以多种方式与其他地区集团相互联系的世界之过程，尤其是研究其与现有的国家历史和世界历史之间的关系时。

---

① 参见 Philip D. Morgan and Jack P. Greene, ‘Introduction: The Present State of Atlantic History,’ in *Atlantic History*, 尤其是 18 - 21。作者已认识到这个问题的重要性，尽管他们意识到这个领域本身还没有进展。

② 参见 J. R. McNeill, ‘The End of the Old Atlantic World: America, Africa, Europe, 1770—1888,’ in *Atlantic American Societies: From Columbus to Abolition, 1492—1888* (New York: Routledge, 1992), 245 - 268。

20世纪初，法国、英国等欧洲国家与美国结成政治联盟，形成了一种不完全又近乎是北大西洋公约（NATO）联盟的北大西洋世界。拉丁美洲的前殖民地继续与西班牙保持联系，并扩大了与南欧的联系，如意大利和阿根廷之间的移民浪潮。欧洲人在奴隶制后期的殖民地——非洲也加入了大西洋世界，但正如彼得·科克拉尼斯（Peter Coclanis）所说，这也是新扩展的全球历史的一部分。①换言之，在20世纪期间，大西洋世界及其组成部分与世界其他地区的联系更为密切，大西洋已作为这些联系的一个载体。大西洋的历史仍有很多未解之处，除非与某个特定的民族历史文献相联系，这一点又可理解得通；只要运用一些创新的学术方法，这些问题便迎刃而解。

然而，我虽然对大部分大西洋历史的当前走向感到悲观，但仍有理由主张建立一个连贯且日益扩大的历史领域。这种振兴的最初迹象甚至已经出现。相关教材和课程都应运而生。但当这些教科书和课程都紧扣大西洋历史的主题时，读起来却又像在主题上相互关联的一系列国家和区域史。②这些教科书和课程还尚未被纳入一个单
一的或独特的历史叙述之中。当然，这一过程很难实现，但如果大 532
西洋历史能够克服一种根深蒂固的倾向，即以大西洋的视角叙述美国（或其他社会）的历史，同时将这一经修订的民族叙事称为大西洋历史，这是绝对必要的。如果历史学家能够实现这一信念的飞跃，并接受一个经过修订的概念框架，那么大西洋历史的确前景光明。但如果学者们不能应对这一挑战，大西洋历史将无法为审视过去的社会提供一个有意义的历史视角。

时间之扩展与空间之融合

从与大西洋接壤的四大洲通过探索、移徙和商业联系起来的时

---

① 关于这个问题的简要例子，参见 Peter A. Coclanis, ‘Beyond Atlantic History,’ in Morgan and Greene, eds., *Atlantic History*, 337－356。

② 参见 Benjamin, *Atlantic World*, and Douglas R. Egerton 等人，*The Atlantic World, 1400—1888*(New York: Harlan Davidson, 2007)。

候起，即15世纪末或16世纪初，大西洋世界便可看作一个单一的整体。毫无疑问，大西洋世界的某些地区，如维京人和美洲人之间在更早的时期就发生过联系，但这一轮互动中并不涉及非洲人。而且，不论人们如何看待伊万·凡·塞蒂玛（Ivan Van Sertima）的著作《他们在哥伦布之前到来》（*They Came before Columbus*），这本书大胆地主张，非洲和美洲之间的互动早在欧洲人到达之前就已发生，但是在15世纪末哥伦布航行之前，大西洋的四大洲之间并没有出现明确的联系。诚然，这就是为什么学者们普遍认为：将大西洋世界作为历史分析的一个对象，只有在1500年之后才有可能。①

鉴于四大洲在15世纪末才出现明显联系，那么大西洋历史的希望最初便是实现于克罗斯比（Alfred Crosby）的《哥伦布大交换》（*The Columbian Exchange*）等著作之中。这一概念现已十分熟悉，几乎无需解释；该书的标题和论点指的是在第一次欧洲航行探险后，大西洋各大陆居民区之间发生的谷物和动物的交换以及疾病的传播。此后，其他学者承担起撰写大西洋世界环境史的重任，以此阐述大西洋各族人民之间的相互作用，并解释美洲土著居民在大西洋彼岸的人到达之后急剧减少的原因。②以大西洋世界作为开端，便可方便地利用人口和环境来阐释广泛区域概念化的效用。

当美洲缺乏足够的劳动力供应时，大西洋世界概念的历史效用被进一步扩大，而这种缺乏是哥伦布大交换中解释的疾病与欧洲式社会组织的重压一并造成的，因此美国需要新的劳动力来源。至少

---

① Ivan Van Sertima, *They Came before Columbus: The African Presence in Ancient America* (New York: Random House, 1976)。这绝不是否定了生活在大西洋社会的各种人群中均存在历史的观点，但是要研究某种大西洋历史，必须得考虑这些人群与大西洋之间的互动。

② 参见 Alfred Crosby, *The Columbian Exchange: Biological and Cultural Consequences of 1492*(Westport, Conn.: Greenwood, 1973)。有关人口灾难的研究，参见 Noble David Cook, *Born to Die: Disease and New World Conquest 1492—1650*(Cambridge: Cambridge University Press, 1998) 及 Woodrow Borah and Sherburne F. Cook, *The Aboriginal Population of Central Mexico on the Eve of the Spanish Conquest*(Berkeley, Cal.: University of California Press, 1963)。

在某些情况下，最初的劳工来自欧洲和非洲，但绝大多数来自非洲
的劳工皆是被强迫所致，也就是人们熟知的奴隶制。当然，美洲对
非洲奴隶制度的引入，以及奴隶制对非洲的影响都得到了大量的剖
析，其中最著名的是柯廷（Philip Curtin）的研究，随着时间的推移，
他对奴隶贸易总规模和范围的估计被证明是极具弹性的。①事实上， 533
大西洋奴隶贸易为美洲大片土地的建设提供了劳动力，这使得其在
大西洋历史中显得尤为重要。此外，如果埃里克·威廉姆斯（Eric
Williams）对奴隶制盈利能力的论述是正确的，那么正是奴隶贸易制
度对劳动力的垄断为欧洲人创造了巨大效益，导致欧洲获得资本，
进而推动了工业化。②

运用环境学和人口统计学方法来研究大西洋世界虽然被证明是富有成效的，尤其是在早期的历史时期，但仍有许多工作有待完成。特别是，需要将这种调查方法推进到后来的年代。例如，世界历史学家指出，大西洋世界的工业化造成了各类污染，且扩散至其他地区。北美和欧洲的温室气体已经开始蔓延在大西洋世界周边的其他地方，产生了相当消极的后果，特别是在南半球。③疾病也从大西洋的一个地区蔓延到其他地区；艾滋病毒（艾滋病）是突出例子，但关于最新的人类与病原体相互作用的历史研究十分有限。

如果认为哥伦布大交换是自然发生的，而且从一开始就与大西

---

① Philip D. Curtin, *The Atlantic Slave Trade: A Census*(Madison, Wis.: University of Wisconsin Press, 1969).

② Eric Williams, *Capitalism and Slavery*(Chapel Hill, N.C.: University of North Carolina Press, 1994)；西摩·德雷切尔（Seymour Drescher）和威廉姆斯的相关争议，可参见 *Econocide: British Slavery in the Era of Abolition*(Pittsburgh: University of Pittsburgh Press, 1977) 以及罗宾·布莱克本（Robin Blackburn）关于大西洋奴隶制、废除、盈利及对工业化影响的经典系列之作：*The Making of New World Slavery: From the Baroque to the Modern, 1492—1800*(London: Verso, 1997) 和 *The Overthrow of Colonial Slavery, 1776—1848*(London: Verso, 1988)。关于大西洋世界奴隶制、盈利性、废除和工业化的相关性，存在大量的讨论。感兴趣的读者可进一步展开研究。

③ 关于这些话题简短且深刻的探讨参见：John R. McNeill, *Something New Under the Sun: An Environmental History of the Twentieth Century*(New York: Norton, 2000)。

洋世界历史有着明显的联系，那么对于世界历史学家以外的人来说，想象奎宁或橡胶是如何塑造了大西洋历史的互动性质，仍然有些困难，特别是在废除非洲奴隶贸易之后。毕竟，热带医学的发展使世界其他地区的殖民化得以迅速进行，这反过来又改变了包括大西洋盆地在内的各社会之间的根本关系。[1]然而，这段历史通常被排除在大西洋历史之外，因为人们普遍对1800年后的事件和事态发展缺乏关注，更不用说1900年后了。当然，这也意味着这些历史不会出现在教科书中。这令我深感遗憾。

将大西洋互动的历史延至历史后期也应该会产生有益的影响，特别是关于非洲的作用方面。多数时候，非洲人在大西洋世界的史学中会被忽略。这似乎有点奇怪，因为毕竟是得益于他们的劳动，通过奴隶制，才建立了在大西洋盆地流通的大量资本。虽然美洲的奴隶制在19世纪的不同时期得以结束（取决于每个社会的地区和帝国条件），但非洲在大西洋的作用并没有在最后一个奴隶获得解放时就结束。相反，非洲社会的作用发生了变化。19世纪建立的新国家，如利比里亚和塞拉利昂，在一定程度上仿效了美国、法国和海地革命试图谋划及实施的启蒙原则。西非这一地区的建国史往往与早期的革命运动，或与在1760年前后的大西洋历史中发挥重要作用的启蒙运动思想，均无多大关联。

534 即使如此，这也并没有代表非洲与大西洋世界其他地区关系变化的全部。英国人征服了荷兰在好望角的殖民地，使这个南部殖民地成为其可以侵入非洲内陆的基地，为非洲大陆的最终殖民化铺平了道路。当然，这种殖民化与大西洋世界其他地方（特别是欧洲和美洲）的工业化密切相关。1850年后，在非洲人出现于大西洋世界

① 参见 Alfred W. Crosby, *Ecological Imperialism: The Biological Expansion of Europe, 900—1900*(Cambridge: Cambridge University Press, 2004); John R. McNeill, *Mosquito Empires: Ecology, Epidemics, War and Revolutions in the Great Caribbean, 1620—1920* (New York: Cambridge University Press, 2010); 及 Richard Sheridan, *Doctors and Slaves: A Medical and Demographic History of Slavery in the British West Indies, 1680—1834*(Cambridge: Cambridge University Press, 1985)。

历史文献的少量情况中，他们往往被视为某种非洲移民的参与者，这在一定程度上是用词不当的。从来没有任何明确的非洲身份可将非洲人民联系在一起，更不用说那些在与海洋接壤的其他大陆和岛屿上辛勤劳作的非洲人后裔了。

保罗·吉尔罗伊（Paul Gilroy）在《黑色大西洋》（*The Black Atlantic*）一书中，为奴隶制结束后散居在大西洋世界各地的非洲人之间的文化联系提出了有力的论据。然而，他的著作仍然形单影只，因为其他学者通常都没有尝试这种方法。更重要的是，非洲大陆改变了它与大西洋其他社会的互动关系，特别是在奴隶贸易结束以及进入 20 世纪之后，这一点基本上还未被提及。①

社区、移民及政治经济之需求

1970 年后历史学界发生的一个重大变化是对社会历史的重新关注，特别是对早期美国（英属北美）社会史的关注。这一变化很好，因为它带来了一些重要的社区研究，这些研究考虑了人口、劳动、社会建设，甚至这些社会子集内的经济发展问题。这种研究倾向于在特定的时间探索特定的区域，如探索一个城镇或地区。一些历史学家还试图通过关注移民和阐明不同地区社会之间的关系来拓展这类社区研究。其中一些移民研究甚至认识到，讨论移民问题不仅需要考虑欧洲人和非洲人向西移民到美洲，而且还需考虑到新大陆的人向东移民到旧大陆。②

---

① Paul Gilroy, *The Black Atlantic: Modernity and Double Consciousness*(Cambridge, Mass.: Harvard University Press, 1993)，尤其是第 5、6 章。

② 关于这样的例子，参见 Alan L. Karras, *Sojourners in the Sun: Scots Migrants in Jamaica and the Chesapeake, 1740—1820*(Ithaca, N. Y.: Cornell University Press, 1992)。关于另一类研究参见 Bernard Bailyn, *Voyagers to the West: A Passage in the Peopling of America on the Eve of the Revolution*(New York: Vintage, 1986) 及 Alison Games, *Migration and the Origins of the English Atlantic World*(Cambridge, Mass.: Harvard University Press, 1999)。所有这些作品都是不完整的，还需要一个更加全面的合集。

研究大西洋世界，必须先从移民开始；没有移民，就没有大西洋历史，也就没有全球历史。当然，欧洲也有移民。有一个为人所熟悉的发展情节，至少对那些研究英属北美历史的人来说是熟悉的，那就是个人为了宗教自由（如在马萨诸塞州或宾夕法尼亚州早期）或为了新的经济机会（如在其他任何地方，弗吉尼亚州是很好的例子）而移民。殖民地移民发现实际情况与预期所想的相去甚远，其余的，正如他们所说，都是历史。事实是欧洲人确实移民了，但在所有殖民地上，大多数欧洲移民都是单身男性，包括那些来自英国以外国
535 家的移民，他们是为了寻求比留在家乡更多的商业机会。并不是所有的移民都对他们在大陆和岛屿殖民地将要面临的困难作好了准备，也不是所有的移民都对改善他们的生活充满兴趣。这当中的许多人想赚快钱，一旦实现这一目标，便会返回欧洲过更体面的生活。这就决定了在殖民地发生的某些行为在国内可能无法被容忍，但在他们与家乡之间的海洋上，又可存在。目前已有一些针对所有殖民地的研究，包括英国和非英国殖民地，但尚未形成一个有效的综合研究。①

同样重要的是，所有这些跨洋移民的到来，不应减少人们对因自然位移而导致的大量土著移民的关注。很大程度上，大西洋社会内部的人口流动情况落到了那些研究某一特定地区或领域的人的肩上；这一研究从未有效地与用来解释跨大西洋移徙的更大进程联系在一起。②

---

① 参见 Edmund Morgan, 'The Labor Problem at Jamestown,' *American Historical Review 76: 3(1971), 595—611,* 以及 *American Slavery, American Freedom*(New York: Norton, 1975)。也可参见 Richard S. Dunn, *Sugar and Slaves: The Rise of the Planter Class in the English West Indies, 1624—1713*(Chapel Hill, N.C.: University of North Carolina Press, 1972)。还有一些人在其他领域也作了相关贡献，参见 Ida Altman and James Horn, eds., '*To Make America:' European Emigration in the Early Modern Period*(Berkeley, Cal.: University of California Press, 1991)。

② 事实上，这正是艾米·特纳·布什内尔的主要观点，参见 Amy Turner Bushnell, 'Indigenous America and the Limits of the Atlantic World,' in Morgan and Greene, eds., *Atlantic History*, 191－222。内部移民没有经历跨越海洋的过程，并不意味着大西洋不影响内部移民。因此，在巴西、墨西哥、哥伦比亚和美国等大片领土的国家历史中，如果这些移民研究当时确实与大西洋的进程有关，那么就可以证明移民活动的确受大西洋的影响。

此外，正如本章前面所述，长期以来，人们一直认为是黑人建立了美洲，但并没有大规模的研究表明非洲人不仅在西半球，而且在非洲牺牲自己来建立美洲的方式。20 世纪中叶，沃尔特·罗德尼（Walter Rodney）的著作断言：欧洲使非洲欠发达，但该著作有时也把非洲人描绘成纯粹的被动者，这样的事实一直令许多社会历史学家感到不适，就像它以前为奴隶制辩护者提供援助一样。①

美洲各地的各个社会都存在类似的文献。有些甚至是比较性的，因为它们着眼于两个地方，甚至有时着眼于多个不同区域。这些研究应被视为未来大西洋世界学术研究的基石；诚然，更广泛的思考对该领域的健康发展至关重要。虽然地区研究往往很有趣，并显示了特定作者的研究敏锐度，但这些研究显示的最大实用价值，可通过作者可能忽略或无意的方式得以体现。这意味着它们可以在更广阔的地理空间内合成为更大的历史叙事。当然，这种综合必须像大西洋世界的居民自己经常做的那样——跨越语言和地理界限。

当一个人以更广泛的跨国视角来思考问题时，还必须认识到，在早期大西洋世界中有一群人作为永久性移民存在。这里，我指的是海盗，他们有时无国籍，有时又有国籍。但所有的海盗不仅侵犯了受害者的利益，而且其无国籍状态和四处流浪的生活也超越了历史学家们对区域与人口的划分类别。这些海盗通过多种方式运营的罪恶政治经济把大西洋世界联系了起来。当这群抢劫了欧洲国家（特别是西班牙）的暴力分子（海盗）跨越大西洋盆地时，他们成功地建立起社区，因为（偷来的）钱必须要花掉。这些罪犯手中的资本促成了一些社会的形成，如英属牙买加，满足了他们的需求，并将其与非法所得的金钱分隔开。海盗的行动破坏了区域政治经济　536
的运作——国家和在其管辖下生活的个人与经济之间的关系——就

---

① 第一个提出这种观点的可参见 Patrick Manning, *Slavery and African Life: Occidental, Oriental, and African Slave Trades*(Cambridge: Cambridge University Press, 1992)。在我看来，已有学者从事这方面的研究，但不够广泛。参见 Walter Rodney, *How Europe Underdeveloped Africa*(Washington, D.C.: Howard University Press, 1981)。

像这些同样的行动导致美洲各地出现了新的社会一样。①过去的几十年里，学术界对这一课题略有兴趣，但也许没有能比马库斯·雷迪克（Marcus Rediker）关于早期大西洋英语世界之研究更出名了。②

雷迪克认为海盗是一群来自欧洲下层阶级的人，且大部分是男人，他坚持认为海盗创造了另一种现实，不同于他们当时悲惨的欧洲生活。海盗船成为一个流动着的乌托邦社会，在那里既有友情又有平等。当然，也有暴力——毕竟海盗是公海上的强盗——但在许多此类研究中，这种残暴行为往往被最弱化。即便如此，海盗显然与国家建设事业有关。

18 世纪 30 年代海盗的黄金时代结束，海盗的数量虽越来越少，但没有被根除。诚然，这些海盗继续履行着原先的一些政治经济职能，如将财富从一个国家转移到另一个国家。事实上，海盗和私掠者只有一线之隔，后者只不过是得到国家允许来攻击敌人的海盗。遗憾的是，这一现象缺乏系统研究；现有的学术研究一般不会将海盗与新兴的跨国（和全球）政治经济联系起来。同样地，早期的海盗行为通常也不与世界其他地方的现代犯罪行为联系在一起，尽管它们应该被这样做。

所有的海盗和移民都需要更多的学术研究，但这不只是为了描述在大西洋世界活动的另一种社群的特征。相反，这些研究应在推动区域（和全球）政治经济方面发挥显著作用。诚然，20 世纪初确有一些研究著作，主要侧重于欧洲帝国，涉及国家、政府机制和经济政策，但明确涉及大西洋世界政治经济的著作寥寥无几。劳伦·本顿（Lauren Benton）在法律制度方面的出色研究是近期的一项努力成果，而我本人在走私方面的研究也是这一方向迈出的又一步，

---

① 对此，我进行了更详细的讨论，参见 *Smuggling: Contraband and Corruption in World History*(New York: Rowman and Littlefield, 2009)，尤其是第 2 章。

② 参见 Marcus Rediker, *Villains of All Nations: Atlantic Pirates in the Golden Age*(Boston: Beacon, 2004)，以及 *Between the Devil and the Deep Blue Sea*(Cambridge: Cambridge University Press, 1987)。

但事实上，我们早就应该开展更多关于此类的跨国性综合研究。①

最后一个前沿：全球化大西洋历史

早期来自北美的美国（社会）历史学家在大西洋历史研究中占主导地位，加上这些历史学家无法看到大规模的历史进程正在起作用，导致我早些时候宣称，该领域本身已被殖民。同样重要的是正如我早些时候所说的那样，大西洋历史研究之一大失误便是不愿扩展至20世纪。当然，更糟的是，人们普遍不愿意超越国家和帝国的疆界去进行研究。即使把英国大西洋、法国大西洋或葡萄牙大西洋 537
概念化，学者们也无法充分了解大西洋彼岸人们之间的联系，而这些联系只有这些人自己能够理解。

至少利用两个如今解释世界历史及其方法的伟大理念——宗教改宗和政治参与，才有可能推进这一领域的发展。我将依次讨论这两个理念：第一，传教，这无疑是占据拉丁美洲史学很大篇幅的一个主题。不仅有关于天主教信仰和传教活动传播到美洲的研究，而且有一些学者研究探讨了包含土著和非洲的宗教形式在内的融合信仰的出现方式。还有一些类似的研究是关于一些新教教派，如贵格会教徒、清教徒和胡格诺派，在英国的一些殖民地，特别是北美殖民地的传播。②

此外，后来关于19世纪大西洋世界传教士浪潮的研究，也探讨了传教的问题，一开始是研究前奴隶定居点（塞拉利昂和利比里亚）

---

① 最近对这类问题的研究，参见 Lauren A. Benton, *Law and Colonial Cultures: Legal Regimes in World History, 1400—1900*(Cambridge: Cambridge University Press, 2002) 和他的文章‘Legal Spaces of Empire: Piracy and the origins of ocean regionalism,’ *Comparative Studies in Society and History* 47: 4(2005), 700 - 724。我自己关于走私行为的研究参考了下面的研究：Karras, *Smuggling*。

② 有关这个观点的例子，参见 Nancy M. Farriss, *Maya Society under Colonial Rule: The Collective Enterprise of Survival*(Princeton: Princeton University Press, 1984)。还有其他的观点，参见 Gwendolyn Midlo Hall, *Africans in Colonial Louisiana: The Development of Afro-Creole Culture in the Eighteenth Century*(Baton Rouge, La.: Louisiana State University Press, 1992)。

的传教活动，更广泛的研究是在瓜分非洲之前（甚至之后）那段时期的传教活动。①但这两个传教主题的研究契机未能有效或系统地联系起来，也没有与大西洋世界历史的其他部分联系起来，甚至没有明确地与世界历史联系起来。如果联系起来，那便是某一帝国的殖民史和帝国主义史。尽管这很可能是将这一主题与暂时扩展的大西洋历史联系起来的一个开端，但仍然任重而道远。20 世纪非洲和加勒比之间的宗教联系也是如此，特别是在拉斯特法里（Rastafari）教派方面。同样地，尽管在欧洲、加勒比和美洲南北部犹太人的网络联系十分频繁，但关于犹太人的大西洋世界研究也很有限。犹太教虽不是一种劝说他人改变宗教信仰的宗教，但透过犹太教的视角，可窥探在欧洲、美洲（包括加勒比海地区和巴西）以及后来的南非，犹太人之间的跨国联系。②

正如关于宗教传播的讨论需要扩大和深入到更广阔的大西洋世界一样，大西洋世界的历史核心——商业和政治联系——也需要更坚定的主张。鉴于大量研究现有大西洋历史的著作都是社会历史，这一观点尤其正确。当意识形态和政治问题牵扯进他们的研究之中，这些话题往往只限于很小的篇幅。这可能会包括美国革命（更准确的描述是独立战争）、圣多明各奴隶起义（经常被称为海地革命）和法国大革命。一些拉丁美洲历史学家写过自己国家的独立运动以及其他西班牙语地区的独立运动，但西半球的所有独立运动皆无相互联系，更不用说与催生这些运动的欧洲启蒙运动思想联系在一起了。

---

① 有关这个问题的讨论，参见 Olaudah Equiano, *The Life of Olaudah Equiano, or Gustavus Vassa the African*, ed. by Paul Edwards(New York: Harlow, 1989)。其他研究版本涉及同一领域，及探索英国反奴隶制运动和塞拉利昂的殖民化之间的联系。也可参见 Alexander X. Byrd, *Captives and Voyagers: Black Migrants across the Eighteenth-Century British Atlantic World* (Baton Rouge, La.: Louisiana State University Press, 2008)。

② 其中一个例子是 Stephen A. Fortune, *Merchants and Jews: The Struggle for British West Indian Commerce, 1650—1750*(Gainesville, Fla.: University of Florida Press, 1984); 另一个是 Richard L. Kagan and Philip D. Morgan, eds., *Atlantic Diasporas: Jews, Conversos, and Crypto-Jews in the Age of Mercantilism, 1500—1800*(Baltimore, Md.: Johns Hopkins University Press, 2009)。

现代世界的非殖民化进程始于1776年的美洲，但这一进程在19世纪的美洲大西洋世界及20世纪的非洲仍然存在，奇怪的是这个过程也伴随着对非洲的殖民化。但大西洋世界的学者很少注意到这一 538
点。换言之，19和20世纪的世界历史非殖民化进程需要与18世纪大西洋的“革命”时期更明确地联系起来。这不仅将表明启蒙思想普遍且持久地推动了这些“革命”，而且还表明在更长的一段时间内大西洋历史应如何完整地联系起来。

问题是，内部民族主义程度不一的民族历史学家避免将这些联系明确化，但是这种做法会影响大西洋世界的全局观。如古巴漫长且持久的独立运动——涉及多个国家（西班牙、古巴、美国和其他国家）。该运动与启蒙思想和19世纪初的独立运动有着深远的联系，但同时也与北美历史和后来的冷战（冷战是一种大西洋现象，虽时常与大西洋世界的其他历史分离）有着深远的联系。然而，从古巴民族主义者的角度来看，人们谈论的往往只是古巴的独立故事。因此，古巴与大西洋世界的联系似乎很微弱，甚至是边缘化的，特别是废除奴隶制之后。

事实上，冷战史应是大西洋历史的一个重要部分，但现实并非如此。可以断言，在理解20世纪下半叶的地缘政治方面，北约和冷战长期以来发挥了主导作用；很少有人会反对将冷战作为20世纪下半叶历史和政治（或政治经济）的一大中心原则。但是，为了理解冷战在后殖民世界中是如何发展的，必须先梳理冷战以前殖民世界中的各种关系。大西洋世界的情况与越南或东非的情况同样适用此类方法。

即便如此，只有少数从事北约研究工作的外交史家曾费心将大西洋世界的概念理解为20世纪的现象。然而，如果没有一个更宏观的历史视角，他们的研究可能显得有些狭隘。①叙述仅限于特定的地

---

① 其中一个例子，参见 John Lewis Gaddis, *The Cold War: A New History*(New York: Penguin, 2005)。另一个可以参见 Stewart Patrick, *Best Laid Plans: The Origins of American Multilateralism and the Dawn of the Cold War*(Lanham, Md.: Rowman and Littlefield, 2009)。还可以参见 Toyin Falola and Kevin D. Roberts, eds., *The Atlantic World, 1450—2000*(Bloomington, Ind.: Indiana University Press, 2008)。这些著作因将大西洋世界的研究范围延长至20世纪而闻名于世。

方和机构，也没有太多的历史背景介绍。但是，正是一系列落后殖民地的崛起成为一个个全球超级大国的故事，给予了此前大西洋世界的其他殖民地以及世界其他地方的殖民地很大的启发意义。然而，历史学家经常以纯粹民族主义的语言介绍非殖民化斗争和由此产生的后殖民国家，此乃该研究领域之不幸。

1783 年美国独立战争结束后，新兴的美国成为欧洲国家模式的翻版，数量甚至比战前几十年的十三个殖民地还多。奇怪的是，尽管商人对英国的税收政策普遍不满，但美国的税收政策与欧洲国家的税收政策并没有什么不同。其文化形式显然也效仿了欧洲人，至少在一段时间内是这样。因此，美国和欧洲演变成一种相似性多于
539 差异性的关系，标志着欧洲与殖民地的关系发生了变化，这种关系是随时间的推移而出现的。此外，在第一次世界大战期间和之后的几年里，前殖民地将以美国的名义起身保卫前殖民国家，这标志着前殖民地转变为世界舞台上的主要角色。从某种意义上说，欧洲至少在没有前殖民地的帮助下，将会自我毁灭。美国的发展经历并不是大西洋彼岸非洲或美洲其他社会的一个预测模型，它更像是一个例外，一个另类。

我想在此指出，加勒比和拉丁美洲的前殖民地尽管也有类似的想法去结束殖民统治，但它们与前殖民国家之间的经济关系变化相对较小。诚然，19 世纪，拉丁美洲独立国家建立了运输和通信基础设施，但这些基础设施在很大程度上是用以促进与欧洲（和美洲）市场密切相关的出口经济。加勒比海地区的殖民地仍然是食糖生产商或其他农产品的供应商，即使随后欧洲引进了甜菜并在其他地方找到该产品的替代品，对这些产品的需求减少之后亦是如此。奴隶制结束后，亚洲移民——特别是印度和中国的移民，给这些殖民地带来了新的移民，使这些地区的种族和阶级永久化分裂。因此，经济发展并不是特别明显，反而导致奴隶制时期存在的同类种族问题的恶化，并可能导致该区域殖民地发展不足，一直持续到 20 世纪。同时，美国越来越多地扮演着一个新殖民大国的角色，包揽了欧洲

列强扮演的所有角色，通过向政权和经济体提供资本，以换取经济上有益的商业关系及其带来的产品。因此，大西洋美洲的南方与北方越来越陷入分裂之中。

当西半球正在争取“独立”或非殖民化时，大西洋非洲经历了一段殖民时期。20 世纪下半叶，非洲像以前一样奋力实现非殖民化，大西洋非洲的大部分地区仍然为大西洋世界其他地方的工业经济体（近来甚至亚洲，特别是中国）提供矿物、燃料和其他原材料。非洲大陆不再被迫提供人力资本。但是，同拉丁美洲一样，这里修建的道路和其他基础设施主要是为了将开采出来的产品从内陆运输到沿海地区，之后又像以前一样通过海路出口。在我看来，这似乎是帕特里克·曼宁（Patrick Manning）早先在讨论非洲奴隶贸易时所用的非洲牺牲思想的一种新诠释。

简而言之，大西洋世界的发展模式或多或少地延续到了 20 世
纪。奴隶制被其他形式的正式自由劳动所取代，其中大部分仍带有 540
剥削性。市场仍在北方，但现在美国也被列入这一行列。出口继续在大西洋西岸的许多经济体中占主导地位，至少在南部是这样。美国的政治和法律制度效仿欧洲的形式，但在某些情况下，旨在推广民主的举措由美国及其他冷战盟友根据具体情况在大西洋世界内进行了制定和实施。从某种意义上说，这似乎没什么变化。至少从表面上看，这些大国所扮演的角色似乎都得到了保留。

然而，必须提出一个问题：在 20 世纪，大西洋世界如何作为一个整体来运作？并不那么清晰，但绝不是完全模糊的。我指的是，大西洋世界继续保持着上文所述的格局和关系。但大西洋世界开始改变的是——更加融入世界历史的其他方面和全球交流网络。①简言之，大西洋世界的故事与世界历史的现行叙述变得越来越密切相关。大西洋世界的独特性，甚至曾有过的独特性，正在消失，并真正融

---

① 这是彼得·科克拉尼斯在《超越大西洋历史》（*Beyond Atlantic History*）和其他著作中提出的论点，也是早期就需要解决的问题。即便如此，很显然 20 世纪的大西洋世界与亚洲等非大西洋区域以及冷战时期的苏联地缘政治存在一定的联系。

入全球经济一体化的体系中继续迅速发展。20 世纪横跨大西洋世界的商业、文化和政治关系仅仅成为全球舞台上类似关系的一个子集。在大西洋一开始就将各个社会联系在一起的地方，现有好几个海洋空间正将大西洋的各个社会连在一起。

也许正是出于这个原因，我发现早期美国历史学家对大西洋世界的殖民研究令人深感不安。虽然对美国历史学家来说，看到他们的国家与世界其他地区产生的联系，是很有益处的，尤其是在美国历史的早期，这种联系在后期可能稍微不那么重要，但重要的是，不应仅仅从这个角度或从任何一个国家的角度来看待大西洋世界。相反，应从一个跨国的角度来看待大西洋历史，即一个明确关注世界历史进程的角度，才能让历史学家更接近于当时人们对世界的理解。他们知道自己的食物从哪里来，他们了解自己为消费品所支付的价格与他们生活的政府之间的关系。例如，他们可能购买走私的面粉或奴隶，并通过这一交易参与到数起违法事件之中，这些违法行为将他们与所生活国家之外的其他法律制度联系在一起——他们肯定明白自己在做什么，就像 2010 年人们购买来历不明的产品一样，其对自己的所作所为非常清楚。

换言之，参与到大西洋世界的人都知道，他们正在为一项跨国事业作贡献，他们的行为跟如今的人们采购是一样的方式。当然，当他们登上码头，并在大西洋的另一边下船时，情况便会了然于胸。但人们不必为了参与到大西洋世界中而特意旅行，人们只需要做好消费者就可以了。毫无疑问，每个人都是消费者，就像现在的每个人都是消费者一样。人们从来不是纯粹的国家消费者，尽管他们努
541 力使自己成为这样的消费者，当然他们知道这一点。因此，对我们这些研究大西洋历史的人来说，特别重要的是不要允许任何一个国家的历史学家来独占这块领域，使其成为一个国家历史的简单延伸。从定义上说，大西洋世界的历史是跨国的，学者们必须保持这样的历史观，即使人们努力地拓展其边界。

最后的祈求是，学者们不应该把大西洋概念化——简单地理解

为对欧洲国家及其各自殖民地的研究，正如应提醒他们把非洲也纳入大西洋的叙述中一样。世界历史学家在这些争论中可以发挥特殊的作用，因为他们必须提醒那些研究所有后来成为美国殖民地的人——大西洋的故事远不止是使美国历史走向国际化（当然，这也是一项有价值的事业）。世界历史学家必须做更多的工作来推进大西洋的世俗界限，并努力应对随着工业化的开始和第一次世界大战的爆发而进一步加剧的世界变化——以及这些变化的连续性。对于大西洋世界的学者来说，他们必须做更多的工作来促进世界历史学事业，这样他们才能保持敏锐性、洞察力以及与美国历史学家的不同。大西洋史学家们必须提出比以往更广泛的问题，必须愿意使用多种语言的历史资料，或者至少愿意巧妙地综合那些与非英语地区有关的第二手文献，而不管这些文献是用什么语言编写的，这样，大西洋世界的历史学家才能更好地传递大西洋世界中发生的事情，以及大西洋世界以外的领域所发生的事情。事实上，大西洋世界历史学家必须尽其所能地将大西洋世界的历史与世界其他海洋盆地发生的历史联系起来。①

参考书目 544

- Bailyn, Bernard. *Voyagers to the West: A Passage in the Peopling of North America*. New York: Vintage, 1986.
- Benton, Lauren A. *Law and Colonial Cultures: Legal Regimes in World History, 1400—1900*. Cambridge: Cambridge University Press, 2002.
- Blackburn, Robin. *The Making of New World Slavery: From the Baroque to the Modern, 1492—1800*. London: Verso, 1997.
- Coclanis, Peter A. 'Atlantic World or Atlantic/World?' *The William and Mary* 545
Quarterly 63: 4(2006).

① 比方说，可参见，Jerry H. Bentley, 'Sea and Ocean Basins as Frameworks of Historical Analysis, *The Geographical Review*, 89(April 1999), 215－24。也可参见 Karen Wigen, 'Cartographies of Connection: Ocean Maps as Metaphors of Interarea History,' in Jerry H. Bentley, Renate Bridenthal, and Anand A. Yang, eds., *Interactions: Transregional Perspectives on World History*(Honolulu: University of Hawai'i Press, 2005), 150－66。

- Curtin, Philip D. *The Rise and Fall of the Plantation Complex: Essays in Atlantic History*. Cambridge: Cambridge University Press, 1990.
- Elliott, J. H. *Empires of the Atlantic World: Britain and Spain in the Americas, 1492—1830*. New Haven, Conn.: Yale University Press, 2007.
- Games, Alison. ' Atlantic History: Definitions, Challenges, and Opportunities, ' *American Historical Review* 111: 3(2006), 741 - 57.
- Greene, Jack P., and Philip D. Morgan, eds. *Atlantic History: A Critical Appraisal*. New York: Oxford University Press, 2009.
- Karras, Alan L. *Smuggling: Contraband and Corruption in World History*. Lanham, Md.: Rowman and Littlefield, 2009.
- McNeill, John R. *Mosquito Empires: Ecology, Epidemics, War, and Revolutions in the Great Caribbean, 1620—1920*. New York: Cambridge University Press, 2010.
- Miller, Joseph. *Way of Death: Merchant Capitalism and the Angolan Slave Trade*. Madison, Wis.: University of Wisconsin Press, 1997.
- Mintz, Sidney W. *Sweetness and Power: The Place of Sugar in Modern History*. New York: Penguin, 1985.
- Rediker, Marcus. *Villains of All Nations: Atlantic Pirates in the Golden Age*. New York: Beacon, 2004.
- Thornton, John. *African and Africans in the Formation of the Atlantic World*. Cambridge: Cambridge University Press, 1992.
- Williams, Eric. *Capitalism and Slavery*. Chapel Hill, N.C.: University of North Carolina Press, 1944.

王鸣彦 译 李 腊 校

第三十章　大洋洲和澳大拉西亚

保罗·达西

大洋洲和澳大拉西亚是相对较新且外部强加给定的术语。澳大 546
拉西亚（Australasia）一词是法国人夏尔·德·布罗塞（Charles de Brosses，1709—1777）提出的，用来统称亚洲以南的土地，或今澳大利亚和新西兰地区。大洋洲是指今天印度尼西亚以东的太平洋岛国和菲律宾横跨太平洋岛国东南部的皮特凯恩岛之间的区域，也包括新几内亚岛的西半部分（现为印度尼西亚的一部分）。这些岛屿一般分为三个地理区域：美拉尼西亚、密克罗尼西亚和波利尼西亚。这些术语是 19 世纪法国探险家杜蒙·德维尔（Jules-Sébastien-César Dumont d'Urville，1790—1842）根据种族和文化的分类提出的。①该区域的大部分历史主要集中于澳大利亚、新西兰或大洋洲。②澳大拉西亚和大洋洲在世界历史文本中通常是附带说明，二者集于一体作为世

---

① 参见 Keith Sinclair, ‘Introduction,’ in Keith Sinclair, ed., *Tasman Relations: New Zealand and Australia 1788—1988*(Auckland: Auckland University Press, 1987), 8, 及 Geoff R. Clark, ed., Dumont d' Urville's *Divisions of Oceania: Fundamental Precincts or Arbitrary Constructs?, special issue of The Journal of Pacific History* 38: 2 (2003)。

② 关于大洋洲和澳大利亚的唯一详尽资料，可参见 C. Hartley Grattan, *The South West Pacific Since 1900: A Modern History,* 2 vols.(Ann Arbor, Mich.: University of Michigan Press, 1963)，及 Donald Denoon and Philippa Mein-*Smith with Marivic Wyndham, A History of Australia, New Zealand and the Pacific*(Oxford: Blackwell, 2000)。本章深受后者影响。

界历史主要事件的边缘地区，被列入全球探索的最后部分。①

今天的国家边界分割了以前的土著交流地区，或将以前几乎没有集体认同感的民族团结在一起，特别是在大洋洲西南部较大的太平洋岛国。像亚洲、大洋洲和澳大拉西亚之间存在内部边界和文化分歧一样，这一代人也日益受到内部边界和文化分歧的挑战。这一重新评价的部分原因是地理分区之间流动性的增加，以及该区域最佳调查报告的作者认为其社群最引人注目的一大特点：往往最初由别处产生的想法塑造了区域身份的形成和变化。②本区域对世界历史的价值和首要意义在于，这里在欧洲探险家和贸易商以及随后的移民社会方面的比较价值，及其与土著人民的关系③和对土著人民的影响，而研究该区域的独特视角是基于面积狭小和在地理上处于世界历史调查所涵盖的大多数事件和进程的边缘。

本土的探索和地区的殖民化

547 大洋洲为第一批从亚洲大陆来探索和殖民的人们带来了众多环境挑战与发展机遇。大洋洲内有两个截然不同的生物地理区域：近大洋洲和远大洋洲。④随着岛屿之间的距离扩大，陆地和海洋物种的多样性从其分裂点向东至太平洋逐渐减少。⑤近大洋洲位于太平洋岛国西部，在其庞大的大陆性岛屿和岛屿之间的小间隙方面与东南亚

---

① 更强调太平洋及其文化，而非大多数世界历史文本的显著例外，可参见 Jerry H. Bentley and Herbert F. Zeigler, *Traditions and Encounters: A Global Perspective on the Past*, 4th edn.(New York: McGraw Hill, 2008)。

② Denoon et al., *A History of Australia, New Zealand and the Pacific*, 2.

③ “欧洲的”和“西方的”两个词的交替使用，分别指来自欧洲人的影响和来自北美白人社会的影响。

④ R. C. Green, '*Near and Remote Oceania: Disestablishing Melanesia in Culture History*,' in Andrew Pawley, ed., *Man and a Half: Essays in Pacific Anthropology and Ethnobiology in Honour of Ralph Bulmer*(Auckland: Polynesian Society, 1991), 491 - 502, especially 493 - 495.

⑤ 参见 E. Alison Kay, *Little Worlds of the Pacific: An Essay on Pacific Basin Biogeography* (Honolulu: Lyon Arboretum, 1980), 25, 33。

岛屿显示出极大的环境连续性。相比之下，远大洋洲的特点是小岛和群岛之间的大间隙。

与如今相比，5 万年前澳大利亚的动植物规模更大且更具多样性，由此可见，自人类定居以来，澳大利亚的环境也越来越干旱。北部热带地区第三区有明显的雨季和旱季。这是一个历史悠久且饱经风霜的大陆，除了有沿着东海岸延伸的内陆山脉之外，几乎没有什么显著的山脉，但它蕴藏着丰富的矿产。与澳大利亚相比，从地质学来看，新西兰比较年轻，没有丰富的矿产资源，水源更充足，气候也更温和，但因为新西兰高山山脊阻挡了盛行的潮湿西风，其山脊以东的雨影地区仍易发生干旱。①

至少在 5 万年前，土著居民才来到澳洲，很可能是在气候寒冷时期，地球上的大部分水被锁在冰盖里，从而缩小了澳洲与亚洲大陆之间的海隙。接下来的 2000 代土著居民遍布这片辽阔大洲的每一个生态系统，从遥远东北海岸的潮湿海岸低地到西部内陆的大沙漠。土著们适应了每一种环境，并通过使用火来改造环境，促进肉质植物的新生长以吸引野生动植物，由此而适应半游牧的狩猎-采集生活。每一部落控制一块领域，面积从肥沃地区的 500 平方公里到沙漠地区的 10 万平方公里不等。部落群体因血缘关系、对土地的亲密程度及深厚情感还有共同的宗教信仰而联系在一起。尽管各部落之间交换货物，使货物能抵达到距离原产地 1500 公里的地方，但大多数领地都是自给自足的。社会交流也时有发生，但因为资源争夺性武装冲突及对集体身份的侮辱行为而偶尔中断。②

气候温和的奥特亚罗瓦（Aotearoa，指新西兰）③的农业和航海

① 关于该地区的地理环境，参见 Douglas L. Oliver, *Oceania: The Native Cultures of Australia and the Pacific Islands*, 2 vols.(Honolulu: University of Hawai'i Press, 1989), vol. 1, 326。

② 参见 Richard Broome, *Aboriginal Australians*, 2nd edn.(St. Leonards, NSW: Allen and Unwin, 1994), 9 - 21。

③ 奥特亚罗瓦是波利尼西亚语对新西兰的称呼，这里用来指 19 世纪 40 年代欧洲人出现之前的那块陆地。

民族定居时间比澳大利亚晚得多，他们也定居在热带大洋洲的岛屿上。对太平洋群岛的勘探是早期人类最伟大的航海成就之一。语言和考古证据表明，该地区原住民的祖先是从中国东南部和台湾来到
548 太平洋西南部的。现在的普遍共识是：35000 多年前，巴布亚新几内亚人首先在大洋洲定居，他们的活动范围仅限于新几内亚和附近的美拉尼西亚岛屿。3500 年前，讲南岛语的民族紧随其后，他们的主要路线是从东南亚沿着新几内亚的北海岸进入美拉尼西亚岛，从那里向东到波利尼西亚或向北到东密克罗尼西亚。还有一些人直接从东南亚航行到密克罗尼西亚的西部岛屿。这些人是熟练的海员和探险家，逐渐发展出先进的导航技术，包括波浪、巨浪、星星和如陆地上的海鸟等陆地标志，以绘制海洋及他们所遇到大陆的地图。对其原始语言进行的语言重构表明，他们带着独木舟和食物储藏技术来到太平洋，这些技术能够支持远洋航海进入未知的世界，之后随着时间的推移在那里进化、繁衍。①

大多数岛民社会发展了某种形式的贮存式经济，并与其他社区建立了婚姻或贸易联系，以使自己免受降雨、厄尔尼诺周期（El Niño cycles）和台风等自然灾害的影响。大洋洲人口最稠密的一大地区是新几内亚的高地。在库克沼泽（Kuk swamp）的考古发掘表明，至少在 7000 年前高地就已出现集约农业。虽然殖民地与母岛之间保持联系，也与近在咫尺的其他社区建立了一定联系，但大多数社区在生存需求方面往往都自给自足。事实上，许多地方能生产出远远超过其生存需求的产品，可用于宗教、社交和贸易活动。②

对包括奥特亚罗瓦在内的太平洋地区社会和政治体制演变的解释，一直在环境影响和文化因素之间摇摆不定，难以就为什么有些国家发展出了复杂的等级社会，权力越来越集中在某个统治者手中，如汤加和夏威夷，而有些国家则表现出地方化和更分散的社会政治

---

① 参见 K. R. Howe, ed., *Waka Moana: Voyages of the Ancestors: The Discovery and Settlement of the Pacific*(Honolulu: University of Hawai'i Press, 2007)。

② 参见 Oliver, *Oceania*, vol.1, 185－320, 501－589。

组织，如新几内亚高地，给出有说服力的论证。主张受环境影响的观点强调，需要有充足的盈余来支持维护权力集中的专业管理人员和战士，而主张文化因素的观点则强调集体和亲属群体地位竞争的驱动力。①

欧洲和土著世界的交汇处

1519 年，当麦哲伦从南美洲向西横渡大洋洲时，欧洲人开始了与南太平洋岛国的接触。西班牙的其他探险之旅紧随其后。在美拉尼西亚发生的一系列暴力冲突，及因疟疾导致的殖民地人口大量减少，很快便中断了西班牙与南太平洋的联系。此后，西班牙专注于密克罗尼西亚和跨太平洋的帆船贸易，穿梭于殖民地港口——马尼拉与阿卡普尔科（Acapulco）运输货物。他们的路线绕过太平洋地区中多数有人居住的岛屿，而随着西班牙在马里亚纳（Marianas）群 549
岛暴力统治的建立以及随后岛链内航海能力的丧失，此前关岛和加罗林群岛的联系也不断减少。②

自 18 世纪 60 年代末起，随着一些欧洲国家的探索航行而逐渐绘制出澳大拉西亚和大洋洲的版图，最著名且最全面的绘图来自 1768—1779 年詹姆斯・库克（1728—1779）船长的三次远征，从而使得欧洲与太平洋岛国的联系更加源远流长。由此产生的大量文献激发人们将初次接触的情况阐释成为该区域历史的一大主题。20 世纪 30 年代，澳大利亚探矿者首次进入新几内亚高地，用电影拍摄记录下了当时受土著接待的场景，极大地补充证明了一系列材料的真实性。这也是沿海新几内亚人第一次与外界接触，他们成为

---

① 例如，可参见，争议涉及 Irving Goldman, ' Status Rivalry and Cultural Evolution in Polynesia,' *American Anthropologist* 57: 4(1955), 680 - 697, 及 Marshall Sahlins, *Social Stratifi cation in Polynesia*(Seattle: University of Washington Press, 1958)。

② 参见 O. H. K. Spate, *The Pacific since Magellan: Vol. 1: The Spanish Lake*(Canberra: Australian National University Press, 1979)。

这一时期进入内陆地区的黄金勘探组和政府巡逻队的主要人员。①

近几十年来，首次接触史在国家叙事和国际学术争论中一直备受关注和争议。库克作为一名航海家和制图家的才华是毋庸置疑的，但他在新西兰和澳大利亚的民族叙事中被描述为一位创始英雄是具有争议性的。最近，加纳纳什·奥贝耶塞克勒（Gananath Obeyesekere）将马歇尔·萨林斯（Marshall Sahlins，1930— ）关于库克在夏威夷被尊崇为洛诺神（Lono）并供奉在神殿的论述，理解为仅仅是一位西方学者将西方（或者更准确地说是英语世界）关于仁慈启蒙英雄的长期神话移植到非西方人民的头脑中。随后，作为文化特定世界观的倡导者——萨林斯与奥贝耶塞克勒进行了激烈的学术交流，前者认为文化特定世界观是在文化接触情况下采取行动的关键因素，后者则主张采取行动的背后是更加务实且为人们普遍理解的因素。历史学家伊恩·坎贝尔（Ian Campbell）认为，当双方意识到他们面临着不寻常的环境，并采取更灵活的行为来适应这一环境时，就会产生一种独特的接触文化。②

澳大利亚土著人民遇到的最大问题似乎是欧洲人如何与其产生联系。双方都没有对方想要的东西，当地语言的多样性和复杂性进一步阻碍了交流。土著人的外貌和狩猎采集经济并不受欧洲人喜爱，欧洲人所崇尚的文明标志是精耕细作、生产型企业以及与自己相像的外貌。文化鸿沟的两边都出现了调解和适应，但这是例外，而不

---

① 关于库克船长的航行，近来有大量的书出版。到目前为止最好的是：Nicholas Thomas, *Discoveries: The Voyages of Captain Cook*(London: Penguin, 2004) 。关于20世纪在新几内亚高地的第一次接触情况，参见 Bob Connolly and Robin Anderson, *directors, First Contact*(1983: DVD release 2005), 及 Bill Gammage, *The Sky Travellers: Journeys in New Guinea, 1938—1939*(Melbourne: Melbourne University Press, 1998) 。

② 对萨林斯的批评主要来自奥贝耶塞克勒，参见 *The Apotheosis of Captain Cook: European Mythmaking in the Pacific*(Princeton: Princeton University Press, 1992), 促使萨林斯在 *How ' Natives ' Think: About Captain Cook, For Example* (Chicago: University of Chicago Press, 1995) 中捍卫自己的观点。也可参见 I. C. Campbell, ' European —Polynesian Encounters: A Critique of the Pearson Thesis,' *Journal of Pacific History* 29: 2(1994) 。

是惯例。①

前殖民时代欧洲影响的冲击

欧洲对大部分太平洋岛屿的殖民统治来得较晚，在此之前，土著人民与欧洲探险家、商人、寻宝人、传教士和移民之间进行了数十年的互动。虽然密克罗尼西亚的马里亚纳群岛在 17 世纪的最后 30 550
年里由欧洲人统治，但直到 19 世纪末，欧洲人才完成对太平洋岛屿的殖民接管。大多数密克罗尼西亚岛屿都很小，缺乏欧洲人所寻求的资源，因此殖民统治的特点与其说是剥削和定居，不如说是忽视。直到 1870 年以后，美拉尼西亚沿海地区因遭受疟疾肆虐，而很大程度上阻碍了欧洲的入侵。在 1870 年以前，只有无疟疾的新喀里多尼亚和斐济经历了西方人的大批入侵。波利尼西亚比美拉尼西亚和密克罗尼西亚更受欧洲人关注，直接导致了殖民统治。1840 年，英国政府担心英国在毛利人中缺乏监管定居，因而占领了新西兰。19 世纪 40 年代初，因为觊觎英国势力在该地区的扩张，法国占领了马克萨斯群岛（Marquesas Islands）和塔希提岛（Tahiti）。但波利尼西亚的大部分地区只是在 1870—1900 年间才受到欧洲的直接统治。②

在这转型时期，新的思想和经验、商品以及病原体通常被视为对土著文化影响最大的因素。学者们对于土著人民对这些影响的控制程度意见不一。在接下来与欧洲持续接触的几年里，许多人在不同文化之间穿梭。从 1770 年起，岛民利用机会乘坐西方船只旅行，船只便成了二者的相遇区。18 世纪末 19 世纪初，岛民急切地寻求商

---

① Henry Reynolds, *Frontier: Aborigines, Settlers, and Land*(Sydney: Allen and Unwin, 1987).

② 参见 Peter Hempenstall, '*Imperial Manoeuvres,' in K. R. Howe, Robert C. Kiste,* 及 *Brij V. Lal,* eds., *The Pacific Islands in the Twentieth Century*(St. Leonards, NSW: Allen and Unwin, 1994), 3 - 28。

船上的工作，开始是应邀的小部分客人，而后人数就变得非常壮观。夏威夷人、塔希提人和毛利人作为船员尤其突出，因其岛屿普遍作为欧洲商船的停靠港。大多数乘坐这些船只的岛民仅在大洋洲以内往返，偶尔会访问太平洋沿岸的港口，如悉尼和瓦尔帕莱索（Valparaiso）。也有一些人航行到了印度和大西洋。①

19 世纪 60 年代起，船队开始招募劳动力前往昆士兰、斐济和新喀里多尼亚等殖民地的新兴种植园经济体工作，此时美拉尼西亚人卷入了这股浪潮。②岛民出岛旅行或是出于好奇心和冒险精神，或是想摆脱国内的束缚。他们希望通过异国故事和带回来的物品来提高自己的地位。美拉尼西亚的劳工贸易涉及数万人，这引起了历史学家的极大兴趣。对此的解释大致有两种：一种认为岛民受剥削和欺骗而来，另一种则认为岛民自身也有很大的选择权和控制权。③

许多学者强调这一事实：随着皈依规模的扩大要求，大多数太平洋岛民受其他太平洋岛民的影响皈依基督教。随着特派团迁往美拉尼西亚，资源已日益捉襟见肘。美拉尼西亚由许多政治上支离破碎、语言上多样化的社区组成，当地需要更多传教士来满足他们的各种需要。因此，大多数岛民经太平洋岛民的中介筛选才能学习基
551 督教。土著澳大利亚人信奉基督教的意愿少于太平洋岛国居民和毛利人，后者也主要通过传教站的欧洲神职人员进行传播。④

---

① 参见 David A. Chappell, *Double Ghosts: Oceanic Voyagers on Euroamerican Ships* (Armonk, N.Y.: M. E. Sharpe, 1997)，特别是页码 28－40，158－163。

② K. R. Howe, *Where the Waves Fall: A New South Sea Islands History from First Settlement to Colonial Rule*(Sydney: Allen and Unwin, 1984)，329－343.

③ 参见 Doug Munro, 'Revisionism and its Enemies: Debating the Queensland Labour Trade,' *Journal of Pacific History* 30: 2(1995)，240－249。关于劳工归来的影响，参见 Peter Corris, *Passage, Port and Plantation: A History of Solomon Islands Labour Migration*(Melbourne: Melbourne University Press, 1973)，111－125。

④ 参见 Niel Gunson, *Messengers of Grace: Evangelical Missionaries in the South Seas 1797—1860*(Melbourne: Oxford University Press, 1978)，Doug Munro and Andrew Thornley, eds., *The Covenant Makers: Islander Missionaries in the Pacific* (Suva: University of the South Pacific, 1996)，及 Broome, *Aboriginal Australians*, 101－119。

人们普遍认为疾病的引入是因与西方人持续接触而对海洋社会造成了最大破坏。随之引发的人口减少的规模仍有争议。1989年，该问题变得尤为突出，美国夏威夷大学研究教授大卫·斯坦纳德（David Stannard）在其出版的书中论道：欧洲接触到的夏威夷土著人口至少是以前估计的2倍，因此，在第一次准确的人口普查之前，与欧洲的接触确实导致了灾难性的人口锐减。在太平洋学术领域，关于斯坦纳德计算接触人口的方法以及人口减少主要是受流行病影响还是由疾病引起的不孕不育所致，引发的争论十分激烈，①但流行病学家史蒂芬·库尼茨（Stephen Kunitz）认为，影响人口减少的关键因素与其说是生物因素，不如说是社会、经济和政治因素。虽然流行病可能在无接触和免疫力的人群中造成高死亡率，但关键是流行病后人口的恢复，这需要社会稳定。库尼茨表明，有记录以来人口减少最严重的地区是遭受欧洲殖民和掠夺破坏的土著社会地区。正如历史学家唐纳德·德农（Donald Denoon）所指出的："斯坦纳德认为人口减少是原因，库尼茨则认为是剥削的结果。"②德农还提出了一个重要的观点，即特定的局部环境，如饮食和疟疾的存在等，影响着与西方的接触程度以及人口减少的幅度。③

澳大利亚幅员辽阔，伴随着西方从最初东南和西南部的殖民地

① David E. Stannard, *Before the Horror: The Population of Hawai'i on the Eve of Western Contact*(Honolulu: Social Science Research Institute, 1989), 及 Andrew F. Bushnell, 'The "Horror" Reconsidered: An Evaluation of the Historical Evidence for Population Decline in Hawai'i, 1778—1803,' *Pacific Studies* 16: 3(1993), 115－161。

② Donald Denoon, 'Pacific Island Depopulation: Natural or Un-Natural History?' in *Linda Bryder* and Derek A. Dow, eds., *New Countries and Old Medicine: Proceedings of an International Conference on the History of Medicine and Health*(Auckland: Pyramid Press, 1994), 324－339, 引自 325。

③ Donald Denoon, 'Pacific Island Depopulation,' 332－334; David Stannard, 'Disease and Infertility: A New Look at the Demographic Collapse of Native Populations in the Wake of Western Contact,' *Journal of American Studies* 24: 3(1990), 325－350; 及 Stephen Kunitz, *Disease and Social Diversity: The European Impact on the Health of Non-Europeans*(Cambridge: Cambridge University Press, 1994), 51。

向内陆和北部的蔓延，当地环境的多样化跨越了疾病在空间和时间上的界限。18世纪80年代欧洲人首次移居时的澳大利亚土著人口现在普遍估计在三十万至七十五万之间。一般而言，远离原始殖民地的社区与其土地保持着更密切的联系，人口减少的情况较少，这与远离东南和西南人口集中地区的西部定居点和经济活动密度不断下降成正比。最近，历史学家凯斯·文沙特尔（Keith Windschuttle）对那些主张欧洲人在最初几十年里带来的暴力和疾病使土著居民大规模减少的方法论和结论表示质疑。澳大利亚土著居民历史学家理查德·布鲁姆（Richard Broome）断定，在欧洲扩张的前沿地带，大约有一千五百名欧洲定居者和两万名土著居民遭遇暴力杀害。①

其他影响环境的因素却较少受到关注。一些文章探讨了欧洲人为商业目的捕杀动植物的问题，特别是捕鲸业。西方粮食作物的影响也受到一些关注，特别是在夏威夷和新西兰（奥特亚罗瓦）。②众多研究详细阐释了引入的动植物，如金雀、绵羊、牛、老鼠、负鼠和兔子对当地物种的毁灭性影响，因为当地物种很少有其竞争者或捕食者，其生态系统也相当脆弱。虽然土著人民通过焚烧改变了他们的地貌，以促进农业和狩猎，但在欧洲人到来之后，特别是在澳
552 大拉西亚，砍伐森林和移地为牧的行为急剧增加。③

---

① 参见 Keith Windschuttle, *The Fabrication of Aboriginal History*(Sydney: Macleay Press, 2002)与之相对的是 Stuart Macintyre and Anna Clark, *The History Wars*(Carlton, Victoria: Melbourne University Press, 2003);及 Broome, *Aboriginal Australians*, 50-51。

② 参见 Ross Cordy, '*The Effects of European Contact on Hawaiian Agricultural Systems—1778—1819*,' *Ethnohistory* 19:4(1972), 393-418 中有关于夏威夷的描述及 James Belich, *Making Peoples: A History of the New Zealanders from Polynesian Settlement to the End of the Nineteenth Century*(Auckland: Penguin, 1996), 152, 涉及对新西兰的描述。

③ 参见 Alfred W. Crosby, *Ecological Imperialism: The Biological Expansion of Europe, 900—1900*(New York: Cambridge University Press, 1986), 217-268 中有关于新西兰的描述；J. R. McNeill, 'Of Rats and Men: A Synoptic Environmental History of the Island Pacific,' *Journal of World History* 5:2(1994), 299-349 涉及对大洋洲的描述及 Geoffrey Bolton, *Spoils and Spoilers: A History of Australians Shaping their Environment*, 2nd edn. (St Leonards, NSW: Allen and Unwin, 1992)。

欧洲移民社会和殖民地种植园

英国当局认为澳大利亚是法律上的无主之地（terra nullius），因为土著人似乎很少以耕种或其他方式在这片土地上留下占领的痕迹，他们的生活方式基本上是狩猎采集；而且将这片土地视为无主地符合英国的利益。①这一法律虚拟一直盛行到现代，随着定居者自 18 世纪 80 年代起从几个沿海地区较小的罪犯聚居区发展到 19 世纪初进入内地的自由定居者聚居区，牧场边界扩大，大规模土地转让得到了批准。在 19 世纪中叶发现黄金之前，远距离的恶劣环境阻止了大规模的自由定居，1860—1900 年，海上运输得以改善，大规模有计划的移民涌入，增加了人口，缩短了 19 世纪下半叶欧洲和澳大拉西亚之间的有效距离。到 1840 年，有二十五万欧洲人居住在澳大利亚，到 1900 年，有三百八十万欧洲人居住在澳大利亚。大多数是英国人，但大约四分之一是爱尔兰人，比起英格兰以其苏格兰少数民族统治的新西兰，他们给澳大利亚打下了更强烈的反独裁和天主教烙印。②

欧洲人在新西兰定居的时间比澳大利亚晚，遭遇的土著人抵抗也更多。新西兰的殖民者都是自由移民，1840 年英国王室与毛利人签署《怀唐伊条约》（*the Treaty of Waitangi*）时，英国移民只有几千人。虽然王室认为新西兰现在是受英国法律管辖的王室土地，但毛利人仍坚持，他们只是把部分主权让给了英国王室。③19 世纪 40 年代，特别是 60 年代，爆发了争夺土地控制权和统治命运的战争。到 19 世纪 50 年代中期，欧洲人和毛利人在人数上持平，19 世纪 60 年代初在南岛发现黄金，导致大批欧洲人蜂拥而至。从那时起，毛利

---

① 参见 Henry Reynolds, *The Law of the Land*(Ringwood, Victoria: Penguin, 1987) 及 *Aboriginal Sovereignty: Three Nations, One Australia?* (St Leonards, NSW: Allen and Unwin, 1996)。

② Blainey, *Tyranny of Distance*, 及 Denoon 等人, *A History of Australia, New Zealand and the Pacific*, 86－88。

③ Claudia Orange, *The Treaty of Waitangi*(Wellington: Allen and Unwin, 1987).

人成为自己土地上的少数人。在欧洲取得胜利之后，敌对的毛利人土地和同盟的毛利人土地都被征用，从19世纪60年代到20世纪初，大多数毛利人的公有土地按照西方的方式通过原住民土地法院登记并转为个人所有，这对毛利人的社会凝聚力造成了很大损害。给予同盟毛利人四个立法委员会席位几乎算不上什么补偿。①

欧洲人在热带太平洋岛屿的定居受到更多的限制，但新喀里多尼亚的法国罪犯定居地除外，那里的土著居民也经历了军事上被击败，人数上被超过，并被挤进欧洲人划定的保留地，但这并不是传统意义上有流动性和广泛性的领土。在其他地方，欧洲人对疟疾等热带疾病的不适导致欧洲人口比土著人少得多，欧洲移民通过种植园经济养活自己，特别是向欧洲市场供应椰干，并依赖于契约劳动
553 力。最大规模的外部劳动力流动是日本人流向夏威夷、所罗门群岛；瓦努阿图人（Vanuatu，当时是新赫布里底群岛）流向昆士兰；印度人流向斐济；德国当局统治下的新几内亚人主要在国内流动。②在热带太平洋地区，对欧洲殖民统治的军事抵抗是受限的，且很大程度上是不成功的，汤加和夏威夷土著王国试图按照西方模式建立自己的政府，以赢得欧洲列强的支持和承认。③

在热带大洋洲的大多数种植园殖民地，尽管传入的疾病肆虐，但太平洋岛屿居民仍占人口的大多数。欧洲人在自己经营的种植园飞地、贸易区以及总的来说资源匮乏和捉襟见肘的殖民行政当局中人数有限，他们对大多数地方社区的影响皆有限，除了每年征收人头税，且如果行政当局坚持以现金而非以实物支付，可能还包括每年为种植园工作

① Denoon 等人，*A History of Australia, New Zealand and the Pacific*, 130 - 134; Orange, *The Treaty of Waitangi*, 170 - 172; James Belich, *The New Zealand Wars and the Victorian Interpretation of Racial Conflict*(Auckland: Auckland University Press, 1986); and Belich, *Making Peoples*, 258 - 261。

② 参见 Donald Denoon, 'Plantations and Plantation Workers,' *in Donald Denoon, ed., The Cambridge History of the Pacific Islanders*(Cambridge: Cambridge University Press, 1997), 226 - 232。

③ I. C. Campbell, *A History of the Pacific Islands*(Christchurch: University of Canterbury Press, 1989), 83 - 91.

以赚取税款的时间。在没有巡逻官员的情况下，传统的政府官员和被指定维护欧洲利益的当地人之间有时会关系紧张，但影响最持久的外部变化来自基督教教堂，在殖民时期，基督教教堂提供了西方的大部分教育和服务。其结果是，当地风俗的连续性和基督教等外来因素的本土化程度显著提高，一直延续到这个时代及以后。①

澳大拉西亚移民殖民地的经济在同一时期有了显著的发展。直到 1850 年，羊毛一直是澳大拉西亚的主要出口产品。随着 19 世纪 80 年代海船运载能力和速度的提高，以及冷藏技术的发明，利润丰厚的英国市场更容易进入，肉类和乳制品的出口也变得可行，因而在 19 世纪后几十年里，农业变得越来越重要。运输成本的降低与更高的回报率增加了对土地的需求，提高了政府收入，进一步取代了土著社区，并将更多的地方生态系统转变为生产羊毛、羊肉和牛肉的牧场，或在具有足够灌溉条件的某些地区生产小麦。②这种单一化经济的繁荣也阻碍了其他产品和市场的多样化发展，直到 1973 年英国加入欧洲经济共同体，才迫使人们寻求可替代的产品和市场。随着澳大利亚和新西兰定居地政府与世界金融中心伦敦的经济和通信联系的加强，经济蓬勃发展与乐观情绪盛行，直到 19 世纪 80 年代和 90 年代，一系列自然灾害和金融危机使经济受到重创，导致工人和雇主之间的激烈对抗。③

19 世纪 50 年代，随着澳大利亚发现黄金，新的移民殖民地首次对世界经济产生了重大影响。澳大利亚的金矿产量占世界黄金产量的 40%：澳大利亚在维多利亚州首次发现黄金之后，19 世纪 60 年代，又在昆士兰、西澳大利亚以及新西兰也相继发现了黄金。在淘

---

① Campbell, *A History of the Pacific Islands*, 156－185.

② Donald Denoon, *Settler Capitalism: The Dynamics of Dependent Development in the Southern Hemisphere*(Oxford: Oxford University Press, 1983), 100－106.

③ Luke Trainor, *British Imperialism and Australian Nationalism: Manipulation, Conflict, and Compromise in the Late Nineteenth Century*(Cambridge: Cambridge University Press, 1994), 123, 138; N. G. Butlin, *Investment in Australian Economic Development 1861—1900*(Canberra: 1976)；及 Denoon, *Settler Capitalism*, 71－76, 82－85。

金高峰期，十五万名淘金者涌入维多利亚州，其中包括四万名中国
554 人。到 1871 年，财富和移民的大量涌入见证了墨尔本成为一个拥有十九万一千人口的金融和城市中心。到 1880 年，这种容易开采的黄金被开采一空，之后发现的矿场往往比之前的更大，但位置更偏远，需要运用更先进的开采方法。结果，矿业被那些能够在荒凉的内陆地区如布罗肯希尔（Broken Hill）和卡尔古利（Kalgoorlie）进行大笔投资并获得高额回报的大公司所控制。从那时至今，澳大利亚经济都受益于巨大的矿产财富，特别是在西澳大利亚。然而，由于大多数大型矿业公司都由英国人掌控，所以大部分财富流向了伦敦，而非留在澳大利亚。①19 世纪 90 年代以降，新喀里多尼亚及其镍矿财富的情况也是如此；新西兰的黄金财富没有那么充足，农业很快恢复为国民经济的支柱。

19 世纪 50 年代，大多数澳大利亚殖民地经议会多数选举获得了自治。然而，州长们保留着重要的权力。太平洋岛国殖民地由行政人员管理，移民精英享有顾问权但无行政权。在整个区域，土著人民在政治上被边缘化。1901 年 1 月 1 日，经过全民投票，澳大利亚殖民地结成联邦，成立澳大利亚联邦。新西兰人拒绝与澳大利亚殖民地结盟，认为自己是一个与众不同的特殊民族，比跨塔斯曼海的（trans-Tasman）邻居更优秀，且注定要在社会正义方面为世界其他地区树立榜样。②在移民社区中，男子比妇女多得多，特别是在农村地区。男性价值观弥漫在关于殖民身份的公开讨论中，但具有讽刺意味的是：19 世纪 90 年代，当各国政府试图通过改善女性命运来确保社会稳定时，妇女在这里获得了选举权。③

---

① 参见 Geoffrey Blainey, *The Rush that Never Ended: A History of Australian Mining*, 2nd edn.(Melbourne: 1969)；和 John Salmon, *A History of Goldmining in New Zealand*(Wellington: Government Printer, 1963)。

② Helen Irving, ed., *The Centenary Companion to Australian Federation*(Cambridge: Cambridge University Press, 1999).

③ 参见 Patricia Grimshaw, *Women's Suffrage in New Zealand*, 2nd edn.(Auckland: Oxford University Press, 1987) 及 Audrey Oldfield, *Woman Suffrage in Australia: A Gift or a Struggle?*(Melbourne: Cambridge University Press, 1992)。

焦虑的时代：世界大战，流行病，经济危机

20 世纪为澳大拉西亚殖民地带来了新的忧虑。日本在北太平洋地区以压倒性胜利击败俄国，加剧了人们的担忧，因为他们远离母国英国而潜在的敌人就在家门口。1905 年和 1911 年签订的《英日同盟条约》（*Anglo-Japanese Treaties*）没有消除这些担忧，人们仍怀疑日本的真实意图。1908 年一支美国舰队应邀到访澳大利亚和新西兰，这是三国共同向日本发出的警告：不要企图染指这片欧洲人的领地。①

澳大拉西亚面临的另一个安全威胁来自欧洲，而不是太平洋地区，第一次世界大战爆发后，日本作为英帝国的盟友，与德国及其盟友作战。澳大利亚和新西兰轻而易举地占领了德国统治下的新几内亚和萨摩亚，日本则占领了德国在中国和密克罗尼西亚的殖民地。太平洋岛国的小规模部队在欧洲加入了战争，但该地区的大多数战斗人员来自澳大利亚和新西兰，并且他们在西部前线作战。早期在 555
达达尼尔海峡的加里波利战役在这场战争中具有决定性意义，尽管其规模较小，任务也失败了，但殖民地人民证明了自己。这场战役见证了“澳大利亚和新西兰军团”（澳新军团〔ANZAC〕）传奇的诞生，澳大利亚和新西兰也将自己的军团定义为独一无二的特殊军团。

澳新军团的神话表明，坚忍的实用主义和勇敢无畏的精神是真正的殖民边疆价值观，是志愿公民士兵应具有的品质（尽管他们的大多数特遣队成员都是城市居民），体现了平等主义和反权威主义，尤其是澳大利亚人对土耳其敌人的尊重与对傲慢愚蠢的英国军官的

---

① Neville Meaney, *A History of Australian Defence and Foreign Policy 1901—1923: Volume 1, The Searchf or Security in the Pacific, 1901—1914*(Sydney: Sydney University Press, 1976), 51 - 52, 120; 及 M. P. Lissington, *New Zealand and Japan, 1900—1941*(Wellington: Government Printer, 1971), 8 - 9。

蔑视形成了鲜明对比。澳新军团坚信自己在战斗中比英国军队优秀。然而，作为殖民地，在英国需要援助的时候不给予支持是不可能的。澳大利亚政府试图推行征兵制度不幸失败，但1914年时全国15岁至64岁之间的一百五十万成年男性中就有四十万人自愿参军，其中三十三万军人被派往海外，68%的人死亡或受伤。新西兰在战争后期实行征兵制度，征召了十二万人入伍——这对一个1914年时只有一百万人口的国家来说，确实是一项了不起的成就。约80%的人被派往海外，其中59%的人死亡或受伤。两国的伤亡率远远高于英国军队的平均伤亡率。①

对澳大利亚和新西兰来说，两次世界大战之间的那几年是经济紧张和奋力应对的时期。他们都受到1918年流感盛行的影响，新西兰萨摩亚（New Zealand Samoa）的死亡率创下近20%的最高记录。②由于澳大利亚和新西兰依赖它们无法控制的初级产品出口，且英国在它们的对外关系、贸易和金融方面的关键作用和影响，两国都极易受到经济衰退的影响。在大萧条之前，两国都经历了经济衰退，但应对方式不同。新西兰加强了对英国的乳制品出口，澳大利亚则寻求从农业转向工业和制造业，这主要依靠于英国银行的资金，可以说澳大利亚成为英国金融机构的最大客户。1929年股市崩盘导致初级商品价格暴跌，失业率几乎达到劳动力的三分之一，两国的国民消费能力直到10年后才恢复至1929年以前的水平。两国都致力于社会基本福利，向所有公民提供非缴费性社会保障，确保家庭收入底线。然而，公民身份的界定并不公平。毛利人比白种人（欧洲人）的工资要低，而澳大利亚土著人基本没有工资。③

作为凡尔赛和解协议的一部分，新西兰和澳大利亚继承了前德

---

① Bill Gammage, *The Broken Years: Australian Soldiers in the Great War*(Canberra: Australian National University Press, 1974), Chris Pugsley, *Gallipoli: the New Zealand Story*(Auckland: 1984).

② Sandra M. Tompkins, 'The Influenza Epidemic of 1918—1919 in Western Samoa,' *Journal of Pacific History* 27: 2(1992), 181 - 197.

③ Denoon 等人, *A History of Australia, New Zealand and the Pacific*, 290 - 298。

属太平洋领土的新殖民者角色。20 世纪 20 年代，新西兰在萨摩亚面临着一场被称为“毛派”的消极不服从运动，当时其官员试图推翻高级酋长的传统领导角色。1929 年 12 月 28 日，新西兰警察向手无
寸铁的萨摩亚抗议者开火，事态发展到了顶点。新西兰镇压了逃往 556
丛林中的毛派成员。由此造成的僵局，直到 1936 年新西兰新工党政府上台，萨摩亚人对被排除在政府之外的不满才得以解决。1929 年 1 月 3 日，位于澳大利亚新几内亚行政中心——拉包尔（Rabaul）的澳大利亚当局醒来，发现大多数美拉尼西亚工人在罢工，要求提高工资待遇、改善工作条件。此次罢工范围之广，事发之突然令澳大利亚人十分震惊，当局严惩了罢工的领导者，这些领导者来自殖民政权内受信任的土著职业——高级警察和船长。拉塔纳教会（The Ratana Church）于 20 世纪 20 年代在毛利人中兴起并蓬勃发展，它将基督教教义与《怀唐伊条约》融为一体。20 世纪 30 年代，教会投身政治，获得了指定的毛利人席位，并与改革派工党政府结盟。其他毛利人抗议将欧洲设立的怀唐伊日作为新西兰的国庆日来庆祝，同时 1932 年澳大利亚土著人将欧洲人设定的澳大利亚日命名为哀悼日。①

20 世纪 30 年代，人们对国际社会无力遏制德国和日本的极权主义侵略愈发担忧。1939 年 9 月 3 日英国向德国宣战，澳大利亚和新西兰加入到英国的对德战争中。从 1941 年到战争结束，澳新军队与英军和英联邦军队在北非、希腊、克里特岛、意大利并肩作战。法属太平洋殖民地对法国的沦陷及其分裂为支持同盟国的“自由法国”

---

① 关于反抗殖民统治，参见 Peter Hempenstall and Noel Rutherford, *Protest and Dissent in the Colonial Pacific*(Suva: University of the South Pacific, 1984)。关于上面所提到的例子，参见 Malama Meleisea, *The Making of Modern Samoa: Traditional Authority and Colonial Administration in the Modern History of Western Samoa*(Suva: University of the South Pacific, 1987), 124－128; Ian Campbell, ‘New Zealand and the Mau in Samoa: Reassessing the Causes of a Colonial Protest Movement,’ *New Zealand Journal of History 33*: 1(1999), 92－110; Bill Gammage, ‘The Rabaul Strike, 1929,’ *Journal of Pacific History* 10(1975), 3－29; J. M. Henderson, *Ratana: The Man, the Church, the Political Movement*(Wellington: Allen and Unwin, 1972)；及 Denoon 等人, *A History of Australia, New Zealand and the Pacific*, 312－313。

和支持德国的维希部队作出了回应，最终选择加入“自由法国”一方，其中一些人加入了戴高乐的“自由法国”部队，并在北非和西欧作战。

1941 年 12 月 7 日，日本偷袭珍珠港之后，在太平洋和东南亚地区取得了惊人的胜利，几乎占领了大洋洲的一半，并将战争前线推至新几内亚北海岸和所罗门群岛北部。达尔文港遭日本飞机轰炸，1942 年初，发现日本小型潜艇活动于悉尼港。新加坡的沦陷打破了英国在该地区强权的神话，澳大利亚濒于不堪一击的边缘。这时的英国正保卫着自己的领土、缅甸及印度，美国人填补了太平洋战争的空白，并首先发起对日战役。新西兰由于位置更远，受日本的威胁相对较小，于是在战争期间将大部分部队留在北非和欧洲战区，澳大利亚则把注意力集中在太平洋战区，太平洋的战事成为其民族意识中关于二战的永久记忆：在巴布亚新几内亚的科科达小径（Kokoda Trail），澳军首次遭遇日军并被击败，坚忍生存下来的人被作为囚犯，忍受着日军的可怕酷刑。①复杂的海洋环境、超远的距离和日军的凶猛抵抗，导致日本的驻防地只能躲开或远离美军掌握空权的地区存在，而日军的抵抗最终被一个杀伤力空前的超级武器——原子弹——所终结。

战后主题：太平洋核时代、非殖民化、认同感探索

557 第二次世界大战以降，新西兰和澳大利亚一直是政局稳定、社会和政治上保守的国家，主要选举中间偏右翼政府，偶尔也会出现短暂的中间偏左翼政府执政。同新西兰相比，战后澳大利亚从矿产

---

① Stewart Firth, ‘The War in the Pacific,’ in Denoon, ed., *The Cambridge History of the Pacific Islanders*, 291 - 323; Hank Nelson, *P.O.W. Prisoners of War: Australians under Nippon*(Sydney: Australian Broadcasting Corporation, 1985)；及‘Kokoda: the Track from History to Politics,’ *Journal of Pacific History 38*: 1(2003), 109 - 127; 和 Geoffrey M. White and Lamont Lindstrom, eds., *The Pacific Theater: Island Representations of World War II*(Honolulu: University of Hawai'i Press, 1989)。

财富中获益更多，经济转向制造业和工业，战后从欧洲大陆而来的移民，以及最近从世界各地（尤其是亚洲）而来的人口也更多。据1996 年的人口普查，几乎四分之一的澳大利亚人出生于澳大利亚境外。而新西兰人口基础则更加海洋化。①20 世纪 80 年代怀唐伊调解庭开始受理许多毛利部落向政府提出的权利诉求案件，毛利人的权利取得了巨大发展，被赋予法律权利，恢复错误征用的土地，或给予相应的经济补偿。自 1992 年具有里程碑意义的马博案之后，澳大利亚的土地权和对过去不公正现象的承认略有停滞，因此，大多数澳大利亚土著仍然处于地理和政治权利的边缘，只有在接受澳大利亚海外援助的地区才享有社会和健康指标。

国家规模的大小和距离远近在澳大利亚和新西兰的外交政策中发挥了重要作用。规模较小和距离较远的新西兰认为，在核试验和环境安全等问题上，新西兰只能站在中立和理想主义的立场，而澳大利亚则认为自己是一个中等强国，对发展和维持一个区域力量有兴趣，并有能力支持其亲密盟友美国的全球军事行动。两国都是自由贸易和民主治理的坚定支持者。自 1983 年签署《更密切经济关系协定》（*CER*）以来，两国已建立起高效的服务和商品流通共同市场。②

由于美国和苏联的冷战态势趋紧，引发研制核武器的计划，澳大拉西亚和大洋洲直接受之影响。大洋洲、西澳大利亚和中澳大利亚幅员辽阔、人口相对稀少，是美国、英国和法国进行核试验的理想场所，特别是美属密克罗尼西亚、英属吉尔伯特群岛、法属波利尼西亚，且澳大利亚的殖民地居民基本上处于殖民关系的政治边缘。由于该地区的抗议活动愈演愈烈，核弹头的大气层试验最终被最初的地下试验取代，之后相继由计算机模拟和运载系统试验所替代。一个关键的分水岭是新西兰于 1973 年派遣海军舰艇进入位于穆鲁罗

---

① Denoon 等人，*A History of Australia, New Zealand and the Pacific*，349－351。

② 参见 Australian High Commission, Wellington, New Zealand website〈http://www.australia.org.nz/wltn/CloseEconRel.html〉。

瓦（Moruroa）环礁的法国试验区，以抵制法国无视世界法院关于大气试验裁决的顽固立场。1975年南太平洋地区被宣布为无核区，只有澳大利亚支持了与美国（拥有核武库和核动力航母）之间的军事
558 同盟关系。新西兰则没有表达这种支持态度，导致了与第二次世界大战后不久形成的长期澳新美联盟（ANZUS）的破裂，并体现出英国在该地区和全球的影响力减弱。①

尽管第二次世界大战后随着联合国的成立而盛行全球自治，但对全球世界微观经济体的经济可行性和任意划分殖民边界将不同民族统一在一起的政治连贯性的担心，使大多数太平洋岛国的独立进程推迟到20世纪70年代中期至后期。斐济的政变、所罗门群岛的内战以及布干维尔反对巴布亚新几内亚的分裂主义运动加剧了人们对一些太平洋岛国经济可行性的潜在担忧。现在许多人怀疑，在澳大利亚北部所谓的“不稳定弧线带”（Arc of Instability）内的国家是否有能力在没有外部援助的情况下取得显著的经济进展并确保政治稳定。虽然许多决策者赞同这一分析，但太平洋地区大多数学术专家反对或呼吁认真修改不稳定弧线的范式。②后者敦促人们承认是太平洋岛国独立准备工作严重不足造成了当前问题。他们也对外国发展模式在太平洋问题上是否有效持谨慎态度。

太平洋各独立岛国大小不一，从仅两万多人口的图瓦卢到约六百一十万人口的巴布亚新几内亚不等。较大的民族国家内会使用多种语言，大多数公民主要依赖于血缘关系聚居。大多数国家从殖民统治者那里继承了有限的基础设施，但自独立以来一直无法建设必要的交通、教育、卫生和经济设施，让其公民有意愿且有能力过上

① Stewart Firth, *Nuclear Playground*(Honolulu: University of Hawai'i Press, 1987)。阿尔及利亚于1962年脱离法国独立，因此移除了阿尔及利亚沙漠深处法国的核试验场。

② 例如，可参见 Ben Reilly, 'The Africanisation of the South Pacific,' *Australian Journal of International Affairs* 54: 3(2000), 261－268。与之相对的是 Jon Fraenkel, 'The Coming Anarchy in Oceania? A Critique of the "Africanisation of the South Pacific" Thesis,' *Journal of Commonwealth and Comparative Politics* 42: 1(2004), 1－34。

现代化国家的生活。大多数人仍然实行高度地域化的生计方式，偶尔辅以经济作物。尽管各社会群体之间的沟通不畅，有时关系紧张，但相当一部分人口现已离开其亲属群体地区，前往现代经济体工作，特别是在国家首都或矿区等大型跨国企业中工作。这些聚集地既是身份形成的根源，也是关系紧张的根源。虽然苏瓦（Suva）等城市已开始出现一种新的基于阶级的城市身份，但许多（如果不是大多数的话）城市移民仍依赖于说同一种语言、有着共同文化渊源的人脉网络。①

冷战将该地区完全纳入西方联盟的必然性已开始瓦解。中国在世界经济中的日益突出和蓬勃发展在该地区留下了印记。已故的“太平洋研究之父”罗恩·克罗科姆（Ron Crocombe）断言：“太平洋岛屿正在经历一次壮观的过渡。过去 200 年来，无论是文化、经济、政治还是其他方面的外来影响大多都来自西方。而现在这一天平正向亚洲倾斜。”②中国开始崛起，对该地区的援助和投资不断增加，导致其竞争对手台湾地区、日本也同样扩大援助和投资，以保护自己的势力范围。中国大陆、中国台湾和日本之间为争夺太平洋岛国之忠诚而展开三方竞标战的可能性正日趋凸现，如果这场争夺战继续下去并进一步加剧，澳大利亚、新西兰和美国也有可能卷入其中。2006 年，美国布什政府宣布 2007 年为“太平洋年”，这是其 559
重新介入自柏林墙倒塌以来就忽视的该地区的一部分行动。③

---

① 关于当代社会和经济环境，参见 Karen Nero, ‘The Material World Remade,’ in Denoon, ed., *The Cambridge History of the Pacific Islanders*, 359－396。

② Ron Crocombe, *Asia in the Pacific Islands: Replacing the West*(Suva: University of the South Pacific, 2007), vii.

③ 关于中国台湾的描述参见 Jim Hwang, ‘What Really Counts,’ *Taiwan Review*, 30 November 2006, 〈http://taiwanreview. nat. gov. tw/ct.asp?xItem=23510&CtNote=128〉; 关于日本参见 The Ministry of Foreign Affairs of Japan, 2006, *The Fourth Japan-Pacific Islands Forum Summit Meeting*, 〈http://www.mofa.go.jp/region/asia-paci/spf/palm2006/index.html〉); 关于美国参见 Congressional Research Service, ‘The Southwest Pacific: U.S. Interests and China's Growing Influence,’ US Congress, April 2007, 〈http://www.fas.org/sgp/crs/row/RL34086.pdf〉。

结论：外部的强加影响和内部的自我调整

唐纳德·德农、菲利帕·梅恩·史密斯（Philippa Mein Smith）和马里维·维温（Marivic Wyndham）在结束对该地区历史的调查时，对该地区的特性作了以下观察：

所有的澳大利亚人和新西兰人与他们的太平洋岛国邻居都相处得十分融洽。但岛民们是否热情回应澳新人民则是另一个问题。然而，从批判性的意义上讲，这些情绪并不重要。建议这一地区的人民相互理解是鲁莽的。恰恰相反：如果该地区的一致性是因为各社区在一系列可疑的类比中误解了其邻国，从而认清了自己，那么这一地区就有了某种意义。正是认知、误解和关切的累积筑成了这样一个充满活力的地区；通过将这一地区具体化，该地区成为一个受全球化层叠影响、对全球化采取应对措施的重要参与者。①

尽管为回应中国在该地区的崛起，竞标战和竞争对抗迫在眉睫，但大洋洲和澳大拉西亚仍然处于世界历史的边缘。在这一人类引起的气候变化加剧的时代，两地区的命运现正与其毫不相干的外部地区和外部事件进程紧密相连。②现在，该区域的居民更清楚地意识到地平线上外部影响的逼近，他们必须减少受到那些外部力量的过度干扰，而不是寄希望于成为外部干预者。

参考书目

- Belich, James. *Making Peoples: A History of the New Zealanders from Polynesian Settlement to the End of the Nineteenth Century*. Auckland: Penguin, 1996.
- Blainey, Geoffrey. *The Tyranny of Distance: How Distance Shaped Australia's History*. Rev. edn. South Melbourne: Sun Books, 1982.
- Broome, Richard. *Aboriginal Australians*. 2nd edn. St. Leonards, NSW: Allen

① Denoon 等人，*A History of Australia, New Zealand and the Pacific*, 470。

② 太平洋的低洼岛屿特别容易遭受海平面上升、台风活跃度增强、全球气候变暖等自然灾害的影响。

and Unwin, 1994.

- Crocombe, Ron. *Asia in the Pacific Islands: Replacing the West*. Suva: University of the South Pacific, 2007.
- Denoon, Donald. *Settler Capitalism: The Dynamics of Dependent Development in the Southern Hemisphere*. Oxford: Oxford University Press, 1983.
- —Philippa, Mein-Smith, with Marivi Wyndham. *A History of Australia*, New Zealand and the Pacific. Oxford: Blackwell, 2000.
- Firth, Stewart. *Nuclear Playground*. Honolulu: University of Hawai'i Press, 1987.
- Howe, K. R., ed. *Waka Moana: Voyages of the Ancestors: the Discovery and Settlement of the Pacific*. Honolulu: University of Hawai'i Press, 2007.
- Kunitz, Stephen. *Disease and Social Diversity: The European Impact on the Health of Non-Europeans*. Cambridge: Cambridge University Press, 1994.
- Oliver, Douglas L. *Oceania: The Native Cultures of Australia and the Pacific Islands*. 2 vols. Honolulu: University of Hawai'i Press, 1989.
- Sinclair, Keith, ed. *Tasman Relations: New Zealand and Australia*, 1788—1988. Auckland: Auckland University Press, 1987.

王鸣彦 译 李 腊 校

第三十一章　1850 年前的太平洋盆地[*]

赖纳·F. 布施曼

564 太平洋是世界上最大和最深的海洋，约占地球表面的三分之一。其面积约 6400 万平方英里（约合 1. 66 亿平方公里），几乎是大西洋面积的 2 倍，可以轻松容纳七大洲。顾名思义，大洋洲大体上是一个被水淹没的世界；从地球第二大岛屿新几内亚岛到基里巴斯共和国（前称吉尔伯特群岛），大约有 25000 座岛屿，陆地面积只有 275 平方英里。尽管太平洋地区规模庞大，但与大西洋和印度洋相比，它在全球历史上受到的关注却微乎其微。①诚然，太平洋在世界历史上时而扮演着重要的角色——南岛扩张、马尼拉帆船贸易、18 世纪的欧洲探险以及二战期间激烈的跳岛军事战术皆凸显了这一点，但与此同时，这种历史关注并没有转化为一条熟悉的时间轴，将这一水域地理特征纳入到更大的世界历史框架之中。

连接大西洋和印度洋水域的历史事件之连续性在世界著名的历史文献中得到了很好的探讨和记录。就印度洋而言，对公元前第一个千年的季风系统解码对于建立一个交换系统至关重要，该系统可

---

* 作者向劳拉·顿拉普（Laura Dunlap）提出的宝贵修改意见表示真挚的感谢。

① 关于海洋的对比研究较少，但有一些出于论坛‘Oceans in History,’ *American Historical Review 111*(2006)，尤其是 Matt K. Matsuda, ‘The Pacific,’ 758 - 780; 同时参见 Rainer F. Buschmann, *Oceans in World History*(Boston: McGraw-Hill, 2007)。

将非洲和亚洲连接起来并一直持续运行到 18 世纪。①在大西洋的历史发展中同样可构建一个较短且连续的时间框架。大西洋的全球历史大体上起源于 15 世纪末哥伦布的航海之行，在整个北美、南美、海地及法国大革命乃至全球历史中均扮演着重要角色。②从全球历史的角度来看，大西洋已经成为早期现代世界的代名词，揭示了自愿和非自愿的移民现象，这些现象在很大程度上影响了美洲、非洲和欧洲。

如果我们把浩瀚的太平洋历史与研究得相对更深入的大西洋和
印度洋历史相比较，一些明显的差异很快便会浮现。除了最明显的 565
因素——规模大小之外，我们还需要认识到，太平洋岛国是一个由岛屿组成的世界。当然，大西洋和印度洋也有岛屿。然而，这些地理区块与附近的大陆非常接近，而这些大陆又极大地影响了各大洋的历史发展。另一方面，用已故汤加作家埃佩里·豪欧法（Epeli Hau'ofa，1939—2009）的话来说，太平洋盆地是一片“岛屿之海”，是一个由许多岛屿而非大陆特征主导的世界。③除了各海洋间的表面地貌比较之外，太平洋也引起了人们对其周期划分的关注。显然，这片海洋的不连续性大于连续性，其历史最好划分为三段不同的探索和定居时期。

三段定居期

第一个时期开始于约 50000—40000 年前的更新世，当时海平面的下陷将东南亚岛屿（今简称巽他〔Sunda〕，包括印度尼西亚和菲律宾的大部分地区）与亚洲大陆的其他地区连接起来。同样地，新

---

① Michael Pearson, *The Indian Ocean*(New York: Routledge, 2007)；为了解读 19、20 世纪相似的世界联系而创作的极具吸引力的一部著作，参见 Sugata Bose, *A Hundred Horizons: The Indian Ocean in the Age of Global Empire*(Cambridge, Mass.: Harvard University Press, 2007)。

② 例如，参见 Paul Butel, *The Atlantic*(New York: Routledge, 1999)。

③ 参见 Epeli Hau'ofa, *We Are the Ocean: Selected Writings*(Honolulu: University of Hawaii Press, 2008)。

几内亚和澳大利亚相连形成了一个大陆，称之为萨胡尔（Sahul）。考古学家认为，解剖学上的现代人跨越了巽他和萨胡尔之间仍然很重要的水域，逐渐占据了其喜欢称之为大洋洲附近的地区。除澳大利亚外，这一地区与通常被称为美拉尼西亚的地理特征相似。目前，太平洋地区的历史学家们之所以回避这个词，是因其带有种族耻辱感——“melas”意思是“黑色”，指的是当地居民的肤色，而不是根据定居历史来命名这个地区。然而，尽管这一词带有种族歧视的含义，仍然为人们广泛使用。到更新世末期，近大洋洲的定居已历经了差不多 2 万年的时间，海平面上升大大增加了东南亚岛屿与大洋洲之间的海域。

大约 6000 年前，又一波移民冒着巨大的风险来到这里。这些定居者出现于东南亚比较隐蔽的水域，拥有先进的开放式船只，操着与南岛语相似的语言。人们在新喀里多尼亚发现了第一座被称为拉皮塔（Lapita）的遗址，出土了形式独特的陶器，这有助于考古学家追踪这些定居者的迁移进程。他们大约在 5000 年前离开了新几内亚和俾斯麦群岛，突破了近大洋洲的边界，定居在了考古学家所说的遥远的大洋洲—太平洋的辽阔地带。大约 3000 年前，这些定居者到达了斐济、萨摩亚和汤加的三角地带，由于太平洋东部的水域距离增加以及逆风航行方向的改变，扩张进展一度停滞。也大约在这一时期，拉皮塔陶器从考古纪录中消失了。虽然这种消失的确切原因至今不得而知，但考古学家的假设是，陶器的消失可能与用海船运
566 载粘土容器的繁重任务有关。陶器易碎且浮力不佳的特性，可能让说南岛语的殖民者放弃了这种运输方式，转而选择更不易腐烂的物品。大约公元 500—1000 年，海员们冒险从这个三角区进入波利尼西亚东部的广大地区，定居于夏威夷、奥特亚罗瓦（Aotearoa，指新西兰）和拉帕努伊（复活节岛）。一个悬而未决的问题是，这些南岛语系海员是否与生活在美洲的社群有过接触。1947 年，挪威人类学家托尔·海尔达尔（Thor Heyerdahl）乘坐巴尔萨浮筏从南美洲漂流到土阿莫土群岛（Archipelago of the Tuamotos）时，大批学者认为，

是美洲的意外漂流航行导致了太平洋的许多岛屿定居。然而，1960—2000 年间长达 40 年的考古研究和实验航行证明大洋洲的定居者来自亚洲。①目前，虽有一小部分但会有越来越多的语言学家和考古学家认为波利尼西亚人可能已经到达加利福尼亚。这些学者的主要论点是基于丘马什人（Chumash people）和波利尼西亚人的独木舟存在相似性。这个独木舟所用的词是 tomol，与波利尼西亚语中有用的木头之词汇相似。许多太平洋岛国考古学家默认接受存在这种联系，而北美大陆的考古学家则担心接受这种航海技术的传播之说法可能会减少美洲土著人的成就。当然，还需要更多的研究来进一步阐明这一有趣的问题。

一些历史学家将第三次大规模入侵太平洋运动称为全球化的真正开端，第三次入侵起源于费迪南德·麦哲伦的环球航行（1519—1522）。然而，这次入侵发生在大洋洲移民结束整整 500 年之后，在历史纪录中留下了一个很大的空白，如果没有更好的说法，这一空白本应被称为“黑洞时期”。豪欧法认为，欧美学者倾向于将 25000 个大洋洲岛屿视为海洋中的岛屿，与资源和市场以及重大历史事件隔离开来。因此，太平洋地区成了一个“甜甜圈上的洞”，世界社会科学家往往更密切地关注太平洋沿岸的事态发展。②然而，忽视从太平洋群岛的移民到欧洲人进入大洋洲之间的 500~1000 年也意味着遗忘了该地区存在的重要交流网络。历史学家常常夸大欧洲人对太平洋群岛的影响，认为这些岛屿社区相对独立，彼此孤立。一些考古学家认为，这些社会的文化发展本质上是一个内部进程，几乎完全受适应新环境的迫切需要所推动，从而进一步加强了这一信念。然而，这一概念与波利尼西亚神话相矛盾，波利尼西亚神话中充斥着勇敢的航海家在遥远岛屿之间航行的故事。此外，海洋使高

---

① 进一步了解大洋洲的定居情况参见 Patrick V. Kirch, *On the Road of the Winds: An Archeological History of the Pacific Islands*(Berkeley and Los Angeles: University of California Press, 2000) 。

② Hau’ofa, *We Are the Ocean*.

火山或大陆岛屿上的社群与生活在相对较小的珊瑚岛上的社群建立了共生关系。①如果你愿意相信丘马什人与波利尼西亚航海家之间的接触，那么你必须承认这些航海家的触角和能力。

567 确实存在一些现有的交换网络。在加罗林群岛，萨威（Sawei）网络将帕劳群岛（Palauan archipelago）和雅浦岛的高岛与距离不到1000英里的低岛连接起来。雅浦岛社会因采纳了重要的货币形式而成为这一交换系统的中心，其中最突出的是建立著名的“货币”圆盘联盟。过去，这种交换网络有时被称为“雅浦人帝国”，据说在那里雅浦的统治者通过巫术从加罗林群岛的珊瑚礁中获取贡品。“贡品”包括精心的礼物交换和该地区热带风暴后频繁的救灾慰问品。该地区的大部分长途航行实际上是由环礁居民进行的，这解释了为什么加罗林群岛的传统航行一直延续到了21世纪。

在欧洲人瞥见这片辽阔的海洋不久之前，汤加人也建立了一种类似帝国的体制。考古学文献和口头传说显示，大约在公元1400年左右，汤加的权力从汤加塔布岛首先扩展到汤加群岛中的其他岛屿，之后西至斐济，东至萨摩亚。新兴的汤加海洋帝国将汤加精英阶层中的低级成员分配到边远岛屿以巩固其实力；通过战略婚姻，加强了汤加塔布岛的权威。汤加“帝国”内部的控制权在于互惠性，这与雅皮士的情况很相似。虽然斐济和萨摩亚群岛的贡品流入汤加塔布岛，但汤加酋长依赖财富的再分配——这是波利尼西亚酋长制度不可或缺的概念。基于礼物交换的身份认同不仅为整个太平洋地区提供了区域联系，而且创造了多个社群以避免欧洲入侵该地区后造成僵化的种族分类。②

然而，这些区域并没有建立超区域联系。太平洋岛国没有一个本土名称，大西洋或印度洋也没有一个本土名称，这些证实了历史

---

① 欧洲扩张之前及其间，有一位历史学家在研究大洋洲现有的交换网络上花了大量精力，参见 Paul D'Arcy, *The People of the Sea: Environment, Identity, and History in Oceania*(Honolulu: University of Hawai'i Press, 2006)。

② D'Arcy, *People of the Sea*.

学家斯派特（O. H. K. Spate）的断言：太平洋和大西洋一样，是欧洲的“人工制品”。①虽然这一说法近来受到很多批评，但16世纪以后欧洲人入侵太平洋，确实使太平洋岛屿与亚洲大陆以及北美和南美洲之间建立了史无前例的某种永久性联系。

第三次入侵太平洋源于欧洲对这片地区的持续进入，标志着其迈向全球化的重要一步。欧洲进入太平洋的动机与那些潜入大洋洲的海员的意图不谋而合。显然，冒险事业引领着欧洲和南岛民族的探索。然而，这两项探索事业存在一个主要的差别——资源。人口压力和有限的资源促使人们在太平洋岛国新岛屿的定居。同样地，相互依存和互惠互利也是在太平洋建立超区域交换系统的主要动机。然而，除了维持生计外，为了建立全球联系，还需要寻找其他资源。

太平洋上的全球连接

对太平洋的探索与欧洲人跨越大西洋和印度洋的动机密切相关。 568
同时，非洲海岸的黄金诱惑以及通往南亚和东南亚香料的更快和更安全的航线在这方面也发挥了重要作用。这些探索动机进一步强化了南半球存在未知大陆的传说。自古以来，地理学家的假设便基于这样的论据：地球的平衡、大陆的对称和上帝创造的完美世界。麦哲伦的环球航行令一些神话不攻自破，特别是地球上所有的海洋都被陆地包围的观念。与此同时，他对两项困扰人们已久的问题进行了越来越多的调查探索：未知的南方大陆（Terra Australis Incognita）和连接大西洋与太平洋的西北航道。②神话般的大陆被证明是虚幻的，但太平洋岛屿为通往富裕的中国市场或捕鲸场提供了便利的中途停靠点。简而言之，这些岛屿对于欧洲人乃至几个世纪前的南岛

---

① 这方面参见 O. H. K. Spate 关于欧洲探索的三部曲 *The Pacific since Magellan*(Canberra: Australian National University Press, 1979—1988)。

② 关于神秘大陆概念的综述参见 Glyndwr Williams and Alan Frost, eds., *Terra Australis to Australia*(New York: Oxford University Press, 1988)。

探险家来说价值是一样的。这两次扩张的主要区别在于南岛探险始于亚洲，而欧洲探险则始于美洲。

第三波欧洲移民浪潮只能通过大西洋和印度洋的相关史料介绍才能为人们所理解。非洲沿海和印度洋财富的诱惑为欧洲与这些区域的持续接触提供了主要动力，并最终揭开了两大洲的面纱，其财富似乎无法估量。也是在大西洋，海洋空间在全球范围内变得越来越政治化。[1]1494 年，教皇亚历山大六世实行仲裁，西班牙和葡萄牙签订了《托尔德西里亚斯条约》（*Treaty of Tordesillas*），将大西洋世界分割为两个国家所有。当麦哲伦的环球航行揭示了通往东南亚香料岛的另一条路线后，分割太平洋也只是一个时间问题。随之而来的西班牙对马鲁古群岛（Maluku）的控制，导致了与葡萄牙发生争端，因此西班牙和葡萄牙于 1529 年重新签订了《萨拉戈萨条约》（*Treaty of Zaragoza*）用以明确对太平洋的划分。不消说，大多数欧洲国家不接受这些条约的规定，也没有人费心去慰问非洲、美洲、亚洲和大洋洲的土著人民。最突出的声音来自荷兰法学者雨果·格劳秀斯（1583—1645），他疾呼海洋（公海）的自由概念，当更具科学头脑的探险队进入太平洋时，这一概念将越来越流行。

在东南亚和东亚建立的欧洲转口港，将这些地区融入到太平洋的范围中。马六甲（1511 年）、澳门（1535 年）、马尼拉（1571 年）和长崎（1571 年）成为日益壮大且时而动荡的伊比利亚海上帝国的重要停靠港。特别是马尼拉，在过去 20 年中受到了全球历史学家的极大关注。这个西班牙飞地之所以能生存下来，在很大程度上取决
569 于其拥有驾驭返程美洲的能力，这一能力的培养花费了将近 30 年。一旦西班牙水手在太平洋北部发现有利的风向，便会形成一条连接马尼拉和新西班牙阿卡普尔科港的重要贸易路线。这一贸易路线用珍贵的南美金条来交换中国货物，主要是丝绸和瓷器，并一直持续

① Elizabeth Mancke, 'Early Modern Expansion and the Politicization of Oceanic Space,' *The Geographical Review* 89(1999), 225 - 236.

到1815年。过去的20年里，经济历史学家们对该贸易路线的重要性大加赞扬。西班牙对异国丝绸和瓷器的渴求与明代官员对银器的经济需求巧妙融合。由此产生的全球互联，第一次真正意义上将全球大陆联系在一起。①马尼拉的建立也归功于另一移民事件。这座城市成了华人散居到该地区的一个重要居住地。令西班牙人不满的是，这些华人开始主宰马尼拉的经济格局。荷兰人以西班牙为榜样，也热切地鼓励华人去东印度群岛定居。

从阿卡普尔科到马尼拉的海上通道穿过马里亚纳群岛，17世纪马里亚纳群岛引起了西班牙的注意。耶稣会对于向太平洋盆地扩展越来越感兴趣，并决定将关岛作为其扩张的安全基地。出于对南方未知大陆神话的浓厚兴趣，关岛在耶稣会的眼中成为一个便利平台，以此为起点开展起大规模的传教活动。不久，传教士们便意识到其行为的过犹不及。土著人民起义反对西班牙的统治，因为报复行动和疾病，居民的人数不断减少。因此，耶稣会士试图在加罗林群岛定居，但能力有限，18世纪初他们的同胞纷纷殉难，后不得已放弃行动。

对西班牙人来说，太平洋盆地仍然是财富和灵魂的源泉。由于担心在美洲以外地区的过度扩张，西班牙的官员们将出航探索的次数减至最少。1567—1606年间，西班牙的探险队远征了多个岛屿——包括所罗门群岛、马克萨斯群岛、圣克鲁斯群岛和新赫布里底群岛（更著名的是瓦努阿图），但均未能满载而归。虽然许多宗教人士恳求继续探索，但西班牙君主决定放弃这一代价高昂的努力，反对将注意力集中在太平洋北部地区。西班牙当局小心翼翼地保护着自己的发现不受其他欧洲入侵者的侵犯，最终遭到了严厉的谴责——罪名是阻碍了太平洋在18世纪被发现。②如果排除宗教狂热的

---

① 例如，参见 Dennis O. Flynn, James Sobredo and Arturo Giráldez, eds., *European Entry into the Pacific: Spain and the Acapulco-Manila Galleons*(Brookfield, Ver.: Ashgate, 2001)。

② Mercedes Maroto Camino, *Producing the Pacific: Maps and Narratives of Spanish Exploration(1567—1606)* (New York: Rodpi, 2005).

因素，西班牙对太平洋的探索之旅与 17 世纪和 18 世纪初荷兰人的旅行几乎没有什么不同。得知一夜暴富的梦想成了空想，荷兰官员们像西班牙的同僚一样，很快便放弃了对太平洋岛国进行代价高昂的探险。

新探索的动机

18 世纪下半叶，除了政治和经济动机，科学发展成为新的诱因。
570 美洲大西洋一带发生的许多战争也越来越影响到太平洋沿岸地区。乔治·安森（George Anson）的环球航行（1740—1744）堪称为这一探索的分水岭事件。一方面，这是奥地利王位继承战争期间对西班牙财产掠夺的继续。安森对“西班牙湖”的入侵揭示了伊比利亚人对该地区控制的脆弱性。另一方面，安森的努力也提高了太平洋探险的难度，据估计，两千名探险队成员中有一千三百人死于坏血病。最后，安森探险带来了大量出版物的见刊，人们开始意识到太平洋确实是一个值得探险的新世界。①西班牙的保密行为和虐待美洲原住民的行为预示着一种全新的旅行文学流派的诞生，这种文学流派将目光投向了太平洋。夏尔·德·布罗塞（Charles de Brosses）的《澳大利亚航海》（1756）和亚历山大·达尔林普尔（Alexander Dalrymple）的《南太平洋航海和发现的历史汇编》（1770—1771）通过公开的报道，再次激发起人们对该地区的商业兴趣。②同样地，1762 年来自印度的英军占领马尼拉市时，英国海军部在这一事件的鼓舞下，下令于七年战争后对太平洋进行越来越多的探索。这些努力无疑带有政治色彩，但也保持了一种开明的精神，力求增加对该区域的了解。太平洋的封闭促使欧洲人把大洋洲想象成一个与世隔

---

① Glynn Williams, *The Prize of All the Oceans: The Dramatic True Story of Commodore Anson's Voyage Round the World and How He Seized the Spanish Treasure Galleon*(New York: Viking, 1999).

② Tom Ryan, '"Le Président des Terres Australes": Charles de Brosses and the French Enlightenment Beginnings of Oceanic Anthropology,' *Journal of Pacific History* 37(2002), 157 - 186.

绝的世界，与外界几乎没有什么联系。①因此，欧洲人以为大洋洲彻底脱离了已知的动植物和人类社会。对于太平洋盆地的想象极大地影响了即将起航的探险队。同时，有识之士热切地等待着来自这些新奇领域的消息。②历史学家布朗温·道格拉斯（Bronwen Douglas）说得好："1760—1840年间，大洋洲的土著民族为人类自然历史和新兴的人类学提供了经验意义，这与其流入欧洲的有限政治、物质和人口影响不成比例。"③ 571

过去，欧美人侵太平洋，经历了双重历史解释。第一种即运用更全球化的方法探讨了欧美探险家来到太平洋盆地如何促进了商业和军事海洋帝国的扩张。并且，这种方法还涉及上述航海家与太平洋盆地社会的接触所产生的科学和知识变革。

第二种是运用近来的方法，在过去30年中已得到了认可。这一研究方向的实践者较少关注于欧美对太平洋中新世界的"发现"。相反，这些研究侧重于考察外来者与大洋洲代理人之间无数次截然不同的接触。由于大多数海洋社会没有一个应用广泛的文字系统，人类学成为最能体现这一方法的学科。人类学家是解释人类遗骸和社会文化构成的专家，协助历史学家寻找其他史料来源，包括舞蹈、物质文化、刺青以及丰富的口述资料。他们还建议历史学家以一种新颖的方式阅读传统的欧美记述，以揭示其背后的本土意义和行为。在他们所有解释的细微差别中，这些研究方式对全球化视野的历史学家来说均存在着一个主要缺点。民族志历史学家认为，为了使居住在该盆地的民族生活更有意义，太平洋历史的解说只能适用于当地。断然拒绝全球解释的另一个原因是，人们担心与全球范围的其他政体相比，个体海洋社群可能

---

① 关于岛国参见 John Gillis, *Islands of the Mind: How the Human Imagination Created the Atlantic World*(New York: Palgrave, 2004)。

② Bernard Smith, *European Vision and the South Pacific*(New York: Oxford University Press, 1960).

③ Bronwen Douglas, 'Seaborne Ethnography and the Natural History of Man,' *The Journal of Pacific History* 38(2003), 3-27.

会沦为不起眼的琐事。①人类学和全球历史之间的鸿沟在过去 10 年中似乎有所扩大。②太平洋地区的人类学方法现已成功地应用于其他地区的历史研究，非洲与太平洋地区的研究对话便是极具生动性的例子。同时，持续关注地方现象的做法也是阻碍全球对太平洋盆地历史认识的部分原因。

鉴于本汇编的性质，本章将仅限于讨论 1760—1840 年期间太平洋在全球或跨国方面的大事件。如前所述，与土著社群的接触对自然科学和社会科学均有重大影响。一些新发现通常与詹姆斯·库克的三次航海有关，尽管这位杰出的航海家既不是第一位也不是最后一位漫游太平洋水域的航海家。讽刺的是，库克的主要成就并不是在传统发现领域。事实上，库克的成就是驱散了长期以来人们对于地理的幻想。他对澳大利亚海岸和南太平洋的探索导致“南方大陆”的消失。他的第三次航行极大地打破了大西洋和太平洋之间存在西北航道的传说。詹姆斯·库克为此也承受了一定的历史争议。他从默默无闻中脱颖而出，与遇到的土著人民平等交往，甚至在英国王室的宿敌中也备受推崇，这一切使库克即使不是在所有时代，至少在 18 世纪堪称最著名的航海家。另一方面，也有一些历史学家强调他的暴虐性格，除了引进暴力和性病外，他几乎没给接触到的土著文化留下任何痕迹。③

---

① 这类方法的一些重要代表作参见 Marshall Sahlins, *Islands of History* (Chicago: University of Chicago Press, 1985); Greg Dening, *The Death of William Gooch* (Honolulu: University of Hawai'i Press, 1998); Nicholas Thomas, *Entangled Objects* (Cambridge, Mass.: Harvard University Press, 1991); 简洁的概述参见 David Hanlon, 'Beyond "the English Method of Tattooing": Decentering the Practice of History in Oceania,' *The Contemporary Pacific* 15(2003), 19–40。

② 很有可能这一问题永远也解决不了。同样参见 Rainer F. Buschmann, *Anthropology's Global Histories: The Ethnographic Frontier in German New Guinea, 1870—1935* (Honolulu: University of Hawai'i Press, 2009)。

③ Gananath Obeyesekere, *The Apotheosis of Captain Cook: European Mythmaking in the Pacific* (Princeton: Princeton University Press, 1992); 关于詹姆斯·库克和他在凯阿拉凯夸湾（Kealakekua Bay）的死亡，更广泛的解释参见 Glyn Williams 的最新文章 *The Death of Captain Cook: A Hero Made and Unmade* (Cambridge, Mass.: Harvard University Press, 2009)。

库克所遇到的新世界成了众多书籍的一部分素材，这些图文并茂的书籍不只是加强了英国对太平洋的主权控制。仅在 1783 年《巴黎条约》签订，北美殖民地丧失后的几年里，库克宣称澳大利亚东海岸是英国的领地，最终导致澳大利亚沦为英国的流放地。与此同时，法国也绝没有闲着。七年战争（1756—1763）的硝烟大大削弱了帝国的势力，太平洋岛国成为一个备受欢迎的殖民吞并地区。路易·德·布干维尔（Louis de Bougainville，1729—1811）在《环球纪行》中展现了塔希提岛及其迷人居民的浪漫形象。让-弗朗索瓦·德·加卢普伯爵（Jean-François de Galoup，Comte de La Pérouse）试图进行一次伟大的远征使库克的成就黯然失色，法国大革命前一年，当他的两艘军舰消失在太平洋盆地时，法国海上帝国的梦想也不得不随之搁浅。①

英国和法国发表的刊物想尽办法削弱西班牙对太平洋长达一个 572
世纪的主权控制。然而，西班牙官员们却很难听天由命。当库克和俄国同时在这一地区进行扩张时，西班牙船只经常出没于塔希提岛和汤加之间的太平洋水域以及努特卡（Nootka）和圣布拉斯（San Blas）之间的水域。②此外，西班牙知识分子竭力否认太平洋社会的新奇性，认为其所出现的政体只是美洲的延伸。西班牙人将美洲的新旧世界与 18 世纪太平洋的新旧世界联系了起来，这极大地影响了亚历山大·冯·洪堡和查尔斯·达尔文的著作。③

民族志和种族分类

恰逢其时，对所接触的文化和社会之分类需求的日益增加迎来

① John Dunmore, *French Explorers in the Pacific*, 2 vols. (Oxford: Clarendon Press, 1965 - 1969).

② Mercedes Maroto Camino, *Exploring the Explorers: Spaniards in Oceania*, 1519—1794 (Manchester: Manchester University Press, 2009).

③ Rainer F. Buschmann, *Examining Pacific Chimeras: Spain and Oceania's Eighteenth-Century Exploration*, 即将出版。

了一项更为科学的探索。早在库克乘坐“奋进”号进行第一次远航之行时（1768—1771），随船的科学家就开始运用创新之法对收集到的自然历史物品进行分类。随同之旅的还有博物学家约瑟夫·班克斯（Joseph Banks）与卡尔·索兰德（Carl Solander），后者是卡尔·林奈（Carl Linne，Linnaeus 这个名字更为出名）最优秀的学生之一。林奈根据植物的生殖系统进行植物分类的方法在太平洋地区得到了广泛的应用。①库克的第二次航程（1772—1775）意义同样重大，他在公海运用了经线仪更精确地计算经度。这部经线仪协助绘制了太平洋航海图，并支持了某些岛屿的政治主张。②

库克的第二次航行也创造了一种全新的方式来“观察”接触到的土著社群。随同库克进行这一特别航行的还有两位德意志博物学家——约翰·莱因霍尔德·福斯特（Johann Reinhold Forster）及其儿子格奥尔格·福斯特（Georg Forster），他们在这一探索之旅中发挥了重要作用。航行一结束，小福斯特和大福斯特就与库克争夺出版权。这位英国航海家轻松地赢得了此次争夺，因为他的书中含有大量的版画插图。一方面，福斯特父子试图通过重新思考在大洋洲遇到的社群所表现出来的共同人性来弥补缺少插图的遗憾。库克对第二次太平洋岛国航行的演绎在很大程度上只是描述性叙述，因为他鄙视学术上的反思。在阅读约翰·豪克斯沃斯（John Hawkesworth）对他第一次航海的阐述之后，库克对哲学诠释深感疑虑。豪克斯沃斯对航行途中之事的随意处理，不仅招致了航海家的轻蔑，也招致了英国有识之士的鄙视。另一方面，福斯特父子更关注将大洋洲社会置于一个比较框架之下进行研究。他们的研究坚持了人类的共同起源（单源论），并将显著的差异归因于可变的环境因素而不是静态

---

① 关于伴随这些航行带来科学变革的好见解参见 Harry Liebersohn, *The Travelers' World: Europe to the Pacific*(Cambridge, Mass.: Harvard University Press, 2006)。

② 对地图绘制过程进行研究最好的是 Brian W. Richardson, *Longitude and Empire: How Captain Cook's Voyages Changed the World*(Seattle: University of Washington Press, 2005)。

的先天因素。该类描述考虑到不稳定的种族边界，因此类似于太平洋地区以血缘关系和互惠利益为基础的土著制度，主导着社会等级制度。与此同时，库克的航行还传递了民族具体化的核心，俗称 573
“种族”。西方的种族结构观本身就是大西洋世界的产物，诞生于可怕的大西洋奴隶贸易之中。大量研究探讨了这个概念是如何渗透到大西洋底层和上层世界的。①就太平洋地区而言，这类研究才刚刚开始。②可以说，种族的概念起源于大西洋盆地，但在 18 世纪和 19 世纪的太平洋世界发展日趋成熟。然而，当太平洋地区成为焦点时，大西洋上的移民已与当地的土著民族融为一体，抹去了人们想看到的边界。这样来看，太平洋地区更有希望观察到种族边界。本章前文提到的岛国性质也有助于这一概念的产生。广阔的水域包围着太平洋岛屿，形成了便利的实验室，在这里种族类别清晰可见。该岛屿世界为欧洲知识分子提供了渴望已久的类别划分。一位名叫儒勒-塞巴斯蒂安-凯撒·杜蒙·德维尔（Jules-Sébastien-César Dumont d'Urville）的法国海军军官摇身变成地理学家，早先就坚持提议将太平洋盆地分为三个不同的地区，他采用了现有术语波利尼西亚和密克罗尼西亚，再加上他自己创造的术语美拉尼西亚，这种划分是基于种族的外貌肤色而不是真实的地理现象。欧洲的理论家们发现这一划分十分贴合他们所想，于是不久便把底层的澳大利亚土著人归类为人类社会中生活质量最低的族群，其次是美拉尼西亚人。由此可见，太平洋地区在 19 世纪世界种族等级的科学探寻中扮演了一个令人悲痛的角色。

将流动的种族认同纳入静态种族类别的努力与为从太平洋盆地的岛屿上获取经济收益的努力平行并之。在 16 世纪和 17 世纪，荷兰人和西班牙人在这方面的努力大体上不算成功。然而，18 世纪太平

---

① 例子参见 Marcus Reidiker, *The Slave Ship: A Human History*(New York: Penguin, 2007) 。

② Bronwen Douglas and Chris Ballard, eds., *Foreign Bodies: Oceania and the Sciences of Race*(Canberra: Australian National University Press, 2008).

洋勘探中发现了新的动植物群，这为商业开发提供了新的途径。库克的航行再次发挥了重要作用。事实证明，他对新动植物的鉴定促进了中国贸易的蓬勃发展，数百年来，中国的贸易发展一直令欧洲商人感到沮丧。环太平洋地区提供银条来维持这一外来贸易的稳定，但从欧洲的角度来看，这是一项成本高昂的投资。

或许在太平洋盆地把商业和智力因素结合在一起最好的例子就是在库克航海仅仅10年后，臭名昭著的“邦蒂”号兵变（the Bounty）。此次兵变将大西洋经济发展的需求与太平洋新发现的巨大潜力结合在了一起。在库克航行中，博物学家新近描述的面包树（Artocarpus altilis）成为英属大西洋地区不断增长的非洲奴隶的潜在食物来源。身兼重任的威廉·布莱（William Bligh）指挥着这艘船并希望从塔希提岛带回面包树。布莱希冀于完美的航行，希望船员伤亡人数较少，但由于暴风雨天气未能绕过合恩角，他遭遇了第一次挫折。另一条转而途经好望角的路线打乱了“邦蒂”号的紧凑行程，迫使该船在
574 塔希提岛停留的时间比原计划的要长得多。此外，布莱找到了使自己疏离水手的方法。在轮船的花名册上增加一名提琴手，强迫其进行一段时间的演奏，对于纵横交错于大西洋的众多奴隶船只来说可能效果很好。然而，对“邦蒂”号来说，这种做法却引起了愤怒和怨恨。当这艘船最终驶向目的地塔希提岛时，欧洲浪漫主义作品的描述已极大地渗透于水手们的想象。当水手们在岛上继续等了几个月，直到面包树幼苗长成时，他们对于岛上美景的迷恋进一步加深。他们逐渐习惯了塔希提岛上繁茂而迷人的生活，这与英国海军严酷的现实生活形成了鲜明的对比。因此，当布莱决定离开塔希提岛时，船员们都不愿意再听从他的命令，悠闲的生活带来的是纪律的完全松懈。离开岛上数月后，大多数水手在大副弗莱切·克里斯提安（Fletcher Christian）的带领下奋起反抗船长。兵变者们饶了布莱船长一命，他和日渐减少的忠于他的船员被抛弃在一艘小艇上，孤独地在太平洋上漂流。布莱和他的船员完成了一项几乎无法想象的壮举，在漂泊了3600英里的公海后，抵达荷兰帝汶的安全地带。他一心想

报仇，便迅速通知英国海军部派遣军舰追捕叛乱分子。与此同时，克里斯提安和余下的“邦蒂”号成员已经返回塔希提岛。克里斯提安意识到该岛太受欢迎，以至于无法保证舒适安逸的生活，于是他与八名叛乱者、十一名塔希提妇女以及六名塔希提男子一起继续前进。到达荒凉的皮特凯恩岛（Pitcairn）后，克里斯提安决定烧掉“邦蒂”号，并在该岛上建立群居生活。然而，天堂般的环境很快沦为暴力和谋杀的狂欢，最终只剩下一个叛变者约翰·亚当斯（John Adams）作为皮特凯恩岛上最后的男性居民。塔希提岛妇女成功地将基督教和塔希提岛的价值观结合在一起，最终使这个小社区团结在一起，现在又繁衍了众多的后代。最后，这次兵变以失败告终。移植的面包树并没有成为一种受大西洋世界奴隶欢迎的主食，叛乱分子也没有建立起能与等级森严的皇家海军相匹敌的社会群体。①

开拓太平洋

当“邦蒂”号兵变的故事成为历史书中一个经典的寓言故事时，商业化已经深深渗透到了太平洋地区。古老的马尼拉帆船交易所已由一个受中国官员管控，以广州港为中心的新兴交易所取代。所有代表主要欧美国家的工厂皆试图从这一利润丰厚的贸易中获利。人们在寻找白银的替代品过程中发现了北美的毛皮，特别是沿着库克和其继任者著作中描述的西北海岸前行途中。太平洋盆地也提供了宝贵的商品贸易。一种在中国非常受欢迎的芳香木材——檀香木，不断地扩大着贸易边界，从东到西横扫太平洋岛屿，直至 19 世纪下半叶檀香资源几乎枯竭。②同时，贝壳类海参（也被称为海参或海 575

① 在所有关于“邦蒂”号事件的重要记录中，最真实的再现是 Greg Dening 的著作——*Mr. Bligh's Bad Language*(New York: Cambridge University Press, 1988)。

② 一个经典的研究是 Dorothy Shineberg, *They Came for Sandalwood*(Melbourne: Melbourne University Press, 1967)。

蛤）因其药用价值和在中国的美食地位而广受欢迎。经过干燥和加工处理后，受到了广泛的追捧，许多商人迅速赶到太平洋地区定居。珍珠和龟甲是在广州找到中国买家的另外两件商品。诚然，太平洋盆地的新兴贸易迎合了亚洲市场的需求，但也对被卷入到交易中的岛屿产生了深远影响。当最后一艘马尼拉帆船于 1815 年起航时，西班牙和菲律宾的首都早已不再是商业贸易的主要枢纽。英国东印度公司成功地将其商业扩展到太平洋地区，部分得益于在澳大利亚杰克逊港（1788 年）的一个新定居点，那里的居民在太平洋地区寻找到经济萌发的可能性。他们的主要竞争对手不是来自法国、荷兰或西班牙的传统敌人，而是独立战争（1783 年）后诞生的一个新国家，该国切断了与英属西印度群岛利润丰厚的贸易。①太平洋为中国市场和北美的皮毛市场提供了新的可能性，也为包括鲸和海豹油在内的新资源提供了新的可能性，鲸和海豹油被广泛应用于人工照明和商业润滑剂。为了避开法国大革命（1793—1815）造成的欧洲冲突，美国捕鲸军舰离开了南塔基特和新贝德福德，不久便超过了英国和法国的捕鲸舰队，并继续在捕鲸活动中占据主导地位，直至 19 世纪下半叶捕鲸活动的没落。②这种商业潜力也引发了不太热衷于地理发现的另一波勘探浪潮。例如，类似查尔斯·威尔克斯（Charles Wilkes）率领的三艘美国探险船队（1838—1842）这样的探险队在探查太平洋地区的新商机时，发现了鲸鱼的迁徙路线，并为其绘制出科学地图。③

太平洋上的许多岛屿为亚洲贸易市场提供了便利的中转站，也为抵达大洋洲的季节性捕鲸船队提供了补给中心。檀香山、帕佩特及科罗尔发展起来的繁忙港口城镇很快就吸引了欧美的上层社会和下层社会。外国人的到来及其技术的洞察力为有进取心的土著人民

---

① Arrell Morgan Gibson and John S. Whitehead, *Yankees in Paradise: The Pacific Basin Frontier*(Albuquerque: University of New Mexico Press, 1993).

② Granville Allen Mawer, *Ahab's Trade: The Saga of South Sea Whaling*(New York: St. Martin's Press, 1999).

③ Nathaniel Philbrick, *Sea of Glory: America's Voyage of Discovery, The U.S. Exploring Expedition, 1838—1842*(New York: Penguin, 2004).

提供了发展机遇。火器和牢固的传统纽带成为重要的统一进程的一部分，不久便在太平洋盆地建立了许多王国。最著名的是夏威夷群岛上的卡美哈美哈王朝、塔希提岛上的波马雷（Pomare）君主国以及汤加群岛上的陶法·阿豪-乔治·图普一世（Taufa Ahao-George Tupou I，1797—1893）继承的王国。①研究波利尼西亚中央集权进程的历史学家很快便指出，新的欧洲军事技术和战略的出现仅仅是一个变量，不应被高估。虽然在许多太平洋岛屿上发生的历史事件中不能忽视火器的影响，但传统的制度和做法——最显著的是联姻——在波利尼西亚国家的权力巩固中同样发挥了突出的作用。②

这种统一进程再次分裂了全球历史学家和人类学历史学家。世 576
界历史学家认为，横扫太平洋的商业疆界是西方控制的世界体系的先驱，这一体系很快就覆盖了全球。他们得到了环境历史学家的大力支持，这些环境史学家仔细研究了几个世纪前毁灭美洲人口的相似病原体的到来。疾病在整个太平洋的传播有别于在美洲的传播过程。带有性病、天花和其他疾病的病原体在大洋洲与世隔绝的岛屿世界难以扩散。然而，那些经历了流行病暴发的岛屿所遭受的损失与美洲大体相当。③人口下降的精确数字难以确定。然而，研究人员一致认为，在某些地区，如夏威夷群岛，人口下降指数可能高达总人口的90%。与全球视野相反，人类学历史学家关注的是保护土著人民社区。岛民们不愿成为威胁太平洋盆地的灭人性经济或流性疾病的牺牲者，而是想成为历史事件展开过程中有意识的决策者。

檀香木贸易和捕鲸舰队的到来为强调上述说法提供了很好的例子。当檀香木材在中国市场上几乎是偶然地获得高价时，数十名外

---

① 参见 K. R. Howe, *Where the Waves Fall: A New South Sea History from First Settlement to Colonial Rule*(Honolulu: University of Hawai'i Press, 1984), 125－197。

② 关于夏威夷岛，参见 Paul D'Arcy, ' Warfare and State Formation in Hawai'i: The Limits of Violence as a Means of Political Consolidation, ' *Journal of Pacific History* 38(2003), 29－52。

③ David Igler, ' Diseased Goods: Global Exchanges in the Eastern Pacific Basin, 1770—1850, ' *The American Historical Review* 109(2004), 693－719.

贸员涌向太平洋寻找此类新商品。然而，檀香木在内陆的零星生长，使得国外贸易商几乎不可能垄断这种香料。因此，商人被迫与当地酋长结盟，以获得所需的商品。这种联盟使酋长们，特别是波利尼西亚东部岛屿的酋长们，在谈判中享有很大的影响力。另一方面，从台球桌到烂帆船（具有讽刺意味的是，这正是中国买家拒绝购买的商品）等西方商品的引入，导致了酋长们的新债务水平上升。债务的上涨影响了酋长与平民之间的关系，而平民首当其冲地承受着作为劳工的压迫。在偏远山区日日夜夜地采檀香使他们更容易感染西方传入的疾病。而且，他们没有从事种植业和捕鱼业，对于维持社区的日常生计产生了明显的影响。①这种贸易始于 18 世纪末的波利尼西亚，到 19 世纪 30 年代已经走向尾声。直到 19 世纪 60 年代，对美拉尼西亚的进一步入侵使檀香木的贸易仍保持活跃，但可替代的印度木材降低了它的预期价格。

对于太平洋地区的社群来说，捕鲸舰队的到来也是一件喜忧参半的事情。一方面，捕鲸船需要水、粮食、木柴、住所和娱乐，从而为岛屿社区提供新的收入来源。另一方面，捕鲸活动是受季节性影响的，需遵循哺乳动物的迁徙路线，因此无法维持一个稳定的经济环境。捕鲸船队成员经常是一些捣乱分子，他们给一些小型社区的政治带来了极大的不稳定。最后，这些人对性娱乐贪得无厌的欲望导致卖淫活动的迅速增加，而性病的蔓延进一步导致人口锐减。历史学家对应征参加捕鲸探险队的许多波利尼西亚人的历史影响同
577 样含糊其辞。虽然这些船只的抵达为波利尼西亚人在美国、澳大利亚和其他地方探索新天地提供了更多的可能性，但强壮劳动力的大量离开只会对其海洋国家的发展产生负面影响。②

---

① 关于夏威夷檀香木贸易的当地影响，参见 Patrick V. Kirch and Marshall Sahlins, *Anahulu: The Anthropology of History in the Kingdom of Hawai'i*(Chicago: University of Chicago Press, 1992), vol.1(Historical Ethnography), 55 - 97; 关于捕鲸时期参见 99 - 170。

② David Chappell, *Double Ghosts: Oceanian Voyagers on Euroamerican Ships*(Armonk, NY: M. E. Sharpe, 1997).

18 世纪末，在太平洋盆地不断扩展传教边界的根源中也可以发现类似的争论。葡萄牙和西班牙天主教的散播在环太平洋地区取得了相当大的成功，这些地区包括美洲、东南亚、中国和日本。[①]然而，在太平洋盆地，教会边境仍局限于沿着马尼拉大帆船通往新西班牙航线的密克罗尼西亚上的几座岛屿。一个世纪后，工业革命时期的宗教复兴促进了英美新教的扩张。在这里，对于詹姆斯·库克的传记有了不同的解读。传教士不再传播商业潜力或浪漫天堂，而是研究这些著作，旨在寻找杀害婴儿、乱伦和普遍崇拜论的证据。以波利尼西亚群岛为中心的新教教徒，迫切地想拯救大洋洲的土著人民。1797 年，伦敦传教士协会把注意力集中在塔希提岛，然后再向其他地方拓展。在他们之后的一代人是美国外交使团委员会（the American Board of Commissioners for Foreign Missions）成员，他们对夏威夷群岛进行了不稳定的控制，还从这里冒险进入密克罗尼西亚群岛。英国圣公会和法国天主教会也追随新教传教士，向波利尼西亚和美拉尼西亚的土著居民传授教义。

到 1850 年，在欧洲地图上，太平洋盆地不再是一个未知的领域。随着南岛民族无畏地向该地区入侵，欧美的扩张将该地区与亚洲和美洲大陆紧密相连。不论是受疾病肆虐、商业活动还是受传教活动的影响，大多数岛屿不久后便会失去其高度独立的地位。19 世纪下半叶，随着帝国主义的到来，所有岛屿领土都处于欧美列强的掌控之中。这一重要的全球故事已在第三十章有详细叙述。

参考书目

- Buschmann, Rainer F. *Oceans in World History*. Boston: McGraw-Hill, 2007.
- D'Arcy, Paul. *The People of the Sea: Environment, Identity, and History in Oceania*. Honolulu: University of Hawai'i Press, 2006.
- Dening, Greg. *Mr. Bligh's Bad Language*. New York: Cambridge University Press, 1988.

---

① Neil Gunson, *Messengers of Grace: Evangelical Missionaries in the South Seas, 1797—1860*(Oxford: Oxford University Press, 1978).

➢ Denoon, Donald, *et al.*, eds. *The Cambridge History of Pacific Islanders*. New York: Cambridge University Press, 1997.

➢ —and Philippa Mein-Smith with Marivic Wyndham. *A History of Australia, New Zealand and the Pacific*. Malden, Mass.: Blackwell, 2000.

➢ Douglas, Bronwen, and Chris Ballard, eds. *Foreign Bodies: Oceania and the Sciences of Race*. Canberra: Australian National University Press, 2008.

➢ Epeli, Hau'ofa. *We Are the Ocean: Selected Writings*. Honolulu: University of Hawai'i Press, 2008.

➢ Gillis, John. *Islands of the Mind: How the Human Imagination Created the Atlantic World*. New York: Palgrave, 2004.

➢ Howe, K. R. *Where the Waves Fall: A New South Sea History from First Settlement to Colonial Rule*. Honolulu: University of Hawai'i Press, 1984.

➢ Kirch, Patrick V. *On the Road of the Winds: An Archeological History of the Pacific Islands*. Berkeley and Los Angeles: University of California Press, 2000.

➢ Landsdown, Richard. *Strangers in the South Seas: The Pacific in Western Thought*. Honolulu: University of Hawai'i Press, 2006.

➢ Liebersohn, Harry. *The Travelers' World: Europe to the Pacific*. Cambridge, Mass.: Harvard University Press, 2006.

➢ Smith, Bernard. *European Vision and the South Pacific*. New York: Oxford University Press, 1960.

➢ Spate, O. H. K. *The Pacific since Magellan*, 3 vols. Canberra: Australian National University Press, 1979—1988.

➢ Williams, Glyn. *The Death of Captain Cook: A Hero Made and Unmade*. Cambridge, Mass.: Harvard University Press, 2009.

王鸣彦 译 李 腊 校

索引

说明：本索引中的页码为原著的页码，即本书的边码。——译者

Abbasid Caliphates 阿拔斯哈里发　69, 294, 295, 330, 351, 368, 370, 427, 504

Abel 亚伯　217

Abraham 亚伯拉罕　57, 213

Abū al-Hasan' Alī al-Mas'ūdī 阿布·阿尔-哈桑·阿里·阿尔-马苏迪　59 – 60

Abu Ja' far Muhammad al-Tabari 阿布·贾法·穆罕默德·阿尔-塔巴里　59, 443

Abu-Lhugod, Janet 珍妮特·阿布-卢霍德　29, 276

Acapulco 阿卡普尔科　548, 569

Achaemenid 阿契美尼德王朝　361, 354, 366, 367, 368, 369, 370, 374

Acosta, José de 何塞·德·阿科斯塔　222

Acre 阿卡　499, 504

Adam 亚当　57, 59, 61, 65, 215

Adams, John 约翰·亚当斯　199, 574

Adams, Paul V. 保罗·V.亚当斯　202

Adas, Michael 迈克尔·阿达斯　4, 78, 203, 356

Aden 亚丁　275

gulf of 亚丁湾　464

Adena civilization 阿登纳文明　509

Ado of Vienne 维埃纳的阿多　59

Adriatic Sea 亚得里亚海　189, 494, 495, 496, 497, 498, 501, 507

Aegean Sea 爱琴海　496, 500, 505

Aemilius Sura 埃米利乌斯·苏拉　56

Afghanistan 阿富汗　289, 291, 350, 379, 401, 402, 424, 425, 427, 441, 522

Afrasian peoples 亚非民族　457, 458

Africa 非洲　7, 11, 27, 29, 38, 40, 43, 45, 46, 47, 65, 66, 78, 96, 99, 111, 127, 129, 130, 145, 147, 161, 163, 172, 182, 183, 203, 212, 213, 214, 216, 217, 222, 233, 248, 251, 252, 256, 260, 270, 272, 273, 277, 278, 288, 304, 309, 315, 316, 317, 325, 333, 334, 336 - 7, 355, 356, 380, 383, 385, 386, 388 - 9, 390, 448, 475, 477, 478, 480, 485, 486, 487, 488, 490, 494, 495, 499, 502, 506, 511, 521, 530, 531, 532 - 3, 534, 535, 538, 539, 541, 564, 568

in the Atlantic Age(1440—1900) 在大西洋时代(1400—1900)　486 - 71

Central 中部　222, 332, 355, 458

Eastern 东部　40, 45, 153, 163, 165, 230, 257, 270, 271, 294, 297, 299, 326, 333, 350, 388, 421, 456, 464, 467, 538

equatorial 赤道附近　466 - 7

era of agricultural elaboration(6500—3500 BCE) 农业开发期(公元前 6500—前 3500)　459 - 60

era of empires 帝国时代　465 - 8

First Great Transition 第一次大转型(第一次社会大分工)　456 - 9, 471

Second Great Transition 第二次大转型(第二次社会大分工)　460 - 2

Northern 北部　45, 49, 67, 134, 147, 157, 163, 164, 165, 172, 176, 212, 223, 234, 247, 257, 273, 274, 275, 284, 329, 330, 437, 438, 442, 449, 466, 472, 475, 476, 478, 489, 493, 496, 501, 503, 505, 556

Northwest 西北部　388, 438

origins of 起源 455-6

Sub-Saharan 撒哈拉沙漠以南 4, 5, 39, 49, 64, 67, 69, 146, 147, 152, 156, 161, 163, 212, 244, 257, 258, 259, 273, 274, 284, 329, 331, 348, 350, 351, 354, 463

Southeast 东南部 326, 332

Southern 南部 98, 157, 169, 230, 331, 339, 456, 457, 468, 482, 485, 522

Southwest 西南部 357

West 西部 98, 145, 147, 153, 214, 231, 232, 272, 273-4, 276, 282, 331, 335, 337, 457, 458, 459, 462-4, 469, 471, 472, 500, 533

in world history 在世界历史上 455-74

Afro-Eurasia 欧亚非大陆 250

Afro-Eurasian ecumene 欧亚非居住区 45, 49, 275

Age of Revolution 革命时代 101

Agrarian Era 农业时代 128, 132-5, 136, 202; 亦可参见: agriculture (农业)

agricultural revolution 农业革命 271-2

agriculture 农业 13, 21, 38, 67, 68, 128-9, 132, 133, 134, 135, 143-59, 172, 177, 178, 181, 191, 201, 204, 233, 234, 270, 290, 294, 304, 327-8, 349, 364, 365, 400, 403, 414, 420, 421, 425-6, 432, 435, 442, 471, 472, 483, 485, 487, 508, 511, 548, 551

advanced 高级的 246-66

in Africa 在非洲 457, 458, 459, 460

in Europe 在欧洲 478, 479

industrialization of modern 现代产业化 154-7

in the industrial(izing) world 在工业(化)世界 252-61

origins and early development 起源与早期发展 143-7, 148-50

in south and southeast Asia 在南亚与东南亚 418-19

Agung, Sultan 苏丹阿贡 431

Ahmad Gurey 艾哈迈德·古里 466

Ahura Mazda 阿胡拉·玛兹达 54

Aikin, Lucy 露西·艾金 200

Akbar 阿克巴 430

Akkad dynasty 阿卡得王朝 361

Aksum 阿克苏姆 465

al-Biruni 比鲁尼 223

al-Idrisi 伊德列西 223

Al-Khwarizmi 花剌子米 235

al-Mamun 马蒙 235

al-Masūdi 马苏第 223

Alaska 阿拉斯加 132, 146, 231, 327, 334

Albania 阿尔巴尼亚 189

Albuquerque, Alphonso de 阿方索·德·阿尔布克尔克 430

Alembert, Jean-Baptiste le Rond d' 让-勒朗·达朗贝尔 62

Alexander, William 威廉·亚历山大 199

Alexander the Great 亚历山大大帝 21, 55, 56, 62, 65, 184, 219, 234, 291, 362, 370, 445, 502

Alexandria 亚历山大里亚 234, 295, 297, 422, 493, 495, 499, 502, 504, 506

Library 图书馆 502

Algeciras 阿尔赫西拉斯 498

Algeria 阿尔及利亚 179, 279, 388, 485, 489, 490, 498, 499, 506

Alor 阿勒 422

Amalfi 阿马尔菲 296, 503

Amazon river(basin) 亚马孙河(流域) 40, 134, 145, 147, 339

Americas 美洲 4, 5, 9, 38, 45, 62, 64, 66, 68, 76, 127, 128, 131, 135, 146, 181, 182, 183, 210, 218, 222, 232, 240, 248, 250, 253, 255, 272, 275, 276 - 7, 278, 279, 284, 298, 313, 315, 327, 328, 330, 331, 332, 333 - 5,

337, 338, 348, 354, 355, 356, 362, 380, 388, 405, 430, 468, 471, 472, 480, 495, 498, 505, 508 - 28, 531, 532 - 3, 534, 535, 537, 539, 564, 566, 568, 569, 570, 572, 576, 577

before European contact 欧洲人接触前　508 - 9

Central 中部　147, 231, 284, 392, 510, 517, 518, 521 - 2, 524

Conquest, colonization, and settlement 征服、殖民与定居　276 - 7, 480, 509 - 12

discovery of 发现　47, 64, 65, 333, 480

disease and death 疾病与死亡　509 - 10

and the global Cold War (1941—2000) 与全球冷战 (1941—2000) 520 - 2

and the global economy (1941—2000) 与全球经济 (1941—2000) 522 - 4

globalization in the late twentieth century　20 世纪末的全球化 524 - 5

Great Depression and World War II 大萧条与第二次世界大战　519, 520

Latin (South) 拉丁美洲 (南部)　27, 49, 78, 98, 127, 145, 146, 147, 152, 155, 156, 160, 184, 202, 214, 221, 238, 241, 244, 253, 258, 259, 270, 279, 284, 285, 304, 309, 310, 311, 315, 316, 327, 332, 336, 347, 383, 389, 407, 482, 483, 484, 485, 498, 510, 514, 517, 518, 519, 520, 521, 522 - 3, 524, 525, 531, 537, 539, 548, 564, 566, 567

migration and labor demands 移民与劳动力需求　518 - 19

North 北美　4, 37 - 8, 47, 78, 79, 80, 83, 99, 112, 134, 145, 155, 214, 240, 241, 250, 252, 253, 257, 274, 278, 279, 280, 281, 308, 309, 319, 321, 327, 331, 335, 338, 339, 347, 350, 386, 388, 483, 498, 508, 509, 510, 512, 513, 530, 533, 534, 536, 537, 564, 567, 574

pre-Columbian 哥伦布发现新大陆之前　47, 67

revolutions and new republics 革命和新共和政权　512 - 15

rise of industrial economies 产业经济的兴起 515 - 18
亦可参见: Atlantic Ocean(大西洋)、Mesoamerica(中美洲)、New World (新大陆)
American Board of Commissioners for Foreign Missions 美国外交使团委员会 577
American Civil War 美国南北战争 183
American Revolution(1776) 美国独立战争(1776) 76 - 7, 483, 530, 533, 537, 538
American Society for Environmental History 美国环境史学会 127
Amerindians 美洲印第安人 331, 333, 334
Amsterdam(Netherlands) 阿姆斯特丹(荷兰) 253
Amu Darya river 阿姆河 400
Amur River Valley 黑龙江流域 272
An Lushan Rebellion 安史之乱 168
Anatolia 安纳托利亚 331, 333, 334
Plateau 高原 144, 163, 165, 166
Anaximander 阿那克西曼德 233
Andalusia 安达卢西亚 330, 336
Anderson, Bonnie 邦妮·安德森 203
Andes 安第斯山脉 134, 145, 146, 150, 182, 231, 232, 336, 362, 373, 509, 510, 510, 511, 518
Angkor 吴哥 422
Anglican Church 英国国教 477
Anglo-Burman war(1824—1826) 英缅战争(1824—1826) 434
Anglo-Japanese treaties(1905, 1911) 英日同盟条约(1905、1911) 554
Angola 安哥拉 336, 337, 469, 472, 521
annales《年鉴》 27, 30, 127, 499
Anno II (Bishop of Cologne) 安诺二世(科隆大主教) 59
Anson, George 乔治·安森 570

Antarctica 南极洲 130
Antony, Saint 圣安东尼 355
Anthropocene era 人类世 129
anthropological turn 人类学转向 2, 347
anthropology 人类学 5, 11, 28, 83, 84, 112, 164, 318, 344, 345, 376
anti-Semitism 反犹主义 220, 486
Antioch 安条克 422
Antiquity, classical 古典古代 3, 21, 68; 亦可参见: Greece, ‘ancient’ “古代”希腊
Anu temple 阿努神庙 289
Anuradhapura 阿努拉达普勒 422
ANZAC (Australian and New Zealand Army Corps) 澳新军团 555
ANZUS Alliance 澳新美联盟 557
Aotearoa 奥特亚罗瓦(新西兰) 547, 551, 566
Apologus 阿波洛古斯 291
Appadurai, Arjun 阿尔君·阿帕杜莱 101
Aqquyunlu 白羊王朝 166
Aquitaine 阿基坦 476, 477
Aïr Mountains(Niger) 艾尔山脉(尼日尔) 463
Arab empire 阿拉伯帝国 235
Arab League 阿拉伯联盟
Arab Petroleum congress 阿拉伯石油大会 440
Arabia 阿拉伯半岛 62, 65, 161, 163, 164, 165, 172, 335, 350, 424, 430
South 南部 291, 464, 465
Arabian Peninsula 阿拉伯半岛 147, 223, 439
Arabian Sea 阿拉伯海 464
Arabs 阿拉伯人 20, 62, 64, 235, 236, 237, 295, 426, 476, 477, 496
Aragon 阿拉贡 479, 481
Aral Sea 咸海 157

Aramaic 阿拉姆语 366, 503

Arbenz, Jacobo 雅可沃·阿本斯 520 - 1

archaeology 考古学 97, 129, 272, 347, 422, 458

Archimedes 阿基米德 69, 234

architecture 建筑 25, 108, 229, 233, 423

Arctic 北极 147, 231

Arendt, Hannah 汉娜·阿伦特 382

Argentina 阿根廷 42, 146, 155, 252, 280, 284, 338, 517, 519, 521, 522, 523, 524, 531

Aristotle 亚里士多德 234

Arkwright, Richard 理查德·阿克赖特 240

Armenia 亚美尼亚 42

Arrighi, Giovanni 乔万尼·阿里吉 383, 393

Asante kingdom 阿散蒂王朝 337, 369, 469

Asia 亚洲 5, 20, 24, 27, 29, 30, 43, 45, 46, 47, 48, 64, 67, 79, 92, 94, 96, 99, 127, 155, 160, 188, 190, 213, 216, 244, 252, 257, 271, 276, 278, 281, 304, 309, 311, 315, 316, 317, 321, 335, 355, 356, 383, 386, 390, 393, 415, 456, 457, 469, 475, 477, 480, 482, 483, 485, 486, 494, 495, 506, 518, 539, 557, 564, 566, 567, 577

Central 中亚 44, 49, 50, 69, 146, 147, 163, 164, 170, 171, 172, 176, 178, 188, 213, 224, 258, 329, 348, 351, 361, 373, 374, 406, 416, 421, 426, 449, 478

East 东亚 4, 43, 47, 49, 134, 146, 156, 188, 213, 221, 223, 235, 244, 250, 259, 274, 306, 309, 332, 362, 367, 375, 399 - 417, 464, 488, 556

Inner 内亚 399

Minor 小亚 274, 288, 361, 502

North 北亚 49

South 南亚 40, 45, 46, 47, 49, 83, 146, 235, 247, 258, 259, 277, 279, 283, 327, 333, 418 - 36, 484, 546, 568

Southeast 东南亚 5, 39, 43, 49, 79, 134, 146, 147, 151, 152, 155, 213, 221, 231, 232, 247, 250, 253, 254, 259, 271, 272, 273, 275, 279, 284, 293, 294, 327, 350, 387, 388, 389, 405, 407, 410, 411, 418 - 36, 487, 524, 547, 548, 556, 565, 568, 577

Southwest 西南部 130, 133, 144, 145, 149, 161, 166, 177, 258, 326, 328, 329, 336, 437

Western 西部 47, 219, 284, 370, 372, 374

Asoka, emperor 阿育王 219

Assam 阿萨姆 252

Assur 亚述 176, 289

Assyria 亚述 55, 56, 58, 62, 64, 66, 176, 181, 211, 219, 290, 368, 370, 444

astronomy 天文学 233, 236

Athens 雅典 362, 422, 424, 497

Atlantic Ocean 大西洋 333, 405, 446, 480, 483, 493, 498, 500, 512, 564, 565, 567, 568, 570, 573, 574

basin 洋盆 529 - 45, 573

globalizing the history of 全球化的历史 546 - 41

migration in 人口迁移 534 - 6

atomic bomb 原子弹 184, 243, 489, 556

Attila the Hun 匈奴王阿提拉 161

Aufklärung 启蒙 63 - 5; 亦可参见: Enlightenment(启蒙)

Augustine of Hippo, Saint 希波的圣奥古斯丁 57, 58, 198, 211

Augustus 奥古斯都 58, 62, 219

Augustus Caesar 奥古斯都 · 恺撒 292

Australasia 澳大拉西亚 127, 306, 313, 354, 546 - 63

'Arc of Instability' “弧形不稳定地区” 558

Closer Economic Relations(CER) 更紧密经贸关系(CER)

Agreement(1983) 《澳新紧密经济关系协定》(1983)

European settler societies and plantation colonies 欧洲殖民者社会与殖民地社会 552 - 4
and the Great Depression(1929) 与大萧条(1929) 555
impact of pre-colonial European influences 殖民时期以前的欧洲影响 549 - 52
indigenous exploration and colonization 本土的探险与殖民 547 - 8
intersection of European and indigenous worlds 欧洲和土著世界的交汇处 548 - 9
post-war 战后 557 - 9
and the World Wars 与世界大战 554 - 6
Australia 澳大利亚 98, 128, 129, 130, 131, 132, 145, 146, 147, 155, 157, 215, 230, 252, 253, 257, 258, 271, 278, 279, 280, 326, 327, 331, 332, 337, 338, 339, 347, 355, 380, 485, 487, 546, 547, 549, 551, 552, 553 - 5, 556, 557, 558, 559, 565, 571, 577
Aborigines 原住民 549, 551, 552, 555, 557, 573, 575
亦可参见: Australasia(澳大拉西亚)、Oceania(大洋洲)
Australopithecines 南方古猿 230
Austria 奥地利 230, 488, 490
Austrian Succession War 奥地利王位继承战争 570
Austro-Hungarian empire 奥匈帝国 475, 487
Austronesia 奥斯特罗尼西亚(南太平洋群岛) 419, 548, 564, 565, 566, 567, 568, 577
automobile, invention of 汽车的发明 242
Avars 阿瓦尔人 476
Axial Age 轴心时代 69, 214
Ayudhya 大城府 422, 429
Aztec empire 阿兹特克帝国 54, 65, 275, 362, 365, 370, 372, 375

Babones, Salvatore 塞尔瓦托·巴邦尼斯 91

Babylon 巴比伦 55, 56, 57, 58, 62, 176, 290, 443
Bacon, Francis 弗朗西斯·培根 74
Bactria 巴克特里亚 65, 291, 295, 350
Bactria-Margiana 巴克特里亚-马尔基亚纳 402
Baghdad 巴格达 223, 295, 365, 369, 427, 476
House of Wisdom 智慧宫 235
Baghdadi al-Masudi 巴格达的马苏迪 223
Bahia(Brazil) 巴伊亚(巴西) 338, 511
Bahrain 巴林 289, 290, 293
Bailyn, Bernard 伯纳德·贝林 498
Bairoch, Paul 保罗·贝劳奇 308-9
Bakhtiari 巴赫蒂亚里人 161
Balearics 巴利阿里群岛 493
Balfour, Clara 克拉拉·巴尔弗 200, 201
Bali 巴厘岛 421, 435
Balkan Peninsula 巴尔干半岛 144, 328, 373
Balkan War 巴尔干战争 281, 486
Balkans 巴尔干 146, 438, 439, 442, 449, 475, 476, 479, 482, 486, 505
Baltic Sea 波罗的海 274, 328, 494, 497, 498
Baltic states 波罗的海国家 363, 487
Baltimore(US) 巴尔的摩(美国) 512
Baluchistan 俾路支 425, 427
Bangladesh 孟加拉国 156, 285
Banks, Joseph 约瑟夫·班克斯 572
Bantu people 班图人 69, 152, 153, 273, 331, 332, 350, 458, 467
Mashariki 马沙里基 467
Barbados 巴巴多斯 512, 519
barbarians 蛮族 20, 21, 24, 233, 273, 348, 373, 403, 476; 亦可参见: civilization(文明)

Barbarossa, Frederick 腓特烈·巴巴罗萨 59, 478

Barbarossa, Hayrettin 哈伊尔丁·巴巴罗萨 505

Barcelona(Spain) 巴塞罗那(西班牙) 422, 493, 496

Bardeen, John 约翰·巴丁 243

Barfield, Thomas 托马斯·巴菲尔德 187

Baron, E. E.巴伦 202

Basra 巴士拉 295

Basseri 巴瑟利人 161

Batista, Fulgencio 富尔亨西奥·巴蒂斯塔 521

Batwa('Pygmies') 巴特瓦人("俾格米人") 467

Baudelaire, Charles 查理·波德莱尔 81

Bavaria 巴伐利亚 477

Bayly, C. A. C. A.贝里 10, 72, 84, 96, 354

Bede, Venerable"尊者"比德 59

Bedouin 贝都因人 161, 162, 164, 165, 172

Beijing(China) 北京(中国) 236, 409, 411

Beirut(Lebanon) 贝鲁特(黎巴嫩) 295

Beja 贝贾人 458

Belgium 比利时 241, 252, 309, 470, 489, 515

Bell, Alexander Graham 亚历山大·格雷厄姆·贝尔 242

Bell Laboratories(US) 贝尔实验室(美国) 243

Belorussia 白俄罗斯 415

Benedict XVI 本笃十六世 212

Bengal 孟加拉 29 – 30, 155, 248, 253, 298, 299, 386, 421, 422, 427, 428, 432, 484

  Bay of 孟加拉湾 339

Benin kingdom 贝宁王国 468

Benjamin of Tudela 图德拉的本杰明 504

Bentley, Jerry H. 杰里·本特利 28, 69, 222, 276, 346 – 7

Benton, Lauren 劳伦·本顿 536

Benz, Karl 卡尔·本茨 242

Berbers 柏柏尔人 496

Berenice 贝勒奈西 292

Bering Strait 白令海峡 272

Beringia 白令大路桥 131, 327

Berkeley School 伯克利学派 38

Berlin Act(1885) 柏林条约(1885) 389

Berlin Wall, fall of 柏林墙的倒塌 559

Berners-Lee, Tim 蒂姆·伯纳斯-李 244

Berrêdo Carneiro, Paulo E. de 保罗·卡内罗 67

Bible《圣经》 1, 47, 55, 56, 58, 59, 60, 62, 63, 65, 210, 213, 216, 219, 224, 485

  Genesis 创世记 216 - 17

  New Testament 新约 56, 197

  Old Testament 旧约 57

Bin Wong, R. 王国斌 10, 187, 345

Bin Yang 杨斌 42

biography 传记 200, 201

biological exchange 生物交换 12, 13, 344

  early days(to ca. 10000 BCE) 远古时期(约到公元前 10000 年左右) 326 - 7

  from 11000 BCE to 1400 CE; 从公元前 11000 年到公元 1400 年 327 - 31

  after 1400 CE; 公元 1400 年以后 333 - 9

  seaborne 通过海上 331 - 2

  in world history 在世界历史上 325 - 42

biosphere 生物圈; 参见: environment(环境)

Bismarck, Otto von 奥托·冯·俾斯麦 388

Bismarck Archipelago 俾斯麦群岛 565

Black Death 黑死病 329, 334, 431, 478, 504, 505

Black Sea 黑海 45, 272, 291, 292, 296, 297, 330, 494, 494, 495, 497, 500

Bligh, William 威廉・布莱 381, 573 - 4

Bloch, Ernest 欧内斯特・布洛赫 19

Blom, Ida 艾达・布洛姆 195, 204

Boccaccio 薄伽丘 197 - 8

Bodin, Jean 让・博丹 480

Boer War(1899—1902) 布尔战争(1899—1902) 388, 486

Bohemia 波希米亚 478

Bolivia 玻利维亚 511, 521, 542

Bolshevik revolution(1917) 布尔什维克革命(1917) 67, 390, 483, 487

Bombay(India) 孟买(印度) 254, 432

Borneo 婆罗洲 40, 340

Boserup, Esther 埃斯特・博塞卢普 202

Bosphorus 博斯普鲁斯海峡 475, 493

Bossuet, Jacques-Bénigne 雅克-贝尼涅・博叙埃 20, 22, 59, 61 - 2

Boston Harbor(US) 波士顿港(美国) 530

Botswana 博兹瓦纳 182

Bougainville, Louis Antoine de 路易・安托万・德・布干维尔 238, 558, 571

Bougie(Algeria) 贝贾亚(阿尔及利亚) 499

Boulton, Matthew 马修・博尔顿 240

Bourbon dynasty 波旁王朝 481

Boxers(martial arts group) 义和团(义和拳) 409, 486

Brahe, Tycho 第谷・布拉赫 238

Brahmans 婆罗门 419 - 21, 423

Brattain, Walter 沃尔特・布拉顿 243

Braudel, Fernand 费尔南德・布罗代尔 27, 29, 96, 318, 422, 494, 496,

497, 499

Braun, Wernher von 沃纳・冯・布劳恩 243

Brazil 巴西 155, 252, 277, 278, 279, 280, 283, 284, 335, 337, 338, 339, 469, 472, 485, 494, 498, 510, 511, 514, 523, 524, 525, 537

Breasted, James Henry 詹姆斯・亨利・布雷斯特德 443 - 4

Brezhnev Doctrine 勃列日涅夫主义 522

Brinton, Crane 克雷恩・布林顿 72

Britain 不列颠 503

Britain, Battle of 不列颠之战 488

British Commonwealth 英联邦 434, 556

British empire 大英帝国 222, 224, 280, 282, 432 - 3, 489 - 90; 亦可参见: Great Britain(大不列颠)

British Isles 不列颠群岛 274

British Parliament 英国议会 387, 388, 481

British Raj 英属印度 433

Broken Hill(Australia) 布罗肯山区(澳大利亚) 554

Bronze Age 青铜时代 332, 495, 497, 500, 501

Brook, Timothy 卜正民 92

Brooks, Alison 艾利森・布鲁克斯 130

Brooks Higginbottom, Evelyn 伊芙琳・布鲁克斯・希金博特姆 202

Broome, Richard 理查德・布鲁姆 551

Brosses, Charles de 夏尔・德・布罗塞 546, 570

Brown, V. V.布朗 198

Brown-Grant, R. R.布朗-格兰特 198

Bruges 布鲁日 494

Bruni, Leonardo 雷奥纳多・布鲁尼 480

Buddha 佛陀 69, 224

Buddhism 佛教 46, 69, 213, 214, 219, 221, 291, 329, 350, 351, 353, 354, 356, 374, 375, 401, 403, 404, 406, 409, 415, 419, 420, 421, 423

Mahayana 大乘 401, 403
Nichiren 日莲宗 214
Sinhalese 僧伽罗 421
Zen/Chan 禅 214
Buenos Aires(Argentina) 布宜诺斯艾利斯(阿根廷) 512
Bukhara 布哈拉 295
Bulan, the Khazar king 布兰,里海王 64
Bulgarian empire 保加利亚帝国 374, 477
Burckhardt, Jakob 雅各・布克哈特 73
Burgundy 勃艮第 296
Burma 缅甸 179, 556
British 英属缅甸 281, 389, 434
Burns, C. Delisle C. 德莱尔・伯恩斯 78
Burstein, Miriam 米瑞安・伯斯坦 200
Burstein, Stanley 斯坦利・伯斯坦 42
Burton, Richard 理查德・伯顿 422
Burundi 布隆迪 470
Bush, George W. 乔治・布什 218, 559
Butterfield, Herbert 赫伯特・巴特菲尔德 27
Byblos 比布鲁斯 290
Byzantium 拜占庭 22, 64, 188, 274, 293, 296 – 7, 351, 368, 370, 373, 374, 375, 426, 446, 475, 476, 477, 495, 497, 498, 500, 502, 504

Cabot, John 约翰・卡伯特 480
Cadiz 加的斯 514
Caesar 恺撒 62, 479
Caffa 卡法 497
Cahokia 卡霍基亚 509
Cain 该隐 217

Cairo(Egypt) 开罗(埃及) 173, 223, 439, 497
Cairo Genizah documents 开罗藏经库档案 497
Calcutta(India) 加尔各答(印度) 253, 254, 299, 432
Calicut 卡利卡特 429
California(US) 加利福尼亚(美国) 255, 339, 566
California School 加州学派 345
calligraphy 书法 236
Calvinism 加尔文主义 481
Cambay 坎贝 422, 429
Gulf of 坎贝湾 423
Cambodia 柬埔寨 420, 431, 435
Cameroon 喀麦隆 458
Campbell, Ian 伊恩·坎贝尔 549
Canaan 迦南 290, 501
Canada 加拿大 98, 146, 252, 279, 281, 284, 306, 513, 516 - 17, 518, 519, 523, 524
Canaries 加那利群岛 330, 479
Cannadine, David 大卫·康纳汀 127 - 8
Cape of Good Hope 好望角 534, 573
Cape Horn 合恩角 573
capital 资本 180 - 3, 190 - 1, 192, 249, 251, 256, 261, 298, 305, 306, 307, 313, 314, 316, 319, 321, 380, 381, 382, 414, 478, 533
capitalism 资本主义 6, 7, 22, 29, 67, 68, 77, 78, 96, 98, 99, 101, 306, 320, 357, 379, 381, 382, 383, 385, 393, 414, 415
and states and war 与国家和战争 189 - 92
Caribbean 加勒比海 147, 182, 214, 276, 277, 278, 279, 280, 282, 283, 284, 335, 381, 392, 469, 482, 490, 494, 497, 498, 509, 510, 511, 512, 513, 518, 531, 537, 539
Carion, Johannes 约翰内斯·卡里昂 60

Carneiro, Robert 罗伯特·卡内罗 177

Caroline Islands 加罗林群岛 548-9, 567, 569

Carolingian empire 加洛林帝国 368, 424, 477

Carson, Rachel 蕾切尔·卡森 127, 256

Cartagena(Colombia) 卡塔赫纳(哥伦比亚) 512, 514

Carter, Jimmy 吉米·卡特 521

Carthage 迦太基 56, 288, 291, 463, 464, 495, 499, 501, 502

cartography 地图学 41, 42, 236, 348, 354, 475, 477, 495; 亦可参见: geography(地理学)

Caspian Sea 里海 294, 339

caste 种姓 9, 385, 421

Castells, Manuel 曼纽尔·卡斯特尔 101

Castilians 卡斯提尔人 468

Castor of Rhodes 罗得岛的卡斯托 55

Castro, Fidel 菲德尔·卡斯特罗 415, 521

Catalans 加泰罗尼亚人 496, 504

Catholicism 天主教 20, 58, 213, 221, 222, 277, 355, 356, 477, 481, 482, 513, 537, 552, 577

Caucasus 高加索 274, 294, 426

Celtic people 凯尔特人 274

Cerro de Pasco Copper Corporation 塞罗德帕斯科铜矿公司 518

Ceuta 休达 493, 494, 498, 499

Ceylon 锡兰 275, 350

Chad, Lake 乍得湖 463, 466

Chakrabarty, Dipesh 迪佩什·查卡拉巴提 6-7, 10, 30, 83

Chaldeans 迦勒底人 61, 291

Chamberlain, Joseph 约瑟夫·张伯伦 391

Chandler, Alfred 阿尔弗雷德·钱德勒 308

Chang'an 长安 272, 294, 369

Chaophraya 湄南河　252, 423

Chappe, Claude 克劳德・沙普　240

Charax 查拉克斯　291

Charlemagne 查理曼　62, 66, 370, 475, 476

Charles the Bald 秃头查理　477

Charles V 查理五世　480, 481

Charleston 查尔斯顿　512

Chatterjee, Partha 帕萨・查特吉　385

Chaudhuri, K. N. 乔杜里　30, 203

Chavin 查文　181

Chennault, Claire 陈纳德　412

Chernobyl(Ukraine) 切尔诺贝利(乌克兰)　243

Chesapeake(US) 切萨皮克(美国)　338, 511

Chiang Kai-shek 蒋介石　410, 411, 412, 413

Chicago(US) 芝加哥(美国)　253

Child, Lydia Maria 莉迪亚・玛利亚・蔡尔德　200 – 1

Childe, V. Gordon V.戈登・柴尔德　68

Chile 智利　146, 252, 254, 339, 485, 508, 517, 519, 522, 523, 524

China 中国　4, 5, 10, 20, 22, 23, 31, 43, 46, 47, 59, 60, 61, 62, 65, 66, 67, 68, 69, 78, 79, 83, 92, 97, 98, 111, 128, 134, 145, 146, 147, 150, 151 – 2, 154, 155, 156, 157, 163, 165, 177, 178, 181, 183, 186 – 7, 188, 189 – 90, 213 – 14, 218 – 19, 221, 222, 224, 238, 241, 247, 250, 251, 252, 253, 254, 255, 257, 258, 259, 273, 274, 275, 276, 277, 279, 280, 283, 284, 289, 291, 292 – 6, 297, 309, 311, 312, 314, 317, 319, 320, 321, 325, 327, 329, 330, 335, 336, 337, 339, 348, 350, 351, 353, 355, 357, 364, 365, 366, 367, 368, 369, 370, 372, 373, 374, 380, 381, 386 – 7, 388, 389, 391, 399, 400 – 1, 402 – 16, 421, 425, 429, 432, 434, 438, 444, 445, 471, 478, 479, 482, 484, 485, 486, 487, 488, 489, 490, 498, 518, 524, 529, 539, 547, 554, 558, 559, 568, 569, 573, 574 –

5, 576, 577
empire 帝国 9, 166 - 73, 361 - 2, 402
and nomadic empires 与游牧帝国 166 - 9, 170
technology and science 技术与科学 232, 234, 236, 237, 244
Chinese Rites Controversy 中国礼仪之争 221
Chinggis Kahn 成吉思汗 161, 167, 172, 173, 220, 295 - 6, 370, 406, 430
Chirol, Valentine 瓦伦丁·奇罗尔(汉名“吉尔乐”) 438, 443, 447 - 8
Chongqing 重庆 411
Christendom 基督教世界 20, 476, 505; 参见 Christianity 基督教
Christian, David 大卫·克里斯提安 39, 45, 70, 217
Christian, Fletcher 弗莱切·克里斯提安 574
Christianity 基督教 1, 42, 46, 56 - 8, 59, 60 - 2, 66, 69, 97, 211, 212, 213, 214, 215, 219, 220, 221, 224, 238, 274, 293, 294, 295, 297, 350, 351, 354, 355, 356, 385, 401, 404, 407, 443, 465, 470, 475 - 6, 477, 478, 481, 494, 503 - 5, 550, 553, 556
chronology 年代学, 参见: periodization(分期)
Chumash people 丘马什人 566
Church of England 英国教会 512
Cipolla, Carlo Maria 卡洛·玛利亚·奇波拉 68
cities 城市 37, 67, 126, 133, 134, 135, 149, 151, 155, 165, 167, 170, 178, 232, 249, 272 - 3, 282, 363, 405, 422 - 4, 463, 472, 480; 亦可参见: city-states(城邦)、urbanization(城市化)
citizenship 公民权 7, 21, 190, 273, 384, 555
civilization 文明 6, 21, 22, 23, 24, 25, 32, 37, 40, 45, 47, 48, 49, 62, 68, 69, 94, 97, 111, 199, 201, 212, 213, 217, 233, 237, 245, 272 - 3, 288, 348, 373, 384, 442, 443, 445, 449, 472, 476, 498
city-states 城邦 178, 181, 182, 183, 362, 365, 464, 465, 466, 480, 481, 508
class 阶级 9, 30, 126, 164, 203, 383, 411

Clendinnen, Inga 因加・柯伦迪门 347

climate change 气候变化 132 - 3, 134 - 5, 149, 245, 261, 416, 425, 457, 508, 559

Clive, Robert 罗伯特・克莱武 386

Clovis 克洛维 64, 65

Cluniac reform 克吕尼改革 477

Coclanis, Peter 彼得・科克拉尼斯 531

coercion 强制机制 180 - 3, 190 - 1, 192, 369

Cohn, Bernard S. 伯纳德・科恩 356

Cold War 冷战 99, 100, 258, 312, 315, 413, 416, 490, 520, 521, 522, 538, 540, 557, 558

Coleridge, Samuel Taylor 柯勒律治 483

collectivization 集体化 414

Colombia 哥伦比亚 155, 517

colonialism 殖民主义 29, 99, 127, 163, 172, 190, 202, 203, 252, 269, 270, 271, 276 - 8, 282 - 5, 344, 348, 354, 355, 356 - 7, 374, 376, 380, 381, 383, 384 - 5, 388 - 9, 391, 392, 410, 469, 470 - 1, 482, 483 - 5, 487, 530, 533, 534, 535, 538, 539, 540, 541, 547 - 8, 549 - 50, 551; 亦可参见: empire(帝国)、imperialism(帝国主义)、postcolonialism(后殖民主义)

Columbian exchange 哥伦布大交换 154, 250, 276, 333 - 6, 337, 338, 340, 532, 533

Columbus, Christopher 克里斯托弗・哥伦布 64, 220, 275, 333, 476, 478, 480, 505, 532

Comanche empire 科曼奇帝国 41, 335

Commercial Revolution, First 第一次商业革命 464, 467

Common Era 公历纪元 147, 151, 153, 508, 509

Commonwealth of Australia 澳大利亚联邦 554

communication networks 交流网络 12, 13, 40, 100, 101, 136, 240, 241,

244, 305, 350, 367 - 8, 376, 488, 490, 539; 亦可参阅: trade(贸易)
communism 共产主义 24, 100, 189, 282, 390, 411 - 13, 415, 483, 520 - 2
Communist International 共产国际 411
Company Raj 公司控制 432
Comte, Auguste 奥古斯特·孔德 110
Computer, invention of 电脑的发明 243 - 4
Concentrated Animal Feeding Operations(CAFO) 集中型动物饲养经营业者(CAFO) 255
Condorçet, Antoine-Nicolas de 安托万-尼古拉·孔多塞 21, 22, 75, 80, 199
Confucianism 儒家思想 69, 169, 215, 236, 237, 401, 403, 406, 409, 414
Confucius 孔夫子 69, 221
Congo 刚果 388, 457, 469, 470
Congo Free State 刚果自由邦 470
Congo river(basin) 刚果河(盆地) 147, 388, 467, 469
Congo-Zambezi river 刚果-赞比西河 153
Constance, Council of 康斯坦茨会议 477
Constantine the Great 君士坦丁大帝 219, 465, 475
Constantinople 君士坦丁堡 188, 234, 293, 422, 446, 475, 476, 479, 497, 500, 503, 504
  fall of 君士坦丁堡的衰落 64, 66
  constitutionalism 立宪制度 484; 亦可参阅: democracy(民主)
Cook, James 詹姆斯·库克 220, 238, 337, 549, 571 - 3, 577
Cooke, William 威廉·库克 240
Cooper, Frederick 弗雷德里克·库珀 384 - 5
Copernicus, Nicolas 尼古拉斯·哥白尼 238
Coptos 科普托斯 292
Copts 科普特人 496, 502, 506
Córdoba(Spain) 科尔多瓦(西班牙) 274, 422

Martyrs 殉道者 504
Corfu 科孚岛 496
Corinth 科林斯 496, 499, 502
Cornwall 康沃尔 291
Coromandel coast 科罗曼德海岸 295, 299
Coronil, Fernando 费尔南多·柯罗尼尔 11
Corsica 科西嘉岛 496, 499
Cort, Henry 亨利·科特 240
Cortés, Hernán 埃尔南·科尔特斯 220
cosmography 宇宙学 37
Cossacks 哥萨克人 482
Côte d'Ivoire 科特迪瓦 458
Council of Trent 特伦托会议 57, 480
Counter-Reformation 反宗教改革运动 480
Covenanted Indian Civil Service 印度契约文官体系 433
Cowden Clarke, Mary 玛丽·考登·克拉克 200, 201
Cranganore 克兰加诺尔 422
creation(myths) 创世(神话) 1, 54, 56, 57, 58, 59 – 60, 61, 62, 63, 216 – 17
Creoles 克里奥尔人 282, 283, 530
Crete 克里特岛 188, 330, 556
Crick, Francis 弗朗西斯·克里克 244
Crimea 克里米亚 497
Crimean War 克里米亚战争 98
Criminal Tribes Act(UK) 罪犯种族法案(英国) 252
Crocombe, Ron 罗恩·克罗科姆 558
Cromwell, Oliver 奥利弗·克伦威尔 481
Crosby, Alfred 阿尔弗雷德·克罗斯比 135, 333, 338, 532
Crown Colony 皇家殖民地 493

crusades 十字军东征 21, 65, 188, 223, 289, 297, 476, 477, 478, 495, 496, 504

Crutzen, Paul 保罗·克鲁岑 129

Ctesias of Cnidus 尼多斯的克特西亚斯 56

Cuba 古巴 279, 281, 338, 415, 486, 519, 521, 538

revolution 革命 392

cultural exchange 文化交流 12-13, 374

approaches to 途径 345-9

as a historical problem 作为一个历史问题 343-5

in modern times 现代 354-7

in pre-modern times 前现代 349-53

in world history 在世界历史上 343-60

Cultural Revolution(China) 文化大革命(中国) 67

cultural studies 文化研究 92

culture 文化 2, 6, 8, 10, 11, 12, 13, 20, 21, 22-5, 30, 37, 40, 42, 64, 68, 69, 93, 97, 101, 107, 111, 126, 129, 137, 138, 165, 204, 213, 214, 236, 272, 273, 325, 376, 401, 402, 416, 440, 443, 445, 449, 460, 486, 490, 498, 546, 549, 570-1; 亦可参阅: cultural exchange(文化交流)、tradition, ‘cultural’(“文化”传统)

Cumae 库迈 502

Curie, Marie 玛丽·居里 243

Curie, Pierre 皮埃尔·居里 243

Curtin, Philip 菲利普·柯廷 42, 533

Cushites 库希特人 458, 459, 460, 464, 466, 467

Cuzco 库斯科 273, 369

Cyprus 塞浦路斯 153, 188, 330, 493, 500

Cyrene 昔兰尼 464

Cyrus 居鲁士 64, 65, 219, 291

Czechoslovakia 捷克斯洛伐克 488, 521

D'mt kingdom(Ethiopia) 达蒙特王国(埃塞俄比亚)　182
DNA 脱氧核糖核酸　244
Daendels, Willem 威廉·丹德尔斯　434
Dahomey 达荷美共和国　469
Dalrymple, Alexander 亚历山大·达尔林普尔　570
Damascus 大马士革　173, 294, 295, 465
Daniel 丹尼尔　58
Danube basin 多瑙河盆地　144
Daoism 道教　214, 217, 219, 402, 403
Dar-es-Salaam(Tanzania) 达累斯萨拉姆(坦桑尼亚)　464
Darby, Abraham 亚伯拉罕·达比　240
Darby, Abraham II 亚伯拉罕·达比二世　240
Dardanelles 达达尼尔海峡　493, 555
Darfur kingdom 达尔富尔王国　470
Darius 大流士　57
Darius I 大流士一世　291
Dark Ages 黑暗时代　503
Darwin, Charles 查尔斯·达尔文　485, 572
Darwinism, social 社会达尔文主义　6, 380, 390
Datong(China) 大同(中国)　224
David 大卫　57
De Gaulle, Charles 戴高乐　556
De Groot, Joanna 乔安娜·德·格鲁特　202
De Lorenzi, James 詹姆斯·洛伦齐　42
Debal 德巴尔　422
Debussy, Claude 克劳德·德彪西　486
Deccan 德干　427, 428
　Plateau 德干高原　151
Decolonization 去殖民化　282 - 5, 314, 386, 390, 489, 537 - 8, 539,

557 - 9

Defoe, Daniel 丹尼尔·笛福 212, 214

Deforestation 滥砍滥伐 134, 136

deindustrialization 去工业化 311, 316

Delhi 德里 249, 427

DeLong, J. Bradford J. 布拉德福德·德隆 98

Demetrius of Phalerum 法勒鲁姆的德米特里乌斯 56

democracy 民主 23, 64, 77, 179, 191, 416, 529

demography 人口统计 128, 148, 204, 269, 334, 337, 343, 364, 425, 533; 亦可参阅: population(人口)

Deng Xiaoping 邓小平 412, 414, 415

Dening, Greg 格雷格·邓宁 347

Denmark 丹麦 478

Denoon, Donald 唐纳德·德农 551, 559

dependency theory 依附理论 383, 384

Descartes, René 勒内·笛卡尔 74

desertification 荒漠化 157

despotism 专制 23, 48, 64

Diamond, Jared 贾雷德·戴蒙德 38, 202, 217

Dias, Bartolomeu 巴托罗缪·迪亚士 64

Díaz, Porfirio 波菲里奥·迪亚斯 517

Diderot, Denis 丹尼斯·狄德罗 47, 62, 97

Dinka 丁卡人 161

Diocletian 戴克里先 475

Dionysius Exiguus 狄奥尼修斯·伊希格斯 59

Dionysius of Halicarnassus 哈利卡纳苏的狄奥尼修斯 56

diplomacy 外交 479, 480, 481

disease 疾病 135, 148 - 9, 325, 329, 333 - 4, 337, 338, 339, 343, 355, 431, 490, 509 - 10, 532, 533, 551, 554 - 6, 576

Dnieper River 第聂伯河 274

Doctors without Borders 无国界医生 490

Domestication, animal 驯化动物 133, 134, 135, 136, 143, 144, 145, 147, 150, 152, 161, 232, 272, 325, 327 – 31, 334, 335, 456, 457, 471

Dominican Republic 多米尼加共和国 392, 519

Dominicans 多明我会 221

Dona Beatriz Kimpa Vita 多纳·比阿特利兹·吉姆帕·维塔 355

Donbass region 顿巴斯地区 280

Dongola Reach 东古拉河段 461, 462

Dostoevsky, Feodor 陀思妥耶夫斯基 81

Douglas, Bronwen 布朗温·道格拉斯 570

Doumer, Pauil 保罗·杜美 435

Dowrick, Steve 斯蒂夫·道瑞克 98

Duara, Prasenjit 杜赞奇 77

Dubrovnik (Ragusa) 杜布罗夫尼克(拉古萨) 494, 497, 499, 505 – 6

Dumont D'Urville, Jules-Sébastien-César 儒勒-塞巴斯蒂安-凯撒·杜蒙·德维尔 546, 573

Dunhuang(China) 敦煌(中国) 292

Durkheim, Emile 埃米尔·涂尔干 81, 82

Dutch East India Company 荷属东印度公司 430, 431, 434; 亦可参阅: English East India Company(EIC)(英属东印度公司〔EIC〕)

Dutch Republic 荷兰共和国 289, 297, 298, 299, 337 亦可参阅: Netherlands(尼德兰)

Dutch Revolt(16th century) 荷兰资产阶级革命(16 世纪) 481, 483

Dynasties, nomadic 游牧民族王朝 171 – 2

East, the 东方 48, 66, 204, 438, 440, 446, 477, 497; 亦可参阅 Far East (远东)、Near East(近东)、West, the(西方)

Eastern Railway(China) 中东铁路 408

Eaton, Richard 理查德・伊顿　447

Ebla(Syria) 埃布拉(叙利亚)　289, 290

Economic Museum(Calcutta) 经济博物馆(加尔各答)　253

economics 经济学　9, 39, 89, 112, 114

economy 经济　66, 161, 168, 170, 189, 195, 247, 281, 294, 304, 310, 311, 314, 315, 317, 318, 319, 344, 345, 363, 371, 373, 383, 388, 406, 414 - 15, 421, 469, 477, 485, 511 - 12, 518, 519, 523, 554 - 6, 557

market 市场经济　77, 319

political 政治经济学　344, 534 - 6, 538

world 世界经济　100, 319, 488, 522 - 4

亦可参阅: industrial revolution(工业革命)、industrialization(工业化)、markets(市场)、trade(贸易)

Ecuador 厄瓜多尔　146

Edinburgh University 爱丁堡大学　21, 22

Edison, Thomas Alva 托马斯・阿尔瓦・爱迪生　241

Edo(Tokyo) 江户(东京)　407, 409

Egypt 埃及　5, 20, 42, 55, 56, 57, 61, 62, 64, 66, 67, 68, 95, 155, 177, 178, 181, 182, 183, 213, 223 - 4, 229, 232, 234, 235, 241, 257, 270, 272, 289, 290, 291, 293, 295, 297, 330, 350, 361, 369, 385, 388, 402, 426, 438, 440, 443, 444, 457, 458, 459, 460 - 2, 463, 469, 471, 472, 478, 487, 495, 496, 497, 501, 502, 503, 504, 506

New Kingdom 新王国　361, 365, 369, 462

Egyptian exceptionalism 埃及例外论　460, 461, 462

Ehrenberg, Margaret 玛格丽特・艾伦贝格　202

Eichhorn, Johann Gottfried 约翰・戈特弗里德・伊奇霍恩　65

Einstein, Albert 艾尔伯特・爱因斯坦　243

Eisenhower, Dwight David 德怀特・大卫・艾森豪威尔　439

Eisenstadt, S. N. 艾森斯塔特　82 - 3

Ekkehard of Aura 奥拉的埃克哈德　59

El Niño cycles 厄尔尼诺周期　548
El Salvador 萨尔瓦多　521, 522
Elam 埃兰　289, 290
Elath 埃拉特　290
Elba 厄尔巴岛　499, 502, 504
Eliade, Mircea 米尔恰·伊利亚德　223
Elijah 以利亚　69
Eliot, George 乔治·艾略特　126
Elizabeth I, Queen 女王伊丽莎白一世　481
Elliott, J. H. 埃利奥特　530
Elvin, Mark 伊懋可　126
Emmer, Pieter 彼得·埃默　97
empire 帝国　183, 212
　decline and fall 帝国的衰亡　371-3
　justifying 为帝国正名　369-71
　legacies 帝国遗产　373-5
　modern 现代帝国　362, 363; 亦可参阅: imperialism, 'modern' ("现代"帝国主义)
　organizing 帝国组织　365-8
　pre-modern 前现代帝国　361-78
　and warfare 帝国与战争　363-5, 373
　亦可参阅: colonialism(殖民主义)、imperialism(帝国主义)
Engels, Friedrich 弗里德里希·恩格斯　66, 202
England 英格兰　154-5, 231, 248, 249, 250, 274, 289, 299, 336, 383, 386, 410, 475, 478, 479, 480, 481, 482, 484, 485, 506, 510, 511-12
English East India Company(EIC) 英属东印度公司(EIC)　288, 298-9, 386-7, 430, 484, 575
Enlightenment 启蒙运动　4, 5, 7, 19-35, 47, 62-3, 66, 75, 78, 79, 81-2, 84, 91, 211, 238, 356, 384, 385, 482, 483, 533, 537, 538, 549

Göttingen 哥廷根 1,63－5

Enlil(god)恩利尔(神祇) 176,180

environment 环境 2,12,13,37－9,112,125－42,144,150,245,256,261,343,551

history 环境史 39,125－42,533,576

and human beings 环境与人类 125－42,245,325－42,414,496

亦可参阅: agriculture(农业)、biological exchange(生物交换)、climate change(气候变化)、domestication, animal(驯化动物)、farming(耕种)、foraging(采集)、geography(地理)、herding(畜牧)、hunting and gathering(狩猎与采集)、technology(技术)

Eolithic era 旧石器时代 316

Epeli Hau'ofa 埃佩里·豪欧法 565,566

epistemology 认识论 105－21

Eratosthenes of Cyrene 昔兰尼的埃拉托色尼 55

Eritrea 厄立特里亚国 388,457

Esposito, John L.约翰·埃斯普西托 449

Ethiopia 埃塞俄比亚 42,65,130,145,153,156,182,212,293,297,328,335,388,426,430,457,459,465,466,470

ethnicity 民族 9,180,272,373,385

ethnocentrism 民族优越论 11

ethnogenesis 民族形成 39,273,376

ethnography 民族志 97,201,348,354,355,571,572－4

Etruscan 伊特鲁里亚 495,496,501,502

Etzel Pearcy, G. 伊特埃尔·皮尔西 439

Euclid 欧几里得 234

Euphrates river 幼发拉底河 144,145

Euphrates Valley 幼发拉底河流域 146,289,317,444

Eurasia 欧亚大陆 1,38,40,42,44,45,47,67,69,130,131,135,161,163,169,172,173,178,182,233,247,271,273,274,296,328,329,

330, 333, 334, 335, 336, 337, 338, 351, 364, 372, 380, 438, 476, 509
Central 中欧亚 165, 166, 169, 399 - 417
East 东欧亚 401, 405
Inner and Outer 亚欧大陆腹地与亚欧大陆外 45
trade 贸易 288 - 303
Eurocentrism 欧洲中心论 2, 6, 7, 10, 11, 12, 22, 29, 31, 66, 67, 79, 94, 190, 556
Europa 欧罗巴 475
Europe 欧洲 4 - 7, 9, 10, 11, 20, 21, 22, 30, 43, 44, 45, 46, 47, 48, 62, 64, 65, 66, 67, 79, 83, 94, 96, 99, 100, 101, 127, 129, 132, 145, 146, 147, 155, 184, 187, 189 - 90, 203, 212, 214, 220, 233, 235, 236, 240, 241, 243, 244, 247, 250, 251, 257, 272, 278, 279, 294, 306 - 8, 309, 316, 317, 319, 321, 325, 327, 328, 329, 337 - 8, 347, 348, 351, 354, 355, 356, 357, 370, 375, 386, 388, 411, 419, 430, 456, 468 - 71, 472, 488, 506, 524, 530, 533, 534, 535, 539, 546, 549 - 554, 556, 566, 568
ancient 古代欧洲 475 - 7
Central 中欧 254, 282, 488
classical 古典 233 - 5
downfall of empires 帝国的衰落 489 - 90
early modern 近代早期 10, 77, 97
in the East(ca. 1100—1750) 东方(约 1100—1750) 296 - 9
Eastern 东欧 47, 247, 282, 285, 315, 320, 391, 392, 438, 478, 483, 485, 488, 489, 518, 524
global migration and communication 全球移民与交流 490 - 1
imperial 欧洲帝国 483 - 6; 亦可参阅: colonialism(殖民主义)、empire(帝国)、imperialism(帝国主义)
medieval 中世纪 1, 29, 57, 60, 111, 233 - 5, 274, 296, 424, 477 - 9
nineteenth-century 19 世纪 2, 4, 5, 8
Northern 北欧 146, 231, 234, 336, 478, 500, 505

Northwest 西北欧 98, 154
Renaissance 欧洲文艺复兴 247, 481 - 3
Southern 南欧 134, 145, 468, 488, 518
twentieth-century global warfare 20 世纪全球战争 486 - 9
Western 西欧 37 - 8, 47, 48, 50, 68, 75, 77, 78, 80, 98, 112, 177, 199, 234, 235, 237, 250, 252, 254, 280, 284, 439, 440, 441, 465, 468, 503, 521, 556
in world history 在世界历史上 475 - 92
亦可参阅: Old World(旧世界)
European Economic Community(Common Market) 欧洲经济共同体(共同市场) 490, 553
European Union 欧盟 213, 283, 475, 493, 507, 524
Eusebius of Caesarea 恺撒里亚的优西比乌 57, 58, 60, 478
Evans, Arthur 阿瑟·伊文思 506
evidence 证据 107 - 8, 120
historical 史实 3, 8, 113
primary vs secondary 一手证据 vs 二手证据 108, 113
evolution 进化 39 - 40, 230, 485
human 人类进化 129, 138, 455 - 6
Ezana 埃兹那 465

Faeroes 法罗群岛 479
Fage, Mary 玛丽·费奇 199
Falklands War(1982) 福克兰岛战争(1982) 522
Far East 远东 438
Faraday, Michael 迈克尔·法拉第 241
farming 耕作 132, 133, 134, 145, 148, 150, 152, 153, 154 - 5, 164, 178, 187, 246, 248, 249 - 51, 252, 253, 254, 255, 256, 258, 259 - 60, 278, 328, 330, 334, 336, 409, 459, 460, 463, 471, 487, 508, 519, 553, 555

Fatimids 法蒂玛王朝 295,504

Federated Malay States 马来联邦 434

Federico, Giovanni 乔瓦尼·费德里科 257

Feierman, Steven 史蒂芬·费尔曼 11

feminism 女权主义 195,201,202,285;亦可参阅: gender(性别)

Ferghana(Uzbekistan) 费尔干纳(乌兹别克斯坦) 292,400

Ferguson, Adam 亚当·弗格森 20

Fermi, Enrico 恩里科·费米 243

Fernández-Armesto, Felipe 费利佩·费尔南德斯-阿梅斯托 128

Fernando VII 费尔南多七世 514

Fertile Crescent mountain range 新月沃地山脉 144,272,327

feudalism 封建制度 6,66,67,78,465,478

Fiji 斐济 550,553,558,565,567

Finland 芬兰 487

Firth, C. H. 弗斯 26

Fisher, W. B. 费希尔 439-40

Flanders 佛兰德斯 251,494

Flannery, Tim 蒂姆·弗兰纳里 131

Flood, the 洪水 54,55,56,57,61,63,65

Flight, invention of 飞机的发明 242

Florence 佛罗伦萨 422,479,480,481

Flynn, Dennis O. 丹尼斯·弗林 44,45

Fonte, Moderata 莫德塔拉·丰特 199

food production 粮食生产 68,143,145,148,149,153,272,456,472;亦可参阅: agriculture(农业)、farming(耕作)、foraging(寻找食物)、herding(畜牧)、hunting and gathering(狩猎与采集)

foraging 采集 128,130,133,144,146,147,150,231,272,328,456,467,471

Ford, Henry 亨利·福特 242

Forster, Georg 格奥尔格·福斯特 572

Forster, Johann Reinhold 约翰·莱因霍尔德·福斯特 572

fossil fuels 化石燃料 129, 136, 245, 254, 261

Foucault, Michael 迈克尔·福柯 81－2, 203

France 法国 21, 43, 190, 222, 238, 241, 252, 277, 280, 281, 282, 299, 315, 380, 381, 384, 386, 388, 389, 390, 391, 408, 409, 410, 413, 432, 470, 477, 478, 479, 481, 482, 483, 484, 485, 487, 488, 489, 490, 493, 497, 501, 505, 506, 510, 512, 513, 515, 518, 530, 531, 537, 550, 552, 556, 557, 564, 571, 572, 575, 577

Vichy government 维希政府 413, 556

亦可参阅: French Revolution(法国大革命)

Franconia 法兰克尼亚 477

Frank, Andre Gunder 安德鲁·贡得·弗兰克 79, 345, 383

Frankish War 法兰克战争 374

Franks 法兰克 64, 188, 475, 476, 477

Frederick the Great 腓特烈大帝 482

Frederick II 腓特烈二世 478

Fredrickson, George M. 乔治·弗雷德里克森 269

French Revolution 法国大革命 66, 76, 81, 307, 308, 384, 483, 514, 533, 537, 571, 575

Freud, Sigmund 西格蒙德·弗洛伊德 486

Friedlander, Saul 索尔·弗里德兰德 220

Frisia 弗里西亚 476

Frye, Richard 理查德·弗莱 446

Fulani 富拉尼人 470

Fulton, Robert 罗伯特·富尔顿 240

Futa Jallon mountains(Guinea) 富塔-加仑山区(几内亚) 470

Galen 盖伦 234

Galileo Galilei 伽利略·伽利莱　74,238

Gallagher, John 约翰·加拉赫　384

Gallican Church 法国教会　477

Galoup, Jean-François de 让-弗朗索瓦·德·加卢普　571

Gandhi, Mahatma 圣雄甘地　127,385,412,487

Ganges river 恒河　146,147,418,419,428

Ganges Valley 恒河流域　151,421

Gansu corridor 河西走廊　292,424

Gaonkar, Dilip Parameshwar 迪利普·帕拉梅什沃·冈卡　83

Garamantes 格拉梅特人　363,464

Gardiner, S. R. 加德纳　26

Garrard, Timothy 蒂莫西·加拉德　464

Gatterer, Johann Christoph 约翰·克里斯托弗·加特勒　1,7,65

Gaul 高卢　503

Gaur 加尔　422

Gaza 加沙　292

Geertz, Clifford 克利福德·格尔茨　11,344

Geller, Daniel 丹尼尔·盖勒　190

gender 性别　2,9,13,127,148,195 - 209,269,285,448 - 9,554

General Agreement on Tariffs and Trade 关税与贸易总协定　393

General Electric 通用电气　516,517,523

genetics 遗传学　244,260 - 1,272,325

Geneva(Switzerland) 日内瓦(瑞士)　481

Genoa(Italy) 热那亚(意大利)　188,297,479,493,495,497,499,504

Geographical Information Systems(GIS) 地理信息系统(GIS)　41,42

geography 地理学　6,8,13,22,36 - 53,92,107,113,115,117,127,128,
　　210,213,223,234,346,354,424 - 6,568

　academic 学术　37 - 9

Georgia(US) 佐治亚(美国)　338

German Historical School 德国历史学派 307

Germany 德国 9, 22 - 5, 43, 48, 59, 66, 99, 100, 220, 241, 242, 243, 254, 274, 284, 309, 315, 356 - 7, 382, 388, 389, 408, 409, 410, 413, 475, 477, 478 - 9, 480, 485, 487, 488 - 9, 503, 506, 515, 518, 519, 553, 554

Third Reich 第三帝国 220, 282

Gerrha 加尔拉 291

Gerschenkron, Alexander 亚历山大·格尔申克龙 307

Geyl, Pieter 彼得·戈耶尔 26

Ghana 加纳 182, 465

Ghaznavids 伽色尼人 166, 427

Ghurids 古尔王朝 427

Gibbon, Edward 爱德华·吉本 20, 22

Gibraltar 直布罗陀 438, 499, 506

Rock 直布罗陀岩石 498

Straits 直布罗陀海峡 493, 494, 500

Giddens, Anthony 安东尼·吉登斯 77

Giglio 吉廖岛 496

Gilbert Islands 吉尔伯特群岛 557, 564

Gills, Barry K. 巴里·K.吉尔斯 95

Gilroy, Paul 保罗·吉尔罗伊 534

Gimbutas, Marija 马里亚·金布塔斯 202

Ginzburg, Carlo 卡罗·金兹伯格 216

Giráldez, Arturo 阿图罗·吉拉尔德兹 44, 45

Glacken, Clarence 克拉伦斯·格莱肯 126

Glasgow(Scotland) 格拉斯哥(苏格兰) 512

globalization 全球化 11, 12, 13, 30 - 1, 40, 44, 89 - 104, 222, 357, 388, 393, 399, 437, 440, 442, 444, 446, 448, 449, 490 - 1, 524 - 5, 559, 566, 567

biological 生物全球化 333 - 9; 亦可参阅: biological exchange(生物

交流)

contemporary 当代　99 - 101

cultural 文化　99, 340; 亦可参阅: culture(文化)

and global history 全球史　93 - 5

modern 现代　10, 97 - 9

glocalism 全球在地化　92, 93, 270

Glorious Revolution(1688) 光荣革命(1688)　67, 481

Gobi desert 戈壁沙漠　292, 498

God 上帝　8, 56, 568

Goddard, Robert 罗伯特·戈达德　243

Goethe, Johann Wolfgang von 约翰·沃尔夫冈·冯·歌德　99

Goitein, S. D. 戈伊坦　497

Goldcoast 黄金海岸　388

Golden Bull(1356) 金玺诏书(1356)　479

Goldschmidt, Arthur 阿瑟·戈尔德施密特　448

Goldstone, Jack 杰克·古德斯通　345

Gondwanaland 冈瓦纳大陆　338

Goodrich, Samuel 塞缪尔·古德里奇　199

Goody, Jack 杰克·古迪　10

Gorbachev, Mikhail S.米哈伊尔·戈尔巴乔夫　100, 415

Gordon, T. E. 戈登　438, 443, 447

governance 统治　98, 101, 366, 557

government(s) 政府　21, 23, 101, 111, 135, 157, 190, 229, 236, 237, 251, 258, 310, 312, 320, 339 - 40, 362, 365, 406, 416, 435, 447, 476, 477, 480, 490, 523, 550, 554

Gramsci, A. 葛兰西　29, 30

Granada(Spain) 格拉纳达(西班牙)　505

Grand Canal(China) 京杭大运河(中国)　236, 294, 407

Grand Khan Möngke 蒙哥大汗　171

Great Britain 大不列颠 43, 44, 64, 81, 99, 132, 184, 190, 191, 238, 239 - 41, 242, 252, 280, 282, 306, 308, 309, 311, 314, 315, 317, 318, 319, 320, 326, 328, 339, 380, 381, 383, 384, 386 - 9, 390, 391, 392, 404, 406, 408, 409, 410, 432, 439, 469, 478, 483, 484, 485, 486, 487, 488, 489 - 90, 506, 511, 512 - 13, 514, 515 - 17, 518, 522, 530, 531, 534, 535, 537, 550, 552, 555, 556, 557, 558, 572, 575; 亦可参阅: British empire(大英帝国)、England(英格兰)

Great Depression(1929) 大萧条(1929) 281, 411, 488, 519, 520, 555

Great Divergence problem 大分流问题 94

Great Schism 教会大分裂 476, 477

Great Seljuqs dynasty 大塞尔柱王朝 366

Great Wall of China 长城 161, 166, 173, 292, 406

Greater East Asian Co-Prosperity Sphere 大东亚共荣圈 389, 411

Greece 希腊 146, 189, 317, 498, 500, 506, 556

ancient 古代 21, 38, 46, 62, 64, 66, 69, 233 - 4, 235, 236, 237, 290 - 1, 348, 365, 366, 374, 445, 446, 464, 477, 495, 496, 501, 502, 503

Greater(Magna Graecia) 大希腊 502

Mycenaean 迈锡尼 500

亦可参阅: antiquity, classical(古典古代)、Athens(雅典)、Hellenism (希腊精神)

Greek orthodox religion 东正教 476, 477, 478, 479

Green, William A. 威廉·A. 格林 31 - 2

Green Revolution 绿色革命 156, 257, 259

Greenland 格陵兰 42, 274, 479

Grew, Raymond 雷蒙德·格鲁 19, 91, 97 - 8

Grotius, Hugo 雨果·格劳秀斯 568

Guam 关岛 548, 569

Guangzhou(Canton) 广州 294, 298, 407, 408, 574, 575

Guatemala 危地马拉 509, 520, 521

Guha, Ramachandra 拉玛昌德拉·古哈 126,127

Guha, Ranajit 拉纳吉·古哈 30,269

Guicciardini, Francesco 弗朗切斯科·圭契阿迪尼 479

Gujarat(India) 古吉拉特(印度) 427

'gun-powder revolution' "火药革命" 172

Gupta dynasty 笈多王朝 151,361,423

Gutenberg, Johannes 约翰内斯·谷登堡 237

HIV/AIDS 艾滋病 533

Haas, R. de R. 德·哈斯 199

Habsburg empire 哈布斯堡王朝 281,380,475,479

Habsburg-Valois conflict 哈布斯堡-瓦卢瓦冲突 480,481

Haggin, James B. 詹姆斯·哈金 518

Haiti 海地 384,392,483-4,514,519,564

Revolution(1791—1804) 海地革命(1791—1804) 338,384,514,533,537

Hajj 麦加朝圣 223,224

Hale, Sarah Josepha 萨拉·约瑟法·海尔 200,201

Hamalainen, Pekka 佩卡·哈马莱宁 41

Han dynasty 汉朝 69,151,166-7,168,170,171,172,181,236,247,292,329,351,361,362,365,367,373,375,403,404,405,406,410

Hangzhou(China) 杭州(中国) 404,405

Hanseatic League 汉萨同盟 296,498

Harappa 哈拉帕 418,422

Hardt, Michael 迈克尔·哈特 379

Hargreaves, James 詹姆斯·哈格里夫斯 239

Harrison, John 约翰·哈里森 239

Harvey, William 威廉·哈维 238

Hastings, Warren 沃伦·黑斯廷斯 386

Hausa 豪萨 470
Havana 哈瓦那 512
Hawai'i 夏威夷 220, 280, 488, 548, 549, 550, 551, 553, 566, 575, 576, 577
Hawkesworth, John 约翰·豪克斯沃斯 572
Hay, Mary 玛丽·海 200
Hebrews 希伯来人 1, 56, 64, 273, 280
  Black 黑人 214
  亦可参阅: Jews(犹太人)
Heers, Jacques 雅克·希尔斯 499
Hegel, Georg Wilhelm Friedrich 格奥尔格·威廉·弗里德里希·黑格尔 4－5, 6, 8, 22, 23－4, 66, 75, 76, 110
Held, David 戴维·赫德 90
Hellenism 希腊精神 69, 213, 274, 445, 495
Helms, Mary W. 玛丽·赫尔姆斯 346, 347
Henry IV 亨利四世 481
Henry VIII 亨利八世 481
Henry of Navarre 纳瓦拉的亨利 481
Henry the Navigator, Prince 航海者亨利王子 479
Hephthalites(White Huns) empire 嚈哒(白匈奴)帝国 424, 425
Herder, Johann Gottfried von 约翰·戈特弗里德·冯·赫尔德 22, 345
herding 畜牧 144, 146, 148, 150, 161, 163, 178, 231, 233, 328, 339, 459, 471, 505, 517
Herero 赫雷罗人 357
Herodotus 希罗多德 7, 42, 46, 55, 196, 210, 292, 424
Herrad of Hohenbourg 霍恩贝格的赫拉德 197
Hertz, Heinrich 海因里希·赫兹 242
Hesiod 赫西俄德 55, 217
Heyerdahl, Thor 托尔·海尔达尔 566

Heylyn, Peter 彼得·海林 36

Hideyoshi 丰臣秀吉 406

Hildegarde of Bingen 宾根的希尔德加德 197

Himalaya 喜马拉雅山脉 333

Hindu dynasties 印度王朝 419 - 20

Hindu Kush 兴都库什山 291

Hinduism 印度教 1, 54, 211, 213, 214, 353, 354, 420, 421, 428

Hippalus 希帕罗斯 291

Hiram I, King 国王希兰一世 290

Hiroshima 广岛 184

historical analysis 历史分析 2, 109 - 16

historical record 历史记录 1, 10, 60, 106

historical scholarship, professional 专业历史学 1 - 16

  and the problem of Europe 欧洲问题 4 - 7

  and the problem of the Nation 国家问题 7 - 9

historicism 历史相对论 26, 93

historiography 史学 6, 10, 31, 84, 111, 117, 118, 201, 354

  Chinese 中国 361

  Christian 基督教 56 - 8, 60 - 2, 63

  European 欧洲 62 - 6

  Greek and Roman 希腊罗马 55 - 6, 58

  and imperialism 帝国主义 382 - 6

  Marxist 马克思主义 66 - 7

  Medieval European 欧洲中世纪 58 - 9

  Mediterranean 地中海 422

  Muslim 伊斯兰 59 - 60

  and representation 史学及其表现 116 - 18

  Subaltern School 底层学派 30, 269

History, universal(*Universalgeschichte*) 通史(大历史) 1, 5, 20 - 2, 47, 63

Hitler, Adolf 阿道夫・希特勒 488
Hittites 赫梯人 233, 290, 495
Hmong 赫蒙族 282
Ho Chi-minh 胡志明 411, 413, 435
Hobbes, Thomas 托马斯・霍布斯 74, 480
Hobbs, C. C. 霍布斯 201
Hobsbawm, Eric 埃里克・霍布斯鲍姆 27
Hobson, J. A. 霍布森 382 - 3
Hodgson, Marshall 马歇尔・霍奇森 45, 69 - 70, 143, 445
Hoerder, Dirk 德克・霍德 269
Hohenstaufen 霍亨斯陶芬王朝 478
Hokkaido 北海道 348, 408
Holl, Augustin 奥古斯丁・霍尔 463
Holland 荷兰, 可参阅: Netherlands(尼德兰)
Holocaust 屠杀 81, 220
Holocene era 全新世时代 70, 471, 472
Holsti, Kalevi J. 卡莱维・霍斯蒂 190
Holy Land 圣地 504
Holy Roman Empire 神圣罗马帝国 475, 476, 478, 495
Homer 荷马 69
Homo habilis 能人 230
Homo erectus 直立猿人 130, 230
Homo sapiens 智人 40, 113, 129, 132, 137, 230, 270
  migration 迁徙 271 - 2
homosexuality 同性恋 204
Hong Kong 香港 186, 254, 413, 414, 415
Honolulu 檀香山 575
Hopewell civilization 霍普韦尔文明 509
Hopkins, A. G. 霍普金斯 96

Horden, Peregrine 佩里格林·霍登　494
Horn, Georg 格奥尔格·霍恩　61, 63
Horn of Africa 非洲之角　182, 290, 291, 438, 457, 466
  early towns and states in 早期城镇与国家　464－5
Horus 荷鲁斯　181
Hoselitz, Bert 伯特·霍斯利茨　305
House of Islam 伊斯兰世界　222
Hoysalas 霍伊萨拉斯　428
Hughes, Brady 布雷迪·休斯　202, 203
Hughes, Donald 唐纳德·休斯　126
Hughes, Sarah 萨拉·休斯　202, 203, 204
Huguenots 胡格诺派　277, 481, 482, 537
Hui, P. K. 许宝强　393
human rights 人权　416
humanism 人文主义　480
Humboldt, Alexander von 亚历山大·冯·洪堡　572
Hume, David 大卫·休谟　20
Hundred Years' War 百年战争　478
Hung, H. 孔诰烽　393
Hungary 匈牙利　254, 285, 477, 478, 482
Huns 匈奴　162, 269, 475, 476
hunting and gathering 狩猎与采集　128, 130, 143, 144, 148, 149, 153, 161, 178, 233, 271, 288, 349, 364, 456, 508, 547, 551, 552
Huntington, Samuel 塞缪尔·亨廷顿 49, 449
Hurmuz 霍尔木兹　296, 297
husbandry 饲养　160, 163, 169

IBM Corporation IBM 公司　243
Iberia 伊比利亚　274, 276, 279, 291, 383, 476, 514, 568

Ibn al-Haytham(Alhazen) 伊本・海赛姆(阿尔哈曾) 235

Ibn Batuta 伊本・拔图塔 223

Ibn Jubayr 伊本・朱拜尔 223, 504

Ibn Khaldun 伊本・赫勒敦 1, 162, 165, 172, 222

Ibn Rushd(Averroes) 伊本・路西德(阿威罗伊) 235

Ibn Sina(Avicenna) 伊本・西拿(阿维森纳) 235

Ibsen, Henrik 易卜生 81

ice age 冰河时代 455, 456

Iceland 冰岛 274, 340, 479

Idealism, dialectical 辩证唯心主义 22, 23 - 4

ideology 意识形态 2 - 3, 7, 8, 9, 10, 11, 13, 348, 356, 369, 370, 371, 373, 375, 384, 392, 537

Ife 伊夫 466

Igbo-Ukwu 伊格博-尤克乌人 466

Ile-Ife 伊勒-伊夫 466

Iltutmish 伊杜米思 427

Imperial Maritime Customs Agency(China) 海关总署(中国) 381

imperialism 帝国主义 4, 7, 12, 13, 22, 29, 41, 45, 84, 96, 99, 273, 289, 291 - 3, 337, 343, 348, 350, 408, 437, 448, 450, 481, 482, 483 - 6, 521, 577

in Africa 在非洲 468 - 71

and capitalism 与资本主义 381 - 2, 383, 385, 393

vs empire 与帝国 379 - 82

historiography 史学 382 - 6

Marxist/Lenin theory of 马克思主义者/列宁有关帝国主义的理论 382 - 3

‘ metrocentric’ understanding of 对帝国主义的“宗主国为中心”理解 384

mid-twentieth century 20 世纪中期

transformation 转变 390 - 3
modern 现代 379 - 95
and nationalism 民族主义 381 - 2, 384, 385, 388, 389, 390, 393
new 新的 362, 389, 485
nomadic 游牧 166 - 9, 178, 362
in south and southeast Asia 在南亚与东南亚 431 - 5
ultra- 极端的 393
亦可参阅: colonialism(殖民主义)、empire(帝国)
Import Substitution Industrialization(ISI) 进口替代产业(ISI) 522 - 3
Inca empire 印加帝国 65, 275, 336, 362, 365, 369, 372, 374, 375, 509, 510
India 印度 4, 5, 9, 20, 22, 23, 30, 31, 47, 62, 65, 66, 69, 78, 79, 95, 98, 127, 134, 147, 151, 156, 213, 214, 222, 232, 233, 239, 241, 244, 253, 254, 257, 258, 275, 277, 279, 280, 283, 284, 291, 292, 293, 294, 295, 297, 298 - 9, 309, 311, 314, 315, 317, 319, 321, 329, 330, 332, 333, 339, 350, 351, 353, 356, 361, 374, 387, 388, 392, 401, 402, 405, 415, 424, 430, 445, 459, 460, 464, 480, 485, 487, 510, 518, 539, 553, 556
British 不列颠 283, 381, 432 - 5, 484, 570
Independence 独立 489
Mutiny(1857—1858) 反英起义(1857—1858) 432, 433
Indian Ocean(basin) 印度洋(盆地) 45, 69, 96, 176, 182, 214, 272, 274, 274, 275, 276, 277, 284, 288, 289, 291, 293, 294, 296, 297, 299, 330, 333, 337, 426, 429, 430, 431, 433, 464, 467, 468, 469, 471, 478, 494, 497, 504, 518, 564, 565, 568
Indian Rebellion(1857) 印度民族起义(1857) 485
Indies 印度群岛 479, 506
East 东印度群岛 569
West 西印度群岛 275, 482, 575
Indo-China 印度支那 213, 282, 389, 435

Indonesia 印度尼西亚 132, 292, 298, 355, 419, 422, 426, 435, 464, 467, 489, 524, 546, 565

Indus 印度河 332

Indus river(delta) 印度河(三角洲) 146, 274, 289, 291, 292, 328, 350, 422

Indus Valley 印度河流域文明 68, 146, 153, 177, 178, 181, 183, 232, 235, 350, 402, 418, 419

industrial revolution 工业革命 68, 316, 317, 318, 321, 381, 386, 404, 432, 484

acceleration of change(1869—1939) 变革加速(1869—1939) 241 - 2

first(ca. 1750—1869) 第一次工业革命(约 1750—1869) 239 - 40, 306, 309, 319

second 第二次工业革命 306, 308

'third' "第三次"工业革命 310

industrialism 产业主义 68, 127

industrialization 工业化 2, 4, 6, 10, 13, 77, 99, 154 - 5, 191, 202, 203, 204, 252 - 61, 269, 270, 304 - 24, 330, 354, 386, 506, 530, 533, 534, 541

in the Americas 美洲 515 - 18

on a global scale 全球 316 - 21

as a historical process 历史进程中的 306 - 8

亦可参阅: industrial revolution(工业革命)

Inland Sea 濑户内海 408

Interdisciplinary Transcultural Societal Studies 学科间的跨文化社会研究方法 269

International Monetary Fund(IMF) 国际货币基金组织(IMF) 393, 523

Internet 因特网 100, 136, 229, 244, 415

Inuits(Eskimos) 因纽特人(爱斯基摩人) 231

Investiture Controversy 叙任权斗争 477

Ionian Sea 爱奥尼亚海 496

Iran 伊朗 153, 163, 164, 165, 166, 172, 181, 289, 291, 294, 350, 351, 366, 368, 370, 372, 374, 380, 402, 405, 478, 487

Islamic Revolution(1978—1979) 伊斯兰革命(1978—1979) 441, 449

Iraq 伊拉克 366, 379, 393, 522

Ireland 爱尔兰 251, 336, 514, 518

potato famine 爱尔兰大饥荒 255, 336

Irrawaddy deltas 伊洛瓦底江三角洲 252

Isaac, Rhys 赖斯・伊萨克 347

Isabella of Castile 卡斯提尔的伊莎贝拉 476

Isaiah, Second 第二以赛亚 69

Isidore of Seville 塞维利亚的伊西多尔 58 - 9

Isis 伊希斯 502

Islam 伊斯兰教 20, 38, 43, 46, 59 - 60, 64, 66, 153, 164, 165, 172, 188, 189, 211, 212, 213, 214, 215, 219, 222 - 3, 224, 237, 274, 275, 289, 293 - 6, 297, 329, 351, 353, 354, 370, 372, 375, 401, 404, 405, 406, 410, 421, 426 - 9, 433, 441, 442, 443, 446 - 7, 448, 449, 450, 466, 470, 476, 477, 478, 479, 483, 487, 494, 495, 498, 503, 504, 505

Islamic Empire, first 第一伊斯兰帝国 465

Islamic Green Revolution 伊斯兰绿色革命 247

Israel 以色列 57, 69, 211, 213, 499, 507, 521

Istanbul 伊斯坦布尔 498, 500

Italy 意大利 43, 99, 144, 186, 188, 230, 289, 296, 309, 382, 388, 476, 477, 479, 480, 481, 485, 486, 487, 487, 488, 489, 495, 496, 497, 499, 500, 501, 503, 505, 506, 511, 520, 531, 556

Iulius Africanus 尤里乌斯・阿非利加努斯 56

Ivan III ('the Great') 伊凡三世(伟大的) 479, 482

Ivan IV ('the Terrible') 伊凡四世(恐怖的) 482

Jains 耆那教徒 421
Jamaica 牙买加 381, 512, 519, 535
James VI of Scotland(James I of England), King 苏格兰国王詹姆士五世(英格兰国王詹姆士一世) 481
Japan 日本 22, 43, 63, 68, 97, 98, 99, 145, 147, 214, 221, 222, 241, 243, 244, 249, 252, 271, 280, 281-2, 284, 297, 306, 309, 310, 315, 316, 319, 333, 339, 350, 355-6, 357, 375, 382, 384, 389, 390, 391, 392, 393, 399, 400, 401, 402, 403, 404, 405, 406, 407-8, 409-13, 414, 416, 432, 435, 438, 478, 479, 484, 487, 488, 489, 498, 510, 524, 553, 554, 556, 558, 577
Japan Sea 日本海 497, 498, 330, 351, 362, 365, 366, 368, 370, 373, 374, 375, 379, 404, 446, 475, 476, 495, 496, 501, 503
  Western 西部 65, 68, 69, 465
Jardin des Plantes(Paris) 植物园(巴黎) 238
Jarspers, Karl 卡尔·雅斯贝尔斯 1, 69, 214
Java 爪哇 248, 253, 295, 421, 423, 431, 434, 435
  War(1825—1830) 战争 434
Jerome, Saint 圣杰罗姆 57, 58, 197
Jerusalem 耶路撒冷 46, 219, 476, 504
  Jewish temple 犹太圣殿 211, 213
  Temple Mount 圣殿山 224-5
Jesuits 耶稣会会士 97, 215, 221, 482, 569
Jesus 耶稣 56, 57, 58, 64, 355
jet plane, invention of 喷气式飞机的发明 242-3
Jews 犹太人 55, 56, 57, 62, 64, 220, 222, 224, 273, 275, 281, 282, 294, 295, 404, 485, 495, 497, 502, 503, 504, 505, 506, 537
Jiangxi 江西 372, 412
Jimmu Tenno 神武天皇 215
Jin dynasty 金朝 363, 404

Jingdezhen 景德镇　372

Johnson-Odim, Cheryl 谢丽尔·约翰逊-奥迪姆　203

Jordan, C. 乔丹　197

Jordan(country) 约旦(国家)　291

Judah 犹大　57

Judaism 犹太教　211 – 12, 215, 274, 375, 443, 537

see also Jews 参见 犹太人

Judea 朱迪亚　66, 219

Jurchen Jin 金女真　167

Justinian 查士丁尼一世　476

Juvaini 诸瓦尼　7

Juvenal 尤维纳利斯　197

Kaarta kingdom 卡尔塔王国　470

Kabul(Afghanistan) 喀布尔(阿富汗)　427

Kalgoorlie 卡尔古利　554

Kalidasa 迦梨陀娑　126

Kamehameha dynasty 卡美哈美哈王朝　575

Kames, Lord 凯姆斯勋爵　199

Kanauj 曲女城　422

Kandinsky, Wassily 瓦西里·康定斯基　486

Kanem empire 加涅姆帝国　466

Kangxi emperor(China) 康熙皇帝(中国)　482

Kanish 卡尼什　290

Karabalghasun(Uighur) 窝鲁朵八里(回鹘)　170

Karakhanid state 卡拉干达州　405

Kasanje kingdom 卡桑杰王国　469, 472

Kashmirk 克什米尔　427, 428

Kazaks 哈萨克　161, 406, 407

Kazan 喀山 482
Keddie, Nikki 尼基·凯迪耶 449
Keller, Christoph(Cellarius) 克里斯托弗·凯勒(塞拉里乌斯) 61
Kemal, Mustafa 穆斯塔法·凯末尔 448
Kenya 肯尼亚 252, 279, 283, 284, 288, 295, 388, 460, 489 - 90, 522
Kepler, Johannes 约翰内斯·开普勒 238
Kerma 克玛王国 461 - 2
Khalajis 卡尔奇王朝 427
Khartoum 喀士穆 459
Khazanov, Anatoly M. 阿纳托利·M. 哈扎诺夫 163
Khazar empire 哈扎尔帝国 375
Khitans 契丹人 366
Khoi 科伊 273
Khrushchev, Nikita 尼基塔·赫鲁晓夫 414
Khurasan 呼罗珊 291
Khwarazm Shahs 花剌子模王朝 166
Khwarezm 花剌子模 400
Kierkegaard, Søren 索伦·克尔恺郭尔 81
Kiev 基辅 477, 478, 479
Kikuyu people 基库尤人 490
Kim Il-song 金日成 413
Kinai(Japan) 畿内(日本) 249
Kirghiz 吉尔吉斯人 161
Kiribati, Republic of 基里巴斯共和国 564
Kirk, George 乔治·柯克 448
Klein, Richard 理查德·克莱因 129
Klieman, Kairn 凯恩·克里曼 467
Knossos 克诺索斯 506
Kokoda Trail(Papua New Guinea) 科科达山道(巴布亚新几内亚) 556

Kondratiev, Nicolai 尼古拉·康德拉季耶夫　98
Kongo kingdom 刚果王国　355, 467, 469
Konkan 康坎　423
Korea 朝鲜　147, 271, 315, 350, 364, 375, 391, 392, 399, 400, 401, 402, 403, 404, 405, 406, 407, 409, 410, 413, 414, 498
　War(1950) 战争(1950)　413
　see also North Korea; South Korea 参见：北朝鲜、南朝鲜
Koror 科罗尔　575
Krishna river 克里希纳河(即齐斯特纳河)　428
Kublai Khan 忽必烈汗　429
Kuk swamp 巴布亚的内陆高原　548
Kunitz, Stephen 斯蒂芬·库尼茨　551
Kushan empire 贵霜帝国　291, 292, 351, 361, 369, 375, 424, 425, 462
Kuznets, Simon 西蒙·库兹涅茨　304, 305, 306, 307
Kyoto(Japan) 京都(日本)　400, 405, 407
Kyrgyzstan 吉尔吉斯斯坦　404, 416

La Peyrère, Issac 伊萨克·拉·佩莱尔　60 - 1
labor 劳动；努力；工作；活动；劳工；工会　6, 67, 98, 148, 190, 191, 235, 246, 249 - 51, 254, 259, 260, 261, 270, 272, 273, 275, 276, 278, 279, 280, 281 - 2, 285, 307, 309, 311, 313, 314, 316, 319, 320, 330, 335, 368, 381, 383, 389, 407, 408, 435, 490, 495, 511, 512, 518 - 19, 530, 532, 539, 550, 553, 576
Lagos 拉各斯　385
Lahore 拉合尔　422
Lake Van 凡湖　176
Lal, Vinay 维奈·拉尔　30
Lamprecht, Karl 卡尔·兰普雷希特　29
Landes, David S. 大卫·S. 兰德斯　38

Lane, Franklin 富兰克林·兰恩 393
language 语言 9, 21, 39, 40, 93, 97, 108, 138, 180, 213, 217, 230, 350, 352, 356, 366 – 7, 369, 401, 402 – 3, 456, 457, 458, 477 – 8, 480, 531, 565, 566
Laos 老挝 435
Laozi 老子 69
Lapland 拉普兰德 238
Lapps 拉普人 161
Latin 拉丁人; 拉丁语 213, 374, 477 – 8
law 法律 380, 476, 477, 479, 480, 482
League of Nations 国际联盟 99, 393, 411, 487
Lebanon 黎巴嫩 290, 501
Lebrun, Albert 阿尔贝·勒布伦 390
Leclerc de Buffon, Georges-Louis 乔治-路易·勒克莱尔·德布丰 65
Legge, James 詹姆斯·理雅各 222
Leguia, August 奥古斯特·莱吉亚 518
Leibniz, Gottfried 戈特弗里德·莱布尼茨 97
Lenin, Vladimir 弗拉基米尔·列宁 383, 411, 412
Leopold, King 国王利奥波德 388, 470
Lepanto battle 勒班陀战役 505
Lerner, Gerda 格尔达·勒纳 202
Levant 黎凡特 144, 150, 153, 329, 330, 424, 455, 456, 464, 496, 500
Lévi-Strauss, Claude 克劳德·列维-斯特劳斯 68
Lewis, Bernard 伯纳德·刘易斯 447, 449
Lewis, Robert Benjamin 罗伯特·本杰明·刘易斯 7
Liao dynasty 辽朝 365
Liao river 辽河 400
Lima(Peru) 利马(秘鲁) 518
Limpopo Valley 林波波河谷 468

Lindert, Peter 彼得·林德特 191

Linné, Carl(Linnaeus) 卡尔·林奈(林奈乌斯) 572

Lippershey, Hans 汉斯·利伯希 238

Lisbon 里斯本 512,514

literacy 读写能力 369

Lithuania 立陶宛 478,479,482

Liverpool 利物浦 253

Livi-Bacci, Massimo 马西莫·利维-巴茨 133

Livingstone, David 大卫·李文斯敦 222

Livorno 理窝那 495,499,505

Liberia 利比里亚 279,388,470,533,537

liberty 自由 31,73,76,385

Libya 利比亚 46,506,507

linguistic turn 语言学转向 2

Lockard, Craig 克雷格·洛卡德 445

Locke, John 约翰·洛克 76,80

Lodis 洛第王朝 427

Lombardy 伦巴第 188,336,475,476

London 伦敦 512,517,553,554

see also England 参见 英国

Great Britain 大不列颠

London Missionary Society 伦敦传道会 577

Lono(god) 洛诺(主神) 220,549

Loraine, Percy 珀西·洛兰 439

Lorraine 洛林 477

Lothair 罗退尔 476

Louis, King of East Germany 东德国王路易 477

Louis XIV, King 国王路易十四 63,482

Lualaba River 卢阿拉巴河 467

Luba empire 卢巴帝国　469
Luce, Henry 亨利・鲁斯　412
Lukashenka, Alexander 亚历山大・卢卡申科　415
Lunda empire 隆达帝国　469
Lurs 卢尔人　161
Luther, Martin 马丁・路德　60, 64, 480, 481
Luxembourg, Rosa 罗莎・卢森堡　383
Lydia 吕底亚　367
Lyotard, Jean-François 让・弗朗索瓦・利奥塔　11

Macao 澳门　186, 297, 405, 406
Macaulay, Thomas Babbington 托马斯・巴宾顿・麦考利　26
McAuley, Beth 贝丝・麦考利　203
McBrearty, Sally 莎莉・麦克布里亚蒂　130
Macedonian empire 马其顿帝国　56, 58, 64, 184, 274
McGrew, Anthony 安东尼・麦克格鲁　90
Machiavelli, Niccolò 尼可罗・马基雅弗利　479, 481
McMichael, A. J. 麦克迈克尔　138
McNeill, John R. 约翰・R. 麦克尼尔　128, 129, 135, 137, 349, 445, 531
McNeill, William H. 威廉・H. 麦克尼尔　27, 28, 31, 48, 69, 127, 349, 444, 445, 446
Madagascar 马达加斯加　40, 332
Madeira 马德拉　330, 505
Magellan, Ferdinand 费迪南德・麦哲伦　337, 548, 566, 568
Magellan Exchange 麦哲伦大交换　337, 338
Maghreb 马格里布　59, 295, 331, 496, 498, 504
Magyars 马扎尔人　477
Mahabharata 摩诃婆罗多　215
Mahan, Alfred Thayer 阿尔弗雷德・塞耶・马汉　438, 441, 443, 447

Maitland, Frederic William 弗里德里克·威廉·梅特兰 26
Majapahit 满者伯夷国 421
Majorca 马略卡岛 504, 506, 507
Makin, Bathsua 巴苏阿·梅金 199
Makran coast 马克兰海岸 427
Malabar coast 马拉巴尔海岸 291, 292, 293, 421, 423, 431
Malagasy 马尔加什人, 马达加斯加人 467
Malay-Indonesian archipelago 马来-印度尼西亚群岛 426, 428, 429
Malay peninsula 马来半岛 293, 434
Malaya, British 英属马来亚 339, 389, 434
Malaysia 马来西亚 284, 524
Mali 马里 331, 457, 463, 466, 469
Malta 马耳他 388, 438, 493, 499
Siege(1565) 围攻(1565) 505
Maluku 马鲁古 568
Malwa 马尔瓦 427
Mamluk 马穆鲁克 188
Manchu Qing 满清 167
Manchu state 满洲 406, 407
Manchukuo 满洲国 390, 391－2, 393, 411, 487
Manchuria 满洲 147, 184, 252, 281, 348, 389, 390, 392, 399, 400, 401, 408, 411
Manchus 满洲人 64, 187, 409－10
Manetho 曼涅托 55
Manhattan Project 曼哈顿工程 243
Manichaeism 摩尼教 351, 375, 405
Manila 马尼拉 44, 95, 276, 405, 548, 568, 569, 570
Manila Galleon trade 马尼拉大帆船贸易 564, 574－5, 577
Manning, Patrick 帕特里克·曼宁 539

Mansura 曼苏拉 422

Manu 摩奴 215

Mao Zedong 毛泽东 221, 410, 412 - 13, 414, 415

Māori 毛利人; 毛利语; 毛利族 550, 551, 552, 555, 556, 557

Map, Walter 瓦尔特・迈普 197

Mapungubwe 马蓬古布韦 182, 468

Maratha 马拉塔人 428

Marconi, Guglielmo 伽利尔摩・马可尼 242

Marcus Aurelius 马可・奥勒留 293

Marduk 马尔杜克 219

Mariana Islands 马里亚纳群岛 549, 550

markets 市集; 市场 98, 100, 155, 169, 190, 244, 251, 314, 316, 320, 321, 372, 381, 382, 383, 387, 388, 407, 411, 414, 415, 468, 469, 511, 523, 539, 553, 568, 575, 576

Marks, Robert B. 马立博 79, 345

Marquesas Islands 马克萨斯群岛 347, 550, 569

Marseille 马赛 422

Marsh, George Perkins 乔治・帕金斯・马什 127

Martel, Charles 查理・马特 476

Martin, Lawrence 劳伦斯・马丁 439

Martin, Paul S. 保罗・S. 马丁 131

Martini, Martino 卫匡国 60

Martinique 马提尼克岛 282

Marx, Karl 卡尔・马克思 24, 27, 30, 66 - 7, 75, 77, 81, 82, 110, 306, 307, 411

Marxism 马克思主义 12, 24, 27, 28, 29, 30, 66 - 7, 202, 382, 384, 414, 448

see also communism 参见 共产主义

Maryland 马里兰 338

Masai 马赛人 161

Mashariki Bantu 马沙利克人 467

Massachusetts(US) 马萨诸塞州(美国) 534

materialism, dialectical 辩证唯物主义 24, 110

see also Marxism 参见 马克思主义

Matthew Paris 马修·帕里斯 59

Mauretania 毛里塔尼亚 462

Mauritius 毛里求斯 280

Mauryan empire 孔雀帝国 351, 361, 367, 369, 423

Maxwell, James Clerk 詹姆斯·克拉克·麦克斯韦 242

Maya empire 玛雅帝国 1, 150, 152, 182, 275, 347, 362, 509

Mazlish, Bruce 布鲁斯·马兹利什 29, 31, 216

Mbanzakongo 姆班扎刚果 467

Mecca 麦加 223

Black Stone 黑石 224

Medes 米堤亚人 55, 56, 58, 62, 66

media 媒体 77, 91, 99, 100, 412

Medicis 美第奇家族 62

Mediterranean 地中海 4, 5, 6, 42, 61, 63, 135, 146, 152, 153, 176, 178, 188, 189, 273, 274, 275, 277, 283, 291, 297, 328, 330, 335, 350, 351, 362, 375, 402, 422, 438, 439, 445, 458, 464, 465, 466, 471, 479, 480, 489

classic 典型的 499 - 507

First 第一 500 - 1

Mediterranean(*cont.*) 地中海

Second 第二 501 - 3

Third 第三 503 - 5

Fourth 第四 505 - 6

Fifth 第五 506 - 7

history 历史 493 - 507

Mediterranean Sea 地中海 493, 494, 495, 497, 498, 500

Méhégan, Chevalier de 梅赫根 21, 22

Meiji 明治 409

Meiners, Christoph 克里斯托弗·迈纳斯 199

Mekong 湄公河 252

Melaka(Straits) 马六甲(海峡) 294, 295, 296, 297, 298, 405, 421, 422, 423, 429, 431, 434, 568

Melanchthon, Philipp 菲利普·梅兰希顿 60

Melanesia 美拉尼西亚 152, 419, 546, 548, 550, 556, 573, 576, 577

Melbourne(Australia) 墨尔本(澳大利亚) 554

Melbourne school of ethnographic history 墨尔本民族志历史学院 347 - 8, 349

Meloria battle(1284) 梅洛里亚之战(1284) 504

Melos 米洛斯岛 500

Melville, Herman 赫尔曼·麦尔维尔 81

Mendel, Gregor 格雷戈尔·孟德尔 244

Mendels, Franklin 富兰克林·门德尔斯 307

Menes, King 美尼斯王 181

Meroe 梅罗 642

Merovingian kings 墨洛温王朝的国王 476

Merwick, Donna 唐娜·莫维克 347

Mesoamerica 中美洲 134, 145, 152, 182, 232, 272, 275, 276, 316, 317, 328, 331, 362, 372, 508, 509

Mesopotamia 美索不达米亚 1, 55, 61, 67, 95, 134, 146, 153, 213, 232, 235, 270, 272, 288, 289, 290, 291, 296, 327, 350, 351, 361, 370, 373, 374, 402, 439, 444, 476, 501

metageographies 元地理学 43 - 4, 47, 48, 49

metallurgy 冶金学 153, 229, 232 - 3, 241, 402, 418, 463, 471

métissage(*mestizaje*) 种族混合 270, 274
Mexica 墨西哥 370, 509, 510
Mexico 墨西哥 41, 65, 156, 157, 177, 220, 254, 275, 335, 392, 480, 482, 511, 517, 518, 519, 522, 523
Valley 峡谷 232, 509 - 10
Mezhirich 梅日里奇 131
Micronesia 密克罗尼西亚 152, 485, 546, 548, 550, 554, 557, 573, 577
Middle Ages 中世纪 59, 64, 66, 67, 224, 237, 307, 316, 476, 478, 493, 495, 496, 497, 504
see also Europe, 'medieval' 参见 欧洲,"中世纪的"
Middle East 中东 29, 146, 147, 164, 173, 231, 232, 234, 235, 237, 244, 290, 311, 316, 317, 385, 401, 402, 405, 456, 457, 459, 464, 466, 469, 471, 475, 477, 485, 487, 489, 501
ancient history 古代史 443 - 5
classical and medieval 古典的和中世纪的 445 - 7
as a concept 作为一种概念 437 - 41, 449 - 50
empires 帝国 176 - 94
modern 现代的 447 - 9
in world history 在世界史中 437 - 54
Middle Eastern Studies 中东研究 441, 448
migration 迁徙; 迁移 69, 91, 92, 130, 135, 137, 146, 160, 258, 269 - 87, 314, 327, 328, 332, 343, 349, 350, 374, 399, 407, 419, 476, 478, 485 - 6, 539, 557
in the Americas 在美洲 518 - 19
in the Atlantic ocean basin 在大西洋盆地 534 - 6
in Europe 在欧洲 490 - 1
mass 大规模的 12, 13
Mediterranean 地中海 494, 496, 498, 500
nineteenth-century 19 世纪 278 - 80

oceanic 海洋 529; *see also* Oceania 参见 大洋洲
seaborne 海运的 272-3
since the 1950s 自19世纪50年代以来 282-5
and societies(500BCE—1500CE) 以及社会(公元前500—公元1500) 273-5
systems-approach 系统方法 269-70
Milan(Italy) 米兰(意大利) 479, 480
Milankovitch, Milutin 米卢廷·米兰科维奇 132
Miles, Rosalind 罗莎琳德·迈尔斯 202
Millar, John 约翰·米勒 199
Ming dynasty 明朝 152, 167, 168, 236, 296, 297, 351, 375, 405-6, 410, 569
Minoan Crete 米诺斯克里特岛 290, 500
Minoans 米诺斯人 500
Minorca 米诺卡岛 506
miracles 神迹 351-2
misogyny 厌女情结 197
Misra, Joya 乔亚·米斯拉 202
missiles race(US-USSR) 导弹竞赛(美苏) 243
missionaries 传教士 5, 6, 97, 221-2, 273, 351-2, 354, 355, 356, 401, 480, 537, 550, 569, 577
Mississippi River(US) 密西西比河(美国) 510
Mississippi Valley(US) 密西西比河谷(美国) 275, 509
Moche 莫切人 508
Model T(automobile) T型(汽车) 242
modern era 现代 129, 135-6, 349
modernism 现代主义 25-8, 29, 31
modernity 现代性 6, 12, 13, 20, 21, 24, 30, 72-88, 89, 93, 99, 220
critiques of 对……的批判 80-2

European 欧洲的　7, 10, 12, 13

global 全球的　79 - 80, 83 - 4

as a project 作为一项工程　75 - 7

substantive 实质的; 本质上的　77 - 9

in south and southeast Asia 在南亚和东南亚　429 - 31

temporal *vs* substantial conception of ……的时间概念与……的实质概念　72 - 3

modernization school 现代化学派　344, 345

Mohenjo-daro 摩亨佐达罗　418, 422, 423

Mombasa 蒙巴萨　299

monarchies 君主国　362, 367, 477, 479, 481, 482, 514

Monastir 莫纳斯提尔　507

Mongol Il-Khans 蒙古伊尔汗　166

Mongolia 蒙古　1, 7, 64, 161, 162, 163, 164, 165, 166 - 71, 181, 187, 188, 219, 220, 224, 238, 252, 269, 289, 293 - 6, 297, 329, 351, 362, 363, 364, 365, 366, 367, 368, 370, 372, 373, 399, 400, 401, 405, 406, 410, 415, 416, 424, 425, 427, 429, 476, 477, 478

monogenesis 一元发生说; 单源论　572

Monroe, James 詹姆斯·门罗　392

Monroe Doctrine 门罗主义　392, 393

Monsanto 孟山都　261

Monteczuma 蒙特祖玛　482

Montesquieu 孟德斯鸠　7, 97

Montreal(Canada) 蒙特利尔(加拿大)　512

Moorish kingdom 摩尔王国　476, 479

Mormonism 摩门教　218

Morocco 摩洛哥　257, 330, 351, 388, 496, 498, 503, 521

Morris, Marilyn 玛丽莲·莫里斯　204

Morse, Samuel 塞缪尔·摩尔斯　240

Moruroa 穆鲁罗瓦环礁 557
Moscati, Sabatino 萨巴提诺·莫斯卡蒂 444
Moscow(Russia) 莫斯科(俄罗斯) 478
Moses 摩西 57, 63, 64
Mothe le Vayer, François de la 弗朗索瓦·德·拉·莫特·勒瓦耶尔 61
Mughal empire 莫卧儿帝国 96, 366, 371, 375, 380, 386, 430
Mughal Raj 莫卧儿帝国治下的印度 432
Muhammad 穆罕默德 62, 64, 66, 222, 223, 224, 237, 294, 476
Muhammad Tor 穆罕默德-托尔 422
Multan 木尔坦 422
multinational corporations(MNCs) 跨国公司 315, 316, 319
Mumbai 孟买 385
Murphey, Rhoads 罗兹·墨菲 184-5
Muscovy 俄国 370, 482
music 音乐 3, 496
Mussolini, Benito 贝尼托·墨索里尼 488
Myanmar 缅甸 434, 435
Mycenae 迈锡尼 500, 506
Mykonos 米克诺斯岛 507
myth 神话 1, 3, 108, 180, 215, 217, 218, 354, 400, 475, 502, 549, 566, 568
  and history 以及历史 54-5N

Nabta Playa 纳布塔-普拉亚石阵 460, 461, 471
Nagasaki 长崎 184, 407, 568
Namier, Lewis 刘易斯·纳米尔 25
Nandy, Ashis 阿希斯·南迪 203
Nanjing 南京 411

Nanjing Treaty 南京条约 484

Nantes Edict(1598) 南特敕令(1598) 481

Napata 纳帕塔 462

Naples 那不勒斯 479

Bay 湾 503

Napoleon 拿破仑 181, 381, 386, 475, 476, 506, 514

Napoleonic Wars 拿破仑战争 81, 279, 434

Naqada 涅伽达 471

narratives 叙事; 叙述 8, 9, 11, 19, 93, 116, 117, 118, 199, 216, 535, 538

Nasser, Gamal Abdel 贾迈勒·阿卜杜勒·纳赛尔 223

nation-states 民族国家 2, 4, 36, 41, 43, 77, 94, 99, 101, 204, 269, 362, 381, 382, 386, 390, 391, 393, 406, 410, 480

as the focus of historical analysis 作为历史分析的焦点 7-9, 10, 11-13

see also nations; states 参见: 民族、国家

national communities 民族社区 8, 9, 12, 13

see also nation-states 参见 民族国家

National Defense Education Act(US) 1958 年国防教育法(美国) 49, 439

nationalism 民族主义 8, 9, 23, 31, 381, 382, 384, 385, 388, 389, 390, 393, 399, 410, 411, 412, 447, 448, 529

nations 民族 6, 21, 26, 31, 111, 270, 385, 480

see also nation-states 参见 民族国家

Native Americans 美洲土著居民; 印第安人 214, 216, 217, 218, 220, 231, 482, 484, 566, 570

NATO 北大西洋公约组织 531, 538

Nazca 纳斯卡 508

Nazism 纳粹主义 25, 48, 220

neanderthals 尼安德特人 455, 499

Near East 近东 68, 163, 172, 188, 219, 438, 439, 442, 443, 444, 446,

448, 450, 503

Negri, Antonio 安东尼奥·尼格里 379

negritude 非裔黑人特征 282

Negus 尼格斯 293

Nehru, Jawaharlal 贾瓦哈拉尔·尼赫鲁 7

Neidjie, Bill 比尔·内杰 126

Neo-Assyrian dynasty 新亚述王朝 361, 369

Neolithic Age 新石器时代 177, 231, 246, 418, 442

Neolithic revolution 新时期时代革命 68

Nepal 尼泊尔 292

Netherlands 荷兰; 尼德兰 64, 81, 154 - 5, 190, 275, 277, 296, 297 - 8, 315, 336, 380, 383, 389, 406, 407, 432, 479, 480, 481, 482, 483, 484, 489, 490, 530, 534, 569, 573, 575

New Caledonia 新喀里多尼亚 550, 552, 554, 565

New England 新英格兰 510, 515

New Guinea 新几内亚 145, 152, 177, 230, 231, 271, 272, 327, 328, 332, 335, 546, 548, 549, 553, 554, 556, 564, 565

New Holland 新荷兰 347

New Spain 新西班牙 278, 482, 577

New World 新世界 20, 45, 76, 79, 154, 203, 362, 368, 375 - 6, 380, 383, 386, 405, 406, 419, 430, 459, 482, 486, 496, 531, 534

see also Americas; Old World 参见 美洲; 旧世界

New York(US) 纽约(美国) 253, 512, 515, 519

New Zealand 新西兰 98, 155, 332, 337, 338, 339, 485, 546, 547, 549, 550, 551, 552, 553, 554 - 6, 557, 558, 559, 566

see also Australasia; Oceania 参见 澳大拉西亚; 大洋洲

Newcomen, Thomas 托马斯·纽科门 240

Newfoundland 纽芬兰 480

Newton, Isaac 伊萨克·牛顿 74, 238, 239

Nicaragua 尼加拉瓜
Civil War(1977—1979) 内战(1977—1979) 521
Nicea Council 尼西亚会议 475
Nietzsche, Friederich 弗里德里希·尼采 24, 486
Niger 尼日尔 463, 470
Niger-Congo peoples 尼日尔-刚果人民 457, 459, 460, 472
Benue-Kwa 贝努埃-科瓦人 458
Niger-Kordofanian peoples 尼日尔-科尔多法尼亚人 457
Niger river 尼日尔河 145, 463, 466, 470
Inland Delta 内陆三角洲 463, 464, 465
Nigeria 尼日利亚 153, 388, 463, 466, 468, 470
Nile delta 尼罗河三角洲 291, 292
Nile river and valley 尼罗河和山谷 144, 146, 181, 182, 271, 272, 273, 289, 328, 444, 457, 459, 460, 461, 462, 471
Nilo-Saharan peoples 尼罗-撒哈拉人民 457, 458
Nimrod 尼姆罗德 65
Nineveh 尼尼微 369
Nkrumah, Kwame 克瓦米·恩克鲁玛 383
Noah 诺亚 57, 61, 63, 64, 475
Nok culture 诺克文化 463
nomads, *see* pastoralism, 'nomadic' 游牧民族, 参见 游牧, "游牧的"
Nootka 努特卡族人 572
Normandy 诺曼底 274, 477
North, Douglas 道格拉斯·诺斯 306
North America Free Trade Association(NAFTA) 北美自由贸易协会 254, 523, 524
North American Treaty Organization 北美条约组织 520
North Korea 北朝鲜 416
North Sea 北海 277

Northwest Passage(Atlantic/Pacific) 西北航道(大西洋/太平洋) 568, 571
Norway 挪威 478
Nova Scotia 新斯科舍 480
Novgorod 诺夫哥罗德 296
Novick, Peter 彼得·诺威克 8
Nubia 努比亚 42, 182, 289, 290, 426, 460, 461, 471
Nuer 努尔人 161, 165
Nushirvan, emperor 努什尔万皇帝即 Khosrow Ⅰ 哥士娄一世 293
Nuwa 女娲 215

O' Niell, Henrietta 亨利埃塔·奥尼尔 483
Oberth, Hermann 赫尔曼·奥伯特 243
Obeyesekere, Gananath 加纳纳什·奥贝耶塞克勒 220, 549
Oceania 大洋洲 5, 253, 332, 348, 356, 546 - 63, 564, 570, 572, 576
  European settler societies and plantation colonies 欧洲定居者社区与种植园殖民地 552 - 4
  and the Great Depression(1929) 以及大萧条(1929) 555
  impact of pre-colonial European influences 前殖民时期欧洲影响的冲击 549 - 52
  indigenous exploration and colonization 土著人的探索与殖民化 547 - 8
  intersection of European and indigenous worlds 欧洲与土著世界的交汇点 548 - 9
Near 近的 547, 565
post-war 战后 557 - 9
Remote 远程; 偏远的 547
  and the World Wars 和世界大战 554 - 6
  see also Australasia 参见 大洋洲
Odria, General Manuel 曼努埃尔·奥德里亚将军 520

Odysseus 奥德修斯 500, 506

Oersted, Hans Christian 汉斯·克里斯提安·奥斯特 241

Ohain, Hans von 汉斯·冯·奥海因 242

Ohio Valley(US) 俄亥俄山谷(美国) 509, 513

Old Kingdom 古王国 472

Old World 旧世界 45, 368, 375 - 6, 405, 419, 468, 534

Olmec civilization 奥尔梅克文明 181, 362, 508

Olstein, Diego 迭戈·欧斯坦 117

Oman 阿曼 289

Oporto 波尔图 512

opium 鸦片 386 - 7, 483, 484

Opium Wars 鸦片战争 387, 408

Organization of Petroleum Exporting Countries(OPEC) 石油输出国组织 440 - 1

oriental studies 东方研究 97, 439, 446

orientalism 东方主义; 东方学 5, 6, 99, 348, 356, 385, 439, 448

Origen of Alexandria 亚历山大里亚的奥利金 57

Orinoco river 奥里诺科河 145, 147

Orinoco Valley 奥里诺科河谷 151

Orkhon river 鄂尔浑河 400

Ortega y Gasset, José 何塞·奥尔特加-加塞特 26

Osaka 大阪 407

Ostrogoths 东哥特人 476

Ötsi the Ice Man 冰人奥茨 230 - 1

Otto of Freising 弗赖辛的奥托 59

Otto I of Saxony 萨克森的奥托一世 477

Ottoman empire 奥斯曼帝国 41, 97, 166, 184 - 5, 188 - 9, 275, 297, 375, 379, 380, 438, 439, 480, 481, 486, 487, 500, 505

Ou-fan Lee, Leo 李欧梵 83

Ounjougou 翁约戈文化 457, 458
Ovid 奥维德 55
Ovimbundu 奥文崩杜人 469
Oyo empire 奥约帝国 469

Pacey, Arnold 阿诺德·佩西 344
Pacific Islands 太平洋岛屿 347, 354, 355, 386, 546, 547, 549, 550, 553, 554, 558, 559, 566, 575
Pacific Ocean 太平洋 331, 332, 337, 375, 408, 446, 485, 486, 487, 489, 547, 548, 549
basin 盆地 564 - 80
ethnography and racial classification 民族志和种族分类 572 - 4
exploitation 开发; 剥削 574 - 7
global connections 全球联系 568 - 9
nuclear 核武器; 核武器的; 核心的 557 - 9
Rim 沿岸 550, 566, 573, 577
South 南 548, 557
three periods of settlement 三段定居期 565 - 7
paganism 异教 215, 495
Pagden, Anthony 安东尼·帕戈登 382
Pakistan 巴基斯坦 144, 258, 283, 433, 441
Independence 独立 489
Palauan archipelago 帕劳群岛 567
Paleolithic era 旧石器时代 70, 128, 129 - 32, 135, 145, 149, 150, 288, 327, 350, 442, 500
Paleologus, Michael 米海尔·巴列奥略 297
Palermo 帕勒莫 504
Palermo Stone 帕勒莫石碑 181
Palestine 巴勒斯坦 219, 223, 272, 282, 350, 501

Pamirs 帕米尔高原　291, 292

Pamplona 潘普洛纳　514

Panama 巴拿马　146

Pangu 盘古　215

Panjab 旁遮普　422

Pantel, Pauline 宝琳·潘黛儿　203

Papacy 教皇　475, 477, 479

Papal State 教皇国　64

Pape' ete 帕皮提　575

Papua New Guinea 巴布亚新几内亚　132, 556, 558

Papuan-speaking peoples 巴布亚语民族　547 – 8

Paraguay 巴拉圭 524

Pares, Richard 理查德·帕雷斯　26 – 7

Paris Academy of Science 巴黎科学院　238

Paris Treaty(1783) 巴黎条约(1783)　571

Parrini, Carl 卡尔·帕里尼　393

Parsons, Talcott 塔尔科特·帕森斯　79, 305, 306

Parthian 帕提亚王朝　293, 351, 361, 375, 404

Pashtuns 普什图人　161

pastoralism 游牧　21, 133, 134, 146, 152, 339, 364, 466, 472

　nomadic 游牧的　13, 160 – 75, 252, 400, 425 – 6, 429

Patai, Raphel 拉斐尔·帕泰　440

Patna 帕特纳　272

Paul, Saint 圣保罗　61

Paulus Orosius 保卢斯·奥罗修斯　58

Pax Brittanica(1815—1870) 不列颠和平(1815—1870)　386

Pax Mongolica 蒙古和平　405

Pearl Harbor, Japanese attack 日本袭击珍珠港事件　412, 488, 556

Pearl River delta(China) 珠江三角洲(中国)　250

Pennsylvania(US) 宾夕法尼亚州(美国) 534

Pérez Jimenez, Marcos 马科斯·佩雷斯·希门尼斯 520

Pericles 伯里克利 62

periodization 分期 31, 54 - 71, 107, 117, 128, 270, 442, 565

Pernambuco(Brazil) 伯南布哥州(巴西) 511

Perry, Commodore 佩里准将 409

Persepolis 波斯波利斯 369

Persia 波斯 1, 5, 7, 20, 23, 55, 56, 58, 62, 64, 66, 69, 79, 97, 176, 211, 213, 219, 235, 237, 238, 291, 293, 329, 348, 421, 424, 425, 426, 430, 431, 444, 445 - 6, 478

Persian Gulf 波斯湾 144, 284, 289, 291, 294, 295, 296, 438, 465

Persian Wars 波斯战争 446

Peru 秘鲁 146, 147, 254, 480, 508, 513, 517, 518, 520

Pétau, Denis 丹尼斯·佩图瓦 59, 60

Peter, Saint 圣彼得 475

Petra 佩特拉 292

pharaohs, Egyptian 埃及法老 369, 495

Philadelphia(US) 费城(美国) 512

Philip II of Spain 西班牙的菲利普二世 481, 494

Philippines 菲律宾 78, 270, 281, 284, 285, 337, 355, 385, 389, 392, 486, 488, 546, 565, 575

Philistines 非利士人 501

philology 文献学; 语文学 97

philosophy 哲学 199, 237, 441, 486

Greek 希腊的 69, 477

Phoenicia 腓尼基 64, 270, 288, 290 - 1, 361, 402, 495, 496, 500, 501, 503

phonograph, invention of 留声机的发明 241

Picasso, Pablo 巴勃罗·毕加索 486

Pico della Mirandola, Giovanni 乔万尼·皮科·德拉·米兰多拉 73
Pilgrim Fathers 清教徒前辈移民 512
pilgrimages 朝圣 210, 223 - 5, 273, 496, 504
pirates 海盗 535 - 6
Pisa 比萨 422, 504
Pitcairn Island 皮特凯恩岛 546, 574
Piye 皮耶 462
Pizan, Christine de 克里斯汀·德·皮桑 198
Plato 柏拉图 55, 69, 234
Pleistocene 更新世 146, 148, 149, 150, 565
Plutarch 普鲁塔克 196 - 7
Poland 波兰 43, 254, 282, 478, 479, 482, 487, 488, 494
politics 政治 4, 8, 39, 100, 112, 163 - 6, 199, 204, 258, 269, 369, 479 - 80, 481, 495, 537
Polonnaruva 波隆纳鲁瓦 422
Polybius of Megalopolis 麦加罗波利斯的波利比阿 56
Polynesia 波利尼西亚 1, 152, 217, 332, 546, 548, 550, 557, 566, 567, 573, 575, 576, 577
Pomeranz, Kenneth 肯尼思·彭慕兰 10, 79, 345
Pontine Marshes(Italy) 彭甸沼地(意大利) 496
population 人口 39, 40, 108, 147, 163, 178, 181, 247 - 52, 284, 320, 334, 346, 363, 364, 365, 380, 400, 408, 430, 490, 551, 576
  growth 成长 132, 133, 134, 135, 136, 148, 149, 150, 151, 156, 272, 305, 408, 457, 460
  see also migration 参见 迁徙
Portugal 葡萄牙 96, 190, 221, 275, 276, 277, 289, 297, 299, 405, 406, 430, 468, 479, 480, 482, 493, 494, 498, 505, 510, 511, 514, 530, 537, 568, 577
positivism 实证主义 110, 119

postcolonial studies 后殖民研究 202, 203, 345, 348
postcolonialism 7, 28 – 30, 99, 275, 385
postmodernism 后现代主义 11, 19, 25, 110, 448
and postcolonialism 以及后殖民主义 28 – 30
Potosí 波托西 511
poverty 贫困 136, 283, 285, 520
power 权力 3, 4, 23, 93, 143, 232, 245, 275, 346, 347, 348, 349, 354, 356, 357, 363, 364, 365, 385, 409, 483, 509, 539
political 政治的 39, 94, 96, 100, 176 – 94, 383, 410
see also colonialism; empire; imperialism 参见 殖民主义; 帝国; 帝国主义
Powhatan people 波瓦坦人民 510
Prebisch, Paul 保罗 · 普雷比什 522
printing 印刷 21, 404
progress 进步 20 – 1, 42, 62, 204
proletarian revolution 无产阶级革命 383
protectionism 保护主义 314
Protestantism 新教 58, 277, 356, 481, 537, 577
Provence 普罗旺斯 477, 495
Prussia 普鲁士 23
Pryor, John 约翰 · 普赖尔 496
Ptolemy 托勒密 234, 238
dynasty 王朝 291, 502
Puerto Rico 波多黎各 281, 519
Puna 普纳 146
Punic War 布匿战争 291
Second 第二次 56
Punjab 旁遮普 257
Purchas, Samuel 塞缪尔 · 珀切斯 210, 212, 214

Purcell, Nicholas 尼古拉斯·普赛尔 494

Puritan Revolution 清教革命 481

Puritanism 清教主义 537

Puritans, English 英国的清教徒 277, 512

Pyrenees 比利牛斯山 288, 466

Pythagoras 毕达哥拉斯 233

Qashqa'i 卡什加人 161

Qi Shirong 齐世荣 67

Qilian mountains 祁连山 292

Qin dynasty 秦朝 181, 187, 189, 361, 362, 365, 366, 367, 402, 403

Qing dynasty 清朝 252, 380, 387, 389, 406, 407, 408, 409, 410

Qingdao 青岛 357, 408

Qizilbash 基齐勒巴什 166

Quaker religion 贵格会宗教 537

Quebec(Canada) 魁北克(加拿大) 331, 338, 512, 513

Queensland(Australia) 昆士兰(澳大利亚) 550, 553

Quetzalcoatl(Mexican god) 魁札尔科亚特尔(墨西哥人的主神) 220

Quintus Julius Hilarianus 昆图斯·朱利乌斯·希拉里阿努斯 56, 57

Qur'an 古兰 213, 237, 294, 476

Quraysh 古莱什 294

Qustul 奎斯图尔 460, 461, 471, 472

Rabaul(New Guinea) 拉包尔(新几内亚) 556

race 种族 9, 42, 68, 111, 199, 203, 269, 270, 281, 285, 356, 357, 380, 384, 539, 546, 572 - 4

racism 种族主义 279, 283, 284, 380, 390, 391, 565

  scientific 科学的 6, 269, 385

Rackham, Oliver 奥利弗·拉克汉姆 496

radio, invention of 无线电的发明 242
railways 铁路 101, 136, 253, 381, 515 – 16
see also industrial revolution; steam engine 参见 工业革命；蒸汽机
Rajasthan 拉贾斯坦邦 424
Ramsay, David 大卫·拉姆齐 76 – 7
Ranger, Terence 特伦斯·兰杰 389
Ranke, Leopold von 利奥波德·冯·兰克 3, 5 – 6, 8, 23, 26, 66
Rapa Nui(Easter Island) 拉帕努伊(复活节岛) 566
Rashīd al-Dīn 拉希德丁 7, 215, 222
Ratana Church 拉塔纳教堂 556
Reagan, Ronald 罗纳德·里根 521, 522
reason 理性 21, 75, 76, 82; *see also* Enlightenment 参见 启蒙运动
Red River delta 红河三角洲 400
Red River valley 红河谷 405
Red Sea 红海 271, 290, 291, 292, 293, 297, 421, 464, 465, 493, 494, 506
Red Sea Hills 红海山地 458
Rediker, Marcus 马库斯·雷迪克 536
Redon, Odilon 奥迪隆·雷东 486
Reform Act(1832) 选举法修正法案(1832) 191
Reformation 改革 66, 73, 76, 237, 480
Catholic 天主教 480
refugees 难民 270, 273, 275, 277, 279, 281 – 2, 283, 284, 285
Reilly, Kevin 凯文·赖利 202
religion 宗教 9, 13, 20, 22, 25, 39, 54, 64, 68, 69, 73, 91, 93, 95, 96, 97, 111, 165, 180, 182, 199, 203, 214, 237, 269, 273, 277, 283, 320, 344, 348, 351 – 3, 369, 375, 385, 400, 401, 420, 421, 441, 449, 476, 479, 480, 482, 491, 494, 495, 502, 529, 537
and global knowledge 以及全球知识 221 – 3
universality of ……的普遍性 214 – 15

and world history 以及世界史　210 – 28
religious conversion 宗教皈依　351 – 3, 355, 375, 385, 427 – 8, 475
see also missionaries 参见 传教士
Renaissance 文艺复兴　73, 76, 77, 424
Italian 意大利的　73, 181
Renfrew, Colin 科林·伦弗鲁　138
republicanism 共和主义　484, 513
Restoration 复辟　76
revolution 革命　21, 67, 68, 74, 76, 81, 129, 144, 156, 172, 237 – 9, 247, 258, 271 – 2, 338, 381, 383, 390, 392, 464, 481, 483, 484, 512 – 15, 529, 537, 538, 571
Revolution of the Upper Paleolithic 旧石器时代晚期的革命　129, 130
Rhapta 拉普塔　464, 467
Rhine 莱茵河　476
Richards, John F. 约翰·F. 理查兹　136
Riga 里加　498
Rimbaud, Arthur 阿尔蒂尔·兰波　81
Rio de Janeiro(Brazil) 里约热内卢(巴西)　381, 512, 514
Rio Pact 里约条约　520
Ritter Beard, Mary 玛丽·瑞特·比尔德　202
Roach Pierson, Ruth 露丝·洛奇·皮尔森　203, 204
Roberts, John 约翰·罗伯茨　27 – 8
Robertson, William 威廉·罗伯逊　20
Robinson, Ronald 罗纳德·罗宾森　384
Rockefeller Foundation 洛克菲勒基金　259
Rodney, Walter 沃尔特·罗德尼　535
Roman Catholic Church 罗马天主教堂　191, 221, 237, 238, 476, 477
Roman empire 罗马帝国　41, 56, 58, 59, 62, 64, 66, 184, 197, 211, 213, 219, 234, 235, 274, 293, 329

Romanticism 浪漫主义 126, 127

Rome 罗马 58, 62, 63, 64, 234, 273, 291, 292, 293, 317, 362, 366, 369, 422, 424, 445, 446, 465, 475, 476, 477, 480, 502, 503

fall of 衰落 234, 235

亦可参见: Roman empire(罗马帝国)

Rome Treaty(1957) 罗马条约(1957) 490

Rommel, General Edwin 埃德温·隆美尔将军 489

Roosevelt, Franklin D. 富兰克林·罗斯福 412

Rostovtzeff, M. 罗斯托夫采夫 443

Rostow, Walt 沃尔特·罗斯托 79, 307

Rousseau, Jean-Jacques 让-雅克·卢梭 80 - 1

Royal Air Force 英国皇家空军 242

Royal Botanic Gardens(Kew) 英国皇家植物园(邱园) 238, 339, 374

Royal Geographical Society 英国皇家地理学会 439

Royal Society(London) 英国皇家学会(伦敦) 238

Ruddiman, William 威廉·鲁迪曼 134 - 5

Russell, William 威廉·罗素 199

Russia 俄罗斯 50, 64, 68, 131, 155, 172, 179, 213, 241, 250, 252, 253, 278, 279, 280, 281, 283, 309, 312, 320, 336, 348, 373, 375, 380, 382, 383, 389, 399, 402, 405, 406, 408, 409, 410, 413, 415, 425, 432, 486, 487, 497, 554

in world history 世界历史上的 475 - 92

亦可参阅: Soviet Union(苏维埃社会主义共和国联盟)

Russian orthodox creed 俄罗斯东正教教义 483

Russian revolution 俄国革命, 参见 Bolshevik revolution(布尔什维克革命)

Russo-Japanese War(1904—1905) 日俄战争(1904—1905) 486

Rutherford, Ernest 欧内斯特·卢瑟福 243

Rwanda 卢旺达 470

Saadi dynasts 萨阿德王朝 330

Safavid empire 萨菲帝国 375

Sahagun, Bernardino de 贝尔纳迪诺·德·萨哈冈 222

Sahara desert 撒哈拉沙漠 161, 350, 424, 458, 459, 460, 463, 464, 466, 471, 472, 494, 498

Sahel 萨赫勒 145, 152, 153, 156, 157, 327, 328, 331, 459, 463, 466

Sahlins, Marshall 马歇尔·萨林斯 31, 220, 549

Sahul 撒胡尔 271, 565

Sai kingdom 塞国 461

Said, Edward 爱德华·萨义德 30, 202, 348, 356, 385

Saint Antoninus(Bishop of Florence) 圣安东尼(佛罗伦萨主教) 59

Saint Bartholomew, massacres of(1572) 圣巴托罗缪惨案(1572) 481

St Lawrence River 圣劳伦斯河 510

St Louis(US) 圣路易(美国) 509

Sale, George 乔治·赛尔 63

Saljuqs 塞尔柱 166

Salonika 撒隆尼加 499

Salutati, Coluccio 卡鲁西欧·萨卢塔蒂 480

Samanid state 萨曼王朝 405

Samarkand 撒马尔罕 405

Samoa 萨摩亚 152, 357, 485, 554, 555-6, 565

Mau 毛派 555-6

samurai 武士 409

San Blas 圣布拉斯 572

San Marco(Italy) 圣马可(意大利) 188, 189

Sandinistas 萨迪尼斯塔 521, 522

Sanskrit 梵文 213, 401, 426

Santa Cruz 圣克鲁斯 569

Saraswati 萨拉斯瓦蒂 422

Sardinia 撒丁 493, 497, 499, 501

Sargon of Akka, King 阿卡得王国国王萨尔贡 290

Sarkozy, Nicolas 尼古拉・萨科齐 507

Sartori, Andrew 安德鲁・萨托里 29

Sasanids 萨珊王朝 361, 368, 370, 426

Sassanians 萨珊人 293, 465

Sassen, Saskia 萨斯基亚・萨森 101

Sauer, Carl O.卡尔・O.萨奥尔 38

Saul 扫罗 56

Savona 萨沃纳 493

Saxony 萨克森 476, 477

Sayyids 赛义德王朝 427

scale 规模 107, 113, 128

Scaliger, J. J. 斯卡利杰 478

Scandinavia 斯堪的纳维亚半岛 161, 274, 477, 478, 479, 382, 486, 488

Schliemann, Heinrich 海因里希・谢里曼 506

Schlözer, August Ludwig von 奥古斯特・路德维希・冯・施勒策尔 1, 7, 21, 63 - 5

Schumpeter, Joseph A.约瑟夫・A.熊彼特 98

science 科学 13, 21, 22, 25, 37, 65, 110, 112, 199

Chinese 中国的 236, 356

Indian 印度的 356

Islamic 伊斯兰教 235 - 6

modern 现代的 4, 68, 74, 126, 218, 354, 356

natural 自然的 127, 354, 357, 571

political 政治的 89, 114

social 社会的 89, 90 - 3, 98, 101, 110, 112, 114 - 15, 357, 571

and technology and engineering 以及科技与工程 229 - 45

Scientific Revolution 科学革命 74, 237 - 9, 482

Scott, Joan Wallach 琼·瓦拉赫·斯科特　195, 203

Scott, Sir Walter 司各特　483

Scythia 斯基泰　161, 291, 292, 370, 424, 425, 426

Sea Peoples 海上民族　501

Seaver, Kirsten 柯尔斯滕·西弗　42

Secondary Products Revolution 二次产品革命　144

secularization 世俗化　22, 60, 73, 76, 77, 216

Segu kingdom 塞古王国　470

Selden, Mark 马克·塞尔登　393

Selengge river 色楞格河　400

Seleucids 塞琉古　291, 351

Semonides of Amorgos 阿莫果斯的赛蒙尼德斯　197

Seneca 塞内卡　197

Senegal 塞内加尔　282, 466

　Valley 山谷　466, 470

Senegambia 塞内冈比亚　328, 333, 336

Seven Years' War(1756—1763) 七年战争(1756—1763) 512, 570, 571

sexuality 性　196, 197, 203

Shaffer, Lynda 琳达·谢弗　45

Shaheinab 沙赫那波　460, 471

shamanism 萨满教　249, 401

Shandong 山东　408, 410

Shang Di 上帝　218, 221

Shang dynasty 商朝　218, 361, 402

Shang Yang 商鞅　187

Shanghai 上海　254, 385, 387, 411, 412

Shanglin Park (Han China) 上林苑(汉朝)　374

Shanxi(China) 山西(中国) 253

Shari'a law 神法 237

Sharp, Joane 乔安娜·夏普 199

Shi'ites 什叶派 295

Shinto 神道教 215, 356

Shiva 湿婆 420

Shrivijaya 三佛齐 422, 423

Siam 暹罗 389

Siberia 西伯利亚 49, 129, 131, 132, 145, 146, 231, 327, 334, 348, 372, 399, 406, 408, 483

Sicily(Italy) 西西里(意大利) 274, 330, 486, 493, 494, 495, 496, 498, 499, 500, 501, 502 – 3, 505

Sidon 西顿 290, 291

Sierra Leone 塞拉利昂 279, 388, 468, 469, 533, 537

Sikandar Butshikan 斯卡德尔-巴什坎 428

Sikhism 锡克教 214

Sikhs 锡克教徒 282

silk road 丝绸之路 169 – 71, 274, 292, 293, 296, 329, 350, 375, 404, 478

Sima Qian 司马迁 7, 42

Simmons, J. G. 西蒙斯 135

Sinai 西奈半岛 456

Sind 信德 421, 422, 424, 425, 427

Singapore 新加坡 284, 434, 523, 556

Singer, David 大卫·辛格 190

Sinhalese society 僧伽罗社会 420, 434

Sinocentrism 中国中心主义 11

sinology 汉学 221, 222

Sioux 苏族 335

Siraf 西拉夫 293

Slavery 奴隶制 6, 67, 96, 154, 188, 199, 203, 214, 240, 270, 274, 276 – 7, 278, 279, 280, 295, 330, 331, 335, 337, 338, 381, 383, 384, 385,

388, 468, 469, 470, 482, 483, 497, 498, 511, 512, 531, 532 - 3, 534, 537, 539, 573
Slovaks 斯洛伐克　281
Smil, Vaclav 瓦茨拉夫·斯米尔　137
Smith, Adam 亚当·斯密　20, 68, 75, 79, 80
Smith, Bonnie 邦妮·史密斯　203
Smith, Philippa Mein 菲利帕·梅恩·史密斯　559
Smith Johnston, Deborah 黛博拉·史密斯·约翰斯顿　204
Smoot-Hawley Tariff Act(1930) 斯穆特-霍利关税法(1930)　411
Smyrna 士麦那　495, 499, 505
social capability 社会能力　320, 321
socialism 社会主义　416
societies 社会　1 - 2, 4, 6, 7, 9, 10, 11, 12, 13, 21, 22, 24, 30, 32, 37, 38, 40, 41, 67, 68, 69, 74 - 5, 77, 78, 79, 80, 82, 94, 100, 117, 128, 137, 171, 197, 199, 202, 229, 236, 269, 306, 315, 318, 343, 344, 345 - 6, 347, 348, 349 - 50, 354, 357, 364, 369, 414, 416, 442, 447, 450, 459, 490, 494, 529, 530, 533, 535, 546, 567, 570, 571, 572
　agrarian 土地的　327 - 31
　and migration 移民　273 - 5
　nomadic pastoral 游牧民族　161 - 2, 163 - 6
　settled 定居的　418 - 19, 421
Society for Mediterranean Studies 地中海研究学会　494
sociology 社会学　1, 28, 89, 92, 112, 114, 117, 305, 310, 318
Socrates 苏格拉底　234
Sofala 索法拉　426, 472
Sogdia 粟特　170 - 1, 292, 293, 402
Sokoto caliphate 索科托哈里发国　470
Solander, Carl 卡尔·索兰德　572
Solomon 所罗门　57, 290

Solomon Islands 所罗门群岛 553, 556, 558, 569

Solomonic kingdom 所罗门王国 465, 466

Somalia 索马里 284

Somaliland, Italian 意属索马里 388

Somoza Debayle, Anastasio 安纳斯塔西奥・索摩查・德瓦伊莱 521

Song dynasty 宋朝 151, 154, 236, 237, 294, 330, 351, 405

Northern 北宋 404

Southern 南宋 363, 364, 404

Songay 松加伊王国(即桑海王国) 466, 467

Songhai 桑海 331

Songye kingdom 颂耶王国 467

South Africa 南非 42, 127, 278, 279, 282, 284, 285, 388, 521, 537

South Carolina(US) 南卡罗来纳(美国) 335, 338

South Korea 韩国 284, 414, 416

Southern Rhodesia(Zimbabwe) 南罗得西亚(津巴布韦) 259

Soviet Union(USSR) 苏维埃社会主义共和国联邦 30, 50, 67, 100, 157, 184, 243, 257, 281, 283, 285, 363, 373, 382, 390, 391, 392, 410, 412, 413, 415, 441, 475, 487, 488 – 9, 490, 520, 521, 522, 557; 亦可参阅: Russia(俄罗斯)

Sowernam, Ester 埃斯泰・索维尔纳姆 199

Spain 西班牙 41, 43, 44, 64, 153, 190, 221, 238, 247, 276, 277, 297, 336, 361, 380, 386, 405, 476, 479, 480, 481, 482, 483, 486, 493, 494, 496, 498, 499, 501, 503, 504, 505, 510, 511, 512 – 13, 514, 530, 531, 535, 538, 548 – 9, 568 – 70, 572, 573, 577

Franco government 法国政府 506

Reconquista 收复失地运动 476, 479, 482

Spanish-American War(1898) 美西战争(1898) 389, 392, 486

Spanish Armada(1588) 无敌舰队(1588) 481

Spate, O. H. K. 斯派特 567

Speght, Rachel 蕾切尔·赛普特 199
Spengler, Oswald 奥斯瓦尔德·施本格勒 1, 23, 24 – 5, 94, 345, 346
Spice Islands 香料群岛 297, 298, 299, 568
Spier, Fred 弗莱德·斯皮尔 39, 70
spirituality 精神性 73, 213; 亦可参阅: religion(宗教)
Spivak, Gayatri Chakravorty 贾亚特里·查克拉沃蒂·斯皮瓦克 30
Sputnik satellite 人造卫星 243
Sri Lanka 斯里兰卡 283, 293, 420, 421, 433
Srivijaya 室利佛逝(三佛齐) 294, 295
Stalin, Joseph 约瑟夫·斯大林 241, 412, 413, 414, 489
Stalinism 斯大林主义 48, 281
Stannard, David 大卫·斯坦纳德 551
Starr, Chester 切斯特·斯塔尔 444
states 国家 5, 6, 13, 22, 67, 176 – 94, 270, 353, 376, 472, 477
  formation 形成 8, 13, 23, 179, 328, 373, 403 – 8, 529
  national 民族的 477 – 9
  transformation 转变 176 – 94
  and war 战争 180 – 5
  亦可参阅: nation-states(民族–国家)、nations(民族)
Stavrianos, Leften S.勒芬·S.斯塔夫里阿诺斯 68, 444
steam engine 蒸汽机 68, 136, 240, 242
Stearns, Peter N. 彼得·N.斯特恩斯 69, 195, 445
Stilwell, Joseph 约瑟夫·史迪威 412
Stirner, Max 麦克斯·施蒂纳 81
Stoler, Ann Laura 安·劳拉·斯托勒 384 – 5
Stone Age 石器时代 177, 500
Stonehenge 巨石阵 231
Strabo 斯特拉博 292
Stratification, social 社会分层 269, 364, 457

Strickley Ellis, Sarah 萨拉·斯特里克利·爱丽丝 200
Strindberg, August 奥古斯特·斯特林堡 81
Strobel, Margaret(Peg) 玛格丽特·(佩格)·斯特罗贝尔 195, 203
Structuralism 结构主义 110
Stuart kings 斯图亚特国王 481
Stuurman, Siep 希普·斯图尔曼 42
Subrahmanyam, Sanjay 桑贾伊·苏布拉马尼亚姆 10, 354
Sudan 苏丹 388, 426, 438, 457, 458, 459, 460, 461, 463, 464, 466, 467, 468, 469, 470, 472
Suez Canal 苏伊士运河 291, 388, 435, 485, 493, 506
Sufism 苏非主义 214, 428
Sui dynasty 隋朝 293, 367, 404
Sulu 苏禄 431
Sumatra 苏门答腊 252, 294, 297, 431, 435
Sumer 苏美尔 149, 150
Sumerian 苏美尔人 54, 144, 145, 273, 316, 317
Sun Yat-sen 孙中山 383, 410, 412
Sunda 巽他 271, 565
  Straits 海峡 297, 298
Surat 苏拉特 298, 299
Surinam 苏里南 335, 338
Susu empire 苏苏帝国 466, 470
Sutton, J. E. G. 苏顿 458
Swabia 士瓦本 477
Swahili 斯瓦希里 466, 469, 470, 472
Sweden 瑞典 309, 478
Swetnam, Joseph 约瑟夫·斯威特纳姆 199
Switzerland 瑞士 309, 315
Sydney(Australia) 悉尼(澳大利亚) 550, 556

Syngman Rhee 李承晚 413
Syr Darya river 锡尔河 400
Syracuse 叙拉古 496, 499, 502
Syria 叙利亚 64, 66, 289, 293, 295, 296, 297, 350, 361, 426, 476, 502, 503
Szilard, Leo 利奥·西拉德 243

Tabak, Faruk 法鲁克·塔巴克 505
Tacitus 塔西佗 197
Tahiti 塔希提岛 381, 550, 571, 572, 573, 574, 575, 577
Tainter, Joseph A. 约瑟夫·坦特尔 373
Taiwan 台湾 315, 348, 389, 391, 399, 401, 405, 406, 410, 413, 414, 416, 523, 524, 547, 558
Taklamakan 塔克拉玛干 291
Desert 沙漠 292
Takrur kingdom 塔克尔王国 466
Talas river battle 塔拉斯河之战 404
Taliban 塔利班 291
Talmud, Babylonian 巴比伦塔木德 60
Tamerlane 帖木儿 296, 297
Tamil Nadu 泰米尔纳德 421
Tamil plain 泰米尔平原 419
Tamils 泰米尔人 283, 434
Tamim ibn Bahr 塔米姆·伊本·巴赫尔 170
Tang dynasty 唐朝 167, 168, 170, 171, 172, 293, 329, 351, 366, 367, 372, 374, 375, 404, 405, 415, 426
Tangiers 丹吉尔 223
Tansen Sen 沈丹森 353
Tanzania 坦桑尼亚 464

Taranto 塔兰托　501, 502

Tasmania 塔斯马尼亚　132

Tatars 鞑靼人　479

Taufa Ahao-George Tupou I 陶法・阿豪-乔治・图普一世　575

taxation 征税　368, 386, 406, 409, 513, 538, 553

Taylor, Peter J. 彼得・J. 泰勒　81

Teague, F. 蒂格　199

technology 科技　4, 13, 100, 129, 130 – 1, 132, 136, 148, 154 – 7, 184, 185, 247 – 52, 253, 258, 261, 305, 310, 357, 363, 457, 490, 507, 515

ancient 古代　232 – 3

Chinese 中国的　236, 294, 402, 414

early African 非洲早期　457 – 9, 467, 471

exchange of 交换　12, 40, 344, 349

engineering and science 工程与科学　229 – 45

Islamic 伊斯兰教　235 – 6

post-industrial 后工业化　242 – 4

stone age 石器时代　230 – 1

亦可参阅: industrialization(工业化)

Tel Aviv(Israel) 特拉维夫(以色列)　499

Telegraph, invention of 电报机的发明　240, 241, 242

Telephone, invention of 电话机的发明　241

Temür 帖木儿　371, 374

Temürid empire 帖木儿帝国　366, 374

Tenochtitlan 特诺奇蒂特兰　249

Teotihuacán 特奥蒂瓦坎　508

Terra Australis Incognita 澳大利斯因科格尼塔地　568

testimony 证据　108

Thailand 泰国　147, 252, 413, 420, 423, 431, 434

Thales 泰勒斯　233

Thatta 萨塔 422

Theocracy 神权政体 181

Theodosius, emperor 皇帝狄奥多西 64, 475

theology 神学 199, 221, 441, 477, 496; 亦可参阅: religion(宗教)

Thirty Year's War 三十年战争 277, 481

Thomas, Robert 罗伯特·托马斯 306

Thomas, W. L. 托马斯 127

Thompson, William R. 威廉·R. 汤普森 95

Thoreau, Henry David 梭罗 127

Three Gorges Dam(China) 三峡大坝(中国) 244

Thucydides 修昔底德 69, 197

Thutmose I 图特摩斯一世 461

Tian 天 218, 221

Tianjin 天津 387, 415

Tianzi, emperor 天子, 帝王 218

Tiberius 提比略 57

Tibet 西藏 162, 213, 399, 401, 404, 406, 410, 415, 426

Tiglath-Pileser I 提格拉特·帕拉萨一世 176, 177, 178, 180, 181

Tigris Valley 底格里斯河流域 146, 317, 444

Tigris river 底格里斯河 144, 145, 289

Tilly, Louise 路易·蒂利 203

Timbuktu 廷巴克图 466

Timor, Dutch 荷属帝汶 574

Timur 帖木儿 405, 427, 430

Timurids 帖木儿王朝 166

Tin-Bor Hui, Victoria 许田波 186 – 7

Titicaca, Lake 的的喀喀湖 508

Tiwanaku 提瓦纳库 508

Toba Wei 拓跋魏 167

Toffler, Alvin 阿尔文·托夫勒 68
Tokaido 东海道 407
Tokugawa(Japan) 德川(日本) 348, 407, 408
Toltecs 托尔特克人 362, 370, 372, 508
Tonga 汤加 152, 548, 553, 565, 567, 572
Tongan Archipelago 汤加群岛 575
Tongatapu island 汤加塔布岛 567
tools 工具 129, 130, 146, 229; 亦可参阅: technology(技术)
Torah 托拉 60
Tordesillas Treaty(1494) 托德西利亚斯条约(1494) 568
Tours, battle of(AD 732) 图尔战役(732) 476
Toynbee, Arnold J. 阿诺德·汤因比 1, 23, 25, 26, 27, 28, 44, 48, 201, 345-6, 448
Trade 贸易 6, 44, 69, 92, 98, 152, 166, 178, 182, 213, 275, 304, 317, 337, 381, 384, 386-8, 389, 390, 400, 402, 406, 429, 432, 434, 462, 465, 466-7, 469, 471, 477, 479, 482, 484, 485, 495, 524, 529, 557, 569
  across Eurasia(to about 1750) 跨越欧亚大陆(大约至1750年) 288-303, 404, 405-8, 411
  cross-cultural 跨文化 12, 13, 270, 343, 350, 353
  global 全球化 95, 96, 97, 100, 169-71, 314, 316, 426, 478, 480, 482, 519
  Mediterranean 地中海 494, 495, 497-8, 501, 502, 504, 505
  in Oceania and Australasia 大洋洲与澳大拉西亚 546, 548, 549, 555
  in the Pacific Ocean 太平洋中的贸易 574-7
  Venetian 威尼斯 188-9, 479
tradition 传统 3, 6, 344, 351
  cultural 文化的 5, 12, 13, 344, 351, 354, 355, 357, 374
  religious 宗教的 351-2

Transcaucasia 外高加索 375

Transoxonia 中亚河间地带 289, 293, 295

Trebizond 特拉布宗 188

Tribes 部落 164 – 8, 212, 374, 475, 476, 547

vs tribal confederations 部落联盟 164, 166

Trojan War 特洛伊战争 55, 500, 501

Trotsky, Leon 托洛茨基 412

Troy 特洛伊 63, 497, 506

Truman, Harry 哈里・杜鲁门 184

Tsiolkovsky, Konstantin 康斯坦丁・齐奥尔科夫斯基 243

Tuamotos 土阿莫土群岛 566

Tucker, Judith 朱迪斯・塔克 203

Tughluqs 图格拉克王朝 427

Tunis 突尼斯 291, 388, 504

Tunisia 突尼斯 330, 496

Tupac Amaru 图帕克・阿马鲁 513

Tupian people 图皮人 510

Turchin, Peter 彼得・图尔钦 45

Turgot, Baron 杜尔哥男爵 20

Türk Qaghanate 突厥汗国 362, 366

Turkana 图尔卡纳人 161

Turkestan 突厥斯坦 169, 170, 478

Turkey 土耳其 146, 170, 213, 361, 388, 402, 448, 487, 499, 522, 555

Turkmenistan 土库曼斯坦 402, 416

Turks 土耳其人 64, 161, 164, 165, 170, 171, 213, 404, 425, 427, 441, 476, 477, 505, 506

Ottoman 奥斯曼 351, 479, 482

Saljuq 塞尔柱克 351

Tuscany 托斯卡纳 496, 497

Tuvalu 图瓦卢 558

Tylor, Edward B. 爱德华·B. 泰勒 78

Tyre 推罗 290, 291

Tyrrhenian Sea 第勒尼安海 496

Tytler, Alexander Fraser 亚历山大·弗雷泽·泰特勒 21

Uganda 乌干达 283, 388

Uighur 维吾尔 170, 171, 362, 366, 370, 375, 405, 415

Ukraine 乌克兰 131, 145, 243, 253, 280, 399, 402, 497

Uman 乌曼岛 469

Umar Tall 奥马尔·拓尔 470

Umayyad caliphs 倭马亚哈里发 294, 368, 427, 465, 504

Uncovenanted Indian Civil Service 非印度契约文官体系 433

Unequal Treaties 不平等条约 387

UNESCO 联合国教育、科学及文化组织 67 - 8, 224

United Arab Emirates 阿拉伯联合酋长国 284

United East-India Company 联合东印度公司 298

United Fruit Company 联合果品公司 520

United Nations 联合国 283, 413, 439, 491, 558

  Economic Commission for Latin America 联合国拉丁美洲经济委员会 522

  Food and Agricultural Organization(FAO) 联合国粮农组织(FAO) 259

United States 美国 41, 43, 44, 48, 49 - 50, 68, 81, 98, 112, 127, 128, 146, 147, 155, 156, 184, 190, 222, 240, 241, 242, 243, 244, 251, 252, 254, 256, 257, 258, 260, 277, 279, 280, 282, 284, 285, 306, 308, 309 - 10, 311, 315, 357, 379, 382, 383, 389, 390, 391, 392 - 3, 408, 409, 411, 412 - 13, 414, 416, 439, 440, 441, 483, 484, 486, 487, 488, 489, 490, 491, 499, 510, 513, 514, 515 - 25, 531, 532, 538, 539, 540, 541, 556, 557, 558 - 9, 577

Bush Administration(2001—2009) 布什政府(2001—2009)　559
Central Intelligence Agency(CIA) 中央情报局(CIA)　520, 521, 522
Exploring Expedition(1838—1842) 探险(1838—1842)　575
Open Door policy in China 中国的门户开放政策　389, 392
universities 大学　1, 3, 7, 8, 357, 477, 523
Upanishads 奥义书　69
Upemba kingdom 乌蓬木巴王国　467
Ural region 乌拉尔地区　47, 280
Urban II, Pope 教皇乌尔班二世　477
urbanization 城市化　38, 39, 68, 77, 191, 269, 270, 305, 422, 523
Ur 乌尔　290
Uruguay 乌拉圭　338, 524
Uruk 乌鲁克　289
Usman dan Fodio 乌斯曼·丹·福迪奥　470
Ussher, James 詹姆斯·厄谢尔　58, 59, 60, 61, 62
Uzbekistan 乌兹别克斯坦　166, 416

Valencia(Spain) 瓦伦西亚(西班牙) 493, 499, 504, 505
Valois 瓦卢瓦　481
Valparaiso 瓦尔帕莱索　550
van Creveld, Martin 马丁·凡·克勒韦尔德　185
van der Veer, Peter 范彼德　84
van Leeuwenhoek, Antonie Philips 安东尼·凡·列文虎克　238
Van Sertima, Ivan 伊万·凡·塞蒂玛　532
Vandals 汪达尔人　475
Vansina, Jan 简·凡斯纳　467
Vanuatu(New Hebrides) 瓦努阿图(新赫布里底) 553, 569
Varangians 瓦良格人　497
Varro, Marcus Terentius 瓦罗　55

Vasco da Gama 瓦斯科·达·伽马 275
Vedic Aryans 吠陀雅利安人 418
Velleius Paterculus 维莱伊乌斯·帕特尔库鲁斯 56
Venetian-Turkish war(1499—1503)第二次威土战争(1499—1503) 189
Venezuela 委内瑞拉 179,284,520
Venice 威尼斯 186,190,289,296,297,422,478,479,480,481,494,495,496,497,504
trade and war 贸易与战争 188-9
Verdun Treaty(843AD)凡尔登条约(843) 476
Vermeer, Johannes 约翰·维梅尔 92
Vernadsky, Vladimir 弗拉基米尔·沃尔纳德斯基 127
Versailles treaty 凡尔赛条约 410-11,555
Victoria(Australia)维多利亚(澳大利亚) 553
Victoria, Queen 维多利亚女王 485
'Victorian Holocaust'"维多利亚大屠杀" 485
Vidén, G. 维登 197
Vienna 维也纳 482
Viet Minh 共产主义的越盟 435
Vietcong 越共 435
Vietnam 越南 147,151,283,330,350,375,399,401,402,403,404,405,406,407,408,413,416,435,489,538
Vijayanagara 维查亚纳加尔帝国 428
Vikings 维京人 64,269,477,498,532
Vinland 文兰 479
Virashaivism 吠拉湿婆派 428
Virgil 维吉尔 126
Virgin Mary 圣母玛利亚 223,355
Virginia(US)弗吉尼亚州(美国) 509,510,534
Vishnu 毗湿奴 420

Visigoths 西哥特人 475,476
Voegelin, Eric 埃里克·沃格林 20
Volga Bulgars 伏尔加保加利亚人 295
Volga river 伏尔加河 296,368
Voltaire 伏尔泰 7,20,47,79,482
  and the Enlightenment 启蒙运动 62-3
Voodoo 伏都教 214
Vossius, Isaak 伊萨克·沃西乌斯 61

Wagadu(Ghana) 韦加度(加纳) 465-6
Waitangi Treaty 怀唐伊条约 552,556
Waitangi Tribunal 怀唐伊调解庭 557
Wakan corridor 瓦罕走廊 292
Wallach Scott, Joan 琼·瓦拉赫·斯科特 195
Wallerstein, Immanuel 伊曼纽尔·沃勒斯坦 29,78,90,101,276,383
Wampanoags people 万帕诺亚格人 510
war 战争 21,91,148,168,213,233,245,275,277,281,283,284,285, 296,318,320,382,387,512,522,530,569,575
  and empire 帝国 363-5,373
  and state transformation 国家转型 183-5
  states and 国家 176-94
  in twentieth-century Europe 20 世纪欧洲 486-9
Waramurungundi 瓦拉姆鲁古迪 215
Wari empire 瓦里帝国 508
Warring States period(China) 战国时代(中国) 187,367
Watson, James 詹姆斯·沃森 244
Watson Andaya, Barbara 芭芭拉·沃森·安达亚 79
Watt, James 詹姆斯·瓦特 68,240
Weber, Max 马克斯·韦伯 12,77,81,82,305

Wedgwood, Josiah 乔赛亚·韦奇伍德 240
Wei River 渭河 400
Wells, H. G. 威尔斯 7, 70
Wells Brown, William 威廉·韦尔斯·布朗 7
Weltgeschichte 普遍史 22 - 5, 26, 29, 30
West, the 西方 2, 24, 26, 45, 47, 48, 66, 79 - 80, 83, 97, 100, 191, 202, 203, 214, 244, 259, 309, 414, 440, 446, 449, 450, 475, 477, 486, 487, 498; 亦可参阅: East, the(东方)
West African Microlithic 西非细石器 457, 458
Western Rift Valley 大裂谷西部 153
Westernization 西方化 45, 82
Wheatstone, Charles 查尔斯·惠斯通 240
Whiteness Studies 白人研究 269
Whitman, Walt 沃尔特·惠特曼 81
Whittle, Frank 弗兰克·惠特尔 242
Widukind of Corvey 科维的维杜金德 477
Wiesner-Hanks, Merry 梅里·威斯纳-汉克斯 195, 204
Wilkes, Charles 查尔斯·威尔克斯 575
William the Conqueror of Normandy 诺曼底征服者威廉 479
William of Orange 奥兰治的威廉 481
Williams, Bruce 布鲁斯·威廉姆斯 461
Williams, Eric 埃里克·威廉姆斯 533
Wilson, Woodrow 伍德罗·威尔逊 392, 410
Windschuttle, Keith 凯斯·文沙特尔 551
Wolf, Eric 埃里克·沃尔夫 28, 276
Women 女性, 参见 gender(性别)
Woodbridge, L. 伍德布里奇 199
Wordsworth, William 威廉·华兹华斯 127
world 世界

conceptualization of 概念 106 - 9, 118 - 19

knowledge of 知识 105 - 21

World Bank 世界银行 283, 285, 393

world-system school 世界体系学派 344, 345, 381, 383 - 4

World War I 第一次世界大战 24, 27, 98, 99, 155, 184, 242, 243, 249, 252, 260, 280, 281, 308, 309, 314, 339, 382, 388, 389, 390, 391, 410, 433, 439, 443, 447, 470, 486, 487, 488, 506, 517, 518, 539, 541, 554 - 6

World War II 第二次世界大战 5, 27, 29, 49, 67 - 8, 81, 155, 156, 157, 184, 191, 242, 243, 244, 252, 256, 306, 309, 310, 314, 316, 392, 393, 434, 438, 439, 440, 442, 444, 448, 450, 487, 488, 519, 520, 523, 524, 541, 554 - 6, 557, 558, 564

World Wide Web 万维网 244; 亦可参阅: Internet(因特网)

Wright brothers 莱特兄弟 242

Wrigley, E. A. 里格利 247

writing 书写 68, 350, 402 - 3; 亦可参见: language(语言)

Wu Yujin 吴于廑 67

Wudi 武帝 292

Wurgaft, Lewis 刘易斯·沃尔格夫特 203

Wurugag 乌鲁噶 215

Wyndham, Marivic 马里维·维温 559

xenophobia 仇外 285, 346, 490

Xinjiang 新疆 399, 402, 403, 404, 406, 407, 408, 415

Xinru Liu 刘欣如 353

Xiongnu 匈奴 161, 168, 170, 292, 362, 403

YHWH 耶和华 211, 219

Yamuna 亚穆纳河 419

Yan'an 延安 412, 413

Yang Jian 杨坚 64

Yangzi river(basin) 扬子江 151, 244, 250, 330, 400, 401, 411

Yangzi Valley 扬子江流域 232, 247, 248, 249, 251, 404, 407

Yao 尧人 469

Yap island 雅浦岛 567

Yapese Empire 雅浦帝国 567

Yellow river 黄河 145, 232, 328, 400

Valley 流域 147, 150

Yemen 也门 293, 496

Yonggang Grottoes 云冈石窟 224

Yoruba 约鲁巴人 466

Younger Dryas 新仙女木事件 457

Yuan dynasty 元朝 295, 362, 366, 367, 372

Yucatán 尤卡坦 182, 275, 509

Yugoslavia 南斯拉夫 285

Yunnan 云南 42, 272, 329

Zabul 扎布尔 427

Zacatecas 萨卡特卡斯州 511

Zagros Mountains 扎格罗斯山脉 144, 149, 176, 290

Zagwe 齐格维王国 465

Zaire 扎伊尔 153, 521

Zambezi river 赞比西河 471

Zande kingdom 赞德王国 469

Zanzibar 桑给巴尔 469

Zaragoza 萨拉戈萨 568

Zarathustra 琐罗亚斯德 69

Zeeland 泽兰 298

Zerubavel, Eviatar 伊维塔·泽鲁巴维尔　47
Zeus 宙斯　55, 217, 475
Zheng He 郑和　296, 405
Zhonghang Yue 中行悦　168
Zhou dynasty 周朝　218, 361, 403
Zimbabwe 津巴布韦　468, 471
Zinsser, Judith 朱迪斯·津泽　195, 203, 204
Zoroastrianism 琐罗亚斯德教　54, 222, 273, 293
Zulu 祖鲁　161, 169
Zuni 祖尼　218

译后记：世界历史著述翻译的当下意义

陈　恒

历史经验告诉我们，中国作为人类共同体中重要的一员，与外部世界已经形成水乳交融、不可分割的联系、交往和共生，这种关联性是人类不断进步发展的动力与源泉。今天，面对世界格局的不确定性、不稳定性，突发性、偶然性，面对"百年未有之大变局"，中国更应站在世界历史的高度而不仅仅是民族-国家的维度，在更加广阔的历史时空中增强对世界历史研究意义的责任感、使命感和未来感。

在人类文明史上，时代共同的精神面貌与人类智慧的个体表达存在着显见的共振关系：人类智慧化育个体，融汇众生，泽被天下。今天，人类文明也许又将迎来重大变革：信息革命正在根本性地改变我们的生产、生活、认知及知识生产方式和思维模式；全球力量表现在知识、技术、物质、资本、观念等方面的创新组织与重构，给前数字化世界格局带来强烈的冲击；逆全球化、反全球化与去全球化行动从特定阶层或族群逐渐扩展到国家政府层面；宗教极端势力聚集蔓延，挑战传统的安全观并令人再生文明冲突的忧思；"疾病和健康、治疗和拯救，常常就是促使历史变迁的风景"。①对当前世界的格局应作怎样的判定？人类文明将往何处去？人类的共同命运

---

① 葛兆光：《思想史研究课堂讲录·初编：视野·角度与方法》（增订版），生活·读书·新知三联书店 2019 年，第 32 页。

之根究竟何在？这是时刻浮现于每一位思想者面前的重大理论和现实问题。

人类的历史经验表明，要保持自身文化充满活力，须经受外来文化持续冲击并不断融合外来文化，从而推陈出新向更高级的文化发展。正在为“两个一百年”目标而努力奋斗的今日中国，正需要从漫长的人类文明史中汲取有益的经验。

不仅不同文明之间的交流、碰撞会激发人们的思考，改善认知方式，促使观念发展，知识也会呈现出新的形态，而且突发事件也总会改变人们的常识概念，促使人们不断反思历史，以致改写历史。从历史上来看，西方古典文明的影响是建立在向外传播基础上的，它们的经典被翻译成新的语言和文字，同时也从其他文明那里获得知识和启迪，丰富自身的生命力。希腊人借鉴东方的智慧建立自身的求真文化，罗马人吸纳了希腊文化形成了富有特色的实用文化，又不断把文化向欧洲西部、北部推广。后来的阿拉伯人又大量翻译希腊罗马典籍，形成了历史上著名的“百年翻译运动”，于文艺复兴时代前又回流到欧洲，对欧洲文化的新生产生极大影响。借用巴赫金的话来说，这是文明之间的“相互激活”。当代西方文明都与希腊罗马所代表的古典文明有关，以致雪莱说：“我们都是希腊人。我们的法律、文学、宗教、艺术，全部都可以在希腊人那里找到它们的根。”希腊罗马世界是一个遥远的世界，但不是一个消失的世界，它的行为、经验、思想并没有消失，仍然充满着新鲜的、充沛的、欢乐的、希望的血液，仍然在不断延续的西方文明内“呼吸与燃烧”，西方世界仍不断从中获取不竭的新启示、新成果。近代西方的扩张改变了整个世界的知识谱系；“9 · 11 事件”让当代知识界、思想界、学术界重新思考历史上的恐怖行为，也让人们对伊斯兰文明进行再思考；眼下正在发生的新冠疫情肯定会改变人类思考过往的发展模式。

读史使人明智，因为人类千百年来的历史经验会给我们提供启迪。在经济全球化的今天，在中华文明正在走向伟大复兴的道路上，我们亟须这样的经验以进一步丰富、激活自身的文化学术资源，让我们成为观念的提出者、知识的制造者、理论体系的构建者、学科体系的发起者，为中华文明永葆活力、不断创新发展提供智识支持。世界史研究者，责无旁贷。与此同时，从更具体而微的学术研究、人才培养和国民素质提高的角度上讲，我们同样离不开世界史研究。

外国历史著作的翻译是认知域外文化的有效途径，对于本土文化建设而言目标明、见效快、意义大，同时体现了本土文化的开放性、包容性、可塑性，从而更具生命力。自百余年前中国学术开始现代转型以来，我国人文社会科学研究历经几代学者的不懈努力已取得了可观成就。

学术翻译在其中功不可没。自明清之际，中国就注意到域外的丰富与多彩。徐光启、利玛窦翻译欧几里得《几何原本》，对那个时代的中国而言，是开启对世界认知的里程碑式事件，徐光启可谓是文化意义上睁眼看世界第一人。晚清的落后，更使得开明的知识分子苦苦思索探求“如何救中国”的问题。自魏源、林则徐、徐继畬开始，他们以各种方式了解天下万国的历史。中国正在经历“百年未有之大变局”，这种大变局就是传统的中国天下观念发生了变化：从此理解中国离不开世界，看待世界更要有中国的视角。

严复的开创之功自不必多说，民国时期译介的西方学术著作更大大促进了汉语学术的发展，有助于我国学人开眼看世界，知外域除坚船利器外尚有学问典章可资引进。20 世纪 80 年代改革开放以来，中国学术界又开始了一轮至今势头不衰的引介国外学术著作之浪潮，这对中国知识界学术思想的积累和发展乃至对中国社会进步所起到的推动作用，可谓有目共睹。

我国的世界史研究起步晚、底子薄，整体实力偏弱，研究还不成体系，且自发端以来就受到外部影响，脱胎于本土实践的原创性理论和话语体系迟迟未能确立，导致我们在回答人类历史重大理论问题时缺少符合中国实际的工具和方法。构建哲学社会科学学术话语体系的基础在于对本土实践的原创性理论解释，构建人类历史重大理论问题话语体系，离不开对其本体即世界历史进程的原创性研究，也离不开对域外重要学术著作的翻译。

有鉴于此，我们翻译了这本书。关于本书的内容与价值，刘新成教授已经在中译本序言中交代得非常清楚，序言为本书增光添彩，读者自有体会，在此表示衷心感谢！

本书由陈恒、李文硕、黎云意、李娜、胡婷、屈伯文、李腊等人共同翻译、校对。感谢黄韬总编辑和殷亚平编辑的耐心编审，改正了不少问题，但由于该书涉及的知识面比较广泛，加之译者水平有限，难免会存在一些舛误，恳请读者不吝赐教。

陈　恒

于上海师范大学光启国学者中心

2020 年 4 月 1 日

图书在版编目(CIP)数据

牛津世界历史研究指南/(美)杰里·H.本特利主编；陈恒等译.—上海：上海三联书店，2024.8
ISBN 978-7-5426-8012-9

Ⅰ.①牛… Ⅱ.①杰… ②陈… Ⅲ.①世界史-研究 Ⅳ.①K107

中国国家版本馆CIP数据核字(2023)第096319号

牛津世界历史研究指南

主　　编/[美]杰里·H.本特利
译　　者/陈　恒　李文硕　屈伯文　黎云意 等
责任编辑/殷亚平
特约编辑/杨　洁
装帧设计/彭振威设计事务所
监　　制/姚　军
责任校对/王凌霄

出版发行/上海三联书店
　　　　(200041)中国上海市静安区威海路755号30楼
邮　　箱/sdxsanlian@sina.com
联系电话/编辑部：021-22895517
　　　　发行部：021-22895559
印　　刷/山东新华印务有限公司

版　　次/2024年8月第1版
印　　次/2024年8月第1次印刷
开　　本/655 mm×960 mm　1/16
字　　数/700千字
印　　张/52.5
书　　号/ISBN 978-7-5426-8012-9/K·721
定　　价/188.00元

敬启读者，如发现本书有印装质量问题，请与印刷厂联系0538-6119360